Dittmann · Haderer · Happe
Steuer 2014
für Arbeitnehmer, Beamte und Kapitalanleger

Installationsanweisung CD ... bitte umblättern

Installation, Start und Deinstallation von QuickSteuer Compact 2014

➢ Systemvoraussetzungen

Beachten Sie bitte die folgenden Hinweise zu Hardware, Systemsoftware und Speicherbedarf, wenn Sie problemlos mit QuickSteuer Compact 2014 arbeiten wollen. Hierbei werden die Minimalanforderungen beschrieben.

QuickSteuer Compact 2014 wird als 32-Bit-Version auf CD ausgeliefert.

Ihr PC benötigt

- Microsoft® Windows® Vista ab SP2/Windows 7 SP1 (jeweils ab Version Home, deutsche Version)/Windows 8 (dt. Version)
- Pentium® IV Prozessor ab 2,00 GHz oder Äquivalent
- 2 GB RAM Arbeitsspeicher
- Grafikauflösung 1024 × 768, 16 Bit
- CD-ROM-Laufwerk

➢ Installation

Bevor Sie die Arbeit mit QuickSteuer Compact 2014 beginnen können, müssen Sie das Programm auf Ihrer Festplatte installieren. Das Installationsprogramm erledigt alle Arbeitsschritte, die zur Inbetriebnahme von QuickSteuer Compact 2014 notwendig sind.

Beachten Sie bitte, dass Verzeichnisse und Dateien nach der Installation nicht mehr umbenannt oder verschoben werden dürfen, da QuickSteuer Compact 2014 ansonsten nicht ordnungsgemäß arbeiten kann.

1. Starten Sie das Betriebssystem.
2. Legen Sie die CD-ROM in das CD-ROM-Laufwerk. Das Installationsprogramm wird dann automatisch gestartet.

Folgen Sie den weiteren Installationshinweisen.

Bei der Installation müssen sämtliche Anwendungen geschlossen sein. Insbesondere dürfen keine Viren-Scanner aktiviert sein.

Sollte das Setup nicht automatisch starten, so wählen Sie im Startmenü den Punkt **Start –> Ausführen** und geben dort **d:\lxsetup** ein („d" sei dabei der Laufwerksbuchstabe des CD-ROM-Laufwerks. Sollte bei Ihnen der CD-ROM-Laufwerksbuchstabe anders lauten, ändern Sie diesen entsprechend um).

Starten von QuickSteuer Compact 2014

Nachdem Sie QuickSteuer Compact 2014 erfolgreich installiert haben, können Sie das Programm wie folgt starten:

1. Wählen Sie im Startmenü den Menüpunkt Programme und dort das Untermenü QuickSteuer Compact 2014.

Es öffnet sich ein weiteres Untermenü.

2. Klicken Sie auf das Programmsymbol QuickSteuer Compact 2014, das sich auf Ihrem Desktop befindet.

QuickSteuer Compact 2014 wird mit seiner letzten Einstellung gestartet.

➢ Deinstallation

Bei der Installation von QuickSteuer Compact 2014 wird ein Programm zur Deinstallation automatisch mit installiert. Sie können mit diesem Programm nach Fertigstellung Ihrer Steuererklärung problemlos alle Komponenten von QuickSteuer Compact 2014 entfernen, um den Platz wieder freizugeben, den QuickSteuer Compact 2014 auf der Festplatte Ihres PCs belegt.

Alle von Ihnen angelegten Steuerdaten bleiben dabei selbstverständlich erhalten, damit Sie im nächsten Jahr diese Daten in die zu bearbeitende Steuererklärung übernehmen können.

Wie bei **Windows** üblich, starten Sie die Deinstallation über die Windows-Systemsteuerung.

Wählen Sie dazu im Startmenü den Menüpunkt **Start/Einstellungen –> Systemsteuerung**.

Doppelklicken Sie dort auf das Symbol **Software**.

Auf der Registerkarte **Installieren/Deinstallieren** des nun erscheinenden Dialogs klicken Sie QuickSteuer Compact 2014 an und wählen **Hinzufügen/Entfernen**.

Bestätigen Sie die anschließende Abfrage mit „Ja". Alles Weitere erledigt das Deinstallationsprogramm.

Beachten Sie, dass eine Deinstallation von QuickSteuer Compact 2014 auch nach erfolgter Steuererklärung nicht unbedingt notwendig ist.

QuickSteuer Compact 2014 bietet Ihnen unter anderem die Möglichkeit, für das aktuelle Jahr Belege und Rechnungen zu erfassen, um so die nächste Steuererklärung vorzubereiten.

Mit dem Import der Daten aus dem Vorjahr lassen sich diese Daten übernehmen.

Für Arbeitnehmer, Beamte und Kapitalanleger

Steuer 2014

Ihre Einkommensteuererklärung 2013

von

Willi Dittmann

Dipl.-Finanzwirt (FH), Dozent am Bildungszentrum
der OFD Karlsruhe

Dieter Haderer

Dipl.-Finanzwirt (FH), Dozent am Bildungszentrum
der OFD Karlsruhe

Rüdiger Happe

Dipl.-Finanzwirt, Betriebsprüfer,
Dozent der IHK und führender Weiterbildungsinstitute

HAUFE.

Freiburg · München

Bibliografische Information der Deutschen Nationalbibliothek
Die Deutsche Nationalbibliothek verzeichnet diese Publikation in der Deutschen Nationalbibliografie; detaillierte bibliografische Daten sind im Internet über http://dnb.dnb.de abrufbar.

ISBN: 978-3-648-03922-9 Bestell-Nr. 03600-0009

Impressum

Niederlassung München
Redaktionsanschrift: Fraunhoferstraße 5, 82152 Planegg/München
E-Mail: steuern@haufe.de
Internet: www.haufe.de

Projektmanagement: Rechtsanwalt Klaus-W. Pluskota
Externe Redaktion: Ursula Thum, Text+Design Jutta Cram, 86157 Augsburg, www.textplusdesign.de

Die Angaben entsprechen dem sorgfältig recherchierten Wissensstand bei Redaktionsschluss im Oktober 2013.

Druckvorstufe: seitenweise, Tübingen
Druck: CPI books, Ebner & Spiegel GmbH, Ulm

Inhaltsverzeichnis

Abkürzungsverzeichnis

Abs.	Absatz
Abschn.	Abschnitt
ADAC	Allgemeiner Deutscher Automobil-Club
AfA	Absetzung für Abnutzung
AfS	Absetzung für Substanzverringerung
AG	Aktiengesellschaft
Anm.	Anmerkung
AO	Abgabenordnung
a. o.	außerordentlich
ArbNErfV	Verordnung über die steuerliche Behandlung der Vergütungen für Arbeitnehmererfindungen
AStG	Gesetz über die Besteuerung bei Auslandsbeziehungen (Außensteuergesetz)
ATE	Auslandstätigkeitserlass
Az.	Aktenzeichen
BA	Betriebsausgaben
BAföG	Bundesausbildungsförderungsgesetz
BB	Betriebs-Berater (Fachzeitschrift)
BBauG	Bundesbaugesetz
BdF	Bundesministerium für Finanzen
BE	Betriebseinnahmen
BerlinFG	Gesetz zur Förderung der Berliner Wirtschaft (Berlinförderungsgesetz)
BFH	Bundesfinanzhof
BGB	Bürgerliches Gesetzbuch
BGBl	Bundesgesetzblatt
BGH	Bundesgerichtshof
BKGG	Bundeskindergeldgesetz
BMF	Bundesministerium für Finanzen
BStBl	Bundesgesetzblatt
BUKG	Gesetz über die Umzugskostenvergütung und das Trennungsgeld für die Bundesbeamten, Richter im Bundesdienst und Soldaten (Bundesumzugskostengesetz)
BZSt	Bundeszentralamt für Steuern
ca.	circa
DB	Der Betrieb (Fachzeitschrift)
DBA	Doppelbesteuerungsabkommen
dgl.	dergleichen
d. h.	das heißt
DStR	Deutsches Steuerrecht (Fachzeitschrift
EDV	Elektronische Datenverwaltung
EFG	Entscheidungen der Finanzgerichte (Fachzeitschrift)
ErbStG	Erbschaftsteuer- und Schenkungsteuergesetz
Erl.	Erläuterungen
ESt	Einkommensteuer
EStDV	Einkommensteuer-Durchführungsverordnung
EStG	Einkommensteuergesetz
EStH	Hinweise zu den Einkommensteuer-Richtlinien
EStR	Einkommensteuer-Richtlinien
f.	folgende Seite
ff.	folgende Seiten

FG	Finanzgericht
FinV	Finanzverwaltung
FR	Finanzrundschau (Fachzeitschrift)
FW	Förderung des Wohneigentums
GbR	Gesellschaft bürgerlichen Rechts
gem.	gemäß
GewStG	Gewerbesteuergesetz
ggf.	gegebenenfalls
GmbH	Gesellschaft mit beschränkter Haftung
GoB	Grundsätze ordnungsgemäßer Buchführung
GrS	Großer Senat
GrSt	Grundsteuer
H	Hinweisabschnitt zu den Einkommensteuer-Richtlinien
HFR	Höchstrichterliche Finanzrechtsprechung (Fachzeitschrift)
HGB	Handelsgesetzbuch
HK	Herstellungskosten
hrsg.	herausgegeben
i. d. F.	in der Fassung
i. d. R.	in der Regel
i. Z. m.	im Zusammenhang mit
Kfz	Kraftfahrzeug
KG	Kommanditgesellschaft
KiSt	Kirchensteuer
km	Kilometer
LSt	Lohnsteuer
LStDV	Lohnsteuer-Durchführungsverordnung
LStR	Lohnsteuer-Richtlinien
LSW	Lexikon d. Steuer- und Wirtschaftsrechts (Loseblatt-Textausgabe, WRS-Verlag, München)
lt.	laut
MwSt	Mehrwertsteuer
NJW	Neue Juristische Wochenschrift (Fachzeitschrift)
NV	Nichtveranlagungsbescheinigung
OFD	Oberfinanzdirektion
Pkw	Personenkraftwagen
qm	Quadratmeter
R	Richtlinienabschnitt in der Einkommensteuer-Richtlinie
s.	siehe
S.	Seite
sog.	sogenannte
StEK	Steuererlass in Karteiform (Steuer-Erlass-Kartei)
s. u.	siehe unten
u.	und
u. a.	unter anderem
u. Ä.	und Ähnliches
Verf.	Verfügung
WK	Werbungskosten
ZASt	Zinsabschlagsteuer
z. B.	zum Beispiel
zzt.	zurzeit

Vorwort

Liebe Leserinnen und liebe Leser,

in der Steuerlandschaft gab es auch im Jahr 2013 wieder erhebliche Bewegung. **Politische Machtspiele** verzögerten bzw. verhinderten das geplante Steueränderungsgesetz. Streitpunkte waren insbesondere die steuerliche Behandlung eingetragener Lebenspartnerschaften und die steuerliche Förderung energetischer Gebäudesanierungen. Einige Fragmente wurden zwar als Anhängsel zu anderen Gesetzen verabschiedet; wichtige Änderungsvorhaben stehen jedoch nach wie vor aus. Hier den Überblick zu behalten, was, wie und ab wann gilt, ist mittlerweile selbst für Steuerexperten eine echte Herausforderung.

Die **Rechtsprechung** hat wieder mächtig für Schlagzeilen gesorgt. Das Bundesverfassungsgericht setzte mit seinem Urteil im Mai durch, woran die Politik scheiterte: die steuerliche Gleichstellung eingetragener Lebenspartnerschaften. Auch der Bundesfinanzhof urteilte unter Aufgabe seiner bisherigen Rechtsprechung immer öfter zugunsten der Steuerbürger. Leider nicht immer mit nachhaltigem Erfolg. Denn der Fiskus versucht unverdrossen, diese für ihn nachteilige Rechtsprechung wieder zu „kassieren“. Sei es durch sog. **Nichtanwendungserlasse** der Finanzverwaltung oder durch **gesetzgeberische „Korrekturmaßnahmen“**. So jüngst geschehen, als der Gesetzgeber schnell mit einem gesetzlichen Abzugsverbot für private Zivilprozesskosten reagierte, nachdem der Bundesfinanzhof den Abzug gerade erst zugelassen hatte.

Alles fließt – und im Steuerrecht ist es besonders riskant, Änderungen zu verpassen. Denn es geht um Ihr Geld!

Deshalb haben wir in diesem Steuerratgeber für Sie wieder alles zusammengestellt, was für Ihre Steuererklärung für 2013 wichtig sein könnte. Wie gewohnt kompakt, verständlich und mit vielen geldwerten Steuertipps:

- Wissen Sie, dass es für die **Steuerveranlagung von Ehegatten** gravierende gesetzliche Neuregelungen gibt? Wir erklären Ihnen die neue Rechtslage.
- Waren Sie von der **Flutkatastrophe** persönlich betroffen? Setzen Sie den Schaden steuerwirksam bei den Werbungskosten oder den außergewöhnlichen Belastungen ab.
- Hatten Sie **Krankheitskosten oder Pflegeaufwendungen?** Diese können Sie eventuell bald in voller Höhe gegenüber dem Finanzamt geltend machen.

Außerdem gibt es **neue Rechtsprechung** zur regelmäßigen Arbeitsstätte, zu Reisekosten, zur doppelten Haushaltsführung und zum Abzug der Kosten für ein häusliches Arbeitszimmer.

Wir wünschen Ihnen viel Erfolg beim Steuersparen!

Freiburg, im Oktober 2013 Ihr Autorenteam

Hinweise zum Umgang mit diesem Buch und der Software

Das bietet Ihnen das Buch:

Im **ersten Teil** finden Sie die **Ausfüllanleitung für die Steuerformulare 2013** mit den notwendigen Erläuterungen zum Aufbau des jeweiligen Vordrucks. Die Checklisten am Ende eines jeden Formulars helfen Ihnen, keine abzugsfähigen Kosten zu vergessen. Abgerundet wird dieser Teil durch den **großen Schluss-Check** – damit Sie auch wirklich keine Steuersparmöglichkeit übersehen.

Der **zweite Teil** enthält das **Steuerlexikon,** in dem die gerade für Arbeitnehmer, Beamte, Vermieter und Kapitalanleger interessanten Steuerthemen ausführlich besprochen werden.

Im **dritten Teil** erläutern wir Ihnen alles Wissenswerte zur **Prüfung Ihres Steuerbescheids** und über das richtige Vorgehen, wenn der Bescheid fehlerhaft ist. Dazu geben wir Ihnen eine Übersicht über die für Arbeitnehmer wichtigen **anhängigen Gerichtsverfahren** beim Bundesfinanzhof und wie Sie bereits jetzt davon profitieren können.

Das bietet Ihnen die CD:

- **alle amtlichen Vordrucke mit den amtlichen Erläuterungen für die Einkommensteuer 2013**
- **umfangreiche Informationen zum Erstellen Ihrer persönlichen Steuererklärung 2013** mit Schritt-für-Schritt-Anleitung im Frage-Antwort-Stil … mit allen Steuerformularen in ihrer endgültigen Fassung
- viele **Musterschreiben** für den Schriftwechsel mit dem Finanzamt
- Antrag auf Lohnsteuerermäßigung 2014
- Wissens-Center mit allen Steuerhilfen, Gesetzestexten, Urteilen, Richtlinien und zahlreichen Extras (Internetzugang erforderlich)

Und auf dem neuen **Online-Portal** erhalten Sie unter **www.haufe.de/arbeitshilfen** weitere wertvolle Arbeitshilfen zum Download. Den hierfür erforderlichen Zugangscode finden Sie auf der Umschlaginnenseite am Ende dieses Buchs.

Wir freuen uns für Sie über jeden Euro, den Sie vom Finanzamt erstattet bekommen und hoffen auf ein Wiedersehen in unserem nächsten Steuerratgeber für das Steuerjahr 2014.

Freiburg, im Oktober 2013 — Ihr Autorenteam

Teil I: Steuerformulare

1 Ihre Einkommensteuererklärung 2013

Für die Einkommensteuererklärung benötigen Sie die amtlichen Vordrucke. Da sich das Steuerrecht ständig ändert, werden auch die Vordrucke jährlich angepasst. Verwenden Sie deshalb immer die für das jeweilige Jahr geltenden Formulare und entsprechend den dazugehörenden Steuerratgeber.

Das Wichtigste zum Umgang mit dem Buch vorweg:

- Allgemeine Informationen über alles Wissenswerte zur Einkommensteuererklärung mit Schnellübersicht über die Themen finden Sie gleich auf den folgenden Seiten.
- Dazu gehört auch ein Belegcheck, der es Ihnen ermöglicht, Ihre Belege auf einfache Art zu sortieren und der richtigen Anlage der Steuererklärung zuzuordnen.
- Die amtlichen Vordrucke in ihrer endgültigen Fassung für jeden wichtigen Vordruck sind in Teil I abgedruckt.
- Jedem Formular haben wir zur schnellen Orientierung eine Kurzübersicht über den Aufbau des Formulars vorangestellt. Nach dem danach abgedruckten Formular finden Sie eine Schritt-für-Schritt-Ausfüllanleitung mit den grundlegenden Informationen, die meist ausreichen, um die Vordrucke auszufüllen.
- Ausführliche vertiefende Erläuterungen und rechtliche Auskünfte zu den häufigsten Steuerfragen finden Sie im Lexikonteil (Teil II, erkennbar an den grauen oberen Seitenecken). Dort können Sie nachlesen, wenn Ihnen die Erläuterungen in Teil I nicht ausreichen. Zusätzlich finden Sie dort viele Beispielsfälle. Oft wird von der Anleitung direkt auf das einschlägige Stichwort im Lexikon verwiesen.
- Am Ende der Ausfüllanleitung für das jeweilige Formular können Sie anhand einer Checkliste prüfen, ob Sie an alles gedacht haben. Wir empfehlen, diese in jedem Fall durchzuarbeiten.
- Schließlich haben wir am Ende von Teil I für Sie zusätzlich einen Schluss-Check eingearbeitet, damit Sie keine Steuersparmöglichkeit übersehen.

Inhaltsübersicht

1.1 Rund um die Einkommensteuererklärung

In diesem Kapitel finden Sie die Antworten auf die häufigsten allgemeinen Fragen rund um die Einkommensteuererklärung. Überfliegen Sie die folgende Themenübersicht. Wenn Sie dazu keine Informationen benötigen und lieber gleich mit den Steuererklärungsvordrucken beginnen möchten, gehen Sie direkt zum Kapitel **Hauptvordruck**.

Themenübersicht	
Rechtliche Informationen	
• Wie berechnet sich das zu versteuernde Einkommen?	→ Kap. 1.1.1
• Was hat sich rechtlich für das Steuerjahr 2013 geändert?	→ Kap. 1.1.2
• Wer muss, wer sollte eine Einkommensteuererklärung abgeben?	→ Kap. 1.1.3
• Bis wann muss die Steuererklärung beim Finanzamt sein (Abgabetermin)?	→ Kap. 1.1.4
• Welches Finanzamt ist zuständig?	→ Kap. 1.1.5
• Persönliche Abgabe/Elektronische Steuererklärung?	→ Kap. 1.1.5
Die Erklärungsvordrucke	
• Wie bekommen Sie die Vordrucke?	→ Kap. 1.1.6

1.1.1 Wie berechnet sich das zu versteuernde Einkommen?

Machen Sie sich kurz mit der Einkommensteuerberechnung vertraut. Es lohnt sich, denn so werden Sie den grundsätzlichen Aufbau der Steuererklärung besser verstehen. Dies wird Ihnen das Ausfüllen der Steuerklärung erleichtern.

Grundlage für die Steuerberechnung ist das sog. zu versteuernde Einkommen. Von Ihrem Bruttolohn bis zu Ihrem zu versteuernden Einkommen ist es ein weiter Weg. Die Berechnung des zu versteuernden Einkommens wird in § 2 EStG geregelt bzw. in R 2 EStR 2012 dargestellt.

Sieben Einkunftsarten

Das Einkommensteuergesetz (EStG) unterscheidet zwischen sieben im Gesetz abschließend aufgeführten **Einkunftsarten**. Diese unterteilt § 2 Abs. 2 EStG in drei (betriebliche) Gewinneinkunftsarten (§ 2 Abs. 1 Nr. 1–3 EStG):

- **Einkünfte aus Land- und Forstwirtschaft** (§ 13 EStG)
  z. B. Bauernhof, Wein- und Obstbau),
- **Einkünfte aus gewerblichen Betrieben** (§ 15 EStG)
  z. B. Einzelunternehmen, Beteiligungen an gewerblichen Betrieben,
- **Einkünfte aus selbstständiger Arbeit** (§ 18 EStG)
  z. B. Freiberufler wie Rechtsanwälte, Ärzte, Architekten, Ingenieure etc.

und vier Überschusseinkunftsarten (§ 2 Abs. 1 Nr. 4–7 EStG):

- **Einkünfte aus nicht selbstständiger Arbeit** (§ 19 EStG)
z. B. Lohneinkünfte als Arbeitnehmer, Pensionär, Betriebsrentner
- **Einkünfte aus Kapitalvermögen** (§ 20 EStG)
z. B. Zinsen aus Geldanlagen, Fondsanteilen, Dividenden aus Beteiligungen, Aktienverkäufe
- **Einkünfte aus Vermietung und Verpachtung** (§ 21 EStG)
z. B. Miete, Pacht aus bebauten und unbebauten Grundstücken und Grundstücksteilen und
- **sonstige Einkünfte** (§ 22 EStG)
im Wesentlichen Renten sowie Veräußerungsgewinne aus dem Verkauf von privaten Grundstücken und Wertgegenständen.

Einkommen, das nicht unter diese sieben Gruppen fällt (z. B. Erbschaft, Schenkung, Spiel- und Lotteriegewinne), unterliegt nicht der Einkommensteuer.

Steuerfreies Einkommen

Nach § 3 EStG wird bestimmtes Einkommen (z. B. Lohnersatzleistungen wie Arbeitslosengeld oder Kurzarbeitergeld, Trinkgelder, Kindergeld, Elterngeld, Pflegegeld) steuerfrei gestellt. Steuerfreies Einkommen kann aber den Steuersatz des steuerpflichtigen Einkommens erhöhen (Progressionsvorbehalt) und wird deshalb teilweise in der Steuererklärung abgefragt.

Ermittlung der Einkünfte

Zur Ermittlung des zu versteuernden Einkommens wird zunächst – getrennt für jede Einkunftsart – der Nettoertrag, die sog. **Einkünfte**, ermittelt. Das geschieht, indem von den jeweiligen **Betriebseinnahmen** bei den Gewinneinkunftsarten bzw. **Einnahmen** bei den Überschusseinkunftsarten (z. B. dem Bruttoarbeitslohn) sämtliche damit in Zusammenhang stehenden Ausgaben, die Betriebsausgaben bzw. **Werbungskosten** (z. B. Ausgaben für Arbeitskleidung), abgezogen werden. Eine Sonderregelung gilt für die Kapitaleinkünfte. Diese werden durch den Einbehalt der Kapitalertragsteuer in den meisten Fällen abschließend besteuert (Abgeltungsteuer) und müssen in der Steuererklärung deshalb in der Regel nicht mehr aufgeführt werden (§ 43 Abs. 5 EStG).

Summe der Einkünfte

Danach fasst man die Einkünfte aus allen vorhandenen Einkunftsarten zur **Summe der Einkünfte** zusammen. Bei einer gemeinsamen Steuerveranlagung von Ehegatten bzw. eingetragenen Lebenspartnern (Zusammenveranlagung) werden die Einkünfte und die Summe der Einkünfte zunächst für jeden

Ehegatten/Lebenspartner getrennt ermittelt und erst danach addiert.

Gesamtbetrag der Einkünfte

Nach Abzug des **Altersentlastungsbetrags** (§ 24a EStG) und des Entlastungsbetrags für **Alleinerziehende** (§ 24b EStG) von der Summe der (gemeinsamen) Einkünfte, erhält man den **Gesamtbetrag der Einkünfte**. Nach Abzug des Altersentlastungsbetrags wird bei Zusammenveranlagung von Ehegatten/Lebenspartnern für beide gemeinsam gerechnet.

Einkommen

Nach dem Abzug von zwei weiteren Ausgabearten, die die private Lebensführung betreffen, zuerst die **Sonderausgaben** (§§ 10–10c EStG) wie z.B. private Versicherungsbeiträge, gezahlte Kirchensteuer, eigene Berufsausbildungskosten, Kinderbetreuungskosten, Schulgeld an Privatschulen, Spenden und anschließend die **außergewöhnlichen Belastungen** (§§ 33–33b EStG) wie z.B. Krankheits-, Pflege-, Scheidungs-, Beerdigungskosten, Unterhaltsleistungen, behinderungsbedingte Aufwendungen, Heimkosten, Ausgaben infolge von Naturkatastrophen usw. erhält man das **Einkommen**.

Zu versteuerndes Einkommen

Vom Einkommen können u.U. noch bestimmte **Steuervergünstigungen für Kinder** abgezogen werden, bis sich das **zu versteuernde Einkommen** ergibt.

Berechnungsschema

Nachfolgend ein etwas vereinfachtes Grundschema zur Berechnung des zu versteuernden Einkommens. Damit können Sie auch nachvollziehen und prüfen, wie das Finanzamt in Ihrem Steuerbescheid das zu versteuernde Einkommen berechnet hat.

Gewinneinkünfte	**Überschusseinkünfte**
Einkünfte aus Land- + Forstwirtschaft	Einkünfte aus nichtselbstständiger Arbeit
Einkünfte aus selbstständiger Arbeit	Einkünfte aus Kapitalvermögen
Einkünfte aus Gewerbebetrieb	Einkünfte aus Vermietung + Verpachtung
	Sonstige Einkünfte nach § 22 EStG

= Summe der Einkünfte

./. Altersentlastungsbetrag

./. Entlastungsbetrag Alleinerziehende

= Gesamtbetrag der Einkünfte

./. Sonderausgaben
(z. B. private Versicherungsbeiträge, Kirchensteuer, Kinderbetreuungskosten, Ausbildungskosten, Schulgeld, Spenden)

./. Außergewöhnliche Belastungen
(z. B. Krankheits-, Scheidungs-,Beerdigungskosten, Pflegeaufwendungen, Aufwendungen behinderter Menschen, Unterhaltsleistungen

= Einkommen

./. Freibeträge für Kinder

= zu versteuerndes Einkommen

Bei diesem Betrag wird anhand der maßgebenden Steuertabelle (Grundtabelle oder Splittingtabelle) die **tarifliche Einkommensteuer** ermittelt. Davon werden mögliche Steuerermäßigungen (z. B. für Handwerkerleistungen im eigenen Haushalt oder Zuwendungen an politische Parteien) abgezogen und man erhält danach die im Steuerbescheid **festgesetzte Jahreseinkommensteuer**.

BEISPIEL

Aufwendungen mindern zunächst die Einkünfte und das zu versteuernde Einkommen

Wenn Sie z. B. für ein Arbeitsmittel 300 € aufgewandt haben, bedeutet das nicht, dass sich Ihre Einkommensteuer um diesen Betrag vermindert. Die Kosten werden lediglich von Ihrem Arbeitslohn abgezogen, mindern so die Einkünfte und damit auch entsprechend Ihr zu versteuerndes Einkommen mit der Folge, dass die Steuer in der Steuertabelle im Beispielsfall beim um 300 € geringeren zu versteuernden Einkommen abgelesen wird. Je nach persönlichem Steuersatz (möglich zwischen 15 und 45 %) beträgt die Steuerersparnis im Beispielsfall zwischen 45 und 135 €.

1.1.2 Was hat sich für das Steuerjahr 2013 rechtlich geändert?

Am Streit zwischen Bundesrat und Bundestag um die steuerliche Gleichstellung von Lebenspartnerschaften und Ehen ist das vom Bundestag bereits beschlossene Jahressteuergesetz 2013 gescheitert. Einige der darin geplanten Regelungen wurden schließlich im Alternativen Investmentfonds-Steueranpassungsgesetz (AIFM-StAnpG) und im Gesetz zur Umsetzung der Amtshilferichtlinie sowie zur Änderung steuerlicher Vorschriften (Amtshilferichtlinie-Umsetzungsgesetz – AmtshilfeR-LUmsG) im Mai bzw. Juni 2013 verabschiedet. Das Urteil des BVerfG, dass der Ehegattensplittingtarif auch auf das Einkommen eingetragener Lebenspartnerschaften anzuwenden ist, führte zum Gesetz zur Änderung des EStG in Umsetzung der Entscheidung des BVerfG vom 7.5.2013, 2 BvR 906/06. Einige andere ab 2013 wirksam gewordene Änderungen erfolgten bereits durch das Steuervereinfachungsgesetz (StVerG) 2011.

Inhaltlich bedeutsam sind für 2013 folgende Neuregelungen:

Ehegatten, eingetragene Lebenspartnerschaften

Durch das StVerG 2011 wurden die Veranlagungsarten bei Ehegatten neu geregelt. Danach sind die getrennte und die besondere Veranlagung von Ehegatten weggefallen. Künftig können Ehegatten (nur) zwischen Einzelveranlagung (§ 26a EStG) – durch Abgabe von zwei getrennten Steuererklärungen – mit Grundtarif und Zusammenveranlagung (§ 26b EStG) – durch Abgabe einer gemeinsamen Steuerklärung –

mit Splittingtarif wählen. Vertiefend siehe → Veranlagung von Ehegatten und Partnern einer eingetragenen Lebenspartnerschaft.

Dasselbe gilt nach dem Gesetz zur Änderung des Einkommensteuergesetzes in Umsetzung der Entscheidung des BVerfG vom 7.5.2013 für Partner in einer eingetragenen (gleichgeschlechtlichen) Lebenspartnerschaft (neu geregelt in § 2 Abs. 8 EStG). Die Gleichstellung einer eingetragenen Lebenspartnerschaft mit einer Ehe gilt auch für zurückliegende Zeiträume bis 2001 (§ 52 Abs. 2a EStG), soweit für diese die Einkommensteuerveranlagungen noch nicht bestandskräftig durchgeführt worden sind.

Höherer Grundfreibetrag

Nach dem Gesetz zum Abbau der kalten Progression wurde der Grundfreibetrag (bisher 8.004 €) erhöht. Damit fällt 2013 bis zu einem zu versteuernden Einkommen von 8.130 € (ab 2014 8.354 €) bzw. 16.260 € (ab 2014 16.708 €) keine Einkommensteuer an (§ 32a Abs. 1 EStG). Dies wird bereits beim Lohnsteuerabzug bzw. bei der Festsetzung von Einkommensteuer-Vorauszahlungen berücksichtigt.

Übungsleiterpauschale/ Ehrenamtsfreibetrag

Der Freibetrag für (nebenberufliche) Übungsleiter (§ 3 Nr. 26 EStG) beträgt ab 2013 jährlich 2.400 € (bisher 2.100 €), der Ehrenamtsfreibetrag (§ 3 Nr. 26a EStG) steigt von bisher 500 € auf 720 € im Jahr. Das gilt unabhängig davon, ob die Tätigkeit als Arbeitnehmer oder als Selbstständiger ausgeübt wird. Vertiefend siehe → Ehrenamt.

Günstigere Firmenwagenbesteuerung für Elektrofahrzeuge

Bei der Ermittlung der Privatnutzung betrieblicher Elektrofahrzeuge (§ 6 Abs. 1 Nr. 4 EStG) sowie der Bewertung des geldwerten lohnsteuerpflichtigen Vorteils bei der Überlassung eines entsprechenden Firmenwagens an Arbeitnehmer (§ 8 Abs. 2 EStG) ist bei Anwendung der pauschalen 1 %-Regelung der Listenpreis um die Kosten des enthaltenen Batteriesystems zu mindern (AmtshilfeRLUmsG). Entsprechendes gilt bei Anwendung der Fahrtenbuchmethode. Vertiefend siehe → Dienst-/Firmenwagen.

Sonderregelungen gelten auch für vom Arbeitgeber überlassene Elektrofahrräder.

Prozesskosten

Als Reaktion auf die geänderte Rspr. des BFH, der Prozesskosten bei Zivil- und Strafprozessen als außergewöhnliche Belastungen zwischenzeitlich grundsätzlich zum Abzug zugelassen hatte, wurde durch das AmtshilfeRLUmsG der Abzug ab dem Jahr 2013 gesetzlich ausgeschlossen. Eine Ausnahme gilt nur, wenn der Steuerpflichtige ohne den Prozess Gefahr liefe, seine Existenzgrundlage zu verlieren und seine lebensnotwendigen Bedürfnisse in dem üblichen Rahmen nicht mehr befriedigen zu können (§ 33 Abs. 2 S. 4 EStG). Wie Prozesskosten für die Jahre vor 2013 steuerlich behandelt werden, war bei Redaktionsschluss vonseiten der Finanzverwaltung noch nicht bundeseinheitlich abgestimmt. Vertiefend siehe → Außergewöhnliche Belastung.

Unterhaltsleistungen an bedürftige Angehörige

Die steuerliche Berücksichtigung von Unterhaltsleistungen (§ 33a Abs. 1 EStG) hängt unter anderem davon ab, dass die unterstützte Person nur über geringes Vermögen (max. 15.500 €) verfügt. Durch das AmtshilfeRLUmsG wurde nunmehr gesetzlich geregelt, dass ein angemessenes Hausgrundstück i.S.d. § 90 Abs. 2 Nr. 8 SGB XII nicht als Vermögen angerechnet wird (§ 33a Abs. 1 S. 4 EStG). Laut AIFM-UmsG soll der nach § 33a Abs. 1 EStG abzugsfähige Höchstbetrag entsprechend dem erhöhten Grundfreibetrag auf 8.130 € (bisher 8.004 €) erhöht werden. Bei Redaktionsschluss stand die Zustimmung des Bundesrats noch aus. Vertiefend siehe → Unterhaltszahlungen.

Pflegepauschbetrag

Der Pauschbetrag nach § 33b Abs. 6 EStG zur Abgeltung von Aufwendungen die durch die persönliche Pflege einer nicht nur vorübergehend hilflosen Person entstehen, kann auch in Anspruch genommen werden, wenn die zu pflegende Person im EU/EWR-Ausland lebt (AmtshilfeRLUmsG).

Geringfügige Beschäftigung (Minijob)

Die Verdienstgrenzen wurden von 400 € auf 450 € monatlich angehoben (Gesetz zu Änderungen im Bereich der geringfügigen Beschäftigung).Vertiefend siehe → Minijobs.

1.1.3 Wer muss, wer sollte eine Steuererklärung abgeben?

Erklärungspflicht

Eine Einkommensteuererklärung müssen Sie abgeben, wenn Sie vom Finanzamt dazu aufgefordert werden. Aber auch ohne Aufforderung können Sie durch Rechtsvorschriften (§§ 25, 46 EStG, § 56 EStDV) zur Abgabe einer Steuererklärung verpflichtet sein.

Auch wenn Sie keine Steuererklärung abgeben müssen, können Sie die Veranlagung zur Einkommensteuer beantragen, indem Sie eine unterschriebene Einkommensteuererklärung (amtlicher

Vordruck) mit den notwendigen Anlagen beim für Sie zuständigen Finanzamt abgeben.

Dies lohnt sich bei **Arbeitnehmern**, wenn steuerlich abzugsfähige Ausgaben (Werbungskosten, Sonderausgaben, außergewöhnliche Belastungen) vorliegen, die der Arbeitgeber beim Lohnsteuerabzug nicht berücksichtigen konnte.

Bei **allen** Steuerpflichtigen ist der Antrag auf Steuerveranlagung sinnvoll, wenn Verluste aus einzelnen Einkunftsarten mit positiven Einkünften verrechnet werden sollen oder wenn sogar der Gesamtbetrag der Einkünfte negativ ist und mit Einkünften des Vorjahres oder Folgejahren ausgeglichen werden soll (siehe Erläuterungen zu den Zeilen 92, 93 Hauptvordruck).

1.1.4 Bis wann muss die Steuererklärung beim Finanzamt sein (Abgabetermin)?

Verpflichtende Abgabe einer Steuererklärung (Pflichtveranlagung)

Abgabetermin, Zwangsgeld, Verspätungszuschlag

Wenn Sie zur Abgabe einer Einkommensteuererklärung für 2013 gesetzlich verpflichtet sind, müssen Sie die Steuererklärung grundsätzlich bis zum 31.5.2014 (§ 149 AO) beim Finanzamt abgeben. Da dieser Termin durch EDV überwacht wird, werden steuerlich erfasste Bürger bei Nichtabgabe meist sechs bis acht Wochen später bereits (noch einmal) zur Abgabe der Erklärung innerhalb eines Monats aufgefordert (Erinnerung). Wenn Sie darauf nicht reagieren, wird ein sog. Zwangsverfahren eingeleitet und ein **Zwangsgeld** von mindestens 150–300 € je ausstehender Steuererklärung angedroht und gegebenenfalls festgesetzt. Spätestens jetzt ist die Abgabe der Steuererklärung dringend zu empfehlen, denn ansonsten wird das Zwangsgeld durch den Vollziehungsbeamten zeitnah eingefordert.

Wenn Sie vor Zahlung des Zwangsgelds die Steuererklärung einreichen, entfällt zwar das Zwangsgeld, das Finanzamt kann jedoch – sobald ein Zwangsgeld angedroht wurde – zusammen mit dem Steuerbescheid einen **Verspätungszuschlag** bis zu maximal 10 % der festgesetzten Steuer fordern. Dies gilt insbesondere bei Steuernachzahlungen.

Deswegen sollten Sie Ihre Steuererklärung spätestens nach der Erinnerung einreichen. Durch eine späte Abgabe der Steuererklärung können Sie zwar die Fälligkeit einer Nachzahlung hinausschieben, Sie müssen aber, neben dem möglichen Verspätungszuschlag, damit rechnen, dass zusätzlich zur Nachzahlung im gleichen Bescheid kurzfristig fällig werdende Vorauszahlungen für die Folgejahre verlangt werden.

Freiwillige Abgabe der Steuererklärung (Antrag auf Veranlagung)

Sie können die Veranlagung bis zum Eintritt der Verjährung beantragen. Für 2013 ist der Antrag – vier Jahre lang – bis Ablauf des Jahres 2017 – möglich.

Sollte sich aufgrund einer Antragsveranlagung unerwartet eine Nachzahlung ergeben, können Sie gegen den Steuerbescheid innerhalb eines Monats nach Bekanntgabe des Bescheids Einspruch einlegen und den Antrag zurücknehmen. Das Finanzamt wird den Steuerbescheid in diesem Fall ersatzlos aufheben, es sei denn, es liegen die Voraussetzungen für eine Pflichtveranlagung vor.

Fristverlängerung

Die Finanzämter verlängern Ihnen auf Antrag die gesetzliche Abgabefrist, wenn Sie sie aus zwingenden Gründen nicht einhalten können. Meist genügt für eine Fristverlängerung sogar ein Telefonanruf (Steuernummer bereithalten!), ansonsten ein kurzes Schreiben. Wenn Sie stichhaltige Gründe angeben (z. B. das Fehlen von für die Erstellung der Steuererklärung benötigten Unterlagen), können Sie im Regelfall eine Fristverlängerung von vier bis sechs Wochen, oftmals auch bis zum 30.9., ohne Nachteile erreichen. Für von Steuerberatern erstellte Erklärungen gilt im Normalfall eine durch die Verwaltung verlängerte Abgabefrist bis 31.12. des Folgejahres.

Steuererstattung

Wenn Sie mit einer Steuererstattung rechnen, sollten Sie die Steuererklärung möglichst frühzeitig abgeben. Da es gerade im April und Mai erfahrungsgemäß zu einem starken Erklärungseingang kommt, sind natürlich auch die Bearbeitungszeiten entsprechend lang (vgl. Kap. 1.1.12).

→ ZEILE 1
Antrag auf Arbeitnehmer-sparzulage

Den **Antrag** auf eine **Arbeitnehmersparzulage** stellen Sie grundsätzlich zusammen mit der Abgabe der Einkommensteuererklärung, indem Sie auf Seite 1 des Hauptvordrucks oben das entsprechende Auswahlkästchen ankreuzen.

Die vom Anlageinstitut übersandte **Anlage VL** (Bescheinigung vermögenswirksamer Leistungen) müssen Sie beifügen. Vertiefend siehe → Vermögenswirksame Leistungen.

1.1.5 Bei welchem Finanzamt müssen Sie Ihre Steuererklärung abgeben?

→ ZEILE 4
Zuständiges Finanzamt

Für die Bearbeitung der Steuererklärung ist das **Finanzamt zuständig**, in dessen Bezirk Sie zum Zeitpunkt der Einreichung der Steuererklärung wohnen (§ 19 AO). Wenn Sie nicht verheiratet sind und mehrere Wohnungen haben, so ist das Finanzamt zuständig, in dessen Bereich die Wohnung liegt, in der Sie sich vorwiegend aufhalten. Das ist im Normalfall die Wohnung, von der aus Sie Ihrer Beschäftigung nachgehen. Bei Verheirateten, die nicht dauernd getrennt leben, ist das Finanzamt des Wohnorts zuständig, an dem sich der Familienhauptwohnsitz befindet.

Persönliche Abgabe, Abgabe übers Internet, ELSTER

Ob Sie Ihre Steuererklärung persönlich beim Finanzamt abgeben, per Post oder elektronisch (s. u.) schicken, bleibt Ihnen überlassen, wenn Sie keine Einkünfte aus Land- und Forstwirtschaft, Gewerbebetrieb oder selbstständiger Arbeit haben. Steuerpflichtige mit Gewinneinkünften müssen die Steuererklärung auf elektronischem Weg (s. u.) abgeben (§ 25 Abs. 3 EStG). Als besonderen Service haben viele Finanzämter im Eingangsbereich Servicecenter bzw. eine zentrale Informations- und Erklärungsannahmestelle (ZIA) eingerichtet, womit Ihnen die Suche nach dem zuständigen Bearbeiter erspart bleibt. Die Vorteile einer persönlichen Abgabe liegen auf der Hand: Sie können Ihre Belege und insbesondere Originalurkunden (z. B. Verträge) sofort wieder mitnehmen und erfahren, ob noch Unterlagen fehlen bzw. können offene Fragen beantworten und so die spätere Bearbeitung vereinfachen und beschleunigen. Zusätzlich haben Sie die Möglichkeit, durch Fragen steuerliche Informationen zu bekommen. Manchmal werden („einfache“) Steuererklärungen sogar sofort bearbeitet. Andererseits müssen Sie auch mit möglicherweise unangenehmen Nachfragen rechnen oder manchmal längere Wartezeiten in Kauf nehmen. Regelmäßig werden bei persönlicher Abgabe auch mehr Belege verlangt.

Beim Ausfüllen einer elektronischen Steuererklärung werden die Eintragungen gleich auf Plausibilität und Vollständigkeit geprüft. Damit hat das Finanzamt i. d. R. alle benötigten Angaben. Allerdings sind die Fehlerhinweise des Programms für einen steuerlich unbewanderten Bürger manchmal schwer verständlich. Außerdem kann es mühselig sein, das Eintragungsfeld für die gewünschte Angabe zu finden. Die Orientierung auf den Papiervordrucken ist einfacher. Haben Sie einmal eine Steuererklärung elektronisch übermittelt, können Sie Ihre Grunddaten jedes Jahr aus dem Vorjahr übernehmen. Im Regelfall sollen die Finanzämter elektronisch abgegebene Erklärungen vorrangig bearbeiten und, soweit möglich, auf die Belegvorlage verzichten. Sofern Sie eine authentifizierte Steuererklärung übermitteln, sparen Sie sich sogar die Abgabe auf Papier. Außerdem können Sie sich vorab eine (rechtlich unverbindliche) Ausfertigung Ihres Steuerbescheids elektronisch vom Finanzamt übermitteln lassen. Alle Informationen dazu finden Sie im Internet unter www.elster.de. Soweit Sie den Steuerratgeber mit CD erworben haben, können Sie natürlich mithilfe der CD Ihre Steuererklärung erstellen und die Daten elektronisch übermitteln.

1.1.6 Wie bekommen Sie die Formulare?

Nachdem immer mehr Bundesländer aus Kostengründen und um den Anteil elektronisch übermittelter Steuererklärungen zu erhöhen dazu übergehen, keine Erklärungsvordrucke mehr zu versenden, müssen Sie sich selbst um die bundeseinheitlichen Vordrucke kümmern. Haben Sie diesen Steuerratgeber mit CD gekauft, ist das kein Problem, denn auf der CD sind alle Formulare enthalten. Sie können sie unausgefüllt oder nach dem Ausfüllen ausdrucken. Ansonsten führt – wenn Sie einen Internetzugang haben – der schnellste Weg über die Formularverwaltung des Bundesministeriums der Finanzen (www.formulare-bfinv.de). Die Formularverwaltung können Sie auch über die Internetseite Ihres Heimatfinanzamts aufrufen. Hier haben Sie die Möglichkeit, sich die Formulare unausgefüllt als PDF-Datei auszudrucken. Sie können die Formulare auch am PC ausfüllen und danach ausdrucken. Da dabei aber eine zeitliche Eingabebegrenzung gilt und Sie die Eingaben nicht speichern können, raten wir davon ab.

In Papierform erhalten Sie die Formulare natürlich bei jedem Finanzamt und bei vielen Stadtverwaltungen und Bürgermeisterämtern. In begründeten Sonderfällen (z. B. gesundheitliche Beeinträchtigung, Alter) können Sie die Formulare (telefonisch) bei Ihrem zuständigen Finanzamt anfordern.

1.1.7 Welche Vordrucke müssen Sie ausfüllen?

Formularwegweiser

Einen Überblick, welche Vordrucke Sie benötigen, können Sie sich anhand des Formularwegweisers verschaffen.

Hauptvordruck/Mantelbogen

- **Persönliche Angaben** (Name, Adresse, Familienstand, Bankverbindung, Unterschrift)
- **Übrige Sonderausgaben** (Kirchensteuer, Berufsausbildungskosten, Spenden)
- **Außergewöhnliche Belastungen** (Behinderung, Krankheit, Pflege, Scheidung, Hausrat)
- **Steuerermäßigungen** rund um den eigenen Haushalt (Haushaltshilfe, Handwerkerleistung)

Versicherungsbeiträge

Anlage Vorsorgeaufwand
(privater **Vorsorgeaufwand** z. B. Beiträge zu Rentenversicherung (auch Rürup), Kranken-, Pflege-, Arbeitslosen-, Unfall-, Haftpflicht-Versicherungen)
Anlage AV (**A**ltersvorsorge**v**ertrag) (Riester-Vertrag)

Kinder

Anlage Kind
(**Kind**erberücksichtigung/steuerliche Vergünstigungen für Kinder)
Anlage K
Übertragung von Freibeträgen für **K**inder auf Großeltern/Stiefeltern)

Unterhalt

Anlage Unterhalt
(**Unterhalt**sleistungen an bedürftige Angehörige)
Anlage U
(**U**nterhalt an den Ex-Ehegatten/Ex-Partner in Lebenspartnerschaft)

Anlagen zu den 7 Einkunftsarten

Gewinneinkünfte

- **Anlage L** (**L**and- und Forstwirtschaft) z. B. Bauernhof, Gärtnerei, Viehzucht
- **Anlage G** (**G**ewerbebetrieb) z. B. Handel, Handwerk, Dienstleistung, Produktion
- **Anlage S** (**S**elbstständige Arbeit) z. B. Freiberufler
- **Anlage EÜR** (**E**innahme-**Ü**berschuss-**R**echnung)
- **Anlage 34a** (nur bei Buchführung) (ermäßigte Besteuerung im Betrieb stehengelassener Gewinne)

zusätzlich Gewinnermittlung
- Bilanz und Gewinn- und Verlustrechnung (Buchführung)
- Einnahme-Überschuss-Rechnung

Überschusseinkünfte

- **Anlage N** (**N**ichtselbstständige Arbeit) z. B. Arbeitnehmer, Pensionäre, Betriebsrentner
- **Anlage KAP** (**Kap**italvermögen) z. B. Zinsen, Dividenden, Aktienverkäufe, Börsengeschäfte **(Anlage ist nur in Ausnahmefällen abzugeben!)**
- **Anlage V** (**V**ermietung) z. B. Grundstücke, Gebäude, Wohnung, Zimmer
- **Anlage R** (**R**enten) z. B. gesetzl., private, Rürup-, Riester-Rente
- **Anlage SO** (**So**nstige Einkünfte) z. B. private Veräußerungsgeschäfte
- **Anlage AUS** (**AUS**ländische Einkünfte) z. B. Grundstücksmiete (nicht Kapitaleinkünfte)

Einen speziell für den im Steuerratgeber genannten betroffenen Personenkreis abgestimmten Formularwegweiser finden Sie auf der vorderen Umschlag-Innenseite.

Eine Kurzübersicht über die auf dem jeweiligen Vordruck notwendigen Eintragungen finden Sie jeweils vor den ausführlichen Erläuterungen zum Ausfüllen des jeweiligen Vordrucks.

Vereinfachte Einkommensteuererklärung (ESt1 V)

Die **vereinfachte** Steuererklärung besteht aus einem beidseitig bedruckten Vordruckblatt (ESt1 V), das Teile des **Hauptvordrucks** (Mantelbogen) und der **Anlage N** beinhaltet.

Sie kommt deshalb **nur für Arbeitnehmer** in Betracht, die **ausschließlich** Lohneinkünfte aus einem bestehenden Arbeitsverhältnis (aktives Arbeitsverhältnis) oder bestimmte Lohnersatzleistungen (z.B. Arbeitslosengeld oder Arbeitslosenhilfe) bezogen haben, oder für **Ferienjobber** und **Studenten** sowie für **Arbeitnehmer mit einem festen Arbeitsort** ohne besondere Werbungskosten, Sonderausgaben oder außergewöhnlichen Belastungen. Im Zweifel verwenden Sie die ausführlichen Vordrucke. So stellen Sie sicher, dass Sie nichts vergessen.

1.1.8 Wie werden die Vordrucke ausgefüllt?

Den maschinell lesbaren Vordrucken sind Ausfüllhinweise beigefügt. Eine maschinelle Erfassung und Bearbeitung der Steuererklärung ist nur möglich, wenn Sie diese Ausfüllhinweise beachten.

TIPP

Name und Steuernummer auf jeder Anlage

Tragen Sie unbedingt in der Kopfzeile jeder Anlage Ihren Namen und Ihre Steuernummer ein. Sie verhindern so, dass Anlagen nicht zugeordnet werden können und verloren gehen.

In den grünen Bereichen der Vordrucke sollten Sie keine Eintragungen oder Erläuterungen machen, denn diese Bereiche werden maschinell nicht „gelesen“. Soweit Sie Ihre Angaben erläutern wollen oder der in den Vordrucken vorgesehene Platz nicht ausreicht, verwenden Sie dafür ein gesondertes Blatt.

Achten Sie dabei auch auf die äußere Form. Eine saubere Aufstellung Ihrer Kosten und sortierte Belege erleichtern und beschleunigen die Bearbeitung, insbesondere die Prüfung Ihrer Angaben auf Schlüssigkeit und rechnerische Richtigkeit.

Lexikonteil, Lexikonwegweiser

Welche grundsätzlichen Angaben in den Vordrucken zu machen sind, wird in **Teil I** in aller Kürze erläutert. Mit diesen Informationen können Sie in vielen Fällen bereits Ihre Steuererklärung ausfüllen.

Soweit zum jeweiligen Thema Ausführungen im **Lexikonteil** (**Teil II**, Seiten mit grauen Eckkanten) zu finden sind, wird darauf unter Angabe des Stichworts verwiesen. Eine Übersicht über alle im Lexikonteil behandelten Themen finden Sie im Inhaltsverzeichnis und im Wegweiser, der am Anfang des Lexikonteils abgedruckt ist.

1.1.9 Was hat sich an den Vordrucken gegenüber dem Vorjahr geändert?

Formularänderungen

Die gesetzlichen Neuregelungen zur Steuerveranlagung von Ehegatten und gleichgeschlechtlichen Lebenspartnerschaften sowie die Schaffung des einheitlichen Euro-Zahlungsverkehrsraums (Single Euro Payments Area, SEPA) haben zu deutlichen Veränderungen beim **Hauptvordruck** für 2013 geführt. Auch die **Anlagen Kind** und **N** wurden überarbeitet. Außerdem ist für 2013 eine Anlage mit statistischen Angaben (**Anlage St**) auszufüllen. **Die wesentlichen Änderungen im Überblick:**

Hauptvordruck

Durch den Wegfall der getrennten und der besonderen Veranlagung von Ehegatten und aufgrund der steuerlichen Gleichstellung (gleichgeschlechtlicher) eingetragener Lebenspartnerschaften musste Seite 1 neu gefasst werden. Entsprechend wurden die Angaben zur Verteilung von Sonderausgaben und außergewöhnlichen Belastungen bei getrennter Veranlagung durch Einzelveranlagung von Ehegatten/Lebenspartnern ersetzt (Seite 4).

Bei der Bankverbindung ist statt der bisherigen Bankleitzahl die Bankenidentifizierungsnummer (Bank Identifier Code, BIC) und statt der Girokontonummer die internationale Bankkontennummer (International Bank Account Number, IBAN), beides ersichtlich z. B. aus den Kontoauszügen, einzutragen.

Die Vollmacht für eine andere Person zur Entgegennahme des Steuerbescheids befindet sich jetzt auf Seite 2.

Die Formularzeilen, in denen die eingereichten Formulare anzukreuzen waren (bisher Seite 2), sind ersatzlos weggefallen.

Dadurch haben sich Zeilenverschiebungen ergeben.

Bei der Eintragung von Spenden (Seite 2 des Hauptvordrucks) ist danach zu unterscheiden, ob die Daten vom Empfänger der Spende der Finanzverwaltung elektronisch übermittelt wurden oder nicht.

Anlage Kind

Die Angaben zu Kindern (Seite 1) wurden neu gefasst, ohne dass damit rechtliche Änderungen verbunden sind. Die Eintragung zum freiwilligen Grundwehrdienst sind weggefallen, da hier im Regelfall keine steuerliche Berücksichtigung des Kindes möglich ist.

Die Fragen zur Erwerbstätigkeit von volljährigen Kindern (nur wichtig, wenn das Kind bereits eine erste Berufsausbildung abgeschlossen hat) wurden in eine andere Reihenfolge gebracht und anders formuliert, um die rechtliche Prüfung zu erleichtern.

Bei den Kinderbetreuungskosten (Seite 3) entfielen die Angaben zur Aufteilung der Kosten bei getrennter Veranlagung.

Anlage N

Der Vordruck wurde bezüglich der Eintragungen zur doppelten Haushaltsführung (Seite 3) um zusätzliche Angaben bzw. Fragen ergänzt und vollständig verkennziffert. Dies soll eine maschinelle (Vor-)Bearbeitung und Prüfung ermöglichen.

Anlage St

Das Veranlagungsjahr 2013 ist ein statistisches Jahr. Deshalb müssen Land- und Forstwirte, Gewerbetreibende, Freiberufler und Hausvermieter insbesondere in Anspruch genommene Absetzungen für Abnutzungen (AfA) und Sonderabschreibungen auf dieser Anlage gesondert aufführen.

Andere Vordrucke

Bei den anderen Vordrucken ergaben sich, wenn überhaupt, nur redaktionelle Änderungen gegenüber den Vorjahresformularen.

1.1.10 Wie ordne ich meine Belege und welche Kosten (Belege) kann ich wo in der Steuererklärung eintragen?

Belegcheck

Die folgende, in alphabetischer Reihenfolge sortierte Tabelle mit häufig vorkommenden Kosten ermöglicht Ihnen, Ihre Belege zu ordnen und gibt an, wo in der Steuererklärung Sie die zugrunde liegenden Ausgaben eintragen können. Weitere Informationen zu den Kosten und dem steuerlichen Abzug finden Sie bei Bedarf in den Erläuterungen zu dem jeweiligen Vordruck.

Kostenbeleg	Steuererklärung	Abzug
Abflussrohrreinigung		
• selbst genutztes Haus/ Wohnung	Hauptvordr. Z. 75	Steuerermäßigung
• vermietetes Haus/Wohnung	Anlage V	Werbungskosten
Arbeitsmittel/Fachliteratur	Anlage N, S. 2	Werbungskosten
Arbeitszimmer	Anlage N, S. 2	Werbungskosten
Ausbildungskosten		
• eigene Ausbildung/Ehegatte	Hauptvordr. Z. 43	Sonderausgaben
• eines Kindes	Anlage Kind Z. 50 ff.	außergewöhnliche Belastungen
Bestattungskosten	Hauptvordr. Z. 67	außergewöhnliche Belastungen
Erhaltungsaufwendungen/ Instandsetzung/Reparatur		
• selbst genutztes Haus/ Wohnung	Hauptvordr. Z. 75	Steuerermäßigung
• vermietetes Haus/Wohnung	Anlage V, S. 2	Werbungskosten
Fahrtkosten		
• beruflich	Anlage N, S. 2	Werbungskosten
• vermietetes Haus/Wohnung	Anlage V, S. 2	Werbungskosten
• Behinderung	Hauptvordr. Z. 67	außergewöhnliche Belastungen
Führerschein (behinderte Menschen)	Hauptvordr. Z. 67	außergewöhnliche Belastungen
Fortbildungskosten (vgl. auch Reisekosten)	Anlage N, S. 2	Werbungskosten
Gartenpflege		
• selbst genutztes Haus/ Wohnung	Hauptvordr. Z. 73	Steuerermäßigung
• vermietetes Haus/Wohnung	Anlage V	Werbungskosten

Kostenbeleg	Steuererklärung	Abzug
Gartengestaltung		
• selbst genutztes Haus/Wohnung • vermietetes Haus/Wohnung	Hauptvordr. Z. 75 Anlage V, S. 2	Steuerermäßigung Werbungskosten
Haushaltshilfe/Haushälterin (angestellt/Minijob)	Hauptvordr. Z. 70, 71	Steuerermäßigung
Hausarbeit/Hausreinigung durch Fremdfirma (putzen, kochen, waschen, bügeln)	Hauptvordr. Z. 72	Steuerermäßigung
Hausaufgabenbetreuung Kind	Anlage Kind, S. 3	Sonderausgaben
Heimkosten	Hauptvordr. Z. 73, 74 Hauptvordr. Z. 67	Steuerermäßigung außergewöhnliche Belastungen
Kinderbetreuungskosten	Anlage Kind, S. 3	Sonderausgaben
Kindergartenbeitrag	Anlage Kind, S. 3	Sonderausgaben
Kontoführung		
• beruflich • vermietetes Haus/Wohnung	Anlage N, S. 2 Anlage V, S. 2	Werbungskosten Werbungskosten
Krankheitskosten (Praxisgebühr, Eigenanteil Arznei, Brille, Hörgerät, Zahnersatz, Kur)	Hauptvordr. Z. 67	außergewöhnliche Belastungen
Krankenversicherung		
• eigene bzw. Ehegatte • Kind • Ex-Ehegatten (bzw. getrennt) • andere unterstützte Personen	Anlage Vorsorgeaufwand Anlage Kind S. 2 Hauptvordr. Z. 40 Anlage Unterhalt Z. 11	Sonderausgaben Sonderausgaben Sonderausgaben außergewöhnliche Belastungen
Mitgliedsbeiträge		
• Verein, Partei • Gewerkschaft, Berufsverband • Haus-/Grundbesitzerverein • Lohnsteuerhilfe	Hauptvordr. Z. 45, 49 ff. Anlage N, S. 2 Anlage V, S. 2 Anlage N, S. 2	Sonderausgaben Werbungskosten Werbungskosten Werbungskosten
Pflegekosten	Hauptvordr. Z. 65, 67 bzw. Z. 74 ff.	außergewöhnliche Belastungen Steuerermäßigung
Reparatur		
• Haushaltsgeräte • Fahrzeug (berufliche Fahrt)	Hauptvordr. Z. 75 Anlage N, S. 2	Steuerermäßigung Werbungskosten

Kostenbeleg	Steuererklärung	Abzug
Renovierung		
• selbst genutztes Haus/ Wohnung	Hauptvordr. Z. 75	Steuerermäßigung
• vermietetes Haus/Wohnung	Anlage V, S. 2	Werbungskosten
• Arbeitszimmer	Anlage N S. 2	Werbungskosten
Reisekosten (beruflich)	Anlage N, S. 2	Werbungskosten
Riester-Versicherungsbeiträge	Anlage AV	Zulage/ Sonderausgaben
Rürup-Versicherungsbeiträge	Anlage Vorsorge- aufwand Z. 7	Sonderausgaben
Schulgeld		
• eigene Schulausbildung	Hauptvordr. Z. 43	Sonderausgaben
• für Kind	Anlage Kind Z. 61	Sonderausgaben
Spende	Hauptvordr. Z. 45, 49 ff.	Sonderausgaben
Steuerberatungskosten	Anlage N, R,V S. 2	Werbungskosten
Steuerbescheinigung		
• Zinsen	Anlage KAP, S. 2	Steueranrechnung
Studiengebühr		
• eigenes Studium	Hauptvordr. Z. 43	Sonderausgaben
Telefonkosten		
• berufliche Telefonate	Anlage N, S. 2	Werbungskosten
• Mieter	Anlage V, S. 2	Werbungskosten
Umzugskosten		
• privater Umzug	Hauptvordr. Z. 73	Steuerermäßigung
• beruflich bedingter Umzug	Anlage N, S. 2	Werbungskosten
Unfallkosten		
• berufliche Fahrt	Anlage N, S. 2	Werbungskosten
Unterhaltszahlungen		
• getrennt lebender/geschiedener Ehegatte	Hauptvordr. Z. 40	Sonderausgaben
• nicht steuerlich berücksichtigungsfähige Kinder	Anlage Unterhalt	außergewöhnliche Belastungen
• andere Personen	Anlage Unterhalt	außergewöhnliche Belastungen

Kostenbeleg	Steuererklärung	Abzug
Versicherungen		
• beruflich (z. B. Berufshaftpflicht)	Anlage N, S. 2	Werbungskosten
• vermietetes Haus/Wohnung	Anlage V, S. 2	Werbungskosten
• privat (außer Rechtsschutz und Sachversicherungen)	Anlage Vorsorgeaufwand	Sonderausgaben
Wartung (Heizung, Tankreinigung, Sanitäranlagen, Fahrstuhl, Feuerlöscher)		
• selbst genutztes Haus/ Wohnung	Hauptvordr. Z. 75	Steuerermäßigung
• vermietetes Haus/Wohnung	Anlage V	Werbungskosten
Zweiter Haushalt (beruflich)	Anlage N, S. 3	Werbungskosten

1.1.11 Welche Unterlagen müssen Sie der Steuererklärung beifügen?

Unterlagen, Belege, Nachweise

Welche Unterlagen für die jeweilige Steuervergünstigung bzw. Einkunftsart notwendig sind, können Sie den Erläuterungen zum Ausfüllen des jeweiligen Erklärungsvordrucks entnehmen. Dort finden Sie Hinweise, in welchen Fällen die Verwaltung im Normalfall auf eine Belegvorlage verzichtet und eine Kostenaufstellung oder der Vermerk „wie im Vorjahr" ausreicht. Sonderregelungen gelten bei der Abgabe der Steuererklärung per Internet im ELSTER-Verfahren.

Die Unterlagen sollten Sie mindestens so lange aufbewahren, bis die Einspruchsfrist für Ihren Steuerbescheid abgelaufen ist, besser noch bis zur Erstellung der Steuererklärung für das nächste Jahr. Für betriebliche Unterlagen gilt eine zehnjährige Aufbewahrungsfrist (§ 147 Abs. 3 AO), für andere Unterlagen eine sechsjährige Aufbewahrungsfrist, wenn die Summe der nichtbetrieblichen Einkünfte mehr als 500.000 € beträgt (§ 147a AO).

1.1.12 Bearbeitungsdauer im Finanzamt

Die Bearbeitungsdauer ist in den einzelnen Bundesländern unterschiedlich. Erfahrungsgemäß sind die Bearbeitungszeiten im ersten Halbjahr wegen der Vielzahl der eingehenden Steuererklärungen länger. Mit sechs bis acht Wochen Bearbeitungszeit müssen Sie deshalb im Regelfall rechnen. Eine schnellere

Bearbeitung soll bei über das Internet eingereichten Steuererklärungen erfolgen.

1.1.13 Praktische Tipps

- Behalten Sie für sich von jedem ausgefüllten Formular, jeder eingereichten Kostenaufstellung und jedem Schreiben an Ihr Finanzamt ein Doppel zurück.
- Legen Sie die Unterlagen jahrgangsweise, am besten durch Trennblätter geordnet, in einem Ordner „Finanzamt“ oder „Steuern“ ab. Sie erleichtern sich so die Überprüfung Ihres Steuerbescheids und das Ausfüllen der Steuererklärung für die Folgejahre.
- Vermeiden Sie zu Ihrer Sicherheit, sofern es nicht zwingend erforderlich ist (wie z.B. bei Steuerbescheinigungen von Banken), Originalverträge oder Schriftstücke an das Finanzamt zu schicken. Außer der Möglichkeit des Verlusts werden die Unterlagen teilweise auch in den Akten abgeheftet. Meist erinnert man sich als Steuerzahler, wenn überhaupt, erst Jahre später daran, weil man seine Originalurkunde für andere Zwecke wieder braucht. Eine gute Fotokopie genügt in den meisten Fällen als Nachweis.
- Die Belegvorlage ist nur in ganz wenigen Fällen gesetzlich oder durch Verwaltungsanweisung vorgeschrieben. Zwischenzeitlich werden die meisten Steuererklärungen nicht mehr vollinhaltlich geprüft. Vielmehr findet anhand bestimmter sich immer wieder ändernder Vorgaben eine maschinelle Vorprüfung statt. Der Bearbeiter bekommt die zu prüfenden Bereiche vorgegeben und entscheidet entsprechend den Vorgaben, ob und welche Belege er verlangt. Vielfach wird auf die Belegvorlage verzichtet, wenn die geltend gemachten Kosten ordentlich zusammengestellt, in sich schlüssig und der Höhe nach glaubhaft sind. Schicken Sie deshalb nur die im Allgemeinen notwendigen Belege (vgl. Erläuterungen zu den Vordrucken) an das Finanzamt. Falls im Einzelfall noch weitere Belege benötigt werden, werden diese angefordert. Für diesen Fall sollten Sie aber über die Nachweise verfügen.
- Bewahren Sie die Belege auf jeden Fall bis zur Erstellung der Steuererklärung für das Folgejahr auf. Für betriebliche Unterlagen und bei nichtbetrieblichen Einkünften von über 500.000 € gelten besondere Vorschriften (vgl. 1.1.11).

1.2 Hauptvordruck (ESt1A, Mantelbogen)

WICHTIG

Hauptvordruck muss immer ausgefüllt werden

Der **Hauptvordruck** (Mantelbogen), insbesondere Seite 1 und 2 mit den persönlichen Daten und der Bankverbindung, muss immer ausgefüllt werden. Außerdem ist die eigenhändige Unterschrift auf Seite 4 notwendig. Welche weiteren Formulare Sie außer dem Hauptvordruck noch benötigen, sehen Sie im **Formularwegweiser** auf einen Blick.

Überblick

Im Bedarfsfall ausfüllen	
Seite 2	**Sonderausgaben (Zeilen 37–56)** Die Eintragung von Versicherungsbeiträgen erfolgt auf der **Anlage Vorsorgeaufwand** Bei den übrigen Sonderausgaben (Zeilen 37–56) – wie z. B. Kirchensteuer, allgemeinen Spenden, Berufsausbildungskosten – wirkt sich eine Eintragung dann aus, wenn die Aufwendungen höher als 36 € bzw. 72 € bei zusammenveranlagten Ehegatten sind. Vertiefend siehe → Sonderausgaben und → Spenden. Spenden an politische Parteien und unabhängige Wählervereinigungen wirken sich immer aus.
Seite 3	**Außergewöhnliche Belastungen (Zeilen 61–70)** Betroffene (behinderte Menschen, Pflegekosten, Krankheitskosten etc.) müssen auf jeden Fall eine Eintragung vornehmen, weil hier Pauschalen nicht automatisch berücksichtigt werden. Vertiefend siehe → Außergewöhnliche Belastung, → Krankheitskosten und → Behinderte Menschen. **Haushaltsnahe Beschäftigungsverhältnisse, Dienstleistungen und Handwerkerleistungen (Zeilen 71–78)** Beantragen Sie hier die Steuerermäßigung für Haushaltshilfen, Heimunterbringung sowie Dienstleistungen (z. B. Pflege, Betreuung, Garten-, Reinigungsarbeiten) und Handwerkerleistungen rund um Ihren Privathaushalt.Vertiefend siehe → Haushaltsnahe Tätigkeiten/Dienstleistungen und → Pflegekosten/Betreuungskosten/Heimunterbringung.
Seite 4	**Sonstige Angaben und Anträge (Zeilen 91–108)** Hier geht es im Wesentlichen um die Berücksichtigung von Verlustrückträgen und -vorträgen sowie um **Einkommensersatz** (z. B. Elterngeld, Krankengeld, Mutterschaftsgeld), der **nicht** im Zusammenhang mit entgangenem Arbeitslohn (vgl. **Anlage N**, Zeilen 27–29) steht und um die Verteilung von Aufwendungen bei **der Einzelveranlagung auf Antrag von Ehegatten/Lebenspartnern**.Vertiefend siehe → Veranlagung von Ehegatten und Partnern einer eingetragenen Lebenspartnerschaft.

2013

Eingangsstempel

1 Einkommensteuererklärung | Antrag auf Festsetzung der Arbeitnehmer-Sparzulage

2 Erklärung zur Festsetzung der Kirchensteuer auf Kapitalerträge | Erklärung zur Feststellung des verbleibenden Verlustvortrags

3 Steuernummer

An das Finanzamt

4

Bei **Wohnsitzwechsel: bisheriges Finanzamt**

5

Allgemeine Angaben

6 Telefonische Rückfragen tagsüber unter Nr.

Steuerpflichtige Person (stpfl. Person), nur bei Zusammenveranlagung: **Ehemann / Lebenspartner(in) A *)** | *) Bitte Anleitung beachten.

7 Identifikationsnummer (IdNr.)

8 Name | Geburtsdatum T T M M J J J J

9 Vorname

Religionsschlüssel:
Evangelisch = EV
Römisch-Katholisch = RK
nicht kirchensteuerpflichtig = VD
Weitere siehe Anleitung

10 Titel, akademischer Grad

11 Straße (derzeitige Adresse) | Religion

12 Hausnummer | Hausnummerzusatz | Adressergänzung

13 Postleitzahl | Wohnort

14 Ausgeübter Beruf

15 Verheiratet / Lebenspartnerschaft begründet seit dem T T M M J J J J | Verwitwet seit dem T T M M J J J J | Geschieden / Lebenspartnerschaft aufgehoben seit dem T T M M J J J J | Dauernd getrennt lebend seit dem T T M M J J J J

Nur bei Zusammenveranlagung: **Ehefrau / Lebenspartner(in) B**

16 IdNr.

17 Name | Geburtsdatum T T M M J J J J

18 Vorname

Religionsschlüssel:
Evangelisch = EV
Römisch-Katholisch = RK
nicht kirchensteuerpflichtig = VD
Weitere siehe Anleitung

19 Titel, akademischer Grad

20 Straße (falls von Zeile 11 abweichend) | Religion

21 Hausnummer | Hausnummerzusatz | Adressergänzung

22 Postleitzahl | Wohnort (falls von Zeile 13 abweichend)

23 Ausgeübter Beruf

Nur von Ehegatten / Lebenspartnern auszufüllen

24 Zusammenveranlagung | Einzelveranlagung von Ehegatten / Lebenspartnern | Wir haben Gütergemeinschaft vereinbart

Bankverbindung – Bitte stets angeben –

25 IBAN

26 BIC

27 Geldinstitut und Ort

28 **Kontoinhaber** lt. Zeile 8 und 9 | lt. Zeile 17 und 18 oder: | **Name** (im Fall der Abtretung bitte amtlichen Abtretungsvordruck beifügen)

2013ESt1A011 – Aug. 2013 – 2013ESt1A011

Der Steuerbescheid soll nicht mir / uns zugesandt werden, sondern:

Zeile	Feld
31	Name
32	Vorname
33	Straße
34	Hausnummer / Hausnummerzusatz
35	Postfach
36	Postleitzahl / Wohnort

Sonderausgaben

52

Zeile					
	Gezahlte Versorgungsleistungen	Rechtsgrund, Datum des Vertrags	abziehbar		tatsächlich gezahlt EUR
37	Renten		102 %	101	,–
38	Dauernde Lasten	Rechtsgrund, Datum des Vertrags		100	,–
39	**Ausgleichszahlungen** im Rahmen des schuldrechtlichen Versorgungsausgleichs	Rechtsgrund, Datum der erstmaligen Zahlung		121	,–
40	**Unterhaltsleistungen** lt. **Anlage U** an den – geschiedenen Ehegatten, Lebenspartner einer aufgehobenen Lebenspartnerschaft – dauernd getrennt lebenden Ehegatten / Lebenspartner	117	IdNr. der unterstützten Person	116	,–
41	In Zeile 40 enthaltene Beiträge (abzgl. Erstattungen und Zuschüsse) zur Basis-Kranken- und gesetzlichen Pflegeversicherung	118 EUR ,–	Davon entfallen auf Krankenversicherungsbeiträge mit Anspruch auf Krankengeld	119	,–
			2013 gezahlt EUR		2013 erstattet EUR
42	**Kirchensteuer** (soweit diese nicht als Zuschlag zur Abgeltungsteuer einbehalten oder gezahlt wurde)		103 ,–	104	,–

Zeile			
	Aufwendungen für die eigene **Berufsausbildung: stpfl. Person / Ehemann / Lebenspartner(in) A** Bezeichnung der Ausbildung, Art und Höhe der Aufwendungen		EUR
43		200	,–
	Aufwendungen für die eigene **Berufsausbildung: Ehefrau / Lebenspartner(in) B** Bezeichnung der Ausbildung, Art und Höhe der Aufwendungen		
44		201	,–

Zeile			lt. beigef. Bestätigungen EUR		lt. Nachweis Betriebsfinanzamt EUR
	Spenden und Mitgliedsbeiträge (ohne Beträge in den Zeilen 49 bis 56)				
45	– zur Förderung steuerbegünstigter Zwecke	123	,–	124	,–
46	in Zeile 45 enthaltene Zuwendungen an Empfänger im EU- / EWR-Ausland	125	,–	126	,–
47	– an politische Parteien (§§ 34g, 10b EStG)	127	,–	128	,–
48	– an unabhängige Wählervereinigungen (§ 34g EStG)	129	,–	130	,–

Zeile			stpfl. Person / Ehemann / Lebenspartner(in) A EUR		Ehefrau / Lebenspartner(in) B EUR
	Spenden und Mitgliedsbeiträge, bei denen die Daten elektronisch an die Finanzverwaltung übermittelt wurden (ohne Beträge in den Zeilen 45 bis 48 und 52 bis 56)				
49	– zur Förderung steuerbegünstigter Zwecke	202	,–	203	,–
50	– an politische Parteien (§§ 34g, 10b EStG)	204	,–	205	,–
51	– an unabhängige Wählervereinigungen (§ 34g EStG)	206	,–	207	,–
	Spenden in das zu erhaltende Vermögen (Vermögensstock) einer Stiftung				
52	2013 geleistete Spenden (lt. beigefügten Bestätigungen / lt. Nachweis Betriebsfinanzamt)	208	,–	209	,–
53	2013 geleistete Spenden, bei denen die Daten elektronisch an die Finanzverwaltung übermittelt wurden (ohne Beträge in Zeile 52)	210	,–	211	,–
54	in Zeile 52 enthaltene Spenden an Empfänger im EU- / EWR-Ausland	218	,–	219	,–
55	Von den Spenden in Zeile 52 und 53 sollen 2013 berücksichtigt werden	212	,–	213	,–
56	2013 zu berücksichtigende Spenden aus Vorjahren in das zu erhaltende Vermögen (Vermögensstock) einer Stiftung, die bisher noch nicht berücksichtigt wurden	214	,–	215	,–

2013ESt1A012 2013ESt1A012

Außergewöhnliche Belastungen 53

Behinderte Menschen und Hinterbliebene

Zeile		Ausweis / Rentenbescheid / Bescheinigung ausgestellt am		gültig von		bis		unbefristet gültig		Grad der Behinderung	Erstmalige Beantragung / Änderung (Nachweis ist einzureichen)
61	stpfl. Person / Ehemann / Lebens-partner(in) A	T T M M J J J J	12	M M J J	14	M M J J	18	1 = Ja	56		X
62	hinterblieben 16 — 1 = Ja			blind / ständig hilflos 20 — 1 = Ja						geh- und stehbehindert 22 — 1 = Ja	
63	Ehefrau / Lebens-partner(in) B	T T M M J J J J	13	M M J J	15	M M J J	19	1 = Ja	57		X
64	hinterblieben 17 — 1 = Ja			blind / ständig hilflos 21 — 1 = Ja						geh- und stehbehindert 23 — 1 = Ja	

65 **Pflege-Pauschbetrag** wegen **unentgeltlicher** persönlicher Pflege einer ständig hilflosen Person in ihrer oder in meiner Wohnung — X Erstmalige Beantragung / Änderung (Nachweis ist einzureichen)

66 Name, Anschrift und Verwandtschaftsverhältnis der hilflosen Person(en) — Name anderer Pflegeperson(en)

Andere außergewöhnliche Belastungen
(z. B. Fahrtkosten behinderter Menschen, Krankheitskosten, Kurkosten, Pflegekosten)

Zeile	Art der Belastung	Aufwendungen EUR	Erhaltene / Anspruch auf zu erwartende Versicherungsleistungen, Beihilfen, Unterstützungen; Wert des Nachlasses usw. EUR
67		,–	,–
68		+ ,–	+ ,–
69	Summe der Zeilen 67 und 68	63 ,–	64 ,–

70 Für die – wegen Abzugs der zumutbaren Belastung – nicht abziehbaren Pflegeleistungen wird die Steuerermäßigung für haushaltsnahe Dienstleistungen beantragt. Die in den Zeilen 67 und 68 enthaltenen Aufwendungen für haushaltsnahe Pflegeleistungen betragen (Aufwendungen abzüglich Erstattungen) 77 ,–

Haushaltsnahe Beschäftigungsverhältnisse, Dienstleistungen und Handwerkerleistungen 18

Steuerermäßigung bei Aufwendungen für

Aufwendungen (abzüglich Erstattungen) EUR

– geringfügige Beschäftigungen im Privathaushalt – sog. Minijobs –
Art der Tätigkeit
71 202 ,–

– sozialversicherungspflichtige Beschäftigungen im Privathaushalt
Art der Tätigkeit
72 207 ,–

– haushaltsnahe Dienstleistungen, Hilfe im eigenen Haushalt
Art der Aufwendungen
73 210 ,–

– Pflege- und Betreuungsleistungen im Haushalt, in Heimunterbringungskosten enthaltene Aufwendungen für Dienstleistungen, die denen einer Haushaltshilfe vergleichbar sind (soweit nicht bereits in den Zeilen 67 und 68 berücksichtigt)
Art der Aufwendungen
74 213 ,–

– Handwerkerleistungen für Renovierungs-, Erhaltungs- und Modernisierungsmaßnahmen im eigenen Haushalt (ohne öffentlich geförderte Maßnahmen, für die zinsverbilligte Darlehen oder steuerfreie Zuschüsse in Anspruch genommen werden, z. B. KfW-Bank, landeseigener Förderbanken oder Gemeinden)
Art der Aufwendungen
75 214 ,–

76 **Nur bei Alleinstehenden und Eintragungen in den Zeilen 71 bis 75:** Es bestand ganzjährig ein gemeinsamer Haushalt mit einer anderen alleinstehenden Person — Name, Vorname, Geburtsdatum

77 Laut einzureichendem gemeinsamen Antrag sind die Höchstbeträge für die Aufwendungen lt. den Zeilen 71 bis 75 in einem anderen Verhältnis als je zur Hälfte aufzuteilen. Der bei mir zu berücksichtigende Anteil beträgt 221 %

78 **Nur in Fällen der Zusammenveranlagung und Eintragungen in den Zeilen 71 bis 75:** Es wurde 2013 ein gemeinsamer Haushalt begründet oder aufgelöst und für einen Teil des Kalenderjahres ein Einzelhaushalt geführt — Ehemann / Lebenspartner(in) A 219 1 = Ja — Ehefrau / Lebenspartner(in) B 220 1 = Ja

Steuerermäßigung bei Belastung mit Erbschaftsteuer

79 X Ich beantrage eine Steuerermäßigung, weil in dieser Steuererklärung Einkünfte erklärt worden sind, die als Erwerb von Todes wegen ab 2009 der Erbschaftsteuer unterlegen haben (Erläuterungen bitte auf besonderem Blatt).

Steuerbegünstigung für schutzwürdige Kulturgüter

Abzugsbetrag EUR

80 Steuerbegünstigung nach § 10g EStG für schutzwürdige Kulturgüter, die weder zur Einkunftserzielung noch zu eigenen Wohnzwecken genutzt werden 151 ,–

2013ESt1A013 2013ESt1A013

Sonstige Angaben und Anträge

91 Gesellschaften / Gemeinschaften / ähnliche Modelle i. S. d. § 2b EStG (Erläuterungen auf besonderem Blatt)

92 Es wurde ein verbleibender Verlustvortrag nach § 10d EStG / Spendenvortrag nach § 10b EStG zum 31.12.2012 festgestellt für — X stpfl. Person / Ehemann / Lebenspartner(in) A — X Ehefrau / Lebenspartner(in) B

Antrag auf Beschränkung des Verlustrücktrags nach 2012

93 Von den nicht ausgeglichenen negativen Einkünften 2013 soll folgender Gesamtbetrag nach 2012 zurückgetragen werden — EUR ,– — EUR ,–

	stpfl. Person / Ehemann / Lebenspartner(in) A EUR		Ehefrau / Lebenspartner(in) B EUR	18
94 **Einkommensersatzleistungen**, die dem Progressionsvorbehalt unterliegen, z. B. Krankengeld, Elterngeld, Mutterschaftsgeld (soweit nicht in Zeile 27 bis 29 der Anlage N eingetragen)	120 ,–		121 ,–	

Nur bei Einzelveranlagung von Ehegatten / Lebenspartnern:

95 Laut übereinstimmendem Antrag sind die Sonderausgaben, außergewöhnlichen Belastungen sowie die Steuerermäßigung für haushaltsnahe Beschäftigungsverhältnisse, Dienstleistungen und Handwerkerleistungen je zur Hälfte aufzuteilen (Der Antrag auf Aufteilung des Freibetrages zur Abgeltung eines Sonderbedarfs bei Berufsausbildung eines volljährigen Kindes ist in Zeile 52 der Anlage Kind, der Antrag auf Aufteilung bei Übertragung des Behinderten- oder Hinterbliebenen-Pauschbetrags in Zeile 66 der Anlage Kind zu stellen.). — 222 — 1 = Ja

Nur bei zeitweiser unbeschränkter Steuerpflicht im Kalenderjahr 2013:

		vom	bis
96 Wohnsitz oder gewöhnlicher Aufenthalt im Inland	stpfl. Person / Ehemann / Lebenspartner(in) A	T T M M	T T M M
97	Ehefrau / Lebenspartner(in) B	T T M M	T T M M

		EUR
98 Ausländische Einkünfte, die außerhalb der in den Zeilen 96 und / oder 97 genannten Zeiträume bezogen wurden und nicht der deutschen Einkommensteuer unterlegen haben (Bitte Nachweise über die Art und Höhe dieser Einkünfte beifügen.)	122	,–
99 In Zeile 98 enthaltene außerordentliche Einkünfte i. S. d. §§ 34, 34b EStG	177	,–

Nur bei Personen ohne Wohnsitz oder gewöhnlichen Aufenthalt im Inland, die beantragen, als unbeschränkt steuerpflichtig behandelt zu werden:

100 Es wird für die Anwendung personen- und familienbezogener Steuervergünstigungen beantragt, als unbeschränkt steuerpflichtig behandelt zu werden. — Antragsteller: 130 — 1 = stpfl. Person / Ehemann / Lebenspartner(in) A, 2 = Ehefrau / Lebenspartner(in) B, 3 = beide Ehegatten / Lebenspartner

101 X Die „Bescheinigung EU / EWR" ist beigefügt. X Die „Bescheinigung außerhalb EU / EWR" ist beigefügt.

		stpfl. Person / Ehemann / Lebenspartner(in) A EUR		Ehefrau / Lebenspartner(in) B EUR
102 Summe der nicht der deutschen Einkommensteuer unterliegenden Einkünfte (ggf. „0")	124	,–	129	,–
103 In Zeile 102 enthaltene Kapitalerträge, die der Abgeltungsteuer unterliegen oder – im Fall von ausländischen Kapitalerträgen – unterliegen würden	131	,–	133	,–

		stpfl. Person / Ehegatten / Lebenspartner EUR
104 In Zeile 102 enthaltene außerordentliche Einkünfte i. S. d. §§ 34, 34b EStG	177	,–

Nur bei im EU- / EWR-Ausland oder in der Schweiz lebenden Ehegatten / Lebenspartnern:

105 X Ich beantrage als Staatsangehöriger eines EU- / EWR-Staates die Anwendung familienbezogener Steuervergünstigungen. Nachweis ist beigefügt (z. B. „Bescheinigung EU / EWR").
Die nicht der deutschen Besteuerung unterliegenden Einkünfte beider Ehegatten / Lebenspartner sind in Zeile 102 enthalten.

Nur bei Angehörigen des deutschen öffentlichen Dienstes ohne Wohnsitz oder gewöhnlichen Aufenthalt im Inland, die im dienstlichen Auftrag außerhalb der EU oder des EWR tätig sind:

106 X Ich beantrage die Anwendung familienbezogener Steuervergünstigungen. Die „Bescheinigung EU / EWR" ist beigefügt.

Weiterer Wohnsitz in Belgien (abweichend von den Zeilen 11 bis 13) bei Einkünften aus nichtselbständiger Arbeit und Renten

107

	stpfl. Person / Ehemann / Lebenspartner(in) A		Ehefrau / Lebenspartner(in) B	
108 Unterhalten Sie auf Dauer angelegte Geschäftsbeziehungen zu Finanzinstituten im Ausland?	116	1 = Ja 2 = Nein	117	1 = Ja 2 = Nein

Unterschrift

Die mit der Steuererklärung / dem Antrag angeforderten Daten werden aufgrund der §§ 149, 150, 181 Abs. 2 der Abgabenordnung, der §§ 25, 46 und § 51a Abs. 2d des Einkommensteuergesetzes sowie § 14 Abs. 4 des Vermögensbildungsgesetzes erhoben.

Bei der Anfertigung dieser Steuererklärung hat mitgewirkt:

109 Datum, Unterschrift(en) — Steuererklärungen sind eigenhändig – bei Ehegatten / Lebenspartnern von beiden – zu unterschreiben.

2013ESt1A014

2013ESt1A014

1.2.1 Grundangaben (Seite 1)

→ ZEILEN 1–5
Art der Erklärung, Steuernummer, Identifikationsnummer

Kreuzen Sie in den Zeilen 1 und 2 an, ob Sie neben der Veranlagung zur Einkommensteuer weitere Anträge stellen (z. B. Erklärung zur Feststellung des verbleibenden Verlusts). Tragen Sie in Zeile 3 Ihre Steuernummer (ersichtlich aus Ihrem Vorjahresbescheid oder der Aufforderung zur Abgabe der Steuererklärung) und in Zeile 7 und ggf. Zeile 16 Ihre steuerliche Identifikationsnummer (IdNr.) ein. Die Steuernummer sollten Sie zur Sicherheit außerdem in der auf jeder Anlage vorhandenen Kopfzeile vermerken.

1.2.2 Persönliche Angaben

→ ZEILEN 6–23
Persönliche Angaben
→ ZEILE 15
Familienstand

Tragen Sie Ihre persönlichen Daten (bei Platzmangel abgekürzt) ein. Die Angaben zur Ehefrau haben Bedeutung für die Art der Steuerveranlagung und den anzuwendenden Steuertarif.

Ihre Angaben zum Familienstand bestimmen, ob eine Einzel- oder eine Ehegattenveranlagung zur Einkommensteuer durchgeführt wird und haben damit Bedeutung für den anzuwendenden Steuertarif. Wenn Ihr Ehegatte im Vorjahr (2012) verstorben ist, führt das Finanzamt für 2013 zwar eine Einzelveranlagung durch, wendet aber automatisch für die Steuerberechnung (letztmals) den günstigeren Splittingtarif (Witwensplitting) an.

→ ZEILE 24
Veranlagungsarten bei Eheleuten/eingetragenen Lebenspartnern

Ehegatten/eingetragene Lebenspartner, die beide im Inland wohnen und nicht getrennt leben, können zwischen den im Vordruck genannten Ehegattenveranlagungsarten durch Ankreuzen wählen. Bitte beachten Sie, dass es ab dem Jahr 2013 die Einzelveranlagung auf Antrag für Ehegatten statt der früheren getrennten Veranlagung gibt. Die besondere Veranlagung ist ersatzlos weggefallen. Vertiefend siehe → Veranlagung von Ehegatten und Partnern einer eingetragenen Lebenspartnerschaft.

1.2.3 Bankverbindung

→ ZEILEN 25–28
Bankverbindung

Die Finanzämter erstatten nur unbar. Bei fehlender oder unvollständiger Bankverbindung verzögert sich die Steuerrückzahlung. Bitte beachten Sie, dass im Jahr 2014 der bargeldlose Zahlungsverkehr und damit die Erstattung nur möglich ist, wenn dem Finanzamt die IBAN (International Bank Account Number – weltweit gültige Kontonummer) und die BIC (Bank

Identifier Code – international gültige Bankleitzahl) bekannt sind.

Wenn Sie dem Finanzamt bisher eine Lastschrifteinzugsermächtigung zur Abbuchung von Einkommensteuervorauszahlungen und evtl. auch Nachzahlungen gegeben haben, behalten diese vorläufig ihre Gültigkeit. Bei Neuerteilung löst künftig das SEPA-Lastschriftmandat die bisherige Lastschrifteinzugsermächtigung ab.

WICHTIG

Kontoänderung mitteilen

Teilen Sie dem Finanzamt unverzüglich schriftlich mit, wenn sich die von Ihnen angegebene Bankverbindung zwischenzeitlich geändert hat, damit die Erstattung nicht auf ein falsches Konto geht.

1.2.4 Vollmacht → Zeilen 31–36 (Seite 2)

Hier können Sie eine andere Person, z. B. Ihren Steuerberater, zur **Entgegennahme Ihres Steuerbescheids bevollmächtigen** oder sich den Steuerbescheid an eine von den Eintragungen in den Zeilen 11–13 abweichende Anschrift (z. B. Zweitwohnsitz) schicken lassen. Beachten Sie, dass die Eintragungen nur für den Steuerbescheid und eventuelle Änderungsbescheide für 2013 gelten.

1.2.5 Einkünfte

Angaben zu den Anlagen, die der Steuererklärung beigefügt werden, sind ab 2013 nicht mehr zu machen.

1.2.6 Sonderausgaben

Sonderausgaben

Sonderausgaben werden in zwei große Gruppen eingeteilt: **Vorsorgeaufwendungen** (Versicherungen), die auf der **Anlage Vorsorgeaufwand** einzutragen sind und **andere Sonderausgaben**, die im Wesentlichen im Hauptvordruck (Zeilen 37–56) zu erfassen sind. Vertiefend siehe → Sonderausgaben, → Versicherungen und → Altersvorsorgeaufwendungen und Wohn-Riester.

→ ZEILEN 37–56
Sonderausgaben

Haben Sie keine oder nur ganz geringe andere Sonderausgaben, wird für diese Sonderausgaben ein Pauschbetrag von 36 € bzw. 72 € bei Zusammenveranlagung von Ehegatten/Lebenspartnern berücksichtigt.

→ ZEILEN 37, 38
Gezahlte Versorgungsleistungen, Renten, dauernde Lasten

Zahlen Sie eine Versorgungsleistung, z.B. Rente oder eine sog. dauernde Last (rentenähnliche Zahlungen) aufgrund einer vertraglichen Verpflichtung (im Regelfall als Gegenleistung für die Übertragung von (Betriebs)Vermögen im Rahmen einer Vermögensübergabe oder vorweggenommenen Erbfolge), können Sie unter bestimmten Voraussetzungen die gezahlten Beträge als Sonderausgaben geltend machen. Wenn Sie den Sonderausgabenabzug erstmals geltend machen, dann legen Sie Ihrer Steuererklärung eine Kopie des der Zahlung zugrunde liegenden Vertrags bei.

→ ZEILEN 40, 41
Unterhalt an den geschiedenen oder dauernd getrennt lebenden Ehegatten/Lebenspartner

Unterhaltsleistungen an den geschiedenen oder dauernd getrennt lebenden Ehegatten/Lebenspartner sind mit dessen Zustimmung (zwingend erforderlich, Anlage U, im Buch nicht abgedruckt) bis zu 13.805 € als Sonderausgaben abzugsfähig. Dieser Höchstbetrag erhöht sich um die (Basis-)Kranken- und Pflegeversicherungsbeiträge (gesondert anzugeben in Zeile 41) des unterhaltenen Ehegatten, und zwar unabhängig davon, wer Versicherungsnehmer ist und wer die Beiträge zahlt. Stimmt der Ehegatte (Empfänger der Unterhaltsleistungen) nicht zu, ist der Abzug der Unterhaltszahlungen im Rahmen der außergewöhnlichen Belastungen (**Anlage Unterhalt**), zu prüfen. Der Abzug ist dabei nur bis zu einem jährlichen Höchstbetrag in Höhe von 8.004 € (zuzüglich (Basis-)Kranken- und Pflegeversicherungsbeiträge) möglich. Der Höchstbetrag vermindert sich, wenn der unterstützte Ehegatte eigene Einkünfte und Bezüge hat. Vertiefend siehe → Unterhaltszahlungen.

TIPP

Dem Ex-Partner die Übernahme der Steuer anbieten

Wenn Ihr Ex-Partner die Zustimmung verweigert, weil er die Zahlungen versteuern muss, dann bieten Sie ihm/ihr an, die entstehende Einkommensteuer zu übernehmen. Durch den möglichen Sonderausgabenabzug haben Sie im Normalfall trotz der übernommenen Steuer im Ergebnis eine höhere steuerliche Entlastung als über den Abzug als außergewöhnliche Belastungen. Wenn Sie die Zustimmung zum Realsplitting verlangen und die Verpflichtung zur Übernahme der steuerlichen Nachteile abgegeben haben, besteht ein (erforderlichenfalls vor dem Familiengericht durchsetzbarer) Anspruch gegen den Ex-Partner auf die Abgabe der Zustimmungserklärung.

→ ZEILE 42
Kirchensteuer, Kirchgeld

Hier tragen Sie alle im Veranlagungsjahr von Ihnen oder Ihrem Ehegatten tatsächlich gezahlten Kirchensteuern (laut Lohnsteuer-Bescheinigung, Vorauszahlungen, Nachzahlungen für Vorjahre, Kirchgeld) ein. Die von Banken einbehaltene Kirchensteuer auf Kapitalerträge ist nicht als Sonderausgabe abzugsfähig, wenn die Kapitalerträge mit dem Abgeltungsteuersatz in Höhe von 25 % besteuert werden. Vertiefend siehe → Sonderausgaben.

TIPP

Freiwillige Zahlungen an Kirchengemeinde

Freiwillig gezahlte Gelder an Kirchengemeinden gehören zu den abzugsfähigen Spenden (Hauptvordruck, Zeile 45), wenn eine Spendenbescheinigung vorhanden ist.

→ ZEILEN 43, 44
Eigene Berufsausbildungskosten

Abzugsfähig sind alle Aufwendungen im Zusammenhang mit der eigenen Ausbildung oder der des Ehegatten/Lebenspartners bis maximal 6.000 € (pro Partner) jährlich. Meist gehören Berufsausbildungskosten aber zu den der Höhe nach unbegrenzt abzugsfähigen (vorweggenommenen) Werbungskosten. Vertiefend siehe → Sonderausgaben und → Fortbildung/Fachtagungen.

TIPP

Vorübergehendes Ruhen des Arbeitsverhältnisses

Sind Sie nur **vorübergehend** (z.B. wegen Mutterschutzes, kurzem Erziehungsurlaub) nicht berufstätig und haben die **konkrete** Absicht, wieder in Ihren Beruf zurückzukehren, dann können Sie Aufwendungen, die Ihnen entstehen, um sich auf dem Laufenden zu halten, ebenfalls als sog. vorweggenommene Werbungskosten (**Anlage N**) absetzen.

→ ZEILEN 45–56
Zuwendungen, Spenden, Mitgliedsbeiträge

Der Vordruck unterscheidet zwischen vier Arten von Zuwendungen (Spenden und im Regelfall auch Mitgliedsbeiträge), Parteizuwendungen, Zuwendungen an unabhängige Wählervereinigungen, Spenden in den Vermögensstock einer Stiftung und die restlichen begünstigten Zuwendungen (gemeinnützige, mildtätige, kirchliche Zwecke).

In Zeile 45 gehören die „restlichen" Zuwendungen. Begünstigt sind auch Zuwendungen an gemeinnützige Organisationen im EU-Ausland (Zeile 46). Beträgt die Gesamtsumme der hier geltend gemachten Beträge nicht mehr als 200 €, verzichtet das Finanzamt normalerweise auf die Vorlage der Spendenbescheinigung bzw. des Zahlungsnachweises, vorausgesetzt, Sie führen die Beträge mit Angabe des jeweiligen Empfängers auf einem gesonderten Blatt einzeln auf. Vertiefend siehe → Spenden.

→ ZEILEN 47, 48
Zuwendungen an Parteien und unabhängige Wählervereinigungen

Spenden und Mitgliedsbeiträge an politische Parteien (Zeile 51) oder unabhängige (freie) Wählervereinigungen (Zeile 52) müssen regelmäßig (auch in ELSTER-Fällen) durch Belege nachgewiesen werden. Es wird eine Steuerermäßigung berechnet, die direkt von der Einkommensteuer abgezogen wird. Für hohe Parteispenden kann zusätzlich ein Sonderausgabenabzug in Betracht kommen.

→ ZEILEN 49–51
Elektronisch übermittelte Zuwendungen

In die Zeilen 49 – 51 tragen Sie bitte Zuwendungen ein, die durch den Zuwendungsempfänger elektronisch an die Finanzverwaltung übermittelt wurden.

→ ZEILEN 52–56
Stiftungsspenden

Spenden in den Vermögensstock einer Stiftung können bis zu 1 Mio. € (bei Zusammenveranlagung bis 2 Mio. €) auf bis zu zehn Jahre beliebig verteilt als Sonderausgaben geltend gemacht werden. Den in 2013 bezahlten Betrag tragen Sie bitte in die Zeilen 52 und 53 ein. In Zeile 55 bestimmen Sie, welchen Anteil davon Sie im Jahr 2013 abziehen. In Zeile 56 können Sie den Abzug entsprechender noch nicht berücksichtigter Zuwendungen aus Vorjahren für 2013 geltend machen. Andere (nicht in den Vermögensstock eingebrachte) Stiftungsspenden gehören in die Zeile 45.

1.2.7 Außergewöhnliche Belastungen (Seite 3)

→ ZEILEN 61–64

Als außergewöhnliche Belastung steuerlich berücksichtigungsfähige Kosten sind im Wesentlichen auf Seite 3 des Mantelbogens einzutragen. Dort sind einzelne Kostenarten, die zu den außergewöhnlichen Belastungen allgemeiner Art zählen

Außergewöhnliche Belastungen

(z. B. Krankheitskosten) und einige typisierte Einzelfälle (z. B. Kosten behinderter Menschen) aufgeführt. Vertiefend siehe → Außergewöhnliche Belastung, → Krankheitskosten und → Pflegekosten/Betreuungskosten/Heimunterbringung.

Den Freibetrag wegen auswärtiger Unterbringung eines volljährigen Kindes in Berufsausbildung (Ausbildungsfreibetrag) beantragen Sie auf Seite 2 der → **Anlage Kind.** Für den Abzug von Unterhaltleistungen als außergewöhnliche Belastungen ist die → **Anlage Unterhalt** vorgesehen.

> **!** WICHTIG
>
> **Außergewöhnliche Belastungen immer beantragen**
>
> Bei außergewöhnlichen Belastungen werden vom Finanzamt keinerlei Pauschalen automatisch berücksichtigt. Sie müssen den Abzug durch Eintragung im Erklärungsvordruck beantragen.

→ ZEILEN 61–64
Behinderte Menschen

Behinderte Menschen können auf Antrag neben einem Pauschbetrag eine Vielzahl von steuerlichen Vergünstigungen erhalten.

Die Steuervergünstigungen hängen vom Grad der Behinderung und den Merkzeichen im Schwerbehindertenausweis ab. Deshalb müssen Sie bei erstmaliger Antragstellung oder Änderung den Grad der Behinderung nachweisen. Vertiefend siehe → Behinderte Menschen.

Behinderte Kinder

Die behinderten Kindern zustehenden Vergünstigungen können auf die Eltern übertragen werden. Die Übertragung müssen Sie auf der **Anlage Kind** (Zeilen 64–66) beantragen (vgl. Erläuterungen dort).

→ ZEILEN 62, 64
Hinterbliebene

Als **Hinterbliebener** (Zeilen 62, 64) gelten Sie, wenn Sie laufende Hinterbliebenenbezüge (z. B. aufgrund des Bundesversorgungsgesetzes oder aus der gesetzlichen Unfallversicherung) erhalten. Legen Sie, soweit noch nicht geschehen, den Bewilligungsbescheid vor.

→ ZEILEN 65, 66
Pflegepauschbetrag

Einen **Pflegepauschbetrag** von 924 € jährlich können Sie hier beantragen, wenn Sie **persönlich** einen Hilflosen in Ihrer oder in dessen Wohnung im Inland oder im EU/EWR-Ausland pflegen (Vorlage eines Ausweises mit **Merkzeichen „H“** oder eines Pflegegeldbescheids mit **Pflegestufe III** ist erforderlich). Vertiefend siehe → Pflegekosten/Betreuungskosten/Heimunterbringung und → Behinderte Menschen.

→ ZEILEN 67–70
Andere außergewöhnliche Belastungen

Anders als bei den Sonderausgaben sind die außergewöhnlichen Belastungen im Hauptvordruck mit **Scheidungskosten, Fahrtkosten behinderter Menschen, Krankheits-, Kur- und Pflegekosten** nur beispielhaft aufgeführt. Die Rspr. hat in vielen Einzelentscheidungen weitere Kostenarten anerkannt. In Frage kommen z. B. auch Beerdigungskosten, Aufwendung der Heimunterbringung, Sanierungskosten für die eigengenutzte Wohnung bzw. das selbst bewohnte Haus, wenn von ihm eine konkrete Gesundheitsgefährdung ausgeht oder der krankheits- bzw. behinderungsbedingte Umbau oder auch die Wiederbeschaffung von Hausrat nach Naturkatastrophen wie z. B. Orkan oder Hochwasser. Vertiefend siehe → Außergewöhnliche Belastung, → Krankheitskosten und → Pflegekosten/Betreuungskosten/Heimunterbringung.

Bereits erhaltener oder zu erwartender Kostenersatz von dritter Seite (z. B. durch eine Versicherung) mindert die abzugsfähigen Kosten und wird deshalb in den Zeilen 67–69 entsprechend abgefragt. Reichen die Vordruckzeilen nicht für alle Aufwendungen aus, stellen Sie die Kosten auf einem gesonderten Blatt zusammen.

Die Aufwendungen wirken sich steuerlich allerdings nur aus, soweit sie die sog. **zumutbare Eigenbelastung**, die von der Höhe der Einkünfte aus allen Einkunftsarten und den persönlichen Verhältnissen (Familienstand, berücksichtigungsfähige Kinder) abhängt, übersteigen. Vertiefend siehe → Außergewöhnliche Belastung und → Krankheitskosten.

TIPP

Selbstbeteiligung bei Arzt und Apotheker immer eintragen

Bevor Sie die Aufwendungen zusammenstellen, prüfen Sie die Höhe Ihrer zumutbaren Eigenbelastung. Ob diese auch bei Krankheitskosten gilt, wird zwischenzeitlich in einem anhängigen Verfahren vom BFH geprüft. Tragen Sie also Ihre Krankheitskosten in jedem Fall immer vollständig im Erklärungsvordruck ein.

TIPP

Kosten beinhalten Pflegeleistungen

Soweit in den beantragten Kosten Pflegeleistungen enthalten sind, können Sie für den wegen der zumutbaren Eigenbelastung nicht abzugsfähigen Teil eine Steuerermäßigung (vgl. Zeile 74) beantragen, indem Sie die Pflegekosten nochmals gesondert in Zeile 70 angeben.

1.2.8 Haushaltsnahe Beschäftigungen, Dienstleistungen, Handwerkerleistungen (Seite 3)

→ ZEILEN 71–78
Haushaltshilfen, Pflege, Heimkosten, Dienstleistungen, Handwerkerleistungen

Für haushaltsnahe Beschäftigungsverhältnisse (Minijob oder sozialversicherungspflichtige Tätigkeit), für die Pflege, für haushaltsnahe Dienstleistungen und für Handwerkerleistungen können Sie eine Steuerermäßigung (direkter Abzug von der Steuer) beantragen, wenn die Tätigkeiten im **eigenen Haushalt ausgeführt wurden. Auch die Pflege in der Wohnung der zu pflegenden Person** und die Unterbringung in einem Heim zur dauernden Pflege oder aus Altersgründen (z. B. betreutes Wohnen) sind begünstigt.

WICHTIG

Konkurrenzregelung bei der Betreuung von Kindern

Lassen Sie Ihre Kinder, die das 14. Lebensjahr noch nicht vollendet haben, im eigenen Haushalt betreuen (Tagesmutter, Haushaltshilfe, Babysitter) gibt es für die **Kinderbetreuungskosten** keine Steuerermäßigung, sondern den Sonderausgabenabzug (**Anlage Kind**, Seite 3). Vertiefend siehe → Kinderbetreuungskosten.

Für **Pflegekosten** geht der Abzug als außergewöhnliche Belastungen (**Hauptvordruck**, Seite 3, Zeilen 67–70) vor. Ein insoweit nicht abziehbarer Teil der Aufwendungen kann zu einer Steuerermäßigung für haushaltsnahe Dienstleistungen oder der Heimunterbringung führen. Vertiefend siehe → Pflegekosten/Betreuungskosten/Heimunterbringung.

Der Vordruck unterscheidet danach, ob Sie selbst als **Arbeitgeber** eine Person in Ihrem **Privathaushalt** beschäftigen (= haushaltsnahes Beschäftigungsverhältnis) oder ob Sie eine Firma bzw. eine selbstständig tätige Person mit der Arbeit beauftragen (haushaltsnahe Dienstleistung).

→ ZEILE 71
Minijob

Sind Sie selbst Arbeitgeber und beschäftigen die Haushaltshilfe im Rahmen eines **Minijobs**, dann tragen Sie die Gesamtaufwendungen (ausgezahlter Lohn und alle an die Minijob-Zentrale im Haushaltsscheckverfahren abgeführten Beiträge) und die Art der Tätigkeit (z.B. Reinemachefrau, Küchen-, Haushaltshilfe, Kinderfrau) in Zeile 71 ein. Die am Jahresende von der Minijob-Zentrale erstellte Bescheinigung über die abgeführten Sozialabgaben ist beizufügen. Vertiefend siehe → Minijobs.

→ ZEILE 72
Reguläres Beschäftigungsverhältnis

Erfolgte die Anstellung im Rahmen eines regulären **Arbeitsdienstverhältnisses**, bei dem **Pflichtbeiträge zur Sozialversicherung** abgeführt werden, erfassen Sie die Art der Tätigkeit und die gesamten Lohnaufwendungen einschließlich Sozialversicherungsabgaben in Zeile 72. Hier wird vom Finanzamt regelmäßig der Sozialversicherungsnachweis über die abgeführten Sozialabgaben verlangt. Vertiefend siehe → Haushaltsnahe Tätigkeiten/Dienstleistungen.

→ ZEILEN 73–75
Haushaltsnahe Dienstleistungen, Pflege, Handwerkerleistungen

Waren Sie nicht Arbeitgeber und haben Sie Reinigungsarbeiten, Reparaturen oder Pflegeleistungen in Ihrem Haushalt durch Fachbetriebe (z.B. Dienstleistungsagenturen, Reinigungsunternehmen, Gärtnereien, Handwerker) ausführen lassen, können Sie hier für Ihre Kosten jeweils getrennte und unterschiedlich hohe Steuerermäßigungen beantragen. Begünstigt sind auch die auf Haushaltstätigkeiten und die Pflege (unabhängig von einer Pflegestufe) entfallenden Kosten. Vertiefend siehe → Haushaltsnahe Tätigkeiten/Dienstleistungen und → Pflegekosten/Betreuungskosten/Heimunterbringung.

! WICHTIG

Überweisung ist zwingend

Zwingende gesetzliche Voraussetzung für eine Steuerermäßigung (Zeilen 73–75) ist, dass Sie eine Rechnung besitzen **und** der Rechnungsbetrag von Ihrem Konto abgebucht (Zahlung durch Überweisung, Online-Banking, Verrechnungsscheck oder Lastschrifteinzug) wurde. Eine Belegvorlage ist aber nur notwendig, wenn Sie vom Finanzamt dazu aufgefordert werden.

→ ZEILE 73
Haushaltsnahe Dienstleistungen

Wenn Sie **hauswirtschaftliche Tätigkeiten**, z.B. die Reinigung Ihrer Wohnung, Partyservice, Gartenpflegearbeiten, einen privat veranlassten Umzug etc. von einem Fachbetrieb erledigen lassen, können Sie hier die Kosten der reinen **Dienstleistung** (Lohnanteil mit Umsatzsteuer ohne Material, die Fahrt und Maschinenkosten; gesonderter Ausweis in der Rechnung erforderlich) eintragen.

→ ZEILE 74
Pflegeleistungen, Betreuung, Heimkosten

Pflege- und Betreuungsleistungen (Grundpflege) können geltend gemacht werden, unabhängig davon, ob die Leistungen in einem **Heim** oder bei Ihnen **zu Hause** oder im Haushalt der zu pflegenden Person erbracht werden. Leben Sie oder Ihr Angehöriger krankheits- oder behinderungsbedingt in einem Heim (z.B. mit Pflegestufe 0, I, II, III, Merkzeichen „H", „BL"), ist ein höherer Kostenabzug bei den außergewöhnlichen Belastungen (Zeilen 67–70) möglich.Vertiefend siehe → Pflegekosten/Betreuungskosten/Heimunterbringung, → Krankheitskosten und → Behinderte Menschen.

→ ZEILE 75
Handwerkerleistungen

Auch **Handwerkerleistungen** (**keine** Materialkosten; nur Arbeitslohn, Fahrt- und Maschinenkosten zzgl. Umsatzsteuer) im Zusammenhang mit dem eigenen Haushalt (eigene oder gemietete Wohnung) sind begünstigt. Dazu zählen sämtliche **Renovierungs-, Erhaltungs- und Modernisierungsmaßnahmen** ebenso wie alle Wartungen und Reparaturen rund ums Haus, z.B. auch die Reparatur von Haushaltsgeräten, Wartung der Heizung oder die Kosten für den Schornsteinfeger. Auch Aufwendungen für einen Anbau oder den Dachgeschossausbau bei einem bereits vorhandenen Haushalt sind begünstigt.Vertiefend siehe → Haushaltsnahe Tätigkeiten/Dienstleistungen.

Alle Steuerermäßigungen können je Haushalt nur einmal bis zum jeweiligen Höchstbetrag beansprucht werden. Deshalb müssen Sie als Unverheirateter in Zeile 76 den/die Namen des bzw. der Mitbewohner(s) nennen.

→ ZEILE 79

Hier erfolgt nicht der Abzug der normalen Erbschaftsteuer. Die Steuerermäßigung bei Belastung mit Erbschaftsteuer kommt nur in **Ausnahmefällen** in Betracht.

Steuerermäßigung bei Belastung mit Erbschaftsteuer

Zur Vermeidung einer Doppelbelastung von Einkünften mit Erbschaftsteuer und Einkommensteuer kann eine Steuerermäßigung z. B. in den nachfolgenden Fällen in Anspruch genommen werden:

- Forderungen des Rechtsvorgängers, die beim Erbfall der Erbschaftsteuer unterliegen und nach Übergang auf den Erben von diesem bei Zufluss als steuerpflichtige Einnahmen oder Betriebseinnahmen nochmals der Einkommensteuer unterliegen.
- Private Veräußerungsgeschäfte im Sinne des § 23 EStG (insbesondere Kauf und Verkauf privater Immobilien, die nicht eigenen Wohnzwecken gedient haben, innerhalb von 10 Jahren).

Die Steuerermäßigung kommt nur bei „Erwerb von Todes wegen" in Betracht, damit kann die Steuerermäßigung **nicht** auf **Schenkungen** und die sich daraus ergebende Schenkungsteuer angewandt werden.

→ ZEILE 80
Steuererbegünstigung für schutzwürdige Kulturgüter

Aufwendungen für Herstellungs- und Erhaltungsmaßnahmen an eigenen schutzwürdigen Kulturgütern (z. B. Baudenkmäler, geschützte Gebäudegruppen, Gartenanlage sowie Sammlungen, die mindestens 20 Jahre im Eigentum der Familie stehen), die der wissenschaftlichen Forschung oder der Öffentlichkeit (ggf. auch entgeltlich) zugänglich gemacht werden, können teilweise wie Sonderausgaben abgezogen werden. Die Steuerbegünstigung gilt nur für Kulturgüter, die **weder zur Einkünfteerzielung noch zu eigenen Wohnzwecken genutzt** werden und nur soweit sie nicht durch öffentliche oder private Zuschüsse gedeckt sind. Die Voraussetzungen sind durch eine Bescheinigung der zuständigen Behörde nachzuweisen.

1.2.9 Sonstige Angaben und Anträge (Seite 4)

→ ZEILEN 92, 93
Verlustabzug, Vorjahresverluste, Verlustrücktrag

Sind Ihnen in den Vorjahren Verluste entstanden, die in diesen Jahren mit positiven Einkünften nicht vollständig verrechnet werden konnten (vom Finanzamt in einem gesonderten Bescheid festgelegt), können Sie diese im aktuellen Jahr berücksichtigen. Ist im aktuellen Jahr die Summe Ihrer Einkünfte negativ, können Sie den negativen Gesamtbetrag ins Vorjahr zurück- oder in künftige Jahre vortragen lassen.

TIPP

Jetzt noch Einkommensteuererklärung 2012 bei negativen Einkünften abgeben

Haben Sie für das Jahr 2012 bisher keine Steuererklärung abgegeben und war die Summe Ihrer Einkünfte in 2012 negativ (weil Sie z. B. arbeitslos waren und Ihnen nur Ausgaben im Zusammenhang mit Bewerbungen oder Verluste aus Vermietung entstanden sind), dann beantragen Sie für 2012 noch die Veranlagung zur Einkommensteuer bzw. die Feststellung eines Verlustvortrags, indem Sie eine Steuererklärung abgeben. Damit sichern Sie sich die Möglichkeit der Verlustverrechnung in den Folgejahren 2013 etc.

→ ZEILE 94
Einkommensersatzleistungen

Die als Ersatz von Einkommen gezahlten Beträge (z. B. von der gesetzlichen Krankenversicherung gezahltes Elterngeld, Krankengeld, Mutterschaftsgeld bei Gewerbetreibenden und Freiberuflern) sind zwar steuerfrei, bewirken jedoch, dass die steuerpflichtigen Einkünfte mit einem höheren Steuersatz (Progressionsvorbehalt) besteuert werden. Wenn Sie als **Arbeitnehmer** derartige Leistungen erhalten haben, müssen Sie deren Höhe nicht hier, sondern auf der **Anlage N**, Zeilen 27–29, angeben.

→ ZEILE 95
Einzelveranlagung von Ehegatten/Lebenspartnern

Nach der Neufassung des § 26a Abs. 2 EStG ist bei der Einzelveranlagung von Ehegatten/Lebenspartnern ab 2013 die steueroptimierende freie Zuordnung verschiedener Kosten nicht mehr möglich. Sonderausgaben, außergewöhnliche Belastungen und die Steuerermäßigung nach § 35a EStG werden demjenigen zugerechnet, der sie wirtschaftlich getragen hat. Aus Vereinfachungsgründen lässt § 26a Abs. 2 S. 2 EStG zu, dass die Kosten jeweils zur Hälfte abgezogen werden. Der Antrag des Ehegatten/Lebenspartners, der die Aufwendungen tatsächlich gezahlt hat, ist in begründeten Einzelfällen ausreichend.

Sollten Sie diesen Antrag stellen wollen, müssen Sie in Zeile 95 eine 1 eintragen

→ ZEILEN 96–107
Auslandswohnsitz

Die Zeilen betreffen nur Personen, die 2013 zumindest zeitweise keinen Wohnsitz keinen Wohnsitz im Inland hatten oder deren Ehegatte/Lebenspartner im EU-Ausland wohnt. Wenn dies auf Sie zutrifft, müssen Sie die Zeilen einzeln durcharbeiten.

→ ZEILE 108
Auslandsvermögen

Unterhalten Sie Geschäftsbeziehungen zu einer ausländischen Bank (Bankkonten, Schließfächer) können Sie dieses hier anzeigen.

→ ZEILE 109
Unterschrift

Die Einkommensteuererklärung müssen Sie eigenhändig unterschreiben, bei Ehegatten/Lebenspartnern mit gemeinsamer Steuererklärung müssen beide Ehegatten/Lebenspartner unterschreiben. Bei über das Internet versandten Erklärungen (ELSTER-Erklärung) ist die Unterschrift auf der ausgedruckten („komprimierten") Steuererklärung zu leisten, es sei denn, Sie haben eine Erklärung mit Authentifizierung (digitale Unterschrift) gewählt.

✔ Checkliste Hauptvordruck

Folgende Abzugsmöglichkeit geprüft? Vgl. Ausfüllhinweise zur Zeile!	
Haben Sie Zuwendungen zur Förderung steuerbegünstigter Zwecke geleistet? Abzugsfähig sind i. d. R. Spenden und Mitgliedsbeiträge. Bis zu einem Gesamtbetrag von 200 € müssen Sie nur den Empfänger nennen, Nachweise brauchen Sie normalerweise nicht (Zeilen 45–56).	☐
Hatten Sie in größerem Umfang z. B. Krankheits-, Scheidungs- oder Beerdigungskosten? Abzugsfähig sind z. B. Zahnarztkosten, Brille, Hörgerät, Operation, Krankenhausaufenthalt, Kur, Gerichts- und Anwaltskosten (Zeilen 67–69).	☐
Haben Sie eine Behinderung? Denken Sie an den Behindertenpauschbetrag und den Abzug von Fahrtkosten (Zeilen 61–66).	☐
Haben Sie Angehörige (Eltern, Großeltern, Schwiegereltern, erwachsene Kinder, mit Ihnen in Haushaltsgemeinschaft lebende Geschwister, Ihren geschiedenen oder von Ihnen getrennt lebenden Ehegatten, Ihren gleichgeschlechtlichen Lebenspartner) unterstützt oder deren Heimkosten getragen? Die Kosten können Sie steuerlich absetzen (Zeile 67, 68 und **Anlage Unterhalt**).	☐

Folgende Abzugsmöglichkeit geprüft? Vgl. Ausfüllhinweise zur Zeile!

Sind Sie pflegebedürftig? ☐
Machen Sie Ihren Eigenanteil an den Pflegekosten steuerlich geltend (Zeilen 67, 74).

Lebt in Ihrem Haushalt ein pflegebedürftiger Angehöriger oder hatten Sie Ausgaben für die Betreuung und Pflege in dessen eigenem Haushalt? ☐
Sie können u. U. den Pflegepauschbetrag (Zeile 65, 66), den Kostenabzug als außergewöhnliche Belastung (Zeile 67) und/oder eine Steuerermäßigung für Pflegekosten (Zeile 74) erhalten.

Leben Sie in einem Heim? ☐
Machen Sie die Kosten für Pflege und Betreuung geltend (Zeilen 67, 68 bzw. 74), bei krankheits-, pflege- oder behinderungsbedingter Unterbringung sämtliche Kosten.

Haben Sie in Ihrem eigenen oder gemieteten Haus bzw. Haushalt oder Garten Arbeiten durch Handwerker oder Gärtner ausführen lassen? ☐
Beantragen Sie die Steuerermäßigung z. B. für Ausgaben für Schornsteinreinigung, Wartung der Heizungsanlage, Reinigung des Öltanks, Kanalreinigung, Gartenarbeiten, Reinigungsarbeiten, Maler- und Tapezierarbeiten, private Umzugskosten, Partyservice (Zeile 73 und 75).

1.3 Anlage Vorsorgeaufwand (Vorsorgeaufwendungen)

WICHTIG

Anlage Vorsorgeaufwand ist für bestimmte Versicherungen erforderlich

Die **Anlage Vorsorgeaufwand** benötigen Sie, wenn Sie Vorsorgeaufwendungen (Versicherungsbeiträge), z. B. Beiträge zur gesetzlichen Sozialversicherung oder zu privaten Kranken, Pflege- und Rentenversicherungen (insbesondere Rürup-Versicherung), als Sonderausgaben steuermindernd geltend machen wollen.

Für Beiträge zu Riester-Verträgen benötigen Sie die **Anlage AV**.

Ehegatten/Lebenspartner, die zusammenveranlagt werden, geben eine gemeinsame Anlage Vorsorgeaufwand ab.

Überblick

Formularaufbau	
Seite 1	**(Alters-)Vorsorgeaufwendungen (Zeilen 4–10)** Hier sind alle Versicherungsbeiträge zu erfassen, aus denen sich ein späterer Rentenanspruch ergibt, z. B. der gesetzliche Arbeitnehmer- und Arbeitgeberanteil zur Rentenversicherung oder Einzahlungen in private (Rürup-)Rentenversicherungen oder berufsständische Versorgungseinrichtungen.
Seiten 1 und 2	**Kranken- und Pflegeversicherungen (Zeilen 12–45)** Die Beiträge sind, je nachdem, ob Sie in einer gesetzlichen Krankenversicherung pflicht- oder freiwillig versichert sind (z. B. Arbeitnehmer, bzw. Selbstständige oder Rentner im Ausland) oder einer privaten Krankenversicherung (z. B. Beamte, Richter, Selbstständige) angehören, in unterschiedlichen Zeilen einzutragen. Mitglieder der gesetzlichen Versicherung können die Beiträge im Regelfall ihrer Lohnsteuerbescheinigung bzw. ihrem Rentenbescheid entnehmen, privat Versicherte der Mitteilung ihrer Krankenversicherung. Hier können Sie auch die Krankenversicherungsbeiträge für einen eingetragenen Lebenspartner oder für nicht bei Ihnen berücksichtigungsfähige Kinder eintragen, wenn Sie der Versicherungsnehmer sind.

Überblick

Formularaufbau	
Seite 2	**Weitere sonstige Vorsorgeaufwendungen (Zeilen 46–52)** Tragen Sie hier alle anderen begünstigten Versicherungsbeiträge, z. B. für Arbeitslosen-, Haftpflicht-, Unfall-, Risiko- oder Berufsunfähigkeitsversicherungen ein. **Ergänzende Angaben (Zeilen 53–58)** Die Eintragungen haben Bedeutung für die Berechnung der abzugsfähigen Altersvorsorgeaufwendungen und die bis 2004 geltende Berechnung der abzugsfähigen Versicherungsbeiträge, die immer noch angewandt wird, wenn sie zu einem höheren Abzug führt.

2013

Zeile			
1	Name		
2	Vorname		
3	Steuernummer		

Anlage Vorsorgeaufwand

Angaben zu Vorsorgeaufwendungen

52

Beiträge zur Altersvorsorge

Zeile			stpfl. Person / Ehemann / Lebenspartner(in) A EUR		Ehefrau / Lebenspartner(in) B EUR
	Beiträge				
4	– lt. Nr. 23 a/b der Lohnsteuerbescheinigung (Arbeitnehmeranteil)	300	,—	400	,—
5	– zu landwirtschaftlichen Alterskassen sowie zu berufsständischen Versorgungseinrichtungen, die den gesetzlichen Rentenversicherungen vergleichbare Leistungen erbringen – ohne Beiträge, die in Zeile 4 geltend gemacht werden –	301	,—	401	,—
6	– zu gesetzlichen Rentenversicherungen – ohne Beiträge, die in Zeile 4 geltend gemacht werden –	302	,—	402	,—
7	– zu zertifizierten Basisrentenverträgen (sog. Rürup-Verträge) mit Laufzeitbeginn nach dem 31.12.2004 – ohne Altersvorsorgebeiträge, die in der Anlage AV geltend gemacht werden –	303	,—	403	,—
8	Arbeitgeberanteil lt. Nr. 22 a/b der Lohnsteuerbescheinigung	304	,—	404	,—
9	Steuerfreie Arbeitgeberanteile an berufsständische Versorgungseinrichtungen, soweit **nicht** in Nr. 22 b der Lohnsteuerbescheinigung enthalten	305	,—	405	,—
10	Arbeitgeberanteil zu gesetzlichen Rentenversicherungen im Rahmen einer pauschal besteuerten geringfügigen Beschäftigung (bitte Anleitung beachten)	306	,—	406	,—
	Eine Eintragung ist stets vorzunehmen; bei Zusammenveranlagung von jedem Ehegatten / Lebenspartner: Haben Sie zu Ihrer Krankenversicherung oder Ihren Krankheitskosten Anspruch auf – steuerfreie Zuschüsse (z. B. Rentner aus der gesetzlichen Rentenversicherung) oder – steuerfreie Arbeitgeberbeiträge (z. B. sozialversicherungspfl. Arbeitnehmer) oder				
11	– steuerfreie Beihilfen (z. B. Beamte oder Versorgungsempfänger und deren Ehegatten / Lebenspartner)?	307	1 = Ja 2 = Nein	407	1 = Ja 2 = Nein

Beiträge zur gesetzlichen Kranken- und Pflegeversicherung

Zeile			A		B
12	Arbeitnehmerbeiträge zu Krankenversicherungen lt. Nr. 25 der Lohnsteuerbescheinigung	320	,—	420	,—
13	Beiträge zu Krankenversicherungen, die als Zusatzbeitrag geleistet wurden	321	,—	421	,—
14	In Zeile 12 enthaltene Beiträge, aus denen sich kein Anspruch auf Krankengeld ergibt	322	,—	422	,—
15	Arbeitnehmerbeiträge zu sozialen Pflegeversicherungen lt. Nr. 26 der Lohnsteuerbescheinigung	323	,—	423	,—
	Zu den Zeilen 12 bis 15:				
16	Von der Kranken- und / oder sozialen Pflegeversicherung erstattete Beiträge	324	,—	424	,—
17	In Zeile 16 enthaltene Beiträge zur Krankenversicherung, aus denen sich kein Anspruch auf Krankengeld ergibt, und zur sozialen Pflegeversicherung	325	,—	425	,—
18	Beiträge zu Krankenversicherungen – ohne Beiträge, die in Zeile 12 geltend gemacht werden – (z. B. bei Rentnern und freiwillig gesetzlich versicherten Selbstzahlern)	326	,—	426	,—
19	Beiträge zu Krankenversicherungen, die als Zusatzbeitrag geleistet wurden	327	,—	427	,—
20	In Zeile 18 enthaltene Beiträge zur Krankenversicherung, aus denen sich ein Anspruch auf Krankengeld ergibt	328	,—	428	,—
21	Beiträge zu sozialen Pflegeversicherungen – ohne Beiträge, die in Zeile 15 geltend gemacht werden – (z. B. bei Rentnern und freiwillig gesetzlich versicherten Selbstzahlern)	329	,—	429	,—
	Zu den Zeilen 18 bis 21:				
22	Von der Kranken- und / oder sozialen Pflegeversicherung erstattete Beiträge	330	,—	430	,—
23	In Zeile 22 enthaltene Beiträge zur Krankenversicherung, aus denen sich ein Anspruch auf Krankengeld ergibt	331	,—	431	,—
24	Zuschuss zu den Beiträgen lt. Zeile 18 und / oder 21 – ohne Beträge lt. Zeile 37 und 39 – (z. B. von der Deutschen Rentenversicherung)	332	,—	432	,—
25	Beiträge (abzüglich steuerfreier Zuschüsse – ohne Beträge lt. Zeile 37 –) zu einer ausländischen Krankenversicherung, die mit einer inländischen gesetzlichen Krankenversicherung vergleichbar ist	333	,—	433	,—
26	In Zeile 25 enthaltene Beiträge zur Krankenversicherung, aus denen sich kein Anspruch auf Krankengeld ergibt	334	,—	434	,—
27	Beiträge (abzüglich steuerfreier Zuschüsse – ohne Beträge lt. Zeile 39 –) zu einer ausländischen sozialen Pflegeversicherung, die mit einer inländischen gesetzlichen Pflegeversicherung vergleichbar ist	335	,—	435	,—
	Zu den Zeilen 25 bis 27:				
28	Von der ausländischen Kranken- und / oder sozialen Pflegeversicherung erstattete Beiträge	336	,—	436	,—
29	In Zeile 28 enthaltene Beiträge zur Krankenversicherung, aus denen sich kein Anspruch auf Krankengeld ergibt, und zur sozialen Pflegeversicherung	337	,—	437	,—
30	Über die Basisabsicherung hinausgehende Beiträge zu Krankenversicherungen (z. B. für Wahlleistungen, Zusatzversicherung) abzüglich erstatteter Beiträge	338	,—	438	,—

2013AnlVor241 – Aug. 2013 – 2013AnlVor241

Beiträge zur privaten Kranken- und Pflegeversicherung

– Füllen Sie die Zeilen 31 bis 35 und 42 bis 45 nur aus, wenn Sie der Datenübermittlung nicht widersprochen haben. –

Zeile		Kz.	stpfl. Person / Ehemann / Lebenspartner(in) A EUR	Kz.	Ehefrau / Lebenspartner(in) B EUR
31	Beiträge zu Krankenversicherungen (nur Basisabsicherung, keine Wahlleistungen)	350	,–	450	,–
32	Beiträge zu Pflege-Pflichtversicherungen	351	,–	451	,–
	Zu den Zeilen 31 und 32:				
33	Von der privaten Kranken- und / oder Pflege-Pflichtversicherung erstattete Beiträge	352	,–	452	,–
34	Zuschuss von dritter Seite zu den Beiträgen lt. Zeile 31 und / oder 32 (z. B. von der Deutschen Rentenversicherung)	353	,–	453	,–
35	Über die Basisabsicherung hinausgehende Beiträge zu Krankenversicherungen (z. B. für Wahlleistungen, Zusatzversicherung) abzüglich erstatteter Beiträge	354	,–	454	,–
36	Beiträge (abzüglich erstatteter Beiträge) zu zusätzlichen Pflegeversicherungen (ohne Pflege-Pflichtversicherung)	355	,–	455	,–

Steuerfreie Arbeitgeberzuschüsse

Steuerfreie Arbeitgeberzuschüsse zur

Zeile		Kz.	A	Kz.	B
37	– gesetzlichen Krankenversicherung lt. Nr. 24 a der Lohnsteuerbescheinigung	360	,–	460	,–
38	– privaten Krankenversicherung lt. Nr. 24 b der Lohnsteuerbescheinigung	361	,–	461	,–
39	– gesetzlichen Pflegeversicherung lt. Nr. 24 c der Lohnsteuerbescheinigung	362	,–	462	,–

Als Versicherungsnehmer für andere Personen übernommene Kranken- und Pflegeversicherungsbeiträge

40 IdNr. der mitversicherten Person 600

„Andere Personen" sind z. B. Kinder, für die **kein** Anspruch auf Kindergeld / Kinderfreibetrag besteht (bei Anspruch auf Kindergeld / Kinderfreibetrag sind die Eintragungen in den Zeilen 31 bis 37 der Anlage Kind vorzunehmen).

41 Name, Vorname, Geburtsdatum der mitversicherten Person

Zeile		Kz.	stpfl. Person / Ehegatten / Lebenspartner EUR
42	Beiträge (abzüglich steuerfreier Zuschüsse) zu privaten Krankenversicherungen (nur Basisabsicherung, keine Wahlleistungen)	601	,–
43	Beiträge (abzüglich steuerfreier Zuschüsse) zu Pflege-Pflichtversicherungen	602	,–
	Zu den Zeilen 42 bis 43:		
44	Von der privaten Kranken- und / oder Pflege-Pflichtversicherung erstattete Beiträge	603	,–
45	Beiträge (abzüglich erstatteter Beiträge) zu privaten Kranken- und / oder Pflegeversicherungen (ohne Basisabsicherung, z. B. für Wahlleistungen, Zusatzversicherung)	604	,–

Weitere sonstige Vorsorgeaufwendungen

Zeile		Kz.	stpfl. Person / Ehemann / Lebenspartner(in) A EUR	Kz.	Ehefrau / Lebenspartner(in) B EUR
46	Arbeitnehmerbeiträge zur Arbeitslosenversicherung lt. Nr. 27 der Lohnsteuerbescheinigung	370	,–	470	,–
	Beiträge (abzüglich steuerfreier Zuschüsse und erstatteter Beiträge) zu				
47	– Kranken- und Pflegeversicherungen **(Gesamtbetrag)** (nur einzutragen, wenn Sie der Datenübermittlung widersprochen haben; Einträge zu zusätzlichen Pflegeversicherungen sind nur in Zeile 36 vorzunehmen)	371	,–	471	,–

Zeile		Kz.	stpfl. Person / Ehegatten / Lebenspartner EUR
48	– Versicherungen gegen Arbeitslosigkeit – ohne Beiträge, die in Zeile 46 geltend gemacht werden –	500	,–
49	– freiwilligen eigenständigen Erwerbs- und Berufsunfähigkeitsversicherungen	501	,–
50	– Unfall- und Haftpflichtversicherungen sowie Risikoversicherungen, die nur für den Todesfall eine Leistung vorsehen	502	,–
51	– Rentenversicherungen mit Kapitalwahlrecht und / oder Kapitallebensversicherungen mit einer Laufzeit von mindestens 12 Jahren sowie einem Laufzeitbeginn und der ersten Beitragszahlung vor dem 1.1.2005	503	,–
52	– Rentenversicherungen ohne Kapitalwahlrecht mit Laufzeitbeginn und erster Beitragszahlung vor dem 1.1.2005 (auch steuerpflichtige Beiträge zu Versorgungs- und Pensionskassen) – ohne Altersvorsorgebeiträge, die in der Anlage AV geltend gemacht werden –	504	,–

Ergänzende Angaben zu Vorsorgeaufwendungen

Zeile		Kz.	stpfl. Person / Ehemann / Lebenspartner(in) A	Kz.	Ehefrau / Lebenspartner(in) B
	Es bestand 2013 keine gesetzliche Rentenversicherungspflicht aus dem **aktiven** Dienstverhältnis / aus der Tätigkeit				
53	– als Beamter / Beamtin	380	1 = Ja	480	1 = Ja
54	– als Vorstandsmitglied / GmbH-Gesellschafter-Geschäftsführer/in	381	1 = Ja	481	1 = Ja
	– als (z. B. Praktikant/in, Student/in im Praktikum)				
55	Bezeichnung	382	1 = Ja	482	1 = Ja
56	Aufgrund des genannten Dienstverhältnisses / der Tätigkeit bestand hingegen eine Anwartschaft auf Altersversorgung	383	1 = Ja 2 = Nein	483	1 = Ja 2 = Nein
57	Die Anwartschaft auf Altersversorgung wurde ganz oder teilweise ohne eigene Beitragsleistungen erworben (Bei Vorstandsmitgliedern / GmbH-Gesellschafter-Geschäftsführern: Falls nein, bitte geeignete Unterlagen beifügen.)	384	1 = Ja 2 = Nein	484	1 = Ja 2 = Nein
58	Es wurde Arbeitslohn aus einem **nicht aktiven** Dienstverhältnis – insbesondere Betriebsrente / Werkspension – bezogen, bei dem es sich nicht um steuerbegünstigte Versorgungsbezüge (Zeilen 11 bis 16 der Anlage N) handelt. Bei Altersteilzeit ist hier keine Eintragung vorzunehmen.	385	1 = Ja	485	1 = Ja

2013AnlVor242

2013AnlVor242

Sonderausgaben

Vorsorgeaufwendungen (Versicherungen) gehören zu den Sonderausgaben. Vertiefend siehe → Sonderausgaben und → Spenden.

1.3.1 Vorsorgeaufwendungen

Vorsorgeaufwendungen

Die steuerlich abzugsfähigen Vorsorgeaufwendungen (Versicherungen) werden in **Altersvorsorgeaufwendungen,** auch „Aufwendungen für eine Basisversorgung im Alter" genannt (Zeilen 4–10), und die **sonstigen Vorsorgeaufwendungen** (ab Zeile 12) unterteilt. Die Aufteilung ist notwendig wegen der unterschiedlichen steuerlichen Berücksichtigung. Die sonstigen Vorsorgeaufwendungen werden nochmals in „Basis"-Kranken- sowie Pflegepflichtversicherungsbeiträge einerseits und andere Versicherungsbeiträge andererseits gegliedert. Zusätzlich können noch Beiträge zu einer **Riester**-Rentenversicherung (vgl. **Anlage AV**) steuerlich berücksichtigt werden. Vertiefend siehe → Versicherungen und → Altersvorsorgeaufwendungen und Wohn-Riester.

→ ZEILEN 4–10 Altersvorsorgeaufwendungen

Zu den **Altersvorsorgeaufwendungen** gehören die Beiträge zu Versicherungen, aus denen bei Erreichen eines bestimmten Alters eine Rente gezahlt wird. Darunter fallen vor allem Beiträge zur **gesetzlichen Rentenversicherung** (bei Arbeitnehmern), zu **berufsständischen Versorgungswerken** (bei Arbeitnehmern und Selbstständigen) und privaten kapitalgedeckten Rentenversicherungen, sog. **Rürup-Versicherungen**.

→ ZEILEN 4, 8 Gesetzliche Rentenversicherung

Arbeitnehmer, die in der gesetzlichen Sozialversicherung versichert sind, tragen in Zeile 4 den Arbeitnehmeranteil zur **gesetzlichen Rentenversicherung** (ersichtlich aus Nr. 23 a/b der Lohnsteuerbescheinigung), ggf. getrennt für die Ehegatten/Lebenspartner, ein. In Zeile 8 gehört der Arbeitgeberanteil zur gesetzlichen Rentenversicherung (Nr. 22 a/b der Lohnsteuerbescheinigung).

→ ZEILE 5 Berufsständische Versorgung

In Zeile 5 sind die Beiträge zu **berufsständischen Versorgungseinrichtungen** (**Pflichtversicherung** für **Freiberufler** z. B. angestellte und selbstständig tätige Ärzte, Apotheker, Architekten etc.) einzutragen. Steuerfreie Arbeitgeberzuschüsse dazu gehören in Zeile 9, soweit sie nicht auf der Lohnsteuerbescheinigung (Nr. 22) ausgewiesen sind.

→ ZEILE 6 Freiwillige gesetzliche Rentenversicherung,

Arbeitnehmer, die (z. B. wegen der Höhe des Arbeitslohns) von der gesetzlichen **Rentenversicherungspflicht befreit** sind, sich dort aber **freiwillig versichert** haben bzw. dort weiterhin versichert bleiben wollen, tragen ihre Beiträge in Zeile 6 ein.

einschl. Minijob-Beiträge

Dasselbe gilt für Arbeitnehmeranteile, die im Rahmen einer geringfügigen Beschäftigung (Minijob) vom Arbeitnehmer freiwillig gezahlt wurden (sog. Aufstockungsbeträge; vgl. aber Erläuterungen zu Zeile 10).

→ ZEILE 7
Rürup-Verträge

In Zeile 7 gehören Versicherungsbeiträge für eine private kapitalgedeckte Rentenversicherung, sog. Rürup-Verträge. Derartige Verträge werden nur anerkannt, wenn sie staatlich genehmigt (zertifiziert) sind. Tragen Sie die eingezahlten Beträge ein. Diese werden auch von Ihrer Vertragsgesellschaft auf elektronischem Wege an die Finanzverwaltung übermittelt. Vertiefend siehe → Altersvorsorgeaufwendungen und Wohn-Riester.

→ ZEILE 10
Minijob

Haben Sie im Rahmen einer geringfügigen Beschäftigung (450 €-Minijob) gearbeitet, müssen Sie im Regelfall aus dieser Tätigkeit keine Arbeitnehmerbeiträge zur Sozialversicherung entrichten. Ihr Arbeitgeber hat jedoch (pauschale) Arbeitgeberanteile gezahlt. Sie haben die Möglichkeit, die Arbeitgeberbeiträge freiwillig um eigene Arbeitnehmerbeiträge aufzustocken, um einen höheren Rentenanspruch zu erwerben. **Nur** wenn Sie derartige freiwillige Beiträge gezahlt haben (zu erfassen in Zeile 6), müssen Sie den Arbeitgeberanteil in Zeile 10 eintragen. Er verringert den abzugsfähigen Betrag.Vertiefend siehe → Minijobs.

Sonstige Vorsorgeaufwendungen

Die sonstigen Vorsorgeaufwendungen werden in Kranken- und Pflegepflichtversicherungsbeiträge für eine Grundvorsorge (Basisabsicherung) und andere sonstige Vorsorgeaufwendungen unterteilt.

→ ZEILEN 11–45
Basisabsicherung zur Kranken- und Pflegeversicherung

Die Aufwendungen für die Basisabsicherung (Krankheit und Pflege) sind **in voller Höhe abzugsfähig**. Voraussetzung für den Abzug bei Zahlungen an private Versicherungen ist, dass Sie Ihrer Krankenkasse nicht untersagt haben, die geleisteten Beiträge der Finanzverwaltung elektronisch zu melden (vgl. auch Zeile 47).

Kranken-/ Pflegeversicherung

Je nachdem, ob Sie in einer gesetzlichen oder einer privaten Kasse krankenversichert sind, müssen Sie die Eintragungen in verschiedenen Vordruckzeilen machen.

→ ZEILEN 12–30

Die Zeilen 12–30 gelten für Arbeitnehmer, Selbstständige und Rentner, die in der gesetzlichen Krankenkasse pflichtversichert oder freiwillig versichert sind. Tragen Sie die Kranken- und Pflegepflichtversicherungsbeiträge jeweils ge-

In der gesetzlichen Versicherung versicherte Arbeitnehmer, Rentner, Selbstständige

trennt ein. Im Krankenversicherungsbeitrag kann ein (nicht begünstigter) Beitragsanteil enthalten sein, aus dem sich ein Anspruch auf Krankengeld ergibt. Dieser führt zu einer pauschalen Kürzung der abziehbaren Beiträge in Höhe von 4 %. Soweit in den Krankenversicherungsbeiträgen derartige Beitragsteile **nicht** enthalten sind, müssen Sie die Krankenversicherungsbeiträge ein zweites Mal gesondert angeben (Zeile 14), um insoweit eine Kürzung zu vermeiden. Beitragsrückerstattungen mindern die abzugsfähigen Beträge und werden gesondert abgefragt (Zeilen 16 und 17). Alle Daten werden von Ihrer Versicherung elektronisch an die Finanzverwaltung gemeldet, wenn Sie der Übermittlung nicht widersprochen haben. Tragen Sie sie zur Sicherheit trotzdem ein, denn im Fall technischer Probleme ist ein Datenabgleich nicht möglich.

→ ZEILEN 12–17 Gesetzlich pflichtversicherte Arbeitnehmer Firmenzahler

Die Zeilen 12–17 sind für in der gesetzlichen Krankenkasse pflichtversicherte Arbeitnehmer und für in der gesetzlichen Krankenversicherung freiwillig versicherte Arbeitnehmer, bei denen der Arbeitgeber die Beiträge abführt (sog. Firmenzahler), vorgesehen. Die verlangten Angaben können i.d.R. der Lohnsteuerbescheinigung (Nr. 25, 26) entnommen werden.

Zusatzbeiträge

In voller Höhe abzugsfähig sind von der Krankenkasse erhobene Zusatzbeiträge (Zeile 13). Da diese nicht elektronisch übermittelt werden und auch nicht auf der Lohnsteuerbescheinigung auftauchen, müssen Sie selbst an die Eintragung denken. Entnehmen Sie die Höhe der Bescheinigung Ihrer Krankenkasse.

→ ZEILEN 18–24 Freiwillig gesetzlich versicherte Arbeitnehmer, Selbstständige, Rentner

Die Zeilen 18–24 sind für Arbeitnehmer vorgesehen, die sich freiwillig in der gesetzlichen Krankenversicherung versichert haben, die Beiträge in voller Höhe selbst überweisen und gegebenenfalls einen Zuschuss ihres Arbeitgebers auf ihr Konto überwiesen bekommen (sog. Selbstzahler), sowie für Selbstständige, die sich freiwillig in der gesetzlichen Krankenversicherung versichert haben, und für Rentner. Hier gilt, dass Beiträge, aus denen sich ein Anspruch auf Krankengeld ergibt, gesondert (Zeile 20) eingetragen werden müssen, weil daraus der Kürzungsbetrag von 4 % gerechnet wird. Ebenso sind erstattete Beiträge auszuweisen (Zeilen 22 und 23). Die Betragshöhe kann der Bescheinigung der Krankenkasse entnommen werden, bei Rentnern sind die Beiträge zur Krankenversicherung (Zeile 18) und Pflegeversicherung (Zeile 21) regelmäßig im Rentenbescheid oder der Rentenbezugsmitteilung ausgewiesen. Rentner zahlen keinen Beitragsteil für Krankengeldanspruch.

Achten Sie als betroffener Arbeitnehmer darauf, dass Sie in den Zeilen 18 und 21 den gesamten von Ihnen gezahlten Versicherungsbeitrag (also auch den Teil, den Ihr Arbeitgeber Ihnen steuerfrei erstattet hat) eintragen. Der vom Arbeitgeber erstattete Teil der Kranken- oder Pflegeversicherung (Nr. 24 a/b der Lohnsteuerbescheinigung) ist in die Zeilen 37–39 des Vordrucks anzugeben. Er mindert den abzugsfähigen Betrag (Zeile 18 bzw. 21).

TIPP

Steuerbescheide immer bezüglich der Krankenversicherungsbeiträge prüfen

Kontrollieren Sie die Angaben sorgfältig und überprüfen Sie auch Ihren Steuerbescheid im Hinblick auf die abgezogenen Krankenversicherungsbeiträge. Hier passieren sowohl Datenübertragungs- als auch Bearbeitungsfehler, die ggf. zu einem viel zu niedrigen steuerlichen Abzug geführt haben.

→ ZEILEN 25–29
Ausländische Krankenversicherung

Haben Sie Beiträge in eine ausländische Krankenversicherung, die einer inländischen (Pflicht-)Versicherung vergleichbar ist (nicht Auslandsreisekrankenversicherungen), eingezahlt, können Sie die Beitragsanteile für die Basisabsicherung (ohne Beitragsteile für Krankengeldanspruch und Wahlleistungen) hier erfassen und wie inländische Beiträge geltend machen.

→ ZEILE 30
Wahlleistungen

Hier tragen Sie als in der gesetzlichen Krankenkasse pflicht- oder freiwillig versicherter Arbeitnehmer, Selbstständiger oder Rentner alle Beitragsanteile Ihrer Krankenversicherung ein, die auf Krankengeldanspruch oder Wahl- oder Komfortleistungen entfallen sowie andere zusätzliche Krankenversicherungen (z.B. Auslandsreise- und Krankenhaustagegeldversicherung). Die Beiträge zu Wahlleistungen sind bis zu einer Höchstgrenze abzugsfähig, soweit diese durch die Beiträge zur Basisabsicherung noch nicht erreicht ist (vgl. Anmerkungen zu den Zeilen 46–52).

→ ZEILEN 31–36
Private Kranken-/Pflegeversicherungen

Die Zeilen 31–36 gelten für in privaten Krankenversicherungen Versicherte. Das sind in erster Linie Selbstständige, Beamte und Richter. Kranken- und Pflegepflichtversicherungsbeiträge an private Krankenkassen sind im gleichen Umfang wie gesetzliche Beiträge abzugsfähig, d.h. soweit sie die Basisabsicherung ohne Wahlleistungen abdecken (vgl. Anmerkungen zu den Zeilen 12–30) in voller Höhe, soweit sie Wahlleistungen oder einen Anspruch auf Krankengeld abdecken nur begrenzt. Aus der Bescheinigung Ihrer Krankenversicherungsgesellschaft können Sie die Beitragsteile, die jeweils auf Basis- bzw. auf Wahlleistungen entfallen, entnehmen. Der unbegrenzte Kostenabzug für Basisbeiträge ist nur möglich, wenn Sie der Datenübermittlung von Ihrer Krankenkasse an die Finanzbehörden nicht widersprochen haben. Rückerstattete Beiträge sind gesondert anzugeben, denn sie mindern den abzugsfähigen Betrag (Zeile 33). Steuerfreie Zuschüsse Dritter, z. B. der Rentenversicherungsanstalt bei pensionierten Beamten, die für eine frühere Tätigkeit auch in der gesetzlichen Rentenversicherung versichert waren, gehören in Zeile 34. In Zeile 35 sind die Beitragsteile der Krankenversicherung zu erfassen, die nicht der Basisabsicherung dienen (Krankengeldanspruch, Wahlleistungen). In Zeile 36 erfassen Sie Beiträge zu einer **freiwilligen** zusätzlichen Pflegeversicherung.

→ ZEILEN 40–45
Andere Personen, eingetragene Lebenspartnerschaft, geschiedene oder dauernd getrennt lebende Ehegatten

Kranken- und Pflegepflichtversicherungsbeiträge für andere Personen (z. B. Eltern) können Sie hier eintragen, wenn Sie Versicherungsnehmer sind, d. h. die Beiträge selbst schulden und bezahlt haben. Kranken- und Pflegepflichtversicherungsbeiträge für die Basisabsicherung Ihres eingetragenen Lebenspartners bzw. der Lebenspartnerin tragen Sie bei Antrag auf Zusammenveranlagung immer in die Spalten Ehemann/Ehefrau ein. Wird auf Antrag eine Einzelveranlagung durchgeführt, können Sie die Beiträge als Sonderausgaben abziehen, wenn Sie Versicherungsnehmer sind, d. h. laut Versicherungsvertrag verpflichtet sind, die Beiträge zu zahlen. Erstattete Beiträge mindern den Abzug. Beiträge für den getrennt lebenden oder geschiedenen Ehegatten/Lebenspartner sind hier nicht einzutragen. Diese werden bei der Einkommensteuerveranlagung des Ehegatten/Lebenspartners als Sonderausgabe abgezogen. Haben Sie die Aufwendungen getragen, können Sie diese evtl. als Unterhaltsleistungen (Zeilen 44, 45 des **Hauptvordrucks** oder **Anlage Unterhalt**) steuerlich geltend machen. Vertiefend siehe → Unterhaltszahlungen.

Kinder

Ein Sonderausgabenabzug ist auch für Beiträge von Kindern, die bei Ihnen steuerlich nicht mehr berücksichtigt werden können (z. B. Kinder älter als 25 Jahre) möglich. Dies gilt aber nur, wenn Sie selbst Versicherungsnehmer sind. Wegen Beiträgen für ein bei Ihnen steuerlich nicht mehr berücksichtigungsfähiges Kind, das selbst Versicherungsnehmer ist, prüfen Sie eine Eintragung in der **Anlage Unterhalt**.

TIPP

Kranken- und Pflegepflichtversicherungsbeiträge für Kinder mit Anspruch auf Kindergeld

Kranken- und Pflegepflichtversicherungsbeiträge für Kinder, die bei Ihnen steuerlich berücksichtigt werden, können Sie auf der **Anlage Kind** (Zeilen 31–38) als Sonderausgaben geltend machen, wenn Sie Versicherungsnehmer sind oder Sie dem Kind als Versicherungsnehmer die Beiträge ersetzt haben.

→ ZEILEN 46–52 UND ZEILE 11
Weitere sonstige Vorsorgeaufwendungen

Für sämtliche sonstigen Vorsorgeaufwendungen (Kranken-, Pflege- und andere Versicherungen) gibt es insgesamt einen Höchstbetrag. Dieser beträgt 2.800 € oder 1.900 € je Person. Liegen die Aufwendungen für die Basiskranken- und Pflegepflichtversicherung über dem Höchstbetrag, können diese Aufwendungen trotzdem in voller Höhe abgezogen werden. Andere Versicherungsaufwendungen (z. B. zu Arbeitslosen-, Haftpflicht- oder Unfallversicherungen) wirken sich dann aber steuerlich nicht mehr aus. Derartige Aufwendungen kommen deshalb nur zum Abzug, wenn mit den Beiträgen zur Basiskranken- und Pflegepflichtversicherung der Höchstbetrag noch nicht erreicht ist. Diese Aufwendungen können dann noch in Höhe des Unterschiedsbetrags zwischen dem Höchstbetrag und den Beiträgen zur Basiskranken- und Pflegepflichtversicherung steuermindernd berücksichtigt werden.

Der Höchstbetrag von **1.900 €** kommt zur Anwendung, wenn Sie

- **steuerfreie Zuschüsse zu Ihren Krankenversicherungsbeiträgen** erhalten haben, (z. B. steuerfreier Arbeitgeber-Zuschuss zur Sozialversicherung oder Zuschuss der gesetzl. Rentenversicherung zur Krankenversicherung des Rentners) oder
- ganz oder teilweise einen **Anspruch auf Erstattung oder Übernahme von Krankheitskosten** haben **ohne** dafür **eigene Beiträge** entrichten zu müssen (z. B. Beihilfeanspruch von Beamten, Richtern, Berufssoldaten und Geistlichen).

In diesen Fällen tragen Sie bitte in Zeile 11 eine „1“ ein.

Der Höchstbetrag von **2.800 €** (Eintragung „2“ in Zeile 11) kommt in allen anderen Fällen zur Anwendung. Eine „2“ tragen Personen ein, die ihre Beiträge zur Krankenversicherung allein zahlen (z. B. Selbstständige, Gewerbetreibende, Freiberufler).

Bei Ehegatten/Lebenspartnern werden die Höchstbeträge getrennt ermittelt. Für in der gesetzlichen Krankenversicherung mitversicherte nicht berufstätige Ehegatten/Lebenspartner ist in Zeile 11 eine „1“ einzutragen, weil diese als Mitversicherte (Familienversicherung) einen eigenen Anspruch auf Kostenerstattung haben.

ACHTUNG

Beihilfeanspruch des nicht berufstätigen Ehegatten/Lebenspartners

Bei Beamten hat der nicht berufstätige Ehegatte/Lebenspartner einen mittelbaren Beihilfeanspruch im Krankheitsfall. In diesem Fall ist auch eine „1“ einzutragen. Die bisherige Auffassung der Finanzverwaltung, dass der nicht berufstätige Ehegatte eines Beamten keinen Beihilfeanspruch hat, hat der BFH verworfen (BFH, Urteil v. 23.1.2013, X R 43/09, HI3657828, BFH/NV 2013, 826).

TIPP

Grundsätzlich alle Versicherungsbeiträge vollständig eintragen

Tragen Sie alle Versicherungen auch dann ein, wenn Ihre Kranken- und Pflegeversicherungsbeiträge den Höchstbetrag übersteigen. Denn zusätzlich erfolgt eine Prüfung, ob sich nach der bis 2004 geltenden Rechtslage ein höherer Abzug ergibt. Dabei werden alle Versicherungsbeiträge einbezogen. Außerdem sind zwischenzeitlich beim BVerfG Verfassungsbeschwerden anhängig, mit denen die Beschwerdeführer den unbeschränkten Sonderausgabenabzug weiterer Versicherungsbeiträge begehren.

→ ZEILEN 46, 48
Arbeitslosenversicherungen

Tragen Sie als Arbeitnehmer die im gesetzlichen Arbeitnehmeranteil zur Sozialversicherung enthaltenen Beiträge zur Arbeitslosenversicherung (Nr. 27 der Lohnsteuerbescheinigung) ein. Haben Sie eine freiwillige (private) Arbeitslosenversicherung abgeschlossen, gehören die Beiträge in Zeile 48.

→ ZEILE 47
Kranken/Pflegeversicherung

Haben Sie der elektronischen Übermittlung Ihrer Kranken- und Pflegepflichtversicherungsbeiträge an die Finanzverwaltung widersprochen, sind auch Ihre Beiträge für die Basisabsicherung nur bis zum **Höchstbetrag** abzugsfähig (Zeile 47). Krankenversicherungsbeiträge, die über die Basisabsicherung hinausgehende Wahl- oder Komfortleistungen absichern sowie Beiträge zu Krankentagegeld, Krankenhaustagegeld- oder Auslandskrankenversicherungen gehören bei gesetzlich Versicherten in Zeile 30, bei privat Versicherten in Zeile 35.

→ ZEILEN 49, 50
Berufs-/Erwerbsunfähigkeits-, Unfall-, Haftpflicht-, Risikoversicherungen

Hier erfassen Sie Beiträge zu einer freiwilligen privaten Berufs- und Erwerbsunfähigkeitsversicherung. Zu den Unfallversicherungen zählen alle Arten von privaten Unfallversicherungen (z. B. auch die Kfz-Insassenunfallversicherung). Zu den Haftpflichtversicherungen gehören Beiträge zu einer Privathaftpflichtversicherung genauso wie eine Kfz- oder eine Tierhalterhaftpflichtversicherung. Auch die Beiträge zur Grundstückshaftpflichtversicherung des zu eigenen Wohnzwecken genutzten Grundstücks können Sie hier eintragen. Stehen die vorgenannten Versicherungsbeiträge im Zusammenhang mit der Erzielung von Einkünften (z. B. Berufshaftpflicht, Haftpflicht für das vermietete Grundstück), sind die Beiträge als Betriebsausgaben oder Werbungskosten und nicht als Sonderausgaben abziehbar. Haben Sie zur Absicherung für den Unterhalt von Kindern und Ehepartner eine Risikolebensversicherung abgeschlossen, so wird das in Zeile 50 angegeben.

TIPP

Bestimmte Versicherungsbeiträge sind Betriebsausgaben bzw. Werbungskosten

Beiträge zu Unfallversicherungen, die **auch** berufliche bzw. betriebliche Unfälle einbeziehen, können pauschal zur Hälfte als Werbungskosten (Zeilen 46–48 der **Anlage N**) oder Betriebsausgaben der Höhe nach unbegrenzt steuerlich abgezogen werden.

Eine betriebliche bzw. berufliche Haftpflichtversicherung wird ebenfalls bei den der Höhe nach unbegrenzt abzugsfähigen Werbungskosten (Zeilen 46–48 der **Anlage N**) bzw. den Betriebsausgaben erfasst.

Zu den abzugsfähigen Risikoversicherungen zählen neben der Risikolebensversicherung auch Beiträge zu Witwen-, Waisen- und Sterbekassen.

Nicht begünstigt sind Sachversicherungen wie z. B. Kfz-Kaskoversicherungen, Versicherungen gegen Elementarschäden, Diebstahl-, Hausrat- sowie Rechtsschutzversicherungen (Anteil auf Arbeitsrechtsschutz sind Werbungskosten).

→ ZEILEN 51, 52
Rentenversicherungen mit Laufzeitbeginn vor 2005

Renten- und Kapitallebensversicherungen sind hier nur eintragungsfähig, wenn der Versicherungsvertrag **vor 2005** abgeschlossen wurde und die erste Beitragszahlung vor diesem Zeitpunkt erfolgt ist.

→ ZEILE 51
Rentenversicherungen mit Kapitalwahlrecht

In Zeile 51 tragen Sie Rentenversicherungen ein, die für die Auszahlung der Versicherungsleistung ein **Kapitalwahlrecht** (Einmalauszahlung oder regelmäßige Zahlungen) vorsehen. Darunter fallen regelmäßig Kapitallebensversicherungen (mit mindestens zwölfjähriger Laufzeit). Begünstigt sind aber auch Ausbildungs, Aussteuer- und Erbschaftsteuerversicherungen. Nicht begünstigt sind Lebensversicherungen, für die Sie vermögenswirksame Leistungen erhalten.

→ ZEILE 52
Rentenversicherungen ohne Kapitalwahlrecht

In Zeile 52 gehören **Renten- und Lebensversicherungen**, bei denen die Auszahlung nicht in einem Betrag, sondern regelmäßig in Form einer **regelmäßigen Zahlung** („Rente") erfolgt.

1.3.2 Ergänzende Angaben zu Vorsorgeaufwendungen

→ ZEILEN 53–58
Beamte, GmbH-Gesellschafter-Geschäftsführer

Die Angaben sind für die Höhe des steuerlichen Abzugs von Vorsorgeaufwendungen (Versicherungen) als Sonderausgaben nach der alten Rechtslage vor 2005 und von **Altersvorsorgeaufwendungen** (Zeilen 4–10) von Bedeutung. Eintragungen sind bei **Beamten** (Zeilen 53, 56, 57) und bei **Gesellschafter-Geschäftsführern**, die sozialversicherungsrechtlich als Selbstständige behandelt werden, erforderlich.

Checkliste Anlage Vorsorgeaufwand

Folgende Abzugsmöglichkeit geprüft? Vgl. Ausfüllhinweise zur Zeile!

Haben Sie an alle Versicherungen gedacht? ☐
(Privat, Kfz, Tierhalterhaftpflichtversicherung, Kfz-Insassenunfallversicherung, Reisekrankenversicherung)
Abzugsfähig sind auch Abschlussgebühren und Versicherungsteuer (Zeilen 46–52).
Tragen Sie (auch als Arbeitnehmer) zur Sicherheit alle Ihre Versicherungsbeiträge ein, denn es wird, anders als beim Lohnsteuerabzug, bei der Steuerveranlagung keine Vorsorgepauschale mehr berücksichtigt.

Sie haben Krankenversicherungsbeiträge für Ihre Kinder, Ihren geschiedenen Ehegatten oder einen bedürftigen Angehörigen bezahlt bzw. die Kosten ersetzt? ☐
Die Beiträge für die Basisabsicherung sind bei Ihnen berücksichtigungsfähig. Die entsprechenden Eintragungen für den Abzug sind jedoch, je nachdem, wer Versicherungsnehmer ist und um welche Person es sich handelt, auf unterschiedlichen Formularen (Anlage Vorsorgeaufwand, Anlage Kind, Anlage Unterhalt, Hauptvordruck) zu machen.

1.4 Anlage AV (Altersvorsorgebeiträge, Riester)

WICHTIG

Anlage AV bei Riester-Versicherung

Die **Anlage AV** benötigen Sie, um für Altersvorsorgebeiträge (= Beiträge zu Riester-Versicherungen) einen zusätzlichen Sonderausgabenabzug zu beantragen.

Ehegatten geben eine gemeinsame Anlage AV ab.

Überblick

Formularaufbau	
Seite 1	**Altersvorsorgebeiträge (Zeilen 4–20)** Einzutragen sind im Wesentlichen die Vorjahresbezüge und ob Sie die Steuervergünstigung als eine unmittelbar oder mittelbar begünstigte Person bekommen können. **Angabe zu Kindern (Zeilen 21–24)** Aus den Angaben wird die Kinderzulage berechnet.

2013

Zeile					
1	Name				
2	Vorname				**Anlage AV**
3	**Steuernummer**				

Angaben zu Altersvorsorgebeiträgen (sog. Riester-Verträge)

Altersvorsorgebeiträge **39**

Zeile			stpfl. Person / Ehemann / Lebenspartner(in) A		Ehefrau / Lebenspartner(in) B
4	Sozialversicherungsnummer / Zulagenummer	107		307	
5	Mitgliedsnummer der landwirtschaftlichen Alterskasse / Alterskasse für den Gartenbau	112		312	

6 **Für alle vom Anbieter übermittelten Altersvorsorgebeiträge wird ein zusätzlicher Sonderausgabenabzug geltend gemacht.**

Zeile			stpfl. Person / Ehemann / Lebenspartner(in) A		Ehefrau / Lebenspartner(in) B
7	Anzahl der Riester-Verträge, für die vom Anbieter Altersvorsorgebeiträge übermittelt werden	201		401	
8	Zu den in Zeile 7 angegebenen Verträgen geleistete Altersvorsorgebeiträge (Beiträge und Tilgungsleistungen ohne Nachzahlungen für Vorjahre)	202	EUR ,—	402	EUR ,—
9	Haben sich die Vertragsdaten (Vertrags-, Zertifizierungs- oder Anbieternummer) eines in Zeile 7 angegebenen Vertrages gegenüber der Einkommensteuererklärung 2012 geändert?	203	1 = Ja 2 = Nein	403	1 = Ja 2 = Nein

– Bei Zusammenveranlagung: Bitte die Art der Begünstigung (unmittelbar / mittelbar) beider Ehegatten / Lebenspartner angeben. –

Zeile					
10	**Ich bin für das Jahr 2013 unmittelbar begünstigt.** (Bitte die Zeilen 11 bis 19 ausfüllen.)	106	1 = Ja	306	1 = Ja
			EUR		EUR
11	Beitragspflichtige Einnahmen i. S. d. deutschen gesetzlichen Rentenversicherung **2012**	100	,—	300	,—
12	Inländische Besoldung, Amtsbezüge und Einnahmen beurlaubter Beamter **2012** (Ein Eintrag ist nur erforderlich, wenn Sie eine Einwilligung gegenüber der zuständigen Stelle abgegeben haben.)	101	,—	301	,—
13	Entgeltersatzleistungen **2012**	104	,—	304	,—
14	Tatsächliches Entgelt **2012**	102	,—	302	,—
15	Jahres(brutto)betrag der Rente wegen voller Erwerbsminderung oder Erwerbsunfähigkeit in der deutschen gesetzlichen Rentenversicherung **2012**	109	,—	309	,—
16	Inländische Versorgungsbezüge wegen Dienstunfähigkeit **2012** (Ein Eintrag ist nur erforderlich, wenn Sie eine Einwilligung gegenüber der zuständigen Stelle abgegeben haben.)	113	,—	313	,—
17	Einkünfte aus Land- und Forstwirtschaft **2011**	103	,—	303	,—
18	Jahres(brutto)betrag der Rente wegen voller Erwerbsminderung oder Erwerbsunfähigkeit nach dem Gesetz über die Alterssicherung der Landwirte **2012**	111	,—	311	,—
19	Einnahmen aus einer Beschäftigung, die einer ausländischen gesetzlichen Rentenversicherungspflicht unterlag und / oder Jahres(brutto)betrag der Rente wegen voller Erwerbsminderung oder Erwerbsunfähigkeit aus einer ausländischen gesetzlichen Rentenversicherung **2012**	114	,—	314	,—
20	**Ich bin für das Jahr 2013 mittelbar begünstigt.** (Bei Einzelveranlagung von Ehegatten / Lebenspartnern: Die Angaben zu den Altersvorsorgebeiträgen werden bei der Einkommensteuerveranlagung des anderen Ehegatten / Lebenspartners berücksichtigt.)	106	2 = Ja	306	2 = Ja

Angaben zu Kindern

Zeile			Geboren vor dem 1.1.2008 Anzahl der Kinder		Geboren nach dem 31.12.2007 Anzahl der Kinder
	Nur bei miteinander verheirateten Eltern, die 2013 nicht dauernd getrennt gelebt haben: Anzahl der Kinder, für die uns für **2013** Kindergeld ausgezahlt worden ist und				
21	– die der Mutter zugeordnet werden	305		315	
22	– für die die Kinderzulage von der Mutter auf den Vater übertragen wurde	105		115	
	Bei allen anderen Kindergeldberechtigten: Anzahl der Kinder, für die für den ersten Anspruchszeitraum **2013** Kindergeld ausgezahlt worden ist (Diese Kinder dürfen nicht in den Zeilen 21 und 22 enthalten sein.)				
23	– an stpfl. Person / Ehemann / Lebenspartner(in) A	205		215	
24	– an Ehefrau / Lebenspartner(in) B	405		415	

2013AnlAV041 – Aug. 2013 – 2013AnlAV041

Altersvorsorgebeiträge (Riester-Versicherungsbeiträge)

→ ZEILEN 4–9
Sonderausgabenabzug

Private Altersvorsorgebeiträge, auch Riester-Beiträge genannt, sind vor allem zur Altersvorsorge für Arbeitnehmer und deren Ehegatten/Lebenspartner gedacht. Haben Sie Beiträge zu einem entsprechend anerkannten (zertifizierten) Riester-Vertrag geleistet, können Sie bei Ihrem Versicherungsanbieter eine **Altersvorsorgezulage** (Grundzulage und gegebenenfalls Kinderzulage) beantragen. Wenn Sie für die eingezahlten Beiträge und die gewährte Zulage (darüber hinaus) den Sonderausgabenabzug prüfen lassen wollen, müssen Sie die Anlage AV ausfüllen. Während Sie nur für bis zu zwei Verträge eine Zulage erhalten können, ist der Sonderausgabenabzug für alle Verträge möglich. Dazu müssen Sie Ihrem Versicherungsanbieter erlauben, die Daten elektronisch an die Finanzverwaltung zu übermitteln (Zeile 7). Das Finanzamt prüft dann, ob ein Sonderausgabenabzug für Sie zu einem günstigeren Ergebnis führt als die Zulage allein. Ist das der Fall, wird eine zusätzliche Steuerersparnis durch den Sonderausgabenabzug im Steuerbescheid gesondert ausgewiesen und berücksichtigt. Dabei sind sowohl die eingezahlten Beiträge als auch die gewährte Altersvorsorgezulage begünstigt (Zeile 8).

Wegen des elektronischen Datenabgleichs ist es wichtig, in Zeile 9 anzugeben, wenn sich Vertragsdaten gegenüber dem Vorjahr geändert haben.Vertiefend siehe → Altersvorsorgeaufwendungen und Wohn-Riester.

Der Verzicht auf den Sonderausgabenabzug ergibt nur Sinn, wenn Sie auch keine Altersvorsorgezulage vom Versicherungsinstitut bekommen wollen oder können, z. B. weil Sie mehrere Verträge haben. Der Vorteil des Verzichts auf jegliche staatliche Förderung besteht darin, dass die spätere Rente nicht in voller Höhe, sondern nur teilweise (mit dem Ertragsanteil) steuerpflichtig ist.

TIPP

Zulage und Sonderausgabenabzug immer geltend machen

Nehmen Sie soweit wie möglich für die Beiträge die gesamte staatliche Förderung, also Zulage und Sonderausgabenabzug, in Anspruch. Die später aus der Rente zu zahlende Steuer wird den finanziellen (Steuer-)Vorteil bis zur Rentenauszahlung im Regelfall nicht erreichen.

→ ZEILEN 10–19
Unmittelbar begünstigte Person

Zum unmittelbar begünstigten Personenkreis gehören im Wesentlichen Arbeitnehmer, vor allem Personen, die in der gesetzlichen Rentenversicherung pflichtversichert oder Beamte (z. B. auch während der Zeit des Erziehungsurlaubs) sind oder Lohnersatz beziehen. Vertiefend siehe → Altersvorsorgeaufwendungen und Wohn-Riester.

Erfüllen bei Eheleuten/Lebenspartnern beide die Voraussetzung und haben sie jeweils einen eigenen Vorsorgevertrag abgeschlossen, sind beide unmittelbar begünstigt und haben die Eintragungen in beiden Spalten der folgenden Zeilen vorzunehmen. Die Angaben sind wichtig zur Berechnung der staatlichen Grundzulage. Um die volle Zulage zu erhalten, muss ein Mindestbeitrag eingezahlt werden. Maßgebend sind dabei immer die Vorjahreswerte, also die Werte aus dem Jahr **2012**. Eintragen müssen gesetzlich rentenversicherungspflichtige Arbeitnehmer ihren rentenbeitragspflichtigen Jahresbruttolohn (Zeile 11), den Sie der Durchschrift der Meldung zur Sozialversicherung entnehmen können. Beamte erfassen die Höhe ihrer Besoldung und Amtsbezüge laut Gehaltsmitteilungen (Zeile 12). Lohnersatzleistungen (z. B. Arbeitslosengeld, Arbeitslosenhilfe, Kurzarbeitergeld), ersichtlich aus der Bescheinigung Ihres Arbeitgebers bzw. der Stelle, die den Lohnersatz ausbezahlt hat (z. B. Bundesagentur für Arbeit), sind ebenfalls einzubeziehen (Zeile 13).

→ ZEILE 20
Mittelbar begünstigte Person

Gehört bei (nicht dauernd getrennt lebenden) Eheleuten/Lebenspartnern nur einer zum unmittelbar begünstigten Personenkreis, kann der andere trotzdem einen begünstigten eigenen Altersvorsorgevertrag auf seinen Namen abschließen. Er ist dann (über den Ehegatten/Lebenspartner) mittelbar begünstigt. Das gilt aber nur, wenn der unmittelbar begünstigte Ehegatte/Lebenspartner ebenfalls einen (eigenen) Vertrag abgeschlossen hat. Seit 2012 müssen auch mittelbar begünstigte Personen mindestens 60 € im Jahr als eigene Beiträge einzahlen, wenn sie die Zulage bzw. den Sonderausgabenabzug beantragen möchten.

→ ZEILEN 21–24
Kinderzulage

Für Kinder erhalten Sie zusätzlich eine Kinderzulage. Für Kinder, die nach 2007 geboren sind, gibt es eine höhere Kinderzulage. Deshalb sind unterschiedliche Spalten vorgesehen.

Bei verheirateten, zusammenlebenden Eltern, die eine Zusammenveranlagung beantragt haben und die **beide** einen Riester-Vertrag abgeschlossen haben, werden die steuerlich berücksichtigungsfähigen Kinder (Zeile 21) grundsätzlich bei der

Mutter berücksichtigt. Auf gemeinsamen Antrag der Eltern (Zeile 22) kann die Zulage beim Vater angerechnet (übertragen) werden.

Bei Eltern, die nicht die Voraussetzungen für die Ehegattenveranlagung erfüllen, also im Wesentlichen ledige oder geschiedene Eltern, erhält die Kinderzulage der Elternteil, dem das Kindergeld (im Januar) ausgezahlt wurde (Zeilen 23, 24).

Checkliste Anlage AV

Folgende Abzugsmöglichkeit geprüft? Vgl. Ausfüllhinweise zur Zeile!

Sie haben als Arbeitnehmer noch keinen Riester-Vertrag abgeschlossen? ☐
Aus steuerlicher Sicht ist der Abschluss, insbesondere, wenn bei Ihnen Kinder zu berücksichtigen sind, sehr interessant. Informieren Sie sich!

Sie sind im Erziehungsurlaub? ☐
Überlegen Sie den Abschluss eines Riester-Vertrags. Schon mit 60 € Eigenbeitrag im Jahr haben Sie Anspruch auf die mehr als doppelt so hohe volle Grundzulage und die volle Kinderzulage!

Sie haben als nicht verheirateter Mann (z.B. in nicht ehelicher Lebensgemeinschaft) mit Kind einen Riester-Vertrag abgeschlossen? ☐
Die Kinderzulage steht grundsätzlich der Mutter zu und geht verloren, wenn diese keinen Vertrag abschließt. Der Vater kann die Kinderzulage aber „retten", wenn an ihn im Januar des jeweiligen Jahres (für Monat Januar ausreichend) Kindergeld ausgezahlt wird. Dies muss bei der Kindergeldkasse (mit Zustimmung der Mutter) beantragt werden (Zeile 22).

1.5 Anlage Kind (Kinderberücksichtigung)

WICHTIG

Anlage Kind/steuerliche Vergünstigungen für Kinder

Die **Anlage Kind** ist in folgendem Fall auszufüllen:

Sie wollen Kinder bzw. damit zusammenhängende Vergünstigungen steuermindernd berücksichtigt bekommen.

Für jedes Kind ist eine eigene Anlage notwendig.

Überblick

Formularaufbau	
Seite 1	**Angaben zum Kind (Zeilen 4–9)** Hier werden die persönlichen Angaben zum Kind und zur Höhe des Kindergeldanspruchs eingetragen. **Kindschaftsverhältnis (Zeilen 10–14)** Hier ist in erster Linie das Verwandtschaftsverhältnis (leibliches Kind, Pflegekind ...) zum Kind anzugeben. **Volljähriges Kind (Zeilen 15–23)** Volljährige Kinder können nur in bestimmten Fällen berücksichtigt werden. **Angaben zur Erwerbstätigkeit bei volljährigen Kindern (Zeilen 24–28)** Die Angaben sind nur von Bedeutung, wenn das Kind bereits eine Berufsausbildung abgeschlossen hat.
Seite 2	**Übernommene Kranken- und Pflegeversicherungspflichtbeiträge für Kinder (Zeilen 31–37)** Von den Eltern übernommene Beiträge für die Kinder sind als Sonderausgaben abzugsfähig, unabhängig davon, wer Versicherungsnehmer ist. **Übertragung des Kinderfreibetrags und weiterer Freibeträge (Zeilen 38–43)** Eine Übertragung ist nur in Ausnahmefällen möglich. **Entlastungsbetrag für Alleinerziehende (Zeilen 44–49)** Hier beantragen Alleinerziehende einen steuerlichen Entlastungsbetrag. **Sonderbedarf bei Berufsausbildung (Zeilen 50–52)** Der Freibetrag ist nur für in Ausbildung befindliche, auswärtig untergebrachte volljährige Kinder möglich.

1.5.1 Kinderberücksichtigung

Ob ein Kind steuerlich berücksichtigt werden kann, hängt in erster Linie vom Kindschaftsverhältnis und dem Alter des Kindes ab. Vertiefend siehe → Kinder.

1.5.2 Kindschaftsverhältnis und Alter (Seite 1)

→ ZEILEN 4–9
Persönliche Angaben

Machen Sie die Angaben (Identifikationsnummer, Name, Vorname, Geburtsdatum, Wohnort, Familienkasse, die das Kindergeld auszahlt) für jedes Kind, das berücksichtigt werden soll, unabhängig davon, ob es bereits bei Ihren Lohnsteuerabzugsmerkmalen (ELStAM) gespeichert ist oder nicht.

→ ZEILE 6
Kindergeld

Einzutragen (in Kennzahl 15) ist die Höhe des Kindergeldanspruchs. Dieser Anspruch – und nicht das tatsächlich ausgezahlte Kindergeld – wird in die Vergleichsberechnung mit den steuerlichen Freibeträgen einbezogen. Beachten Sie, dass bei jedem Elternteil rechtlich das halbe Kindergeld angerechnet wird, unabhängig davon, an wen das Kindergeld ausgezahlt wurde. Der volle Kindergeldanspruch ist einzutragen, wenn Sie den verdoppelten Kinderfreibetrag beanspruchen (s. u.). Vertiefend siehe → Kinder.

→ ZEILEN 8, 9
Auslandskinder

Wohnt Ihr Kind das ganze Jahr oder einen Teil des Jahres nicht im Inland, müssen Sie in Zeile 8 Angaben zum Zeitraum in dem das Kind im In- und Ausland gewohnt hat (Monate im Inland auf volle Monate aufrunden) machen und in Zeile 9, neben der Anschrift, auch den ausländischen Wohnsitzstaat angeben. Für Auslandskinder erhalten Sie, abhängig vom Wohnsitzstaat, unter Umständen nur niedrigere Freibeträge. Kinder, die nur zur Berufsausbildung im Ausland sind, aber weiterhin zum inländischen Haushalt der Eltern gehören oder im Inland einen eigenen Haushalt haben, gelten als im Inland wohnhaft.

→ ZEILEN 10–14
Kindschaftsverhältnis

Geben Sie – bei gemeinsamer Veranlagung für jeden Ehegatten/Lebenspartner getrennt – für das Kind in Zeile 10 durch die entsprechende Schlüsselzahl an, in welchem Kindschaftsverhältnis das Kind zu Ihnen bzw. Ihrem Ehegatten/Lebenspartner steht. Werden die Eltern nicht gemeinsam veranlagt, sind die Angaben in den Zeilen 11–14 zum anderen Elternteil notwendig. Lebt der andere Elternteil im Ausland, ist er verschollen oder verstorben, wird der eigentlich diesem zustehende Freibetrag auf Sie übertragen. Dasselbe gilt, wenn der Vater eines Kindes amtlich nicht feststellbar ist.

→ ZEILEN 15–23
Volljährige Kinder

Im Regelfall kann ein volljähriges verheiratetes Kind bzw. ein Kind, das in einer eingetragenen Lebenspartnerschaft lebt, ab dem Monat nach der Eheschließung nicht mehr bei den Eltern berücksichtigt werden.

Andere volljährige Kinder können ab dem Monat nach Vollendung des 18. Lebensjahres für die Monate bei ihren Eltern berücksichtigt werden, in denen sie eine der im Vordruck (Zeilen 16–22) genannten Bedingungen (z. B. in Ausbildung, freiwilliges Jahr usw.) erfüllen. Geben Sie an, welcher Tatbestand für Ihr Kind in welchem Zeitraum erfüllt ist. Dabei werden angefangene Monate zu Ihren Gunsten mitberücksichtigt. Ist das Kind in verschiedenen Ausbildungsabschnitten, z. B. Gymnasium bis Ende Juni und Studium ab Oktober, dann füllen Sie in den Zeilen 16 und 17 die Zeiten entsprechend aus. Auch in den Zeiten zwischen den Ausbildungsabschnitten, zwischen zwei Ausbildungen oder zwischen Freiwilligendiensten und Ausbildung kann das Kind berücksichtigt werden, wenn der Zeitraum vier Monate nicht überschreitet (Zeile 20). Studiert Ihr Kind das ganze Jahr, reicht es aus, 1.1.–31.12. (in Zeile 16) einzutragen. Semesterferien (unter 4 Monaten) zählen zum Studium dazu. Bei der Bundesagentur für Arbeit als Arbeit suchend gemeldete Kinder können, solange sie nicht voll erwerbstätig sind, bis zum 21. Lebensjahr berücksichtigt werden (Zeile 21). Leistet das Kind einen der in Zeile 19 genannten Freiwilligendienste (z. B. auch Bundesfreiwilligendienst), wird es ebenfalls berücksichtigt. Ein Kind, das den freiwilligen Wehrdienst macht, ist normalerweise nicht berücksichtigungsfähig. Vertiefend siehe → Kinder.

Soweit Kinder über 21 Jahre alt sind bzw. wenn sich Kinder über 25 Jahren noch in Ausbildung bzw. in einem weniger als viermonatigen Unterbrechungszeitraum (s. o.) zwischen zwei Ausbildungsabschnitten befinden, kann der in Vorjahren abgeleistete gesetzliche Grundwehrdienst bzw. Zivildienst dazu führen, dass eine Berücksichtigung auch über die Altersgrenze hinaus möglich ist. Darum geben Sie Beginn und Ende des abgeleisteten gesetzlichen Grundwehrdienstes bzw. Ersatzdienstes in Zeile 23 an.

Fügen Sie, soweit nicht bereits bei der Erfassung des Kindes in den ELStAM-Daten geschehen, die Nachweise z. B. über die Arbeitslosigkeit (Bescheid der Bundesagentur für Arbeit) oder eine Ausbildungsbescheinigung bei.

→ ZEILE 22
Behinderte Kinder

Kinder, die infolge einer Behinderung außerstande sind, für ihren Unterhalt zu sorgen, können unabhängig vom Alter berücksichtigt werden. Voraussetzung ist, dass die Behinderung vor Vollendung des 25. Lebensjahres eingetreten ist.

→ ZEILEN 24–28
Erwerbstätigkeit des Kindes

Ob ein Kind erwerbstätig ist oder nicht, spielt bis zum Abschluss der ersten Berufsausbildung keine Rolle mehr. Deshalb sind Eintragungen in diesen Zeilen nur erforderlich, wenn das Kind volljährig ist und bereits eine Berufsausbildung abgeschlossen hat (Zeile 24). Denn dann ist eine steuerliche Berücksichtigung des Kindes, das sich z.B. in einer zweiten Ausbildung oder in einer – unter viermonatigen – Übergangszeit befindet, nicht mehr bzw. für Zeiträume nicht möglich, in denen das Kind voll erwerbstätig war (Zeilen 25, 27). Eine Vollerwerbstätigkeit liegt vor, wenn die regelmäßige Arbeitszeit durchschnittlich mehr als 20 Stunden in der Woche beträgt (Zeile 28).

Nicht als schädliche Erwerbstätigkeit ist eine Vollerwerbstätigkeit im Rahmen eines Ausbildungsdienstverhältnisses z.B. betriebliche Ausbildung, Studium an einer Berufsakademie (Zeile 25) anzusehen. Auch ein Minijob (Zeile 27) ist ohne Bedeutung. Vertiefend siehe → Kinder.

1.5.3 Steuerliche Vergünstigungen für Kinder (Seite 2)

Wenn ein Kind alle Voraussetzungen für eine steuerliche Berücksichtigung erfüllt, können die Eltern für das Kind gezahlte oder dem Kind ersetzte Kranken- und Pflegeversicherungsbeiträge als Sonderausgaben geltend machen. Außerdem erhalten sie in jedem Fall **Kindergeld** oder einen **Kinderfreibetrag** und zusätzlich einen **Freibetrag für den Betreuungs- und Erziehungs- oder Ausbildungsbedarf** des Kindes. Vertiefend siehe → Kinder.

→ ZEILEN 31–37
Kranken-/Pflegepflichtversicherung des Kindes

Der Abzug von Kranken- und Pflegepflichtversicherungsbeiträgen für Kinder bei den Eltern setzt voraus, dass der Versicherungsgesellschaft erlaubt wurde, die Daten der Finanzverwaltung elektronisch zu übermitteln. Deshalb können Sie hier auch nur in diesem Fall Eintragungen vornehmen.

Je nachdem, ob Sie oder Ihr Kind Versicherungsnehmer sind, sind die Eintragungen in unterschiedlichen Spalten vorzunehmen. Sind Sie im Versicherungsvertrag, durch den Ihr Kind versichert ist, als Versicherungsnehmer (Schuldner der Beiträge) aufgeführt, können Sie alle Kranken- und Pflegepflichtversicherungsbeiträge als eigene Sonderausgaben in der ersten Spalte (Kennzahl 66–69) geltend machen. Dies gilt nicht nur für Beitragsteile zur Basisabsicherung (Krankenversicherung Kennzahl 66, Pflegepflichtversicherung Kennzahl 67, vgl. dazu Erläuterungen zur Anlage Vorsorgeaufwand Zeilen 12–30), die bei Ihnen in voller Höhe abzugsfähig sind, sondern auch für enthaltene Beiträge, die einen Anspruch auf Krankengeld begründen (Zeile 32) und Beiträge, die auf Wahlleistungen über die Basisabsicherung hinaus entfallen (Kennzahl 69) und nur bis zu den Höchstbeträgen (vgl. Erläuterungen zur **Anlage Vorsorgeaufwand**) berücksichtigungsfähig sind. Ebenfalls abzugsfähig sind die Beiträge zur gesetzlichen sozialen oder privaten Pflegepflichtversicherung. Wurden Kranken- und Pflegepflichtversicherungsbeiträge zurückerstattet, mindern diese den abzugsfähigen Betrag (Kennzahl 68). Dasselbe gilt für Zuschüsse von Dritten z. B. des Arbeitgebers (Kennzahl 75).

Hat Ihr Kind (als Versicherungsnehmer) eigene Beiträge zur Kranken- und Pflegepflichtversicherung gezahlt, kann es diese vorrangig in seiner eigenen Steuererklärung auf der Anlage Vorsorgeaufwand geltend machen (Kennzahlen 70–75). Das gilt auch, wenn Sie die Kosten übernommen bzw. dem Kind ersetzt haben. Verzichtet das Kind auf den Sonderausgabenabzug, z. B. weil es nur geringe eigene Einkünfte hat, dann können Sie die Beiträge geltend machen, wenn Sie für Ihr Kind Unterhaltskosten getragen haben. Dies gilt allerdings nur für die Beiträge zur Basiskrankenversicherung (Kennzahl 70), nicht für Beiträge, die zu einem Krankengeldanspruch (Kennzahl 71) führen oder Wahlleistungen (Zeile 37) absichern. Beachten Sie, dass in Kennzahl 70 der Gesamtbetrag, also Basis und Wahlbeiträge, zu erfassen sind. Zusätzlich abzugsfähig sind die Pflegepflichtversicherungsbeiträge des Kindes (Kennzahl 72). Erstattete Beiträge oder Zuschüsse von Dritten mindern auch hier die abzugsfähigen Beträge (Kennzahlen 73, 75).

→ ZEILEN 39–43
Übertragung der Freibeträge

Bei geschiedenen, dauernd getrennt lebenden Eltern oder Eltern nichtehelicher Kinder kann ein Elternteil beantragen, dass er den Kinderfreibetrag, der eigentlich dem anderen Elternteil zusteht, übertragen bekommt. Dies ist möglich, wenn der andere Elternteil unterhaltsverpflichtet ist und der Verpflichtung nicht ausreichend (d. h. zu weniger als 75 % des festgelegten Betrags) nachkommt oder wenn er mangels eigener Einkünfte nicht zum Unterhalt verpflichtet ist. Eine Übertra-

→ ZEILEN 64–67
Behinderte Kinder

Einzelheiten zu den Steuervergünstigungen für behinderte Menschen siehe Erläuterungen zum Hauptvordruck, Zeilen 61–64. Vertiefend siehe → Behinderte Menschen.

Die Übertragung der einem behinderten oder hinterbliebenen Kind zustehenden steuerlichen Vergünstigungen auf die Eltern ist dann möglich, wenn sich beim Kind die Vergünstigungen nicht auswirken, weil es keine oder nur geringe Einkünfte hat. Grundsätzlich steht jedem Elternteil der hälftige Pauschbetrag für behinderte Menschen zu. Geschiedene, getrennt lebende oder unverheiratete Eltern können (ein gemeinsamer formloser Antrag mit Unterschrift ist hierfür notwendig) eine andere Verteilung angeben (Zeile 66). Wurde der gesamte Kinderfreibetrag auf einen Elternteil übertragen, kann auch nur dieser Elternteil den Behindertenpauschbetrag des Kindes übertragen bekommen (vgl. Erläuterungen zu den Zeilen 38, 39 der Anlage Kind).

→ ZEILEN 68–74
Kinderbetreuungskosten

Kinderbetreuungskosten für bei Ihnen berücksichtigungsfähige und in Ihrem Haushalt lebende Kinder (vgl. Zeilen 71–73) unter 14 Jahren bzw. behinderte Kinder sind als Sonderausgaben in Höhe von 2/3 der Aufwendungen, bis zu einem Höchstbetrag von 4.000 € pro Kind, abzugsfähig. Begünstigt sind alle Kosten für die Betreuung (Tagesmutter, Au-pair, Kindergarten) ohne die Kosten für Verpflegung und Unterkunft für das Kind (Zeile 67). Werden die Eltern des Kindes nicht als Ehegatten zusammen veranlagt, kann nur der Elternteil die Kosten geltend machen, der sie getragen hat (Zeile 70). Die Angaben zum Haushalt der Elternteile (Zeilen 71–73) und zur Aufteilung der Kosten (Zeile 74) haben Bedeutung für den beim jeweiligen Elternteil abzugsfähigen Höchstbetrag.

! WICHTIG

Kinderbetreuungskosten immer überweisen

Die Aufwendungen sind nur abzugsfähig, wenn Sie eine Rechnung haben und die Zahlung auf ein Konto der Betreuungsperson erfolgt ist.

Vertiefend siehe → Kinderbetreuungskosten und → Sonderausgaben.

Checkliste Anlage Kind

Folgende Abzugsmöglichkeit geprüft? Vgl. Ausfüllhinweise zur Zeile!

Haben Sie für bei Ihnen berücksichtigungsfähige Kinder Kindergeld beantragt? ☐
Stellt sich erst bei der Steuerveranlagung heraus, dass die Berücksichtigung möglich ist, können Sie nachträglich Kindergeld erstmals oder erneut beantragen (Zeile 6).

Ist Ihr volljähriges Kind erwerbstätig? ☐
Eine Erwerbstätigkeit schließt eine Kinderberücksichtigung bis zum Abschluss der ersten Berufsausbildung nicht aus. Aber auch danach ist eine Erwerbstätigkeit des Kindes nicht immer steuerlich „schädlich“ (Zeilen 24–28).

Hat Ihr Sohn die Altersgrenze (21 bzw. 25 Jahre) erreicht? ☐
Prüfen Sie, ob eine Verlängerung der Berücksichtigungszeit möglich ist, weil in früheren Jahren der gesetzliche Grundwehr- oder Zivildienst geleistet wurde (Zeile 23).

Kann Ihr Kind nicht mehr berücksichtigt werden, weil es die Altersgrenze überschritten hat? ☐
Ihre Kosten für Unterhalt und Berufsausbildung des Kindes können Sie auf der **Anlage Unterhalt** steuerlich geltend machen (Anlage Unterhalt, Zeile 37).

Sind für Ihr Kind Kranken- oder Pflegepflichtversicherungsbeiträge angefallen? ☐
Diese können Sie als (eigene) Sonderausgaben abziehen (Zeilen 31–37), wenn Sie Versicherungsnehmer sind oder das Kind die Beiträge nicht steuerlich geltend macht. Der steuerliche Abzug bei Ihnen ist regelmäßig günstiger als ein Ansatz in der Steuererklärung des Kindes.

Kann das Kind beim anderen Elternteil nicht berücksichtigt werden, weil dieser verstorben ist, im Ausland lebt oder seiner Unterhaltsverpflichtung nicht nachkommt? ☐
Ihnen stehen die verdoppelten Freibeträge zu (Zeilen 13, 14, 38, 39).

Sind Sie alleinerziehend? ☐
Haben Sie daran gedacht, den Entlastungsbetrag zu beantragen (Zeilen 44–49)?

Folgende Abzugsmöglichkeit geprüft? Vgl. Ausfüllhinweise zur Zeile!

Ist Ihr volljähriges Kind zur Berufsausbildung (z. B. Studium) auswärtig untergebracht? ☐
Dann steht Ihnen ein Freibetrag zu (Zeilen 50 ff.).

Hatten Sie Kosten für die Betreuung eines über 14 Jahre alten Kindes? ☐
Prüfen Sie, ob Sie für die Betreuungskosten eine Steuerermäßigung erhalten können (Hauptvordruck, Zeile 74).

Ihr Kind besucht eine Privatschule? ☐
Prüfen Sie, ob Sie den Abzug des Schulgelds beantragt haben (Zeile 61). Spenden (und Mitgliedsbeiträge) an die Schule oder den Schulförderverein sind Sonderausgaben (Hauptvordruck, Zeile 49).

Haben Sie ein behindertes Kind? ☐
Der dem Kind zustehende Freibetrag kann auf Sie übertragen werden (Zeilen 64–67).
Fahrtkosten, die in Zusammenhang mit behinderungsbedingten Fahrten bzw. Privatfahrten des Kindes stehen, sind möglicherweise als außergewöhnliche Belastung abzugsfähig (Eintragung Hauptvordruck Zeilen 67–68). Zusätzlich können Sie eigene Pflege- und Betreuungskosten für das Kind geltend machen.

1.6 Anlage Unterhalt

WICHTIG

Unterhaltszahlungen an Angehörige

Die **Anlage Unterhalt** benötigen Sie in folgenden Fällen:

Sie haben z. B.

- einen Angehörigen (insbesondere Ihre Eltern oder erwachsenen Kinder),
- den Ex-Ehegatten oder Ex-Lebenspartner nach aufgelöster Lebenspartnerschaft,
- den Partner in einer eheähnlichen Gemeinschaft,
- die Mutter Ihres unehelichen Kindes

finanziell unterstützt, weil die Person kein oder nur ein geringes eigenes Einkommen und Vermögen hat.

Haben Sie in **verschiedenen** Haushalten lebende Personen unterstützt, müssen Sie haushaltsbezogen jeweils eine eigene **Anlage Unterhalt** abgeben.

Für jede (im jeweiligen Haushalt) unterstützte Person muss auf der entsprechenden Anlage Unterhalt eine eigene Vordruckseite mit den verlangten Angaben zur Person ausgefüllt werden. Vertiefend siehe → Unterhaltszahlungen.

Überblick

Formularaufbau	
Seite 1	**Angaben zum Haushalt der unterhaltenen Person und den Unterhaltsleistungen (Zeilen 4–16)** Verlangt wird die Anschrift der unterstützten Person, gegebenenfalls der ausländische Wohnsitzstaat, die Angabe, wie viele Personen im dortigen Haushalt wohnen, sowie wann und in welcher Höhe Unterstützungszahlungen an die im Haushalt lebende(n) Person(en) geleistet wurden, sowie die Beiträge der (Basis-)Kranken- und Pflegepflichtversicherungen der unterstützten Person und Höhe der übernommenen Zahlungen. **Auslandsunterhalt (Zeilen 17–26)** Für Unterstützungsleistungen ins Ausland gelten strenge Nachweisregelungen. Deshalb sind weitere Angaben darüber erforderlich, wie das Geld zur unterstützten Person gekommen ist. Unter Umständen sind die abzugsfähigen Höchstbeträge zeitanteilig zu berechnen und, je nachdem in welchen Land die Person lebt, zu kürzen.

Überblick

Formularaufbau	
Seite 2	**Angaben zur ersten im Haushalt lebenden Person (Zeilen 31–44)** Verlangt werden die persönlichen Daten der unterstützten Person, Angaben zum Verwandtschaftsverhältnis, zur Unterhaltsverpflichtung sowie zum eigenen Vermögen der unterstützten Person. **Angaben zum eigenen Einkommen der unterstützten Person (Zeilen 45–54)** Eigene Mittel, die der unterstützten Person innerhalb des Unterstützungszeitraums zur Verfügung stehen, werden auf den steuerlich abzugsfähigen Unterstützungshöchstbetrag angerechnet. Für jede unterstützte Person sind die Einkünfte getrennt anzugeben.
Seiten 3, 4	**Angaben zu weiteren im Haushalt lebenden Personen** Die Seiten entsprechen inhaltlich der Seite 2.

TIPP

Mit Seite 2 des Formulars beginnen

Beginnen Sie beim Ausfüllen der **Anlage Unterhalt** am besten mit **Seite 2** für die erste von Ihnen unterstützte Person. Denn nur, wenn eine der dort abgefragten Tatbestände zutrifft, sind Unterhaltsleistungen an diese Person abzugsfähig. Erst danach machen Sie die Angaben zum Haushalt der unterstützten Person und den Unterstützungszahlungen auf **Seite 1**. Leben im Haushalt weitere Personen, füllen Sie für jede Person eine eigene Seite (Seiten 3, 4) aus.

2013

1 Name

2 Vorname

3 Steuernummer — lfd. Nr. der Anlage

Anlage Unterhalt

Für jeden unterstützten Haushalt bitte eine eigene Anlage Unterhalt abgeben.

Angaben zu Unterhaltsleistungen an bedürftige Personen

Haushalt, in dem die unterstützte(n) Person(en) lebte(n)

53

Anschrift dieses Haushaltes

4

Wohnsitzstaat, wenn Ausland

5

Die Eintragungen in den Zeilen 6 bis 10 und 17 bis 26 sind nur in der ersten Anlage Unterhalt je Haushalt erforderlich.

6 Anzahl der Personen, die in dem Haushalt lt. Zeile 4 lebten — Anzahl

Aufwendungen für den Unterhalt

Zeile		vom	bis	Gesamtaufwendungen EUR
7	Erster Unterstützungszeitraum, für den Unterhalt geleistet wurde, und Höhe der Aufwendungen (einschließlich Beiträge lt. den Zeilen 11 bis 25) – Bitte Nachweise beifügen. –	T T M M	T T M M	,–
8	Zeitpunkt der ersten Unterhaltsleistung für den ersten Unterstützungszeitraum im Kalenderjahr	T T M M J J J J		
9	Zweiter Unterstützungszeitraum, für den Unterhalt geleistet wurde, und Höhe der Aufwendungen (einschließlich Beiträge lt. den Zeilen 11 bis 25) – Bitte Nachweise beifügen. –	T T M M	T T M M	,–
10	Zeitpunkt der ersten Unterhaltsleistung für den zweiten Unterstützungszeitraum im Kalenderjahr	T T M M J J J J		

Zeile	Beiträge zu Basis-Kranken- und gesetzlichen Pflegeversicherungen, die von der / den unterstützten Person(en) als Versicherungsnehmer geschuldet und von mir getragen wurden. (Bitte Nachweise beifügen.)	Auf den ersten Unterstützungszeitraum entfallen EUR	Auf den zweiten Unterstützungszeitraum entfallen EUR
11	Basis-Kranken- und gesetzliche Pflegeversicherungsbeiträge (abzüglich steuerfreier Zuschüsse und erstatteter Beiträge) für die unterstützte Person lt. Zeile 32	,–	,–
12	in Zeile 11 enthaltene Beiträge, aus denen sich ein Anspruch auf Krankengeld ergibt	,–	,–
13	Basis-Kranken- und gesetzliche Pflegeversicherungsbeiträge (abzüglich steuerfreier Zuschüsse und erstatteter Beiträge) für die unterstützte Person lt. Zeile 62	,–	,–
14	In Zeile 13 enthaltene Beiträge, aus denen sich ein Anspruch auf Krankengeld ergibt	,–	,–
15	Basis-Kranken- und gesetzliche Pflegeversicherungsbeiträge (abzüglich steuerfreier Zuschüsse und erstatteter Beiträge) für die unterstützte Person lt. Zeile 92	,–	,–
16	In Zeile 15 enthaltene Beiträge, aus denen sich ein Anspruch auf Krankengeld ergibt	,–	,–

Unterhaltsleistungen an im Ausland lebende Personen

Zeile		Einreisedatum	Übergabedatum	EUR
17	X Unterhaltszahlungen durch Bank- oder Postüberweisung (Bitte Nachweise beifügen.)			,–
18	X Unterhaltszahlungen durch Übergabe von Bargeld (Bitte Abhebungsnachweise der Bank, Nachweise über die Durchführung der Reise und detaillierte Empfängerbestätigung der unterstützten Person beifügen.)			
19	Mitgenommene Beträge	T T M M J J J J	T T M M J J J J	,–
20		T T M M J J J J	T T M M J J J J	,–
21	X Unterhaltszahlungen im Rahmen von Familienheimfahrten zum Ehegatten / Lebenspartner (Die Durchführung der Reise ist nachzuweisen.)			
22		T T M M J J J J	T T M M J J J J	,–
23		T T M M J J J J	T T M M J J J J	,–
24		T T M M J J J J	T T M M J J J J	,–
25		T T M M J J J J	T T M M J J J J	,–
26	Nettomonatslohn der unterstützenden stpfl. Person			,–

2013AnlUnterhalt191 – Aug. 2013 – 2013AnlUnterhalt191

Allgemeine Angaben zur unterstützten Person

31 lfd. Nr. | Identifikationsnummer der unterstützten Person

32 Name, Vorname | Geburtsdatum T T M M J J J J | Sterbedatum wenn 2013 verstorben T T M M J J J J

33 Beruf, Familienstand | Verwandtschaftsverhältnis zur unterstützenden Person

Bei Unterhaltsempfängern im Ausland:

34 Von der Heimatbehörde und der unterstützten Person bestätigte Unterhaltserklärung über die Bedürftigkeit ist beigefügt. 1 = Ja 2 = Nein

35 Name, Vorname des im selben Haushalt lebenden Ehegatten / Lebenspartner | Name, Vorname

				vom	bis
36	Die unterstützte Person lebte in meinem inländischen Haushalt.	1 = Ja 2 = Nein	Falls ja (wenn nicht ganzjährig)	T T M M	T T M M
37	Hatte jemand für diese Person Anspruch auf Kindergeld oder Freibeträge für Kinder?	1 = Ja 2 = Nein	Falls ja (wenn nicht ganzjährig)	T T M M	T T M M
38	Die unterstützte Person ist mein – geschiedener Ehegatte – Lebenspartner einer aufgehobenen Lebenspartnerschaft – dauernd getrennt lebender Ehegatte / Lebenspartner (kein Abzug von Sonderausgaben nach § 10 Abs. 1 Nr. 1 EStG, keine Zusammenveranlagung).	1 = Ja 2 = Nein			
39	Die unterstützte Person ist mein nicht dauernd getrennt lebender und nicht unbeschränkt einkommensteuerpflichtiger Ehegatte / Lebenspartner	1 = Ja 2 = Nein			
40	Die unterstützte Person ist als Kindesmutter / Kindesvater gesetzlich unterhaltsberechtigt.	1 = Ja 2 = Nein	Falls ja (wenn nicht ganzjährig)	T T M M	T T M M
41	Die unterstützte Person ist nicht unterhaltsberechtigt, jedoch wurden oder würden bei ihr wegen der Unterhaltszahlungen öffentliche Mittel gekürzt oder nicht gewährt. (Bitte Nachweis der Sozialbehörden, der Agentur für Arbeit oder schriftliche Versicherung der unterstützten Person beifügen.)	1 = Ja 2 = Nein	Falls ja (wenn nicht ganzjährig)	T T M M	T T M M

42 Gesamtwert des Vermögens der unterstützten Person EUR ,–

43 Zum Unterhalt der bedürftigen Person haben auch beigetragen (Name, Anschrift)

44 vom T T M M bis T T M M Betrag EUR ,–

Einkünfte und Bezüge der unterstützten Person

Diese Person hatte

	vom	bis	Bruttoarbeitslohn EUR	darauf entfallende Werbungskosten (ohne Werbungskosten zu Versorgungsbezügen) EUR	Versorgungsbezüge – im Arbeitslohn enthalten – EUR	Bemessungsgrundlage für den Versorgungsfreibetrag EUR	Werbungskosten zu Versorgungsbezügen EUR
45	T T M M	T T M M					
46	T T M M	T T M M					

	maßgebendes Kalenderjahr des Versorgungsbeginns Jahr	vom	bis	Renten EUR	steuerpflichtiger Teil der Rente EUR	Werbungskosten zu Renten EUR
47		T T M M	T T M M			
48		T T M M	T T M M			

	vom	bis	Einkünfte aus Kapitalvermögen (tarifliche Einkommensteuer) EUR	vom	bis	Übrige Einkünfte EUR
49	T T M M	T T M M		T T M M	T T M M	
50	T T M M	T T M M		T T M M	T T M M	

	vom	bis	Erträge aus Kapitalvermögen (Abgeltungsteuer) EUR	vom	bis	Sozialleistungen / übrige Bezüge EUR
51	T T M M	T T M M		T T M M	T T M M	
52	T T M M	T T M M		T T M M	T T M M	

	vom	bis	Kosten zu allen Bezügen EUR	vom	bis	Öffentliche Ausbildungshilfen EUR
53	T T M M	T T M M		T T M M	T T M M	
54	T T M M	T T M M		T T M M	T T M M	

2013AnlUnterhalt192 2013AnlUnterhalt192

1.6.1 Angaben zur unterstützten Person (Seite 2)

→ ZEILEN 31–44
Angaben zur unterstützten Person

Anhand der **Angaben** wird geprüft, ob ein Abzug von Unterhaltszahlungen an die **unterstützte** Person möglich ist. Falls die Bedingungen nicht das ganze Jahr über vorlagen, müssen Sie den Zeitraum genau angeben. Der für das Jahr abzugsfähige Höchstbetrag wird dann nur zeitanteilig berücksichtigt.

Gesetzlich unterhaltsberechtigte Person

Voraussetzung für einen Kostenabzug ist grundsätzlich, dass die unterhaltene Person Ihnen oder Ihrem Ehegatten gegenüber unterhaltsberechtigt ist. Infrage kommen dabei Ihre Eltern oder Kinder, die Schwiegereltern und Stiefkinder sowie der geschiedene Ehegatte bzw. der Ex-Partner einer aufgehobenen (eingetragenen gleichgeschlechtlichen) Lebenspartnerschaft (Eintragung in Zeile 38 „1", dabei jedoch Hauptvordruck Zeile 40 beachten) oder ein im Ausland lebender Ehegatte bzw. Lebenspartner (Eintragung in Zeile 39 „1"). Entsprechend müssen Sie die allgemeinen Angaben zur Person und zum Verwandtschaftsverhältnis (Zeilen 32, 33) machen. Gesetzlich unterhaltsberechtigt ist aber auch der Partner einer nichtehelichen Lebensgemeinschaft, wenn Sie mit ihm ein gemeinsames Kind (im Regelfall unter drei Jahren) haben oder die Mutter eines nichtehelichen Kindes, wenn sie wegen fehlender Betreuungsmöglichkeiten für das Kind nicht berufstätig sein kann (Eintragung jeweils in Zeile 40 „1").

→ ZEILE 36
Haushaltszugehörigkeit

Lebt die unterstützte Person bei Ihnen im Haushalt (Eintragung in Zeile 36 „1"), geht die Finanzverwaltung davon aus, dass Unterstützungsleistungen in Höhe des gesetzlichen Höchstbetrags von 8.004 € (jährlich) erfolgt sind (laut AIFM-Steuer-Anpassungsgesetz war ein Betrag von 8.130 € ab 2013 geplant; Gesetz wurde vom Bundesrat in den Vermittlungsausschuss verwiesen). Der Höchstbetrag erhöht sich um die „**Basis**"-Kranken- und Pflegepflichtversicherungsbeiträge, für die die unterstützte Person selbst Versicherungsnehmer (= vertraglich zur Zahlung der Beiträge verpflichtet) ist (Zeilen 11–13). Außerdem ist die Haushaltszugehörigkeit für den Abzug von Unterhaltsleistungen an Personen, die gesetzlich unterhaltsberechtigten Personen **gleichgestellt sind**, erforderlich (vgl. Erläuterungen zu Zeile 41).

→ ZEILE 37
Kindergeldanspruch

Für Zeiträume, in denen für die unterstützte Person Kindergeldanspruch bzw. Anspruch auf einen Kinderfreibetrag bestand, ist kein Abzug möglich. Dies gilt unabhängig davon, wer den Anspruch hatte und ob tatsächlich Kindergeld beantragt wurde. Deswegen kommt eine Eintragung auf der Anlage Unterhalt vor allem für arbeitslose Kinder über 21 Jahre, Kinder im freiwilligen Wehrdienst oder z.B. über 25 Jahre alte Kinder in Berufsausbildung in Betracht.

→ ZEILE 41
Eheähnliche Gemeinschaft/ Haushaltsgemeinschaft

Unterhaltszahlungen an nicht unterhaltsberechtigte Personen sind nur abzugsfähig, wenn der unterstützten Person wegen der gezahlten Unterhaltsleistungen öffentliche Leistungen (Arbeitslosengeld II bzw. Hartz IV, Wohngeld ...) gestrichen oder gekürzt werden (Angabe in Zeile 41). Infrage kommen z.B. der Partner in eheähnlicher Gemeinschaft ohne gemeinsames Kind oder älteres gemeinsames Kind sowie Verwandte bzw. Verschwägerte, die mit Ihnen in einer Hausgemeinschaft leben, d.h. „aus einem Topf wirtschaften". Im Regelfall benötigen Sie keinen Nachweis über die Kürzung öffentlicher Mittel. Es reicht aus, wenn die unterstützte Person schriftlich versichert, dass sie keine öffentlichen Mittel zum Unterhalt erhalten und auch keinen Antrag gestellt hat. Außerdem sollte sie bestätigen, dass eine nichteheliche Lebensgemeinschaft bzw. ein Verwandtschaftsverhältnis besteht und eine Haushaltsgemeinschaft vorliegt. Einen entsprechenden Vordruck erhalten Sie bei den Finanzbehörden bzw. dem Formularcenter auf der Internetseite des Bundesfinanzministeriums.Vertiefend siehe → Unterhaltszahlungen.

→ ZEILE 42
Vermögen

Hatte die **unterstützte Person** außer Hausrat und einem angemessenen Hausgrundstück weiteres **Vermögen** von über 15.500 €, gilt sie nicht mehr als bedürftig mit der Folge, dass Unterstützungsleistungen steuerlich nicht abzugsfähig sind.

→ ZEILEN 43, 44
Mehrere Zahlende

Wird die von Ihnen **unterhaltene Person auch von anderen Personen unterstützt**, vermerken Sie dies in Zeile 43 und geben in Zeile 44 den von anderen Personen geleisteten Unterhalt und den Unterhaltszeitraum an. In diesem Fall wird der abzugsfähige Betrag auf alle (im Inland lebenden) unterstützenden Personen aufgeteilt.

→ ZEILEN 45–54
Eigene Einkünfte und Bezüge der unterstützten Person

Der Abzug von Unterstützungsleistungen für im Inland lebende Personen ist auf einen Höchstbetrag von 8.004 € jährlich (bei Personen im Ausland eventuell weniger) je unterstützter Person, gegebenenfalls erhöht um die Basiskranken- und Pflegepflichtversicherungsbeiträge der unterstützten Person, begrenzt. Der Höchstbetrag wird jedoch um **die eigenen Einkünfte und Bezüge**, soweit sie 624 € jährlich überschreiten und öffentlichen Ausbildungshilfen (BAföG-Zuschüsse), die die **unterstützte**

Person während des Unterhaltszeitraums (vgl. Erläuterungen zu den Zeilen 7–10) hatte, gekürzt. Deswegen werden die Angaben darüber in den Zeilen 45–54 verlangt. Dabei wird nur das Einkommen, das auf **volle** Unterstützungsmonate („innerhalb des Unterstützungszeitraums“) entfällt, angerechnet, nicht dagegen Einkommen „außerhalb des Unterstützungszeitraums“. Hatte die unterstützte Person Kapitalerträge (Zinsen), die dem Abgeltungsteuersatz (25 %) unterlegen haben, handelt es sich um Bezüge (Eintragung in den Zeilen 51, 52), ansonsten liegen Einkünfte vor (Zeilen 49, 50).

1.6.2 Angaben zum Haushalt der unterstützten Person(en) (Seite 1)

→ ZEILEN 4–6 **Haushalt der unterstützten Person**

Tragen Sie ein, wo die unterstützte Person lebt lebt (Zeile 4). Soweit sich der Haushalt im Ausland befindet (Zeile 5), gelten strengere Nachweisregelungen und je nach Land eventuell gekürzte abzugsfähige Höchstbeträge (vgl. Erläuterungen zu den Zeilen 17–26). Leben im Haushalt der unterstützten Person mehrere Personen (Angaben in Zeile 6), werden die Unterhaltszahlungen auf alle im Haushalt lebenden Personen gleichmäßig aufgeteilt. Für jede Person ist in diesem Fall eine eigene Seite auf der Anlage Unterhalt auszufüllen, denn für jede Person muss das Finanzamt getrennt prüfen, ob der auf diese Person entfallende Teil der Unterstützungszahlungen abzugsfähig ist. Dabei werden alle an die im Haushalt lebenden Personen gezahlten Beträge zusammengefasst und gleichmäßig nach Köpfen verteilt.

→ ZEILEN 7–16 **Unterhaltsleistungen, Unterstützungszeitraum**

Ein Abzug der Unterhaltsleistungen ist nur für Monate möglich, in denen eine Unterstützung (Zeilen 7, 9) stattgefunden hat, d.h. grundsätzlich ab dem Monat der **ersten Zahlung** (Zeilen 8, 10). Bei Ehegatten wird unabhängig vom Zahlungszeitpunkt immer Unterhalt für das gesamte Jahr angenommen. Geben Sie entsprechend den Zeitraum (einschließlich angefangener Monate) an, in denen Sie die bedürftige Person unterstützt haben. Danach tragen Sie die Aufwendungen ein, die Sie für den laufenden Unterhalt (Wohnung, Kleidung, Nahrung) oder die Berufsausbildung der Person(en) gezahlt haben. Die Zahlungen müssen Sie grundsätzlich anhand geeigneter Unterlagen belegen. Lebt die unterstützte Person bei Ihnen im Haushalt (Zeile 36), geht die Finanzverwaltung davon aus, dass Unterstützungsleistungen in Höhe des gesetzlichen Höchstbetrags von 8.004 € (jährlich) erfolgt sind. Erfolgte die

Unterstützung nur für einen Teil des Jahres, wird gegebenenfalls der Jahreshöchstbetrag gekürzt. Die Höhe der (Basis-)Krankenversicherung oder Pflegepflichtversicherung der unterstützten Person, für die sie selbst Versicherungsnehmer ist, tragen Sie in Zeile 11, 13 bzw. 15 ein. Um diese Beiträge erhöht sich der bei Ihnen berücksichtigungsfähige Abzugshöchstbetrag von 8.004 €. Nicht abzugsfähig ist der Beitragsanteil, aus dem sich ein Anspruch auf Krankengeld ergibt (ersichtlich aus der Bescheinigung der Krankenkasse). Deshalb sind die Eintragungen in den Zeilen 12, 14 bzw. 16 notwendig.

WICHTIG

Direkte Zahlungen von Beiträgen zur Basiskranken-/Pflegepflichtversicherung nicht zwingend

Die Erhöhung des Höchstbetrags um die Basiskranken- und Pflegepflichtversicherungsbeiträge setzt nicht voraus, dass die Beiträge tatsächlich vom Unterhaltsverpflichteten gezahlt oder erstattet wurden. Es genügt, der Unterhaltsverpflichtung nachzukommen.

Vertiefend siehe → Unterhaltszahlungen.

TIPP

Krankenversicherungsbeiträge für unterstützte Person als eigene Sonderausgabe

Haben Sie **als Versicherungsnehmer** Kranken- und Pflegepflichtversicherungsbeiträge für eine unterstützte Person, z. B. für ein über 25 Jahre altes Kind in Ausbildung, gezahlt, können Sie diese als eigene Sonderausgaben auf der Anlage Vorsorgeaufwand (Zeilen 40 ff.) geltend machen.

→ ZEILEN 17–26 **Unterstützte Person lebt im Ausland**

Lebt die unterstützte Person im Ausland, benötigen Sie zusätzlich aus dem Wohnsitzstaat eine in mehreren Sprachen (über die Formularverwaltung der Internetseiten des Bundesfinanzministeriums abrufbar oder beim Finanzamt in Papierform) erhältliche sog. **Unterhaltserklärung** über die persönlichen Verhältnisse, das eigene Einkommen und das Vermögen der unterstützten Person (Eintragung in Zeile 34). Ist die Person nicht Ihr Ehegatte und in erwerbsfähigem Alter (unter 65 Jahre), ist der Abzug von Unterhaltszahlungen nur möglich, wenn die Person krank, behindert oder z. B. wegen Betreuung von Kindern unter sechs Jahren oder behinderten Kindern oder Kranken nicht in der Lage war, zu arbeiten (**Erwerbsobliegenheit**).

Ist die unterstützte Person arbeitslos, werden Unterhaltszahlungen nicht mehr anerkannt.

Bei Auslandssachverhalten gelten für den Nachweis der Unterhaltszahlungen zudem erhöhte Anforderungen. Machen Sie die geforderten Angaben über den Zahlungsweg (Überweisung Zeile 17, Mitnahme anlässlich von Heimfahrten Zeilen 18–20) und fügen Sie die im Vordruck verlangten Nachweise bei. Bei persönlicher Geldübergabe benötigen Sie Dokumente über die zeitnahe Geldabhebung (max. 14 Tage vor Geldübergabe) und die Heimreise z. B. Fahrkarte, Einreisestempel (Zeilen 18–20) sowie eine detaillierte Bestätigung mit eigenhändiger Unterschrift der unterstützten Person über jede einzelne Geldübergabe (wann, wo, wie viel, von wem erhalten).

Erfolgte die Heimfahrt zum eigenen Haushalt im Ausland und lebte dort der Ehegatte, handelt es sich begrifflich um eine Familienheimfahrt. Hier gelten Vereinfachungsregelungen. Ohne Einzelnachweis der Unterhaltszahlungen wird je nachgewiesener Familienheimfahrt (bis max. vier Fahrten, Zeilen 21–25) im Kalenderjahr ein Nettomonatslohn (Zeile 26) als mitgenommener Betrag akzeptiert. Bei Unterstützungsleistungen an den Ehegatten wird unabhängig von Zeitpunkt und Häufigkeit der Heimfahrten immer davon ausgegangen, dass die Unterstützung für alle zwölf Monate erfolgte.

Je nach Staat wird der abzugsfähige Höchstbetrag nach der Ländergruppeneinteilung halbiert oder geviertelt.

Checkliste Anlage Unterhalt

Folgende Abzugsmöglichkeit geprüft? Vgl. Ausfüllhinweise zur Zeile!

Sie haben eine der folgenden Personen unterstützt? ☐

- Eltern, Großeltern, Schwiegereltern
- erwachsene Kinder, für die Sie keine Anlage Kind ausgefüllt haben
- mit Ihnen in Haushaltsgemeinschaft lebende Geschwister (Zeile 41)
- den im Ausland lebenden Ehegatten oder Partner einer eingetragenen Lebenspartnerschaft (Zeile 39)
- den geschiedenen oder von Ihnen getrennt lebenden Ehegatten oder Ex-Partner einer (aufgelösten) Lebenspartnerschaft (Zeile 38)
- Ihren Partner in eheähnlicher Gemeinschaft (Zeilen 40, 42)
- die Mutter Ihres nichtehelichen Kindes

Die Person lebte bei Ihnen im Haushalt? ☐
Das Finanzamt erkennt ohne Nachweis 8.004 € Unterhalt an (Zeile 36). Der Höchstbetrag erhöht sich um die Basiskranken- und Pflegepflichtversicherungsbeiträge der unterstützten Person (Zeilen 11–16).

Sie haben für die bedürftige Person (Basis-)Kranken- und Pflegeversicherungsbeiträge als Versicherungsnehmer übernommen? ☐
Sie können die Beiträge als eigene Sonderausgaben berücksichtigen, indem Sie sie auf der Anlage Vorsorgeaufwand (Zeile 40 ff.) eintragen.

Sie haben eine im Ausland lebende Person unterstützt? ☐
Sie benötigen in diesem Fall eine **amtliche Unterhaltserklärung** und den **lückenlosen Nachweis über den Geldfluss** (Zeilen 17–26, 34).

1.7 Anlage N (Einkünfte aus nichtselbstständiger Arbeit)

WICHTIG

Wer die Anlage N ausfüllen muss

Die **Anlage N** benötigen Sie in folgenden Fällen:

- Sie haben als Arbeitnehmer mit Lohnsteuerkarte gearbeitet (bzw. aufgrund einer Bescheinigung des Finanzamts).
- Sie waren arbeitslos, hatten aber Aufwendungen zur Jobsuche.
- Sie haben eine Beamtenpension oder Betriebsrente bezogen.

Ehegatten müssen jeweils eine eigene Anlage N ausfüllen.

Überblick

Formularaufbau	
Seite 1	**Angaben zu Arbeitslohn, Versorgungsbezügen, Lohnersatzleistungen (Zeilen 5–30)** Die meisten Angaben können Sie der Lohnsteuerbescheinigung entnehmen. Tragen Sie auf jeden Fall Ihre eTIN in Zeile 4 ein.
Seiten 2, 3	**Werbungskosten (Zeilen 31–85)** Hier können Sie Ihre beruflich verursachten Aufwendungen geltend machen. Ohne Eintragungen wird automatisch der Arbeitnehmerpauschbetrag von 1.000 € bzw. 102 € bei Pensionären und Betriebsrentnern berücksichtigt. Im Vordruck sind beispielhaft Aufwendungen aufgeführt: **Wege zur Arbeitsstätte (Zeilen 31–39)** **Beiträge zu Berufsverbänden, Gewerkschaften (Zeile 40)** **Arbeitsmittel (Zeilen 41, 42)** **Fortbildungskosten (Zeile 44)** **Häusliches Arbeitszimmer (Zeile 43)** **Weitere Werbungskosten (Zeilen 45–48)** **Reisekosten bei Auswärtstätigkeiten** (Tätigkeiten außerhalb einer ortsgebundenen Arbeitsstätte) **(Zeilen 49–56)** **Mehraufwand für doppelte Haushaltsführung (Zeilen 61–85)**

2013

Anlage N

Jeder Ehegatte / Lebenspartner mit Einkünften aus nichtselbständiger Arbeit hat eine eigene Anlage N abzugeben.

Zeile		
1	Name	
2	Vorname	
3	**Steuernummer**	X stpfl. Person / Ehemann / Lebenspartner(in) A
4	eTIN lt. Lohnsteuerbescheinigung(en), sofern vorhanden; eTIN lt. weiterer Lohnsteuerbescheinigung(en), sofern vorhanden	X Ehefrau / Lebenspartner(in) B

Einkünfte aus nichtselbständiger Arbeit

4

Angaben zum Arbeitslohn

Zeile		Lohnsteuerbescheinigung(en) Steuerklasse 1 – 5 (EUR, Ct)	Lohnsteuerbescheinigung(en) Steuerklasse 6 oder einer Urlaubskasse (EUR, Ct)
5		**Steuerklasse** 168	
6	Bruttoarbeitslohn	110	111
7	Lohnsteuer	140	141
8	Solidaritätszuschlag	150	151
9	Kirchensteuer des Arbeitnehmers	142	143
10	**Nur bei konfessionsverschiedener Ehe:** Kirchensteuer für den Ehegatten	144	145

Zeile		1. Versorgungsbezug	2. Versorgungsbezug
11	**Steuerbegünstigte Versorgungsbezüge** (in Zeile 6 enthalten)	200	210
12	Bemessungsgrundlage für den Versorgungsfreibetrag lt. Nr. 29 der Lohnsteuerbescheinigung	201	211
13	Maßgebendes Kalenderjahr des Versorgungsbeginns lt. Nr. 30 der Lohnsteuerbescheinigung	206 J J J J	216 J J J J
14	Bei unterjähriger Zahlung: Erster und letzter Monat, für den Versorgungsbezüge gezahlt wurden, lt. Nr. 31 der Lohnsteuerbescheinigung	Monat 202 M M – Monat 203 M M	Monat 212 M M – Monat 213 M M
15	Sterbegeld, Kapitalauszahlungen / Abfindungen und Nachzahlungen von Versorgungsbezügen lt. Nr. 32 der Lohnsteuerbescheinigung (in den Zeilen 6 und 11 enthalten)	204	214
16	Ermäßigt zu besteuernde Versorgungsbezüge für mehrere Jahre lt. Nr. 9 der Lohnsteuerbescheinigung	205	215
17	**Entschädigungen** (Bitte Vertragsunterlagen beifügen) / **Arbeitslohn für mehrere Jahre**		166
18	Steuerabzugsbeträge zu den Zeilen 16 und 17: Lohnsteuer	146	Solidaritätszuschlag 152
19	Kirchensteuer Arbeitnehmer	148	Kirchensteuer Ehegatte 149
20	Steuerpflichtiger Arbeitslohn, von dem kein Steuerabzug vorgenommen worden ist (soweit nicht in der Lohnsteuerbescheinigung enthalten)		115
21	Steuerfreier Arbeitslohn nach Doppelbesteuerungsabkommen / sonstigen zwischenstaatlichen Übereinkommen (Übertrag aus den Zeilen 52, 70 und / oder 81 der ersten **Anlage N-AUS**)		139
22	Steuerfreier Arbeitslohn nach Auslandstätigkeitserlass (Übertrag aus Zeile 66 der ersten **Anlage N-AUS**)		136
23	Steuerfreie Einkünfte (Besondere Lohnbestandteile) nach Doppelbesteuerungsabkommen / sonstigen zwischenstaatlichen Übereinkommen / Auslandstätigkeitserlass (Übertrag aus Zeile 80 der ersten **Anlage N-AUS**)		178
24	Beigefügte **Anlage(n) N-AUS**		Anzahl
25	Grenzgänger nach (Beschäftigungsland)	Arbeitslohn in ausländischer Währung 116	Schweizerische Abzugsteuer in SFr 135
26	Steuerfrei erhaltene Aufwandsentschädigungen / Einnahmen	aus der Tätigkeit als	EUR 118
27	**Kurzarbeitergeld, Zuschuss zum Mutterschaftsgeld, Verdienstausfallentschädigung nach dem Infektionsschutzgesetz, Aufstockungsbeträge nach dem Altersteilzeitgesetz, Altersteilzeitzuschläge nach Besoldungsgesetzen (lt. Nr. 15 der Lohnsteuerbescheinigung)**		119
28	**Insolvenzgeld**		121
29	**Andere Lohn- / Entgeltersatzleistungen** (z. B. Arbeitslosengeld, Elterngeld, Krankengeld, Mutterschaftsgeld und vergleichbare Leistungen aus einem EU- / EWR-Staat oder der Schweiz)		120
30	**Angaben über Zeiten und Gründe der Nichtbeschäftigung** (Bitte Nachweise beifügen)		

2013AnlN031 – Aug. 2013 – 2013AnlN031

Werbungskosten **Wege zwischen Wohnung und regelmäßiger Arbeitsstätte** (Entfernungspauschale) 8

	Regelmäßige Arbeitsstätte in (PLZ, Ort und Straße)	Arbeitstage je Woche	Urlaubs- und Krankheitstage
31			
32			
33			
34			

	Arbeitsstätte lt. Zeile	aufgesucht an Tagen	einfache Entfernung	davon mit eigenem oder zur Nutzung überlassenem Pkw zurückgelegt	davon mit Sammelbeförderung des Arbeitgebers zurückgelegt	davon mit öffentl. Verkehrsmitteln, Motorrad, Fahrrad o. Ä., als Fußgänger, als Mitfahrer einer Fahrgemeinschaft zurückgelegt	Aufwendungen für Fahrten mit öffentlichen Verkehrsmitteln (ohne Flug- und Fährkosten) EUR	Behinderungsgrad mind. 70 oder mind. 50 und Merkzeichen „G"
35	110	111	km	112 km	113 km	km	114 ,—	115 1 = Ja
36	130	131	km	132 km	133 km	km	134 ,—	135 1 = Ja
37	150	151	km	152 km	153 km	km	154 ,—	155 1 = Ja
38	170	171	km	172 km	173 km	km	174 ,—	175 1 = Ja

39 Arbeitgeberleistungen lt. Nr. 17 und 18 der Lohnsteuerbescheinigung und von der Agentur für Arbeit gezahlte Fahrtkostenzuschüsse — steuerfrei ersetzt 290 EUR ,— | pauschal besteuert 295 ,—

Beiträge zu Berufsverbänden (Bezeichnung der Verbände)

40 310 ,—

Aufwendungen für Arbeitsmittel – soweit nicht steuerfrei ersetzt – (Art der Arbeitsmittel bitte einzeln angeben.)

		EUR	
41		,—	
42		+ ,—	▶ 320 ,—

Aufwendungen für ein häusliches Arbeitszimmer

43 325 ,—

Fortbildungskosten – soweit nicht steuerfrei ersetzt –

44 330 ,—

Weitere Werbungskosten – soweit nicht steuerfrei ersetzt –

Flug- und Fährkosten bei Wegen zwischen Wohnung und regelmäßiger Arbeitsstätte

45 ,—

Sonstiges (z. B. Bewerbungskosten, Kontoführungsgebühren)

46		+ ,—	
47		+ ,—	
48		+ ,—	▶ 380 ,—

Reisekosten bei beruflich veranlassten Auswärtstätigkeiten

49 Die Fahrten wurden ganz oder teilweise mit einem Firmenwagen oder im Rahmen einer unentgeltlichen Sammelbeförderung des Arbeitgebers durchgeführt — 401 — 1 = Ja, 2 = Nein

– Falls „Ja": Für die Fahrten mit Firmenwagen oder Sammelbeförderung dürfen mangels Aufwands keine Eintragungen zu Fahrtkosten in Zeile 50 vorgenommen werden. –

Fahrt- und Übernachtungskosten, Reisenebenkosten

50 410 ,—

51 **Vom Arbeitgeber steuerfrei ersetzt** 420 ,—

Pauschbeträge für Mehraufwendungen für Verpflegung

Bei einer Auswärtstätigkeit im Inland:

		Anzahl der Tage		EUR	
52	Abwesenheit von mindestens 8 Std.		× 6 € =	,—	
53	Abwesenheit von mindestens 14 Std.		× 12 € = +	,—	
54	Abwesenheit von 24 Std.		× 24 € = +	,—	
55	Bei einer Auswärtstätigkeit im Ausland (Berechnung bitte auf besonderem Blatt):		+	,—	▶ 480 ,—

56 **Vom Arbeitgeber steuerfrei ersetzt** 490 ,—

2013AnlN032 2013AnlN032

1.7.1 Angaben zum Arbeitslohn (Seite 1)

→ ZEILE 4
eTIN

Im Normalfall hat Ihr Arbeitgeber Ihnen eine Lohnsteuerbescheinigung für Ihre Unterlagen überlassen, auf der Sie unter dem Adressfeld Ihre **e**lectronic **T**axpayer **I**dentification **N**umber (**eTIN**) finden. Damit kann das Finanzamt Ihre vom Arbeitgeber elektronisch übermittelten Lohnsteuerdaten abrufen.

→ ZEILEN 5–10
Angaben zum Arbeitslohn

Die geforderten Steuerklasse, **Bruttoarbeitslohn**, **Lohnsteuer**, **Solidaritätszuschlag** und Kirchensteuer entnehmen Sie der Lohnsteuerbescheinigung (Nr. 3–7). Alle Eintragungen sind mit Cent-Beträgen vorzunehmen. Haben Sie mehrere Lohnsteuerbescheinigungen, dann fassen Sie die Eintragungen der zweiten und aller weiteren (jeweils mit Steuerklasse VI) zusammen.

→ ZEILEN 11–16
Versorgungsbezüge

Versorgungsbezüge sind Zahlungen und Vorteile, die aufgrund eines früheren Dienstverhältnisses vom früheren Arbeitgeber gezahlt werden (z. B. Beamtenpensionen oder bestimmte Betriebsrenten). Sie sind u. U. teilweise steuerfrei. Die einzutragenden Angaben können Sie Ihrer Lohnsteuerbescheinigung (Nr. 8 ff.) entnehmen. Die Angaben im Vordruck werden für die Berechnung des steuerfreien Teils benötigt. Vertiefend siehe → Pensionen/Betriebsrenten.

Der steuerfreie Teil wird aus dem auf das Jahr hochgerechneten Versorgungsbezug, ausgehend vom Versorgungsbezug des ersten Monats, berechnet. Deshalb ist (Zeile 12) die Bemessungsgrundlage laut Nr. 29 der Lohnsteuerbescheinigung, das Jahr (Zeile 13), in dem der Versorgungsbezug erstmals gezahlt wurde (vgl. Nr. 30 der Lohnsteuerbescheinigung) und, wenn der Versorgungsbezug nicht das ganze Jahr gezahlt wurde (Zeile 14), der Monat des ersten bzw. letzten Versorgungsbezugs (vgl. Nr. 31 der Lohnsteuerbescheinigung) erforderlich. Ihnen ausgezahlte Sonderzahlungen (z. B. Sterbegeld) oder Nachzahlungen für Vorjahre (vgl. Lohnsteuerbescheinigung Nr. 32) sind nochmals aufzuführen (Zeile 15). Nachzahlungen, die **mehrere** Jahre betreffen (vgl. Nr. 9 der Lohnsteuerbescheinigung), werden aufgrund der sog. Fünftel-Regelung ermäßigt besteuert (Zeile 16).

→ ZEILEN 17–19
Arbeitslohn für mehrere Jahre/ Entschädigungen

Steuerpflichtige Jubiläumszuwendungen, Entschädigungen oder Lohnnachzahlungen, die mehrere Jahre betreffen (vgl. Lohnsteuerbescheinigung Nr. 10, daraus abgeführte Steuern Nr. 11–13), sind ebenfalls steuerlich begünstigt. Bei Entschädigungen (z. B. Abfindungen bei Auflösung des Dienstverhältnisses) müssen Sie die Vertragsunterlagen über Art, Höhe und Zeitpunkt der Zahlung beifügen. Vertiefend siehe → Abfindung.

→ ZEILE 20
Arbeitslohn ohne Steuerabzug

Arbeitslohn, der zwar steuerpflichtig ist, von dem Ihr Arbeitgeber aber keine Lohnsteuer einbehalten hat, gehört in Zeile 20. Darunter fallen z. B. von einem ausländischen Arbeitgeber oder einem Dritten gezahlter Arbeitslohn, nicht jedoch (steuerfreie) Trinkgelder. Diese Angaben sollten Sie gesondert erläutern.

→ ZEILEN 21–24
Auslandstätigkeit

Haben Sie Arbeitslohn für eine Auslandstätigkeit bekommen, müssen Sie zusätzlich die **Anlage N-AUS** abgeben. Ob Sie diese Art von **Arbeitslohn** erhalten haben, können Sie aus Nr. 16 Ihrer Lohnsteuer- oder Gehaltsbescheinigung für den entsprechenden Tätigkeitszeitraum entnehmen; ebenso, ob die Steuerfreiheit aufgrund eines Doppelbesteuerungsabkommens (Eintragung des Lohns in Zeile 21 der Anlage N) oder über den Auslandstätigkeitserlass (Eintragung des Lohns in Zeile 22) erfolgt ist.

→ ZEILE 25
Grenzgänger

Haben Sie Ihren Arbeitsplatz im Ausland, kehren aber täglich zu Ihrem inländischen Wohnsitz zurück, sind Sie ein Grenzgänger. In diesem Fall müssen Sie im Erklärungsvordruck Ihr Beschäftigungsland und Ihren Arbeitslohn in ausländischer Währung angeben und zusätzlich die beim Finanzamt erhältliche **Anlage N-Gre** ausfüllen. Wenn Sie in der Schweiz arbeiten und Ihnen dort Schweizer Abzugsteuer einbehalten worden ist, kann diese auf die deutsche Steuer angerechnet werden. Eintragungen dazu sind in Zeile 25 der Anlage N vorzunehmen.

→ ZEILE 26
Aufwandsentschädigung

Waren Sie nebenberuflich (weniger als 1/3 einer Vollerwerbstätigkeit) in einem Arbeitsverhältnis bei einer staatlichen Stelle oder einem gemeinnützigen Verein als

- Übungsleiter, Ausbilder, Betreuer, Erzieher oder in vergleichbarer Tätigkeit,
- Künstler,
- Pfleger alter, kranker oder behinderter Menschen

tätig und haben Sie dafür Arbeitslohn (Aufwandsentschädigung) erhalten, ist dieser bis zu 2.400 € jährlich steuerfrei. Wenn Sie kein weiteres Arbeitsverhältnis haben, ist zusätzlich der Arbeitnehmerpauschbetrag von 1.000 € abzugsfähig. Ausgaben im Zusammenhang mit der Tätigkeit können Sie allerdings nur geltend machen, soweit sie 2.400 € bzw. 3.400 €

(2.400 € + 1.000 €) überschreiten. Einzelheiten sind in nachzulesen.Vertiefend siehe → Ehrenamt.

→ ZEILE 26
Ehrenamtsfreibetrag

Wenn Sie ehrenamtlich und nebenberuflich (z. B. als Vorstand, Vereinsmitglied, Platzwart, Hausmeister oder sonstiger Helfer) in einem gemeinnützigen Verein bzw. Verband oder im mildtätigen bzw. kirchlichen Bereich als Arbeitnehmer tätig waren und dafür eine Aufwandsentschädigung (steuerfrei bis zu 720 €/Jahr; Ehrenamtsfreibetrag) erhalten haben, gehört diese ebenfalls in Zeile 26.

→ ZEILEN 27–29
Lohnersatzleistungen

Die im Vordruck (Zeile 27) genannten Lohnersatzleistungen (regelmäßig über den Arbeitgeber ausgezahlt) entnehmen Sie der Eintragung Nr. 15 der Lohnsteuerbescheinigung, Insolvenzgeld von der Bundesagentur für Arbeit ist gesondert einzutragen (Zeile 28). Haben Sie andere Lohnersatzleistungen (z. B. Arbeitslosengeld) von der Bundesagentur für Arbeit erhalten, Krankengeld und Mutterschaftsgeld von Ihrer Krankenkasse ausbezahlt bekommen oder Elterngeld bezogen (Zeile 29), fügen Sie dazu die entsprechende Bescheinigung der auszahlenden Stelle bei. In der Regel werden die Beträge dem Finanzamt auch elektronisch übermittelt. Derartige Lohnersatzleistungen sind zwar steuerfrei, erhöhen jedoch den Steuersatz für die steuerpflichtigen Einkünfte (Progressionsvorbehalt). Vertiefend siehe → Arbeitslosigkeit.

→ ZEILE 30
Zeiten der Nichtbeschäftigung

Wenn Sie im Veranlagungsjahr zeitweise nicht beschäftigt (ohne Bezüge) waren (für das Finanzamt erkennbar aus den Daten der Lohnsteuerbescheinigung Nr. 1–2), geben Sie diese Zeiten Angabe des Grundes (z. B. Studium, Arbeitslosigkeit, Erziehungsurlaub) an und fügen Sie den entsprechenden Nachweis (Studienbescheinigung, Arbeitslosengeldbescheid) bei.

1.7.2 Werbungskosten (Seiten 2 und 3)

Werbungskosten

Werbungskosten sind beruflich verursachte Ausgaben, die steuerlich den Bruttoarbeitslohn und damit die Steuer mindern. Im Vordruck sind lediglich die häufigsten Kostenarten aufgeführt (vgl. Erläuterungen zu den Zeilen 46–48), es handelt sich also nicht um eine vollständige Aufzählung. Werbungskosten sind auch dann möglich, wenn Sie noch nicht oder nicht mehr in einem Arbeitsverhältnis stehen (z. B. Bewerbungskosten, Berufsausbildungskosten). Vertiefend siehe → Arbeitslosigkeit.

Arbeitnehmerpauschbetrag

Bei jedem Arbeitnehmer, der in einem aktiven Dienstverhältnis steht, wird automatisch ein Betrag von 1.000 € (Arbeitnehmerpauschbetrag) berücksichtigt, wenn er keine höheren Ausgaben geltend macht. Empfängern von Versorgungsbezügen (vgl. Nr. 8 und 9 Ihrer Lohnsteuerbescheinigung und Erläuterungen zu den Zeilen 11–16) steht lediglich ein Pauschbetrag von 102 € zu. Waren Sie (einen Teil des Kalenderjahres noch) berufstätig und haben (für den anderen Teil) auch Versorgungsbezüge erhalten, stehen Ihnen beide Pauschbeträge zu. Eintragungen auf den Seiten 2 und 3 der Anlage N sind nur notwendig, wenn Sie höhere Kosten als den Pauschbetrag geltend machen können.

TIPP

Tatsächliche Kosten immer prüfen

Prüfen Sie Ihre Werbungskosten sorgfältig, damit Sie kein Geld verschenken. Der Pauschbetrag ist z. B. bereits dann überschritten, wenn Ihre Arbeitsstätte bei einer Fünf-Tage-Arbeitswoche mindestens 15 km von Ihrer Wohnung entfernt ist!

→ ZEILEN 31–39

Wege zur Arbeitsstätte, Entfernungspauschale

Sie können für die **Fahrten zwischen Wohnung und Ihrer regelmäßigen** (ortsfesten) **Arbeitsstätte**, egal welches Verkehrsmittel Sie benutzen, eine Pauschale von 0,30 € für jeden vollen **Entfernungs**kilometer (**Entfernungspauschale**) geltend machen. Dies gilt auch, wenn Sie die Fahrt zur Arbeitsstätte als Mitfahrer, oder ganz bzw. teilweise mit einem eigenen oder zur Nutzung überlassenen privaten Pkw oder einem Firmenwagen durchführen.

Wenn Sie öffentliche Verkehrsmittel benutzen, sind sogar höhere tatsächliche Kosten abzugsfähig. Zusätzlich können Sie Kosten, die durch einen Unfall auf einer Fahrt zur bzw. von der Arbeitsstätte entstanden sind, absetzen (vgl. Erläuterungen zu den Zeilen 46–48).

Soweit Sie kein eigenes oder Ihnen zur Nutzung überlassenes Kfz (z. B. Firmenwagen) benutzen, ist der Gesamtabzug der Entfernungspauschale auf maximal 4.500 € im Jahr begrenzt. Für mit einer Fähre oder einem Flugzeug zurückgelegte Strecken sind nur die tatsächlichen Kosten abzugsfähig (Eintragung in Zeile 45). Kein Abzug ist für Wegstrecken möglich, auf denen

Sie von Ihrem Arbeitgeber im Rahmen einer (lohnsteuerfreien) Sammelbeförderung mit betrieblichen Fahrzeugen befördert werden. Dies erkennt das Finanzamt an dem auf der Lohnsteuerbescheinigung (unter Nr. 2) eingetragenen Großbuchstaben **F**. Vertiefend siehe → Entfernungspauschale und → Fahrtkosten.

TIPP

Fahrtkosten bei Einsatzwechseltätigkeit

Sind Sie keiner ortsgebundenen betrieblichen Einrichtung Ihres Arbeitgebers fest zugeordnet und Ihr Tätigkeitsschwerpunkt befindet sich auch nicht dort (Faustregel: weniger als 20 % der Arbeitszeit dort), sondern Sie sind im Wesentlichen z. B. an ständig wechselnden Einsatzorten, auf einem Fahrzeug oder bei Kunden des Arbeitgebers tätig, können Sie im Regelfall höhere Kosten abziehen (vgl. Erläuterungen zu den Zeilen 49 ff.).

→ ZEILEN 31–34
Arbeitsstätte

Hier machen Sie Angaben zu Ihrer **regelmäßigen Arbeitsstätte**, der **Anzahl der Arbeitstage** sowie zu Ihren **Urlaubs- und Krankheitstagen**. Die Zeilen gelten nicht für Arbeitnehmer, die keiner festen betrieblichen Einrichtung des Arbeitgebers zugeordnet sind, sondern auswärts (z. B. bei Kunden, auf Baustellen oder Fahrzeugen tätig werden (Auswärtstätigkeit s. u. Zeilen 49 ff.) .

→ ZEILEN 35–38
Arbeitstage, maßgebende Entfernung, unterschiedliche Verkehrsmittel

Haben Sie einige Monate im Jahr ein Kfz und die restliche Zeit ein anderes Verkehrsmittel benutzt, dann machen Sie die Angaben in den Zeilen 35–38 jeweils in getrennten Zeilen. Tragen Sie die Anzahl Ihrer gesamten Arbeitstage in Kennzahl 110 ein. Ohne nähere Prüfung erkennt das Finanzamt bei einer Fünf-Tage-Woche 230, bei einer Sechs-Tage-Woche 280 Tage an. In Kennzahl 111 tragen Sie grundsätzlich die **kürzeste einfache Straßenentfernung** zu Ihrer Arbeitsstätte, abgerundet auf volle Kilometer, ein. Eine längere Wegstrecke können Sie eintragen, wenn sie verkehrsgünstiger ist und von Ihnen regelmäßig benutzt wird. In den nächsten beiden Spalten geben Sie an, wie viele Entfernungskilometer an den Tagen Sie jeweils mit Ihrem Pkw und ggf. wie viele Sie mit anderen im Vordruck aufgeführten **Verkehrsmitteln** zurückgelegt haben. Geben Sie hier auch an, ob und wie viele Entfernungskilometer Sie Ihr

Arbeitgeber im Rahmen einer Sammelbeförderung gefahren hat.Vertiefend siehe → Entfernungspauschale.

→ ZEILEN 35–38
Fahrgemeinschaften

Bei Fahrgemeinschaften füllen Sie für die Tage, an denen Sie gefahren sind, eine Zeile aus und getrennt eine weitere Zeile für die Tage, an denen Sie mitgenommen worden sind. Für die „Mitfahrtage" gilt der Höchstabzugsbetrag von 4.500 €. **Ehegatten**, die gemeinsam zur Arbeit fahren, können – auch bei gleicher Arbeitsstätte – beide jeweils die Entfernungspauschale beanspruchen.Vertiefend siehe → Entfernungspauschale.

→ ZEILEN 35–38
Öffentliche Verkehrsmittel

Haben Sie (auch) öffentliche Verkehrsmittel benutzt, tragen Sie die Kosten in die vorletzte Spalte der jeweiligen Zeilen 35–38 ein. Sind die Kosten höher als die entsprechende Entfernungspauschale, werden sie berücksichtigt. Die Vergleichsberechnung erfolgt jahresbezogen.

→ ZEILEN 35–38
Behinderte Menschen

Behinderte Menschen, die einen Behinderungsgrad von 70 % oder 50 % und eine erhebliche Gehbehinderung (Merkzeichen „G" oder „aG" im Behindertenausweis) haben, geben dies in der letzten Spalte der jeweiligen Zeile an (Eintragung „1") und haben so einen höheren Kostenabzug. Vertiefend siehe → Entfernungspauschale und → Behinderte Menschen.

→ ZEILE 39
Arbeitgeberersatz

Hat Ihr Arbeitgeber Ihnen Fahrtkosten für Fahrten zur Arbeitsstätte steuerfrei ersetzt (Kennzahl 290) oder den Ersatz pauschal versteuert (Kennzahl 295), ersichtlich aus Nr. 17 oder 18 Ihrer Lohnsteuerbescheinigung, werden die Werbungskosten gekürzt. Der Kostenersatz wird dem Finanzamt vom Arbeitgeber zusammen mit den Lohndaten elektronisch übermittelt.

→ ZEILE 40
Berufsverbände, Gewerkschaften

Abzugsfähig sind z.B. Mitgliedsbeiträge, Aufnahmegebühren und Umlagen an Berufsverbände wie Gewerkschaften, Beamtenverbände, Referendarverbände, Anwaltskammern, den Verein Deutscher Ingenieure (VDI), den Marburger Bund oder den Verband der Kaminfeger. Im Normalfall genügt es, den Berufsverband zu nennen, Zahlungsnachweise werden i.d.R. nicht verlangt.

→ ZEILEN 41, 42
Arbeitsmittel

Unter Arbeitsmittel fallen z.B. Aufwendungen für Fachbücher, Fachzeitschriften, berufliche verwendete Literatur, typische Berufskleidung oder Werkzeug. Arbeitsmittel, die einschließlich Umsatzsteuer (brutto) nicht mehr als 488 € gekostet haben, können Sie in voller Höhe sofort abziehen. Höhere Anschaffungskosten sind bei Wirtschaftsgütern, die mehrere Jahre nutzbar sind, (nur) über die jährliche Abschreibung abzugsfähig. Vertiefend siehe → Abschreibungen/Arbeitsmittel und → Arbeits-/Berufskleidung.

Geben Sie im Erklärungsvordruck oder auf einem gesonderten Blatt die Arbeitsmittel einzeln an. In der Regel erkennen die Finanzämter Aufwendungen bis 110 € ohne Belege an.

→ ZEILE 43
Arbeitszimmer

Aufwendungen für ein **häusliches Arbeitszimmer** sind steuerlich in voller Höhe abzugsfähig, wenn das Zimmer den Mittelpunkt der gesamten beruflichen Tätigkeit bildet. Das bedeutet, dass der qualitative Schwerpunkt der Arbeit im Arbeitszimmer liegen muss (z. B. Heimarbeiter, Schriftsteller).

Haben Sie für einen notwendigen Teil Ihrer beruflichen Tätigkeit keinen eigenen Arbeitsplatz zur Verfügung (z. B. Lehrer, Außenprüfer), können Sie die Aufwendungen für ein ausschließlich beruflich genutztes häusliches Arbeitszimmer bis zu 1.250 € jährlich abziehen.

In allen anderen Fällen können für ein Arbeitszimmer keine Kosten abgezogen werden. Vertiefend siehe → Arbeitszimmer.

Dort können Sie auch nachlesen, welche Kosten abzugsfähig sind, wenn Sie z. B. nur eine Arbeitsecke in einem ansonsten privat genutzten Raum eingerichtet haben.

TIPP

Arbeitsmittel zu Hause sind immer abzugsfähig

Auch wenn Sie die Kosten für ein Arbeitszimmer steuerlich nicht geltend machen können, sind die Aufwendungen für im Zimmer befindliche Arbeitsmittel z. B. Schreibtisch, Regale … bei überwiegend beruflicher Nutzung abzugsfähig.

→ ZEILE 44
Fortbildungskosten

Abziehen können Sie nicht nur die **Fortbildungskosten** für die Weiterbildung im ausgeübten Beruf, sondern auch Umschulungskosten, Kosten einer zweiten Ausbildung oder ein Studium nach abgeschlossener (erster) Berufsausbildung. Vertiefend siehe → Fortbildung/Fachtagungen.

Im Regelfall fallen im Zusammenhang mit der Fortbildung Reisekosten an (vgl. Zeilen 49 ff.).

→ ZEILEN 45–48

Hier können Sie die tatsächlichen Kosten für die Benutzung einer **Fähre, Flugkosten oder Unfallkosten** im Zusammenhang mit Fahrten zu Ihrer regelmäßigen ortsgebundenen Ar-

Weitere Werbungskosten

beitsstätte eintragen (Zeile 45). Außerdem (ab Zeile 46) ist hier Platz für weitere im Vordruck nicht aufgeführte Werbungskosten. Reicht Ihnen der Platz nicht aus, dann machen Sie die Angaben auf einem gesonderten Blatt.

Eine Checkliste häufig vorkommender Werbungskosten wie etwa Steuerberatungskosten oder Umzugskosten finden Sie in alphabetischer Reihenfolge im Wegweiser auf der ersten Seite des Lexikonteils. Von dort aus werden Sie weiterverwiesen.

TIPP

Private Umzugskosten als haushaltnahe Dienstleistungen

Für privat veranlasste Umzugskosten können Sie eine Steuerermäßigung für haushaltsnahe Dienstleistungen (Hauptvordruck Zeile 73) erhalten.

Denken Sie auch an berufliche Versicherungen wie Berufshaftpflicht- oder Reisegepäckversicherung für Auswärtstätigkeiten. Werden sowohl berufliche als auch private Bereiche abgedeckt, können Sie pauschal 50 % der Beiträge bei den Werbungskosten geltend machen. Auch beruflich veranlasste Telekommunikationskosten (Telefon, Internet) sind abzugsfähig. Fallen bei Ihnen erfahrungsgemäß derartige Aufwendungen an, können Sie pauschal 20 % der Kosten, max. 20 €/Monat abziehen.

→ ZEILEN 49–56
Beruflich veranlasste Auswärtstätigkeiten

Arbeitnehmer, die keiner ortsgebundenen Arbeitsstätte ihres Arbeitgebers fest zugeordnet sind und deren Tätigkeitsschwerpunkt nicht am Betriebssitz des Arbeitgebers liegt (Faustregel: mehr als 80 % außerhalb tätig), üben steuerlich eine Auswärtstätigkeit aus und können Reisekosten als Werbungskosten abrechnen. Unter dem Begriff „Auswärtstätigkeit" werden die früher verwendeten Begriffe Dienstreise, Einsatzwechseltätigkeit und Fahrtätigkeit zusammengefasst und der Reisekostenabzug einheitlich geregelt. Vertiefend siehe → Reisekosten.

Die abzugsfähigen Reisekosten sind in vier Kostenarten eingeteilt: Fahrtkosten, Übernachtungskosten, Reisenebenkosten (Zeile 50) und Mehraufwendungen für Verpflegung (Zeilen 52–55).

→ ZEILE 49
Firmenwagen, Sammelbeförderung

Wird für die Fahrten ein Firmenwagen benutzt oder erfolgt die Beförderung zum Einsatzort durch den Arbeitgeber (mittels Sammelbeförderung), können mangels tatsächlicher Aufwendungen keine Fahrtkosten abgezogen werden.

→ ZEILE 50
Fahrtkosten, Übernachtungs-, Reisenebenkosten

Fahrt-, Übernachtungs- und Reisenebenkosten sind in tatsächlicher Höhe abzugsfähig. Wenn Sie ein Kfz nutzen, können Sie ohne Kostennachweis 0,30 € je gefahrenen Kilometer geltend machen. Zu den Reisenebenkosten gehören im Wesentlichen Parkgebühren sowie Reiseversicherungen und der (Rest-)Wert der während der Auswärtstätigkeit gestohlenen Reiseausrüstung. Stellen Sie die Kosten am besten auf einem gesonderten Blatt zusammen.Vertiefend siehe → Reisekosten.

→ ZEILEN 52–55
Mehraufwendungen für Verpflegung

Als Verpflegungskosten sind nur die beruflich veranlassten Mehraufwendungen pauschal abzugsfähig. Der Pauschbetrag ist für jeden Reisetag getrennt anzusetzen und richtet sich nach der Abwesenheit von der (heimatlichen) Wohnung am jeweiligen Reisetag (Zeilen 52–54). Für Tätigkeiten im Ausland gelten je Land unterschiedlich hohe Pauschbeträge (Zeile 55).

→ ZEILE 56
Arbeitgeberersatz

Hat Ihr Arbeitgeber Ihnen Reisekosten (bis zur Höhe des möglichen Werbungskostenabzugs) steuerfrei ersetzt (aufgeführt unter Nr. 20 der Lohnsteuerbescheinigung), mindert der Kostenersatz (Zeilen 51, 56) die abzugsfähigen Werbungskosten.

→ ZEILEN 61–85
Doppelte Haushaltsführung

Eine steuerlich berücksichtigungsfähige doppelte Haushaltsführung liegt grundsätzlich vor, wenn Sie einen eigenen Hausstand führen und aus beruflichem Anlass (z. B. Versetzung, Arbeitgeberwechsel) einen zweiten Haushalt (Zweitunterkunft) unterhalten müssen. Eine berufliche Verlassung ist auch möglich, wenn der Familienhausstand (aus privaten Gründen) vom Arbeitsort wegverlegt wird (Wegverlegungsfälle).Vertiefend siehe → Doppelte Haushaltsführung.

→ ZEILEN 61–66
Notwendige Angaben

Im Vordruck müssen Sie in diesen Zeilen die Angaben zum Grund der doppelten Haushaltsführung, zum auswärtigen Beschäftigungsort und zum Zeitpunkt der Gründung des zweiten Hausstands machen sowie darüber, ob Sie an Ihrem Hauptwohnsitz einen eigenen Hausstand unterhalten. Anhand dieser Angaben prüft das Finanzamt, ob die doppelte Haushaltsführung abzugsfähig ist. Ist der doppelten Haushaltsführung eine Auswärtstätigkeit von drei oder mehr Monaten unmittelbar vorausgegangen, können Sie keine Verpflegungsmehraufwendungen mehr geltend machen. Dasselbe gilt in

Wegverlegungsfällen. Hier sind auch keine Umzugskosten abzugsfähig (Zeile 66).

→ ZEILE 67
Wahlrecht

Sind Sie mehr als einmal wöchentlich zum eigenen Hausstand gefahren, kann es steuerlich günstiger sein, auf den Kostenabzug wegen doppelter Haushaltsführung zu verzichten und stattdessen alle tatsächlich durchgeführten Fahrten als Wege zwischen Wohnung und regelmäßiger Arbeitsstätte (Zeilen 31–39) anzugeben. Vertiefend siehe → Doppelte Haushaltsführung.

Abzugsfähige Kosten

Die Zeilen 68–83 betreffen die im Rahmen einer doppelten Haushaltsführung abzugsfähigen Kosten.

→ ZEILEN 68–76
Fahrtkosten

In den Zeilen 69–76 können Sie die **Aufwendungen für Fahrten zwischen Ihrem Hauptwohnsitz (eigener Hausstand) und Ihrem (auswärtigen) Tätigkeitsort** eintragen. Für mit einem Firmenwagen durchgeführte Fahrten oder bei Beförderung durch den Arbeitgeber im Rahmen einer unentgeltlichen Sammelbeförderung sind keine Fahrtkosten abzugsfähig (Zeile 68).

Die Kosten der **ersten Fahrt** zu Beginn und (soweit zutreffend) letzten Fahrt am Ende der doppelten Haushaltsführung sind grundsätzlich in tatsächlicher Höhe abziehbar (Kosten bei Benutzung öffentlicher Verkehrsmittel Zeile 71, bei Kfz-Nutzung ohne Nachweis 0,30 €/km in Zeile 69), bei Nutzung eines Motorrads ohne Nachweis 0,13 €/km.

In den Zeilen 72–76 tragen Sie die Kosten für eine **Familienheimfahrt** wöchentlich ein, soweit Sie diese tatsächlich durchgeführt haben. Wenn Sie nicht behindert sind, erhalten Sie, unabhängig vom benutzten Verkehrsmittel, eine Entfernungspauschale von 0,30 € je Entfernungskilometer (Zeile 72). Diese Pauschale steht Ihnen auch zu, wenn Sie keine Kosten hatten (Ausnahme: Sammelbeförderung oder Firmenwagennutzung). Haben Sie öffentliche Verkehrsmittel benutzt, können Sie stattdessen höhere tatsächliche Kosten (Zeile 73) absetzen. Sind Sie geflogen, sind nur die tatsächlichen Kosten abzugsfähig (Eintragung in Zeile 76). Behinderte können eine Entfernungspauschale von 0,60 €/km oder die tatsächlichen Kfz-Kosten (Zeile 74) geltend machen. Bei Benutzung öffentlicher Verkehrsmittel sind auch die Pauschale übersteigende Kosten abzugsfähig (Zeile 75). Flugkosten sind nur in tatsächlicher Höhe abzugsfähig (Zeile 76).

Auch die Kosten infolge eines Unfalls auf einer derartigen Fahrt können Sie abziehen.

Die Angaben für die Fahrten zwischen Ihrer Zweitwohnung und Ihrer Arbeitsstätte gehören in die Zeilen 31–39.

→ ZEILEN 77, 78
Unterkunft am Beschäftigungsort

Die **Kosten der zweiten Unterkunft** (Miete, Nebenkosten) sind bis zur Höhe der Durchschnittswarmmiete für eine 60 m^2 große Wohnung abzugsfähig (Zeilen 77, 78). Fügen Sie Belege über die entstandenen Aufwendungen bei. Dazu gehören u. U. zusätzlich auch die Kosten für einen Kfz-Stellplatz oder eine angemietete Garage. Zusätzlich sind Aufwendungen für die notwendige Möblierung abziehbar (Zeile 83).

→ ZEILEN 79–82
Verpflegung

Die Pauschalen für **Verpflegungsmehraufwendungen** sind nur für die ersten drei Monate ab Bezug der Zweitunterkunft absetzbar. Maßgebend für die Höhe der Pauschbeträge ist jeweils die tägliche Abwesenheit von der Lebensmittelpunktwohnung (Hauptwohnung). Liegt die Zweitunterkunft im Ausland, gelten je nach Land andere Pauschbeträge (Zeile 82).

→ ZEILE 83
Umzugskosten, Telefonate, Einrichtung

Hier können Sie weitere durch die doppelte Haushaltsführung entstandene Kosten geltend machen. Dazu gehören im Wesentlichen **Telefongebühren** für Gespräche mit der Familie (Gebühren bis zur Höhe eines 15-minütigen Gesprächs wöchentlich) für alle Wochen, in denen keine Familienheimfahrt stattgefunden hat. Außerdem sind tatsächlich entstandene **Umzugskosten** bei Bezug bzw. bei Aufgabe der Zweitunterkunft mit dem Rückumzug zur Hauptwohnung abzugsfähig. Keine Umzugskosten sind in den Wegverlegungsfällen abzugsfähig, da der Umzug selbst hier privat veranlasst ist. Vertiefend siehe → Umzugskosten.

Zusätzlich können Sie die Kosten für die **notwendige Einrichtung der Zweitwohnung** (Möbel, Ausstattungsgegenstände) und Reparaturen in der Zweitunterkunft geltend machen.

→ ZEILE 85
Arbeitgeberersatz

Hat Ihnen z. B. Ihr **Arbeitgeber, Aufwendungen (steuerfrei) ersetzt** (vgl. Nr. 21 Ihrer Lohnsteuerbescheinigung), ist der Kostenersatz (Zeile 85) bis zur Höhe eines möglichen Werbungskostenabzugs (Zeile 84) steuerfrei. Entsprechend verringern sich die abzugsfähigen Aufwendungen.

Checkliste Anlage N

Folgende Abzugsmöglichkeit geprüft? Vgl. Ausfüllhinweise zur Zeile!

Ohne Einzelnachweis können Sie geltend machen: ☐

- für Arbeitsmittel (einschließlich Arbeitskleidung) 110 € (Zeilen 41, 42)
- für beruflich veranlasste Kontoführungsgebühren 16 € (Zeile 46)
- Beiträge zu Gewerkschaften bzw. Berufsverbänden, wenn Sie den Berufsverband namentlich nennen (Zeile 40)
- Telekommunikationskosten (Telefon, Internet), pauschal 20 % der Kosten, max. 20 €/Monat, wenn bei Ihnen erfahrungsgemäß derartige Aufwendungen anfallen (Zeilen 46–48)

Beruflich veranlasste Versicherungen ☐
„Gemischte" Versicherungen (z. B. Privathaftpflicht, die auch berufliche Bereiche abdeckt) sind ggf. teilweise abzugsfähig Zeilen 46–48).

Wege zur Arbeitsstätte ☐
Die Entfernungspauschale erhalten Sie auch dann, wenn Sie keine Aufwendungen hatten (Ausnahme: Sammelbeförderung durch den Arbeitgeber) (Zeilen 31–39).
Sind Ihre tatsächlichen Kosten für öffentliche Verkehrsmittel im Jahr höher als die Jahresentfernungspauschale, können Sie die tatsächlichen Kosten absetzen (Zeilen 35–38, vorletzte Spalte).
Kosten für Fähre und Flugzeug sind in tatsächlicher Höhe abzugsfähig (Zeile 45).
Unfallkosten sind zusätzlich zur Entfernungspauschale abzugsfähig (Zeilen 46–48).
Sind Sie behindert, steht Ihnen für Wege zur Arbeitsstätte möglicherweise ein höherer Kostenabzug zu (Zeilen 35–38, vorletzte Spalte).

Sie haben nach Abschluss einer Berufsausbildung eine Umschulung bzw. eine zweite Berufsausbildung gemacht oder studiert? ☐
Die Kosten sind (vorwegegenommene) Werbungskosten (Zeile 44).

Folgende Abzugsmöglichkeit geprüft? Vgl. Ausfüllhinweise zur Zeile!	
Sie üben eine Auswärtstätigkeit aus (Dienstreise, Tätigkeit auf einem Fahrzeug, Beschäftigung an wechselnden Einsatzstellen bzw. keiner festen Einrichtung Ihres Arbeitgebers zugeordnet)? Sie können Fahrtkosten und Verpflegungspauschalen in den Zeilen 49–56 geltend machen.	☐
Sie unterhalten zwei Haushalte? Prüfen Sie, ob die Kosten des zweiten Haushalts steuerlich abzugsfähig sind (Zeilen 61–85). Prüfen Sie – unabhängig davon, ob eine doppelte Haushaltsführung steuerlich anzuerkennen ist – ob die Fahrten von der weiter entfernt liegenden Wohnung abzugsfähig sind (Zeilen 31–39).	☐
Haben Sie ein häusliches Arbeitszimmer? Auch wenn Sie die Kosten des Arbeitszimmers nicht geltend machen können, sind die Aufwendungen für im Arbeitszimmer befindliche Arbeitsmittel abzugsfähig (Zeilen 41, 42, 44).	☐

1.8 Anlage N-AUS und N-Gre (Arbeitslohn im Ausland und Grenzgänger)

1.8.1 Anlage N-AUS (Ausländische Einkünfte aus nicht selbstständiger Arbeit)

WICHTIG

Arbeitnehmer im Ausland

Die **Anlage N-AUS** benötigen Sie, wenn Sie als Arbeitnehmer Arbeitslohn für eine Auslandstätigkeit erhalten haben, der nach

- einem Doppelbesteuerungsabkommen (DBA),
- einem zwischenstaatlichen Übereinkommen oder
- dem Auslandstätigkeitserlass

steuerfrei belassen wurde.

Für jeden ausländischen Staat ist eine gesonderte Anlage N-AUS abzugeben

Waren beide Ehegatten im Ausland beschäftigt, müssen beide jeweils eine oder mehrere eigene Anlagen N-AUS ausfüllen.

Überblick

Formularaufbau	
Seite 1	**Allgemeine Angaben zu ausländischem Wohnsitz, Arbeitgeber und Tätigkeiten (Zeilen 7–28)**
Seiten 2, 3	**Angaben zum aufnehmenden Unternehmen (Zeilen 31–34)** **Angaben zum Arbeitslohn (Zeilen 35–45)** **Berechnung des steuerfreien Teils des Arbeitslohns nach DBA (Zeilen 46–52)** **Berechnung des steuerfreien Teils des Arbeitslohns nach dem Auslandstätigkeitserlass (Zeilen 61–66)** **Angaben zu anderen Steuerbefreiungen (Zeilen 67–70)** **Sonstige Erläuterungen (Zeilen 71–81)** • zu Werbungskosten, die den steuerfreien Teilen des Arbeitslohns zuzurechnen sind, • besondere Lohnbestandteile (Entschädigungen etc.).

Auswirkungen der Steuerfreiheit

Obwohl der Arbeitslohn steuerfrei bleibt, wirkt sich dieser auf die Einkommensteuer aus. Durch den sog. Progressionsvorbehalt, werden die steuerpflichtigen Einkünfte mit einem höheren Steuersatz besteuert.

Ausgaben im Zusammenhang mit der Auslandstätigkeit (bitte auf einem gesonderten Blatt zusammenstellen) mindern den steuerfreien Arbeitslohn und damit die Auswirkung des Progressionsvorbehalts zu Ihren Gunsten.

1.8.2 Anlage N-Gre (zur Einkommensteuererklärung von Grenzgängern)

! WICHTIG

Arbeitnehmer im Grenzgebiet

Die **Anlage N-Gre** müssen Sie zusammen mit Ihrer Einkommensteuer-Erklärung einreichen wenn Sie im Grenzgebiet des einen Staats arbeiten und im Grenzgebiet des anderen Staats ihren Wohnsitz haben, wohin sie arbeitstäglich zurückkehren.

Betroffen sind aber nur Arbeitnehmer, die in Deutschland arbeiten und in einem der Nachbarstaaten **Frankreich, Österreich** oder **Schweiz** wohnen bzw. umgekehrt.

Trifft dies auf beide Ehegatten zu, muss jeder eine eigene Anlage N-Gre einreichen.

Überblick

Formularaufbau	
Seite 1	**Angaben zum Arbeitslohn (Zeilen 4–25)** **Angaben zu steuerfreiem Arbeitslohn (Zeilen 26–28)**
Seiten 2–4	**Erläuterungen der** • **Werbungskosten (Zeilen 35–73),** • **Sonderausgaben (Zeilen 74–87).** **Sonstige Angaben (Zeilen 88–107).**

Besteuerungsrecht

Die DBA mit Frankreich, Österreich und der Schweiz sehen (unterschiedliche) Sonderregelungen für Grenzgänger vor. Während in allen anderen Staaten das Besteuerungsrecht bei dem Land liegt, in dem der Arbeitsort liegt, verbleibt dieses in diesen Fällen beim Wohnsitzstaat.

1.9 Anlage KAP (Einkünfte aus Kapitalvermögen)

WICHTIG

Wann die Anlage KAP ausgefüllt werden muss

Durch die Einführung der Abgeltungsteuer (25 % Kapitalertragsteuer auf Kapitalerträge) ist die Besteuerung im Regelfall erledigt und die Abgabe der Anlage KAP nicht notwendig. Vertiefend siehe → Abgeltungsteuer.

In folgenden (Ausnahme-)Fällen müssen bzw. sollten Sie die **Anlage KAP** aber ausfüllen:

- Ihr persönlicher (Spitzen-)Steuersatz liegt unter 25 % und Sie möchten die von der Bank zu hoch einbehaltene Kapitalertragsteuer erstattet bekommen („Günstigerprüfung").
- Sie haben im Veranlagungsjahr weniger als 801 € (Ehegatten 1.602 €) Kapitalerträge erzielt, aber weil Sie keinen bzw. einen zu niedrigen Freistellungsauftrag erteilt hatten, wurde von der Bank Steuer einbehalten.
- Sie haben Ihre Freistellungsaufträge zu niedrig erteilt bzw. auf mehrere Banken ungünstig verteilt, sodass zu Unrecht Steuer einbehalten wurde.
- Sie haben Verluste aus Börsengeschäften (z. B. Aktienverkäufen) erlitten, die von der Bank intern nicht mit Gewinnen verrechnet werden konnten.
- Sie haben steuerpflichtige Kapitalerträge bekommen, die nicht der Abgeltungsteuer unterlegen haben (z. B. aus privaten Darlehen oder ausländischen Geldanlagen).
- Sie wollen bisher von der Bank nicht berücksichtigte, ausländische Quellensteuer auf die Einkommensteuer anrechnen lassen.
- Sie haben, obwohl Sie kirchensteuerpflichtig sind, der Bank Ihre Religionszugehörigkeit nicht mitgeteilt, weshalb die Bank keine Kirchensteuer einbehalten hat.

- Sie wollen als Beteiligter an einer Kapitalgesellschaft (unternehmerische Beteiligung) die Erträge (freiwillig) nach dem Teileinkünfteverfahren mit der tariflichen Einkommensteuer besteuern lassen, um gleichzeitig hohe Ausgaben (insbesondere Finanzierungskosten) als Werbungskosten geltend machen zu können.

Jeder Ehegatte benötigt eine eigene Anlage KAP.

Überblick

Formularaufbau	
Vorderseite	**Kapitalerträge mit einbehaltener Kapitalertragsteuer (Zeilen 7–13)** Tragen Sie hier die inländischen Kapitalerträge sowie die Erlöse aus der Veräußerung von Wertpapieren und anderen Börsengeschäften auf dem Kapitalmarkt ein, für die von der Bank Steuer einbehalten worden ist. **Angaben zum Sparer-Pauschbetrag (Zeilen 14, 15)** **Kapitalerträge ohne Steuerabzug (Zeilen 16–23)** Einzutragen sind alle Zinserträge, die mit dem Abgeltungsteuersatz von 25 % steuerpflichtig sind, bei denen aber keine Kapitalertragsteuer einbehalten wurde (z. B. Zinsen aus privaten Darlehen sowie Zinsen und Beteiligungserträge aus Geldanlagen bei ausländischen Banken). **Kapitalerträge mit persönlichem Steuersatz (Zeilen 24–28)** Zinserträge aus stillen Gesellschaften und partiarischen Darlehen sowie auf Antrag Erträge aus der Beteiligung an einer Kapitalgesellschaft werden mit dem persönlichen Steuersatz bzw. dem Teileinkünfteverfahren besteuert.
Rückseite	**Erträge aus Beteiligungen (Zeilen 31–49)** Hierher gehören Kapitalerträge, die Ihnen als Beteiligter einer Gemeinschaft (z. B. Erbengemeinschaft) zugeflossen sind. Auch hier wird zwischen den oben genannten Gruppen unterschieden. **Anzurechnende Steuern (Zeilen 50–58)** Einzutragen sind von der Bank einbehaltene inländische und ausländische Steuern.

2013

Zeile			
1	Name		**Anlage KAP**
2	Vorname		zur Einkommensteuererklärung zur Erklärung zur Festsetzung der Kirchensteuer auf Kapitalerträge
3	Steuernummer	Bitte Steuerbescheinigung(en) im Original beifügen!	stpfl. Person / Ehemann / Lebenspartner(in) A Ehefrau / Lebenspartner(in) B

Einkünfte aus Kapitalvermögen, Anrechnung von Steuern

54

Anträge

Zeile		Kz.	
4	Ich beantrage die Günstigerprüfung für sämtliche Kapitalerträge. (Bei Zusammenveranlagung: Die Anlage KAP meines Ehegatten / Lebenspartners ist beigefügt.)	01	1 = Ja
5	Ich beantrage eine Überprüfung des Steuereinbehalts für bestimmte Kapitalerträge.	02	1 = Ja

Erklärung zur Kirchensteuerpflicht

Zeile		Kz.	
6	Ich bin kirchensteuerpflichtig und habe Kapitalerträge erzielt, von denen Kapitalertragsteuer aber keine Kirchensteuer einbehalten wurde.	03	1 = Ja

Kapitalerträge, die dem inländischen Steuerabzug unterlegen haben

Zeile		Kz.	Beträge lt. Steuerbescheinigung(en) EUR	Kz.	korrigierte Beträge (Erläuterungen auf besonderem Blatt) EUR
7	Kapitalerträge	10	,—	20	,—
8	In Zeile 7 enthaltene Gewinne aus Kapitalerträgen i. S. d. § 20 Abs. 2 EStG	11	,—	21	,—
9	In Zeile 8 enthaltene Gewinne aus Aktienveräußerungen i. S. d. § 20 Abs. 2 Satz 1 Nr. 1 EStG	12	,—	22	,—
10	In Zeile 7 enthaltene Stillhalterprämien i. S. d. § 20 Abs. 1 Nr. 11 EStG	13	,—	23	,—
11	Ersatzbemessungsgrundlage i. S. d. § 43a Abs. 2 Satz 7, 10, 13 und 14 EStG (enthalten in Zeile 7)	14	,—	24	,—
12	Nicht ausgeglichene Verluste **ohne** Verluste aus der Veräußerung von Aktien	15	,—	25	,—
13	Nicht ausgeglichene Verluste aus der Veräußerung von Aktien i. S. d. § 20 Abs. 2 Satz 1 Nr. 1 EStG	16	,—	26	,—

Sparer-Pauschbetrag

Zeile		Kz.	
14	In Anspruch genommener Sparer-Pauschbetrag, der auf die in den Zeilen 7 bis 13 erklärten Kapitalerträge entfällt (ggf. „0")	17	,—
15	Bei Eintragungen in den Zeilen 7 bis 13, 16 bis 24 und 32 bis 47: In Anspruch genommener Sparer-Pauschbetrag, der auf die in der Anlage KAP **nicht** erklärten Kapitalerträge entfällt (ggf. „0")	18	,—

Kapitalerträge, die nicht dem inländischen Steuerabzug unterlegen haben

Zeile		Kz.	
16	Inländische Kapitalerträge (ohne Betrag in Zeile 23)	30	,—
17	Ausländische Kapitalerträge	34	,—
18	In den Zeilen 16 und 17 enthaltene Gewinne aus der Veräußerung von Kapitalanlagen i. S. d. § 20 Abs. 2 EStG	31	,—
19	In Zeile 18 enthaltene Gewinne aus Aktienveräußerungen i. S. d. § 20 Abs. 2 Satz 1 Nr. 1 EStG	32	,—
20	In den Zeilen 16 und 17 enthaltene Verluste **ohne** Verluste aus der Veräußerung von Aktien	35	,—
21	In den Zeilen 16 und 17 enthaltene Verluste aus der Veräußerung von Aktien i. S. d. § 20 Abs. 2 Satz 1 Nr. 1 EStG	36	,—
22	In den Zeilen 16 und 17 enthaltene Stillhalterprämien i. S. d. § 20 Abs. 1 Nr. 11 EStG	33	,—
23	Zinsen, die vom Finanzamt für Steuererstattungen gezahlt wurden	60	,—

Kapitalerträge, die der tariflichen Einkommensteuer unterliegen

(nicht in den Zeilen 7, 16, 17, 32 und 39 enthalten)

Zeile		Kz.	
24	Hinzurechnungsbetrag nach § 10 AStG	75	,—
25	Laufende Einkünfte aus sonstigen Kapitalforderungen jeder Art, aus stiller Gesellschaft und partiarischen Darlehen	70	,—
26	Gewinn aus der Veräußerung oder Einlösung von Kapitalanlagen lt. Zeile 25	71	,—
27	Ich beantrage für die Einkünfte lt. Zeile 28 die Anwendung der tariflichen Einkommensteuer – *bitte Anleitung beachten* –		1 = Ja
28	Laufende Einkünfte aus einer unternehmerischen Beteiligung an einer Kapitalgesellschaft Gesellschaft, Finanzamt und Steuernummer	72	,—

2013AnlKAP051 – Aug. 2013 – 2013AnlKAP051

Erträge aus Beteiligungen

Zeile	1. Beteiligung Gemeinschaft, Finanzamt und Steuernummer	2. Beteiligung Gemeinschaft, Finanzamt und Steuernummer
31		

Zeile		Kz	EUR
	– mit inländischem Steuerabzug		
32	Kapitalerträge	40	,–
33	In Zeile 32 enthaltene Gewinne aus Kapitalerträgen i. S. d. § 20 Abs. 2 EStG	41	,–
34	In Zeile 33 enthaltene Gewinne aus Aktienveräußerungen i. S. d. § 20 Abs. 2 Satz 1 Nr. 1 EStG	42	,–
35	In Zeile 32 enthaltene Stillhalterprämien i. S. d. § 20 Abs. 1 Nr. 11 EStG	43	,–
36	Ersatzbemessungsgrundlage i. S. d. § 43a Abs. 2 Satz 7, 10, 13 und 14 EStG (enthalten in Zeile 32)	44	,–
37	Nicht ausgeglichene Verluste **ohne** Verluste aus der Veräußerung von Aktien	45	,–
38	Nicht ausgeglichene Verluste aus der Veräußerung von Aktien i. S. d. § 20 Abs. 2 Satz 1 Nr. 1 EStG	46	,–
	– ohne inländischen Steuerabzug		
39	Kapitalerträge (ohne Betrag in Zeile 45)	50	,–
40	In Zeile 39 enthaltene Gewinne aus der Veräußerung von Kapitalanlagen i. S. d. § 20 Abs. 2 EStG	51	,–
41	In Zeile 40 enthaltene Gewinne aus Aktienveräußerungen i. S. d. § 20 Abs. 2 Satz 1 Nr. 1 EStG	52	,–
42	In Zeile 39 enthaltene Verluste **ohne** Verluste aus der Veräußerung von Aktien	55	,–
43	In Zeile 39 enthaltene Verluste aus der Veräußerung von Aktien i. S. d. § 20 Abs. 2 Satz 1 Nr. 1 EStG	56	,–
44	In Zeile 39 enthaltene Stillhalterprämien i. S. d. § 20 Abs. 1 Nr. 11 EStG	53	,–
45	Gewinn aus der Veräußerung anteiliger Wirtschaftsgüter bei Veräußerung einer unmittelbaren oder mittelbaren Beteiligung an einer Personengesellschaft	61	,–
46	In Zeile 45 enthaltene Gewinne / Verluste aus Aktienveräußerungen	62	,–
	– die der tariflichen Einkommensteuer unterliegen		
47	Hinzurechnungsbetrag nach § 10 AStG	76	,–
48	Laufende Einkünfte aus sonstigen Kapitalforderungen jeder Art, aus stiller Gesellschaft und partiarischen Darlehen	73	,–
49	Gewinn aus der Veräußerung oder Einlösung von Kapitalanlagen lt. Zeile 48	74	,–

Steuerabzugsbeträge zu Erträgen in den Zeilen 7 bis 22 und zu Beteiligungen in den Zeilen 31 bis 46

Zeile		Kz	lt. beigefügter Bescheinigung(en) EUR Ct	Kz	aus Beteiligungen EUR Ct
50	Kapitalertragsteuer	80	,	90	,
51	Solidaritätszuschlag	81	,	91	,
52	Kirchensteuer zur Kapitalertragsteuer	82	,	92	,
53	Angerechnete ausländische Steuern	83	,	93	,
54	Anrechenbare noch nicht angerechnete ausländische Steuern	84	,	94	,
55	Fiktive ausländische Quellensteuern (nicht in den Zeilen 53 und 54 enthalten)	85	,	95	,

Anzurechnende Steuern zu Erträgen in den Zeilen 25 bis 28, 48 und 49 und aus anderen Einkunftsarten

Zeile		Kz	EUR Ct	Kz	EUR Ct
56	Kapitalertragsteuer	86	,	96	,
57	Solidaritätszuschlag	87	,	97	,
58	Kirchensteuer zur Kapitalertragsteuer	88	,	98	,

Nach der Zinsinformationsverordnung (ZIV) anzurechnende Quellensteuern

Zeile		Kz	
59	Summe der anzurechnenden Quellensteuern nach der ZIV (lt. beigefügter Bescheinigung)	99	,

Verrechnung von Altverlusten

Zeile		Kz	
60	Ich beantrage die Verrechnung von Verlusten nach § 23 EStG nach der bis zum 31.12.2008 geltenden Rechtslage.	04	1 = Ja
61	Ich beantrage die Verrechnung von Verlusten nach § 22 Nr. 3 EStG nach der bis zum 31.12.2008 geltenden Rechtslage.	05	1 = Ja

Steuerstundungsmodelle

Einkünfte aus Gesellschaften / Gemeinschaften / ähnlichen Modellen i. S. d. § 15b EStG (Erläuterungen auf besonderem Blatt)

Zeile		
62		,–

2013AnlKAP052 2013AnlKAP052

Kapitalerträge hat, wer für die Überlassung von Kapital ein „Nutzungsentgelt“, z. B. Zinsen, erhält. Zu den Kapitalerträgen gehören auch Erlöse aus Börsengeschäften bzw. „Spekulationsgeschäften“ (Wertpapierverkäufe, Optionen, Termingeschäfte, Futures etc.).

Allgemeine Übersicht

Einen Überblick über die Besteuerung von Kapitalerträgen nach Einführung der Abgeltungsteuer finden Sie im Lexikon unter → Kapitaleinkünfte und → Abgeltungsteuer.

Als Einnahme auf der Anlage KAP ist im Normalfall die volle Höhe des Kapitalertrags einschließlich der eventuell einbehaltenen Steuern (Kapitalertragsteuer, Kirchensteuer, Quellensteuer) anzugeben (Zeilen 7–49). Bei einigen Eintragungen (z. B. Zeilen 25 und 26) sind dagegen nur die Einkünfte (Einnahmen abzüglich Ausgaben) zu erfassen. Die einbehaltenen Steuern sind in den Zeilen 50–59 einzutragen.

TIPP

Bankbescheinigung als Hilfestellung

Auf den Zinsbescheinigungen der Banken sind im Normalfall die Zeilen der **Anlage KAP** angegeben, in denen der jeweilige Kapitalertrag zu erfassen ist.

Steueranrechnung, Steuerbescheinigung

Falls eine Anrechnung der einbehaltenen Steuern auf die Einkommensteuer möglich ist, müssen Sie dazu die **Originalsteuerbescheinigungen** Ihrer Bank(en) beifügen.

→ ZEILEN 4–6

Grund für die Abgabe der Anlage KAP

Es gibt einige Gründe, bei denen die Abgabe der Anlage KAP sinnvoll bzw. notwendig ist. Drei davon sind in den Zeilen 4–6 genannt. In Zeile 4 sind die Fälle erfasst, in denen der persönliche Grenzsteuersatz möglicherweise niedriger ist als die von der Bank einbehaltenen 25 % („Günstigerprüfung“). Das ist bei einem zu versteuernden Einkommen von unter 15.000 € (bei Ledigen) bzw. unter 30.000 € (bei Verheirateten) der Fall.

Sind Sie über 64 Jahre alt, kann wegen des Altersentlastungsbetrags das zu versteuernde Einkommen u. U. sogar um (bei Ledigen) bis zu ca. 15.000 € höher sein.

TIPP

Im Zweifel Anlage KAP ausfüllen

Sind Sie sich nicht sicher, ob Ihr Grenzsteuersatz niedriger als 25 % ist, dann füllen Sie die Anlage KAP aus, wenn die Bank bei Ihnen Steuer einbehalten hat. Das Finanzamt prüft, ohne dass Ihnen Nachteile entstehen.

Wenn Sie die „Günstigerprüfung" beantragen (Eintrag „1" in Zeile 4), müssen Sie **sämtliche** Kapitalerträge angeben und auch insbesondere Angaben zum bisher in Anspruch genommenen Sparer-Pauschbetrag (= aufgrund eines Freistellungsauftrags freigestellte Zinsen) in Zeile 14 machen. Außerdem sind die bisher von der Bank einbehaltenen Steuern (Zeilen 50–55) anzugeben und die Steuerbescheinigungen beizufügen.

TIPP

Von der Bank einbehaltene Kirchensteuer sind Sonderausgaben

Wenn Sie die „Günstigerprüfung" beantragen, dann machen Sie vorsorglich die von der Bank einbehaltene Kirchensteuer bei den Sonderausgaben (Hauptvordruck Zeile 46) geltend. Der Sonderausgabenabzug ist möglich, wenn die „Günstigerprüfung" erfolgreich war, d.h. die Steuer auf die Kapitalerträge nicht mit dem Abgeltungsteuertarif, sondern mit Ihrem individuellen Steuersatz versteuert wird (aus dem Steuerbescheid erkennbar daran, dass die Kapitalerträge in die Berechnung des zu versteuernden Einkommens einbezogen werden). Prüfen Sie Ihren Steuerbescheid entsprechend auf den korrekten Sonderausgabenabzug!

Den Antrag in Zeile 5 (Eintragung „1") stellen Sie z.B., wenn Sie Ihre Freistellungsaufträge ungünstig verteilt haben und Ihnen infolgedessen zu viel Abgeltungsteuer (Kapitalertragsteuer) einbehalten worden ist oder wenn Sie Verluste aus Börsengeschäften erlitten haben, die bankintern nicht mit Gewinnen verrechnet werden konnten. In diesen Fällen reicht es aus, nur die „falsch" besteuerten Erträge (Zeilen 7–13; Spalte 1) und die von Ihnen korrigierten (z.B. um Verluste geminderten) Erträge (Spalte 2) anzugeben (Erläuterungen bitte auf einem separaten Blatt beifügen). In diesen Fällen sind Eintragungen bezüglich des bisher in Anspruch genommenen Sparer-Pauschbetrags (freigestellte Beträge) in den Zeilen 14 **und** 15 notwendig. Ebenso Eintragungen zu bisher einbehaltenen Steuern (Zeilen 50–55).

Zeile 6 (Eintragung „1") ist nur auszufüllen, wenn Sie kirchensteuerpflichtig sind, der Bank bzw. einer Ihrer Banken Ihre Religionszugehörigkeit bisher nicht mitgeteilt haben und die bzw. eine Bank deshalb für die Kapitalerträge keine Kirchensteuer einbehalten hat bzw. haben. Auch in diesem Fall müssen **alle** Kapitalerträge erklärt werden.

TIPP

Kirchensteuernachzahlung führt zur Ermäßigung der Kapitalertragsteuer

Aufgrund der Kirchensteuernachzahlung können Sie – allerdings nur auf Antrag – eine Ermäßigung der Kapitalertragsteuer erhalten. Den Antrag stellen Sie durch Eintragung einer „1" in Zeile 5.

Treffen mehrere der genannten Gründe zu, sind entsprechend mehrere Eintragungen in den Zeilen 4–6 notwendig. In allen anderen Fällen reicht es aus, auf der Anlage KAP nur die Zeilen auszufüllen, die Kapitalerträge betreffen, bei denen durch die Kapitalertragsteuer (Abgeltungsteuer) die Besteuerung nicht erledigt ist.

→ ZEILEN 7–13
Kapitalerträge mit Steuerabzug

In diesen Zeilen erklären Sie, soweit notwendig (s. o.), Ihre Kapitalerträge, bei denen die Bank 25 % Kapitalertragsteuer (Abgeltungsteuer) sowie Solidaritätszuschlag und gegebenenfalls Kirchensteuer einbehalten hat. Die Beträge können Sie der Bescheinigung der Bank entnehmen.

→ ZEILEN 7–10
Inländische und ausländische Kapital- und Veräußerungserträge mit Steuerabzug

In Zeile 7 erfassen Sie in einem Betrag zum einen sämtliche laufenden (Zins-)Erträge aus allen Arten von Geldanlagen, zum anderen aber auch Gewinne aus Börsengeschäften (Spekulationsgeschäfte). Vertiefend siehe → Spekulationsgeschäfte. Zu den laufenden (Kapital-)Erträgen gehören z. B. Sparbuchzinsen, Zinsen aus Sparverträgen, Bonussparen, Termin- und Tagesgeld-Konten oder Festgeldanlagen. Festverzinsliche Wertpapiere sind z. B. fest und variabel verzinsliche Anleihen, Bundesschatzbriefe, Finanzierungsschätze des Bundes, Pfandbriefe, Zero-Bonds,

Sparbriefe jeder Art, Schuldverschreibungen wie Wandelanleihen (feste Verzinsung mit dem Recht auf Umtausch in Gesellschaftsanteile) und Gewinnobligationen (mit Zusatzverzinsung, abhängig von der Höhe der Gewinnausschüttung), Währungsanleihen, unverzinsliche Schatzanweisungen (U-Schätze) und Dividenden aus Aktien bzw. Gewinnanteile aus einer Beteiligung an einer GmbH (vgl. aber auch Zeilen 27 und 28). Erträge aus Bausparverträgen (Zinsen, Bonus), die **nicht** in Zusammenhang mit einem vermieteten Objekt stehen, sind ebenfalls hier zu erfassen.

Dagegen gehören Bausparzinsen in Zusammenhang z.B. mit einem Mietshaus zu den Mieteinkünften (**Anlage V** Zeile 18).

Zu den Veräußerungsgewinnen zählen z.B. Gewinne aus Aktienverkäufen (zusätzlich zu erfassen in Zeile 9) und dem Verkauf von GmbH-Anteilen sowie der Veräußerung von Zertifikaten und Futures (zusätzlich zu erfassen in Zeile 8), ebenso wie erhaltene Stillhalterprämien bei Optionsgeschäften (zusätzlich zu erfassen in Zeile 10). Gezahlte Glattstellungsprämien mindern die Einnahmen. Dies gilt aber nur, sofern die Anschaffung der Papiere bzw. das Geschäft nach 2008 erfolgt ist. Ansonsten sind die (Spekulations-)Erträge nicht steuerpflichtig.

Verkäufe von Aktien oder GmbH-Anteilen sind auf der **Anlage G** zu erfassen, wenn Sie zu mind. 1 % an der Gesellschaft beteiligt sind. Sie unterliegen dem Teileinkünfteverfahren.

Keine Anlage AUS bei Kapitalerträgen

Für die Erfassung der Kapitalerträge spielt es keine Rolle, ob es sich um inländische oder ausländische Kapitalerträge handelt. Die ausländische Quellensteuer bzw. Steuer nach der Zinsinformationsverordnung (ZIV) kann direkt auf die deutsche Steuer angerechnet werden (Zeilen 53–55 und 59). Die **Anlage AUS** wird für ausländische Kapitalerträge nicht benötigt.

→ **ZEILEN 12, 13**
Veräußerungsverluste

Seit 2008 können **Verluste aus der Veräußerung von Wertpapieren** nicht mit positiven Einkünften aus anderen Einkunftsarten oder Zinserträgen verrechnet werden, sondern nur mit (zukünftigen) Gewinnen aus derartigen Geschäften. Dabei ist zwischen Verlusten aus der Veräußerung von Aktien (Eintragung in Zeile 13) und Verlusten aus anderen Börsengeschäften (Eintragung in Zeile 12) zu unterscheiden, da auch zwischen diesen beiden Gruppen keine Verrechnung stattfinden darf.

→ ZEILEN 14, 15
Sparer-Pauschbetrag 801 €/1.602 €

Jedem Steuerpflichtigen steht ein Sparer-Pauschbetrag von 801 € zu, Eheleuten gemeinsam 1.602 €. Schöpft ein Ehegatte den Betrag nicht aus, wird der Restbetrag bei gemeinsamer Veranlagung von den Einkünften des anderen abgezogen. Hat nur ein Ehegatte Kapitalerträge, erhält er die gesamten 1.602 €. Ein Abzug von tatsächlichen Werbungskosten ist nach Einführung der Abgeltungsteuer im Regelfall nicht mehr möglich (Ausnahme Zeilen 24–28).

Der Sparer-Pauschbetrag wird vom Geldinstitut bereits bei Zinsauszahlung und der Einbehaltung der Abgeltungsteuer berücksichtigt, wenn Sie einen entsprechenden Freistellungsauftrag erteilt haben. Ein nicht ausgeschöpfter Sparer-Pauschbetrag kann noch im Rahmen der Einkommensteuerveranlagung berücksichtigt werden (Erläuterungen zu Zeile 5).

→ ZEILEN 16–23
Kapitalerträge ohne Steuerabzug

In diesen Zeilen sind Kapitalerträge zu erklären, bei denen keine Steuer einbehalten worden ist, die aber dem Abgeltungsteuersatz von 25 % unterliegen und deshalb im Rahmen der Einkommensteuerveranlagung nachversteuert werden müssen. Dazu zählen vor allem Zinsen, die Sie für privat gegebene Darlehen erhalten haben (Zeile 16, vgl. aber auch Anmerkungen zu den Zeilen 24–26 bei Darlehen an Angehörige), von ausländischen Banken direkt (ohne eine inländische Bank) ausgezahlte Zinsen oder „Spekulationsgeschäfte“, die über ausländische Banken abgewickelt wurden. Diese sind zusätzlich in den folgenden Zeilen (Aktienverkäufe Zeile 19, andere Geschäfte Zeile 18 und Stillhalterprämien Zeile 22) zu erklären. Vom Finanzamt erhaltene Erstattungszinsen für Steuererstattungen aus früheren Jahren sind ebenfalls mit dem Abgeltungstarif (25 %) zu versteuern (Zeile 23).

→ ZEILEN 24–28
Individueller Steuersatz, Darlehen an Angehörige, stille Gesellschaften, partiarische Darlehen

Für die wenigen Kapitalerträge, die nicht dem Abgeltungsteuersatz von 25 % unterliegen, sondern mit dem persönlichen (tariflichen) Steuersatz, eventuell unter Berücksichtigung des Teileinkünfteverfahrens, versteuert werden müssen, sind die Zeilen 24–28 vorgesehen. Ausgaben in Zusammenhang mit derartigen Erträgen können als Werbungskosten geltend gemacht werden, wenn sie den Sparer-Pauschbetrag übersteigen. Einzutragen sind im Vordruck deshalb nicht die Erträge, sondern die nach Abzug der Ausgaben verbleibenden **Einkünfte**.

Zu dieser Gruppe gehören zum einen private Darlehen an Angehörige oder „eigene“ Gesellschaften, aber nur, wenn derjenige, der das Darlehen bekommen hat, die Schuldzinsen steuerlich als Werbungskosten oder Betriebsausgaben geltend machen kann (sonst Zeile 16). Zum anderen sind hier Zinseinkünfte und Veräußerungsgewinne in Zusammenhang mit **partiarischen Darlehen** und aus typisch stillen Gesellschaften (Vermögenseinlage in ein Unternehmen gegen Gewinnbeteiligung und keinerlei Mitwirkungs- und Kontrollrechte an der Geschäftsführung) einzutragen.

Gewinnanteile an **atypisch** stillen Gesellschaften sind dagegen regelmäßig als gewerbliche Einkünfte (Anlage G, Zeilen 8–11) zu erfassen.

Erklären Sie den gesamten Betrag (laufende und Veräußerungserträge nach Abzug von Werbungskosten) in Zeile 25 und Veräußerungsgewinne zusätzlich gesondert in Zeile 26.

Sind Sie entweder zu mindestens 25 % an einer Kapitalgesellschaft (GmbH, AG) beteiligt oder zu mindestens 1 % und in bedeutender Stellung beruflich für die Gesellschaft tätig (= unternehmerische Beteiligung), können Sie beantragen, dass die Kapitaleinkünfte, die Sie aus der Beteiligung erzielen (Gewinnausschüttungen, Veräußerungsgewinne), nicht mit dem Abgeltungsteuersatz von 25 %, sondern nach dem Teileinkünfteverfahren (nur 60 % der Einkünfte steuerpflichtig) mit dem persönlichen Steuersatz besteuert werden (Zeile 27). Dies kann vorteilhaft sein, weil Sie gleichzeitig Werbungskosten (insbesondere Finanzierungskosten) über den Sparer-Pauschbetrag hinaus geltend machen können. Der Antrag gilt immer für alle Erträge aus der Beteiligung und, wenn er nicht widerrufen wird, für fünf Jahre. Ab dem Jahr, in dem der Antrag widerrufen wird, ist kein neuer Antrag für diese Beteiligung mehr möglich. Deshalb ist die Kapitalgesellschaft namentlich anzugeben (Zeile 28). Einzutragen sind jeweils die Einkünfte, also die um die Werbungskosten geminderten Einnahmen.

→ ZEILEN 31–49
Erträge aus Beteiligungen

Sind Ihnen aus einer Beteiligung (z. B. Erbengemeinschaft) Kapitalerträge zuzurechnen, wurden diese Einkünfte vom Finanzamt für alle Beteiligten einheitlich und gesondert von der Einkommensteuer festgestellt. Die auf Sie entfallenden Erträge können Sie diesem Feststellungsbescheid entnehmen. Die Erträge können, wie Ihre persönlichen Kapitalerträge (Vorderseite der Anlage KAP), in verschiedene Gruppen eingeteilt werden. Bezüglich der Eintragungen in den Zeilen 32–38 gelten die Erläuterungen zu den Zeilen 7–13, bezüglich der Zeilen 39–46 die Erläuterungen zu den Zeilen 16–23 und bezüglich der Zeilen 47–49 die Erläuterungen zu den Zeilen 24–26 entsprechend.

→ ZEILEN 50–55
Einbehaltene Steuern

Tragen Sie hier die Höhe der Steuern ein, die von der Bank einbehalten und an das Finanzamt abgeführt wurden. Dazu gehört auch die ausländische Quellensteuer, die für ausländische Kapitalerträge einbehalten wurde. Sie kann direkt auf die deutsche Kapitalertragsteuer angerechnet werden. Stammen die einbehaltenen Steuern aus einer Beteiligung (Zeile 31), sind sie gesondert in der letzten Spalte anzugeben. Die zu viel einbehaltene Abgeltungsteuer (z. B. aufgrund ungünstig erteilter Freistellungsaufträge) wird erstattet. Die einbehaltenen Steuern werden wie Steuervorauszahlungen angerechnet, aber nur sofern der Abgeltungsteuertarif nicht zur Anwendung kommt (z. B. erfolgreiche Günstigerprüfung).

→ ZEILEN 56–58
Steuer-anrechnung

Gehören die Zinserträge zu einer anderen Einkunftsart (z. B. Zinsen für Mietkonto zur Einkunftsart Vermietung, betriebliche Zinserträge), sind die Zinsen auf der jeweiligen Anlage (z. B. Anlage V, Zeile 19) zu erfassen. Sie werden nicht mit dem Abgeltungsteuersatz von 25 %, sondern mit dem persönlichen Steuersatz versteuert. Die von der Bank einbehaltene Abgeltungsteuer (Kapitalertragsteuer Zeile 56) wird bei Vorlage der Originalsteuerbescheinigung auf die Einkommensteuer angerechnet. Dasselbe gilt für die einbehaltene Kirchensteuer und den Solidaritätszuschlag (Zeilen 57 und 58).

→ ZEILE 59
Zinsinformationsverordnung (ZIV)

Aufgrund der Zinsinformationsverordnung (ZIV) werden Zinsen aus EU-Staaten von in Deutschland lebenden Personen der deutschen Finanzverwaltung gemeldet (Name, Adresse, Höhe). Österreich, Luxemburg und Belgien melden die Erträge grundsätzlich nicht, führen aber als Ausgleich anonym eine (deutsche) Quellensteuer ab. Diese (ZIV-)Steuer ist als „deutsche" Steuer mit Steuerbescheinigung direkt auf die Einkommensteuer bzw. die Abgeltungsteuer anrechenbar. Auf Antrag erteilt das deutsche Wohnsitzfinanzamt eine Bescheinigung, dass keine deutsche Quellensteuer einbehalten werden soll. Dann wird aber der Zinsbetrag gemeldet (zu versteuern in Zeile 17 der Anlage KAP). Für beliebte Geldanlageländer außerhalb der EU (z. B. Schweiz, Liechtenstein, San Marino, Monaco, Andorra und die Kanalinseln) besteht zwar keine Meldepflicht für die Zinserträge, aber auch hier wird entsprechend den Regelungen in der ZIV für natürliche Personen (deutsche) Quellensteuer abgezogen.

→ ZEILEN 60, 61

Verluste aus privaten Veräußerungsgeschäften (Spekulationsgeschäften) vor 2009 können bis Ende 2013 sowohl mit Gewinnen aus privaten Veräußerungsgeschäften als auch mit

Verrechnung von Altverlusten

Kapitalerträgen aus Veräußerungsgeschäften der Jahre ab 2009 verrechnet werden. Den **Antrag auf Verlustverrechnung** für **Altverluste** stellen Sie in Zeile 60. Dasselbe gilt für Verluste aus Stillhaltergeschäften im Optionshandel (Zeile 61).

✔ Checkliste Anlage KAP

Folgende Abzugsmöglichkeit geprüft? Vgl. Ausfüllhinweise zur Zeile!

Ihre Zinserträge betragen weniger als 801 € bzw. bei Ehegatten 1.602 €? ☐
Prüfen Sie, ob bei Zinsgutschrift von der Bank Kapitalertragsteuer einbehalten wurde, z. B. weil Sie keinen oder einen zu niedrigen Freistellungsauftrag erteilt hatten. Tragen Sie in diesem Fall die Zinsen in der Anlage KAP ein und holen Sie sich mit der Originalsteuerbescheinigung die einbehaltenen Steuern zurück (Zeile 5).

Sie haben Ihre(n) Freistellungsauftrag ungünstig erteilt? ☐
Sie können den unrichtigen Steuerabzug der Banken durch Abgabe der Anlage KAP im Veranlagungsverfahren korrigieren lassen (Zeile 5).

Ihr persönlicher Grenzeinkommensteuersatz liegt möglicherweise unter 25 %? ☐
Soweit Kapitalertragsteuer einbehalten wurde, geben Sie auf jeden Fall eine Anlage KAP ab und tragen Sie Ihre Zinserträge ein. Durch die Anrechnung der einbehaltenen Steuer ergibt sich eine Erstattung (Zeile 4).

Sie sind an einer GmbH oder AG zu mind. 25 % beteiligt oder zu mind. 1 % und dort auch Arbeitnehmer und haben die Beteiligung mit Kredit finanziert? ☐
Prüfen Sie, ob es sinnvoll ist, die Erträge nach dem Teileinkünfteverfahren zu versteuern. Dann müssen Sie zwar 60 % der Einkünfte mit dem tariflichen Steuersatz versteuern, können aber sämtliche Werbungskosten (insbesondere Finanzierungskosten) steuerlich geltend machen (Zeilen 27 und 28).

Folgende Abzugsmöglichkeit geprüft? Vgl. Ausfüllhinweise zur Zeile!	
Sie haben ausländische Kapitalerträge erzielt, für die bisher nur ausländische Quellensteuer einbehalten wurde? Die Zinsen unterliegen der deutschen Einkommensteuer im Regelfall mit dem Abgeltungsteuersatz von 25 %. Die ausländische Steuer können Sie aber auf die deutsche Steuer anrechnen lassen, wenn Sie die Originalsteuerbescheinigung vorlegen (Zeilen 53–55).	☐
Sie wollen einbehaltene Steuern anrechnen lassen? Dazu benötigen Sie stets die Originalsteuerbescheinigungen (Zeilen 50–59).	☐
Sie haben beantragt, aus Ihren Kapitalerträgen Kirchensteuer zu berechnen? Beantragen Sie dafür eine Steuerermäßigung beim Abgeltungsteuertarif (Zeilen 5 und 6).	☐

1.10 Anlage V (Einkünfte aus Vermietung und Verpachtung)

WICHTIG

Vermietungseinkünfte richtig erfassen

Die **Anlage V** benötigen Sie in folgenden Fällen:

- Sie haben Grundbesitz oder Teile davon (z. B. Haus, Wohnung, Zimmer, Garage etc.) vermietet.
- Sie sind Haus/Wohnungsbesitzer und haben vergeblich versucht, einen Mieter zu finden.
- Sie wollen ein Haus oder eine Wohnung bauen oder kaufen und beabsichtigen zu vermieten. In diesem Zusammenhang sind Kosten angefallen.

Wenn Sie mehrere Objekte (Häuser, Eigentumswohnungen) haben, müssen Sie grundsätzlich jeweils eine eigene Anlage V ausfüllen.

Überblick

Formularaufbau	
Vorderseite	**Einnahmen aus bebauten Grundstücken (Zeilen 1–21)** Die Eintragungen betreffen in erster Linie die Höhe der erzielten Mieteinnahmen und Umlagen. **Anteile an Einkünften (Zeilen 25–29)** Eintragungen sind erforderlich, wenn Sie an einer Grundstücksgemeinschaft (auch Erbengemeinschaft mit Grundbesitz) oder einem geschlossenen Immobilienfonds beteiligt sind.
Rückseite	**Andere Einkünfte (Zeilen 31, 32)** Hierher gehört die Untervermietung von selbst angemieteten Räumen und Vermietung von unbebauten Grundstücken und (möblierten) Zimmern. **Werbungskosten (Zeilen 33–51)** Hier können Sie Aufwendungen (z. B. Abschreibungen, Finanzierungskosten, Reparaturen, laufende Kosten), die Ihre vermieteten Objekte betreffen, geltend machen.

2013

Zeile		
1	Name / Gemeinschaft / Körperschaft	**Anlage V**
2	Vorname	zur Einkommensteuererklärung
3	**Steuernummer** — lfd. Nr. der Anlage	zur Körperschaftsteuererklärung
	Einkünfte aus Vermietung und Verpachtung (Bei ausländischen Einkünften: Anlage AUS beachten)	zur Feststellungserklärung

Einkünfte aus dem bebauten Grundstück

25

Lage des Grundstücks / der Eigentumswohnung

Zeile		
4	Straße, Hausnummer	Angeschafft am T T M M J J J J
5	Postleitzahl — Ort	Fertig gestellt am T T M M J J J J
6	Einheitswert-Aktenzeichen 00	Veräußert / Übertragen am 53 T T M M J J J J

Zeile		
7	Das in Zeile 4 bezeichnete Objekt wird ganz oder teilweise als Ferienwohnung genutzt **61** (1 = Ja, 2 = Nein)	ganz oder teilweise an Angehörige zu Wohnzwecken vermietet **62** (1 = Ja, 2 = Nein)
8	Gesamtwohnfläche **54** m²	davon eigengenutzter oder unentgeltlich an Dritte überlassener Wohnraum **55** m² — davon als Ferienwohnung genutzter Wohnraum **56** m²

Zeile		Erdgeschoss	1. Obergeschoss	2. Obergeschoss	weitere Geschosse		EUR
9	**Mieteinnahmen für Wohnungen** (ohne Umlagen)	€	€	€	€	**01**	,—
10		Anzahl / Wohnfläche m²	Anzahl / Wohnfläche m²	Anzahl / Wohnfläche m²	Anzahl / Wohnfläche m²		
11	**für andere Räume** (ohne Umlagen / Umsatzsteuer)	€	€	€	€	**02**	,—
12	**Einnahmen für an Angehörige vermietete Wohnungen** (ohne Umlagen)				Anzahl / Wohnfläche m²	**03**	,—

Umlagen, verrechnet mit Erstattungen (z. B. Wassergeld, Flur- u. Kellerbeleuchtung, Müllabfuhr, Zentralheizung usw.)

Zeile			EUR
13	auf die Zeilen 9 und 11 entfallen	**04**	,—
14	auf die Zeile 12 entfallen	**05**	,—
15	Vereinnahmte Mieten für frühere Jahre / auf das Kalenderjahr entfallende Mietvorauszahlungen aus Baukostenzuschüssen	**06**	,—
16	Einnahmen aus Vermietung von Garagen, Werbeflächen, Grund und Boden für Kioske usw.	**07**	,—
17	Vereinnahmte Umsatzsteuer	**09**	,—
18	Vom Finanzamt erstattete und ggf. verrechnete Umsatzsteuer	**10**	,—
19	Öffentliche Zuschüsse nach dem Wohnraumförderungsgesetz oder zu Erhaltungsaufwendungen, Aufwendungszuschüsse, Guthabenzinsen aus Bausparverträgen und sonstige Einnahmen — Gesamtbetrag €		
20	davon entfallen auf eigengenutzte oder unentgeltlich an Dritte überlassene Wohnungen lt. Zeile 8 — € ▶	= **08**	,—
21	**Summe der Einnahmen**		,—
22	**Summe der Werbungskosten** (Übertrag aus Zeile 50)	–	,—
23	**Überschuss** (zu übertragen nach Zeile 24)	=	,—

Zeile		stpfl. Person / Ehemann / Lebenspartner(in) A / Gesellschaft EUR	Ehefrau / Lebenspartner(in) B EUR
24	**Zurechnung des Betrags aus Zeile 23**	**20** ,—	**21** ,—

Die Eintragungen in den Zeilen 25 bis 32 sind nur in der ersten Anlage V vorzunehmen.

Anteile an Einkünften aus

Zeile	(Gemeinschaft, Finanzamt und Steuernummer)	stpfl. Person / Ehemann / Lebenspartner(in) A / Gesellschaft EUR	Ehefrau / Lebenspartner(in) B EUR
25	1. Grundstücksgemeinschaft	**856** ,—	**857** ,—
26	2. Grundstücksgemeinschaft	**858** ,—	**859** ,—
27	allen weiteren Grundstücksgemeinschaften	**854** ,—	**855** ,—
28	geschlossenen Immobilienfonds	**874** ,—	**875** ,—
29	Gesellschaften / Gemeinschaften / ähnlichen Modellen i. S. d. § 15b EStG	,—	,—

2013AnlV101 – Aug. 2013 – 2013AnlV101

Andere Einkünfte

Zeile			stpfl. Person / Ehemann / Lebenspartner(in) A / Gesellschaft EUR		Ehefrau / Lebenspartner(in) B EUR
31	**Einkünfte aus Untervermietung von gemieteten Räumen** (Berechnung auf besonderem Blatt)	866	,–	867	,–
32	**Einkünfte aus Vermietung und Verpachtung unbebauter Grundstücke,** von anderem **unbeweglichen Vermögen,** von **Sachinbegriffen** sowie aus **Überlassung von Rechten** (Erläuterung auf besonderem Blatt)	852	,–	853	,–

Werbungskosten

aus dem bebauten Grundstück in den Zeilen 4 und 5

Zeile		Nur ausfüllen, wenn die Aufwendungen für das Gebäude nur teilweise Werbungskosten sind (siehe Anleitung zu den Zeilen 33 bis 49): Gesamtbetrag EUR	Ausgaben, die **nicht** mit Vermietungseinkünften zusammenhängen, wurden durch direkte Zuordnung ermittelt	Ausgaben, die **nicht** mit Vermietungseinkünften zusammenhängen, wurden verhältnismäßig ermittelt	Abzugsfähige Werbungskosten EUR
		1	2	3	4
	Absetzung für Abnutzung für Gebäude (ohne Beträge in Zeile 34)			%	
33	X linear X degressiv , % X wie 2012 X lt.bes. Blatt		X		30 ,–
34	Erhöhte Absetzungen nach den §§ 7h, 7i EStG, Schutzbaugesetz X wie 2012 X lt.bes. Blatt		X		31 ,–
35	Absetzung für Abnutzung für bewegliche Wirtschaftsgüter X wie 2012 X lt.bes. Blatt		X		60 ,–
36	Schuldzinsen (ohne Tilgungsbeträge)		X		33 ,–
37	Geldbeschaffungskosten (z. B. Schätz-, Notar-, Grundbuchgebühren)		X		34 ,–
38	Renten, dauernde Lasten (Einzelangaben auf besonderem Blatt)		X		35 ,–
	2013 voll abzuziehende Erhaltungsaufwendungen, die				
39	direkt zugeordnet werden können		×		36 ,–
40	verhältnismäßig zugeordnet werden				37 ,–
	Auf bis zu 5 Jahre zu verteilende Erhaltungsaufwendungen (§§ 11a, 11b EStG, § 82b EStDV) Gesamtaufwand 2013 EUR				
41	57 ,– davon 2013 abzuziehen		X		38 ,–
42	zu berücksichtigender Anteil aus 2009		X		39 ,–
43	aus 2010		X		40 ,–
44	aus 2011		X		41 ,–
45	aus 2012		X		42 ,–
46	Grundsteuer, Straßenreinigung, Müllabfuhr, Wasserversorgung, Entwässerung, Hausbeleuchtung, Heizung, Warmwasser, Schornsteinreinigung, Hausversicherungen, Hauswart, Treppenreinigung, Fahrstuhl		X		52 ,–
47	Verwaltungskosten		X		48 ,–
48	Nur bei umsatzsteuerpflichtiger Vermietung: an das Finanzamt gezahlte und ggf. verrechnete Umsatzsteuer		×		58 ,–
49	Sonstiges		X		49 ,–
50	**Summe der Werbungskosten** (zu übertragen nach Zeile 22)				,–
51	Nur bei umsatzsteuerpflichtiger Vermietung: in Zeile 50 enthaltene Vorsteuerbeträge				59 ,–

Zusätzliche Angaben

Zeile		stpfl. Person / Ehemann / Lebenspartner(in) A	Ehefrau / Lebenspartner(in) B
52	2013 vereinnahmte oder bewilligte Zuschüsse aus öffentlichen Mitteln zu den Anschaffungs- / Herstellungskosten (Erläuterungen auf besonderem Blatt)	€	€

2013AnlV102 2013AnlV102

Eigengenutzte Wohnung

Die **Anlage V** ist nur für vermietete Objekte vorgesehen.

TIPP

Steuerermäßigung für Handwerkerleistungen für eigengenutzten Wohnraum

Sie können für bestimmte Aufwendungen (z. B. Gartenarbeiten, haushaltsnahe Dienstleistungen und Handwerkerleistungen) im selbst genutzten Haus bzw. Ihrer eigengenutzten Wohnung evtl. eine **Steuerermäßigung** in Anspruch nehmen (siehe Hauptvordruck Zeilen 73 und 75). Das ist auch möglich, wenn Sie in einer Mietwohnung leben. Vertiefend siehe → Haushaltsnahe Tätigkeiten/Dienstleistungen.

Anzahl Anlagen V

Grundsätzlich ist für jedes vermietete Grundstück eine eigene **Anlage V** auszufüllen. Sind Sie jedoch an „Grundbesitzgesellschaften" (z. B. an Grundstücksgemeinschaften, Erbengemeinschaften oder geschlossenen Immobilienfonds) beteiligt oder haben Sie mehrere unbebaute Grundstücke vermietet, können Sie die Einkünfte aus allen Gemeinschaften bzw. Grundstücken auf **einer** Anlage V (Zeilen 25–32) angeben.

1.10.1 Einnahmen (Seite 1)

→ ZEILEN 4–6
Einkünfte aus dem bebauten Grundstück

Tragen Sie die Lage des Grundstücks, den Anschaffungszeitpunkt (= Zeitpunkt des Übergangs von Nutzen, Lasten und der Gefahr des zufälligen Untergangs auf Sie) und/oder den Zeitpunkt der **Fertigstellung** ein. Die Angaben haben Bedeutung für die Berechnung der Absetzung für Abnutzung (AfA; vgl. Zeile 33). Außerdem übertragen Sie bitte aus dem Einheitswertbescheid für das jeweilige Grundstück das Einheitswert-Aktenzeichen.

→ ZEILE 7
Ferienwohnung, Angehörigenvermietung

Bei Ferienwohnungen wird das Finanzamt, insbesondere wenn Sie die Wohnung auch selbst nutzen, besonders genau prüfen, ob tatsächlich eine Absicht besteht, Mietüberschüsse zu erzielen. Und nur dann sind die Ausgaben steuerlich abzugsfähig. Bei der Vermietung an Angehörige wird eine verbilligte Überlassung geprüft (vgl. Erläuterung zu Zeile 12).

→ ZEILE 8
Gesamtwohnfläche

Wenn Sie im vermieteten Gebäude eine Wohnung **selbst** bewohnen oder Wohnraum unentgeltlich anderen überlassen haben, müssen Sie die entsprechende Wohnfläche hier eintragen. Für diese Teile können Sie, weil Sie keine Mieteinnahmen erzielen, auch keine Ausgaben als Werbungskosten geltend machen. Vertiefend siehe → Vermietung/Immobilien.

Denken Sie aber an eine mögliche Steuerermäßigung. Vertiefend siehe → Haushaltsnahe Tätigkeiten/Dienstleistungen.

→ ZEILEN 8–14
Mieteinnahmen

Geben Sie hier die Anzahl der Wohnungen, aufgeteilt auf die einzelnen Geschosse, die Wohnungsgrößen und die Ihnen tatsächlich zugeflossenen (Kalt-)**Mieten** an. Die vereinnahmten **Umlagen für Nebenkosten** wie Strom, Wasser ... (laufende und Nachzahlungen für Vorjahre) erfassen Sie in Zeile 13. Soweit Sie Umlagen (aus Vorjahren) an Mieter zurückgezahlt haben, kürzen Sie den Umlagebetrag entsprechend.

→ ZEILEN 12, 14
Vermietung an Angehörige/ verbilligte Überlassung

Die **Einnahmen** aus der **Vermietung von Wohnraum an Angehörige** müssen Sie gesondert in Zeile 12, die von **Angehörigen erhaltenen Umlagen** in Zeile 14 eintragen. Bei einer Vermietung an Angehörige prüft das Finanzamt, ob eine verbilligte Überlassung vorliegt. Näheres zum Thema, insbesondere wann von einer verbilligten Überlassung auszugehen ist und welche Konsequenzen sich daraus ergeben. Vertiefend siehe → Vermietung/Immobilien.

TIPP

Steuern sparen bei Vermietung an Angehörige

Mit der Überlassung einer Wohnung oder eines Hauses (an Angehörige) unter der Marktmiete lassen sich dadurch Steuern sparen, dass nur die tatsächlich erhaltene niedrige Miete als Einnahme erfasst wird, die Ausgaben jedoch eventuell in voller Höhe abgezogen werden können.

→ ZEILE 15
Mietnachzahlung

Miet- oder Nebenkosten-Nachzahlungen sind in dem Jahr zu versteuern, in dem Sie diese bekommen haben.

→ ZEILE 16
Garagen

Hier tragen Sie die erhaltenen **Garagenmieten** ein. Zu den Mieteinnahmen gehören auch Gelder, die Ihnen jemand gezahlt hat, um Ihr Grundstück nutzen zu dürfen, z. B. für das Aufstellen von Reklameträgern, Automaten, Kiosken oder Mobilfunkantennen.

→ ZEILEN 17, 18
Umsatzsteuer

Wenn Sie Ihr Grundstück umsatzsteuerpflichtig vermietet haben, gehören auch die vom Mieter zusätzlich zur Miete gezahlte **Umsatzsteuer** und die an Sie vom Finanzamt erstattete

Umsatzsteuer im Zusammenhang mit dem Grundstück (z.B. Umsatzsteuer bzw. Vorsteuer aus den Herstellungskosten oder Reparaturen) zu den Einnahmen.

→ ZEILE 19
Bausparzinsen Zuschüsse

Hier einzutragen sind Guthabenzinsen aus Bausparverträgen, wenn der Vertrag durch Zwischenfinanzierung in einem direkten Zusammenhang mit der Anschaffung, Herstellung oder Reparatur des (vermieteten) Gebäudes steht. Eventuell von der Bank abgezogene Kapitalertragsteuer (Abgeltungsteuer) können Sie auf die Einkommensteuer anrechnen lassen (**Anlage KAP**, Zeilen 56–58). Andere Bausparzinsen gehören zu den Kapitaleinkünften. Öffentliche Zuschüsse zur Instandhaltung (z.B. für Wärmedämmung, Wärmepumpen oder Solaranlagen) sind ebenfalls als Einnahmen zu erfassen. Die Kosten für derartige Maßnahmen sind Erhaltungsaufwendungen und damit abziehbare Werbungskosten (Zeilen 39–41).

→ ZEILEN 21–24
Einkunftsermittlung

Ermitteln Sie in Zeile 23 Ihre Mieteinkünfte aus dem Grundstück. Bei einem „Verlust" versehen Sie den Betrag am besten mit einem Minuszeichen. Gehört das Grundstück Ihnen und Ihrem Ehegatten, dann verteilen Sie die ermittelten Einkünfte in Zeile 24 noch entsprechend den Eigentumsverhältnissen auf sich bzw. Ihren Ehegatten. Die Aufteilung kann Bedeutung für den Altersentlastungsbetrag haben.

→ ZEILEN 25–29
Beteiligungen an Grundstücksgesellschaften

Sind Sie an einer „Grundstücksgesellschaft" wie z.B. einer Grundstücksgemeinschaft, Erbengemeinschaft mit Vermietungseinkünften, Bauherren- oder Erwerbergemeinschaft oder einem geschlossenen Immobilienfonds beteiligt, dann haben Sie von der Gesellschaft eine Mitteilung über die Höhe Ihres Anteils und darüber, bei welchem Finanzamt und unter welcher Steuernummer die Gesellschaft erfasst ist, erhalten. Tragen Sie diese Angaben, soweit sie Ihnen bekannt sind, je nach Art der Gesellschaft in die Zeilen 25–29 ein. Die Einkünfte der Gesellschaft bzw. Gemeinschaft sowie die Verteilung auf die einzelnen Beteiligten werden aufgrund der eingereichten Steuererklärung der Gesellschaft (Feststellungserklärung mit eigener Anlage V) vom dafür zuständigen Finanzamt festgestellt. Sie werden auch den für die beteiligten Personen zuständigen Finanzämtern mitgeteilt.

Ausgaben bei Beteiligungen

Sollten Ihnen im Zusammenhang mit den Beteiligungen Aufwendungen entstanden sein, müssen Sie diese der Gesellschaft mitteilen, da die Aufwendungen nur dort über Ihren Anteil, nicht aber in Ihrer Einkommensteuererklärung berücksichtigt werden können.

→ ZEILEN 31, 32 **Sonstige Vermietungen, Erbbauzinsen**

Hierunter fallen die Untervermietung von Räumen oder die Vermietung von unbebauten Grundstücken (z. B. Lagerplatz, Kfz-Stellplatz ohne Wohnungsvermietung) oder von möblierten Zimmern oder erhaltenen Erbbauzinsen. Stellen Sie Ihre Einnahmen und Ausgaben (Werbungskosten) auf einem gesonderten Blatt zusammen und übertragen Sie die Einkünfte (Einnahmen ./. Werbungskosten = Einkünfte) in den Vordruck.

1.10.2 Werbungskosten (Seite 2)

→ ZEILEN 33–50 **Werbungskosten**

Wenn bzw. soweit Sie ein Grundstück oder einen Teil des Grundstücks unentgeltlich überlassen, zu eigenen Wohnzwecken oder zu eigenen beruflichen oder betrieblichen Zwecken nutzen, können Sie keinen Werbungskostenabzug geltend machen. Vertiefend siehe → Vermietung/Immobilien. Nur bei Vermietung fallen Werbungskosten an.

Gemischt genutzte Grundstücke

Entsprechend müssen Sie **bei gemischt genutzten Häusern** Ihre Ausgaben erst insgesamt ermitteln (Spalte 1) und anschließend, soweit möglich, den einzelnen Teilen konkret zuordnen (Spalten 2 und 4) oder flächenmäßig (Spalten 3 und 4) aufteilen. In Spalte 4 ermitteln Sie den abzugsfähigen Teil Ihrer Ausgaben.

Soweit Ausgaben im Zusammenhang mit beruflich genutzten Räumen (häusliches Arbeitszimmer, Praxis, Kanzlei, Lagerraum, Büro …) stehen, können sie grundsätzlich bei der jeweiligen Einkunftsart (Werbungskosten Seite 2 der **Anlage N**; Betriebsausgaben **Anlagen G** und **S** in der Gewinnermittlung) berücksichtigt werden. Ist das gesamte Haus (nicht verbilligt) vermietet, reicht es aus, die Eintragungen in Spalte 4 vorzunehmen.

→ ZEILEN 33–35 **Absetzung für Abnutzung (AfA)/Abschreibung**

Die Zeilen sind für die abzugsfähige Absetzung für Abnutzung (AfA) vorgesehen, die sich aus den Anschaffungs- bzw. Herstellungskosten des Gebäudes und seiner Nutzungsdauer ermittelt. Soweit Sie erstmals AfA für ein Gebäude, einen Gebäudeteil oder einen Ausbau geltend machen, müssen Sie eine Aufstellung der entstandenen Anschaffungs- oder Herstellungskosten (Art und Betrag) sowie die von Ihnen vorgenommene AfA-Berechnung auf einem gesonderten Blatt beifügen. Dann wird das Finanzamt in vielen Fällen auf die Vorlage der Einzelbelege (Bauordner) verzichten.

Normale Gebäude-AfA

Die im Allgemeinen zur Anwendung kommende „normale" lineare oder degressive Gebäude-AfA machen Sie in Zeile 33 geltend.

Höhere AfA-Beträge sind für Baudenkmäler und Häuser in Sanierungsgebieten oder städtebaulichen Entwicklungsbereichen möglich (Zeile 34). Vertiefend siehe → Abschreibungen/Gebäude.

→ ZEILE 35
AfA für andere Wirtschaftsgüter

Haben Sie zusammen mit einem Haus oder einer Wohnung andere Wirtschaftsgüter, z. B. Einbauküche/Möbel, mitvermietet, können Sie auch die Anschaffungskosten dieser Wirtschaftsgüter als Werbungskosten abziehen. Betragen die Kosten 488 € und mehr (mit Umsatzsteuer) je Wirtschaftsgut, ist der Kostenabzug nur über die AfA, verteilt auf die Nutzungsdauer, möglich (Zeile 35).

→ ZEILEN 36, 37
Schuldzinsen Geldbeschaffungskosten

Zu den **Schuldzinsen** (Zeile 36) gehören auch von der Bank einbehaltene Zinsvorauszahlungen (Damnum, Disagio) und zu zahlende Erbbauzinsen, nicht jedoch von Ihnen geleistete Darlehensrückzahlungen (Tilgung). Stellen Sie die einzelnen Beträge auf einem gesonderten Blatt oder dem beim Finanzamt dafür erhältlichen **Vordruck S 2 – 6 b** zusammen.

Zu den Geldbeschaffungskosten (Zeile 37) zählen alle anderen Finanzierungskosten wie z. B. Bankgebühren, Fahrtkosten, Porto im Zusammenhang mit der Kreditaufnahme, Notargebühren und Grundbuchgebühren im Zusammenhang mit der Eintragung von Grundschulden oder Hypotheken. Vertiefend siehe → Vermietung/Immobilien.

→ ZEILE 38
Renten/dauernde Lasten

Haben Sie das vermietete Grundstück gegen Zahlung einer Rente oder dauernden Last erworben, ist der Rentenbetrag zum Teil (= der Barwert der Verpflichtung) als Anschaffungskosten des Grundstücks und zum Teil als „Zinsanteil" zu behandeln. Der Zinsanteil gehört zu den Werbungskosten. Wenn Sie hier erstmals derartige Aufwendungen geltend machen, benötigt das Finanzamt zur Prüfung und Ermittlung des Zinsanteils den Übergabevertrag. Vertiefend siehe → Renten.

→ ZEILEN 39, 40
Reparaturen/Erhaltungsaufwendungen

Reparaturen (auch Erhaltungsaufwendungen oder Instandhaltungskosten genannt) stellen Sie auf einem gesonderten Blatt oder dem beim Finanzamt erhältlichen **Vordruck S 2 – 6 b** mit Angabe der durchgeführten Maßnahme, des Namens des Zahlungsempfängers und der Höhe des gezahlten Betrags zusammen. Bei einer Gesamtsumme unter 20.000 € sieht das Finanzamt im Regelfall von der Vorlage von Belegen ab. Für Kleinreparaturen werden ohne Einzelaufstellung und Belege regelmäßig 100–200 € akzeptiert. Beiträge zur Instandhaltungsrücklage bei Eigentumswohnungen (enthalten in den Hausgeldzahlungen) sind erst abziehbar, wenn damit konkret durchgeführte Reparaturen bezahlt worden sind.

Bei gemischt genutzten Gebäuden müssen Sie wieder zwischen den dem vermieteten Teil konkret zuordenbaren Reparaturen (Zeile 39) und den das gesamte Gebäude betreffenden Kosten (Zeile 40), die nur anteilig abziehbar sind, unterscheiden. Vertiefend siehe → Reparaturen.

→ ZEILEN 41–45
Verteilung von Reparaturen bei Mietgebäuden

Bei (größeren) Reparaturen an zu Wohnzwecken vermieteten Wohnungen und Häusern können Sie die **Kosten** statt im Jahr der Bezahlung in voller Höhe **auf zwei bis fünf Jahre gleichmäßig verteilt abziehen**. Das ist sinnvoll, wenn Ihre Einkünfte eher niedrig sind und sich die Kosten wegen des niedrigen Steuersatzes steuerlich wenig oder gar nicht auswirken. Die Kostenverteilung beantragen Sie, indem Sie die Aufwendungen nicht in den Zeilen 39 oder 40, sondern in Zeile 41 (Gesamtaufwand und der im Jahr 2013 abzuziehende Betrag) eintragen. Haben Sie für Reparaturkosten der Jahre 2009–2012 die Verteilung beantragt, dann tragen Sie den 2013 abzugsfähigen Teil der Kosten entsprechend ein.

→ ZEILEN 46, 47 UND 49
Weitere Werbungskosten

Im Vordruck sind einige typische Aufwendungen aufgeführt. Die **Kosten für Heizung und Warmwasser, Müllabfuhr** und andere Umlagen können Sie geltend machen, wenn Sie die von den Mietern dafür bezahlten Beträge in den Einnahmen (Vorderseite Zeilen 13, 14) erfasst haben. Zu den **Hausversicherungen** (Zeile 46) gehören neben der Haushaftpflicht z. B. auch Beiträge zur Gebäudebrandversicherung, Glasbruch- und Leitungswasserschadenversicherung. Unter **Verwaltungskosten** (Zeile 47) fallen insbesondere Zahlungen an den Hausverwalter sowie Hausgeldzahlungen.

Zu Sonstiges (Zeile 49) gehören z. B. Mitgliedsbeiträge zum Haus- und Grundbesitzerverein, Kosten im Zusammenhang mit der Mietersuche (Besichtigungsfahrten, Zeitungsanzeigen) oder der Einziehung der Miete (Anwalts, Mahn, Gerichtskosten), Kontoführungsgebühren (pauschal 16 €), Fahrtkosten, Verpflegungsmehraufwendungen und Übernachtungskosten im Zusammenhang mit Reparaturen oder Grundstückskontrollen sowie Telefongespräche mit den Mietern und Steuerberatungskosten im Zusammenhang mit dem vermieteten Objekt .Vertiefend siehe → Steuerberatungskosten.

Denken Sie auch an die Kosten für z. B. Rasenmäher, Mülltonnen oder Gartengeräte, die Sie zur Nutzung durch die Mieter gekauft haben. Vertiefend siehe → Vermietung/Immobilien.

→ ZEILEN 48, 51
Bezahlte Umsatzsteuer

Haben Sie umsatzsteuerpflichtig vermietet, können Sie die von Ihnen bezahlte **Umsatzsteuer als Vorsteuer** aus den Herstellungskosten oder Reparaturen (zusätzliche Eintragung in Zeile 51) und die an das Finanzamt abgeführten Umsatzsteuerzahlungen als Werbungskosten (Gesamtzahlungen in Zeile 48) geltend machen.

→ ZEILE 52
Zuschüsse

Haben Sie zu den Baukosten (Herstellungskosten) oder dem Kaufpreis (Anschaffungskosten) öffentliche Zuschüsse erhalten, mindern diese die Abschreibungsbemessungsgrundlage.

✔ Checkliste Anlage V

Folgende Abzugsmöglichkeiten geprüft? Vgl. Ausfüllhinweise zur Zeile!

Leer stehende Mietwohnung? ☐
Sie können auch die während des Leerstehens angefallenen Kosten (z. B. AfA, Reparaturen, Grundsteuer, Versicherungen) als Werbungskosten geltend machen, wenn Sie die Absicht der Vermietung gegenüber dem Finanzamt (z. B. durch Zeitungsannoncen, Maklerbeauftragung) glaubhaft darlegen.

Folgende Abzugsmöglichkeiten geprüft? Vgl. Ausfüllhinweise zur Zeile!

Haben Sie an den Abzug folgender Kosten gedacht? ☐

- Alle Versicherungen rund um das vermietete Objekt, z. B. Gebäudehaftpflicht, Gebäudebrand, Glasbruch, Leitungswasser, Feuer, Hagel, Elementarversicherungen (Zeile 46)
- Schornsteinfegergebühren, Wartungsverträge (Zeile 46)
- Alle Kosten für die Verwaltung (Zeile 47) (Verwalterkosten, eigene Ausgaben wie Porto und Schreibmaterial, z. B. für Schriftverkehr mit Mietern, Handwerkern und Maklern, Zeitungsanzeigen, Fahrtkosten und eventuell Reisekosten im Zusammenhang mit Fahrten zum vermieteten Objekt, Kontoführungsgebühren 16 €)
- Kleinreparaturen (Zeilen 39, 47) (Material, Fahrtkosten bei Reparatur in Eigenregie) Das Finanzamt erkennt ohne Einzelnachweis regelmäßig 100–200 € für Verwaltungskosten und Kleinreparaturen pauschal an.

Ist größerer Erhaltungsaufwand (Reparaturen) angefallen? ☐

Eine Verteilung der Kosten auf mehrere Jahre ist sinnvoll, wenn Sie ein niedriges zu versteuerndes Einkommen haben und Ihr Steuersatz entsprechend niedrig ist. Sonst wirkt sich möglicherweise ein Teil der Kosten steuerlich nicht aus (Zeilen 41 ff.).

Reparaturen, Wartungskosten, Gartenarbeiten rund ums selbst bewohnte Gebäude? ☐

Dafür können Sie eine Steuerermäßigung erhalten (Hauptvordruck Zeilen 73 und 75).

1.11 Anlage R (Renten)

WICHTIG

Rentner müssen Anlage R ausfüllen

Die **Anlage R** benötigen Sie in folgendem Fall:

Sie haben im Veranlagungsjahr eine oder mehrere Rente(n) bezogen.

Dies gilt nicht für reine „Zeit"-Renten im Zusammenhang mit Übertragung von Vermögen bei vorweggenommener Erbfolge (vgl. **Anlage SO, Zeile 4**) und Betriebsrenten bzw. Pensionen (**Anlage N, Zeilen 5–16**).

Ehegatten geben jeweils eine eigene **Anlage R** ab.

Überblick

Formularaufbau	
Vorderseite	**Leibrenten aus einer Pflichtversicherung und Rürup-Rente (Zeilen 4–13)** • Renten (z. B. Altersrente, Erwerbsunfähigkeitsrente, Witwenrente) aus der **gesetzlichen** Rentenversicherung • Altersrenten aus landwirtschaftlichen Alterskassen • Renten aus berufsständischen Versorgungswerken • Rürup-Renten (aus **privaten, kapitalgedeckten**, nach 2004 abgeschlossenen Rentenversicherungsverträgen). Einzutragen sind im Wesentlichen Art der Rente (Zeile 4) Rentenbetrag (Zeile 5), Rentenanpassungsbetrag (Zeile 6) und versicherungsrechtlicher Rentenbeginn (Zeile 7). **Private Leibrenten (Zeilen 14–20)** • (Lebenslange) Altersrenten aus **privaten** Versicherungsverträgen (ohne Rürup- u. Riester-Renten) • Renten aus privaten Versicherungen, die nur zeitlich befristet gezahlt werden (z. B. private Erwerbsunfähigkeits- und Hinterbliebenenrenten) • Lebenslange Renten im Zusammenhang mit Vermögensveräußerungen Einzutragen sind Rentenbetrag, Rentenbeginn und die Laufzeit der Rente.

Überblick

Formularaufbau	
Rückseite	**Renten aus staatlich geförderten Altersvorsorgeverträgen (Zeilen 31–49)** • Staatlich geförderte Riester-Renten • Renten aus einer staatlich geförderten **betrieblichen** Altersversorgung (Pensionsfonds, Pensionskasse, Direktversicherung) • Renten aus Zusatzversorgungseinrichtungen des Bundes, der Länder, der Kommunen und der Kirchen (z. B. VBL- und ZVK-Renten) Die notwendigen Eintragungen ergeben sich aus der von der Versicherung ausgestellten Leistungsmitteilung. **Werbungskosten (Zeilen 50–57)** Für (alle) Renten erhalten Sie insgesamt einen Werbungskostenpauschbetrag i. H. v. 102 €, wenn Sie keine höheren Kosten eintragen.

2013

1	Name	
2	Vorname	
3	Steuernummer	

Anlage R

Jeder Ehegatte / Lebenspartner mit Renten und Leistungen aus Altersvorsorgeverträgen hat eine eigene Anlage R abzugeben.

X stpfl. Person / Ehemann Lebenspartner(in) A

X Ehefrau / Lebenspartner(in) B

7

Renten und andere Leistungen

Zeile	**Leibrenten**	1. Rente	2. Rente	3. Rente
4	1 = aus **inl. gesetzlichen Rentenversicherungen** 2 = aus **inl. landwirtschaftlicher Alterskasse** 3 = aus **inl. berufsständischen Versorgungseinrichtungen** 4 = aus eigenen **zertifizierten Basisrentenverträgen** 9 = aus **ausl. Versicherungen / Rentenverträgen**	100 Bitte 1, 2, 3, 4 oder 9 eintragen.	150 Bitte 1, 2, 3, 4 oder 9 eintragen.	200 Bitte 1, 2, 3, 4 oder 9 eintragen.
5	Rentenbetrag einschließlich Einmalzahlung	101 EUR ,–	151 EUR ,–	201 EUR ,–
6	Rentenanpassungsbeträge (in Zeile 5 enthalten)	102 ,–	152 ,–	202 ,–
7	Beginn der Rente	103 T T M M J J J J	153 T T M M J J J J	203 T T M M J J J J
8	Vorhergehende Rente: Beginn der Rente	105 T T M M J J J J	155 T T M M J J J J	205 T T M M J J J J
9	Ende der Rente	106 T T M M J J J J	156 T T M M J J J J	206 T T M M J J J J
10	Nachzahlungen für mehrere vorangegangene Jahre (in Zeile 5 enthalten)	111 ,–	161 ,–	211 ,–
	Öffnungsklausel:			
11	Prozentsatz (lt. Bescheinigung Ihres Versorgungsträgers)	112 , %	162 , %	212 , %
12	die Rente erlischt / wird umgewandelt spätestens am	113 T T M M J J J J	163 T T M M J J J J	213 T T M M J J J J
13	bei Einmalzahlung: Betrag	114 ,–	164 ,–	214 ,–

Zeile	**Leibrenten** (ohne Renten lt. Zeile 4)	1. Rente	2. Rente	3. Rente
14	6 = aus **inl. privaten Rentenversicherungen** 7 = aus **inl. privaten Rentenversicherungen** mit zeitlich **befristeter Laufzeit** 8 = aus **sonstigen Verpflichtungsgründen** (z. B. Renten aus Veräußerungsgeschäften) 9 = aus **ausl. Versicherungen**	130 Bitte 6, 7, 8 oder 9 eintragen.	180 Bitte 6, 7, 8 oder 9 eintragen.	230 Bitte 6, 7, 8 oder 9 eintragen.
15	Rentenbetrag	131 EUR ,–	181 EUR ,–	231 EUR ,–
16	Beginn der Rente	132 T T M M J J J J	182 T T M M J J J J	232 T T M M J J J J
17	Geburtsdatum des Erblassers bei Garantiezeitrenten	136 T T M M J J J J	186 T T M M J J J J	236 T T M M J J J J
18	Die Rente erlischt mit dem Tod von			
19	Die Rente erlischt / wird umgewandelt spätestens am	133 T T M M J J J J	183 T T M M J J J J	233 T T M M J J J J
20	Nachzahlungen für mehrere vorangegangene Jahre (in Zeile 15 enthalten)	134 ,–	184 ,–	234 ,–

2013AnlR121 – Sept. 2013 – 2013AnlR121

Leistungen aus Altersvorsorgeverträgen und aus der betrieblichen Altersversorgung

Zeile			1. Rente EUR		2. Rente EUR
31	Leistungen aus einem Altersvorsorgevertrag, einem Pensionsfonds, einer Pensionskasse oder aus einer Direktversicherung lt. Nummer 1 der Leistungsmitteilung	500	,–	550	,–
32	Leistungen aus einem Pensionsfonds lt. Nummer 2 der Leistungsmitteilung	501	,–	551	,–
33	Bemessungsgrundlage für den Versorgungsfreibetrag	502	,–	552	,–
34	Maßgebendes Kalenderjahr des Versorgungsbeginns	524	J J J J	574	J J J J
35	Bei unterjähriger Zahlung: Erster und letzter Monat, für den Versorgungsbezüge gezahlt wurden	522	Monat M M – 523 Monat M M	572	Monat M M – 573 Monat M M
36	Leistungen aus einer betrieblichen Altersversorgung lt. Nummer 3 der Leistungsmitteilung	505	,–	555	,–
37	Beginn der Leistung	506	T T M M J J J J	556	T T M M J J J J
38	Leibrente aus einem Altersvorsorgevertrag oder aus einer betrieblichen Altersversorgung lt. Nummer 4 oder Leistungen wegen schädlicher Verwendung lt. Nummer 8a der Leistungsmitteilung	507	,–	557	,–
39	Beginn der Rente	508	T T M M J J J J	558	T T M M J J J J
40	Geburtsdatum des Erblassers bei Rentengarantiezeit	530	T T M M J J J J	580	T T M M J J J J
41	Abgekürzte Leibrente aus einem Altersvorsorgevertrag oder aus einer betrieblichen Altersversorgung lt. Nummer 5 oder Leistungen wegen schädlicher Verwendung lt. Nummer 8b der Leistungsmitteilung	509	,–	559	,–
42	Beginn der Rente	510	T T M M J J J J	560	T T M M J J J J
43	Die Rente erlischt / wird umgewandelt spätestens am	511	T T M M J J J J	561	T T M M J J J J
44	Andere Leistungen lt. den Nummern 6, 7, 9 und 13 oder Leistungen wegen schädlicher Verwendung lt. den Nummern 8c, 8d und 10 der Leistungsmitteilung	512	,–	562	,–
45	Einmalbeträge bei Auflösung des Wohnförderkontos lt. Nummer 11 der Leistungsmitteilung	535	,–	585	,–
46	Leistungen wegen schädlicher Verwendung lt. Nummer 12 der Leistungsmitteilung	536	,–	586	,–
47	Beginn der Auszahlungsphase	537	T T M M J J J J	587	T T M M J J J J
48	Zeitpunkt der Aufgabe der Selbstnutzung oder Reinvestitionsabsicht	538	T T M M J J J J	588	T T M M J J J J
49	Nachzahlungen für mehrere vorangegangene Jahre (lt. Nummer 14 der Leistungsmitteilung)	516	,–	566	,–

Werbungskosten

Zeile			
50	Werbungskosten zu den Zeilen 5 und 15 (Art der Aufwendungen)	800	,–
51	Werbungskosten zu den Zeilen 10 und 20 (Art der Aufwendungen)	801	,–
52	Werbungskosten zu den Zeilen 31 und 44 (Art der Aufwendungen)	802	,–
53	Werbungskosten zu Zeile 32 (Art der Aufwendungen)	803	,–
54	Werbungskosten zu den Zeilen 36, 38 und 41 (Art der Aufwendungen)	806	,–
55	Werbungskosten zu Zeile 45 (Art der Aufwendungen)	808	,–
56	Werbungskosten zu Zeile 46 (Art der Aufwendungen)	809	,–
57	Werbungskosten zu Zeile 49 (Art der Aufwendungen)	805	,–

Steuerstundungsmodelle

Zeile		
58	Einkünfte aus Gesellschaften / Gemeinschaften / ähnlichen Modellen i. S. d. § 15b EStG (Erläuterungen auf besonderem Blatt)	,–

2013AnlR122 2013AnlR122

Allgemeines

Renten gehören normalerweise zu den sonstigen Einkünften. Je nach Rentenart bzw. der steuerlichen Behandlung der Einzahlungen (Beiträge) in die jeweilige Versicherung wird die daraus folgende Rente unterschiedlich besteuert. Vertiefend siehe → Renten.

Pensionen/ Betriebsrenten

Beamtenpensionen und **Versorgungsbezüge** nach beamtenrechtlichen Vorschriften (Beamtenwitwen- und Beamtenwaisenbezüge), die regelmäßig vom jeweiligen Landesamt für Besoldung und Versorgung ausgezahlt werden, sowie **Betriebsrenten**, die der frühere Arbeitgeber zahlt, gehören zum Arbeitslohn, der auf der **Anlage N** (Zeile 6 und meist auch Zeile 11) zu erfassen ist. Dies erkennen Sie daran, dass die Zahlungen auf der Lohnsteuerbescheinigung eingetragen sind.

TIPP

Einige Renten sind steuerfrei

Bestimmte Renten wie z. B. Kriegs- und Schwerbeschädigtenrenten oder gesetzliche Unfallrenten sind steuerfrei.

Zeitrenten

Zeitrenten sind als wiederkehrende Bezüge auf der **Anlage SO** (Zeile 4) als sonstige Einkünfte zu erfassen. Auch Versorgungsleistungen („Renten") im Zusammenhang mit der Übertragung von privatem Vermögen vor 2008 (z. B. Grundbesitz) oder betrieblichem Vermögen (auch nach 2007), z. B. im Wege einer vorweggenommenen Erbfolge oder Altenleistungen in der Land- und Forstwirtschaft gehören zu den sonstigen Einkünften.

TIPP

Leistungsmitteilung vom Versorgungsträger beim Ausfüllen der Anlage R beachten

Ihr Versorgungsträger ist auf Anforderung verpflichtet, Ihnen jährlich eine Leistungsmitteilung über die Rente (Rentenbezugsmitteilung) zu übersenden. Dort werden insbesondere bei privaten Renten (Anlage R Seite 1 Zeilen 14–20) sowie Renten aus der betrieblichen Altersversorgung und Riester-Renten (jeweils Anlage R Seite 2 Zeilen 31–49) alle für die Steuererklärung notwendigen Angaben aufgeführt. Insbesondere wird dort jeweils vermerkt, in welcher Zeile bzw. welcher Kennzahl der Anlage R die Rente einzutragen ist. Bitte beachten Sie auf Seite 2 der Anlage R, dass im Text auf die Nummer der Leistungsmitteilung (1–14) hingewiesen wird. Bei richtiger Übertragung erfolgt automatisch die zutreffende Besteuerung der Rente. Übernehmen Sie die Zahlen einfach in die angegebene Vordruckzeile.

1.11.1 Gesetzliche Renten, Rürup-Renten (Seite 1)

→ ZEILEN 4–13
Leibrenten

Unter Leibrenten fallen alle Renten aus der gesetzlichen Rentenversicherung, Renten aus landwirtschaftlichen Alterskassen, Renten aus berufsständischen Versorgungseinrichtungen und Renten aus privaten kapitalgedeckten Versicherungen (Rürup-Renten). Bei diesen Rentenarten wird ein Teil der Rente steuerfrei gestellt, der restliche sog. Besteuerungsanteil ist steuerpflichtig. Vertiefend siehe → Renten.

→ ZEILE 4
Art der Rente

Tragen Sie die Ziffer ein, die Ihre Rente bezeichnet; für alle Renten aus der gesetzlichen Rentenversicherung z. B. eine „1“. Renten aus der **gesetzlichen** Rentenversicherung sind z. B. Altersrenten, gesetzliche Erwerbsminderungsrenten und Hinterbliebenenrenten (Witwenrente, Waisenrente, Erziehungsrente).

Berufsständische Versorgungseinrichtungen sind gesetzliche Pflichtversicherungen für bestimmte Berufsstände (insbesondere Freiberufler) wie z. B. Ärzte, Apotheker, Architekten, Rechtsanwälte.

→ ZEILEN 5, 6
Rentenbetrag

Ermitteln Sie aus Ihren Rentenmitteilungen den Jahresbetrag der Rente und übertragen Sie ihn in den Vordruck (Zeile 5). Zu erfassen sind dabei auch Rentennachzahlungen für Vorjahre und Einmalzahlungen (z. B. als Sterbegeld), denn die Versteuerung erfolgt immer im **Jahr der Rentenauszahlung**. Einzutragen ist nicht der laut Rentenbescheid ausgezahlte Betrag, sondern die Ihnen zugesagte Rente. Dies ist der Rentenbetrag ohne den (steuerfreien) Zuschuss der Rentenversicherung zur Krankenversicherung und vor Abzug der Kranken- und Pflegepflichtversicherungsbeiträge. Der eingetragene Betrag (ohne den enthaltenen Rentenanpassungsbetrag, vgl. Zeile 6) wird – abhängig vom Jahr des Rentenbeginns – nur zum Teil besteuert. Der Rentenanpassungsbetrag (Zeile 6), den Sie ebenfalls Ihrer Rentenbezugsmitteilung entnehmen können, umfasst im Prinzip alle Rentenerhöhungen ab dem dritten Rentenjahr (frühestens ab 2006) und ist in voller Höhe steuerpflichtig. Vertiefend siehe → Renten.

Kranken-/Pflegeversicherung

Den gezahlten Kranken- und Pflegeversicherungsbeitrag können Sie, soweit er als Eigenanteil von Ihrer Rente abgezogen wurde, als Sonderausgabe (**Anlage Vorsorgeaufwand**, Zeilen 18–21) geltend machen. Vertiefend siehe → Versicherungen.

→ ZEILE 7

Beginn der Rente

Tragen Sie hier ein, wann die **Rente versicherungsrechtlich begonnen** hat (z. B. Datum des Beginns der Altersrente nach Vollendung des 65. Lebensjahres). Nicht maßgebend ist der Zeitpunkt des Rentenantrags oder der erstmaligen Rentenauszahlung. Der Rentenbeginn bestimmt den **Besteuerungsanteil**, also die Höhe des steuerpflichtigen Teils der Rente. Bei Rentenbeginn vor 2006 sind 50 % der Rente (aus Zeile 5) steuerpflichtig. Der Prozentsatz erhöht sich für jeden neuen Rentnerjahrgang um 2 %. Bei Neurentnern, die erstmals in 2013 eine Rente beziehen, sind 66 % der Rente steuerpflichtig.

→ ZEILEN 8, 9

Vorgängerrente

Ist der in Zeile 4 eingetragenen Rente (z. B. Witwenrente) **eine andere Rente aus der gleichen Versicherung** (z. B. Altersrente des verstorbenen Ehegatten aus gesetzlicher Rentenversicherung) vorausgegangen, ist der maßgebende Prozentsatz auch von der Dauer der Vorgängerrente abhängig. Dies führt in der Regel zu einer niedrigeren Besteuerung. Tragen Sie deshalb Beginn und Ende der Vorgängerrente in die Zeilen 8 und 9 ein.

→ ZEILE 10

Rentennachzahlung

Haben Sie **Rentennachzahlungen** für **mehrere** (mindestens zwei) vorangegangene Jahre erhalten, geben Sie den in den Rentenzahlungen (Zeile 5) enthaltenen Nachzahlungsbetrag hier nochmals zusätzlich an. Das Finanzamt prüft, ob derartige Nachzahlungen im Rahmen der sog. Fünftel-Regelung ermäßigt besteuert werden können.

→ ZEILEN 11–13

Öffnungsklausel

In der gesetzlichen Rentenversicherung werden Rentenversicherungsbeiträge nur bis zu einer bestimmten Lohnhöhe (Beitragsbemessungsgrenze) berechnet. Auf freiwilliger Basis ist es möglich, höhere Rentenversicherungsbeiträge einzuzahlen, um einen höheren Rentenanspruch zu erwerben. Auch an berufsständische Versorgungseinrichtungen können durch Freiberufler Beiträge eingezahlt werden, die über der Beitragshöchstgrenze der gesetzlichen Rentenversicherung liegen. Haben Sie bis zum Jahr 2004 in **mindestens 10 Jahren Beiträge über der Beitragsbemessungsgrenze** gezahlt, können Sie für den über den Rentenanspruch aus der gesetzlichen Rentenversicherung hinausgehenden Teil der Rente in den Zeilen 11–13 eine niedrigere Besteuerung beantragen. Auf Anfrage erhalten Sie von Ihrem Versicherungsträger eine Bescheinigung, die aussagt, welcher Prozentanteil der Rente auf diese Beiträge entfällt. Tragen Sie den Prozentsatz in Zeile 11 ein und fügen Sie die Bescheinigung Ihrer Steuererklärung bei.

In dem Nachweis sind auch **Einmalzahlungen**, z. B. einmaliges Sterbegeld im Zusammenhang mit einer monatlichen Witwenrente, bescheinigt. Der Teil der Einmalzahlung, der unter die Öffnungsklausel fällt, wird **nicht** besteuert. Tragen Sie deshalb, soweit zutreffend, die Einmalzahlung (laut Bescheinigung des Versorgungsträgers) in Zeile 13 ein.

1.11.2 Private Leibrenten (Seite 1)

→ ZEILEN 14–20 **Andere Leibrenten**

Für die drei in Zeile 14 des Vordrucks genannten privaten Rentenarten (ohne Riester- und Rürup-Renten) ist ebenfalls nur ein bestimmter Teil der Rente, der sog. Ertragsanteil, steuerpflichtig. Je nach Art der Rente (Leibrente auf Lebenszeit oder zeitlich begrenzte Rente) wird vom Finanzamt eine andere Tabelle zur Ermittlung des Ertragsanteils angewandt.

→ ZEILE 14 **Art der Rente**

Tragen Sie auch hier, entsprechend Zeile 4, die im Vordruck genannte Schlüsselkennzahl des Versorgungsträgers ein.

→ ZEILEN 14, 15 **Rentenbetrag**

Den Rentenbetrag können Sie der Rentenmitteilung bzw. dem maßgebenden Vertrag entnehmen. Soweit dort Monatsbeträge ausgewiesen sind, müssen Sie den im gesamten Jahr bezogenen Betrag ermitteln und eintragen.

→ ZEILEN 16–19 **Angaben zwecks Ermittlung des Ertragsanteils**

Die Angaben sind entscheidend für die Ermittlung des steuerpflichtigen Ertragsanteils der Rente. Handelt es sich um eine Leibrente auf Lebenszeit, dann ist für den Ertragsanteil der **versicherungsrechtliche** Beginn der Rente maßgebend (Eintragung in Zeile 16). Tragen Sie in Zeile 18 ein, an wessen Leben die Rentenzahlung anknüpft.

Handelt es sich um eine abgekürzte Leibrente, also eine Rente, die (auch) eine vom Leben einer Person unabhängige Höchstlaufzeit (Höchstzeitrente) hat, ist für die Höhe des Ertragsanteils die Höchstlaufzeit maßgebend. Tragen Sie deshalb in diesen Fällen in Zeile 19 ein, wann die Rente voraussichtlich endet (z. B. bei privaten Berufsunfähigkeitsrenten durch Erreichen des Pensionsalters) oder in eine andere Rente (z. B. in eine gesetzliche Altersrente mit Vollendung des

65. Lebensjahres) umgewandelt wird. Vertiefend siehe → Renten.

→ ZEILE 20
Rentennachzahlungen

Rentennachzahlungen für **mehrere** (mindestens zwei) Vorjahre erfassen Sie zusätzlich in Zeile 20. Sie beantragen damit eine ermäßigte Besteuerung (Fünftel-Regelung; vgl. Erläuterungen zu Zeile 10).

1.11.3 Riester-Renten und Renten aus betrieblicher Altersversorgung (Seite 2)

→ ZEILEN 31–49
Altersvorsorgevertragsrenten (Riester-Renten) und VBL/ZVK-Renten

Hier sind Renten aus einem Altersvorsorgevertrag (Riester-Rente) sowie Renten aus der betrieblichen Altersversorgung (nicht jedoch vom Arbeitgeber selbst gezahlte Betriebsrenten, die zum Arbeitslohn gehören; vgl. **Anlage N, Zeilen 5–16**) zu erfassen. Ebenso sind Renten aus dem umlagefinanzierten Teil einer Zusatzversorgung, z. B. aus den Versorgungsanstalten des Bundes und der Länder (VBL-Renten) für Angestellte und Arbeiter im öffentlichen Dienst oder aus Zusatzversorgungskassen kirchlicher oder kommunaler Träger (ZVK-Renten) zu berücksichtigen.

Riester-Renten aus einem staatlich geförderten (Altersvorsorgezulage oder erhöhter Sonderausgabenabzug) privaten Altersvorsorgevertrag können aus einer Rentenversicherung, einem Investmentfonds, einem Banksparplan oder aus einem „Eigenheimbetrag“ (Wohn-Riester) stammen und sind in den Zeilen 31, 38, 41 oder 45 zu erfassen. VBL- und ZVK-Renten tragen Sie in den Zeilen 38 und 39 ein. Die für Sie richtige Zeile können Sie der Leistungsmitteilung über die Rente (Rentenbezugsmitteilung) Ihres Anlageinstituts entnehmen. Soweit die eingezahlten Riester-Beiträge mit der Altersvorsorgezulage oder einem erhöhten Sonderausgabenabzug staatlich gefördert wurden, ist die daraus resultierende Rente in voller Höhe zu versteuern.

→ ZEILEN 31, 32
Betriebliche Altersversorgung, Pensionsfonds, Pensionskassen, Direktversicherungen

Renten aus betrieblicher Altersversorgung können aus einem Pensionsfonds (Zeilen 31, 32), einer Pensionskasse (Zeile 31) oder einer Direktversicherung (Zeile 31) stammen. Die für Sie richtige Zeile ist in Ihrer Leistungsmitteilung über die Rente (Rentenbezugsmitteilung) genannt. Je nachdem, wie die Beiträge bei der Einzahlung steuerlich gefördert worden sind (z. B. steuerfrei oder pauschal besteuert), ist die Besteuerung der Rente unterschiedlich. Sie kann in voller Höhe steuerpflichtig sein, oder nur mit dem Ertragsanteil besteuert werden.

→ ZEILEN 45–48
Wohn-Riester

Haben Sie eine zu **eigenen** Wohnzwecken genutzte Wohnung finanziert und für das angesparte Kapital oder für die Darlehenstilgung eine Altersvorsorgezulage oder einen Sonderausgabenabzug erhalten, muss mit Eintritt ins Rentenalter das im Rahmen eines Wohn-Riester-Vertrags (Eigenheimrente) aufgebaute **Wohnförderkonto** der Besteuerung unterworfen werden. Dabei kann auf Antrag das gesamte „Guthaben" **auf einmal**unter Berücksichtigung eines Bonus (Antrag in Zeile 45), oder **jährlich nur ein Teil** des Guthabens, ohne Bonus aber in der Regel mit einem niedrigen persönlichen Steuersatz (Zeile 47) besteuert werden. Bei schädlicher Verwendung, z. B. Wegfall der Selbstnutzung der Wohnung, wird der Bestand des Wohnförderkontos sofort in voller Höhe besteuert (Zeilen 46, 48). Vertiefend siehe → Altersvorsorgeaufwendungen und Wohn-Riester.

Tragen Sie jeweils zusätzlich ein, wann die Rente beginnt und, soweit gefragt, endet bzw. wann aufgrund des Vertrags erstmals Leistungen gezahlt wurden. Im Zweifel fügen Sie die Leistungsmitteilung der Steuererklärung bei.

→ ZEILE 49
Nachzahlungen für Vorjahre

Haben Sie Rentennachzahlungen für **mehrere** (mindestens zwei) Vorjahre erhalten, geben Sie den Nachzahlungsbetrag **gesondert** (Zeile 49) an und beantragen Sie damit für diese Beträge die ermäßigte Besteuerung („Fünftel-Regelung").

→ ZEILEN 50–57
Werbungskosten

Ohne Nachweis von Einzelaufwendungen berücksichtigt das Finanzamt im Zusammenhang mit allen Renten und Unterhaltsleistungen (vgl. Zeile 5 der **Anlage SO**) den gesetzlichen Werbungskosten-Pauschbetrag i. H. v. 102 € (bei Ehegatten personenbezogen für jeden Ehegatten mit Renteneinkünften).

Haben Sie höhere tatsächliche Werbungskosten (z. B. für einen Rentenratgeber, Rechtsstreitigkeiten wegen der Rentenhöhe, Steuerberatungskosten etc.), dann müssen Sie die Zeilen 50–57 beachten. Je nachdem, zu welcher Rente die Kosten gehören, ist eine andere Zeile maßgebend. Achten Sie deshalb darauf, in welcher Zeile Sie die Rente eingetragen haben, für die Sie hier Werbungskosten abziehen möchten. Kosten im Zusammenhang mit einer Rente, die auf der Vorderseite der Anlage R eingetragen ist, gehören z. B. grundsätzlich in Zeile 50, es sei denn, die Kosten betreffen Rentennachzahlungen für **mehrere** Vorjahre, dann ist Zeile 51 zutreffend.

Checkliste Anlage R

Haben Sie folgende Abzugsmöglichkeit geprüft? Vgl. Ausfüllhinweise zur Zeile!

Sie haben von Ihrer Versicherungsgesellschaft eine Leistungsmitteilung (Rentenbezugsmitteilung) erhalten? ☐
Übertragen Sie die Werte in die in der Leistungsmitteilung genannten Anlagen der Steuererklärung unter der genannten Zeile und Kennzahl.

Sie haben eine gesetzliche Rente bezogen? ☐
Für die bei Rentenauszahlung einbehaltenen Kranken- und Pflegeversicherungsbeiträge (Eigenanteil) können Sie den Sonderausgabenabzug beantragen (Anlage Vorsorgeaufwand).

Sie haben Rentennachzahlungen für mehrere (mindestens zwei) Vorjahre bekommen? ☐
Beantragen Sie die ermäßigte Besteuerung (Zeilen 10, 19, 49).

Sie sind sich hinsichtlich der Besteuerung Ihrer Rente unsicher? ☐
Fügen Sie, insbesondere im Erstjahr, der Steuererklärung den Rentenbescheid bei.

Sie haben mit Ihrem Rententräger über die Rente gestritten? ☐
Alle Aufwendungen im Zusammenhang damit (Anwaltskosten, Gerichtskosten, Fachliteratur, Fahrtkosten, Porto) sind Werbungskosten (Zeilen 50–57).

1.12 Anlage SO (Sonstige Einkünfte)

WICHTIG

Sonstige Einkünfte sind erhaltene Unterhaltszahlungen und Spekulationsgewinne

Die **Anlage SO** ist für folgende Fälle gedacht:

- Sie haben vom geschiedenen oder dauernd getrennt lebenden Ehegatten/Lebenspartner Unterhalt erhalten bzw. er hat Ihre Kranken- oder Pflegeversicherungsbeiträge gezahlt und Sie haben der Versteuerung zugestimmt. Vertiefend siehe → Unterhaltszahlungen.
- Sie haben Einkünfte aus sonstigen Leistungen (z. B. gelegentliche Vermittlung von Versicherungen oder Bausparverträgen oder Vermietung von beweglichen Gegenständen, wie z. B. Fahrzeugen) von über 255 € im Jahr erzielt.
- Sie haben private Wirtschaftsgüter (z. B. Grundstücke, Wertgegenstände, Oldtimer etc.), die nur kurze Zeit in Ihrem Besitz waren, verkauft und einen Gewinn von über 599 € (je Ehegatte) erzielt. Vertiefend siehe → Spekulationsgeschäfte.

Veräußerungserlöse aus dem Verkauf von Wertpapieren (Aktien, Optionen, Futures, Warentermingeschäften) gehören zu den Einkünften aus Kapitalvermögen und unterliegen der Abgeltungsteuer (vgl. Anlage KAP). Ehegatten geben eine gemeinsame Anlage SO ab.

Überblick

Formularaufbau	
Vorderseite	**Wiederkehrende Bezüge/Unterhalt (Zeilen 4–6)** Dieser Abschnitt betrifft in erster Linie Personen, die vom geschiedenen oder dauernd getrennt lebenden Ehegatten Unterhaltszahlungen erhalten haben. **Leistungen (Zeilen 7–13)** Einkünfte aus gelegentlichen Vermittlungsgeschäften oder Vermietung beweglicher Güter unterliegen nur der Besteuerung, wenn sie die Freigrenze von 255 € übersteigen. Auch Verluste sind berücksichtigungsfähig.

Überblick

Formularaufbau	
Rückseite	**Private Veräußerungsgeschäfte (Zeilen 31–51)** Zu erfassen sind Verkäufe von privaten Wirtschaftsgütern (Grundstücke, private Wertgegenstände wie Münzen, Schmuck, Oldtimer etc.), wenn diese nur kurze Zeit in Ihrem Besitz waren. Beträgt der Gewinn nicht mehr als 599 € im Jahr, ist nichts zu versteuern. Auch Verluste aus solchen Geschäften können Sie geltend machen.

2013

Zeile			
1	Name / Gemeinschaft		Anlage SO
2	Vorname		X zur Einkommensteuererklärung
3	Steuernummer		X zur Feststellungserklärung

Sonstige Einkünfte (ohne Renten und ohne Leistungen aus Altersvorsorgeverträgen)

55

Zeile			stpfl. Person / Ehemann / Lebenspartner(in) A / Gemeinschaft EUR		Ehefrau / Lebenspartner(in) B EUR
	Wiederkehrende Bezüge				
4	Einnahmen aus	158	,–	159	,–
	Unterhaltsleistungen				
5	soweit sie vom Geber als Sonderausgaben abgezogen werden	146	,–	147	,–
	Werbungskosten				
6	zu den Zeilen 4 und 5	160	,–	161	,–
	Leistungen		EUR		EUR
7	Einnahmen aus		,–		,–
8	Einnahmen aus	+	,–	+	,–
9	Einnahmen aus	+	,–	+	,–
10	Summe der Zeilen 7 bis 9	164	,–	165	,–
11	Werbungskosten zu den Zeilen 7 bis 9	176 –	,–	177 –	,–
12	Einkünfte	=	,–	=	,–
13	Die nach Maßgabe des § 10d Abs. 1 EStG 2012 vorzunehmende Verrechnung nicht ausgeglichener negativer Einkünfte 2013 aus Leistungen (Zeile 12) soll wie folgt begrenzt werden		,–		,–
	Abgeordnetenbezüge		EUR		EUR
14	Steuerpflichtige Einnahmen ohne Vergütung für mehrere Jahre	200	,–	201	,–
15	In Zeile 14 enthaltene Versorgungsbezüge	202	,–	203	,–
16	Bemessungsgrundlage für den Versorgungsfreibetrag	204	,–	205	,–
17	Maßgebendes Kalenderjahr des Versorgungsbeginns	216	J J J J	217	J J J J
18	**Bei unterjähriger Zahlung:** Erster und letzter Monat, für den Versorgungsbezüge gezahlt wurden	206	Monat M M – 208 Monat M M	207	Monat M M – 209 Monat M M
19	Sterbegeld, Kapitalauszahlungen / Abfindungen und Nachzahlungen von Versorgungsbezügen (in Zeile 14 enthalten)	210	,–	211	,–
20	In Zeile 14 **nicht** enthaltene Vergütungen für mehrere Jahre (Angaben auf besonderem Blatt)	212	,–	213	,–
21	In Zeile 20 enthaltene Versorgungsbezüge	214	,–	215	,–
22	Aufgrund der vorgenannten Tätigkeit als Abgeordnete(r) bestand eine Anwartschaft auf Altersversorgung ganz oder teilweise ohne eigene Beitragsleistung	242	1 = Ja 2 = Nein	243	1 = Ja 2 = Nein
	Steuerstundungsmodelle		EUR		EUR
23	Einkünfte aus Gesellschaften / Gemeinschaften / ähnlichen Modellen i. S. d. § 15b EStG (Erläuterungen auf besonderem Blatt)		,–		,–

2013AnlSO131 – Aug. 2013 – 2013AnlSO131

Private Veräußerungsgeschäfte

Grundstücke und grundstücksgleiche Rechte (z. B. Erbbaurecht) In den Zeilen 34 bis 40 bitte nur den steuerpflichtigen Anteil erklären.

Bezeichnung des Grundstücks (Lage) / des Rechts

31

32 Zeitpunkt der Anschaffung (z. B. Datum des Kaufvertrags, Zeitpunkt der Entnahme aus dem Betriebsvermögen) T T M M J J — Zeitpunkt der Veräußerung (z. B. Datum des Kaufvertrags, auch nach vorheriger Einlage ins Betriebsvermögen) T T M M J J

Nutzung des Grundstücks bis zur Veräußerung

33 X zu eigenen Wohnzwecken vom – bis m² — X zu anderen Zwecken (z. B. als Arbeitszimmer, zur Vermietung) vom – bis m²

Zeile			EUR
34	Veräußerungspreis oder an dessen Stelle tretender Wert (z. B. Teilwert, gemeiner Wert)		, —
35	Anschaffungs- / Herstellungskosten oder an deren Stelle tretender Wert (z. B. Teilwert, gemeiner Wert) ggf. zzgl. nachträglicher Anschaffungs- / Herstellungskosten	–	, —
36	Absetzungen für Abnutzung / Erhöhte Absetzungen / Sonderabschreibungen	+	, —
37	Werbungskosten im Zusammenhang mit dem Veräußerungsgeschäft	–	, —
38	Gewinn / Verlust (zu übertragen nach Zeile 39)	=	, —

Zeile			stpfl. Person / Ehemann / Lebenspartner(in) A / Gemeinschaft EUR		Ehefrau / Lebenspartner(in) B EUR
39	**Zurechnung des Betrags aus Zeile 38**	110	, —	111	, —
40	Gewinne / Verluste aus weiteren Veräußerungen von Grundstücken und grundstücksgleichen Rechten (Erläuterungen bitte auf einem besonderen Blatt)	112	, —	113	, —

Andere Wirtschaftsgüter (Veräußerungen von Gegenständen des täglichen Gebrauchs sind ausgenommen)

Art des Wirtschaftsguts

41

42 Zeitpunkt der Anschaffung (z. B. Datum des Kaufvertrags) T T M M J J — Zeitpunkt der Veräußerung (z. B. Datum des Kaufvertrags) T T M M J J

Zeile			EUR
43	Veräußerungspreis oder an dessen Stelle tretender Wert (z. B. gemeiner Wert)		, —
44	Anschaffungskosten (ggf. gemindert um Absetzung für Abnutzung) oder an deren Stelle tretender Wert (z. B. Teilwert, gemeiner Wert)	–	, —
45	Werbungskosten im Zusammenhang mit dem Veräußerungsgeschäft	–	, —
46	Gewinn / Verlust (zu übertragen nach Zeile 47)	=	, —

Zeile			stpfl. Person / Ehemann / Lebenspartner(in) A / Gemeinschaft EUR		Ehefrau / Lebenspartner(in) B EUR
47	**Zurechnung des Betrags aus Zeile 46**	114	, —	115	, —
48	Gewinne / Verluste aus weiteren Veräußerungen von anderen Wirtschaftsgütern (Erläuterungen bitte auf einem besond. Blatt)	116	, —	117	, —

Anteile an Einkünften

Gemeinschaft, Finanzamt und Steuernummer

49

Zeile					
50	Anteil am Gewinn / Verlust	134	, —	135	, —
51	Die nach Maßgabe des § 10d Abs. 1 EStG 2012 vorzunehmende Verrechnung nicht ausgeglichener negativer Einkünfte 2013 aus privaten Veräußerungsgeschäften soll wie folgt begrenzt werden		, —		, —

2013AnlSO132 2013AnlSO132

1.12.1 Wiederkehrende Bezüge, Unterhalt, Leistungen (Seite 1)

→ ZEILEN 4–6
Wiederkehrende Bezüge

Zu den **wiederkehrenden Bezügen** gehören vor allem reine Zeitrenten, also Renten, die ähnlich wie Kaufpreisraten für eine bestimmte Dauer zu entrichten sind. Im Wesentlichen handelt es sich dabei um **Versorgungsleistungen** in Zusammenhang mit Vermögensübertragungen im Rahmen vorweggenommener Erbfolge, Altenleistungen in der Land- und Forstwirtschaft oder Leistungen aufgrund eines schuldrechtlichen Versorgungsausgleichs, wenn der Zahlende die Zahlungen als Sonderausgaben abziehen will.

→ ZEILE 5
Ehegattenunterhalt

Zeile 5 betrifft **Unterhaltszahlungen bzw. „Basis"-Kranken- bzw. Pflegepflichtversicherungsbeiträge**, die ein Geschiedener oder dauernd getrennt Lebender von seinem (ehemaligen) **Ehegatten/Lebenspartner** bekommen hat. Wenn derjenige, der die Zahlungen bekommen hat, auf der **Anlage U** zugestimmt hat, dass der Leistende die Zahlungen als Sonderausgaben abziehen kann (vgl. Erläuterungen zum Hauptvordruck, Zeile 40 ff.), ist er damit gleichzeitig einverstanden, dass er die tatsächlich erhaltenen Zahlungen in derselben Höhe als sonstige Einkünfte versteuert. Vertiefend siehe → Unterhaltszahlungen.

→ ZEILE 6
Werbungskosten

In Zeile 6 können Sie **Ausgaben** in Zusammenhang mit den wiederkehrenden Bezügen bzw. Unterhaltsleistungen (z. B. Beratungs-, Gerichts- und Anwaltskosten) eintragen. Für Renten (**Anlage R**), andere wiederkehrende Bezüge und Unterhaltsleistungen zusammen wird vom Finanzamt einmal ein **Werbungskosten-Pauschbetrag** von 102 € (bei Ehegatten jeder für seine Einkünfte) automatisch berücksichtigt, wenn kein höherer Betrag geltend gemacht wird.

→ ZEILEN 7–13
Andere Leistungen, Werbungskosten, Freigrenze, Verluste

Andere Einnahmen (Zeilen 7–10), die unter die sonstigen Einkünfte fallen, sind z. B. die gelegentliche Vermittlung von Kauf- und Tauschgeschäften sowie die gelegentliche Vermietung einzelner beweglicher Gegenstände (z. B. Fahrzeug, Motorjacht, Wohnmobil, Klavier, einzelne Maschinen), aber auch im Rahmen einer Fahrgemeinschaft für die Mitnahme von Kollegen erhaltene Fahrtgelder. Zu den abzugsfähigen Werbungskosten (Zeile 11) gehören z. B. Aufwendungen für Zeitungsanzeigen, Werbung, Fahrtkosten oder die Abschreibung. Sind die in Zeile 12 ermittelten Einkünfte (Unterschiedsbetrag aus Einnahmen und Werbungskosten) nicht höher als 255 €

(bei Ehegatten gilt die Grenze bei jedem für seine Einkünfte), bleiben sie steuerfrei. Liegen sie über dieser Freigrenze, muss der gesamte Gewinn versteuert werden.

Verluste aus solchen Geschäften können nur mit Gewinnen aus gleichartigen Leistungen im gleichen Jahr, im Vorjahr (Verlustrücktrag) oder in folgenden Jahren (Verlustvortrag) verrechnet werden.

1.12.2 Private Veräußerungsgeschäfte (Seite 2)

→ ZEILEN 31–51
Private Veräußerungsgeschäfte

Hier sind Gewinne bzw. Verluste aus sog. „Spekulationsgeschäften" zu erfassen. Darunter fallen Veräußerungen von privaten Wirtschaftsgütern, bei denen der Zeitraum zwischen Anschaffung und Veräußerung einen bestimmten Zeitraum (bei Grundstücken und Wirtschaftsgütern, mit denen steuerpflichtige Einkünfte erzielt wurden, z. B. bei Vermietung beweglicher Gegenstände, zehn Jahre; bei anderen Wirtschaftsgütern ein Jahr) nicht überschreitet. Von der Besteuerung ausgenommen ist nur die Veräußerung von selbstgenutztem Wohneigentum und der Verkauf von Gegenständen des täglichen Gebrauchs z. B. Kfz (außer Oldtimer), Möbel, Computer etc. Vertiefend siehe → Spekulationsgeschäfte.

Freigrenze

Gewinne aus derartigen Verkäufen bleiben steuerfrei, wenn sie im Jahr nicht mehr als 599 € betragen. Dieser Betrag gilt bei Eheleuten getrennt für die Geschäfte des jeweiligen Ehegatten.

→ ZEILEN 31–40
Grundstücke

Die Zeilen betreffen Grundstücke, die Sie **innerhalb von zehn Jahren** (Datum der Kaufverträge maßgebend!) angeschafft und veräußert haben. Dies kann auch für geerbte oder geschenkte Grundstücke infrage kommen.

TIPP

Ablauf der 10 Jahre genau prüfen

Wenn geschenkte oder geerbte Grundstücke in die Zehnjahresfrist fallen könnten, sollten Sie bei Verkaufsabsicht oder vor der Zahlung von Gleichstellungsgeldern an Erben (!) immer die Rechtslage mit dem Finanzamt abklären und möglichst die Zehnjahresfrist abwarten!

Geben Sie die Lage des veräußerten Grundstücks (Zeile 31) sowie die Daten der Grundstücksanschaffung und Veräußerung (i. d. R. Daten der Kaufverträge) an (Zeile 32).

Wurde das gesamte Grundstück bis zur Veräußerung nur bzw. im Veräußerungsjahr und in den letzten beiden Jahren davor zu eigenen Wohnzwecken genutzt (Zeile 33), liegt kein steuerpflichtiges Veräußerungsgeschäft vor. Weitere Angaben sind dann nicht mehr erforderlich. Etwas anderes gilt jedoch für ein im selbstgenutzten Haus befindliches Arbeitszimmer oder einen vermieteten Gebäudeteil. Veräußerungsgewinne aus solchen Gebäudeteilen (Angaben in Zeile 33) sind genauso (anteilig) steuerpflichtig wie der Verkauf von vermieteten Häusern und Wohnungen. Machen Sie die gefragten Angaben in den folgenden Zeilen (34–40). Bei einem gemischt genutzten Gebäude sind nur die Angaben bezüglich des steuerpflichtig veräußerten Grundstückteils notwendig.

Gewinnermittlung

Zu versteuern ist grundsätzlich der Unterschiedsbetrag zwischen dem Veräußerungspreis (Zeile 34) und den Anschaffungskosten (Zeile 35) des Grundstücks. Zu den Anschaffungskosten gehören auch die Nebenkosten wie z. B. Makler- und Notargebühren oder Grundbuchkosten. Sofern Sie innerhalb des Zehn-Jahres-Zeitraums auf dem Grundstück Gebäude oder Außenanlagen errichtet, ausgebaut oder erweitert haben, erhöhen die dabei angefallenen Aufwendungen Ihre Anschaffungskosten und sind ebenfalls in Zeile 35 zu berücksichtigen. Soweit Sie eine Abschreibung (AfA) für das Grundstück bei einer Einkunftsart (z. B. Vermietung) steuerlich geltend gemacht haben (Eintragung in Zeile 36), werden Ihre Anschaffungskosten um diese AfA-Beträge gekürzt. Zu den abzugsfähigen Werbungskosten (Zeile 37) gehören alle Kosten in Zusammenhang mit der Veräußerung wie z. B. Inserate, Fahrtkosten, Maklergebühren. Der ermittelte Gewinn (Zeile 38) muss wegen der Freigrenze dem Eigentümer-Ehegatten zugeordnet werden (Zeile 39). Vertiefend siehe → Spekulationsgeschäfte.

→ ZEILEN 41–48
Andere Wirtschaftsgüter

Die Veräußerung von anderen **Wirtschaftsgütern des Privatvermögens** (Zeile 41) wie z. B. Oldtimer, Kunstgegenstände, Schmuck, Briefmarken, Münzen etc. ist steuerpflichtig, wenn Anschaffung und Veräußerung **innerhalb eines Jahres** (Zeile 42) erfolgt sind. Bei Wirtschaftsgütern, mit denen steuerpflichtige Einnahmen erzielt wurden (z. B. Vermietung von beweglichen Wirtschaftsgütern), gilt wie bei Grundstücken ein Zehn-Jahres-Zeitraum. Nicht steuerpflichtig ist der Verkauf von Gegenständen des täglichen Bedarfs (z. B. Pkw). Spekulationsgeschäfte (Geschäfte mit Aktien, Optionsscheinen, Zertifikaten, Futures, Waren- und Devisen-Termingeschäfte) an der Börse unterliegen der Abgeltungsteuer und gehören zu den Einkünften aus Kapitalvermögen (**Anlage KAP**). Der Gewinn ermittelt sich aus dem Verkaufserlös (Zeile 43) und dem Kaufpreis einschließlich Nebenkosten (Zeile 44), u. U. verringert um eine bisher als Werbungskosten geltend gemachte Abschreibung für das Wirtschaftsgut. Gewinnmindernd dürfen Nebenkosten in Zusammenhang mit der Veräußerung (Werbungskosten Zeile 45) geltend gemacht werden. Der ermittelte Gewinn ist bei Ehegatten wegen der Freigrenze dem zutreffenden Ehegatten zuzuordnen.

→ ZEILEN 49, 50
Gemeinschaften

Waren Sie an einer Gemeinschaft, z. B. Erbengemeinschaft, beteiligt, die derartige Geschäfte getätigt hat, musste die Gemeinschaft eine eigene Steuererklärung abgeben, aufgrund derer das Finanzamt die Gewinne ermittelt und auf alle Beteiligten aufgeteilt hat. Ihren Anteil am Gewinn erfassen Sie, soweit er Ihnen bekannt ist, in den Zeilen 49 und 50.

→ ZEILE 51
Verluste

Verluste, die Sie aus privaten Veräußerungsgeschäften erlitten haben, können nur mit gleichartigen Gewinnen des Vorjahres oder in Folgejahren verrechnet werden. Auch eine Begrenzung des Verlustrücktrags zugunsten eines Vortrags auf künftige Gewinne ist möglich. Tragen Sie hier ein, wenn Sie Verluste aus 2013 nicht bzw. nur begrenzt mit Gewinnen in 2012 verrechnen lassen wollen.

✔ Checkliste Anlage SO

Folgende Abzugsmöglichkeit geprüft? Vgl. Ausfüllhinweise zur Zeile!

Ehegattenunterhalt (Zeile 5) zu versteuern? ☐
Machen Sie Ihre notwendige Zustimmung am besten von vornherein davon abhängig, dass Ihr geschiedener Ehepartner/Lebenspartner die bei Ihnen durch die Unterhaltsleistungen zu zahlende Steuer übernimmt. Sie können die Zustimmung zur Versteuerung des Unterhalts für künftige Jahre widerrufen bzw. betragsmäßig auch so begrenzen, dass bei Ihnen keine Mehrsteuer anfällt.

Folgende Abzugsmöglichkeit geprüft? Vgl. Ausfüllhinweise zur Zeile!

Spekulationsverluste aus Vorjahren? ☐
Sie können die Verluste eventuell auch mit Veräußerungsgewinnen aus Kapitaleinkünften verrechnen (**Anlage KAP**).

1.13 Anlage G (Einkünfte aus Gewerbebetrieb)

WICHTIG

Gewerbetreibende müssen Anlage G ausfüllen

Die **Anlage G** müssen Sie in folgenden Fällen ausfüllen:

- Sie waren im Veranlagungsjahr Inhaber eines Gewerbebetriebs.
- Sie haben bzw. hatten die Absicht, einen Gewerbebetrieb zu eröffnen. In diesem Zusammenhang sind Ihnen Aufwendungen entstanden.
- Sie sind an einer gewerblichen Personengesellschaft beteiligt.

Ehegatten geben jeweils eine eigene Anlage ab.

Überblick

Formularaufbau	
Vorderseite	**Gewinn (Zeilen 4–11)** An dieser Stelle ist der durch Buchführung oder Einnahme-Überschuss-Rechnung (EÜR) ermittelte Gewinn zu erklären. Beteiligte an gewerblich tätigen Personengesellschaften müssen den auf sie entfallenden Gewinnanteil angeben. **Ermäßigte Besteuerung für im Betrieb verbleibende Gewinne (Zeile 14)** Die ermäßigte Besteuerung für „thesaurierte" Gewinne beantragen Sie durch Abgabe der **Anlage 34a**. **Steuerermäßigung nach § 35 EStG (Zeilen 15–28)** Hier beantragen Sie eine Steuerermäßigung für die Einkommensteuer, wenn Sie für den Betriebsgewinn auch Gewerbesteuer zahlen müssen.
Rückseite	**Veräußerungsgewinn (Zeilen 31–42)** Wenn Sie Ihren Betrieb veräußert oder aufgegeben haben, ist der dadurch eingetretene Gewinn zu erklären. **Sonstiges (Zeilen 43–56)** **Betrieblicher Schuldzinsenabzug (Zeilen 45, 46)** Die Zeilen dienen zur Prüfung, ob die betrieblichen Schuldzinsen in voller Höhe abzugsfähig sind. **Investitionsabzugsbetrag (Zeilen 47, 48)** Diese Zeilen füllen Sie aus, wenn Sie den Investitionsabzugsbetrag gewinnmindernd in Anspruch nehmen wollen oder ihn in Zusammenhang mit dem Kauf eines Wirtschaftsguts gewinnerhöhend „auflösen" müssen.

2013

Anlage G

Jeder Ehegatte / Lebenspartner mit Einkünften aus Gewerbebetrieb hat eine eigene Anlage G abzugeben.

1 Name

2 Vorname

3 Steuernummer

☐ stpfl. Person / Ehemann / Lebenspartner(in) A

☐ Ehefrau / Lebenspartner(in) B

Bei Bruttobetriebseinnahmen ab 17.500 € ist für jeden Betrieb, soweit keine Bilanz erstellt wird, zusätzlich eine Anlage EÜR elektronisch zu übermitteln. Eine Bilanz ist stets elektronisch zu übermitteln.

Einkünfte aus Gewerbebetrieb

Gewinn (ohne die Beträge in den Zeilen 31, 34, 38, 40, 41 und 44; bei ausländischen Einkünften: Anlage AUS beachten) **44**

als Einzelunternehmer

(Art des Gewerbes, bei Verpachtung: Art des vom Pächter betriebenen Gewerbes)

Zeile		Kz	EUR
4	1. Betrieb	10/11	,–
5	2. Betrieb	62/63	,–
6	Weitere Betriebe	12/13	,–
7	lt. gesonderter Feststellung (Betriebsfinanzamt und Steuernummer)	58/59	,–
	als Mitunternehmer (Gesellschaft, Finanzamt und Steuernummer)		
8	1.	14/15	,–
9	2.	16/17	,–
10	3.	18/19	,–
11	4.	20/21	,–
12	Gesellschaften / Gemeinschaften / ähnliche Modelle i. S. d. § 15b EStG		,–
13	In den Zeilen 4 bis 11 und 44 nicht enthaltener steuerfreier Teil der Einkünfte, für die das **Teileinkünfteverfahren** gilt – Berechnung auf besonderem Blatt –	24/25	,–
14	Ich beantrage für den in den Zeilen 4 bis 11 und 34 enthaltenen Gewinn die Begünstigung nach § 34a EStG und / oder es wurde zum 31.12.2012 ein nachversteuerungspflichtiger Betrag festgestellt. Beigefügte **Anlage(n) 34a**		Anzahl

Zusätzliche Angaben bei Steuerermäßigung nach § 35 EStG

Zeile		Kz	EUR
15	Für 2013 festzusetzender (anteiliger) Gewerbesteuer-Messbetrag i. S. d. § 35 EStG des Betriebs / des Mitunternehmeranteils lt. Zeile (ohne Gewerbesteuer-Messbetrag, der auf nach § 5a Abs. 1 EStG ermittelten Gewinn oder Gewinn i. S. d. § 18 Abs. 3 UmwStG entfällt) – Berechnung auf besonderem Blatt –	64/65	,–
16	Für 2013 tatsächlich zu zahlende Gewerbesteuer, die auf den Gewerbesteuer-Messbetrag lt. Zeile 15 entfällt – Berechnung auf besonderem Blatt –	66/67	,–
17	Für 2013 festzusetzender (anteiliger) Gewerbesteuer-Messbetrag i. S. d. § 35 EStG des Betriebs / des Mitunternehmeranteils lt. Zeile (ohne Gewerbesteuer-Messbetrag, der auf nach § 5a Abs. 1 EStG ermittelten Gewinn oder Gewinn i. S. d. § 18 Abs. 3 UmwStG entfällt) – Berechnung auf besonderem Blatt –	68/69	,–
18	Für 2013 tatsächlich zu zahlende Gewerbesteuer, die auf den Gewerbesteuer-Messbetrag lt. Zeile 17 entfällt – Berechnung auf besonderem Blatt –	70/71	,–
19	Summe aller weiteren für 2013 festzusetzenden (anteiligen) Gewerbesteuer-Messbeträge i. S. d. § 35 EStG der Betriebe / der Mitunternehmeranteile lt. den Zeilen 4 bis 11 und 44 (ohne Gewerbesteuer-Messbeträge, die auf nach § 5a Abs. 1 EStG ermittelte Gewinne oder Gewinne i. S. d. § 18 Abs. 3 UmwStG entfallen) – Berechnung auf besonderem Blatt –	85/86	,–
20	Summe aller weiteren für 2013 tatsächlich zu zahlenden Gewerbesteuern, die auf die Gewerbesteuer-Messbeträge lt. Zeile 19 entfallen – Berechnung auf besonderem Blatt –	81/82	,–

Bei zusammen veranlagten Ehegatten / Lebenspartnern:

Bezieht nur ein Ehegatte / Lebenspartner Einkünfte aus Gewerbebetrieb, sind in den Zeilen 21 bis 28 auch die Einkünfte des anderen Ehegatten / Lebenspartners einzutragen. Beziehen beide Ehegatten / Lebenspartner Einkünfte aus Gewerbebetrieb, füllt jeder Ehegatte / Lebenspartner die Zeilen 21 bis 28 in seiner eigenen Anlage G aus.

Zeile		stpfl. Person / Ehemann / Lebenspartner(in) A EUR	Ehefrau / Lebenspartner(in) B EUR
21	Summe der positiven Einkünfte aus Land- und Forstwirtschaft	,–	,–
22	Summe der positiven Einkünfte aus Gewerbebetrieb	,–	,–
23	Summe der positiven Einkünfte aus selbständiger Arbeit	,–	,–
24	Summe der positiven Einkünfte aus nichtselbständiger Arbeit	,–	,–
25	Summe der positiven Einkünfte aus Vermietung und Verpachtung	,–	,–
26	Summe der positiven sonstigen Einkünfte	,–	,–
27	Summe der Zeilen 21 bis 26	72 ,–	73 ,–
28	Positive Summe der Einkünfte aus Kapitalvermögen, die der tariflichen Einkommensteuer unterliegen	,–	,–

2013AnlG231 – Aug. 2013 – 2013AnlG231

WICHTIG

Wenn Sie Ihren Gewinn durch **Einnahme-Überschuss-Rechnung** § 4 Abs. 3 EStG ermitteln, müssen Sie zur Gewinnermittlung die amtliche **Anlage EÜR** verwenden. Sie können darauf verzichten wenn Ihre Betriebseinnahmen (einschließlich Umsatzsteuer) weniger als 17.500 € betragen haben.

Ermitteln Sie Ihren Gewinn durch **Buchführung**, können Sie beantragen, den im Betrieb belassenen Gewinn (thesaurierter Gewinn) mit einem Steuersatz von nur 28,25 % zu besteuern. Dazu benötigen Sie die **Anlage 34a** (Zeile 15; im Steuerratgeber nicht abgedruckt). Wenn Sie ermäßigt besteuerte Gewinne allerdings in späteren Jahren aus dem Betrieb entnehmen, müssen Sie diese mit einem Steuersatz von 25 % nachversteuern.

→ ZEILEN 4, 5

Gewinn Einzelunternehmer

Der Gewinn aus Gewerbebetrieb ist entweder durch **Buchführung** (Betriebsvermögens- oder Bestandsvergleich) oder durch **Einnahme-Überschuss-Rechnung** (Gewinnermittlung nach § 4 Abs. 3 EStG) zu ermitteln. Bei der Einnahme-Überschuss-Rechnung müssen Sie Ihre Betriebseinnahmen und -ausgaben zusammenstellen. Aus der Differenz ergibt sich Ihr jährlicher Gewinn bzw. Verlust. Der durch die Aufgabe oder Veräußerung eines Betriebs entstandene Gewinn muss gesondert erklärt werden (vgl. Erläuterungen zu den Zeilen 31–42).

Die Unterlagen zur Gewinnermittlung (Bilanz mit der Gewinn- und-Verlust-Rechnung und Erläuterungen dazu) bzw. zur Einnahme-Überschuss-Rechnung einschließlich Erläuterungen (bzw. **Anlage EÜR**) müssen Sie der **Anlage G** beifügen.

Verluste

Verluste tragen Sie mit einem Minuszeichen versehen ein. Sie können diese mit positiven Einkünften aus anderen Einkunftsarten oder Gewinnen des Vorjahres oder der Folgejahre verrechnen.

Liebhaberei/ Hobby

Wenn ein Betrieb nur aus im Bereich der persönlichen Lebensführung liegenden Gründen und persönlichen Neigungen (Hobby) heraus geführt wird und ständig Verluste erwirtschaftet, erkennt das Finanzamt die Verluste unter Umständen wegen fehlender Gewinnerzielungsabsicht nicht an.

TIPP

Steuerbescheid enthält Hinweis bei unterstellter Liebhaberei

Ob das Finanzamt bei Ihnen in diesem Bereich prüft, erkennen Sie daran, dass Ihre geltend gemachten Verluste im Steuerbescheid lediglich vorläufig nach § 165 AO anerkannt worden sind und in den Erläuterungen zum Bescheid auf die möglicherweise fehlende Gewinnerzielungsabsicht hingewiesen wird.

→ ZEILE 7
Gesonderte Gewinnfeststellung

Wenn sich Ihr Betriebssitz oder der Sitz des Betriebs Ihres Ehegatten im Zuständigkeitsbereich eines Finanzamts befindet, das nicht identisch mit Ihrem Wohnsitzfinanzamt ist, dann müssen Sie alle Unterlagen für den Betrieb (zusätzlich die **Anlage G** und die Gewinnermittlung) zusammen mit einer **Erklärung zur gesonderten Feststellung der Einkünfte** (Vordruck ESt 1 B, erhältlich beim Finanzamt) beim Betriebsfinanzamt abgeben. Der Gewinn wird dann gesondert von Ihrer Einkommensteuerveranlagung in einem Gewinnfeststellungsbescheid, der für Ihr Wohnsitzfinanzamt verbindlich ist, festgestellt. In diesem Fall geben Sie in Zeile 7 das zuständige Betriebsfinanzamt, die Steuernummer für den Betrieb und den von Ihnen erklärten bzw. den vom Betriebsfinanzamt festgestellten Gewinn an. Ihr Wohnsitzfinanzamt erhält von Ihrem Betriebsfinanzamt ebenfalls eine Mitteilung über den für den Betrieb festgestellten Gewinn.

→ ZEILEN 8–11
Beteiligungen

Sind Sie oder Ihr Ehegatte als Gesellschafter an einer Personengesellschaft (z.B. Offene Handelsgesellschaft OHG, Kommanditgesellschaft KG, GmbH & Co. KG, eine vergleichbare BGB-Gesellschaft oder eine atypisch stille Gesellschaft) beteiligt, wird Ihr Anteil am Gewinn, einschließlich aller Vergütungen, die Sie von der Gesellschaft erhalten haben, bei dem für die Gesellschaft zuständigen Betriebsfinanzamt **einheitlich und gesondert** festgestellt. Sie erhalten davon eine Mitteilung durch die Gesellschaft oder das Betriebsfinanzamt. Tragen Sie den Namen der Gesellschaft, das für die Gesellschaft zuständige Betriebsfinanzamt, die Steuernummer der Gesellschaft und – soweit Ihnen bekannt – Ihren Gewinnanteil bzw. den Ihres Ehegatten in die **Anlage G** ein.

TIPP

Betriebsausgaben müssen der Beteiligungsgesellschaft mitgeteilt werden

Beachten Sie, dass Sie Ihre sämtlichen (Betriebs-)Ausgaben in der Gewinnfeststellungserklärung der Gesellschaft geltend machen müssen und nicht in Ihrer Einkommensteuererklärung.

→ ZEILE 13
Teileinkünfteverfahren

Wenn Sie im Betriebsvermögen Ihres Unternehmens Anteile an Kapitalgesellschaften (Aktiengesellschaft, GmbH) haben und die Gesellschaft Ihnen Gewinnanteile (z. B. Dividenden) ausgeschüttet oder sog. verdeckte Gewinnausschüttungen vorgenommen hat, **nur 60 % der Ausschüttung bei Ihnen steuerpflichtige Betriebseinnahmen**. Der steuerpflichtige Teil ist in der Gewinnermittlung zu erfassen (Zeile 4). In diesen Fällen tragen Sie den steuerfreien Teil zusätzlich gesondert in Zeile 13 ein. Die Höhe des Betrags können Sie der Mitteilung der Kapitalgesellschaft entnehmen. Einzutragen in Zeile 13 sind allerdings nur die Einkünfte, d. h. die Einnahmen sind um darauf entfallende Betriebsausgaben (z. B. Zinsen) zu kürzen.

→ ZEILEN 15–28
Steuerermäßigung wegen Gewerbesteuer

Die **Gewerbesteuer** ist nicht als Betriebsausgabe abzugsfähig. Um eine doppelte Belastung von betrieblichen Gewinnen (Einkommen- und Gewerbesteuer) zu vermeiden, können Sie in diesen Zeilen eine **Steuermäßigung** beantragen, wenn für Ihren Betrieb Gewerbesteuer anfällt. Die Steuerermäßigung ist zum einen abhängig von dem Gewerbesteuermessbetrag Ihres Betriebs (Zeile 15). Zum anderen darf die Steuerermäßigung nicht höher sein als die tatsächlich für das Jahr zu zahlende Gewerbesteuer (Zeile 16). Wenn Sie mehrere Betriebe haben bzw. an mehreren Betrieben beteiligt sind, müssen Sie die Angaben für jeden Betrieb getrennt machen (vgl. Zeilen 17–20).

Die Ermäßigung darf außerdem nicht höher sein als die auf die gewerblichen Einkünfte entfallende Einkommensteuer. Zur Ermittlung dieser Einkommensteuer tragen Sie in den Zeilen 21–26 jeweils **nur die positiven Einkünfte** getrennt nach jeder Ihrer Einkunftsarten ein und entsprechend in Zeile 27 die Summe aller Ihrer positiven Einkünfte. Einkünfte aus Kapitalvermögen sind nur einzubeziehen, wenn sie nicht dem

25%igen Abgeltungsteuerfarif unterliegen, sondern im zu versteuernden Einkommen enthalten sind (Zeile 28).

→ ZEILEN 31–42
Betriebsveräußerung/ Betriebsaufgabe

Der Gewinn, den Sie aus der **Veräußerung eines Betriebs**, eines Teilbetriebs, eines Anteils an einer Personengesellschaft oder einer **Betriebsaufgabe** durch die Aufdeckung der sog. stillen Reserven vor allem bei betrieblichen Grundstücken erzielt haben, gehört ebenfalls zu den gewerblichen Einkünften. Fügen Sie als Anlage die Ermittlung des Veräußerungs- bzw. Aufgabegewinns sowie eine Aufstellung über die von Ihnen ermittelten Werte und Berechnungen bei. Je nachdem, ob Ihnen ein **Freibetrag** zusteht (Voraussetzung: Sie sind berufsunfähig oder mind. 55 Jahre alt) oder nicht bzw. ob Sie ihn beantragen wollen (der Freibetrag steht Ihnen einmal im Leben zu), ist der Veräußerungsgewinn vor Abzug eines etwaigen Freibetrags in Zeile 31 oder 34 einzutragen.

Der steuerpflichtige Teil des Gewinns wird grundsätzlich nach der sog. Fünftel-Regelung ermäßigt besteuert. Stattdessen können Sie auch den ermäßigten (halben) Steuersatz wählen, wenn Sie mind. 55 Jahre alt oder dauernd berufsunfähig sind. Dieses Wahlrecht üben Sie aus, indem Sie den Veräußerungs-/Aufgabegewinn zusätzlich in Zeile 33 bzw. 36 eintragen. Soweit im steuerpflichtigen Teil des Gewinns ein Anteil enthalten ist, für den das Teileinkünfteverfahren gilt (Veräußerung von Anteilen an einer GmbH oder AG), tragen Sie diesen Teil zusätzlich in Zeile 32 bzw. 34 und 37 ein.

Haben Sie im Rahmen der Betriebsveräußerung oder Betriebsaufgabe einen Verlust gemacht, gehört er in Zeile 38. Ist darin ein Teil enthalten, für den das Teileinkünfteverfahren gilt, füllen Sie zusätzlich Zeile 39 aus.

→ ZEILEN 40, 41
Veräußerung von Anteilen an Kapitalgesellschaften

Haben Sie **Anteile an einer Kapitalgesellschaft** (AG, GmbH), an der Sie mind. 1 % aller Anteile besitzen oder besessen haben, in Ihrem **Privatvermögen** gehalten und **veräußern** Sie diese oder Teile davon, dann unterliegt der Veräußerungsgewinn – eventuell nach Abzug eines Freibetrags – der Einkommensteuer und ist in Zeile 40 zu erfassen. Ergibt sich für Sie ein Veräußerungsverlust, so tragen Sie diesen in Zeile 41 ein. Fügen Sie Ihrer Erklärung die Verträge und Unterlagen über die Ermittlung Ihres Gewinns bzw. Verlusts bei. Waren Sie nur unter 1 % beteiligt, gehört der Veräußerungsgewinn zu den Kapitaleinkünften und unterliegt der Abgeltungsteuer (vgl. Anlage KAP).

In Zeile 42 kreuzen Sie an, wenn die Veräußerung an eine Gesellschaft erfolgt ist, an der Sie oder ein Angehöriger von Ihnen beteiligt ist. Dies hat steuerliche Auswirkungen für die Aufdeckung der stillen Reserven der veräußerten Wirtschaftsgüter.

→ ZEILE 43
Außerordentliche Einkünfte

Sind in Ihrem Gewinn sog. außerordentliche Einkünfte enthalten wie z. B. Entschädigungen für entgangene oder entgehende Einnahmen, Vergütungen für mehrjährige Tätigkeiten oder Ausgleichszahlungen, die Sie als Handelsvertreter erhalten haben, dann tragen Sie diese in Zeile 43 ein. Hier gilt eine günstigere ermäßigte Besteuerung (Fünftel-Regelung).

→ ZEILEN 45, 46
Schuldzinsen Überentnahmen

Wenn Ihre Privatentnahmen höher sind als der Gewinn und die Privateinlagen, können Sie betriebliche Schuldzinsen u. U. nicht bzw. nicht in voller Höhe abziehen. Zur Prüfung benötigt das Finanzamt die Summe aller Ihrer Entnahmen und Einlagen.

Haben Sie den Kauf von Anlagevermögen (z. B. Grundstücke, Maschinen, Geschäftsausstattung) mit einem Kredit finanziert, tragen Sie die Schuldzinsen in Zusammenhang mit derartigen Krediten in Zeile 46 ein. Diese sind immer abzugsfähig.

→ ZEILEN 47, 48
Investitionsabzugsbetrag

Durch den Investitionsabzugsbetrag haben Sie die Möglichkeit, die Anschaffungskosten von geplanten Anschaffungen schon in den Jahren vor ihrer Anschaffung steuerlich geltend zu machen. Haben Sie einen Investitionsabzugsbetrag außerbilanzmäßig erfasst, übernehmen Sie den Betrag in Zeile 47. Mit der tatsächlichen Anschaffung der Wirtschaftsgüter muss der Investitionsabzugsbetrag gewinnerhöhend „aufgelöst" werden (Zeile 48). Gleichzeitig besteht die Möglichkeit der gewinnmindernden Verrechnung des Erhöhungsbetrags mit den Anschaffungskosten.

Checkliste Anlage G

Folgende Abzugsmöglichkeit geprüft? Vgl. Ausfüllhinweise zur Zeile!

Sie planen als Existenzgründer bzw. Inhaber eines Klein- oder mittleren Betriebs die Anschaffung neuer Wirtschaftsgüter? ☐
Sie können bereits in dem Jahr, in dem Sie die Anschaffung konkret beabsichtigen, einen Investitionsabzugsbetrag § 7g Abs. 1 EStG geltend machen. Mithilfe des Investitionsabzugsbetrags können Sie auch erreichen, dass für Wirtschaftsgüter statt der allgemeinen Abschreibungsregelungen Sonderregelungen (geringwertige Wirtschaftsgüter oder Wirtschaftsgüter im Sammelpool) gelten, die einen schnelleren Kostenabzug möglich machen.

Sie wollen Gewinne legal in spätere Jahre verlagern? ☐
Bilden Sie für geplante Investitionen einen Investitionsabzugsbetrag.

Sie haben 2013 neue Wirtschaftsgüter gekauft? ☐
Prüfen Sie die Sonderabschreibung § 7g Abs. 5 EStG für Klein- und Mittelbetriebe. Sie ist unabhängig vom Investitionsabzugsbetrag möglich.

In Ihren Betriebsausgaben sind Bewirtungskosten enthalten? ☐
Kontrollieren Sie, ob die notwendigen Belege alle geforderten Angaben enthalten.

Sie haben Ihr privates Kfz auch für betriebliche Fahrten genutzt? ☐
Ohne Kostennachweis können Sie für jeden betrieblich gefahrenen Kilometer 0,30 € als Betriebsausgabe geltend machen.

Sie nutzen Ihr Fahrzeug nicht zu mehr als 50 % betrieblich? ☐
Führen Sie Aufzeichnungen über die betrieblich und die privat gefahrenen Kilometer, um den Privatanteil festzuhalten. Ohne derartige Aufzeichnungen wird das Finanzamt von einem 80%igen Privatanteil ausgehen.

Sie planen die Anschaffung eines Kfz? ☐
Beträgt die betriebliche Nutzung voraussichtlich mind. 90 %, können Sie einen Investitionsabzugsbetrag erhalten.

Folgende Abzugsmöglichkeit geprüft? Vgl. Ausfüllhinweise zur Zeile!

Sie haben 2013 ein Kfz neu angeschafft? ☐
Bei einer betrieblichen Nutzung (gefahrene Kilometer) von mind. 90 % erhalten Sie eine Sonderabschreibung (§ 7g Abs. 5 EStG).
Beträgt die betriebliche Nutzung des Kfz (nach den gefahrenen Kilometern) weniger als 50 %, ist es im Normalfall sinnvoll, das Kfz als Privatvermögen zu behandeln und nicht ins Anlageverzeichnis aufzunehmen. Die betrieblich verursachten Kosten bleiben abzugsfähige Betriebsausgaben (ohne Einzelkostennachweis 0,30 €/km), aber der beim Verkauf des Kfz anfallende Veräußerungserlös ist nicht zu versteuern.

Sie haben geringwertige Wirtschaftsgüter (Kosten ohne Umsatzsteuer nicht über 410 €) gekauft? ☐
Sie können die Kosten in voller Höhe sofort abziehen (keine AfA).

1.14 Anlage S (Einkünfte aus selbstständiger Arbeit)

WICHTIG

Anlage S gilt für Freiberufler

Die **Anlage S** benötigen Sie in folgenden Fällen:

- Sie waren im Veranlagungsjahr freiberuflich tätig.
- Sie haben bzw. hatten die Absicht, sich als Freiberufler selbstständig zu machen. In diesem Zusammenhang sind Ihnen Aufwendungen entstanden.
- Sie sind an einer freiberuflich tätigen Personengesellschaft beteiligt.

Ehegatten geben jeweils eine eigene Anlage ab.

Überblick

Formularaufbau	
Vorderseite	**Gewinn (Zeilen 4–13)** Hier ist der durch Buchführung oder Einnahme-Überschuss-Rechnung ermittelte Gewinn zu erklären. Beteiligte an freiberuflich tätigen Personengesellschaften müssen ihren Gewinnanteil angeben.
	Veräußerungsgewinn (Zeilen 15–22) Wenn Sie Ihren Betrieb veräußert oder aufgegeben haben, ist der dadurch eingetretene Gewinn zu erklären.
Rückseite	**Sonstiges (Zeilen 31–37)** **Betrieblicher Schuldzinsenabzug (Zeilen 32, 33)** Die Zeilen dienen zur Prüfung, ob die betrieblichen Schuldzinsen in voller Höhe abzugsfähig sind. **Investitionsabzugsbetrag (Zeilen 34, 35)** Hier tragen Sie ein, wenn Sie einen Investitionsabzugsbetrag gewinnmindernd in Anspruch nehmen wollen oder ihn nach der getätigten Investition gewinnerhöhend „auflösen“ müssen. **Nebenberufliche Tätigkeiten (Zeilen 36, 37)** Waren Sie nebenberuflich für eine gemeinnützige Organisation oder öffentlich-rechtliche Körperschaft als Übungsleiter tätig, sind die erzielten Einnahmen bis zu 2.400 € steuerfrei. Andere Tätigkeiten für diese Organisationen sind bis zu 720 € befreit.

2013

1 Name

2 Vorname

3 **Steuernummer**

Anlage S

Jeder Ehegatte / Lebenspartner mit Einkünften aus selbständiger Arbeit hat eine eigene Anlage S abzugeben.

Bei Bruttobetriebseinnahmen ab 17.500 € ist für jede Tätigkeit, soweit keine Bilanz erstellt wird, zusätzlich eine Anlage EÜR elektronisch zu übermitteln.
Eine Bilanz ist stets elektronisch zu übermitteln.

☐ stpfl. Person / Ehemann / Lebenspartner(in) A

☐ Ehefrau / Lebenspartner(in) B

Einkünfte aus selbständiger Arbeit

Gewinn (ohne Veräußerungsgewinne in den Zeilen 15 und 18; bei ausländischen Einkünften: Anlage AUS beachten) **22**

Zeile		Kz	EUR
4	aus freiberuflicher Tätigkeit (genaue Berufsbezeichnung oder Tätigkeit)	12/13	,–
5	lt. gesonderter Feststellung (Finanzamt und Steuernummer)	58/59	,–
6	aus Beteiligung (Gesellschaft, Finanzamt und Steuernummer) 1. Beteiligung	16/17	,–
7	aus allen weiteren Beteiligungen	18/19	,–
8	aus Gesellschaften / Gemeinschaften / ähnlichen Modellen i. S. d. § 15b EStG		,–
9	aus sonstiger selbständiger Arbeit (z. B. als Aufsichtsratsmitglied)	20/21	,–
10	aus allen weiteren Tätigkeiten (genau bezeichnen)	22/23	,–
11	In den Zeilen 4 bis 7, 9 und 10 nicht enthaltener steuerfreier Teil der Einkünfte, für die das **Teileinkünfteverfahren** gilt – **Berechnung auf besonderem Blatt** –	62/63	,–
12	Leistungsvergütungen als Beteiligter einer Wagniskapitalgesellschaft, die **vor** dem 1.1.2009 gegründet wurde (§ 18 Abs. 1 Nr. 4 EStG) Gesellschaft, Finanzamt und Steuernummer	46/47	,–
13	Leistungsvergütungen als Beteiligter einer Wagniskapitalgesellschaft, die **nach** dem 31.12.2008 gegründet wurde (§ 18 Abs. 1 Nr. 4 EStG) Gesellschaft, Finanzamt und Steuernummer	45/87	,–
14	Ich beantrage für den in den Zeilen 4 bis 7 und 18 enthaltenen Gewinn die Begünstigung nach § 34a EStG und / oder es wurde zum 31.12.2012 ein nachversteuerungspflichtiger Betrag festgestellt. Beigefügte **Anlage(n) 34a**		Anzahl

Veräußerungsgewinn **vor Abzug etwaiger Freibeträge bei Veräußerung / Aufgabe** eines **ganzen Betriebs,** eines **Teilbetriebs,** eines ganzen **Mitunternehmeranteils** (§ 16 EStG)

Zeile		Kz	EUR
15	Veräußerungsgewinn, für den der **Freibetrag nach § 16 Abs. 4 EStG** wegen dauernder Berufsunfähigkeit oder Vollendung des 55. Lebensjahres **beantragt** wird. Für nach dem 31.12.1995 erfolgte Veräußerungen / Aufgaben wurde der Freibetrag nach § 16 Abs. 4 EStG bei keiner Einkunftsart in Anspruch genommen.	24/25	,–
16	In Zeile 15 enthaltener steuerpflichtiger Teil, für den das **Teileinkünfteverfahren** gilt	52/53	,–
17	Veräußerungsgewinn lt. Zeile 15, für den der **ermäßigte Steuersatz** des § 34 Abs. 3 EStG wegen dauernder Berufsunfähigkeit oder Vollendung des 55. Lebensjahres beantragt wird. Für nach dem 31.12.2000 erfolgte Veräußerungen / Aufgaben wurde der ermäßigte Steuersatz des § 34 Abs. 3 EStG bei keiner Einkunftsart in Anspruch genommen.	54/55	,–
18	Veräußerungsgewinne, für die der **Freibetrag nach § 16 Abs. 4 EStG nicht beantragt** wird oder **nicht zu gewähren** ist	28/29	,–
19	In Zeile 18 enthaltener steuerpflichtiger Teil, für den das **Teileinkünfteverfahren** gilt	56/57	,–
20	In Zeile 18 enthaltener Veräußerungsgewinn, für den der **ermäßigte Steuersatz** des § 34 Abs. 3 EStG wegen dauernder Berufsunfähigkeit oder Vollendung des 55. Lebensjahres beantragt wird. Für nach dem 31.12.2000 erfolgte Veräußerungen / Aufgaben wurde der ermäßigte Steuersatz des § 34 Abs. 3 EStG bei keiner Einkunftsart in Anspruch genommen.	64/65	,–
21	In Zeile 20 enthaltener steuerpflichtiger Teil, für den das **Teileinkünfteverfahren** gilt	66/67	,–

22 ☐ **Zu den Zeilen 15 bis 21:**
Erwerber ist eine Gesellschaft, an der die veräußernde Person oder ein Angehöriger beteiligt ist (Erläuterungen auf besonderem Blatt).

2013AnlS221 – Aug. 2013 – **2013AnlS221**

! WICHTIG

Zusätzliche Anlage EÜR nicht vergessen

Unter Umständen müssen Sie bei Gewinnermittlung durch **Einnahme-Überschuss-Rechnung** § 4 Abs. 3 EStG die Gewinnermittlung auf der **Anlage EÜR** vornehmen (s. u.).

Wenn Sie für durch **Buchführung** ermittelte und nicht entnommene Gewinne eine ermäßigte Besteuerung beantragen möchten, benötigen Sie zusätzlich die **Anlage 34a** (vgl. Zeile 14).

Gewinnermittlung Freiberufler

Der Gewinn eines Freiberuflers kann durch **Buchführung** oder **Einnahme-Überschuss-Rechnung** ermittelt werden. Da bei dieser Einkunftsart keine Buchführungspflicht besteht, können Sie die vereinfachte Gewinnermittlung in Form der Einnahme-Überschuss-Rechnung (Gewinnermittlung nach § 4 Abs. 3 EStG) jederzeit anwenden. Betragen die Betriebseinnahmen einschließlich Umsatzsteuer 17.500 € oder mehr, muss die Gewinnermittlung auf der **Anlage EÜR** vorgenommen werden.

Gewinne aus selbstständiger Arbeit unterliegen nicht der Gewerbesteuer. Unter die Einkunftsart (**Anlage S**) fallen im Wesentlichen

- freiberufliche Tätigkeiten (Zeile 4), z. B. Arztberufe, Rechtsanwälte, Notare, Wirtschaftsprüfer, Steuerberater, Architekten, Ingenieure, Wissenschaftler, Schriftsteller, Lehrer, Erzieher, Künstler und vergleichbare Berufe;
- sonstige selbstständige Tätigkeiten (Zeilen 9, 10), z. B. Testamentsvollstrecker, Vermögensverwalter, Aufsichtsrat.

→ ZEILE 4
Gewinn freiberufliche Tätigkeit

Tragen Sie hier den ermittelten **Gewinn aus der freiberuflichen Tätigkeit** ein und fügen Sie Unterlagen zur Gewinnermittlung bei.

Liebhaberei (Hobby) ist auch bei freien Berufen (insbesondere bei schriftstellerischer und künstlerischer Tätigkeit) denkbar (vgl. Erläuterungen zu den Zeilen 4 und 5 der **Anlage G**).

TIPP

Pauschale Betriebsausgaben für ausgewählte Tätigkeiten

Für bestimmte freiberufliche Tätigkeiten können Sie Betriebsausgaben auch über Pauschalen geltend machen. Bei nebenberuflicher selbstständiger Lehrtätigkeit (z. B. Nachhilfestunden), Prüfungstätigkeit, Schriftstellerei, künstlerischer Tätigkeit, wissenschaftlicher Tätigkeit oder Vortragstätigkeit sind ohne Einzelnachweis 25 % der Einnahmen, max. 600 € jährlich, als Betriebsausgabe abzugsfähig, bei hauptberuflicher schriftstellerischer Tätigkeit und bei Journalisten 30 % der Einnahmen, max. 2.400 €.

→ ZEILE 6
Gesonderte Feststellung

Die Ausführungen zur Zeile 7 der **Anlage G** gelten sinngemäß auch für freiberufliche Betriebe, wenn sich der Betrieb außerhalb der Zuständigkeit des Wohnsitzfinanzamts befindet.

→ ZEILEN 6, 7
Beteiligungen

Auf die Ausführungen zu den Zeilen 8–11 der **Anlage G** wird hingewiesen. Freiberufliche Einkünfte liegen bei Gesellschaften (z. B. Praxisgemeinschaften, Sozietäten) allerdings nur dann vor, wenn **alle Beteiligten** an der Gesellschaft die entsprechende persönliche Qualifikation für die Tätigkeit besitzen.

→ ZEILE 8
Verlustbeteiligungen

Sind Sie an freiberuflichen Abschreibungs- bzw. Verlustzuweisungsgesellschaften oder **Steuerstundungsmodellen** beteiligt, tragen Sie Ihren (Verlust-)Anteil ein (vgl. Erläuterungen **Anlage G** Zeile 12) .

→ ZEILEN 9, 10
Andere selbstständige Arbeit

Hier tragen Sie unter Angabe Ihrer Tätigkeit Ihren Gewinn oder Verlust ein, wenn Sie keine freiberufliche, sondern eine andere selbstständige Tätigkeit (z. B. Lotterieeinnehmer, Nachlass-, Zwangs-, Insolvenz-, Vermögensverwalter, Aufsichtsrat, Testamentvollstrecker) ausüben.

→ ZEILE 11
Teileinkünfteverfahren

Diese Zeile betrifft Sie nur, wenn Sie im Betriebsvermögen Anteile an Kapitalgesellschaften (Aktien, GmbH-Anteile) halten und die Gesellschaft Ihnen Gewinnanteile (z. B. Dividenden) ausgezahlt oder an Sie verdeckte Gewinnausschüttungen vorgenommen hat (vgl. Erläuterungen zu Zeile 13 der **Anlage G**).

→ ZEILE 14
Steuerermäßigung

Haben Sie den Gewinn durch Buchführung ermittelt, können Sie für die Teile des **Gewinns, die im Betrieb bleiben** und nicht entnommen worden sind, eine **ermäßigte Besteuerung** beantragen. Dazu benötigen Sie die **Anlage 34a** (vgl. Erläuterungen zu Zeile 14 der Anlage G und Hinweise zur Anlage 34a).

→ ZEILEN 15–22
Betriebsveräußerung/-aufgabe

Haben Sie Ihren freiberuflichen Betrieb veräußert oder aufgegeben, ist ein dadurch entstandener Gewinn steuerlich zu erfassen. Auf die Ausführungen zu den Zeilen 31–42 der **Anlage G** wird verwiesen. Auch bei freiberuflichen Betrieben wird u. U. auf Ihren Antrag (Eintragung in Zeile 15 oder 18) hin ein Freibetrag berücksichtigt und die ermäßigte Besteuerung (Eintragung in Zeile 17 oder 20) vorgenommen. Sind im Veräußerungs- bzw. Aufgabegewinn Gewinne aus der Veräußerung von im Betriebsvermögen gehaltenen Anteilen an Kapitalgesellschaften (GmbH, AG) enthalten, unterliegen diese nur zum Teil der Besteuerung (Teileinkünfteverfahren, Eintragung in Zeile 16, 19 oder 21).

→ZEILE 31
Außerordentliche Erträge

Infrage kommen z. B. Entschädigungen für entgangene oder entgehende Einnahmen oder Vergütungen für mehrjährige Tätigkeiten. Diese werden ermäßigt besteuert (vgl. Erläuterungen zu Zeile 43 der **Anlage G**).

→ZEILEN 32–35
Schuldzinsen, Investitionsabzug

Die erforderlichen Eintragungen zum Schuldzinsenabzug und zum Investitionsabzugsbetrag entsprechen den Zeilen 45–48 der **Anlage G** (vgl. Erläuterungen dort).

→ ZEILEN 36, 37
Nebentätigkeiten

In die Zeilen 36 und 37 tragen Sie Vergütungen für **ehrenamtliche Tätigkeiten** z. B. als Stadt- oder Gemeinderat, ehrenamtlicher Bürgermeister oder ähnliche Nebentätigkeiten ein. Ebenso fallen darunter **Aufwandsentschädigungen** für nebenberufliche, selbstständige Übungsleiter und weitere Personen. (Anmerkung: Waren Sie als Arbeitnehmer tätig, gehören die Zahlungen in Zeile 26 der **Anlage N**.) Den steuerfreien Teil dieser Aufwandsentschädigungen (max. 2.400 €) müssen Sie gesondert in Zeile 36 bzw. 37 angeben, der steuerpflichtige Teil ist im Gewinn (Zeile 4) zu erfassen. Vertiefend siehe → Ehrenamt.

Checkliste Anlage S

Folgende Abzugsmöglichkeit geprüft? Vgl. Ausfüllhinweise zur Zeile! Nutzen Sie auch die Checkliste zur Anlage G. Sie ist für alle Gewinneinkünfte gleichermaßen anwendbar.

- [ ] **Sie sind nebenberuflich schriftstellerisch, journalistisch, künstlerisch, wissenschaftlich oder unterrichtend (Lehrtätigkeit, Nachhilfe, Prüfungstätigkeit) tätig?** Sie können pauschale Betriebsausgaben geltend machen (vgl. Zeile 4).
- [ ] **Sie waren nebenberuflich als selbstständiger Übungsleiter, Vortragender, Ausbilder, Betreuer oder in einer vergleichbaren Tätigkeit als Künstler oder Pflegender für eine inländische Person des öffentlichen Rechts oder für eine gemeinnützige Organisation tätig?** Prüfen Sie, ob Ihr Honorar (teilweise) steuerfrei gem. § 3 Nr. 26 EStG ist (vgl. Zeile 36).
- [ ] **Prüfen Sie auch die Checkliste zur Anlage G.** Die dort genannten Tipps für gewerbliche Betriebe gelten auch für Freiberufler.

1.15 Anlage EÜR (Einnahme-Überschuss-Rechnung)

WICHTIG

Wer die Anlage EÜR abgeben muss

Die Anlage EÜR müssen Sie in folgendem Fall ausfüllen:

- Sie gehören zu denjenigen Unternehmern, die nicht bilanzieren, und
- Ihre Betriebseinnahmen betragen einschließlich Umsatzsteuer mind. 17.500 €.

Für jeden Betrieb ist eine separate Einnahme-Überschuss-Rechnung zu erstellen.

Die Anlage EÜR ist nach § 60 Abs. 4 EStDV zwingend elektronisch an die Finanzverwaltung zu übermitteln. Die Abgabe in Papierform ist nur noch in Härtefällen auf Antrag zulässig.

Bei Personengesellschaften (z.B. GbR oder KG) ist die Anlage EÜR für den gesamthänderischen Bereich elektronisch zu übermitteln. Daneben sind für jeden Beteiligten die Ermittlungen der Sonderbetriebseinnahmen und -ausgaben sowie die Ergänzungsrechnungen und Schuldzinsenermittlungen nach § 4 Abs. 4a EStG zusätzlich gesondert einzureichen.

Überblick

Formularaufbau	
Seite 1	**Betriebseinnahmen (Zeilen 8–20)** Hier sind die Betriebseinnahmen einzutragen, die im Wirtschaftsjahr zugeflossen sind. Beachten Sie die Besonderheiten bei der Umsatzsteuer und bei Entnahmen aus dem Betriebsvermögen.
Seiten 1, 2	**Betriebsausgaben (Zeilen 21–64)** Hier tragen Sie alle Betriebsausgaben ein, die den Gewinn des Wirtschaftsjahres mindern.

Überblick

Formularaufbau	
Seite 3	**Ermittlung des Gewinns (Zeilen 71–82)** In diese Zeilen müssen Sie Beträge eintragen, die zwar nicht als Betriebseinnahmen oder -ausgaben angesehen werden, aber doch Auswirkungen auf den Gewinn haben. **Ergänzende Angaben (Zeilen 83–86)** **Rücklagen und stille Reserven (Zeilen 83–86)** Hier tragen Sie gewinnmindernde Rücklagen nach § 6b EStG, Ersatzbeschaffungen und Ausgleichsposten nach § 4g EStG ein. **Entnahmen und Einlagen (Zeilen 87–88)** Falls Sie Einlagen oder Entnahmen getätigt haben, führen Sie diese hier auf. Dazu gehören neben Wirtschaftsgütern und Leistungen, die Sie privat in Anspruch genommen haben, auch Geldentnahmen und -einlagen.
Anlagen	**Anlageverzeichnis/Ausweis des Umlaufvermögens, Ermittlung der nicht abziehbaren Schuldzinsen**

Allgemeine Kurzinformation

Unternehmer, die nicht bilanzieren, müssen den amtlich vorgeschriebenen Vordruck „Einnahme-Überschuss-Rechnung – EÜR (Gewinnermittlung nach § 4 Abs. 3 EStG)“ zusammen mit ihrer Einkommensteuererklärung einreichen.

Notwendige Unterlagen

Sie sollten damit rechnen, dass die Finanzämter i.d.R. die folgenden Unterlagen zur Bearbeitung des Antrags verlangen:

- Verzeichnis der Anlagegüter
- Ermittlung der nicht abziehbaren Schuldzinsen (soweit der Zinsaufwand 2.050 € übersteigt).

→ ZEILEN 1–4
Allgemeine Angaben

Zunächst sind im oberen Bereich des Vordrucks Name und Vorname des Unternehmers (Zeile 1 und 2), die Steuernummer (Zeile 3) und die Art des Betriebs (Zeile 5) einzutragen.

Als „Art des Betriebes“ tragen Sie den Gewerbezweig ein, den Sie betreiben, z. B. „Lebensmitteleinzelhandel“ oder die **freiberufliche Tätigkeit** z. B. „Rechtsanwalt“.

Außerdem ist in Zeile 5 (Kennzahl 105) eine Zuordnungsziffer einzutragen:

Einkunftsart	Steuerpflichti-ger/Ehemann	Ehefrau	Ehegatten-Mitunterneh-merschaft
Einkünfte aus Land- und Forstwirtschaft	1	2	7
Einkünfte aus Gewerbebetrieb	3	4	8
Einkünfte aus selbstständiger Tätigkeit	5	6	9

(Als Ehegatten-Mitunternehmerschaft ist z. B. eine GbR zu verstehen, an der nur die beiden Ehegatten, keine Fremden, beteiligt sind.)

1.15.2 Betriebseinnahmen

→ ZEILEN 9–13 **Betriebs-einnahmen**

In den Zeilen 9–13 sind die **Betriebseinnahmen** einzutragen. Diese sind grundsätzlich im Wirtschaftsjahr des Zuflusses zu erfassen.

In Zeile 9 tragen **umsatzsteuerliche** Kleinunternehmer ihre Betriebseinnahmen ein, allerdings ohne die Einnahmen aus der Veräußerung von Anlagevermögen (Zeile 16), die private Kfz-Nutzung (Zeile 17) und sonstige Entnahmen (Zeile 18).

Ergänzend sind in Zeile 10 die nicht steuerbaren sowie einige nach dem Umsatzsteuergesetz steuerbefreite Umsätze anzugeben. Nicht steuerbar sind u. a. Umsätze, bei denen der Leistungsort nicht im Inland liegt und die damit nicht unter das Umsatzsteuergesetz fallen. Als steuerfreie Leistungen, die hier einzubeziehen sind, gelten z. B.:

- Umsätze aus dem Verkauf von Briefmarken § 4 Nr. 8i UStG,
- Umsätze als Bausparkassen- oder Versicherungsvertreter bzw. Versicherungsmakler § 4 Nr. 11 UStG,
- Vermietungsumsätze § 4 Nr. 12 UStG,
- Umsätze als Arzt, Zahnarzt, Heilpraktiker, Physiotherapeut (Krankengymnast) § 4 Nr. 14 UStG,
- Unterrichtsleistungen selbstständiger Lehrer, soweit diese für bestimmte, anerkannte Schulen tätig sind § 4 Nr. 22a UStG,
- Umsätze aus Grundstücksverkäufen, soweit dies Hilfsgeschäfte sind § 4 Nr. 9a UStG.

Diese Angaben werden zur Prüfung der Umsatzgrenzen bei Kleinunternehmern benötigt.

Alle anderen Unternehmer (Ausnahme: Land- und Forstwirte, Zeile 11) tragen in Zeile 12 sämtliche **umsatzsteuerpflichtigen Betriebseinnahmen** jeweils ohne Umsatzsteuer (netto) ein. Einnahmen aus der Veräußerung von Anlagevermögen, die private Kfz-Nutzung und sonstige Einnahmen werden jedoch erst später erfasst.

In Zeile 13 sind **umsatzsteuerfreie** (§ 4 UStG – z. B. Auslandsumsätze, Zinsen, steuerfreie Mieteinnahmen) und die **nicht umsatzsteuerbaren Betriebseinnahmen** (z. B. Umsätze, bei denen der Leistungsort nicht im Inland liegt, Entschädigungen, öffentliche Zuschüsse) – ohne Beträge der Zeilen 16–18 – anzugeben.

Außerdem sind solche Betriebseinnahmen in dieser Zeile einzutragen, für die der Leistungsempfänger die Umsatzsteuer nach § 13b UStG schuldet.

! WICHTIG

Dividende müssen in voller Höhe eingetragen werden

Dividenden, die unter das Teileinkünfteverfahren fallen, sind zwar nur zu 60 % steuerpflichtig, da 40 % nicht als Gewinn erfasst werden § 3 Nr. 40 EStG. Vertiefend siehe → Kapitaleinkünfte.

In die Beträge der Zeilen 12 und 13 sind sie allerdings in voller Höhe einzubeziehen. Eine Korrektur erfolgt in Zeile 79. Auf die Erläuterungen zu Zeile 79 wird verwiesen.

→ ZEILEN 14, 15
Umsatzsteuer

Die vereinnahmten Umsatzsteuerbeträge auf die Betriebseinnahmen der Zeilen 12 und 16 gehören zum Zeitpunkt ihrer Vereinnahmung, die Umsatzsteuer auf unentgeltliche Wertabgaben der Zeilen 17 und 18 dagegen zum Zeitpunkt ihrer Entstehung zu den Betriebseinnahmen und sind in Zeile 14 einzutragen.

Hat das Finanzamt Ihnen Umsatzsteuer erstattet, gehört der Betrag in Zeile 15. Die erstatteten steuerlichen Nebenleistungen, wie z. B. ein Verspätungs- oder Säumniszuschlag, sind aber in Zeile 13, bei Kleinunternehmern in den Zeilen 9 und 10 zu erfassen.

→ ZEILE 16
Veräußerung oder Entnahme von Anlagevermögen

Haben Sie im Gewinnermittlungszeitraum Wirtschaftsgüter des Anlagevermögens **(z.B. Maschinen, Kraftfahrzeuge) veräußert oder** entnommen, ist der Erlös bzw. der Entnahmewert ohne Umsatzsteuer in Zeile 16 einzutragen.

Eine Entnahme liegt vor, wenn Sie Gegenstände aus dem Unternehmen für private Zwecke entnommen haben.

BEISPIEL

Privatentnahme aus dem Betrieb

Sie haben Ihrer Tochter einen betrieblichen PC geschenkt. Der Wert des Geräts beträgt 200 € netto.

Der Wert der Sachentnahme (200 €) ist in Zeile 16 einzutragen, die darauf entfallende Umsatzsteuer von 38 € ist den Beträgen in Zeile 14 zuzurechnen.

Entnahmen sind i.d.R. mit dem Teilwert anzusetzen. Das ist der Betrag, den ein Erwerber des ganzen Betriebs im Rahmen des Gesamtkaufpreises für das einzelne Wirtschaftsgut ansetzen würde; dabei ist davon auszugehen, dass der Erwerber den Betrieb fortführt. Der Teilwert ist somit regelmäßig niedriger als der Verkaufserlös, der für das einzelne Wirtschaftsgut erzielt würde.

→ ZEILEN 17, 18
Entnahmen

In den Zeilen 17 und 18 sind **die übrigen** privaten Vorgänge ohne Umsatzsteuer zu erfassen (**Entnahmen**). Die entsprechende Umsatzsteuer gehört in Zeile 14

Die private Kfz-Nutzung ist in Zeile 17 einzutragen. Wird die private Kfz-Nutzung nach der 1 %-Regelung ermittelt, beachten Sie die Erläuterungen zur „Kostendeckelung“ (zu Zeile 54 ff.).

Wurden sonstige **Sach-, Nutzungs- oder Leistungsentnahmen** getätigt, gehören die Wertansätze in Zeile 18. Dazu gehört insbesondere die private Telefonnutzung.

→ ZEILE 19
Rücklagenauflösung, Rücklagenbildung

In den ergänzenden Angaben (Zeilen 83–86) berechnen Sie den Gewinn aus der Auflösung von Rücklagen und Ausgleichsposten. Übertragen Sie den Betrag in Zeile 19.

Addieren Sie die Zeilen 9–19 und tragen Sie die Summe in Zeile 20 ein.

1.15.3 Betriebsausgaben

→ ZEILE 21
Betriebsausgabenpauschale

In den folgenden Zeilen 21–64 sind alle Betriebsausgaben aufzuschlüsseln. Diese sind grundsätzlich im Wirtschaftsjahr des Abflusses zu erfassen.

Bestimmte Berufsgruppen können den Betriebsausgabenabzug pauschalieren, d.h. sie ziehen einen bestimmten Prozentsatz ihrer Einnahmen als Betriebsausgaben ab. Eine weitergehende Berücksichtigung von einzelnen Kosten ist nicht mehr möglich. Vertiefend siehe → Zusatzeinkünfte.

Ist der pauschale Betriebsausgabenabzug für Sie günstiger, tragen Sie in Zeile 21 diesen Betrag ein. Damit ist für Sie der Teil „Betriebsausgaben" erledigt und Sie können zu Zeile 57 springen.

Gleiches gilt, wenn Sie den Freibetrag nach § 3 Nr. 26 EStG für bestimmte nebenberufliche Tätigkeiten (Übungsleiterfreibetrag), den Freibetrag nach § 3 Nr. 26a EStG für andere nebenberufliche Tätigkeiten (max. 720 €) oder den Freibetrag nach § 3 Nr. 26b EStG (für Aufwandsentschädigungen eines Vormunds) geltend machen und keine höheren tatsächlichen Betriebsausgaben haben. Vertiefend siehe → Ehrenamt.

Die Freibeträge nach § 3 Nr. 26 EStG und § 3 Nr. 26b EStG dürfen zusammen den Betrag von 2.400 € nicht überschreiten. Der Freibetrag nach § 3 Nr. 26a EStG kann daneben für eine andere Tätigkeit gewährt werden.

In allen anderen Fällen müssen die Beträge im Vordruck grundsätzlich mit dem Nettobetrag ausgewiesen werden. Die abziehbaren Vorsteuerbeträge sind in Zeile 44 auszuweisen. Kleinunternehmer und Steuerpflichtige, die den Vorsteuerabzug nach den §§ 23, 23a und 24 Abs. 1 UStG pauschal vornehmen, geben den Bruttobetrag an.

1.15.4 Waren, Dienstleistungen, Personalkosten

→ ZEILEN 23, 24
Waren, Rohstoffe, bezogene Leistungen

Die Nettokosten von Waren, Roh- und Hilfsstoffen einschließlich der entstandenen Nebenkosten (Fracht, Versand u. Ä.) nach Abzug von Skonti und Rabatten, die für den Betrieb erworben wurden, gehören in Zeile 23.

In Zeile 24 sind die von Dritten für den Betrieb erbrachten Dienstleistungen zu erfassen (z.B. EDV-Beratung).

→ ZEILE 25
Personalkosten

Sämtliche Ausgaben für Gehälter, Löhne und Versicherungsbeiträge für Ihre Arbeitnehmer gehören in Zeile 25. Hierzu zählen sämtliche Bruttolohn- und -gehaltsaufwendungen einschließlich der gezahlten Lohnsteuer und anderer Nebenkosten.

1.15.5 Absetzung für Abnutzung

→ ZEILEN 26–34
Absetzung für Abnutzung (AfA)

Soweit Sie für Ihren Betrieb Anlagegüter erworben bzw. hergestellt haben, sind deren Anschaffungs-/Herstellungskosten auf ihre jeweilige Nutzungsdauer zu verteilen. Vertiefend siehe → Abschreibungen/Gebäude.

Berechnen Sie die AfA-Beträge in einer gesonderten Anlage, die Sie zusammen mit Ihrer Gewinnermittlung einreichen. Auch die nicht abnutzbaren Wirtschaftsgüter des Anlagevermögens sind mit den Anschaffungs- oder Herstellungskosten in ein besonderes, laufend zu führendes Verzeichnis aufzunehmen.

Zur Darstellung der Entwicklung Ihres Anlagevermögens benutzen Sie die Anlage AV/EÜR.

Um Rückfragen zu vermeiden, empfehlen wir, ein solches Verzeichnis mit einzureichen.

Für Wirtschaftsgüter, die nach dem 5.5.2006 angeschafft, hergestellt oder eingelegt wurden, sind Sie verpflichtet, ein Verzeichnis zu führen (§ 4 Abs. 3 S. 5 EStG).

→ ZEILE 35
Restbuchwert ausgeschiedener Anlagegüter

Nicht vergessen dürfen Sie die Eintragung des Restbuchwerts ausgeschiedener Anlagegüter in Zeile 35.

BEISPIEL

Restbuchwert ermitteln und erfassen

Sie verkaufen am 30.4. Ihre Telefonanlage für 1.500 € zzgl. 285 € Umsatzsteuer. Zum 1.1. betrug der Buchwert noch 1.700 €. Die Anlage wurde jährlich mit 1.200 € abgeschrieben.

Der Nettoerlös von 1.500 € ist in Zeile 16, die Umsatzsteuer in Zeile 14 zu erfassen. Die zeitanteilige Abschreibung (4/12 von 1.200 € = 400 €) gehört zu den übrigen AfA-Beträgen in Zeile 28. Den verbleibenden Restbuchwert (1.700 € ./. AfA 400 € = 1.300 €) tragen Sie in Zeile 35 ein.

1.15.6 Raumkosten und andere Grundstücksaufwendungen

→ ZEILEN 36–38
Miete, Grundstücksaufwendungen

Betreiben Sie Ihr Unternehmen (teilweise oder ganz) in gemieteten oder gepachteten Räumen, tragen Sie in Zeile 36 die Miete einschließlich Nebenkosten ein. Kosten für das häusliche Arbeitszimmer sind nicht hier, sondern ausschließlich in Zeile 55 einzutragen.

Mietaufwendungen für eine doppelte Haushaltsführung sind in Zeile 37 einzutragen.

Betreiben Sie Ihr Gewerbe in eigenen Räumen bzw. auf eigenen Grundstücken, sind die hierfür anfallenden Kosten (ohne AfA Zeile 26 und Schuldzinsen Zeile 46 f.) in Zeile 38 einzutragen.

1.15.7 Sonstige unbeschränkt abzugsfähige Betriebsausgaben

→ ZEILEN 39–51
Telekommunikation, Reisekosten, Fortbildung, Rechts- und Steuerberatung

Die Aufwendungen für Telekommunikation (Telefon etc.) tragen Sie in Zeile 39 ein. Die eigenen Übernachtungs- und Reisenebenkosten gehören in Zeile 40, die entsprechenden Kosten der Arbeitnehmer gehören in Zeile 51. **Fortbildungskosten** gehören in die Zeile 41, Rechts- und Steuerberatungskosten sowie Kosten der Buchführung in Zeile 42.

→ ZEILE 43
Miete/Leasing

Die Kosten für Miete bzw. Leasing von beweglichen Wirtschaftsgütern (z. B. Kopierer o. Ä.) gehören in die Zeile 43. Nicht dazu gehören Kfz-Leasingkosten (Zeile 58) oder Raummiete (Zeile 36).

→ ZEILE 46
Schuldzinsen zwecks Finanzierung von Wirtschaftsgütern

Die Schuldzinsen können u. U. nur eingeschränkt abzugsfähig sein.

Tragen Sie in Zeile 46 zunächst die Schuldzinsen für **gesondert aufgenommene Darlehen** zur Finanzierung von Anschaffungs- oder Herstellungskosten von Wirtschaftsgütern des Anlagevermögens ein (z. B. Betriebsgebäude, Pkw, Maschinen etc.). Diese sind in jedem Fall und in vollem Umfang abzugsfähig. Nicht in Zeile 46, sondern in Zeile 55 sind die Schuldzinsen für das häusliche Arbeitszimmer zu erfassen.

→ ZEILE 44
Übrige Schuldzinsen

In die Zeile 47 tragen Sie die übrigen Schuldzinsen mit dem vollen Betrag ein.

Sind hier weniger als 2.050 € einzutragen, brauchen Sie sich keine weiteren Gedanken machen. Der Betrag ist voll abzugsfähig. In allen anderen Fällen muss die Anlage „Ermittlung der nicht abziehbaren Schuldzinsen – Anlage SZE" ausgefüllt und mit der Einnahme-Überschuss-Rechnung eingereicht werden.

Einen sich daraus ergebenden Korrekturbetrag müssen Sie in die Zeile 81 eintragen.

→ ZEILE 48 **Gezahlte Vorsteuer**

→ ZEILE 49 **Gezahlte und verrechnete Umsatzsteuer**

Die an andere Unternehmer (Lieferanten etc.) **gezahlten abziehbaren Vorsteuerbeträge** sind in Zeile 44 einzutragen.

Die an das Finanzamt im entsprechenden Jahr **tatsächlich abgeführte Umsatzsteuerzahllast** gehört in Zeile 49. Die gezahlten steuerlichen Nebenleistungen, wie z. B. ein Verspätungs- oder Säumniszuschlag, sind aber in Zeile 51 einzutragen.

→ ZEILE 50 **Bildung von Rücklagen**

In den ergänzenden Angaben (Zeilen 83–86) berechnen Sie die Summe der Gewinnminderungen aus der Bildung von **Rücklagen** und Ausgleichsposten. Übertragen Sie den Betrag in Zeile 50.

→ ZEILE 51 **Sonstige Betriebsausgaben**

Alle übrigen unbeschränkt abzugfähigen Betriebsausgaben fassen Sie unter dieser Position in Zeile 51 zusammen.

1.15.8 Beschränkt abzugsfähige Betriebsausgaben

→ ZEILEN 51–57 **Geschenke, Bewirtungskosten, Verpflegungsmehraufwendungen, Arbeitszimmer**

→ ZEILE 56 **Sonstige nicht abzugsfähige Kosten**

Im Folgenden sind die beschränkt abziehbaren Betriebsausgaben anzugeben. Hierzu gehören insbesondere **Geschenke, Bewirtung**, Reisekosten, Kosten der doppelten Haushaltsführung, das **häusliche Arbeitszimmer** etc.

Die Gesamtaufwendungen sind in „nicht abziehbare" und „abziehbare" aufzuteilen. Vertiefend siehe → Doppelte Haushaltsführung.

Aufwendungen, die die Lebensführung des Steuerpflichtigen oder anderer Personen berühren, sind nicht abzugsfähig. Dazu gehören z. B. die Aufwendungen für die Feier aus Anlass des 50. Geburtstags des Firmeninhabers, auch wenn er dazu Geschäftsfreunde eingeladen hat. **Geldbußen**, Ordnungsgelder oder Verwarnungsgelder sind ebenfalls nicht abziehbar.

In die Zeile 56 sind die sonstigen beschränkt abziehbaren Betriebsausgaben (z. B. Geldbußen) und die nicht abziehbaren Betriebsausgaben (z. B. Aufwendungen für Jagd oder Fischerei, für Segel- oder Motorjachten) getrennt nach nicht abziehbar und abziehbar einzutragen bzw. zu erfassen.

→ ZEILE 57
Gewerbesteuer

Die an die Gemeinde abgeführte Gewerbesteuer ist keine Betriebsausgabe mehr und darf nicht mehr abgezogen werden. Lediglich Zahlungen für die Jahre bis 2007 sind abzugsfähig.

1.15.9 Kraftfahrzeugkosten und andere Fahrtkosten

→ ZEILEN 58–63
Kraftfahrzeugkosten

Zu unterscheiden sind die Aufwendungen für:

- Kfz Leasing (Zeile 58)
- Steuern, Versicherungen und Maut (Zeile 59)
- sonstige Fahrtkosten (Zeile 60)

In Zeile 60 gehören alle übrigen festen und laufenden Kosten (z. B. Kraftstoffkosten, Reparaturkosten etc.), allerdings nicht die AfA und Zinsaufwendungen. Ferner sind Aufwendungen für öffentliche Verkehrsmittel, die für betriebliche Zwecke (z. B. Geschäftsreisen) genutzt wurden, hier zu berücksichtigen.

Wurden Privatfahrzeuge betrieblich genutzt, sind die Kosten in Zeile 61 einzutragen. Hier kann entweder die Km-Pauschale von 0,30 € pro gefahrenen km angesetzt werden oder der tatsächliche Km-Satz, der anhand von Einzelaufzeichnungen nachzuweisen ist.Vertiefend siehe → Dienstwagen/Firmenwagen und → Fahrtkosten.

Da die Aufwendungen für **Fahrten zwischen Wohnung und Betrieb** sowie für die **Heimfahrten im Rahmen einer doppelten Haushaltsführung** nur beschränkt abzugsfähig sind, werden die anteiligen Gesamtkosten (anteilige Beträge, die in der vorigen Zeile erfasst wurden, zuzüglich anteilige AfA für den betrieblichen Pkw (aus Zeile 28) und die Finanzierungskosten des Pkw) in der Zeile 62 eingetragen und mindern die Betriebsausgaben.

Die für Wege zwischen Wohnung und Betriebsstätte und für Familienheimfahrten im Rahmen der doppelten Haushaltsführung abziehbaren Pauschbeträge (z. B. Entfernungspauschale) werden unabhängig von der Art des genutzten Verkehrsmittels in Zeile 63 erfasst.

BEISPIEL

Ermittlung der Kosten für Fahrten zwischen Wohnung und Betrieb

Bei einer Fahrleistung von 30.000 km betragen die Gesamtkosten für Ihr Fahrzeug 12.000 € (in den Zeilen 58–60 enthaltene Kosten des genutzten Pkw), die Abschreibung 3.000 € (in Zeile 28 enthalten). Die Entfernung zwischen Wohnung und Betrieb beträgt 24 km. Sie sind in allen Monaten des Jahres insgesamt an 250 Tagen von Ihrer Wohnung zu Ihrem Betrieb gefahren. Der Listenpreis des Pkw betrug 30.000 €.

Die tatsächlichen Kosten pro gefahrenem Kilometer betragen 0,50 € (15.000 € : 30.000 km). Zwischen Wohnung und Betrieb haben Sie 12.000 km (250 Tage × 48 km) zurückgelegt. Somit ist in Zeile 55 ein Betrag von 6.000 € (12.000 km × 0,50 €) einzutragen.

Nehmen Sie dagegen die 1 %-Regelung zur Berechnung Ihres privaten Nutzungsanteils in Anspruch, gehen Sie im vorstehenden Beispiel wie folgt vor:

0,03 % des Listenpreises × Kalendermonate × Kilometer der Entfernung

9 € × 12 Monate × 24 km = 2.592 € (Eintragung in Zeile 62)

In Zeile 63 tragen Sie bei beiden Methoden die abzugsfähige Entfernungspauschale mit 1.800 € ein (250 Tage × 24 km × 0,30 €).

Vertiefend siehe → Dienstwagen/Firmenwagen.

Kostendeckelung

Wird der Privatanteil nach der 1 %-Regelung berechnet, kann es dazu kommen, dass der gesamte Privatanteil (Privatfahrten, Fahrten zwischen Wohnung und Betrieb sowie Heimfahrten im Rahmen einer doppelten Haushaltsführung) die Gesamtkosten für das Kfz übersteigt. In diesen Fällen muss der Privatanteil so begrenzt werden, dass sämtliche Kfz-Aufwendungen neutralisiert werden und nur die Entfernungspauschale als abzugsfähige Betriebsausgabe verbleibt. Vertiefend siehe → Dienstwagen/Firmenwagen.

→ ZEILE 64
Summe der Betriebsausgaben

Addieren Sie alle abzugsfähigen Betriebsausgaben und tragen Sie diese in Zeile 64 ein.

1.15.10 Gewinnermittlung

→ ZEILEN 71–82
Gewinn/ Verlust
→ ZEILEN 73–74
Hinzurechnungen

In den Zeilen 71–82 wird der Gewinn ermittelt. Zunächst sind die Betriebseinnahmen aus Zeile 20 und die Betriebsausgaben aus Zeile 64 in die Zeilen 71 bzw. 72 zu übertragen.

Wurde für ein Wirtschaftsgut der Investitionsabzugsbetrag nach § 7g Abs. 1 EStG in Anspruch genommen, so ist im Wirtschaftsjahr der Anschaffung oder Herstellung der Investitionsabzugsbetrag (max. 40 % der Anschaffungs-/Herstellungskosten) gewinnerhöhend hinzuzurechnen. In Zeile 73 sind diese Hinzurechnungsbeträge nach § 7g Abs. 2 EStG entsprechend den Regelungen zum Investitionsabzugsbetrag einzutragen. Diese berechnen Sie getrennt nach einzelnen Wirtschaftsgütern auf einer gesonderten Anlage.

Wird eine § 6b-Rücklage aufgelöst, ohne dass eine Übertragung auf ein Ersatzwirtschaftsgut stattgefunden hat, ist ein Gewinnzuschlag vorzunehmen § 6b Abs. 7 und Abs. 10 EStG. Dieser gehört in Zeile 74. Beachten Sie auch die Erläuterung zu Zeile 84.

Im Folgenden können Sie noch Aufwendungen geltend machen, die zwar nicht als Betriebsausgaben angesehen werden, aber doch den Gewinn mindern.

→ ZEILE 75
Investitionsabzugsbetrag

Steuerpflichtige können nach § 7g EStG für die künftige Anschaffung oder Herstellung von abnutzbaren beweglichen Wirtschaftsgütern des Anlagevermögens bis zu **40 % der voraussichtlichen Anschaffungs-/Herstellungskosten gewinnmindernd berücksichtigen (Investitionsabzugsbeträge)**. Die Eintragung in Zeile 75 ergibt sich aus der Berechnung des Investitionsabzugsbetrags (§ 7g EStG) in einer gesonderten Anlage.

→ ZEILE 76
Wechsel der Gewinnermittlungsart

In Zeile 66 ist ein Übergangsgewinn oder -verlust einzutragen, der bei einem Wechsel von der Gewinnermittlungsart „Betriebsvermögensvergleich“, d. h. Bilanzierung, zur Einnahme-Überschuss-Rechnung, entsteht. Dies ist der Fall, wenn keine Verpflichtung zur Buchführung (mehr) vorliegt und das Finanzamt einen entsprechenden Bescheid erlässt. Durch den Übergangsgewinn oder -verlust wird verhindert, dass sich bestimmte Vorgänge überhaupt nicht oder aber doppelt auf den Gewinn auswirken.

Bei Aufgabe oder Veräußerung des Betriebs ist eine Schlussbilanz nach den Grundsätzen des Betriebsvermögensvergleichs zu erstellen. Ein entsprechender Übergangsgewinn/-verlust ist ebenfalls in Zeile 76 einzutragen.

→ ZEILE 77
Ergebnis aus Beteiligung an Personengesellschaften

Hier sind die gesondert und einheitlich festgestellten **Ergebnisanteile aus Beteiligungen** an Personengesellschaften (Mitunternehmerschaften, Bürogemeinschaften) einzutragen. Die dort berücksichtigten Betriebseinnahmen und -ausgaben dürfen nicht zusätzlich in den Zeilen 8–76 angesetzt werden.

Soweit Ergebnisanteile dem Teileinkünfteverfahren bzw. § 8b KStG unterliegen, sind sie hier in voller Höhe (einschließlich steuerfreier Anteile) einzutragen. Die entsprechende Korrektur erfolgt in Zeile 79.

→ ZEILE 78
Korrigierter Gewinn/Verlust
→ ZEILE 70
Korrekturbetrag

In Zeile 78 ermitteln Sie den korrigierten Gewinn durch Addition bzw. Subtraktion der Zeilen 71–77.

Dividenden im Betriebsvermögen, die unter das Teileinkünfteverfahren fallen, sind nur zu 60 % steuerpflichtig, 40 % bleiben steuerfrei § 3 Nr. 40 EStG. Vertiefend siehe → Kapitaleinkünfte.

In Zeile 13 waren diese Beträge in voller Höhe als Betriebseinnahme einzubeziehen. In Zeile 79 erfolgt die Korrektur um die steuerfreien Beträge. Allerdings ist zu beachten, dass auch Aufwendungen, die mit diesen Beträgen in Zusammenhang stehen, nur zu 60 % abzugsfähig sind.

BEISPIEL

Korrekturbetrag bei Dividenden ermitteln

Sie halten eine GmbH-Beteiligung im Betriebsvermögen. Die Dividende i. H. v. 20.000 € unterliegt dem Teileinkünfteverfahren, d. h. 8.000 € bleiben steuerfrei. Die Finanzierungskosten der Beteiligung i. H. v. 3.000 € sind allerdings auch nur zu 60 % abzugsfähig. Es sind folgende Eintragungen vorzunehmen:

Die Dividende ist mit 20.000 € in die Beträge der Zeile 13 einzubeziehen. Die Schuldzinsen stehen mit Anlagevermögen in Zusammenhang und sind mit 3.000 € in Zeile 46 zu erfassen.

Für die Zeile 79 ist der Korrekturbetrag wie folgt zu ermitteln:

Dividende 20.000 €, davon steuerfrei 8.000 €.

Zinsen 3.000 €, davon nicht abzugsfähig 1.200 €.

Der bisher ermittelte Gewinn ist somit um 6.800 € zu hoch ausgewiesen. In Zeile 79 ist ein Eintrag von –6.800 € zu machen.

Achten Sie darauf, dass die Eintragung mit Vorzeichen vorzunehmen ist.

→ ZEILE 80
Steuerpflichtiger Gewinn/ Verlust vor Anwendung des § 4 Abs. 4a EStG

In Zeile 80 ziehen Sie erneut eine Zwischensumme.

In den Zeilen 46 und 47 haben Sie die gesamten Zinsaufwendungen eingetragen. Aufgrund der Vorschrift des § 4 Abs. 4a EStG sind die Schuldzinsen jedoch nur eingeschränkt abzugsfähig. Ist die Eintragung in Zeile 47 größer als 2.050 €, müssen Sie die Anlage SZE ausfüllen. Ein Korrekturbetrag, den Sie in Zeile 26 der Anlage SZE errechnet haben, ist hier einzutragen. Er erhöht den Gewinn.

→ ZEILE 82
Steuerpflichtiger Gewinn/ Verlust

In Zeile 82 errechnen Sie schließlich Ihren steuerpflichtigen Gewinn bzw. Verlust.

1.15.11 Ergänzende Angaben

Ergänzende Angaben

Zu den Themengebieten Rücklagen und Entnahmen/Einlagen sind noch ergänzende Angaben zu machen.

→ ZEILEN 83–86
Rücklagen und stille Reserven

Soweit Steuerpflichtige die Übertragung stiller Reserven nach § 6b EStG nicht durch Abzug des bei der Veräußerung entstandenen Gewinns bei den Anschaffungs- oder Herstellungskosten der in § 6b EStG genannten Wirtschaftsgüter vorgenommen haben, können sie im Wirtschaftsjahr der Veräußerung eine gewinnmindernde Rücklage bilden.

→ ZEILE 83
Rücklagen nach § 6b EStG oder Ersatzbeschaffung

Tragen Sie in Zeile 83 die gebildete Rücklage ein. Auch die Minderung der Anschaffungs-/Herstellungskosten bei der begünstigten Investition durch Übertragung der stillen Reserven ist unter „Bildung" als Betriebsausgabe in die linke Spalte einzutragen. Die Aufzeichnungspflichten nach § 6c Abs. 2 EStG sind zu beachten. Vorgenanntes gilt auch für die Rücklage für Ersatzbeschaffung nach R 6.6 EStR 2012.

→ ZEILE 84
Übertragung von stillen Reserven

In Zeile 84 sind die stillen Reserven einzutragen, die auf neu angeschaffte Wirtschaftsgüter übertragen wurden, und die deren Herstellungs- bzw. Anschaffungskosten gemindert haben.

BEISPIEL

Übertragung stiller Reserven nach Verkauf eines betrieblichen Grundstücks

Der Unternehmer U verkauft im Gewinnermittlungszeitraum ein Betriebsgrundstück für 50.000 € (Eintrag Zeile 16), das er vor zehn Jahren für 35.000 € (Eintrag Zeile 35) angeschafft hat. Den Gewinn aus diesem Vorgang in Höhe von 15.000 € kann der Unternehmer in Zeile 83 (linke Spalte „Bildung") eintragen. Durch die Übernahme des Summenbetrags aus Zeile 86 als Betriebsausgabe in Zeile 50 wird der erfasste Gewinn wieder neutralisiert.

U überträgt noch im selben Jahr einen Betrag in Höhe von 10.000 € auf sein Betriebsgebäude. Im Anlageverzeichnis sind die Anschaffungs-/Herstellungskosten des Gebäudes um diesen Betrag zu mindern.

Den Restbetrag von 5.000 € will U als § 6b-Rücklage stehen lassen. Wird diese Rücklage in späteren Jahren auf ein anderes Wirtschaftsgut übertragen, ist hier keine Eintragung vorzunehmen. Allerdings mindert der Betrag im Anlageverzeichnis die Anschaffungs-/Herstellungskosten.

Erfolgt keine zulässige Übertragung und muss die Rücklage spätestens nach Ablauf des Begünstigungszeitraums aufgelöst werden, ist der Betrag in Zeile 83 (rechte Spalte „Auflösung") einzutragen.

→ ZEILEN 87, 88
Entnahmen und Einlagen

Hier sind die Entnahmen und Einlagen einzutragen, die nach § 4 Abs. 4a EStG gesondert aufzuzeichnen sind. Neben den durch die private Nutzung betrieblicher Wirtschaftsgüter oder Leistungen entstandenen Entnahmen – ggf. zuzüglich Umsatzsteuer – gehören auch die Geldeinnahmen und -einlagen dazu.

Zusammen mit dem Vordruck EÜR sollten Sie auf jeden Fall folgende Anlagen einreichen:

- Ein **Verzeichnis der Anlagegüter** sowie der Gegenstände, die in den Sammelposten einbezogen wurden (vgl. dazu auch die Ausführungen zu den Zeilen 26 ff. des Vordrucks EÜR).

- Verbleibt nach Abzug der Zinsen für gesondert aufgenommene Darlehen zur Finanzierung von Wirtschaftsgütern des Anlagevermögens von Ihrem Gesamtzinsaufwand ein Betrag von mehr als 2.050 €, sollten Sie den **Vordruck „Ermittlung der nicht abziehbaren Schuldzinsen – SZE“** mit einreichen (vgl. dazu auch die Ausführungen zur Zeile 81 des Vordrucks EÜR).

1.15.12 Vordruck SZE „Ermittlung der nicht abziehbaren Schuldzinsen“

! WICHTIG

Wer die Anlage SZE abgeben muss

Die **Anlage SZE** benötigen Sie in folgenden Fällen:

- Sie führen ein Einzelunternehmen.
- Die geltend gemachten Schuldzinsen betragen, nach Abzug der Schuldzinsen für Darlehen zur Finanzierung von Anschaffungs-oder Herstellungskosten von Wirtschaftsgütern des Anlagevermögens, 2.050 €.

Formularaufbau	
Seite 1	**Ermittlung des maßgeblichen Gewinns (Zeilen 4–8)** Der mittels der Einnahme-Überschuss-Rechnung ermittelte Gewinn ist um einige Positionen wie z. B. steuerfreie Gewinne zu korrigieren **Ermittlung der Über-/Unterentnahmen des laufenden Wirtschaftsjahres (Zeilen 9–12)** Aus dem Saldo von Gewinn, Entnahmen und Einlagen werden die Über-/Unterentnahmen berechnet. **Ermittlung der nicht abziehbaren Schuldzinsen (Zeilen 13–26)** Auf Basis der kumulierten Über-/Unterentnahmen und unter Berücksichtigung eines Freibetrages werden die nicht abziehbaren Schuldzinsen berechnet.

→ ZEILE 4–8
Ermittlung des maßgeblichen Gewinns für Zwecke des § 4 Abs. 4a EStG

Zunächst ist der maßgebliche Gewinn für die Berechnung der nicht abzugsfähigen Zinsen zu ermitteln.

Dazu tragen Sie den Gewinn aus Zeile 80 des Vordrucks EÜR in Zeile 4 ein. Dieser erhöht sich um steuerfreie Gewinne (einzutragen in Zeile 5). In Zeile 6 sind Gewinn- bzw. Verlustanteile aus Mitunternehmerschaften (d. h. Personengesellschaften) zu addieren bzw. zu subtrahieren. In Zeile 7 gehören schließlich noch Veräußerungsgewinne bzw. -verluste, die in Zeile 80 des Vordrucks EÜR nicht enthalten sind.

Die Summe der Zeilen 4–7 ergibt den maßgeblichen Gewinn (bzw. Verlust) in Zeile 8. Dieser ist, soweit der Betrag positiv ist, nach Zeile 10 zu übertragen. Ein Verlust gehört in Zeile 17.

→ ZEILE 9–12
Ermittlung der Über-/Unterentnahmen des laufenden Wirtschaftsjahres

Nun sind die **Über- bzw. Unterentnahmen des Wirtschaftsjahres** zu berechnen.

Dazu werden die Entnahmen laut Zeile 87 des Vordrucks EÜR in Zeile 9, der maßgebliche Gewinn (aus Zeile 8) in Zeile 10 und die Einlagen aus Zeile 88 in Zeile 11 eingetragen.

In Zeile 12 errechnen Sie dann die Über-/Unterentnahmen des Wirtschaftsjahres.

→ ZEILE 13–21
Ermittlung des Hinzurechnungsbetrags

Überentnahmen liegen vor, wenn der Betrag positiv (in Zeile 13 eintragen), Unterentnahmen, wenn er negativ ist (in Zeile 15 eintragen).

TIPP

Berechnung für Vorjahre nachholen nach erstmaliger Überentnahme

Haben Sie im Wirtschaftsjahr erstmals mehr entnommen, als die Summe aus Gewinn und Einlagen ausmachten, sollten Sie diese Berechnung für die Vorjahre nachholen.

Vermutlich ersparen Sie sich somit die Hinzurechnung und Versteuerung fiktiver Zinsbeträge.

Im zweiten Schritt sind die kumulierten Über-/Unterentnahmen, d. h. die Summe der Über-/Unterentnahmen des laufenden Jahres und solcher der Vorjahre, zu ermitteln.

→ ZEILE 13, 14
Überentnahmen

Im nächsten Schritt sind die kumulierten **Über-/Unterentnahmen**, d. h. die Summe der Über-/Unterentnahmen des laufenden Jahres und solcher der Vorjahre, zu ermitteln.

Hierzu tragen Sie den Betrag aus Zeile 12, sofern dieser positiv ist, in die Zeile 13 ein.

Sind bei Ihnen in den Vorjahren Überentnahmen aufgelaufen, müssen Sie diese in die Zeile 14 eintragen.

→ ZEILEN 15–18
Unterentnahmen, Verluste der laufenden und vorangegangener Wirtschaftsjahre

In diese Zeilen gehören:

- in Zeile 15 die Unterentnahmen des laufenden Jahres (negativer Betrag aus Zeile 12);
- in Zeile 16 die Unterentnahmen der Vorjahre (negativer Betrag aus Zeile 20 des Vorjahres);
- in Zeile 17 der eventuell entstandene Verlust des laufenden Wirtschaftsjahres (negativer Betrag aus Zeile 8);
- in Zeile 18 ein Verlust aus vorangegangenen Jahren (aus Zeile 19 der Vorjahresberechnung).

Ist der Saldo dieser Beträge negativ, bleibt er zur Verrechnung in den Folgejahren in der linken Spalte der Zeile 19 stehen. Ist er dagegen positiv, d.h. liegen Unterentnahmen vor, mindern diese die Überentnahmen des laufenden Wirtschaftsjahres. Dazu tragen Sie den Betrag in die rechte Spalte der Zeile 19 ein.

→ ZEILE 20
Kumulierte Über-/Unterentnahmen

In Zeile 20 errechnen Sie Ihre kumulierten Über-/Unterentnahmen.

Ist der Betrag negativ, brauchen Sie nichts weiter zu unternehmen; eine Kürzung der Zinsbeträge findet nicht statt.

→ ZEILE 21
Multiplikation mit 6 %

Bei einer positiven Differenz müssen Sie den Betrag mit 6 % multiplizieren. Das Ergebnis sind die nicht abziehbaren Schuldzinsen.

In einem letzten Schritt prüfen Sie, ob der Betrag evtl. auf den Höchstbetrag zu begrenzen ist.

→ ZEILEN 22–25
Höchstbetragsberechnung

Tragen Sie in Zeile 22 die tatsächlichen Schuldzinsen des laufenden Wirtschaftsjahres ein.

In Zeile 23 übertragen Sie den Betrag aus Zeile 46 des Vordrucks EÜR (gesondert aufgenommene Darlehen zur Finanzierung von Anschaffungs- oder Herstellungskosten von Wirtschaftsgütern), in Zeile 24 den Kürzungsbetrag gem. § 4 Abs. 4a S. 4 EStG in Höhe von 2.050 €.

Ist der Saldo negativ, tragen Sie eine „0“ ein.

In Zeile 25 errechnen Sie den Höchstbetrag der nicht abziehbaren Schuldzinsen.

→ ZEILE 26
Nicht abziehbare Schuldzinsen

Ist dieser Betrag (Zeile 25) niedriger als die in Zeile 21 errechneten nicht abziehbaren Schuldzinsen, ist er in Zeile 26 zu übertragen.

Andernfalls ist der Betrag aus Zeile 21 in Zeile 26 zu übernehmen.

Der Betrag aus Zeile 26 ist als nicht abziehbarer Zinsbetrag in Zeile 81 der Anlage EÜR zu übernehmen.

Checkliste EÜR

Folgende Abzugsmöglichkeit geprüft? Vgl. Ausfüllhinweise zur Zeile!	
Ihre Betriebseinnahmen betragen weniger als 17.500 €? Dann können Sie auf die Abgabe des Vordrucks EÜR verzichten und fügen stattdessen Ihrer Steuererklärung eine formlose Gewinnermittlung bei.	☐
Sie haben Dividenden in Ihren Betriebseinnahmen erfasst? Denken Sie unbedingt daran, die Einkünfte in Zeile 69 um 40 % zu korrigieren (Teileinkünfteverfahren).	☐
Sie haben Anlagevermögen verkauft, verschrottet, oder es ist aus anderen Gründen ausgeschieden? Den Restbuchwert müssen Sie in Zeile 35 eintragen und so als Betriebsausgabe geltend machen.	☐
Ihre Schuldzinsen betragen mehr als 2.050 €? Teilen Sie genau auf, in welchem Umfang diese auf Anlagevermögen und andere Bereiche entfallen. Prüfen Sie außerdem, welche Entnahmen Sie getätigt haben und ob diese in die Berechnung der nichtabzugsfähigen Zinsen einfließen müssen.	☐
Sie planen in den kommenden Jahren Investitionen und möchten Ihren Gewinn jetzt schon mindern? Machen Sie sich mit dem Thema „Investitionsabzugsbetrag“ vertraut und beziehen Sie diesen ggf. in Ihre Einnahme-Überschuss-Rechnung ein.	☐

1.16 Anlage AUS (Ausländische Einkünfte)

WICHTIG

Im Inland steuerpflichtige ausländische Einkünfte

Die **Anlage AUS** benötigen Sie in folgenden Fällen:

Sie haben Einkünfte (**außer Kapitalerträge und Arbeitslohn**) aus dem Ausland bezogen, die

- auch im Inland **steuerpflichtig** sind und wollen die ausländische Steuer auf Ihre Einkommensteuer anrechnen lassen;
- in Deutschland **steuerfrei sind**, aber den Steuersatz der inländischen Einkünfte verändern (Progressionsvorbehalt).

Jeder Ehegatte mit ausländischen Einkünften benötigt eine eigene Anlage AUS. Die Angaben müssen für jeden Staat und jede Einkunftsart getrennt vorgenommen werden.

Überblick

Formularaufbau	
Vorderseite	**Steuerpflichtige ausländische Einkünfte (Zeilen 4–10)** Im Inland steuerpflichtige Einkünfte sind auf den Anlagen der entsprechenden Einkunftsart (z. B. Anlage V) einzutragen. Durch die Eintragung der ausländischen Einkünfte auf der Anlage AUS beantragen Sie die Anrechnung der ausländischen Steuer auf die deutsche Einkommensteuer.
Rückseite	**Nicht nach DBA steuerfreie negative Einkünfte i. S. d. § 2a Abs. 1 EStG (Zeilen 31–35)** Durch eine Eintragung erreichen Sie eine Verrechnung ausländischer Verluste mit positiven gleichartigen Einkünften aus demselben Land in Vor- oder Folgejahren. **Nach DBA steuerfreie Einkünfte/Progressionsvorbehalt (Zeilen 36–44)** Diese Einkünfte sind nur auf der Anlage AUS einzutragen. Sie beeinflussen den Steuersatz der in Deutschland steuerpflichtigen Einkünfte (Progressionsvorbehalt). **Nach DBA steuerfreie negative Einkünfte i. S. d. § 2a Abs. 1 EStG (Zeilen 45–49)** Hier beantragen Sie die Verrechnung von ausländischen Verlusten mit entsprechenden positiven Vorjahreseinkünften.

! WICHTIG

Kapitaleinkünfte und Arbeitslohn werden in der Anlage AUS nicht erfasst

Die **Anlage AUS** wird **nicht** für Einkünfte aus Kapitalvermögen und Arbeitslohn benötigt. Die Eintragungen dazu sind ausschließlich auf der **Anlage KAP** bzw. auf der **Anlage N** und **Anlage N-AUS** vorzunehmen.

Kurzinformation zu ausländischen Einkünften

Ausländische Einkünfte sind im Inland grundsätzlich steuerpflichtig und zwar unabhängig davon, ob mit dem ausländischen Staat ein Abkommen zur Vermeidung einer Doppelbesteuerung (DBA) besteht oder nicht. Deshalb müssen die steuerpflichtigen ausländischen Einkünfte bei der jeweiligen Einkunftsart (z. B. Mieteinkünfte auf der **Anlage V**) erfasst werden. Soweit die ausländischen Einkünfte dem Teileinkünfteverfahren unterliegen (Gewinnanteile und Veräußerungsgewinne aus Beteiligungen), sind sie außer in Zeile 5 und 6 noch in den Zeilen 7 bzw. 8 einzutragen. Die ausländische Steuer kann, soweit sie auf im Inland zu versteuernde Einkünfte entfällt und wenn sie der deutschen Einkommensteuer entspricht, in bestimmtem Umfang steuerlich berücksichtigt werden. Der Umfang der Berücksichtigung muss für jeden ausländischen Staat getrennt ermittelt werden. Deshalb müssen Sie die Einnahmen nach Staaten getrennt angeben. Infrage kommt für die ausländische Steuer zum einen die direkte Anrechnung auf die deutsche Einkommensteuer (Eintragung Anlage AUS, Zeile 11, bei Erträgen aus Investmentanteilen Zeile 12, Eintragungen in Zeile 13, wenn nicht die tatsächlich gezahlte, sondern nur eine fiktive, im DBA bestimmte ausländische Steuer angerechnet wird) oder der Abzug der Steuer wie Betriebsausgaben oder Werbungskosten (Berücksichtigung bei der Ermittlung der Einkünfte in Zeile 5).

Fügen Sie Ihrer Anlage AUS die **ausländischen Steuerbescheinigungen** bei. Besteht mit dem ausländischen Staat ein DBA, dann kann dort außerdem geregelt sein, dass die ausländischen Einkünfte im Inland steuerfrei sind. Dann sind sie nur auf der Anlage AUS (Zeilen 36–43) einzutragen. In diesem Fall bewirken sie jedoch eine Veränderung des Steuersatzes für die im Inland steuerpflichtigen Einkünfte (Progressionsvorbehalt).

Die **Anlage AUS** dient also im Wesentlichen dazu, die Anrechnung der ausländischen Steuer zu beantragen bzw. die Veränderung des inländischen Steuersatzes im Wege des Progressionsvorbehalts sicherzustellen.

Arbeitslohn

Ausländische **Lohneinkünfte** sind, soweit der Arbeitslohn im Inland steuerfrei ist, auf der Vorderseite der **Anlage N** (Zeilen 21–24) und auf der Anlage N-AUS einzutragen. Die Anlage N-AUS benötigen Sie dann, wenn ausländische Steuer **auch** auf im Inland steuerpflichtigen Arbeitslohn angerechnet werden soll. Soweit es um die Anrechnung schweizerischer Abzugssteuer geht, reicht ein Eintrag in Zeile 25 der **Anlage N** aus.

✔ Checkliste Anlage AUS

Folgende Abzugsmöglichkeit geprüft? Vgl. Ausfüllhinweise zur Zeile!

Ihnen wurde im Ausland ausländische Steuer oder deutsche Quellensteuer (ZIV) aus Kapitalerträgen einbehalten? ☐
Sie können die Steuer direkt auf der Anlage KAP anrechnen lassen und benötigen keine Anlage AUS.

Sie möchten ausländische Steuer anrechnen lassen? ☐
Dazu benötigen Sie stets die ausländische Steuerbescheinigung. Regelmäßig ist die direkte Anrechnung (Zeilen 11–13) günstiger als der Abzug als Werbungskosten bzw. Betriebsausgaben (Zeile 5).

CHECKLISTE A = Arbeitnehmer R = Rentner U = Unternehmer

2 Schluss-Check – damit Sie keine Steuerspar-Möglichkeit übersehen

Abgeltungsteuer

A R U

Wollen Sie die Veranlagungsoption oder die Günstigerprüfung im Rahmen der Einkommensteuererklärung nutzen?

In diesem Fall müssen Sie dies unbedingt durch ein Kreuz in der Anlage KAP beantragen. Nur dann führt das Finanzamt die Prüfung durch! Außerdem sollten Sie Ihren Steuerbescheid daraufhin besonders kontrollieren!

Haben Sie Ihr Depot gewechselt und später Wertpapiere verkauft?

Kontrollieren Sie die Abrechnung Ihrer Bank genau. Hat die übergebende Bank den Erwerbszeitpunkt und die Anschaffungskosten nicht korrekt mitgeteilt, kann es dazu kommen, dass zu viele Abgaben einbehalten werden. Sie können solche Fehler in der Steuererklärung korrigieren!

Haben Sie thesaurierende Auslandsfonds veräußert?

Dann passen Sie besonders auf, sonst zahlen Sie doppelt Steuern, da der Fonds sowohl für den Wertzuwachs als auch für Veräußerungserlöse Steuern einbehält. Das kann bedeuten, dass eine Doppelerfassung erfolgt.

Haben Sie Ihre Freistellungsaufträge für 2014 überprüft?

Sie sollten den Freistellungsauftrag richtig platzieren, damit Sie Geld und Arbeitsaufwand sparen!

Haben Sie Werbungskosten für Einnahmen, die der Abgeltungsteuer unterliegen?

Die Nichtberücksichtigung der tatsächlichen Werbungskosten könnte einen Verstoß gegen das Leistungsfähigkeitsprinzip darstellen und damit verfassungswidrig sein. Gegebenenfalls sollten Sie gegen den Einkommensteuerbescheid Einspruch einlegen.

CHECKLISTE

A = Arbeitnehmer R = Rentner U = Unternehmer

Abschreibungen/Anschaffungs- und Herstellungskosten

A R U

Planen Sie den Kauf eines Wohnhauses?

Häufig wird neben dem Grundstück und dem Gebäude auch vorhandenes Inventar (Küche etc.) übernommen. Wenn Sie im Kaufvertrag festhalten, welcher Teil des Gesamtkaufpreises darauf entfällt, sparen Sie Grunderwerbsteuer.

Hatten Sie Kosten, die im Zusammenhang mit einer Schenkung bzw. einem Erbfall entstanden sind (z. B. Kosten des Erbauseinandersetzungsvertrags)?

Diese können nach neuerer Rechtsprechung als Werbungskosten abzugsfähig sein.

Abschreibungen/Arbeitsmittel

A R U

Haben Sie Arbeitsmittel angeschafft, die weniger als 487,90 € gekostet haben?

Diese können Sie im Jahr der Anschaffung als Werbungskosten geltend machen. Übrigens: Die 410 €-Grenze (brutto 487,90 €) kann auch im betrieblichen Bereich genutzt werden!

Altersentlastungsbetrag

A R U

Sind beide Ehegatten vor dem 2.1.1949 geboren?

Dann erfüllen Sie die Voraussetzungen für den Altersentlastungsbetrag. Sofern einer von Ihnen Einkünfte (außer Renten und Versorgungsbezüge) von mehr als 4.750 € hat, während der andere weniger als diesen Betrag bezogen hat, sollten Sie über eine Umverteilung der Einnahmen nachdenken.

Altersvorsorgeaufwendungen

A

Erhalten Sie von Ihrem Arbeitgeber bisher keine oder nur geringe Zulagen für Ihre Altersvorsorge?

Sprechen Sie mit ihm ggf. über eine Gehaltsumwandlung

✓ CHECKLISTE A = Arbeitnehmer R = Rentner U = Unternehmer

Arbeitskleidung A U

Wird Ihre Arbeitskleidung steuerlich anerkannt?

Wenn Sie „typische Berufskleidung“ tragen, deren Anschaffung steuerlich abzugsfähig ist, können Sie auch die Reinigungskosten geltend machen. In der Regel wird ein pauschaler Betrag von 110 € nicht beanstandet.

Arbeitslosigkeit A

Sind Sie zurzeit arbeitslos, hatten aber Werbungskosten?

Sie sollten diese Werbungskosten geltend machen. Wenn die Einkünfte dadurch negativ werden, wirken sich diese über den Verlustausgleich im Vorjahr oder in späteren Jahren aus.

Arbeitszimmer A U

Haben Sie schon einmal über eine Anmietung nachgedacht?

Wenn Sie ein Arbeitszimmer außerhalb Ihrer Wohnung haben, gelten die gesetzlichen Beschränkungen nicht. Sie können das Arbeitszimmer auch von Angehörigen mieten. Eine direkte Nachbarschaft (z. B. Wohnung auf derselben Etage oder im selben Haus) ist aber schädlich.

Außergewöhnliche Belastungen A R U

Krankheitskosten

Ob eine zumutbare Belastung überhaupt auf Krankheitskosten anzurechnen ist, wird derzeit in verschiedenen Verfahren vor den Finanzgerichten überprüft. Legen Sie ggf. gegen Ihren Einkommensteuerbescheid vorsorglich Einspruch ein und beantragen Sie das Ruhen des Verfahrens bis zur höchstrichterlichen Entscheidung.

Erwarten Sie Erstattungen von Versicherungen?

Auch wenn diese erst im nächsten Jahr kommen, müssen Sie die Kosten um die Erstattung mindern.

Haben Sie durch ein Naturereignis Hausrat oder Kleidung verloren?

Dann können Sie die Kosten der Wiederbeschaffung steuerlich geltend machen.

CHECKLISTE

A = Arbeitnehmer R = Rentner U = Unternehmer

Baumaßnahmen (Reparaturen) A R U

Hat Ihre Baumaßnahme für ein vermietetes Gebäude oder eine vermietete Wohnung weniger als 4.000 € netto (4.760 € brutto) gekostet?

Diese können Sie aus Vereinfachungsgründen immer als Reparatur behandeln.

Behinderte Menschen A R U

Sind Sie oder ein von Ihnen betreuter Mensch in der Pflegestation eines Seniorenheims untergebracht?

Die Aufwendungen können wie Krankenhauskosten als außergewöhnliche Belastung ohne Anrechnung der Haushaltsersparnis berücksichtigt werden.

Haben Sie Ihr Fahrzeug behindertengerecht umgerüstet?

Die Kosten sind neben dem Behinderten-Pauschbetrag in voller Höhe abziehbar.

Sind Sie behindert, haben aber keinen Schwerbehindertenausweis beantragt?

Holen Sie dies schleunigst nach! Der amtliche Ausweis ist maßgeblich für den Steuerfreibetrag. Entscheidend ist der Zeitpunkt des Eingangs beim Versorgungsamt.

Behinderte Menschen/Kinder A R U

Ist Ihr Kind behindert, aber ohne eigene Einkünfte?

Der Freibetrag kann auf Sie übertragen werden.

Betreuen Sie einen Angehörigen nur zeitweise (z.B. am Wochenende) in Ihrer Wohnung?

Auch dann können Sie den Pauschbetrag beanspruchen.

Belege A R U

Konnten Sie für bestimmte beruflich oder betrieblich veranlasste Kosten keine Belege erhalten oder haben Sie diese verloren?

Für manche Kosten erhält man keine oder nur sehr umständlich Belege zum Nachweis der Kosten. Erstellen Sie (möglichst zeitnah) „Eigenbelege“. Das

CHECKLISTE A = Arbeitnehmer R = Rentner U = Unternehmer

heißt, notieren Sie nach der Bezahlung von Parkgebühren, Telefonkarten, Telefongesprächen von der Telefonzelle, Trinkgeldern usw. mind. Datum, Zeit, Ort, Anlass und Betrag.

Das Finanzamt wird, soweit Ihre Angaben glaubhaft sind, die Kosten als Werbungskosten oder Betriebsausgaben steuerlich anerkennen.

Berufsausbildung A

Hatten Sie im Jahr 2013 Aufwendungen für die eigene Berufsausbildung?

Dann können Sie diese bis zum Höchstbetrag von 4.000 € als Sonderausgaben geltend machen. Im Einzelfall können auch unbeschränkt abzugsfähige Werbungskosten vorliegen, wenn Sie z. B. Ausbildungsbezüge erhalten

Dienstwagen/Firmenwagen A U

Haben Sie zum Nachweis der privaten Pkw-Nutzung ein Fahrtenbuch geführt?

Kontrollieren Sie die Vollständigkeit und Plausibilität der Eintragungen gründlich. Lesen Sie dazu → Dienstwagen/Firmenwagen.

Müssen Sie Ihrem Arbeitgeber einen Zuschuss bei der Anschaffung des nächsten Firmenwagens zahlen (z. B. für Sonderausstattung)?

Lesen Sie die Einzelheiten in → Dienstwagen/Firmenwagen!

Hat Ihr Arbeitgeber die 1 %-Regelung angewendet, obwohl Sie ein Fahrtenbuch geführt haben?

Dann können Sie in der Einkommensteuererklärung den Bruttoarbeitslohn korrigieren!

Sind Sie als Außendienstler mit einem Firmenwagen unterwegs und fahren gelegentlich in die Firma?

Dann müssen die Fahrten zwischen Wohnung und Arbeitsstätte nicht pauschal mit 0,3 % pro Monat angesetzt, sondern können mit der Anzahl der tatsächlichen Fahrten und 0,002 % berechnet werden. Das ist viel günstiger für Sie!

CHECKLISTE A = Arbeitnehmer R = Rentner U = Unternehmer

Doppelte Haushaltsführung A U

Ist Ihre doppelte Haushaltsführung auf Dauer angelegt?

Überlegen Sie, ob Ihr Ehegatte an Ihrem Arbeitsort eine Wohnung kaufen kann, die Sie dann anschließend anmieten. Hier ergibt sich ein doppelter steuerlicher Vorteil: durch die Werbungskosten aus der doppelten Haushaltsführung und den Verlust aus Vermietung und Verpachtung.

Steht Ihnen am Ort des Lebensmittelpunkts eine abgeschlossene Wohnung zur alleinigen Nutzung unentgeltlich, z.B. im Haus Ihrer Eltern, zur Verfügung?

Dann liegt ein anzuerkennender eigener Hausstand vor.

Haben Sie Ihren Hausstand aus privaten Gründen vom Beschäftigungsort wegverlegt und am Beschäftigungsort einen Zweithaushalt begründet?

Auch dann liegt eine anzuerkennende doppelte Haushaltsführung vor.

Haben Sie Familienheimfahrten im Rahmen der doppelten Haushaltsführung unternommen, ohne dass Ihnen dafür Kosten entstanden sind (z. B. als Mitfahrer einer Fahrgemeinschaft, bei Abholung von Verwandten, weil Ihnen Ihr Arbeitgeber die BahnCard100 für Ihre Dienstreisen zur Verfügung stellt oder weil Sie als Firmenangehöriger ein Freikontingent haben)?

In diesen Fällen können Sie trotzdem die Entfernungspauschale mit 0,30 € pro Entfernungskilometer geltend machen (BFH, Urteil v. 18.4.2013 – VI R 29/12). Die Entfernungspauschale gilt unabhängig davon, ob überhaupt Kosten entstanden sind. Deshalb ist sie beispielsweise auch dann zu gewähren, wenn der Arbeitnehmer kostenfrei von Verwandten abgeholt wird oder als Mitfahrer einer Fahrgemeinschaft keine Aufwendungen hat. Ist die Kostenfreiheit auf Veranlassung des Arbeitgebers zurückzuführen, sind dessen Leistungen allerdings auf die Pauschalen anzurechnen.

Ehegattenveranlagung A R

Sind Sie beide als Arbeitnehmer tätig?

Mit einem Lohnsteuer-Vergleichsrechner können Sie im Internet herausfinden, welche Lohnsteuerklasse für Sie am günstigsten ist.

CHECKLISTE

A = Arbeitnehmer R = Rentner U = Unternehmer

Doppelverdiener-Ehepaare können das sog. „optionale Faktorverfahren“ wählen. Lesen Sie in → Veranlagung von Ehegatten und Partnern einer eingetragenen Lebenspartnerschaft, welche Vorteile damit verbunden sind und was Sie dafür tun müssen.

Ehrenamt

A R U

Alle Freibeträge wurden erhöht, auch die pauschalen steuerfreien Beträge für Aufwandsentschädigungen aus öffentlichen Kassen (z. B. für Ratsmitglieder)!

Sind Sie im gemeinnützigen, mildtätigen oder kirchlichen Bereich ehrenamtlich oder nebenberuflich tätig?

Dann können Sie sowohl den Freibetrag für nebenberufliche Tätigkeiten im gemeinnützigen, mildtätigen oder kirchlichen Bereich als auch den Übungsleiterfreibetrag (für zwei verschiedene Tätigkeiten) erhalten, soweit die Voraussetzungen erfüllt sind!

Erhalten Sie einen der Freibeträge und haben Sie geringere Einnahmen als Kosten?

Verluste, die bei Ausübung einer sog. Übungsleitertätigkeit entstehen, sind neuerdings auch dann steuerlich abzugsfähig, wenn die Einnahmen den steuerfreien Betrag nicht übersteigen.

Eingetragene Lebenspartnerschaft

A R U

Leben Sie in einer eingetragenen Lebenspartnerschaft?

Dann gilt für Sie auch der Splittingtarif.

ELSTER

A R U

Geben Sie Ihre Steuererklärung immer noch in Papierform ab?

Die Vorteile bei einer Abgabe mit ELSTER: Schnellere Bearbeitung, weniger Rückfragen, das Finanzamt verzichtet weitgehend auf Belege.

CHECKLISTE

A = Arbeitnehmer R = Rentner U = Unternehmer

Entfernungspauschale

A U

Arbeiten Sie nicht immer am gleichen Ort?

Beachten Sie die seit 2012 nochmals veränderten Regelungen zur regelmäßigen Arbeitsstätte, die überaus vorteilhaft sein können.

Fahren Sie von mehreren Wohnungen zu Ihrem Geschäft oder Ihrer Arbeitsstelle?

Die Fahrten von der weiter entfernt liegenden Wohnung sind nur dann zu berücksichtigen, wenn sich dort Ihr Lebensmittelpunkt befindet und Sie diese nicht nur gelegentlich aufsuchen.

Nutzen Sie sowohl einen Pkw als auch öffentliche Verkehrsmittel?

Die Kostenbegrenzung auf 4.500 € gilt nicht, wenn der eigene oder ein zur Nutzung überlassener Kraftwagen benutzt wird.

Leiden Sie an einer Behinderung?

Beträgt der Grad Ihrer Behinderung mind. 70 % oder sind Sie erheblich gehbehindert (Merkzeichen „G“ in den amtlichen Ausweisen), können die tatsächlichen Kosten für die Benutzung des eigenen Pkw bzw. ohne Einzelnachweis 0,30 € für jeden gefahrenen Kilometer als Werbungskosten geltend gemacht werden.

Fachbücher

A U

Wollen Sie Kosten für Literatur steuerlich als Werbungskosten oder Betriebsausgaben geltend machen?

Abzugsfähig sind nur Kosten für Fachliteratur. Lassen Sie sich von Ihrem Buchhändler Quittungen mit dem genauen Titel des Buches geben. Ab 100 € sollte auch der Name des Käufers auf der Quittung stehen.

Fahrtkosten

Nutzen Sie Ihren Pkw nahezu ausschließlich (mehr als 90 %) beruflich?

Der Pkw ist in diesem Fall ein Arbeitsmittel. Damit sind alle Kosten (AfA, Zinsen, Kraftstoffe, Versicherungen etc.) als Werbungskosten abzugsfähig.

CHECKLISTE A = Arbeitnehmer R = Rentner U = Unternehmer

Hatten Sie außergewöhnliche Kosten für Ihren Pkw, die auf dem Weg zur Arbeit oder einer beruflichen bzw. betrieblichen Fahrt verursacht wurden?

Unfallkosten und sonstige Kosten die außergewöhnlich sind, können neben den Kilometerpauschbeträgen geltend gemacht werden.

Ferienwohnung im Ausland (Vermietung/Immobilien) A R U

Besitzen Sie eine Ferienwohnung im Ausland, die Sie vermieten?

Die Einkünfte werden regelmäßig nur dort versteuert, wo sich das Haus befindet. Somit fallen in Deutschland keine Steuern an. Nachteil: Auch Verluste sind in Deutschland nicht abzugsfähig.

Finanzierungskosten A R U

Wollen Sie ein Mietobjekt verkaufen und durch ein günstigeres Objekt ersetzen?

Sie müssen die alten Schulden nicht unbedingt tilgen und neue Darlehensverträge abschließen, um die Zinsen in vollem Umfang abziehen zu können. (Lesen Sie dazu → Finanzierungskosten.)

Haben Sie ein Objekt innerhalb der Spekulationsfrist verkauft?

Dann können nachträglich gezahlte Zinsen noch Werbungskosten sein.

Wollen Sie ein Mietobjekt verkaufen, ohne eine Neuanschaffung zu tätigen?

In Abkehr von seiner bisherigen Rechtsprechung hat der BFH Schuldzinsen für ein Darlehen, das für den Erwerb eines GmbH-Geschäftsanteils aufgenommen worden ist, auch nach dessen Verkauf noch insoweit als Werbungskosten anerkannt, als das Darlehen durch den Verkaufserlös nicht getilgt werden konnte. Die Finanzverwaltung will diese Rechtsprechung nicht auf andere Einkunftsarten anwenden (z. B. Vermietungen).

Planen Sie den Bau oder Erwerb eines teilweise vermieteten, teilweise selbst genutzten Gebäudes?

Lassen Sie im Vertrag eine angemessene Aufteilung des Kaufpreises vornehmen. Bezahlen Sie die zu vermietende Einheit ausschließlich durch Darlehen, setzen Sie Ihr Eigenkapital nur für den selbst genutzten Teil ein.

CHECKLISTE A = Arbeitnehmer R = Rentner U = Unternehmer

Fortbildung (Ausbildung/Studium) A U

Hat Sie jemand zu einer Fortbildungsveranstaltung gebracht und/oder abgeholt?

Dann sind alle Fahrten beruflich veranlasst, auch die Fahrten, die Ihr Fahrer ohne Sie gemacht hat.

Fortbildung/Fachtagungen A U

Haben Sie 2013 an Fachtagungen teilgenommen?

Es ist von entscheidender Bedeutung, dass Sie glaubhaft machen können, welche einzelnen Vorträge Sie tatsächlich besucht haben. Bitten Sie den Veranstalter ggf. um Teilnahmebestätigungen.

Haben Sie den Besuch einer Fachtagung z.B. mit einer Urlaubsreise verbunden?

Der BFH hat seine Rechtsprechung zur Abgrenzung zwischen Betriebsausgaben und Lebenshaltungskosten erheblich gelockert. Auch bei einer gemischten Veranlassung kann mind. ein Teil der Ausgaben steuerlich berücksichtigt werden.

Fortbildung/Studien- und Sprachreisen A U

Benötigen Sie für Ihre Tätigkeit Sprachkenntnisse?

Auch Sprachkurse, die nur Grundkenntnisse vermitteln, können abgesetzt werden. Bei einem (Intensiv-)Sprachkurs in einem Mitgliedsland der EU wird nicht mehr typischerweise unterstellt, dass touristische Elemente einen Abzug ausschließen.

Haushaltsnahe Dienstleistungen A R U

Kennen Sie alle Abzugsmöglichkeiten?

Sämtliche handwerklichen Tätigkeiten sind begünstigt, unabhängig davon, ob es sich um regelmäßig vorzunehmende Renovierungsarbeiten oder um Erhaltungs- und Modernisierungsmaßnahmen handelt – gleichgültig, ob Sie als Mieter oder Eigentümer einer zu eigenen Wohnzwecken genutzten Wohnung den Auftrag erteilt haben.

CHECKLISTE

A = Arbeitnehmer **R** = Rentner **U** = Unternehmer

Denken Sie daran:

Haushaltsnahe Dienstleistungen sind nur begünstigt, wenn sie durch Überweisung bezahlt werden. Barzahlungen werden nicht akzeptiert.

Enthält die Abrechnung Ihrer Hausverwaltung auch haushaltsnahe Aufwendungen?

Dies können z.B. Kosten für den Hausmeister, die Putzfrau oder für Handwerker sein. Auch diese können Sie steuerlich geltend machen. Lassen Sie sich die Aufwendungen gesondert bescheinigen.

Haben Sie sich in der Vergangenheit auch über den Aufwand bei der Abgabe der Steuererklärung geärgert?

Sie müssen Rechnung und Kontoauszug nicht mehr Ihrer Steuererklärung beifügen. Dies erleichtert die elektronische Abgabe der Steuererklärung.

Haben Sie Handwerkerrechnungen, die Lohn- und Materialkosten nicht getrennt ausweisen?

Lassen Sie sich eine Rechnung geben, in der Arbeitslohn, Maschinen- und Fahrtkosten gesondert ausgewiesen sind. Eine ggf. prozentuale Aufteilung in Arbeits- und Materialkosten muss vom Rechnungsaussteller vorgenommen worden sein.

Erstatten Sie anderen Personen (z.B. Ihren Eltern) Fahrtkosten für den Fahrdienst für die Kinder?

Diese können Sie steuerlich geltend machen. Voraussetzung ist allerdings eine vertragliche Vereinbarung, eine Rechnung und die unbare Zahlung.

Heim- oder Pflegeunterbringung **A** **R** **U**

Leben Sie in einem Seniorenheim?

Schon ab Pflegestufe I können Sie unterschiedliche steuerliche Vergünstigungen in Anspruch nehmen. Vertiefend siehe → Pflegekosten/Betreuungskosten/Heimunterbringung.

CHECKLISTE A = Arbeitnehmer R = Rentner U = Unternehmer

Instandhaltungsrücklage A R U

Wurden aus der Instandhaltungsrücklage Reparaturen bezahlt?

Der anteilige „Verbrauch der Instandhaltungsrücklage" ist als Werbungskosten abzugsfähig, nicht jedoch die Zahlung in die Instandhaltungsrücklage.

Jobtickets A

Stellt Ihnen Ihr Arbeitgeber ein Jobticket kostenlos bzw. vergünstigt zur Verfügung?

Jahrestickets sind durch die geringe Freigrenze regelmäßig steuerpflichtig, da die Freigrenze nur in dem Monat geprüft wird, in dem das Ticket ausgehändigt wird. Lassen Sie sich jedoch von Ihrem Arbeitgeber monatlich z. B. eine Gültigkeitsmarke aushändigen, gilt die Freigrenze in Höhe von 44 € in jedem Monat.

Kinder A U

Zahlen Sie Elternbeiträge für eine Kernzeit- oder Nachmittagsbetreuung?

Lassen Sie sich den Rechnungsbetrag durch die Schule schriftlich aufschlüsseln, damit Sie den optimalen Steuerabzug erzielen.

Wurde Ihr Kind im Einkommensteuerbescheid steuerlich berücksichtigt und haben Sie bisher kein Kindergeld hierfür erhalten?

Beantragen Sie das Ihnen zustehende Kindergeld noch nachträglich bei der zuständigen Familienkasse.

Betreut ein Verwandter Ihre minderjährigen Kinder?

Schließen Sie einen schriftlichen Vertrag wie unter Fremden. Dann können Sie die Betreuungskosten steuerlich geltend machen.

Beschäftigen Sie ein Au-pair?

Aus Vereinfachungsgründen kann davon ausgegangen werden, dass die Aufwendungen zur Hälfte auf die Betreuung der Kinder anfallen.

CHECKLISTE A = Arbeitnehmer R = Rentner U = Unternehmer

Kirchensteuer

A R U

Beträgt die von Ihnen zu zahlende Kirchensteuer mehr als 3 % des zu versteuernden Einkommens?

Dann können Sie bei Ihrer Kirche die „Kappung" der Kirchensteuer (Teilerlass) beantragen.

Krankheitskosten

A R U

Leiden Sie an einer typischen Berufskrankheit?

Dann sind die Krankheitskosten Werbungskosten oder Betriebsausgaben.

Müssen auch Sie für die Krankheitskosten ins eigene Portemonnaie greifen?

Sammeln Sie alle Belege (Praxisgebühr, Arztkosten, Rezeptgebühren etc.) und machen Sie die Kosten bei der Steuererklärung geltend. Eine Berücksichtigung erfolgt dann nach Abzug der zumutbaren Eigenbelastung. Ob eine zumutbare Belastung überhaupt auf Krankheitskosten anzurechnen ist, wird derzeit in verschiedenen Verfahren vor den Finanzgerichten überprüft. Legen Sie ggf. gegen Ihren Einkommensteuerbescheid vorsorglich Einspruch ein und beantragen Sie das Ruhen des Verfahrens bis zur höchstrichterlichen Entscheidung.

Hatten Sie ein geringes Einkommen, bekommen Sie u. U. auch von Ihrer Krankenkasse eine Erstattung.

Kur

A R U

Haben Sie im vergangenen Jahr einen Kuraufenthalt absolviert oder planen Sie eine Kur?

Arzt- und Kurmittelkosten für Bäder, Packungen, Massagen, Kurtaxe sowie Arzt- und Krankheitskosten am Kurort werden auch anerkannt, wenn die Notwendigkeit der Kur nicht nachgewiesen wurde.

Minijobs

A R U

Beschäftigt Ihre Eigentümergemeinschaft eine Putzfrau?

In diesem Fall kann das Haushaltsscheckverfahren nicht angewendet werden.

Ändern Sie den Vertrag. Um im Haushaltsscheckverfahren abzurechnen und die Steuerermäßigung zu erhalten, muss jeder Eigentümer/Mieter die Putzfrau für

CHECKLISTE **A** = Arbeitnehmer **R** = Rentner **U** = Unternehmer

das Treppenhaus anstellen und bezahlen. Beachten Sie dabei, dass Ihre Putzfrau aber von allen Mietern zusammen nicht mehr als 450 € erhält.

Fallen die Einkünfte im Rahmen eines Minijobs unter § 3 Nr. 26 EStG (Übungsleiterpauschale)?

Die nach § 3 Nr. 26 und Nr. 26a EStG steuerfreien Einnahmen von max. 2.400 € (Übungsleiterpauschale) und 720 € (Ehrenamtsfreibetrag) bleiben auch bei der sozialversicherungsrechtlichen Beurteilung außer Betracht.

Sind Sie Rentner und nebenbei im Rahmen eines Minijobs tätig?

Wenn Sie eine Kürzung Ihrer Rente vermeiden wollen, müssen Sie die Hinzuverdienstgrenze beachten. Erkundigen Sie sich bei Ihrer Sozialversicherung.

Nutzungsänderung (Abschreibungen/Arbeitsmittel) A R U

Haben Sie im Jahr 2013 einen privat angeschafften Gegenstand beruflich genutzt?

Denken Sie daran, dass Sie den Restwert ab dem Zeitpunkt der beruflichen Nutzung abschreiben. Beträgt der zum Zeitpunkt der erstmaligen beruflichen Nutzung noch nicht abgesetzte Teil der Anschaffungskosten (Restwert) nicht mehr als 487,90 €, können Sie diesen sofort in voller Höhe zum Abzug bringen.

Reisekosten A U

Haben Sie eine Reise unternommen, deren Zweck sowohl beruflich als auch privat war?

Liegt eine private Mitveranlassung vor, scheidet ein Abzug nach neuer Rechtsprechung nicht in vollem Umfang aus. (Lesen Sie in → Reisekosten nach).

Haben Sie Dienstreisen mit Übernachtung durchgeführt?

Hat der Arbeitgeber die Übernachtung mit Frühstück bzw. Mahlzeit veranlasst, muss eine Kürzung in bestimmten Fällen nur noch in Höhe der amtlichen Sachbezugswerte erfolgen. (Lesen Sie in unserem Stichwort nach).

CHECKLISTE A = Arbeitnehmer R = Rentner U = Unternehmer

Übernachten Sie auf Dienstreisen und erhalten dafür keine Rechnung?

Sie dürfen Übernachtungskosten sachgerecht schätzen, wenn ein Einzelnachweis nicht möglich ist (z. B. Lkw-Fahrer 5 € für die Übernachtung in einer Schlafkabine).

Renten A R U

Sind Sie unsicher, welche Beträge Sie in die Steuererklärung eintragen müssen?

Von Ihrem Versicherungsunternehmen haben Sie eine Leistungsmitteilung (Bescheinigung) erhalten, aus der Sie die Angaben aus der Bescheinigung für Ihre Anlage R übernehmen können.

Hatten Sie schon Aufwendungen im Zusammenhang mit einer Rente, obwohl Sie noch keine Rentenzahlung erhalten haben?

Machen Sie die Kosten unbedingt geltend. Sie führen zu negativen sonstigen Einkünften und können mit positiven Einkünften aus anderen Einkunftsarten verrechnet werden.

Renten/vorweggenommene Erbfolge A R U

Wollen Sie im Rahmen der vorweggenommenen Erbfolge einen Betrieb oder ein Grundstück übertragen?

Um eine steuerlich optimale Gestaltung zu erreichen, sollten Sie nicht nur Ihren Notar, sondern auch rechtzeitig einen Steuerberater fragen.

Reparaturen A R U

Haben Sie innerhalb von drei Jahren nach Anschaffung eines Objekts größere Aufwendungen getätigt?

Beachten Sie die 15 %-Grenze. Vertiefend siehe → Reparaturen.

Liegen Sie mit Ihren Aufwendungen knapp über dieser Grenze, bezeichnen Sie einen Teil der Aufwendungen als üblichen Renovierungsaufwand.

Wollen Sie ein bisher vermietetes Objekt selbst nutzen?

Lassen Sie anstehende Reparaturen möglichst ausführen, solange die Wohnung noch vermietet ist.

CHECKLISTE — A = Arbeitnehmer R = Rentner U = Unternehmer

Hat ein anderer Reparaturrechnungen, die Sie schuldeten, für Sie bezahlt oder Reparaturen in Auftrag gegeben und bezahlt?

In diesem Fall sind die Kosten bei Ihnen als Werbungskosten abzugsfähig.

Reparaturen/Baumaßnahmen — A R U

Haben Sie einen Unternehmer beauftragt, im Zusammenhang mit einem Grundstück Leistungen zu erbringen?

Auch der private Leistungsempfänger muss diese Rechnungen mind. zwei Jahre lang aufbewahren. Allerdings reicht in der Regel die Aufbewahrung eines Zahlungsbelegs (Kontoauszug, Überweisungsträger etc.) aus.

Scheidung — A R U

Läuft bei Ihnen zurzeit die Scheidung von Ihrem Ehegatten?

Die Scheidungskosten (Anwalt, Gericht) sind als außergewöhnliche Belastung abzugsfähig. Beachten Sie aber, dass dies nur im Jahr des Abflusses und nur für den tatsächlich Belasteten gilt. Wegen der zumutbaren Eigenbelastung, die jedes Jahr abzuziehen ist, sollten Sie versuchen, die Kosten in einem Jahr zu konzentrieren.

Solar-/Fotovoltaikanlagen — A R U

Betreiben Sie eine Solar-/Fotovoltaikanlage?

Überschüsse hieraus können zur Kürzung von Renten oder anderen Sozialleistungen führen. Überlegen Sie, ob Sie die Anlage (mit Wirkung für die Zukunft) entgeltlich oder unentgeltlich auf den Ehegatten oder andere Familienmitglieder übertragen, um die Kürzungen zu vermeiden.

Sonderausgaben/Alterseinkünftegesetz — A U

Überprüfen Sie noch einmal Ihre Eintragungen zu den Versicherungsbeiträgen! Es könnte sich für Sie lohnen, alles einzutragen.

Spekulationsgeschäfte — A R U

Sind Sie Miterbe eines Grundstücks und haben den Erbteil eines anderen Miterben erworben?

Vermeiden Sie einen Verkauf innerhalb der Spekulationsfrist.

CHECKLISTE A = Arbeitnehmer R = Rentner U = Unternehmer

Haben Sie im Jahr 2013 Spekulationsgewinne und in den Vorjahren -verluste erzielt?

Dann sollten Sie versuchen, die Verluste aus der Vergangenheit gegenzurechnen.

Spenden A R U

Spenden Sie auch an der Haustür oder in der Kirche?

Lassen Sie sich für jede Spende eine Spendenquittung geben, auch wenn eine gemeinnützige Organisation an der Haustür sammelt. Und steuerlich ist es interessanter, wenn Sie Ihre Weihnachtsspende nicht in den Klingelbeutel werfen, sondern dem Pfarrer gegen eine Spendenquittung persönlich übergeben.

Nur damit können Sie die Ausgaben steuerlich geltend machen.

Beachten Sie die Erleichterungen zum Nachweis!

Bei Zuwendungen bis zu 100 € genügt es, wenn Sie Ihrer Steuererklärung eine Liste der Empfänger und der Höhe der Einzelzuwendungen beifügen. Das gilt nicht für Zuwendungen an politische Parteien.

Steuerberatungskosten A U

Haben Sie 2013 Steuerberatungskosten bezahlt?

Die Abzugsfähigkeit ist stark eingeschränkt. Informieren Sie sich in → Steuerberatungskosten, was noch möglich ist.

Telefonkosten A U

Telefonieren Sie gelegentlich von Ihrem privaten Telefonanschluss für berufliche Zwecke oder wegen Ihres Mietshauses?

Es wird regelmäßig nicht beanstandet, wenn Sie bis zu 20 % des Rechnungsbetrags, höchstens 20 € monatlich, als Kosten ansetzen. Sie können auch den monatlichen Anteil für einen Zeitraum von drei Monaten ermitteln und für das gesamte Jahr ansetzen.

CHECKLISTE A = Arbeitnehmer R = Rentner U = Unternehmer

Unterhaltszahlungen A R U

Zahlen Sie ihrem geschiedenen Ehegatten Unterhalt?

Dann sollten Sie versuchen, die Zustimmung zu bekommen, dass er den Unterhalt versteuert und Sie diese Beträge steuermindernd gelten machen können. Ist Ihre Steuerentlastung durch den Sonderausgabenabzug höher als seine Steuerbelastung, dann haben Sie immer noch einen Vorteil, auch wenn Sie sich bereit erklären, die bei ihm durch die Versteuerung anfallende Einkommensteuer zu übernehmen.

Umzugskosten A

Hatte Ihr Arbeitgeber eine Versetzung angekündigt, dann aber wieder rückgängig gemacht?

Kosten, die im Hinblick auf die angekündigte Versetzung angefallen sind, können Sie als Werbungskosten abziehen.

Vermietung A R U

Erzielen Sie weniger als 50 % der ortsüblich erzielbaren Miete?

Dann können Sie einen Antrag auf teilweise Rückerstattung der Grundsteuer stellen.

Vermietung an Angehörige A R U

Wird Ihre Wohnung oder Ihr Haus von Angehörigen bewohnt?

Dann vereinbaren Sie eine Miete von mind. 66 % der üblichen Miete. So können Sie alle Werbungskosten geltend machen.

Wollen Sie Ihre Wohnung oder Ihr Haus an Angehörige vermieten?

Schließen Sie den Mietvertrag schriftlich und wie mit einem fremden Mieter ab. Lassen Sie sich die Miete und alle Nebenkosten überweisen (keine Barzahlung!).

CHECKLISTE A = Arbeitnehmer R = Rentner U = Unternehmer

Vermietung an studierende Kinder A R U

Studiert Ihr Kind außerhalb?

Überprüfen Sie, ob es sich nicht lohnt, eine Wohnung zu kaufen und an das Kind zu vermieten. Die Mietzahlung kann auch aus dem von Ihnen zu zahlenden Unterhalt geleistet werden.

Versicherungen A R U

Deckt Ihre Haftpflichtversicherung sowohl private als auch berufliche Risiken ab?

Sie können die Beiträge aufteilen: Der Privatanteil ist Sonderausgabe, der berufliche Anteil ist Betriebsausgabe oder gehört zu den Werbungskosten.

Können Sie die Beiträge zur privaten Basiskranken- und Pflegepflichtversicherung für mehrere Jahre vorweg bezahlen?

Das kann sich sehr vorteilhaft auf die abzugsfähigen Sonderausgaben auswirken.

Haben Sie als Versicherungsnehmer Versicherungsbeiträge für eine unterstützte Person gezahlt?

Sie können diese als eigene Sonderausgaben geltend machen. Vertiefend siehe → Unterhaltszahlungen.

Werbungskosten A

Sind Ihnen Werbungskosten entstanden, ohne dass Sie Einnahmen hatten?

Dann machen Sie diese auf jeden Fall geltend. Entsteht dadurch ein Verlust, kann sich dieser zukünftig auswirken!

Auch vorab entstandene Werbungskosten können unter bestimmten Umständen geltend gemacht werden, z. B. Bewerbungskosten.

Studieren Sie und haben keine Einnahmen?

Nähere Informationen, ob Kosten eines Studiums abzugsfähig sind, finden Sie unter → Fortbildung/Fachtagungen.

CHECKLISTE

A = Arbeitnehmer R = Rentner U = Unternehmer

Wohnrechte

A U

Haben Sie Ihren Eltern ein Nutzungsrecht (Wohnrecht/Nießbrauch) unentgeltlich eingeräumt, ohne sich über die steuerlichen Konsequenzen im Klaren zu sein?

Wird der ursprüngliche Nutzungsrechtsvertrag abgeändert, können Sie auch noch nachträglich mit Ihren Eltern einen steuerlich wirksamen Mietvertrag abschließen. Sie können dann Werbungskosten (z. B. größere Reparaturen) steuerlich geltend machen.

Zusatzeinkünfte

A R U

Haben Sie einen Verlust im Rahmen Ihrer Nebentätigkeit erzielt?

Will das Finanzamt den Verlust nicht anerkennen, müssen Sie die Gewinnerzielungsabsicht deutlich machen. Argumentieren Sie mit einer Investitions- bzw. Anlaufphase, in der üblicherweise Verluste erzielt werden.

Verkaufen Sie häufiger private Gegenstände im Internet?

Passen Sie auf, dass Sie mit Ihren Privatverkäufen nicht zum Unternehmer werden. Denn auch Privatverkäufe können u. U. Umsatzsteuer auslösen.

Wegweiser Lexikon

Anhand des Wegweisers können Sie sich auf einen Blick informieren, an welcher Stelle des Buches Sie nützliche Tipps und Hinweise zu bestimmten Problemkreisen finden.

Tätigkeit als Arbeitnehmer/Beamter

Haus- und Grundbesitz

Andere Einkünfte

Sonstiges

Abfindung

Abfindungen aus Anlass der Beendigung eines Dienstverhältnisses oder weil die Wochenarbeitszeit vertraglich unbefristet reduziert wird, sind grundsätzlich voll steuerpflichtig. In der Regel stellen sie Ersatz für entgangene oder entgehende Einnahmen dar. Für diese kommt eine Steuerermäßigung nach der sogenannten Fünftelregelung in Betracht, wenn eine Zusammenballung von Einkünften vorliegt.

§§ 24 Nr. 1, 34 EStG

1 Arbeitnehmerabfindungen

Arbeitnehmerabfindungen sind Leistungen, die der Arbeitnehmer als Ausgleich für die mit der Auflösung des Dienstverhältnisses verbundenen Nachteile erhält, insbesondere für den Verlust seines Arbeitsplatzes. Ein zeitlicher Zusammenhang zwischen Zufluss der Abfindung und Beendigung des Dienstverhältnisses ist nicht erforderlich. Ein erhebliches zeitliches Auseinanderfallen der beiden Ereignisse kann jedoch den sachlichen Zusammenhang infrage stellen.

Solche Abfindungen können in einer Summe, in Teilbeträgen oder in fortlaufenden Beträgen ausgezahlt werden.

Hierunter fallen nicht Zahlungen zur Abgeltung vertraglicher Ansprüche (z.B. rückständiger Arbeitslohn), die der Arbeitnehmer aus dem Dienstverhältnis bis zum Zeitpunkt der Auflösung erlangt hat.

Im Regelfall kann davon ausgegangen werden, dass bei Zahlung einer Abfindung der Arbeitgeber die Auflösung veranlasst hat.

2 Besteuerung der Abfindung

Abfindungen sind grundsätzlich steuerpflichtig.

Es kann aber eine Steuerermäßigung in Form der sogenannten „**Fünftelregelung**“ **(Tarifermäßigung)** in Betracht kommen.

Die Anwendung der Tarifermäßigung hängt von folgenden Voraussetzungen ab:

- Die Abfindung muss eine **Entschädigung im Sinne des** § 24 Nr. 1 EStG sein.
- Es muss eine **Zusammenballung** von Einkünften **in einem Jahr** vorliegen.

Entschädigung

- Sie darf erst als Folge einer vorzeitigen Beendigung des Dienstverhältnisses entstehen. Dies gilt insbesondere dann, wenn sie bereits vorher vertraglich vereinbart wurde.
- Sie setzt voraus, dass anstelle der geschuldeten Leistung eine andere tritt. Diese andere Leistung muss auf einem anderen, eigenständigen Rechtsgrund beruhen, z.B. der Auflösungsvereinbarung.

- Die Abfindung darf keine Abgeltung bereits erdienter Ansprüche sein.
- Neben der Hauptentschädigung sind geringe Zusatzleistungen, die aus sozialer Fürsorge für eine gewisse Übergangszeit in späteren Jahren geleistet werden, möglich. Derartige ergänzende Zusatzleistungen können beispielsweise die befristete Weiterbenutzung des Dienstwagens, die befristete Übernahme von Versicherungsbeiträgen oder befristete Zahlungen für die Altersvorsorge sein.

Zusammenballung

Eine Zusammenballung von Einkünften liegt vor, wenn die anlässlich der Beendigung eines Arbeitsverhältnisses gezahlte Entschädigung höher ist als der durch die Auflösung des Dienstverhältnisses entgehende Lohn.

Bei der Berechnung der Einkünfte, die Sie bei Fortbestand des Dienstverhältnisses im Jahr der Auflösung des Dienstverhältnisses bezogen hätten, ist auf die Verhältnisse des Vorjahres abzustellen, es sei denn, die Einnahmen in diesem Jahr sind durch außergewöhnliche Ereignisse geprägt.

WICHTIG

Beziehen Sie weitere Einnahmen, die Sie bei Fortsetzung des Dienstverhältnisses nicht bezogen hätten, z. B. solche aus einem neuen Dienstverhältnis, sind diese in die Berechnung der Zusammenballung einzubeziehen.

Die Anwendung der begünstigten Tarifermäßigung setzt voraus, dass die Entschädigungsleistungen zusammengeballt **in einem Veranlagungszeitraum zufließen**.

Der Zufluss mehrerer Teilbeträge in unterschiedlichen Jahren ist schädlich, außer die abweichenden Teilbeträge betragen insgesamt max. 5 % der Hauptleistung.

BEISPIEL

Ihr Arbeitsverhältnis wurde zum 1.12.2013 durch den Arbeitgeber beendet. Ihnen steht vertraglich eine Abfindung i. H. v. 50.000 € zu. Davon wird Ihnen vertragsgemäß ein Teilbetrag von a) 2.500 € bzw. b) 2.000 € im Dezember 2013 ausbezahlt. Die Hauptzahlung von a) 47.500 € bzw. b) 48.000 € erfolgt im Februar 2014.

1. Die Teilzahlung muss 2013, die Hauptzahlung 2014 voll versteuert werden. Eine Tarifermäßigung in Form der Fünftelregelung ist nicht anzuwenden, weil die Teilzahlung 5,26 % der Hauptleistung ausmacht und damit keine Zusammenballung mehr anzunehmen ist.
2. Die Teilzahlung beträgt 4,1 %. Damit kann die Hauptleistung 2014 ermäßigt besteuert werden. Die Teilzahlung in 2013 ist in voller Höhe zu versteuern.

Nicht schädlich ist es, wenn die Auflösungsvereinbarung von einem einmaligen Zufluss ausgeht, aber wegen versehentlich zu niedriger Auszahlung eine spätere Restzahlung erfolgt. Unschädlich ist auch eine Nachzahlung nach einem Rechtsstreit mit dem Arbeitgeber.

ACHTUNG

Hierzu müssen Sie einen Antrag auf abweichende Steuerfestsetzung nach § 163 AO bei Ihrem Finanzamt stellen. Die Nachzahlung wird dann im Jahr der Hauptleistung mitversteuert.

Fünftelregelung

Die begünstigten Einkünfte werden rechnerisch auf fünf Jahre verteilt. Die Einkommensteuer für das zu versteuernde Einkommen ohne die außerordentlichen Einkünfte wird ermittelt (Steuerbetrag 1). Anschließend wird dieses zu versteuernde Einkommen um ein Fünftel der außerordentlichen Einkünfte erhöht und auch daraus die Steuer berechnet (Steuerbetrag 2). Der Differenzbetrag der beiden Steuerbeträge (1 und 2) ist zu verfünffachen und stellt die ermäßigte Einkommensteuer für die Abfindung dar (Steuerbetrag 3). Die festzusetzende Steuer ergibt sich aus der Summe der Steuerbeträge 1 und 3.

Abgeltungsteuer

Seit 2009 wird die Abgeltungsteuer nicht nur auf Zins- und Dividendeneinnahmen, sondern u. a. auch auf Spekulationsgewinne angewandt. Dafür werden diese Erträge regelmäßig nicht im Einkommensteuerbescheid erfasst.

§§ 43, 43 a EStG, § 32d EStG

1 Übersicht

Seit 2009 unterliegen u. a. Kapitalerträge von Privatpersonen nicht mehr dem normalen (progressiven) Einkommensteuertarif. Stattdessen muss z. B. die auszahlende Bank eine 25%ige Abgeltungsteuer zuzüglich 5,5 % Solidaritätszuschlag einbehalten. Mit dieser ist die Steuerschuld des Anlegers regelmäßig abgegolten. Die Anrechnung der einbehaltenen Steuerbeträge im Rahmen der Veranlagung entfällt.

HINWEIS

Sollte das BVerfG die Unrechtmäßigkeit des Solidaritätszuschlags feststellen, mit der Folge, dass Festsetzungen aufzuheben und Erstattung vorzunehmen sind, geschieht dies nur auf Antrag des Steuerpflichtigen. Das gilt auch für den Solidaritätszuschlag auf die Abgeltungsteuer. Das BMF wird nach der Entscheidung des BVerfG entsprechende Regelungen bekannt geben.

Aktuell besteht kein Handlungsbedarf.

2 Was fällt darunter?

Grundsätzlich fallen alle Kapitalerträge, z. B.:

- Zinsen auf Spareinlagen,
- Zinsen auf festverzinsliche Wertpapiere,
- Erträge auf Anteile an Investmentfonds,
- Dividendenzahlungen, aber auch
- Gewinne aus der Veräußerung von privaten Kapitalanlagen.

Vertiefend siehe → Spekulationsgeschäfte und → Kapitaleinkünfte.

Die wichtigsten Ausnahmen:

- Erträge, die im Rahmen eines Betriebes (gewerblich, freiberuflich) anfallen,
- Gläubiger und Schuldner sind nahestehende Personen und die Zahlungen sind beim Schuldner Betriebsausgaben oder Werbungskosten,
- Einnahmen als stiller Gesellschafter und aus partiarischen Darlehen, sofern der Gläubiger oder eine ihm nahestehende Person zu mehr als 10 % beteiligt ist.

TIPP

Abgeltungsteuer für Erträge aus Beteiligung > 10 %

Die Frage, ob der Abgeltungsteuersatz bei zu mehr als 10 % an einer GmbH beteiligten Gesellschaftern auf Kapitaleinkünfte (Darlehenszinsen) aus Darlehensgewährungen gegenüber der GmbH, trotz fremdüblicher Vertragsgestaltungen, nicht anwendbar ist z. Z. anhängig (BFH, Az. VIII R 23/13, HI3744341). Insbesondere Beteiligte, die keine Werbungskosten haben, könnten im Einzelfall Steuern sparen und sollten Einspruch einlegen.

HINWEIS

Nach dem FG Niedersachsen ist die Regelung, dass der Abgeltungsteuersatz keine Anwendung auf Zinseinnahmen aus Angehörigenverträgen findet, verfassungskonform.

FG Niedersachsen, Urteil v. 18.6.2012 – 15 K 417/10, Revision beim BFH, Az. VIII B 115/12

Auf Antrag können Anteilseigner von Kapitalgesellschaften ihre Erträge der individuellen Einkommensteuer unterwerfen, wenn sie

- zu mindestens 25 % beteiligt sind oder
- zu mindestens 1 % beteiligt und beruflich für die Gesellschaft tätig sind.

In diesen Fällen sind die Erträge wie bisher im Rahmen der Einkommensteuererklärung anzusetzen und unterliegen dem persönlichen Steuersatz. Die einbehaltene Steuer hat den Charakter einer Steuervorauszahlung.

Der große Vorteil:

Die Werbungskosten können in diesen Fällen in vollem Umfang geltend gemacht werden.

TIPP

Kontrollieren Sie die Abrechnung Ihrer Bank insbesondere dann, wenn Sie Wertpapiere nach einem Depotwechsel verkaufen. Hat die übergebende Bank den Erwerbszeitpunkt und die Anschaffungskosten nicht korrekt mitgeteilt, kann es dazu kommen, dass zu viele Abgaben einbehalten werden.

Sie können solche Fehler in der Steuererklärung korrigieren!

Aber:

Fehler, die z.B. die Bank bei Einbehalt und Abführung der KapESt macht und die erst nach Ablauf eines Kalenderjahres aufgedeckt werden, dürfen nach § 20 Abs. 3a S. 1 EStG im Rahmen des Veranlagungsverfahrens nur mit Wirkung für die Zukunft korrigiert werden. Nach dieser Regelung ist die Fehlerkorrektur nur im Jahr der Aufdeckung des Fehlers vorzunehmen. Der Steuerpflichtige muss durch eine Bescheinigung der zum KapESt-Abzug verpflichteten Stelle nachweisen, dass diese die Korrektur nicht vorgenommen hat und auch in Zukunft nicht vornehmen wird.

Eine Antragsveranlagung nach § 32d Abs. 4 oder 6 EStG, durch die eine rückwirkende Fehlerkorrektur vorgenommen werden soll, ist nicht zulässig.

Besonderheiten bei Investmentfonds

Besonders undurchsichtig sind die Regelungen bei Investmentfonds für den Anleger. In vielen, aber nicht allen Fällen wird Abgeltungsteuer einbehalten.

Einen Überblick gibt die folgende Tabelle:

Fondseigenschaften	Depot bei einer Bank im Inland	Depot bei einer Bank im Ausland
Ausschüttender Fonds, im Inland aufgelegt	Depotbank führt Steuer für laufende Erträge und Verkaufsgewinne ab, Freistellungsauftrag möglich	Abgeltungsteuer nur für inländische Dividenden durch die Fondsgesellschaft. Zinsen, ausländische Dividenden und Veräußerungsgewinne müssen in Steuererklärung erfasst werden
Ausschüttender Fonds, im Ausland aufgelegt	w. o.	Alle Einnahmen müssen in Steuererklärung erfasst werden
Thesaurierender Fonds, im Inland aufgelegt	Depotbank führt Steuer für laufende Erträge und Verkaufsgewinne ab, Freistellungsauftrag möglich	Abgeltungsteuer nur für inländische Dividenden und Zinsen durch die Fondsgesellschaft. Ausländische Dividenden und Veräußerungsgewinne müssen in Steuererklärung erfasst werden

Fondseigenschaften	Depot bei einer Bank im Inland	Depot bei einer Bank im Ausland
Thesaurierender Fonds, im Ausland aufgelegt	Für die Erträge werden keine Steuern einbehalten. Aber: Für den jährlichen Wertzuwachs und Veräußerungserlöse werden Abgaben abgeführt. **Beachten Sie den folgenden Tipp!**	Alle Einnahmen müssen in Steuererklärung erfasst werden

TIPP

Passen Sie besonders bei thesaurierenden Auslandsfonds auf, sonst zahlen Sie doppelt Steuern:

Der Fonds behält sowohl für den Wertzuwachs als auch für Veräußerungserlöse Steuern ein. Das kann bedeuten, dass eine Doppelerfassung erfolgt.

BEISPIEL

A besitzt Fondsanteile eines thesaurierenden Auslandsfonds, die er 2010 für 5.000 € erworben hat. In 2013 erzielt der Fonds einen Wertzuwachs von 500 €. Hierfür werden Abgeltungsteuer und SolZ einbehalten. Wird der Fonds 2014 für 6.100 € verkauft, werden vom Veräußerungsgewinn von 1.100 € Steuern einbehalten. Damit ist der Wertzuwachs von 500 € doppelt erfasst! A kann dieses nur in der Steuererklärung korrigieren.

3 Werbungskosten

Mit dem Sparerpauschbetrag sind grundsätzlich sämtliche Werbungskosten (z. B. Depotgebühren, Fremdfinanzierungszinsen etc.) abgegolten. Vertiefend siehe → Kapitaleinkünfte.

TIPP

Sofern für Ihre Kapitaleinkünfte hohe Kosten anfallen, z. B. Zinsen für fremdfinanzierte Wertpapiere, können Sie diese nur dann geltend machen, wenn Sie die Wertpapiere in den betrieblichen Bereich einlegen.

Sofern Sie keinen Betrieb haben, kommt u. U. die Gründung einer gewerblich geprägten Personengesellschaft in Betracht.

TIPP

Das FG Baden-Württemberg hat entschieden, dass der Abzug von Werbungskosten in tatsächlicher Höhe jedenfalls in den Fällen auf Antrag möglich ist, in denen der tarifliche Einkommensteuersatz bereits unter Berücksichtigung des Sparer-Pauschbetrags unter dem Abgeltungsteuersatz von 25 % liegt (FG Baden-Württemberg, Urteil v. 17.12.2012 – 9 K 1637/10 Revision beim BFH Az. VIII R 13/13).

Betroffene sollten Einspruch gegen den Steuerbescheid einlegen.

Ausdrücklich nicht entschieden ist die Frage, ob ein Werbungskostenabzug auch erfolgen muss, wenn der persönliche Steuersatz des Steuerzahlers höher ist als der 25%ige Abgeltungsteuersatz. Auch hier sollte Einspruch gegen den Einkommensteuerbescheid eingelegt werden.

4 Veranlagungsoption

Grundsätzlich bleiben Erträge, die der Abgeltungsteuer unterliegen, bei der Einkommensteuerveranlagung außer Betracht. Der Steuerpflichtige kann jedoch beantragen, dass diese Einkünfte in die Veranlagung einzubeziehen sind. Die einbehaltene Kapitalertragsteuer wird dann auf die Einkommensteuer angerechnet.

Dieses liegt dann in Ihrem Interesse, wenn Ihre Steuerbelastung geringer ist als 25 %. Das Finanzamt prüft dann, ob der persönliche Grenzsteuersatz günstiger ist als die Abgeltungsteuer.

BEISPIEL

E hat in 2013 ein zu versteuerndes Einkommen von 24.500 € erzielt. Darauf entfällt eine Jahressteuer von 3.936 €. Das entspricht einem Steuersatz von 16,06 %. Trotzdem bleibt die Abgeltungsteuer günstiger. Vergleichsmaßstab ist der Grenzsteuersatz. Das ist der Steuersatz, der auf den letzten Euro des zu versteuernden Einkommens angewandt wird. Im Beispiel beträgt dieser Satz 29 % und übersteigt damit den besonderen Steuersatz von 25 %.

Auf Antrag können Anteilseigner von Kapitalgesellschaften ihre Erträge der individuellen Einkommensteuer unterwerfen, wenn sie

- zu mindestens 25 % beteiligt sind oder
- zu mindestens 1 % beteiligt und beruflich für die Gesellschaft tätig sind.

TIPP

Daneben können Sie insbesondere in folgenden Fällen noch beantragen, die Berechnung der Abgeltungsteuer im Rahmen der Einkommensteuerveranlagung zu überprüfen:

- Bei einem nicht vollständig ausgeschöpften Sparer-Pauschbetrag.
- Zur Anwendung der Ersatzbemessungsgrundlage bei nicht nachzuweisenden Anschaffungskosten (§ 43a Abs. 2 S. 7 EStG).
- Bei einem noch zu berücksichtigenden Verlust, der z. B. bei einer anderen Bank entstanden ist und dort nicht ausgeglichen werden konnte.
- Bei einem Verlustvortrag nach § 20 Abs. 6 EStG.
- Bei noch nicht berücksichtigten ausländischen Steuern.
- Zur Überprüfung des Steuereinbehalts dem Grund oder der Höhe nach.

Auf diese Einkünfte wird der Abgeltungsteuersatz (25 %) angewandt. Der persönliche Grenzsteuersatz kommt nur auf Antrag zum Einsatz, wenn dieser günstiger ist.

HINWEIS

Der Antrag kann nur

- für alle der Abgeltungsteuer unterliegenden Erträge und
- von Ehegatten gemeinsam

gestellt werden.

Der über die Pauschbeträge hinausgehende Werbungskostenabzug ist allerdings ausgeschlossen.

Die Finanzverwaltung vertritt in diesem Zusammenhang die Rechtsauffassung, dass derartige Wahlrechte fristgebunden sind und nur bis zum Eintritt der Bestandskraft ausgeübt werden können, mit der Folge, dass nachträgliche Korrekturen grundsätzlich ausgeschlossen sind, unabhängig davon, ob der Steuerpflichtige die Ausübung des Wahlrechts grob fahrlässig oder versehentlich unterlassen hat.

Ob diese Regelung vor Gericht Bestand haben wird, ist noch nicht abzusehen. Jedenfalls kann eine bereits bestandskräftige Einkommensteuerveranlagung dann zugunsten des Steuerpflichtigen im Rahmen der Günstigerprüfung nach § 32d Abs. 6 EStG geändert werden, wenn das Finanzamt die Steuer aufgrund nachträglich erklärter Kapitaleinkünfte erhöht hat (FG Münster, Urteil v. 22.3.2013 – 4 K 3386/12 E).

Außerdem können Sie beantragen, dass im Rahmen der Einkommensteuererklärung der Einbehalt der Abgeltungsteuer überprüft wird.

Das ist in den Fällen interessant, in denen Sie den Sparerpauschbetrag durch einen Freistellungsauftrag nicht oder nicht richtig gestellt haben.

BEISPIEL

S hat Konten bei der A- und bei der B-Bank. Er gibt einen Freistellungsauftrag nur bei der B-Bank ab. Dort erzielt er Zinseinnahmen von 500 € Die A-Bank behält von den dort erzielten Zinseinnahmen i. H. v. 600 € Abgeltungsteuer ein. S hat seinen Sparerpauschbetrag i. H. v. (801./.500 =) 301 € nicht ausgenutzt. Wenn er keinen Antrag stellt, verliert er bares Geld.

Beantragt er dagegen die Günstigerprüfung im Rahmen der Einkommensteuererklärung, erhält er 75,25 € (25 % von 301 €) zurück.

TIPP

In Fällen, in denen Sie die Veranlagungsoption oder die Günstigerprüfung nutzen wollen, müssen Sie dies unbedingt durch ein Kreuz in der Anlage KAP beantragen. Nur dann führt das Finanzamt die Prüfung durch!

Außerdem sollten Sie Ihren Steuerbescheid daraufhin besonders kontrollieren!

5 Verluste

Verluste aus den Einkünften, die der Abgeltungsteuer unterliegen, können nicht mit anderen positiven Einkünften verrechnet werden. Diese werden jedoch auf zukünftige Erträge vorgetragen.

Eine weitere Einschränkung gilt für Aktienveräußerungen: Aktienveräußerungsverluste dürfen nur mit Aktienveräußerungsgewinnen ausgeglichen bzw. verrechnet werden (§ 20 Abs. 6 S. 5 EStG).

BEISPIEL

A hat 2.000 € Zinserträge bezogen. Daneben hat er aus der Veräußerung von Aktien Gewinne i. H. v. 500 € und Verluste von 1.200 € erzielt.

Die Zinserträge unterliegen in vollem Umfang der Abgeltungsteuer. Die Aktienveräußerungsgewinne werden mit den -verlusten verrechnet. Der Restbetrag von 700 € wird vorgetragen auf das nächste Jahr.

TIPP

Nach dem Gesetzeswortlaut gilt die eingeschränkte Verlustverrechnung nur für Aktienveräußerungsverluste, nicht z. B. für Aktienfonds.

Wären die Verluste in obigem Beispiel durch die Veräußerung von Aktienfonds angefallen, hätte eine Verrechnung auch mit den Zinseinkünften stattfinden können, sodass insgesamt nur 1.300 € (2.000 + 500 ./. 1.200 €) der Abgeltungsteuer unterliegen würden.

Vertiefend siehe → Kapitaleinkünfte und → Spekulationsgeschäfte.

6 Freistellungsauftrag

Der Einbehalt der Abgeltungsteuer kann durch den Sparerpauschbetrag (für Ledige 801 € bzw. Ehegatten 1.602 €) ganz oder teilweise verhindert werden.

Hierzu muss der Anleger seiner Bank o. Ä. einen schriftlichen Freistellungsauftrag erteilen. Dieser muss dem amtlichen Muster entsprechen; das Kreditinstitut hat entsprechende Formblätter.

Liegt ein Freistellungsauftrag vor, so braucht das Kreditinstitut den Zinsabschlag nicht vorzunehmen.

TIPP

Der Freistellungsauftrag kann nicht auf einzelne Konten oder Depots einer Bank beschränkt werden. Er gilt somit immer für alle Konten und Depots dieser Bank!

Sie dürfen Freistellungsaufträge mehrfach und an mehrere Kreditinstitute erteilen. Insgesamt dürfen die Grenzen von 801 €/1.602 € durch die Freistellungsaufträge nicht überschritten werden.

TIPP

Es ist noch wichtiger als bisher, dass Sie den Freistellungsauftrag richtig platzieren!

Nutzen Sie den Höchstbetrag nicht in voller Höhe aus, obwohl Ihre Einkünfte, die der Abgeltungsteuer unterliegen, höher sind, müssen Sie besonders aufpassen, damit Sie kein Geld verlieren!

Vertiefend siehe Punkt 4, Veranlagungsoption.

7 Kirchensteuerpflicht

Sind Sie kirchensteuerpflichtig, können Sie Ihre Bank beauftragen, auch die Kirchensteuer im Rahmen der Abgeltungsteuer einzubehalten. Dadurch ermäßigt sich die Abgeltungsteuer um 25 % der auf die Kapitalerträge entfallenden Kirchensteuer.

Die Steuer berechnet sich nach folgender Formel:

$$\frac{\text{Einkommen} - (\text{anr. ausl. Steuern} \times 4)}{4 + \text{Kirchensteuersatz}}$$

BEISPIEL

A erzielt bei der B-Bank Zinserträge von 1.000 €. Ein Freistellungsauftrag besteht nicht. Der Kirchensteuersatz beträgt 9 %.

Die Einkommensteuer für die Kapitalerträge beträgt 244,50 € (1.000/4,09). An Kirchensteuer werden 22 € (9 % von 244,50 €) einbehalten.

Wird der Kirchensteuerabzug nicht durch das Kreditinstitut vorgenommen, müssen die Kapitalerträge im Rahmen der Einkommensteuererklärung (nur für Zwecke der Kirchensteuerberechnung) erklärt werden. Dazu werden die Banken entsprechende Bescheinigungen erstellen.

HINWEIS

Ab 2015 wird das Wahlrecht entfallen und durch ein automatisiertes Abzugsverfahren ersetzt werden.

Nichtveranlagungsbescheinigung

Auf besonderen Antrag bescheinigt Ihnen das Finanzamt, dass Ihr Einkommen nicht zu einer Steuerpflicht führt und dass Sie nicht zur Einkommensteuer veranlagt werden (Nichtveranlagungsbescheinigung oder NV-Bescheinigung). Die Bescheinigung wird widerruflich für drei Jahre ausgestellt.

Sie kann auch kürzer befristet werden, wenn Anzeichen dafür vorliegen, dass sich Ihre Einkünfte künftig erhöhen werden, z.B. wegen Beendigung der Schul- oder Hochschulausbildung. Eine NV-Bescheinigung wird nicht erteilt, wenn der Steuerpflichtige voraussichtlich zur Einkommensteuer veranlagt wird und die Veranlagung zur Festsetzung einer Steuer führt.

Bei Vorlage einer NV-Bescheinigung können die Kreditinstitute von der Erhebung des Zinsabschlags absehen (§ 44a EStG). Seit Einführung des Zinsabschlags ist die NV-Bescheinigung für Schüler, Studenten, Rentner und Pensionäre von Bedeutung.

Während ein Freistellungsauftrag nur bis zur Höhe der Freibeträge von 801 € bzw. 1.602 € gilt, entfällt der Zinsabschlag bei Vorlage einer Freistellungsbescheinigung für sämtliche Kapitaleinkünfte. Vertiefend siehe → Kapitaleinkünfte.

Abschreibungen/Anschaffungs- und Herstellungskosten

Werden Gegenstände im Zusammenhang mit einer Arbeitnehmertätigkeit (z.B. beruflich genutzter Computer) oder im Zusammenhang mit einem vermieteten Grundstück (z.B. Einbauküche) angeschafft oder hergestellt, sind die Aufwendungen im Wege der Abschreibung steuerlich abzugsfähig. Bemessungsgrundlage für die Berechnung der Abschreibungen sind die Anschaffungs-/Herstellungskosten des Wirtschaftsguts.

§§ 9, 7 EStG, R 7.3 EStR 2012

1 Anschaffungs- und Herstellungskosten

Begriff „Anschaffungskosten"

Zu den Anschaffungskosten (AK) eines fertigen Wirtschaftsguts zählen alle Aufwendungen, die geleistet werden, um es zu erwerben (Kaufpreis + Nebenkosten) und in einen dem angestrebten Zweck entsprechenden Zustand zu versetzen (z.B. Montagekosten).

Soweit Skonto oder ein Bonus gewährt werden, reduzieren sich die Anschaffungskosten.

Begriff „Herstellungskosten"

Herstellungskosten (HK) liegen vor, wenn Sie selbst ein Wirtschaftsgut herstellen bzw. ein solches für sich herstellen lassen (z.B. Gebäudeerstellung als Bauherr). Dabei zählen sämtliche Aufwendungen, die anlässlich der Herstellung eines Wirtschaftsguts, durch den Verbrauch von Gütern (Materialkosten) oder durch die Inanspruchnahme von Diensten (Lohnkosten, z.B. Architekt, Handwerker) anfallen, zu dessen Herstellungskosten.

Soweit Skonti oder Boni gewährt werden, reduzieren sich die HK.

ACHTUNG

Umsatzsteuer

Die in der Rechnung ausgewiesene Umsatzsteuer gehört nicht zu den Anschaffungs- oder Herstellungskosten, wenn diese als Vorsteuer vom Finanzamt erstattet wird.

2 Grundstücke und Gebäude

AK des Grund und Bodens

- Kaufpreis
- Nebenkosten (Maklergebühren, Grunderwerbsteuer, Notarkosten für die Beurkundung des Kaufvertrags, für die Eintragung einer Auflassungsvormerkung und für die Auflassung, Vermessungskosten)
- Straßenanliegerbeiträge nach dem Baugesetzbuch
- erstmalige Erschließungsbeiträge nach dem Bundesbaugesetz (Kanal-

baubeiträge, Kanalanschlussgebühren für den erstmaligen Anschluss an die Abwasseranlagen, Beiträge für außerhalb des Grundstücks befindliche Anlagen zur Versorgung mit Elektrizität, Gas, Wasser und Wärme)

- Beiträge zur Herstellung, Anschaffung und Erweiterung öffentlicher Anlagen nach den Kommunalabgabengesetzen der Bundesländer
- Aufwendungen für das Planieren eines unebenen Geländes
- Zahlungen an den Grundstücksnachbarn für dessen Zustimmung zur Grenzbebauung (sofern das Recht auch bei einem Abbruch des Gebäudes erhalten bleibt)
- Zahlungen an den Nachbarn für eine Zufahrtsbaulast
- Errichtung einer Privatstraße.

Werden Beiträge als Ersatz für bereits vorhandene Anlagen geleistet, können diese im Einzelfall als Werbungskosten sofort abzugsfähig sein, auch wenn sie im zeitlichen Zusammenhang mit der Anschaffung geleistet werden.

BFH-Urteil v. 3.8.2005 – I R 36/04

Bebautes Grundstück, AK des Gebäudes/der Eigentumswohnung

Der „Grund und Boden" und das „Gebäude" sind aus steuerlicher Sicht verschiedene Wirtschaftsgüter und deshalb getrennt zu beurteilen. Nur die Anschaffungskosten des Gebäudes können in Zusammenhang mit der Ermittlung von Einkünften über die Abschreibung (AfA) als Betriebsausgaben oder Werbungskosten abgezogen werden. Die AK des Grund und Bodens sind nicht absetzbar. Dies erfordert beim Kauf eines bebauten Grundstücks, dass die Anschaffungskosten aufgeteilt werden.

Die Aufteilung der AK (inkl. Nebenkosten) erfolgt im Verhältnis der Verkehrswerte von Gebäude und Grund und Boden. Diese Aufteilung wird i.d.R. vom Finanzamt im Rahmen der Bearbeitung der Steuererklärung überprüft. Vertiefend siehe → Abschreibungen/Gebäude.

TIPP

- Erkundigen Sie sich bei Ihrer Kreis-/Stadtverwaltung über die Grundstückspreise und überprüfen Sie, ob das Finanzamt die Aufteilung richtig vorgenommen hat.
- Im notariellen Kaufvertrag kann der Kaufpreisanteil des Gebäudes und des Grund und Bodens auch betragsmäßig gesondert ausgewiesen werden. Soweit die Aufteilung angemessen ist, wird sie anerkannt.

Vertiefend siehe → Abschreibungen/Gebäude.

Aufwendungen für die Bestellung und Eintragung einer Grundschuld und andere Geldbeschaffungskosten zählen zu den Finanzierungskosten und stellen keine AK/HK dar. Vertiefend siehe → Finanzierungskosten.

Wird beim Kauf einer Eigentumswohnung die anteilige Instandhaltungsrücklage ohne eine gesonderte Zuzahlung übernommen, muss darauf geachtet werden, dass diese nicht zu den Anschaffungskosten des Grundstücks gehört. Die Grunderwerbsteuer darf deshalb auch nur vom Kaufpreis abzüglich Rücklagenbetrag berechnet werden.

TIPP

Häufig wird das vorhandene Inventar (Küche etc.) übernommen. Wenn Sie im Kaufvertrag festhalten, welcher Teil des Kaufpreises darauf entfällt, sparen Sie auch hier Grunderwerbsteuer.

Bei vermieteten Objekten sind die Anschaffungskosten des gebraucht erworbenen Inventars i.d.R. auf fünf Jahre verteilt abzuschreiben.

Gebäudeherstellungskosten

Aus der nachfolgenden Übersicht ersehen Sie, welche Aufwendungen insbesondere zu den Herstellungskosten eines Gebäudes gehören.

Planung/Herstellung

Baugenehmigungsgebühren, Architektenhonorar, Aufwendungen für den Statiker, Aushub der Baugrube, Erddeponiegebühren, Kosten des Rohbaus, der Sanitär-, Elektro- und Heizungsinstallation, Hausanschlusskosten an die Strom-, Gas-, Elektrizitäts-, Fernwärme-Wasser- und Abwasserversorgung, Aufwendungen für Fenster, Türen, Dach, Fliesen, Verputzarbeiten, Tapeten, Böden. Aufwendungen für die Erstellung der Garage(n), Mehrkosten für den behindertengerechten Ausbau (Einbau Fahrstuhl, Einbau breiterer Türen, großes Bad, überfahrbare Schwellen, ...) etc.

Eigenleistungen

Aufwendungen für Baumaschinen (Betonmischer, Bohrmaschine, Kreissäge etc.) und Werkzeuge (Wasserwaage, Hammer, ...) etc.

Der Wert der eigenen Arbeitsleistung gehört nicht zu den HK.

Sonstiges

Kosten des Richtfests, des Anschlusses an das Breitbandkabel (Kabelfernsehen), Fahrtkosten zur Baustelle, zu den Handwerkern und zum Architekten, Anwalts- und Prozesskosten im Zusammenhang mit Baueinwendungen und bei Streitigkeiten mit den Bauhandwerkern etc., Kosten der Hangabtragung, Kosten des Einbaus einer Alarmanlage, Aufwendungen für eine Sonnenmarkise, Baukosten einer Hochwasserschutzmauer, Verpflegung der Handwerker, usw. Vertiefend siehe → Fahrtkosten.

Die Beiträge zur Bauwesen- und Bauherrenhaftpflichtversicherung gehören bei vermieteten Objekten zu den Werbungskosten. Bei eigengenutzten Wohnobjekten ist ein Abzug nicht möglich. Finanzierungskosten (Zinsen, Damnum, Notargebühren für die Bestellung und Eintragung einer Grundschuld) zählen nicht zu den Herstellungskosten. Vertiefend siehe → Finanzierungskosten.

Sonstige Gebühren

Beiträge an die Gemeinde zur Errichtung eines Kinderspielplatzes, Ablösezahlungen an die Gemeinde im Zusammenhang mit der Verpflichtung zum Bau von Garagen oder Kfz-Stellplätzen etc.

Garten

Die Aufwendungen für die Gartenanlage sind differenziert zu sehen. Die Aufwendungen für die Grundstückseinfriedung (Zaun, Hecke), die Terrasse am Haus und die Wege vom Haus oder der Garage zur Grundstücksgrenze gehören bei einem Wohngebäude zu den Herstellungskosten des Gebäudes. Die Aufwendungen für den Rest der Gartenanlage sind als eigenständiges Wirtschaftsgut zu behandeln (Abschreibung i. d. R. auf zehn Jahre). Vertiefend siehe → Vermietung/Immobilien.

Besonderheiten bei Grundstücken und Gebäuden

TIPP

Wenn Sie ein Gebäude innerhalb von drei Jahren nach dem Erwerb abbrechen, unterstellt das Finanzamt einen Erwerb mit Abbruchabsicht. Dies hat zur Folge, dass der noch nicht abgeschriebene Teil der Gebäudeanschaffungskosten (+ Abbruchkosten) als Herstellungskosten des Neubaus gilt.

TIPP

Kaufen Sie ein Grundstück mit einem wertlosen Gebäude (Bauruine), stellen die gesamten Aufwendungen Anschaffungskosten des Grund und Bodens dar.

TIPP

Aufwendungen für die Ablösung von Erbbaurechten

- sind Anschaffungskosten des Grund und Bodens, wenn ein Recht abgelöst wird, um die Beschränkung durch dieses zu beseitigen.
- gehören zu den Herstellungskosten eines neu errichteten Gebäudes, soweit die vorhandene Bebauung abgerissen wurde.

BFH v. 13.12.2005, IX R 24/03

- stellen sofort abziehbare Werbungskosten dar, wenn die Abstandszahlungen dem Abschluss eines neuen Erbbauvertrags mit höheren Erbbauzinsen dienen.

BFH v. 26.1.2011, IX R 24/10

Baumaßnahmen nach Erwerb/Fertigstellung

Soweit es sich dabei um Erhaltungsaufwendungen (→ Reparaturen) handelt, sind sie im Jahr der Zahlung abzugsfähig. Größere Erhaltungsaufwendungen in zeitlichem Zusammenhang mit der Anschaffung (3 Jahre) können auch anschaffungsnahe Herstellungskosten des Gebäudes sein.

Wird angebaut, aufgestockt oder das Dachgeschoss ausgebaut, liegen i. d. R. **nachträgliche Herstellungskosten** vor. Diese führen bei vermieteten Objekten zu einer Erhöhung der Abschreibungsbeträge Bei eigengenutzten Wohnungen erhöht sich ggf. die frühere

Eigenheimzulage. Vertiefend siehe → Abschreibungen/Gebäude.

Vergebliche Aufwendungen

Vergebliche Aufwendungen im Zusammenhang mit Grundstücken und Gebäuden (nicht eigengenutzt) sind in einigen Fällen im Jahr der Ausgabe als Betriebsausgaben bzw. Werbungskosten abzugsfähig. Das trifft z.B. zu auf:

- Baupläne für ein Objekt, das nicht verwirklicht worden ist,
- verlorene Zahlungen (wegen Insolvenz) ohne Gegenleistung,
- Aufwendungen für die Beseitigung von Baumängeln, die nach Fertigstellung festgestellt wurden,
- Besichtigungsfahrten zu nicht erworbenen Objekten,
- Abstandszahlungen an den Bauträger.

BFH v. 15.11.2005, IX R 3/04

In den anderen Fällen liegen i.d.R. Anschaffungs- oder Herstellungskosten vor.

Vergebliche Aufwendungen für die Anschaffung von unbebautem Grund und Boden sind nicht als Werbungskosten bei den Einkünften aus Vermietung und Verpachtung abziehbar.

BFH v. 28.09.2010 – IX R 37/09

Sind die Aufwendungen im betrieblichen Bereich angefallen, steht einem Abzug jedoch nichts im Wege.

3 Sonstige Wirtschaftsgüter

Anschaffungs- oder Herstellungskosten für Wirtschaftsgüter, die keine Gebäude sind, und die länger als ein Jahr zur Erzielung von Einkünften genutzt werden, sind nur im Wege der Abschreibung (AfA) nach § 7 Abs. 1 EStG als Betriebsausgabe oder Werbungskosten abziehbar.

Computer

Die Aufwendungen für die Anschaffung eines Computers und der Peripheriegeräte (Monitor, Tastatur, Maus, Drucker, Scanner) sind als Werbungskosten abziehbar, soweit sie beruflich veranlasst sind und wenn der Umfang der beruflichen Nutzung nachgewiesen oder zumindest glaubhaft gemacht werden kann.

! WICHTIG

Ist die berufliche Nutzung Mitbenutzung unzweifelhaft, aber der konkrete Umfang der beruflichen Nutzung lässt sich nicht näher bestimmen, kann jeweils zu 50 % von einer beruflichen und privaten Nutzung ausgegangen werden. Ein höherer beruflicher Anteil muss glaubhaft gemacht und ggf. nachwiesen werden.

Hardware

Ein Personalcomputer und die mit ihm zusammen genutzten Peripheriegeräte sind zwar selbständig bewertungsfähige, **nicht** aber **selbstständig nutzungsfähige** Wirtschaftsgüter, weil sie nach ihrer betrieblichen Zweckbestimmung nur zusammen genutzt werden können und technisch aufeinander abgestimmt sind. Deshalb können die Aufwendungen für das einzelne Gerät, auch wenn diese nicht mehr als 410 € netto (487,90 € einschließlich Umsatzsteuer) betragen, nicht sofort als Werbungskosten abgezogen werden, sondern es ist eine Abschreibung des Bruttobetrags auf die Nutzungsdauer von drei Jahren vorzunehmen.

ACHTUNG

Selbstständig nutzungsfähige Wirtschaftsgüter

Anders zu beurteilen sind die Anschaffungskosten für einen Laptop. Dieses Gerät ist selbständig nutzungsfähig, deshalb können die Anschaffungskosten, sofern sie 410 € (netto) nicht übersteigen, sofort in voller Höhe (brutto) abgezogen werden.

Gleiches gilt für externe Festplatten und Kombinationsgeräte, die unabhängig vom Rechner auch als Fax oder Kopierer genutzt werden.

Laufende Betriebskosten (z. B. Toner) und Aufwendungen für Reparaturen sind mit dem beruflich veranlassten Anteil als → Werbungskosten abziehbar. Die Aufwendungen für die Internetnutzung sind ebenfalls in einen beruflichen und einen privaten Anteil aufzuteilen. Vertiefend siehe → Werbungskosten, -pauschbeträge und -pauschalen.

Computerprogramme (Software)

Die angeschaffte Software muss beruflich eingesetzt werden. Privat veranlasste Software liegt bei Spielen oder Lernprogrammen für Sprachen vor. Ebenso ist die Anschaffung von Joysticks oder Lenkrädern zu beurteilen.

Computerprogramme sind selbstständige immaterielle Wirtschaftsgüter, die abnutzbar sind.

- Betragen die Anschaffungskosten nach Abzug der Umsatzsteuer nicht mehr als 410 €, dürfen sie stets als geringwertige Wirtschaftsgüter sofort abgesetzt werden.
- Höhere Aufwendungen führen zu einer Abschreibung.
- Dies gilt auch beim Kauf von sogenannten Updates, wobei dann die bisherige, überholte Version voll abgeschrieben werden kann.

Selbstständige Wirtschaftsgüter bei Vermietung

Der Vermieter eines Gebäudes kann die AK des Rasenmähers, der Einbauküche oder der Einbaumöbel gleichmäßig verteilt auf die Nutzungsdauer als Werbungskosten bei den Einkünften aus Vermietung und Verpachtung absetzen. Die Kosten einer Einbauküche bzw. für Einbaumöbel werden dabei auf einen Zeitraum von zehn Jahren abgeschrieben.

Betragen die AK/HK für das einzelne Wirtschaftsgut nicht mehr als 410 € (Rechnungsbetrag ohne Umsatzsteuer), können sie im Jahr der Anschaffung oder Fertigstellung in voller Höhe (brutto) als Werbungskosten abgezogen werden.

4 Erbschaft/Schenkung

Für die Höhe der Abschreibung, aber auch für die Behandlung des Gewinns aus einem privaten Veräußerungsgeschäft ist von Bedeutung, ob eine Übertragung entgeltlich oder unentgeltlich erfolgt ist. Vertiefend siehe → Spekulationsgeschäfte.

Unentgeltliche Übertragung

Wenn Sie ein Gebäude (bzw. eine Eigentumswohnung) unentgeltlich erhalten (Schenkung, vorweggenommene Erbfolge oder Erbschaft), wird wie folgt verfahren:

- Der Übernehmer (Beschenkte/Erbe) vermietet das Objekt: Er führt die AK/HK und die Abschreibungen des Schenkers/Erblassers fort.
- Der Übernehmer nutzt das Objekt zu eigenen Wohnzwecken: Abschreibungen sind nicht abziehbar.
- Der Übernehmer nutzt das Objekt für sein Unternehmen:

  Handelt es sich um ein Einzelunternehmen oder um eine Personengesellschaft, ist das Grundstück mit dem aktuellen Zeitwert (steuerlicher Begriff = Teilwert) in das Betriebsvermögen einzulegen. Vertiefend siehe → Abschreibungen/Gebäude.

  Wird das Unternehmen in der Rechtsform einer GmbH geführt, kann mit dieser ein Mietvertrag abgeschlossen werden. Der Grundstückseigentümer erzielt dann Einkünfte aus Vermietung und Verpachtung und führt die Abschreibungen des bisherigen Eigentümers fort.

TIPP

Kosten, die im Zusammenhang mit einer Schenkung bzw. einem Erbfall entstehen (z. B. Kosten des Erbauseinandersetzungsvertrags) sind nach Auffassung des FG Münster (Urteil v. 25.10.2011 – 13 K 1907/10 E – Rev. beim BFH unter IX R 43/11) als Werbungskosten abzugsfähig. Bisher wurden derartige Kosten als Lebenshaltungskosten beurteilt, die steuerlich nicht zu berücksichtigen sind.

Teilentgeltliche Übertragung

Zu einem teilentgeltlichen Erwerb kommt es häufig im Zusammenhang mit einer Übertragung im Wege der vorweggenommenen Erbfolge, wenn zwar eine Gegenleistung gezahlt wird, diese aber den Wert des übertragenen Objekts nicht erreicht. Eine Teilentgeltlichkeit liegt z. B. vor, wenn der Übernehmende zur Zahlung von Gleichstellungsgeldern (z. B. an andere Angehörige) verpflichtet ist oder an den Übergebenden eine Abstandszahlung zu leisten hat oder dessen Schulden übernimmt. Hierbei ist der Erwerb in einen entgeltlichen und einen unentgeltlichen Teil aufzuteilen. Dabei berechnen sich der entgeltlich und der unentgeltlich erworbene Teil des Wirtschaftsguts nach dem Verhältnis des Entgelts (ohne Anschaffungsnebenkosten) zu dem Verkehrswert des Wirtschaftsguts.

Abschreibungen/Arbeitsmittel

Aufwendungen für Arbeitsmittel, die mehr als 487,90 € gekostet haben (z.B. Computer, Schreibtisch), können im Jahr der Zahlung nicht in vollem Umfang steuerlich abgesetzt werden. Sie sind abzuschreiben.

§ 7 EStG, R 7.1-7.5 EStR 2012

1 Begriff „Abschreibungen"

„Abschreibung" (auch AfA = Absetzung für Abnutzung) bedeutet, dass die Anschaffungskosten eines Wirtschaftsguts gleichmäßig über die voraussichtliche Nutzungsdauer (festgelegt in amtlichen AfA-Tabellen) verteilt werden. Wenn Sie z.B. einen Schreibtisch für 1.100 € gekauft haben, werden die Aufwendungen auf eine 13-jährige Nutzungsdauer verteilt, sodass pro Jahr 85 € zu berücksichtigen sind. Vertiefend siehe → Abschreibungen/Anschaffungs- und Herstellungskosten.

2 Höhe der Abschreibung

Die Abschreibung wird berechnet mit:

$$\frac{\text{Anschaffungskosten}}{\text{voraussichtliche Nutzungsdauer}}$$

Die gleichmäßige Verteilung der Anschaffungskosten auf die voraussichtliche Nutzungsdauer (= ND) wird als **lineare** Abschreibung bezeichnet. Eine andere Verteilung (z.B. degressive Abschreibung) ist nicht zulässig.

	ND	AfA-Satz
Büromöbel	13	7,7 %
Computer, Laptop, Peripheriegeräte	3	33 1/3 %
Diktiergerät	8	12,5 %
Schreibmaschine	9	11,11 %
Fotokopierer	5	20 %
Faxgerät	6	16 2/3 %
Aktenvernichter	8	12,5 %

Im Anschaffungsjahr ist eine zeitanteilige Abschreibung vorzunehmen, wobei eine Aufrundung auf volle Monate nicht beanstandet wird (§ 7 Abs. 1 S. 4 EStG).

BEISPIEL

Ein Arbeitnehmer hat im Jahr 2013 für 2.300 € einen Computer erworben. Die Anschaffung erfolgte am 10.5. (bzw. 15.12.2013).

Es ergeben sich folgende Abschreibungsbeträge:

Veranlagungszeitraum	Anschaffung 10.5.2013 AfA-Betrag	Anschaffung 15.12.2013 AfA-Betrag
2013	512 € (8/12)	64 € (1/12)
2014	766 €	766 €
2015	766 €	766 €
2016	256 €	702 €

3 Vereinfachungsregelung

Beträgt der Rechnungsbetrag mit Umsatzsteuer maximal 487,90 € (410 € zzgl. 19 % MwSt.) und handelt es sich um einen selbstständig nutzungsfähigen Gegenstand, liegt ein geringwertiges Wirtschaftsgut vor. Hier können die Anschaffungskosten statt über die AfA verteilt, in einem Betrag im Anschaffungsjahr abgezogen werden (§ 9 Abs. 1 Nr. 7 S. 2 EStG).

BEISPIEL

Ein Arbeitnehmer kauft sich im Dezember 2013 für 120 € zzgl. Umsatzsteuer eine Aktentasche.

Der Gesamtaufwand (142,80 €) kann im Anschaffungsjahr 2013 in voller Höhe als Werbungskosten zum Abzug gebracht werden.

Eine „selbstständige Nutzung" liegt nicht vor, wenn der erworbene Gegenstand nur zusammen mit einem anderen Gegenstand nutzbar ist. Wenn Sie für Ihren im Vorjahr angeschafften PC einen Drucker, Scanner oder Bildschirm für 300 € gekauft haben, ist ein Sofortabzug nicht möglich. Peripheriegeräte von PCs können nur zusammen mit dem PC genutzt werden und sind somit nicht selbstständig nutzbar. Jedes Gerät hat eine eigene AfA.

BFH, Urteil v. 19.2.2004, VI R 135/01

TIPP

Ausgenommen hiervon sind Kombinationsgeräte (z. B. Drucker/Fax/Kopierer in einem Gerät) und externe Datenspeicher. Diese gelten als selbstständig nutzbar.

TIPP

Die einzelnen Elemente einer aus genormten Teilen zusammengesetzten und verschraubten Schreibtischkombination sowie zu Schrankwänden zusammengesetzte Regale stellen selbstständig bewertbare Wirtschaftsgüter dar.

BFH v. 9.8.2001, III R 43/98

Vertiefend siehe → Fahrtkosten und → Arbeitszimmer.

4 Außergewöhnliche Abschreibung

Wird ein Gegenstand vor Ablauf des Abschreibungszeitraums unbrauchbar, können Sie im Jahr des Unbrauchbarwerdens den bislang noch nicht abgesetzten Restbetrag in voller Höhe zum Abzug bringen (= Absetzung für außergewöhnliche technische oder wirtschaftliche Abnutzung nach § 7 Abs. 1 S. 6 EStG).

5 Verkauf

Wenn Sie den noch gebrauchsfähigen Gegenstand vor Ablauf des Abschreibungszeitraums verkaufen (oder verschenken), endet die Abschreibung im Zeitpunkt der Weggabe. Der noch nicht abgeschriebene Restwert ist nicht abzugsfähig. Der erzielte Veräußerungserlös bleibt steuerlich unberücksichtigt.

6 Spätere berufliche Nutzung

Haben Sie in einem früheren Jahr einen Gegenstand gekauft und nutzen Sie diesen seit dem Jahr 2013 beruflich (= Umwidmung), kommt es auch in diesem Fall zu einem steuerlichen Abzug, soweit der Abschreibungszeitraum noch nicht abgelaufen ist.

BEISPIEL

Sie haben am 15.8.2011 einen Schreibtisch für 1.500 € gekauft. Seit dem 1.4.2013 nutzen Sie diesen ausschließlich für berufliche Zwecke.

Für einen Schreibtisch wird normalerweise eine Nutzungsdauer von 13 Jahren unterstellt. Die auf den Zeitraum 15.8.2011 bis 31.3.2013 entfallenden Abschreibungsbeträge können mangels beruflicher Nutzung des Schreibtisches nicht abgesetzt werden. Abschreibungsbeträge ab der beruflichen Nutzung rechnen zu Ihren Werbungskosten. Somit sind insgesamt 1.307 € (Buchwert am 1.4.2013) absetzbar:

2013:
9/12 von (7,7 % von 1.500 €) = 87 €

2014 bis 2023: je 116 €

2024: Restbetrag = 60 €

TIPP

Beträgt der zum Zeitpunkt der erstmaligen beruflichen Nutzung noch nicht abgesetzte Teil der Anschaffungskosten (Restwert) nicht mehr als 410 € zzgl. USt, handelt es sich um ein geringwertiges Wirtschaftsgut, dessen Kosten Sie sofort in voller Höhe abziehen können.

Die Restwertabschreibung können Sie auch für Gegenstände in Anspruch nehmen, die Sie geschenkt bekommen haben und anschließend beruflich nutzen.

Abschreibungen/Gebäude

Nutzen Sie ein Gebäude, eine Eigentumswohnung oder ein im Teileigentum stehendes Gebäudeteil zur Erzielung von Einkünften (gewerbliche, freiberufliche oder nichtselbstständige Tätigkeit bzw. Vermietung und Verpachtung), können Sie die Anschaffungs- bzw. Herstellungskosten im Wege der Absetzungen für Abnutzung (AfA) auf einen bestimmten Zeitraum steuermindernd verteilen.

§ 7 Abs. 4 bis 5a EStG.

Vertiefend siehe → Vermietung/Immobilien, → Abschreibungen/Anschaffungs- und Herstellungskosten und → Reparaturen.

1 Allgemeines

Die Absetzungen für Abnutzung (kurz: Abschreibungen oder AfA) beschränken sich nur auf das Gebäude. Die Anschaffungskosten für Grund und Boden sind nicht absetzbar.

Absetzungsberechtigter

Absetzungsberechtigt ist im Allgemeinen der bürgerlich-rechtliche oder der wirtschaftliche Eigentümer. Das ist regelmäßig derjenige, der die Anschaffungskosten oder Herstellungskosten getragen hat und den Tatbestand der Einkünfteerzielungsabsicht erfüllt.

Wird das Objekt dagegen einem anderen zur Nutzung unentgeltlich überlassen, ist der Eigentümer nicht zum Abzug der Abschreibung berechtigt.

Erwerb/Fertigstellung vor 2013

Haben Sie ein Gebäude bereits vor 2013 erworben bzw. fertiggestellt und wurde mit der Abschreibung bereits begonnen, so ist die jeweilige lineare oder degressive AfA fortzuführen.

Erwerb/Fertigstellung 2013

Abschreibungsmethoden

Haben Sie das Objekt im Jahr 2013 hergestellt oder angeschafft, können Sie als Bauherr/Käufer (seit 2006) nur noch die **lineare AfA** in Anspruch nehmen.

Abschreibungsbeginn

Ein Bauherr kann mit den Abschreibungen ab Fertigstellung (= Bezugsfertigkeit) beginnen. Sind Sie Erwerber eines Gebäudes, beginnt die Abschreibung mit dem im Kaufvertrag vereinbarten Zeitpunkt des Übergangs von Besitz, Nutzen, Lasten und Gefahr.

Im ersten Jahr wird die lineare AfA zeitanteilig nach Monaten als Werbungskosten oder Betriebsausgaben abgezogen.

Unentgeltlicher Erwerb

Haben Sie ein Gebäude unentgeltlich durch Schenkung oder Erbschaft erworben, bleiben die Anschaffungs- oder Herstellungskosten des Rechtsvorgängers (Schenker, Erblasser) für Sie maßgebend. Sie setzen die durch den Vorgänger begonnene Abschreibung fort. Anders kann es sein, wenn das Gebäude bisher zum Privatvermögen und nun zum Betriebsvermögen gehört.

Gegenstand der Abschreibung

Besteht ein Gebäude aus **mehreren selbstständigen Gebäudeteilen**, ist jeder Gebäudeteil für sich abzuschreiben. Dabei können unterschiedliche Abschreibungssätze in Betracht kommen.

Mehrere selbstständige Gebäudeteile liegen immer dann vor, wenn ein Gebäude unterschiedlich genutzt wird. So kann ein Gebäude teils **eigenbetrieblich**, teils **fremdbetrieblich**, teils für **fremde** oder teils für **eigene Wohnzwecke** genutzt werden. Jede dieser Nutzungen führt zu einem selbstständigen Gebäudeteil.

BEISPIEL

Sie besitzen ein Dreifamilienhaus.

a) Sämtliche Wohnungen sind zu Wohnzwecken vermietet.

b) Das EG und das 2. OG sind zu Wohnzwecken, das 1. OG ist an einen Rechtsanwalt (Büro) vermietet.

- Im ersten Beispielsfall dient das Gebäude einheitlich einem Zweck.
- Im zweiten Beispielsfall liegen zwei selbstständige Gebäudeteile (EG/2. OG sowie 1. OG) vor. Die Gesamtanschaffungs-/-herstellungskosten sind im Verhältnis der Nutzflächen auf die beiden Gebäudeteile zu verteilen. Anschließend ist jeder Gebäudeteil für sich abzuschreiben.

WICHTIG

Für zu eigenen Wohnzwecken genutzte oder unentgeltlich an andere überlassene Gebäude(teile) ist der Abzug einer AfA als Werbungskosten mangels Einnahmen nicht möglich. Bei späterer Vermietung dieser Wohnung gilt die fiktive Abschreibung, die auf die Zeit der Selbstnutzung entfällt, aber als verbraucht.

2 Abschreibungsmethoden im Einzelnen

Wirtschaftsgebäude und andere Gebäude

Innerhalb der linearen bzw. degressiven AfA sind zwei Arten von Gebäuden zu unterscheiden:

- **Wirtschaftsgebäude,**

  sind Gebäude(-teile), die
  - zum Betriebsvermögen gehören,
  - nicht Wohnzwecken dienen,
  - und für die der Bauantrag nach März 1985 gestellt wurde.

- **andere Gebäude**

  sind Gebäude(teile), die die Voraussetzungen für Wirtschaftsgebäude nicht erfüllen.

Lineare Abschreibung

§ 7 Abs. 4 EStG .

Bei Inanspruchnahme der linearen AfA werden die Anschaffungs- oder Herstellungskosten gleichmäßig auf die vom Gesetz vorgesehene Nutzungsdauer verteilt. Die lineare AfA ist grundsätzlich bei allen Arten von Gebäuden im Inland oder Ausland anwendbar.

Lineare Abschreibung von Wirtschaftsgebäude(teile)n

Personenkreis	Bauherr oder Erwerber
Bauantrag/ Kaufvertrag	a) nach März 1985 und vor 2001 b) nach 2000
AfA-Satz (unterstellte Nutzungsdauer)	a) **4 %** (ND 25 Jahre) b) **3 %** (ND 33,3 Jahre)

Personenkreis	Bauherr oder Erwerber
Bemessungsgrundlage	Anschaffungs-/Herstellungskosten
AfA im Erstjahr	zeitanteilig

Lineare Abschreibung von Gebäude(-teile)n, die keine Wirtschaftsgebäude sind

Personenkreis		Bauherr oder Erwerber
AfA-Satz (auch bei Erwerb)	**Fertigstellung** vor 1.1.1925	**2,5 %**
	nach 31.12.1924	**2 %**
Bemessungsgrundlage		Anschaffungs-/Herstellungskosten
AfA im Erstjahr		zeitanteilig

Degressive Gebäudeabschreibung

§ 7 Abs. 5 EStG.

Eine degressive AfA ist seit 2006 (Bauantrag oder Kaufvertrag) in Neufällen nicht mehr möglich. Degressive Abschreibungen aus früheren Jahren werden aber mit den bei Beginn der Abschreibung jeweils vorgesehenen Abschreibungssätzen fortgeführt.

Auf eine Darstellung der zahlreichen Abschreibungsvarianten wurde verzichtet. Haben Sie mit einer degressiven Gebäudeabschreibung begonnen, setzen Sie diese fort. Bitte beachten Sie, dass nach einer bestimmten Anzahl von Jahren der Abschreibungssatz abgesenkt wird.

Abschreibung von Gebäude in Sanierungsgebieten und Baudenkmalen

Für Gebäude in Sanierungsgebieten und städtebaulichen Entwicklungsbereichen sowie denkmalgeschützte Gebäude gelten besondere Vorschriften.

§§ 7h, 7i, 10f EStG.

3 Wechsel der Abschreibungsmethoden und Nutzungsänderungen

Ein Übergang von der linearen zur degressiven Gebäude-AfA oder umgekehrt bzw. ein Wechsel des AfA-Satzes innerhalb der degressiven AfA ist grundsätzlich unzulässig.

Bei Gebäuden sind die Abschreibungsmethoden nur zu wechseln, wenn der Eigentümer

- ein zu einem Betriebsvermögen gehörendes Gebäude ins Privatvermögen überführt und vermietet (**Entnahme**):

bisherige BMG	AK/HK
bisherige AfA	linear oder degressiv
Entnahmewert	Teilwert
künftige BMG	Teilwert
künftige AfA	linear 2 %
Summe der weiteren AfA	bis zum Teilwert

oder

- ein zum Privatvermögen gehörendes, vermietetes Gebäude in einem späteren Jahr zu eigenbetrieblichen Zwecken nutzt (**Einlage** in das Betriebsvermögen):

bisherige BMG	AK/HK
bisherige AfA	linear oder degressiv
Einlagewert	Teilwert
künftige BMG	wenn bisher vermietet; 1. Einlagewert > AK/HK: → Einlagewert abzgl. bereits in Anspruch genommener AfA 2. Einlagewert < AK/HK und > fortgeführte AK/HK: → fortgeführte AK/HK 3. Einlagewert (Teilwert) < fortgeführte AK/HK: → Einlagewert
künftige AfA	linear 3 %, wenn Bauantrag des Gebäudes nach März 1995
Summe der weiteren AfA	bis zum Einlagewert

Wird ein Gebäude zunächst vom Eigentümer selbst zu eigenen Wohnzwecken genutzt oder unentgeltlich an andere zu Wohnzwecken überlassen und erfolgt zu einem späteren Zeitpunkt eine Vermietung, bemisst sich die Abschreibung nach den ursprünglichen Anschaffungs-/Herstellungskosten. In der Folgezeit kann die AfA aber nur bis zur Höhe des Restwerts abgezogen werden, der nach Abzug der fiktiven AfA, die auf die Zeit der Selbstnutzung oder unentgeltlichen Überlassung entfällt, von den Anschaffungs- oder Herstellungskosten verbleibt.

4 Nachträgliche Anschaffungs- oder Herstellungskosten

Nachträgliche Anschaffungs- oder Herstellungskosten erhöhen die Bemessungsgrundlage für die Abschreibung des bisherigen Gebäudes. Sie sind von den Erhaltungsaufwendungen abzugrenzen. Vertiefend siehe → Reparaturen und → Vermietung/Immobilien.

Nachträgliche Herstellungskosten liegen vor, wenn an einem bestehenden Gebäude Aufwendungen für dessen **Erweiterung** anfallen.

Eine Erweiterung liegt in folgenden Fällen vor:

- **Aufstockung** oder **Anbau.** Dabei wird zusätzliche Nutzfläche durch Volumenvergrößerung geschaffen.
- **Ausbau** ist das Schaffen von Wohnraum durch Ausbau des Dachgeschosses oder durch eine unter wesentlichem Bauaufwand durchgeführte Umwandlung von bisher anderen als Wohnzwecken dienenden Räumen.
- **Vergrößerung der nutzbaren Fläche**, z.B. durch den Anbau eines Balkons oder einer Terrasse.
- **Vermehrung der Gebäudesubstanz** ohne Vergrößerung der nutzbaren Fläche (z.B. Einbau von bisher nicht vorhandenen Trennwänden, einer Alarmanlage oder einer Sonnenmarkise).

Die Aufwendungen sind nicht sofort abziehbar, sondern führen i.d.R. als nachträgliche Herstellungskosten zu einer Erhöhung der Bemessungsgrundlage für die Abschreibung.

Bei Nettoaufwendungen bis 4.000 € kann aus Vereinfachungsgründen sofort abziehbarer Erhaltungsaufwand vorliegen.

Vertiefend siehe → Reparaturen und → Vermietung/Immobilien.

Nachträgliche Anschaffungs- oder Herstellungskosten sind im Entstehungsjahr so zu behandeln, als ob sie schon zu Beginn des Kalenderjahres vorgelegen hätten. Es ist keine zeitanteilige Berechnung der Abschreibung vorzunehmen. Der Abschreibungszeitraum verlängert sich und endet erst mit der vollen Absetzung der gesamten Anschaffungs- oder Herstellungskosten.

BEISPIEL

Die jährliche Abschreibung betrug bisher 2 % von 400.000 €. Im August 2013 entstehen 10.000 € nachträgliche Herstellungskosten.

Die Abschreibung ab 2013 beträgt 2 % von 410.000 € = 8.200 €.

Keine nachträglichen Herstellungskosten, sondern Herstellungskosten für ein anderes Wirtschaftsgut entstehen, wenn das bisherige Gebäude im Wesen geändert und so tief greifend umgestaltet oder in einem solchen Ausmaß erweitert wird, dass die eingefügten neuen Teile dem neuen Gebäude das Gepräge geben und die verwendeten Altteile bedeutungs- und wertmäßig untergeordnet erscheinen.

Keine nachträglichen Herstellungskosten, sondern die Herstellung eines neuen selbstständigen Gebäudeteils, liegen vor, wenn zu einer vorhandenen Nutzung durch Erweiterung des Gebäudes eine andere Nutzung hinzukommt.

BEISPIEL

Errichtung eines neuen selbstständigen Gebäudeteils an einem bestehenden Gebäude

Der Steuerpflichtige hat ein Gebäude, das bisher ausschließlich zu betrieblichen Zwecken vermietet wird. Durch eine Aufstockung des Gebäudes wird eine Wohnung eingebaut, die auch vermietet wird.

Die Aufwendungen für die Wohnung sind keine nachträglichen Herstellungskosten des bisherigen Gebäudes, sondern stellen erstmalige Herstellungskosten für einen neuen, selbstständigen Gebäudeteil dar, der unabhängig vom bisherigen Gebäude abgeschrieben wird. Im Jahr der Fertigstellung der Wohnung, ist die AfA für diese zeitanteilig nach Monaten zu berechnen.

5 Solaranlagen/ Fotovoltaikanlagen

Wegen der steuerlichen Behandlung derartiger Einrichtungen siehe vertiefend → Solar-/Fotovoltaikanlagen und → Vermietung/Immobilien.

6 Gartenanlagen

Aufwendungen für die erstmalige Umzäunung des Grundstücks sowie den Bau von Zugangswegen zum Haus und zu den Garagen sind den Gebäudeherstellungskosten hinzuzurechnen und zusammen mit dem Gebäude abzuschreiben. Wird die Umzäunung erneuert, liegen sofort abziehbare Reparaturkosten vor.

Aufwendungen für die erstmalige Errichtung von Grünanlagen, den Vorgarten, für eine frei stehende Pergola in einem Ziergarten oder für einen auf dem Grundstück errichteten Kinderspielplatz sind Herstellungskosten eines eigenen Wirtschaftsguts „Garten“. Die auf den vermieteten Teil des Grundstücks entfallenden Herstellungskosten sind auf 10 Jahre zu verteilen (AfA) und als Werbungskosten abzuziehen.

Die Kosten für die Instandhaltung der Gartenanlage sind im Jahr der Zahlung sofort als Werbungskosten abziehbar.

Die Aufwendungen für den zu eigenen Wohnzwecken genutzten Teil des Grundstücks sind bei der Ermittlung des zu versteuernden Einkommens nicht abziehbar. Die Aufwendungen für Gartenpflegearbeiten und eine Gartenanlage können aber zu einer Steuerermäßigung führen.

Vertiefend siehe → Haushaltsnahe Tätigkeiten/Dienstleistungen.

Bei einem teilweise vermieteten und teilweise eigengenutzten Gebäude sind die Aufwendungen nach dem Nutzflächenverhältnis aufzuteilen.

7 Sonderabschreibungen im Zusammenhang mit der Beseitigung von Hochwasserschäden im Mai/Juni 2013

Durch das Hochwasser im Mai und Juni 2013 sind in einigen Bundesländern erhebliche Schäden entstanden. Die Beseitigung der Schäden und die damit verbundene finanzielle Belastung werden durch besondere steuerliche Maßnahmen abgemildert.

Aufwendungen für die Wiederherstellung beschädigter Gebäude können ohne nähere Prüfung als Erhaltungsaufwand anerkannt werden, wenn mit der Wiederherstellung innerhalb von drei Jahren begonnen wurde, die Aufwendungen 45.000 € nicht übersteigen und die bisherigen Buchwerte fortgeführt werden. Soweit die Aufwendungen durch Entschädigungen gedeckt sind, sind sie nicht abziehbar, zählen aber bei der 45.000 €-Grenze mit. Größere Aufwendungen können gleichmäßig auf 2 bis 5 Jahre verteilt werden.

Für Aufwendungen zum Wiederaufbau ganz oder teilweise zerstörter Gebäude (Ersatzherstellung), die keine Erhaltungsaufwendungen sind, können im Jahr der Fertigstellung und in den beiden folgenden Jahren (Begünstigungszeitraum) Sonderabschreibungen bis zu insgesamt 30 % vorgenommen werden. Die Abschreibung (AfA) berechnet sich nach § 7 Abs. 4 EStG. Bemessungsgrundlage ist die vor dem Schadensereignis maßgebliche Bemessungsgrundlage, vermindert um eine aus Anlass des Schadens vorgenommene Absetzung für außergewöhnliche Abnutzung und erhöht um die Wiederherstellungskosten. An den Geschädigten gezahlte Entschädigungen, z. B. durch Versicherungen oder Zuschüsse, mindern die Bemessungsgrundlage.

Die Sonderabschreibung kann nur in Anspruch genommen werden, wenn mit der Ersatzherstellung bis zum Ablauf des dritten Jahres nach dem Jahr der Schädigung (vor 1.1.2017) begonnen wurde. Die Sonderabschreibungen dürfen 200.000 € im Jahr nicht übersteigen.

Nach Ablauf der ersten drei Jahre ist die AfA nach dem verbleibenden Restwert und der Restnutzungsdauer zu berechnen. Aufwendungen zur Beseitigung von Hochwasserschäden an Grund und Boden können sofort als Werbungskosten abgesetzt werden.

Alleinerziehende (Entlastungsbetrag)

Alleinerziehende können unter bestimmten Voraussetzungen einen Entlastungsbetrag steuermindernd geltend machen.

§ 24b EStG, BMF, Schreiben v. 29.10.2004, BStBl I 2004, S. 1042

1 Abzugsvoraussetzungen

Der Entlastungsbetrag setzt voraus:

- **Alleinstehender** Elternteil,
- **Kind**, für das ein **Anspruch auf Kindergeld oder Kinderfreibetrag bzw. Freibetrag zur Betreuung** besteht, unabhängig vom Alter des Kindes,
- **Haushaltszugehörigkeit** des Kindes.

Alleinstehend

Als **alleinstehend** gelten Steuerbürger, die ledig, geschieden oder verwitwet sind bzw. deren Ehegatte das ganze Jahr über nicht im Inland gewohnt hat. Nicht alleinstehend sind Personen, die mit anderen volljährigen Personen eine **Haushaltsgemeinschaft** bilden. Diese liegt vor, wenn ein gemeinsames Wirtschaften („Wirtschaften aus einem Topf") stattfindet. Eine Haushaltsgemeinschaft wird angenommen, wenn der/die Alleinerziehende in einer

- eheähnlichen Lebensgemeinschaft,
- eingetragenen gleichgeschlechtlichen Lebenspartnerschaft,
- Wohngemeinschaft mit Eltern, Großeltern oder Geschwistern oder
- Wohngemeinschaft mit eigenen Kindern, die steuerlich **nicht** bei ihm/ihr berücksichtigt werden können,

zusammenlebt.

Ist eine andere erwachsene Person in der Wohnung gemeldet, wird unterstellt, dass ein gemeinsames Wirtschaften und damit eine schädliche Haushaltsgemeinschaft vorliegt. Das gemeinsame Wirtschaften kann sowohl darin bestehen, dass die andere volljährige Person zu den Kosten des gemeinsamen Haushalts beiträgt, als auch in einer Entlastung durch tatsächliche Hilfe und Zusammenarbeit. Diese gesetzliche Vermutung kann bei Wohngemeinschaften, nicht aber bei eheähnlichen Gemeinschaften und eingetragenen Lebenspartnerschaften widerlegt werden, indem der/die Alleinerziehende glaubhaft versichert, dass die im Haushalt gemeldete Person selbstständig und getrennt wirtschaftet, also einen vollständig getrennten Haushalt führt (z. B. bei Untermietern).

BEISPIEL

Eine alleinstehende Mutter lebt zusammen mit ihren zwei volljährigen Kindern, die beide in Berufsausbildung sind.

Die Mutter gilt als alleinerziehend, weil (und solange) beide Kinder steuerlich bei ihr berücksichtigt werden können. Soweit die anderen Voraussetzungen erfüllt sind, steht ihr der Entlastungsbetrag zu.

Sobald ein im Haushalt lebendes Kind nicht mehr steuerlich berücksichtigt werden kann, gilt der Elternteil nicht mehr als alleinstehend, weil eine gemeinsame Haushaltsführung mit dem Kind nur schwer widerlegbar ist. Denn bei langjährig zusammenlebenden Angehörigen sind an den Nachweis, dass das Kind einen vollständig getrennten eigenen Haushalt führt, strenge Anforderungen zu stellen.

BFH, Urteil v. 28.6.2012, III R 26/10

Ist die im Haushalt lebende volljährige andere Person **nicht nur vorübergehend hilflos** (Merkzeichen „H“, „BL“ oder eine Pflegestufe), verfügt nur über geringes Vermögen (max. 15.500 €) **und** ihre jährlichen Einkünfte und Bezüge liegen unter 8.130 €, ist der Entlastungsbetrag möglich.

BEISPIEL

Eine Alleinerziehende hat außer ihrem minderjährigen Kind ihre behinderte Mutter (laut Schwerbehindertenausweis hilflos, Merkzeichen „H“) in den Haushalt aufgenommen. Die Mutter ist vermögenslos und hat nur eine geringe Rente.

Hier besteht zwar eine Wohngemeinschaft mit einer dritten Person, aber weil diese sich tatsächlich und finanziell nicht an der Haushaltsführung beteiligen kann, ist der Entlastungsbetrag möglich.

Kind mit Kindergeld

Den Entlastungsbetrag gibt es nur für Kinder, für die Anspruch auf Kindergeld bzw. Kinderfreibetrag besteht. Vertiefend siehe → Kinder.

Haushaltszugehörigkeit

Das Kind gehört zum Haushalt, wenn es in der Wohnung des Alleinerziehenden mit **Haupt- oder Nebenwohnsitz gemeldet** ist. Ist das Kind bei beiden Elternteilen gemeldet und nur einer von beiden Elternteilen ist alleinstehend, bekommt dieser den Entlastungsbetrag. Sind beide Elternteile jeweils alleinstehend und haben das Kind annähernd gleichwertig in ihre Haushalte aufgenommen, können sie, unabhängig davon, wer das Kindergeld ausgezahlt bekommen hat, untereinander bestimmen, wer den Entlastungsbetrag bekommen soll, es sei denn, einer von beiden hat den Entlastungsbetrag bei seiner Veranlagung oder durch Eintragung der Steuerklasse II bei seinen Lohnsteuerabzugsmerkmalen bereits in Anspruch genommen. Treffen die Eltern keine Entscheidung über die Zuordnung des Entlastungsbetrags oder können sie sich nicht einigen, erhält derjenige den Entlastungsbetrag, dem das **Kindergeld ausgezahlt** wird. Vertiefend siehe → Kinder.

BFH, Urteil v. 28.4.2010, III R 79/08

2 Höhe

Der Entlastungsbetrag beträgt jährlich 1.308 €, unabhängig von der Anzahl der Kinder. Er wird, wenn die Voraussetzungen nur einen Teil des Jahres vorliegen (z.B. Geburt im Jahr), zeitanteilig berücksichtigt.

3 Tod und Heirat

Stirbt ein Elternteil, erhält der Überlebende den Entlastungsbetrag (anteilig) ab dem Monat des Todes.

Heiratet ein Alleinerziehender, ist für das **gesamte** Jahr – auch für den Zeitraum **vor** der Hochzeit – kein Entlastungsbetrag möglich, egal welche Veranlagungsart die Eheleute wählen.

4 Verfahren

Die Berücksichtigung des Entlastungsbetrags ist bereits beim monatlichen Lohnsteuerabzug (Speicherung der Steuerklasse II bei den Lohnsteuerabzugsmerkmalen) möglich. Ansonsten wird er auf der **Anlage Kind** (Seite 2) beantragt.

Altersentlastungsbetrag

Versorgungsbezüge, allgemeine Leibrenten und bestimmte Leistungen aus Altersvorsorgeverträgen werden durch spezielle steuerliche Vergünstigungen, z.B. in Form von Freibeträgen oder ermäßigter Besteuerung, gefördert. Für andere Einkünfte kann ein Steuerpflichtiger, der älter als 64 Jahre ist, einen Altersentlastungsbetrag in Anspruch nehmen.

§ 24a EStG

Persönliche und sachliche Voraussetzungen

Einen Altersentlastungsbetrag kann in Anspruch nehmen, wer **vor Beginn** des Kalenderjahres 2013 das 64. Lebensjahr vollendet hat, d.h. der Steuerpflichtige muss vor dem 2.1.1948 geboren sein.

Es liegen folgende Einnahmen bzw. Einkünfte vor:

- **Arbeitslohn aus einem gegenwärtigen (aktiven) Dienstverhältnis** oder
- **andere Einkünfte,** die in der **Summe positiv** sind.

Versorgungsbezüge oder Leibrenten, die nur teilweise besteuert werden, gehören nicht dazu.

Höhe des Altersentlastungsbetrags

Der Prozentsatz und der Höchstbetrag des Altersentlastungsbetrags (AEB) werden **für jeden neu hinzukommenden Altersjahrgang abgesenkt**. Maßgebend ist das auf die Vollendung des 64. Lebensjahres folgende Kalenderjahr:

Voraussetzung erstmals erfüllt in	in % der Einkünfte	Höchstbetrag in €
2005	40,0	1.900
...	...	...
2012	28,8	1.368
2013	27,2	1.292
2014	25,6	1.216
...	...	...
2039	0,8	38
2040	0,0	0

Der Prozentsatz und der Höchstbetrag ändern sich für den jeweiligen Steuerpflichtigen nicht mehr.

Berechnung

Der Altersentlastungsbetrag wird in folgenden Schritten berechnet:

1. jeweiliger Prozentsatz des **Arbeitslohns** aus einer **aktiven** Tätigkeit (ohne Versorgungsbezüge) und
2. jeweiliger Prozentsatz aus der **positiven Summe** der **übrigen Einkünfte** (ohne Leibrenten),
3. max. entsprechender Höchstbetrag.

BEISPIEL

Sie haben innerhalb von 12 Monaten vor Beginn des Jahres 2013 das 64. Lebensjahr vollendet. Ihr Arbeitslohn beträgt 24.000 €, davon entfallen 16.000 € auf Versorgungsbezüge (Betriebsrente oder Pension). Außerdem haben Sie Einkünfte aus einer freiberuflichen Nebentätigkeit in Höhe von 2.000 € und einen Verlust aus Vermietung und Verpachtung i. H. v. 2.500 €.

Der Altersentlastungsbetrag beträgt 27,2 % des Arbeitslohns aus dem **aktiven** Dienstverhältnis (24.000 € ./. 16.000 €) 8.000 € = 2.176 €, höchstens jedoch **1.292 €**. Die freiberuflichen Einkünfte und die Einkünfte aus Vermietung und Verpachtung werden für die Berechnung des Altersentlastungsbetrags nicht berücksichtigt, weil ihre **Summe negativ** ist.

Kapitaleinkünfte

Kapitalerträge, die mit dem besonderen Steuersatz von 25 % im Rahmen des Kapitalertragsteuerabzugs oder im Rahmen einer Einkommensteuerveranlagung besteuert werden, sind nicht in die Berechnung des Altersentlastungsbetrags einzubeziehen.

TIPP

Liegt Ihr persönlicher Steuersatz unter 25 % und haben Sie Einkünfte aus Kapitalvermögen, die dem **Steuerabzug durch Kapitalertragsteuer mit 25 %** unterlegen haben, sollten

Sie einen **Antrag auf Günstigerprüfung** nach § 32d Abs. 6 EStG stellen. Zum einen werden Ihre Kapitaleinkünfte mit dem niedrigeren persönlichen Steuersatz besteuert und zum anderen kann der Altersentlastungsbetrag zusätzlich zum Abzug kommen, wenn Sie den Höchstbetrag noch nicht ausgeschöpft haben.

Zusammenveranlagung

Im Fall der Zusammenveranlagung ist der Altersentlastungsbetrag personenbezogen beim jeweiligen Ehegatten/ eingetragenen Lebenspartner zu berücksichtigen, der die persönlichen Voraussetzungen erfüllt. Bemessungsgrundlage sind dessen Einkünfte.

Altersvorsorgeaufwendungen und Wohnriester

Der Begriff der „Altersvorsorge“ umfasst die Summe aller Möglichkeiten, die frühzeitig wahrgenommen werden können, um nach Beendigung der aktiven Erwerbstätigkeit seinen Lebensunterhalt ohne größere Einschränkungen bestreiten zu können.

Vertiefend siehe → Sonderausgaben und → Renten.

1 Allgemeines zum Aufbau der Altersvorsorge

Die Altersvorsorge kann aus drei Bausteinen bestehen:

gesetzl. Vorsorge	betriebl. Vorsorge	private Vorsorge

Die **gesetzliche Altersvorsorge** besteht aus der gesetzlichen Rentenversicherung, der Alterssicherung der Landwirte, der berufsständischen Versorgung und der Beamtenversorgung.

Die **betriebliche Altersvorsorge** kann in Form einer Direktzusage durch den Arbeitgeber, einer Direktversicherung, einer Pensionskasse, eines Pensionsfonds oder einer Unterstützungskasse vorliegen.

Die **private Altersvorsorge** kann aus einer staatlich geförderten Vorsorge als Riester-Rente, in Form von Wohn-Riester oder als Rürup-Rente bestehen. Möglich ist auch eine staatlich nicht geförderte Vorsorge als allgemeine (klassische) Lebensversicherung, Fondssparplan oder Immobilienbesitz.

2 Gesetzliche Altersvorsorge

Beiträge zur gesetzlichen Altersvorsorge

Zur steuerlichen Abziehbarkeit der Beiträge zur gesetzlichen Rentenversicherung: Vertiefend siehe → Versicherungen.

Besteuerung der Renten aus der gesetzlichen Altersvorsorge

Zur Besteuerung von Renten aus der gesetzlichen Rentenversicherung, der Renten von Landwirten und der Renten aus berufsständischen Versorgungseinrichtungen: Vertiefend siehe → Renten.

Die Beamtenversorgung führt zu Versorgungsbezügen. Vertiefend siehe → Pensionen/Betriebsrenten.

3 Betriebliche Altersvorsorge

Eine betriebliche Altersvorsorge liegt vor, wenn der Arbeitgeber seinem Arbeitnehmer aufgrund des Dienstverhältnisses Versorgungsleistungen bei Alter (mind. 60 Jahre bzw. mind. 62 Jahre, wenn Versorgungszusage ab 2012), Invalidität oder Tod zusagt und Ansprüche auf solche Leistungen erst mit Eintritt des biologischen Ereignisses fällig werden. Die Finanzierung erfolgt durch den Arbeitgeber. Die Beiträge können auch durch den Arbeitnehmer in Form von **Entgeltumwandlung** erbracht werden. Dabei verzichtet der Arbeitnehmer auf einen Teil seines Gehalts und erhält im Gegenzug vom Arbeitgeber eine Versorgungszusage. Eigenbeiträge des Arbeitnehmers sind nicht begünstigt.

TIPP

Erhalten Sie von Ihrem Arbeitgeber bisher keine oder geringere Zulagen, sprechen Sie mit ihm ggf. über eine **Gehaltsumwandlung**.

Eine Hinterbliebenenversorgung darf nur gegenüber Witwe/Witwer und steuerlich zu berücksichtigenden Kindern, den früheren Ehegatten oder den Lebenspartnern vorgesehen sein.

Besteuerung der Leistungen des Arbeitgebers in der Ansparphase

Alle laufenden Beiträge und Zuwendungen (einschl. Umlagen und Sonderzahlungen) des Arbeitgebers an eine kapitalgedeckte oder eine nicht kapitalgedeckte Versorgungseinrichtung gehören zu den Lohneinnahmen. Sie können steuerfrei oder steuerpflichtig (evtl. mit pauschaler Arbeitgeber-Lohnsteuer) sein.

Betriebliche Riester-Rente

Vertiefend siehe Punkt 4.

Steuerfreie Zahlungen des Arbeitgebers an eine Pensionskasse, einen Pensionsfonds oder eine Direktversicherung

Leistungen des Arbeitgebers aus dem ersten Dienstverhältnis zum Aufbau einer **kapitalgedeckten** betrieblichen Altersversorgung bleiben bis zu 4 % der Beitragsbemessungsgrenze in der gesetzlichen Rentenversicherung (West – 2013: 69.600 €) = jährlich 2.784 € steuerfrei (§ 3 Nr. 63 EStG), wenn die **Auszahlung der Altersversorgung in Form einer Rente** oder eines Auszahlungsplans erfolgen wird. Die Beiträge müssen vom Arbeitgeber geschuldet werden und können auch durch Entgeltumwandlung oder durch Eigenbeiträge des AN finanziert werden. Der Höchstbetrag erhöht sich um 1.800 €, wenn die Versorgungszusage durch den

Arbeitgeber nach 2004 erteilt wurde. Werden Beiträge aus Anlass der Beendigung des Dienstverhältnisses geleistet, erhöht sich der Höchstbetrag ggf. deutlich.

Die Steuerbefreiung ist **nicht** möglich, wenn der Arbeitnehmer verlangt hat, dass die Voraussetzungen für die gesetzliche **Altersvorsorgezulage oder der besondere Sonderausgabenabzug** für zusätzliche Altersvorsorge erfüllt werden. Vertiefend siehe Punkt 4, Riester-Rente.

Übersteigende Beiträge sind individuell zu versteuern.

Zahlungen an umlagefinanzierte Versorgungseinrichtungen

Leistungen des Arbeitgebers zum Aufbau einer **nicht kapitalgedeckten** betrieblichen Altersversorgung (z. B. umlagefinanzierte Pensionskassen, kommunale oder kirchliche Zusatzversorgungseinrichtung oder Versorgungsanstalt des Bundes und der Länder/VBL) sind ab 2008 teilweise **steuerfrei**. Nach § 3 Nr. 56 EStG bleiben bis zu 1 % der Beitragsbemessungsgrenze in der gesetzlichen Rentenversicherung (West) = jährlich 696 € steuerfrei, wenn die Auszahlung der Altersversorgung in Form einer Rente oder eines Auszahlungsplans erfolgen wird. Der Prozentsatz erhöht sich ab den Jahren 2014, 2020 und 2025 um jeweils einen weiteren Prozentpunkt.

Ein zusätzlicher Höchstbetrag von 1.800 € ist hier nicht vorgesehen.

ACHTUNG

Auf den Höchstbetrag nach § 3 Nr. 56 EStG sind die vom gleichen Arbeitgeber nach § 3 Nr. 63 EStG geleisteten Zahlungen anzurechnen.

Ein Arbeitnehmereigenanteil ist steuerpflichtig

Pauschalierung

Für mögliche den § 3 Nr. 56 EStG übersteigende Zuwendungen des Arbeitgebers aus dem ersten Dienstverhältnis kann die **Pauschalbesteuerung** mit 20 % für Leistungen bis 1.752 € nach § 40b EStG vorgenommen werden. Die Anwendung von § 3 Nr. 63 EStG schließt die Pauschalierung aus. Bei Direktversicherungen, abgeschlossen vor dem 1.1.2005, bestand ein Wahlrecht zwischen Fortführung der Pauschalbesteuerung und der Steuerbefreiung nach § 3 Nr. 63 EStG.

Förderung durch Altersvorsorgezulage oder Sonderausgabenabzug

Zahlungen an einen Pensionsfonds, eine Pensionskasse oder eine Direktversicherung können bei Verzicht auf die Steuerbefreiungen auch durch Altersvorsorgezulage oder Sonderausgabenabzug nach § 10a EStG gefördert werden. Vertiefend siehe Riester-Rente im Punkt 4.

Übertragung von Altersversorgungsansprüchen bei Wechsel des Arbeitgebers

Bei Arbeitswechsel kann im Einvernehmen mit dem bisherigen und dem neuen Arbeitgeber ein erworbener Altersversorgungsanspruch (nicht bei Direktzusage oder Unterstützungskasse) steuerfrei nach § 3 Nr. 55 EStG auf den neuen Arbeitgeber übertragen werden.

Besteuerung der künftigen Rentenzahlungen an den Arbeitnehmer

Betriebsrente

Zahlt der Arbeitgeber eine Betriebsrente, (Direktzusage oder durch Unterstützungskasse), liegen Versorgungsbezüge vor. Vertiefend siehe → Pensionen/Betriebsrenten.

Andere Renten

Der Umfang der Besteuerung anderer Leistungen (Riester-Rente, Direktversicherung, Pensionskasse, Pensionsfonds) in der Auszahlungsphase richtet sich nach der Behandlung der Beiträge in der Ansparphase.

Versorgungsleistungen (Renten) oder Teile davon, die durch steuerfreie Zuwendungen des Arbeitgebers erworben wurden oder für die der Arbeitnehmer eine Altersvorsorgezulage oder den Sonderausgabenabzug für zusätzliche Altersvorsorge in Anspruch genommen hat (Riester-Rente), werden nach § 22 Nr. 5 EStG **in voller Höhe besteuert** (nachgelagerte Besteuerung).

Soweit Zuwendungen in der Ansparphase nicht gefördert, sondern individuell oder nach § 40b EStG pauschal versteuert wurden, ist die Art der Besteuerung der Renten in der Auszahlungsphase davon abhängig, wie der Sonderausgabenabzug der Beiträge aussah.

Sind die Beiträge im Rahmen der Basisversorgung abgezogen worden, werden sie nach dem „**Kohortenprinzip**“, wie die Renten aus der gesetzlichen Rentenversicherung, besteuert.

Gehörten die Beiträge nicht zur Basisversorgung, erfolgt eine Besteuerung nur mit dem **niedrigeren Ertragsanteil**.

Vertiefend siehe → Versicherungen und → Renten.

TIPP

Leistungen aus Altersvorsorgeverträgen und aus der betrieblichen Altersversorgung sind auf Seite 2 der Anlage R einzutragen. In welche Zeile der jeweils ausgezahlte Betrag einzutragen ist, entnehmen Sie bitte der **Leistungsmitteilung**, die Sie von der auszahlenden Versicherungsgesellschaft erhalten haben.

ACHTUNG

Werden aus einer Altersversorgung Leistungen in Form einer **Kapitalauszahlung** und nicht als Rente erbracht, ist der Vertragsbeginn für die Besteuerung maßgebend.

Bei Verträgen, die bis 2004 abgeschlossen wurden, sind die in dem ausgezahlten Kapital enthaltenen Kapitalerträge **steuerfrei**, wenn der Vertrag mind. zwölf Jahre bestand.

Wurde der Vertrag ab 2005 abgeschlossen, sind die mit ausgezahlten Kapitalerträge in Höhe des **Unterschiedsbetrags** zwischen Auszahlungsbetrag und der Summe der entrichteten Beiträge grundsätzlich **in voller Höhe** als Einnahmen aus Kapitalvermögen zu versteuern.

Erfolgt allerdings die Kapitalauszahlung erst nach Vollendung des 60. Lebensjahres (bei Vertragsabschluss nach 31.12.2011: 62. Lebensjahr) und lag eine Vertragslaufzeit von mind. zwölf Jahren vor, ist **nur die Hälfte** des Kapitalertrags zu versteuern.

Werden bei Verträgen, die vor 2012 abgeschlossen wurden, ab 2012 wesentliche Vertragsmerkmale (Laufzeit, Versicherungssumme, Beitragshöhe) geändert, wird die hälftige Besteuerung nur berücksichtigt, wenn ab Vertragsänderung 12 Jahre verstrichen sind und der Anleger bei Auszahlung das 62. Lebensjahr vollendet hat.

4 Riester-Rente

§§ 10a, 22, 79 ff. EStG

Begünstigte Aufwendungen

Die Riester-Rente dient dem Aufbau einer kapitalgedeckten privaten oder betrieblichen Altersvorsorge auf freiwilliger Basis. Sie kann als Alters-, Hinterbliebenen- oder Erwerbsminderungsrente ausgestaltet sein und ist nur möglich bei Sparformen, die durch die Bundesanstalt für Finanzdienstleistungsaufsicht **zertifiziert** (= geprüft und genehmigt) wurden.

Im Gegensatz zur Rürup-Rente ist eine spätere Rente an Erben (Hinterbliebene) garantiert.

Begünstigter Personenkreis

Begünstigt sind Personen, die Pflichtversicherte in der inländischen gesetzlichen Rentenversicherung oder die Empfänger von inländischer Besoldung sind, oder diesen gleichgestellte Personen. Damit sind auch Personen, die ihren Wohnsitz in der EU haben, zulageberechtigt.

Zum Kreis der **unmittelbar** Anspruchsberechtigten gehören insbesondere im Inland:

- rentenversicherungspflichtige Arbeitnehmer (auch Grenzgänger),
- rentenversicherungspflichtige Selbstständige (z. B. Handwerker, versicherte Künstler),
- pflichtversicherte Landwirte,
- Beamte, Richter, Soldaten, beurlaubte Beamte,
- Kindererziehende bis zur Vollendung des 3. Lebensjahres des Kindes,
- Bezieher von Arbeitslosengeld I, Arbeitslosengeld II (Hartz IV) oder Vorruhestandsgeld,
- gleichgestellte Personen, z. B. Arbeitslose, die wegen höherer Einkünfte oder Vermögens keine Leistungen nach dem SGB erhalten,

- Erwerbsunfähigkeitsrentner, wenn sie vor Bezug der Rente zum begünstigten Personenkreis gehörten,
- Auszubildende,
- Personen, die einen Freiwilligendienst (früher Zivildienst) ableisten, Helfer im sozialen Jahr,
- geringfügig Beschäftigte nach § 8 Abs. 1 SGB IV, die auf die Versicherungsfreiheit verzichtet haben und den pauschalen Arbeitgeberbeitrag aufstocken.

ACHTUNG

Ausgenommen sind:

- geringfügig Beschäftigte, die ihren Pauschalbeitrag zur Rentenversicherung *nicht* aufstocken,
- geringfügig selbstständig Tätige ohne Rentenversicherungspflicht (z. B. Studenten),
- selbstständige Freiberufler, auch soweit sie Pflichtversicherte in einer berufsständischen Versorgungseinrichtung sind und Gewerbetreibende.

Zusammenlebende Ehegatten/Lebenspartner, die selbst nicht zum begünstigten Personenkreis gehören, können in die **mittelbare** Zulagenförderung einbezogen werden, wenn sie einen eigenen Altersvorsorgevertrag abschließen (auch bei Ehegatten/Lebenspartnern im EU-Ausland).

Art der Förderung

Das Gesetz sieht vor:

- **Altersvorsorgezulage** für Beiträge zu einem begünstigten Vertrag (Riester-Vertrag) §§ 79ff. EStG.

oder

- **Sonderausgabenabzug** für Altersvorsorgebeiträge (§ 10a EStG).

Altersvorsorgezulage

Die staatliche Förderung erfolgt durch Grundzulage und Kinderzulage.

Die **Grundzulage** beträgt 154 €.

Förderberechtigte, die zu Beginn des Beitragsjahres das 25. Lebensjahr noch nicht vollendet haben, erhalten eine **einmalige,** um 200 € erhöhte Grundzulage (**Berufseinsteiger-Bonus**).

Im Fall der Zusammenveranlagung von Ehegatten/Lebenspartnern, steht die Grundzulage jedem gesondert zu, wenn beide Ehegatten/Lebenspartner eigenständige Altersversorgungsansprüche erwerben.

Die Zulage wird noch durch eine **Kinderzulage** erhöht. Sie beträgt 185 € je Kind.

Für ein ab 2008 geborenes Kind (Kindergeld für mind. 1 Monat), erhöht sich die Kinderzulage auf 300 €.

Die Altersvorsorgezulage wird nicht ausgezahlt, sondern dem Altersvorsorgevertrag gutgeschrieben.

Mindesteigenbeitrag

Die Zulage wird gekürzt, wenn der Zulageberechtigte nicht den Mindesteigenbeitrag leistet.

Dieser beträgt 4 % der im Vorjahr erzielten sozialversicherungspflichtigen oder diesen gleichgestellten Einnahmen, max. 2.100 €.

Von diesem Betrag ist noch der volle Zulagenanspruch abzuziehen.

Damit setzt sich der Altersvorsorgeaufwand aus Eigenbeiträgen und Zulagen zusammen.

Der Mindesteigenbeitrag darf nicht unter den **Sockelbetrag** von 60 € pro Jahr fallen.

ACHTUNG

Mindesteigenbeitrag für mittelbar Zulageberechtigte

Mittelbar zulageberechtigte Personen müssen ab 2012 auch einen Mindesteigenbeitrag von 60 € zahlen. Damit wird sichergestellt, dass bei einem schleichenden Übergang von der mittelbaren zur unmittelbaren Berechtigung (z. B. Rentenversicherungspflicht wegen Kindererziehung in den ersten drei Lebensjahren) die Rückforderung von Zulagen vermieden wird.

Seit 2012 gibt es auch eine Nachentrichtungsmöglichkeit für den Mindestbeitrag. Erkundigen Sie sich bei Ihrem Versicherungsanbieter, wenn Ihre Zulage zurückgefordert wurde. Durch den Mindesteigenbeitrag erhalten Sie eine entsprechend höhere Rente.

BEISPIEL

Maria Müller, Angestellte, alleinstehend, ein Kind (geboren 2008), erhielt 2012 einen Bruttoarbeitslohn in Höhe von 40.000 €.

Um die volle Altersvorsorgezulage für 2013 zu erhalten, muss sie einen Mindesteigenbeitrag in Höhe von

40.000 € × 4 % =	1.600 €
– Grundzulage	154 €
– Kinderzulage	300 €
	1.146 €

einzahlen.

BEISPIEL

Peter Frey ist Beamter, seine Frau ist Hausfrau, zwei Kinder, eines davon 2009 geboren. Er beantragt Altersvorsorgezulage für 2013. Sein Jahreseinkommen betrug im Vorjahr (2012) 40.000 €.

Die Ehefrau hat einen eigenen Altersvorsorgevertrag abgeschlossen. Die Beiträge zahlt der Ehemann.

Mindesteigenbeitrag Ehemann:

40.000 € × 4 % =	1.600 €
– Grundzulage Ehemann	154 €
– Grundzulage Ehefrau	154 €
– Kinderzulage 1	185 €
– Kinderzulage 2	300 €
	807 €

Mindesteigenbeitrag Ehefrau: 60 €

Antrag auf Altersvorsorgezulage

Der Antrag ist über den Anbieter (schriftliche Vollmacht – bis auf Widerruf – für alle Jahre) auf einem amtlich vorgeschriebenen Vordruck bei der Zentralstelle für Altersvorsorge, bis zum Ablauf des zweiten auf das Beitragsjahr folgenden Jahres, zu stellen.

Sonderausgaben

Statt der Altersvorsorgezulage kann für die geleisteten Beiträge zzgl. der dafür zustehenden Zulage ein Sonderausgabenabzug bis zu 2.100 € geltend gemacht werden. Dazu muss der Steuererklärung die **Anlage AV** (Altersvorsorge) beigefügt werden. Die Bescheinigung des Anbieters muss nicht mehr beigefügt werden, da die Versicherungsunternehmen zu einer **elektronischen Datenübermittlung** an die Finanzverwaltung verpflichtet sind.

Bei der **Zusammenveranlagung** von Ehegatten/Lebenspartnern, die beide zum unmittelbar begünstigten Personenkreis gehören, steht der Sonderausgabenabzug jedem Ehegatten/Lebenspartner gesondert zu. Für den nur mittelbar begünstigten Ehegatten/Lebenspartner können dessen Beiträge insoweit berücksichtigt werden, als der Sonderausgaben-Höchstbetrag durch den unmittelbar begünstigten Ehegatten/Lebenspartner noch nicht ausgeschöpft ist.

Führt die maschinell durchgeführte **Günstigerprüfung** beim Finanzamt zum Ergebnis, dass ein Sonderausgabenabzug günstiger als die Zulage ist, wird die über den Zulageanspruch hinausgehende Steuerermäßigung dem Steuerpflichtigen im Rahmen des Einkommensteuerbescheids zusätzlich gutgeschrieben. Das Finanzamt stellt die über den Zulageanspruch hinausgehende Steuerermäßigung gesondert fest (erkennbar aus dem Steuerbescheid) und teilt dies der Zentralen Zulagenstelle für Altersvermögen (ZfA) mit.

Einwilligung in die elektronische Datenübermittlung

Voraussetzung für die Zahlung der Altersvorsorgezulage und den Sonderausgabenabzug ist, dass Sie der elektronischen Datenübermittlung an die ZfA zugestimmt haben.

Steuerfreie Übertragung

Übertragungen von Altersvorsorgevermögen (Riester-Vertrag) auf einen anderen, auf den Namen des Steuerpflichtigen lautenden, Altersvorsorgevertrag, sind nach § 3 Nr. 55c EStG steuerfrei.

Dies gilt entsprechend, wenn Anwartschaften der betrieblichen Altersversorgung dadurch abgefunden werden, dass das Altersvorsorgevermögen auf einen auf den Namen des Steuerpflichtigen lautenden Altersvorsorgevertrag übertragen wird. Auch die Übertragung auf einen auf den Namen des Ehegatten lautenden Altersvorsorgevertrag ist steuerfrei.

Schädliche Verwendung von Riester-Vermögen

Eine steuerschädliche Verwendung liegt vor, wenn das angesparte Altersvorsorgevermögen an den Zulageberechtigten nicht als Leibrente, im

Rahmen eines Auszahlungsplans oder zur Verwendung für eine selbst genutzte Wohnung, sondern beispielsweise in einem Einmalbetrag ausgezahlt wird. Unschädlich ist allerdings eine Teilauszahlung bis max. 30 % bei Rentenbeginn.

Als steuerschädlich ist es auch anzusehen, wenn der Berechtigte ins Ausland außerhalb der EU-/EWR-Staaten verzieht.

Im Fall einer schädlichen Verwendung werden die Altersvorsorgezulagen sowie die gesondert festgestellten Steuervorteile aus dem Sonderausgabenabzug zurückgefordert. Außerdem sind die im ausgezahlten Kapital enthaltenen Erträge und Wertsteigerungen zu versteuern.

Besteuerung der Rentenbezüge

Spätere Zahlungen aus dem Altersvorsorgevertrag sind i. d. R. nach § 22 Nr. 5 EStG **in voller Höhe steuerpflichtig** (nachgelagerte Besteuerung). Dies ist als nachteilig anzusehen, denn immerhin hat der Arbeitnehmer zumindest seine eigenen Beitragsleistungen bereits versteuert.

Wurden dagegen in der Ansparphase die eingezahlten **Beiträge nur teilweise** über die Altersvorsorgezulage, den Sonderausgabenabzug oder die Steuerbefreiungsvorschriften § 3 Nr. 56, 63, 66 EStG **begünstigt**, werden die Rentenzahlungen auch nur **insoweit** voll besteuert. Der Teil der Rente, der aus nicht geförderten Beiträgen stammt, wird nur mit dem **Ertragsanteil** (ca. 18–22 %) besteuert. Die erforderliche Aufteilung der Rente ersehen Sie aus einer Bescheinigung Ihrer Versicherung. Die dort aufgeführten Beträge können auf Seite 2 der Anlage R übertragen werden.

Einbeziehung von Wohneigentum (Wohn-Riester oder Eigenheimrente)

Allgemeines

Es ist auch möglich, die Riester-Förderung für eine **selbst genutzte** Wohnung oder für den Erwerb von Genossenschaftsanteilen für eine selbst genutzte Genossenschaftswohnung zu erhalten.

Die geförderte Wohnung muss den Lebensmittelpunkt (Hauptwohnsitz) bilden und im Inland oder im EU-/EWR-Ausland gelegen sein.

Gefördert werden die entsprechende Verwendung von bereits angespartem Kapital (Altersvorsorge-Eigenheimbetrag) oder die Tilgungsleistungen für Darlehen.

Altersvorsorge-Eigenheimbetrag

Der Altersvorsorge-Eigenheimbetrag ist die steuerunschädliche Entnahme

- **von bereits angespartem Guthaben** *vor Beginn der Auszahlungsphase* aus einem bestehenden staatlich geförderten Riester-Vertrag **zur Finanzierung** einer selbst genutzten Wohnung. Eine Rückzahlungsverpflichtung besteht nicht.
- von angespartem und gefördertem Kapital *zu Beginn der Auszahlungsphase* der Riester-Rente für **die Entschuldung bzw. Umschuldung** einer selbst genutzten Wohnung.

In beiden Fällen entfällt eine Rente im Alter. Die ersparte Miete tritt an die Stelle der Rentenzahlungen.

Tilgungsleistungen

Begünstigt sind auch **Tilgungsleistungen** für ein zertifiziertes Darlehen, das **unmittelbar** für wohnungswirtschaftliche Zwecke verwendet wird.

Möglich sind ein **zertifizierter Darlehensvertrag (ohne Ansparphase), ein Sparvertrag mit Darlehensoption** (z.B. Bausparvertrag) **oder ein Vorfinanzierungsdarlehen** (verbunden mit einem Altersvorsorgesparvertrag, dessen Guthaben zur Tilgung des Darlehens eingesetzt wird).

Für diese Tilgungsleistungen (= Beiträge) gibt es eine Altersvorsorgezulage oder evtl. einen höheren Sonderausgabenabzug. Damit bleiben die Tilgungsleistungen in der Ansparphase steuerfrei und werden erst in der „Auszahlungsphase" im Alter besteuert. Zinsaufwendungen werden nicht gefördert.

! WICHTIG

Sollen Darlehensverträge gefördert werden, muss jeder der Ehegatten/Lebenspartner einen eigenen Darlehensvertrag abschließen, um die volle Förderung zu erhalten. Der Abschluss eines gemeinsamen Darlehensvertrags ist nicht begünstigt.

Die Altersvorsorgezulage wird direkt an den Anbieter des Darlehensvertrags überwiesen und als Sondertilgung verbucht. Eine Auszahlung an den Anleger ist nicht möglich.

Wohnförderkonto und nachgelagerte Besteuerung

Der **Altersvorsorge-Eigenheimbetrag** (ausgezahltes Kapital) sowie die geförderten **Tilgungsbeiträge** und die hierfür gewährten Zulagen werden in einem sog. Wohnförderkonto erfasst. Das Wohnförderkonto ist die Grundlage für die spätere, nachgelagerte Besteuerung. Nach Ablauf eines jeden Beitragsjahres wird der im Wohnförderkonto eingestellte Betrag in der Ansparphase **um jährlich 2 % erhöht**, letztmals im Jahr des Beginns der Auszahlungsphase. Dieser Zuschlag gleicht die vorzeitige Nutzung des Altersvorsorgekapitals gegenüber anderen Altersvorsorgeprodukten aus.

Mit Renteneintritt wird das Wohnförderkonto (i.d.R. schrittweise) aufgelöst und als fiktives Einkommen der Einkommensteuer unterworfen.

Zu **Beginn der Auszahlungsphase** (zwischen der Vollendung des 60. und des 68. Lebensjahrs) kann der Zulageberechtigte zwischen einer **Einmalbesteuerung** (hier wird vom Stand des Wohnförderkontos ein Abschlag von 30 % (Bonus) vorgenommen) und der **jährlichen** (gleichmäßige Auflösung des Wohnförderbetrags) **nachgelagerten Besteuerung** bis zum 85. Lebensjahr wählen.

Die jährlich fortlaufende Zahlung der Steuer wird wegen der Progression in der Regel günstiger als die Einmalbesteuerung sein.

Wegfall der Selbstnutzung der Wohnung

- Nutzt der Berechtigte die geförderte Wohnung nicht mehr zu eigenen Wohnzwecken, liegt grundsätzlich eine **schädliche Verwendung** vor, die die sofortige Besteuerung des Bestands des Wohnförderkontos zur Folge hat. Hiervon gibt es Ausnahmen.
- Geht das Eigentum an der geförderten Wohnung z.B. im Rahmen einer Scheidung auf den anderen Ehegatten/Lebenspartner über, gilt das auch für die damit verbundene nachgelagerte Besteuerung. Der andere Ehegatte wird damit nach der Übertragung im Verfahren wie ein Zulageberechtigter behandelt.

5 Rürup-Rente

§ 10 Abs. 1 Nr. 2, Buchst. b EStG

Bei der Rürup-Rente handelt es sich um eine kapitalgedeckte private Basisrente mit staatlicher Förderung in Form eines erhöhten Sonderausgabenabzugs.

TIPP

Vorrangig **selbstständig Tätige** mit hoher steuerlicher Belastung können mit dieser Rente eine Altersvorsorge aufbauen und den steuerlichen Vorteil nutzen. Für sie kommt eine betriebliche Altersvorsorge nicht in Betracht und eine klassische Lebensversicherung wirkt sich steuerlich nicht mehr oder allenfalls eingeschränkt aus.

Auch Beamte haben hier die Möglichkeit, für Beiträge zu einer Rürup-Rentenversicherung einen zusätzlichen Sonderausgabenabzug in Anspruch zu nehmen.

Voraussetzungen für Rürup-Renten

Es gelten ähnliche Einschränkungen wie bei der Riester-Rente:

- Es ist eine **Zertifizierung** des Vertrags erforderlich.
- Auszahlung nach Vollendung des 62. Lebensjahrs (für Vertragsabschlüsse vor 2012: 60. Lebensjahr; Erhöhungen der Versicherungssumme und der Beiträge ab 2012 sind unschädlich, wenn die Zusage einer Rente ab dem 60. Lebensjahr durch Altverträge – abgeschlossen vor 2012 – erfolgte).
- lebenslange Rentenzahlungen (kein Kapitalwahlrecht),
- die Ansprüche sind nicht vererblich und nicht übertragbar (Ausnahmen: Scheidungsfolgen; Übertragung auf andere Versicherung), nicht beleihbar, nicht veräußerbar und ein Rückkaufswert ist schädlich,
- eine **ergänzende** Absicherung der Berufsunfähigkeit, der Erwerbsminderung oder von Hinterbliebenen ist möglich.

ACHTUNG

Vorteil

Bei Wegzug ins EU-Ausland erfolgt keine Nachversteuerung.

Nachteil

Im Todesfall verfällt das angesparte Kapital. Eine Rentengarantiezeit wie bei normalen Lebensversicherungen besteht nicht, außer bei vereinbarter Hinterbliebenenversicherung zugunsten des Ehegatten oder kindergeldberechtigter Kinder.

Sonderausgaben

Die Beiträge zur Rürup-Rente sind Altersvorsorgeaufwendungen (Basisrente), die mit 74 % als Sonderausgabe abziehbar sind.

Vertiefend siehe → Versicherungen.

Besteuerung der Rentenbezüge

Rürup-Renten werden vergleichbar mit den Renten aus der gesetzlichen Rentenversicherung nach § 22 Nr. 1, Buchst. a, aa EStG besteuert. Der **Besteuerungsanteil** hängt vom Jahr des Rentenbeginns ab. Er beträgt bei erstmaligem Rentenbezug im Jahr 2012 64 % und steigert sich bei Renteneintritt bis zum Jahr 2040 auf 100 %.

Vertiefend siehe → Renten.

Steuerfreie Übertragung

Die Übertragung von Anrechten aus einem zertifizierten Rürup-Vertrag auf einen anderen Rürup-Vertrag des Steuerpflichtigen ist nach § 3 Nr. 55d EStG steuerfrei.

6 Abgrenzung Riester- und Rürup-Rente auf einen Blick

Hinweis: Es gibt eine sehr große Zahl verschiedener Vertragsmodelle am Markt. Die folgende Übersicht kann deshalb nur eine grobe Orientierung bieten.

Kriterium	Riester-Rente	Rürup-Rente
Art der Rente	kapitalgedeckte private oder betriebliche Altersvorsorge	kapitalgedeckte private Basisrente
Form	private Rentenversicherung, fondsgebundene Rentenversicherung, Banksparplan mit Umwandlung in Rentenversicherung, Pensionskasse, Pensionsfonds, Direktversicherung	private Rentenversicherung, fondsgebundene Rentenversicherung
begünstigter Personenkreis	Pflichtversicherte in der inländischen Rentenversicherung oder Bezieher einer inländischen Besoldung	
nicht begünstigter Personenkreis	Minijobber mit nur pauschaler Rentenversicherung; geringfügig selbstständig Tätige ohne Rentenversicherung	

Kriterium	Riester-Rente	Rürup-Rente
Voraussetzungen	zertifizierter Vertrag, lebenslange Rentenzahlungen, Mindesteigenbeitrag, Leistungen frühestens ab Vollendung des 62. Lebensjahrs (für Vertragsabschlüsse vor 2012: 60. Lebensjahr)	zertifizierter Vertrag, lebenslange Rentenzahlungen (keine Rentengarantiezeit), kein Mindesteigenbeitrag, Leistungen frühestens ab Vollendung des 62. Lebensjahrs (für Vertragsabschlüsse vor 2012: 60. Lebensjahr), Ansprüche nicht vererbbar, nicht übertragbar, nicht beleihbar, nicht veräußerbar, nicht kündbar
Kapitalwahlrecht	grundsätzlich kein Kapitalwahlrecht; Kapitalauszahlung bei Rentenbeginn bis 30 % möglich	kein Kapitalwahlrecht
zusätzliche Absicherung möglich?	Invaliden- (Berufsunfähigkeit, Erwerbsminderung) und Hinterbliebenenrente möglich	Berufsunfähigkeits- oder Erwerbsminderungsversicherung, Absicherung von Hinterbliebenen (Ehegatte/Lebenspartner und Kinder, solange diese kindergeldberechtigt sind) möglich; Beitragsrückgewähr oder Rentengarantiezeit kann für den Todesfall vor Rentenbeginn vereinbart werden.
Art der Förderung	Altersvorsorgezulage oder Sonderausgabenabzug nach § 10a EStG (Anlage AV)	Sonderausgabenabzug nach § 10 Abs. 3 EStG gestaffelt von 2005: 60 % bis 2025: 100 %) bis zu Höchstbetrag
jährliche Auszahlung der Förderung	Altersvorsorgezulage: nein, wird auf Antrag dem Vertrag gutgeschrieben übersteigender Sonderausgabenabzug: Steuererstattung	Steuererstattung
Kündigungs- und Ruhestellmöglichkeit	ja	nein
Beleihbarkeit, vorzeitiger Zugriff	nein, aber Entnahme zur Herstellung oder zum Erwerb einer eigengenutzten Wohnung (Wohn-Riester)	nein
schädliche Verwendung	Beleihung des eingezahlten Kapitals; vorzeitige Kündigung; Kapitalauszahlung bei Rentenbeginn >30 %; dauerhafter Wegzug ins EU-Ausland	
Folgen der schädlichen Verwendung	Rückzahlung der Zulagen und Steuervorteile	
Besteuerung der Rentenbezüge	in voller Höhe (auch bei schädlicher Verwendung) soweit Rente aus geförderten Beiträgen	wie Renten aus der gesetzlichen Rentenversicherung mit einem Besteuerungsanteil (50–100 %), abhängig vom Jahr des Rentenbeginns (Kohorten-Prinzip)

Kriterium	Riester-Rente	Rürup-Rente
Todesfall	Ehepartner kann Zulage und Kapital des Verstorbenen auf eigenen Riester-Vertrag übernehmen	das angesparte Kapital verfällt, außer bei vereinbarter Hinterbliebenenversorgung (Beitragsrückgewähr oder Rentengarantiezeit möglich)
bevorzugter Anlegerkreis	kinderreiche Geringverdiener (Zulage), Besserverdienende (Sonderausgaben)	Selbstständige mit hoher steuerlicher Belastung, Beamte und Vergleichbare

7 Versorgungsausgleich nach Scheidung

Nach dem Versorgungsausgleichsgesetz gilt für alle ausgleichsreifen Anrechte auf Altersversorgung (gesetzliche Rentenversicherung sowie alle Systeme der betrieblichen Altersversorgung) der **Grundsatz der internen Teilung** (öffentlich-rechtliches Rentensplitting). Das bedeutet: Haben Sie während der Ehe oder der eingetragenen Lebenspartnerschaft Rentenanwartschaftsrechte erworben, werden diese zum Zeitpunkt der Scheidung innerhalb des jeweiligen Rentensystems geteilt und für den ausgleichsberechtigten Ehegatten/Lebenspartner **eigenständige Versorgungsanrechte** geschaffen. Die Übertragung der Anrechte auf die ausgleichsberechtigte Person ist nach § 3 Nr. 55a EStG steuerfrei.

Die **Besteuerung erfolgt erst während der Auszahlungsphase**. Ausgleichsverpflichtete und ausgleichsberechtigte Personen versteuern beide die ihnen jeweils zufließenden Leistungen im Rahmen der gleichen Einkunftsart (so, als ob die Teilung nicht stattgefunden hätte). Für die Ermittlung der steuerpflichtigen Versorgungsbezüge, des Besteuerungsanteils oder des Ertragsanteils bei Renten, die zu den sonstigen Einkünften gehören, ist aber auf den Versorgungsbeginn, den Rentenbeginn bzw. das Lebensalter des jeweiligen Ehegatten abzustellen.

Sind **Rentenanwartschaftsrechte noch nicht endgültig**, erfolgt keine Aufteilung der Anwartschaftsrechte auf die Ehegatten. In diesen Fällen wird ein **schuldrechtlicher** Versorgungsausgleich durchgeführt, indem sich ein Ehegatte verpflichtet, dem anderen selbst eine Ausgleichsrente zu zahlen. Der zur Zahlung Verpflichtete erhält zunächst die Rente in voller Höhe und versteuert diese nach den allgemeinen Grundsätzen. Er leitet die Rente teilweise an den anderen Ehegatten weiter und erhält dafür einen **Sonderausgabenabzug,** § 10 Abs. 1 Nr. 1b EStG, in Höhe des steuerpflichtigen Teils der weitergeleiteten Rente.

Der Empfänger der Ausgleichsleistungen versteuert nochmals nach § 22 Nr. 1c EStG.

Arbeits-/Berufskleidung

Die Aufwendungen für Kleidung sind grundsätzlich nicht als Werbungskosten abziehbar. Etwas anderes gilt, wenn die Kleidungsstücke ihrer Beschaffenheit nach objektiv nahezu ausschließlich für die berufliche Verwendung bestimmt und wegen der Eigenart des Berufs nötig sind (typische Arbeits- oder Berufskleidung).

§ 9 Abs. 1 S. 3 Nr. 6 EStG

1 Anschaffungskosten

Zur typischen Berufskleidung gehören insbesondere solche Kleidungsstücke, die als **Arbeitsschutzkleidung** auf die jeweilige berufliche Tätigkeit zugeschnitten sind, z. B. „blauer Anton ", Schutzhelm, Kittel, Arbeitsschuhe oder -stiefel, Arbeitshandschuhe sowie solche Teile, die wegen der **Eigenart des Berufs** benötigt werden, z. B. Uniformen, weißer Kittel in Heil- und Pflegeberufen, Amtskleidung von Geistlichen, Staatsanwälten oder Richtern, Kleidung des Schornsteinfegers.

Dagegen gehören Aufwendungen für **bürgerliche Kleidung** zu den typischen Lebenshaltungskosten und sind regelmäßig **nicht abzugsfähig**.

Nur in seltenen Ausnahmefällen kommt ein Abzug für Kleidungsstücke, die ihrer Art nach der bürgerlichen Kleidung zuzurechnen sind, in Betracht, nämlich dann, wenn deren private Nutzung wegen besonders hohen beruflich veranlassten Verschleißes so gut wie ausgeschlossen ist, z. B. schwarzer Anzug des Kellners.

Die Rechtsprechung lässt den **Abzug** außerdem zu bei:

- Arztkittel; nicht dagegen die Aufwendungen für eine „normale" weiße Hose sowie weiße Hemden, T-Shirts, Socken und Schuhe eines Arztes. Sogenannte Operationshosen gehören jedoch, sofern deren außerberufliche Verwendung wegen ihres funktionalen Charakters als ausgeschlossen erscheint, zur berufstypischen Berufskleidung.
- Dienstkleidung der Forstbeamten,
- Diensthemden und -hosen, Schutzwesten, Pullover, Anorak, Einsatzanzug, Trainingsanzug mit Emblem der Polizei,
- Uniform einer Stewardess: ist abziehbar; das gilt auch für die dunkelblauen Anzüge und Kostüme, die eine Luftverkehrsgesellschaft ihren Mitarbeitern zur Verfügung stellt, wenn nur ein abnehmbares Emblem auf den Arbeitgeber hinweist; nicht dagegen Strümpfe oder Kleidung ohne Uniformcharakter sowie Kosmetika,
- Sportbekleidung für die dienstliche Teilnahme am Sport (Sportlehrer, Polizei, Feuerwehr, Bundeswehr),
- Schwarzer Anzug eines Leichenbestatters.

Kein Abzug ist dagegen möglich für:

- zur Uniform getragene Schuhe, Socken, Funktionsunterwäsche,
- Aufwendungen für Brillen und Ersatzbrillen; auch dann nicht, wenn diese ausschließlich am Arbeitsplatz (Bildschirmtätigkeit) getragen werden. Abziehbar sind dagegen die Anschaffungskosten für Brillen mit Schutzfunktion gegenüber besonderen Arbeitsplatzgefahren, wie die Schutzbrille eines Schweißers,
- Abendkleid und Folklorebekleidung einer Sängerin oder einer Instrumentalistin,
- Kleidung eines Fotomodells,
- Skikleidung bei einem nebenberuflichen Skilehrer,
- Schuhe eines Briefträgers.

2 Aufwendungen für Reparatur und Reinigung

Gehört ein Kleidungsstück zur typischen Berufskleidung, so sind nicht nur die Anschaffungskosten sondern auch die Aufwendungen zur Instandhaltung (Nähen oder Kunststopfen) oder Reinigung Werbungskosten.

Die durch das Waschen von typischer Berufskleidung in der privaten Waschmaschine verursachten Aufwendungen – einschließlich anteiliger Abschreibung – können ggf. anhand der Erfahrungswerte von Verbraucherverbänden oder Herstellern geschätzt werden. Sie sind nicht abziehbar, wenn die angegebene Anzahl der Waschgänge nicht plausibel erscheint. Die Berücksichtigung einer typisierenden Jahrespauschale für häusliche Waschkosten von **Berufskleidung** ist nicht möglich.

TIPP

Die Verbraucherverbände können Ihnen die durchschnittlichen Kosten eines Kilos Wäsche (z. B. Hemden) in der häuslichen Waschmaschine benennen.

Zu den abziehbaren Kosten gehören auch Aufwendungen für das Reparieren und Reinigen von (auch bürgerlicher) Kleidung, wenn die **Verschmutzung oder Beschädigung ausschließlich beruflich verursacht** ist, z. B. durch einen Unfall auf einer Berufsfahrt. Dabei kommt es nicht darauf an, ob bei der Instandhaltung oder der Reinigung nur Aufwendungen in einer Höhe entstehen, die ohnehin auch den Trägern gewöhnlicher bürgerlicher Bekleidung entstanden wären.

TIPP

Die Finanzverwaltung verzichtet bis zu einem Betrag von 110 € jährlich auf die Vorlage von Belegen. Die Grenze gilt aber für sämtliche Aufwendungen zur Anschaffung und Instandhaltung von Arbeitsmitteln (Werkzeuge, Fachliteratur, Berufskleidung).

Arbeitslosigkeit

Die während der Arbeitslosigkeit gezahlten Lohnersatzleistungen sind steuerfrei. Sie unterliegen allerdings dem Progressionsvorbehalt. Auch während einer Arbeitslosigkeit können Sie Aufwendungen als Werbungskosten aus nichtselbstständiger Arbeit geltend machen.

§ 3 Nr. 2 und 2a und § 32b Abs. 1 Nr. 1 EStG

1 Lohnersatzleistungen und Progressionsvorbehalt

Lohn- und Einkommensersatzleistungen

Lohn- und Einkommensersatzleistungen sind insbesondere das Arbeitslosengeld I (ohne Arbeitslosengeld II – auch „Hartz IV"), Teilarbeitslosengeld, Altersübergangsgeld, die Aufstockungsbeträge nach dem Altersteilzeitgesetz, das Kurzarbeitergeld, Winterausfallgeld, Insolvenzgeld, Übergangsgeld. Krankengeld, Mutterschaftsgeld oder das Elterngeld nach dem Bundeselterngeldgesetz sind weitere häufige Ersatzleistungen. Diese Lohnersatzleistungen sind steuerfrei.

§ 3 Nr. 1, 2, 2a, 2b, 28, 67 EStG

Progressionsvorbehalt

Die Lohn- und Einkommensersatzleistungen selbst sind und bleiben steuerfrei. Sie führen aber zu einer höheren Besteuerung der übrigen steuerpflichtigen Einkünfte.

Dazu wird auf das steuerpflichtige zu versteuernde Einkommen ein **besonderer Steuersatz** angewendet, der sich ergibt, wenn neben dem steuerpflichtigen Einkommen auch die steuerfreien Lohnersatzleistungen in die Berechnung des Steuersatzes mit einbezogen werden.

§ 32b EStG

Nachweise

Empfänger von Lohnersatzleistungen erhalten nach Ablauf des Jahres von den Trägern der Sozialleistungen ohne Anforderung einen sogenannten Leistungsnachweis mit dem ausgezahlten Betrag. Kürzungen der Leistungsbezüge (z.B. wegen Abtretung) bleiben unberücksichtigt. Lohnersatzleistungen, die vom Arbeitgeber ausbezahlt werden, wie z.B. das Kurzarbeitergeld, werden vom Arbeitgeber auf der elektronischen Lohnsteuerbescheinigung bescheinigt.

Die gezahlten Ersatzleistungen werden von der auszahlenden Stelle elektronisch an die Finanzverwaltung übermittelt und stehen dort zum Abruf bereit. Die Einreichung einer entsprechenden Papierbescheinigung zusammen mit der Steuererklärung ist nicht erforderlich.

2 Werbungskosten

Arbeitslose können die Aufwendungen im Zusammenhang mit einem angestrebten Dienstverhältnis, z.B. Aufwendungen für die Bewerbung und Vorstellung oder Aufwendungen für Fachliteratur im erlernten Beruf, als

vorab entstandene Werbungskosten uneingeschränkt abziehen. Auch die Fahrtkosten zum Arbeitsamt gehören zu den Werbungskosten. Soweit durch die Aufwendungen wegen fehlender Einnahmen Verluste entstehen, können diese mit positiven anderen Einkünften im selben Jahr oder durch Verlustrück- bzw. -vortrag in einem anderen Jahr ausgeglichen werden.

Haben Sie eine abgeschlossene Berufsausbildung, können Sie die Aufwendungen für den Erwerb einer neuen beruflichen Tätigkeit, z. B. durch **Zusatz- oder Aufbaustudium**, als Fortbildungskosten im Rahmen vorweggenommener Werbungskosten unbegrenzt abziehen, wenn diese in einem konkreten Zusammenhang mit zu erwartenden späteren Einnahmen aus dem neuen Beruf stehen.

Auch die Kosten für eine **Umschulung** in einen andersartigen Beruf sind als vorab entstandene Werbungskosten zu berücksichtigen, unabhängig von der Dauer bis zur Aufnahme der angestrebten Tätigkeit. Vertiefend siehe → Werbungskosten, -pauschbeträge und -pauschalen und → Fortbildung/Fachtagungen.

Arbeitsmittel

Arbeitsmittel sind alle Wirtschaftsgüter, die der Arbeitnehmer unmittelbar zur Erledigung seiner beruflichen Aufgaben benötigt. Hierunter fallen solche Gegenstände, die objektiv der Ausübung des Berufs dienen und subjektiv (aus Arbeitnehmersicht) diesem Zweck gewidmet sind. Die Sachen müssen ausschließlich oder zumindest weitaus überwiegend zur Einnahmeerzielung genutzt werden. Eine geringfügige private Mitbenutzung ist unschädlich.

§ 9 Abs. 1 S. 3 Nr. 6 EStG

1 Abgrenzung zur privaten Lebensführung

Für die Beurteilung des Kostenabzugs ist es unerheblich, ob die Aufwendungen nach objektiven Gesichtspunkten üblich, notwendig oder zweckmäßig sind. Art und Umfang der Ausgaben stehen im Ermessen des Arbeitnehmers.

Der Kostenabzug als Werbungskosten erfolgt normalerweise im Jahr der Zahlung (Abflussprinzip). Nur wenn es sich bei den Arbeitsmitteln um Wirtschaftsgüter handelt, deren Nutzung sich erfahrungsgemäß über einen Zeitraum von mehr als einem Jahr erstreckt, muss der Abzug der Anschaffungskosten über eine jährliche Absetzung für Abnutzung (AfA) erfolgen. Vertiefend siehe → Abschreibungen/Arbeitsmittel.

TIPP

Als Arbeitnehmer können Sie bei Aufwendungen für Arbeitsmittel auch der Höhe nach frei darüber entscheiden, ob Sie sie für notwendig erachten, selbst wenn Sie hierfür ungewöhnlich hohe Ausgaben leisten.

Andererseits dürfen Aufwendungen für die Lebensführung, die die wirtschaftliche oder gesellschaftliche Stellung mit sich bringt, nicht als Werbungskosten abgezogen werden, auch wenn sie zur Förderung des Berufs oder der Tätigkeit erfolgen. Ist nicht nachprüfbar oder nicht klar erkennbar, ob ein Gegenstand mehr dem Beruf oder mehr den privaten Interessen dient, kommt nach der Rechtsprechung des BFH unter Umständen eine Aufteilung der Kosten in einen abzugsfähigen und einen nicht abzugsfähigen Teil in Betracht. Vertiefend siehe → Werbungskosten, -pauschbeträge und -pauschalen.

Dies gilt insbesondere, wenn ein objektiver Aufteilungsmaßstab vorhanden ist (z. B. Computer, Telefon).

Arbeitsmittel im häuslichen Arbeitszimmer (z. B. Schreibtisch, Schreibtischstuhl, Schreibtischlampe, Papierkorb, Aktenschrank, Bücherregal) können bei beruflicher Nutzung unabhängig davon, ob die Kosten des Arbeitszimmers selbst steuerlich abzugsfähig sind oder nicht, als Werbungskosten berücksichtigt werden. Vertiefend siehe → Arbeitszimmer.

2 Einzelfälle

Absetzungen für Abnutzung (AfA): → Abschreibungen/Arbeitsmittel und → Abschreibungen/Anschaffungs- und Herstellungskosten

Aktentasche/Aktenkoffer: als Arbeitsmittel abziehbar, wenn ausschließlich oder überwiegend beruflich genutzt, gilt auch für **Aktenordner** oder einen **Aktenschrank**.

Berufskleidung: → Arbeits-/Berufskleidung

Bilder: auch in einem häuslichen Arbeitszimmer nicht als Arbeitsmittel anerkannt.

Bildschirmarbeitsbrille: keine Werbungskosten, auch wenn die Brille am Arbeitsplatz getragen wird.

BFH, Urteil v. 20.7.2005, VI R 50/03

Bücher: Werbungskosten, wenn typische Fachliteratur oder die tatsächliche berufliche Verwendung in jedem Einzelfall nachgewiesen oder zumindest glaubhaft gemacht wird.

Bücherregale: als Arbeitsmittel abziehbar, wenn eine eindeutige berufliche/betriebliche Nutzung vorliegt. Vertiefend siehe → Arbeitszimmer.

Computer (Zubehör, Hard- und Software) → Abschreibungen Anschaffungs-/Herstellungskosten und → Abschreibungen/Arbeitsmittel

Diktiergerät: Abzug, da typisches Hilfsmittel zur Berufsausübung

Fahrrad: Arbeitsmittel, wenn es unmittelbar zur Berufsausübung benötigt wird (z. B. angestellter Wachmann einer Wach- und Schließgesellschaft oder angestellter Zeitungsträger). Dem Steuerpflichtigen steht für den Weg zwischen Wohnung und Arbeitsstätte die Entfernungspauschale von 0,30 € je Kilometer arbeitstäglich zu. Vertiefend siehe → Entfernungspauschale.

Hörapparat: kein Arbeitsmittel, Abzug als außergewöhnliche Belastung

Noten: bei Musiklehrern oder Berufsmusikern als Arbeitsmittel anzuerkennen

Polizeihund: Aufwendungen eines Diensthundeführers für den ihm anvertrauten Diensthund in vollem Umfang Werbungskosten

BFH, Urteil v. 30.6.2010, VI R 45/09

Schreibtisch: als Arbeitsmittel zu berücksichtigen, wenn einwandfrei nachgewiesen oder zumindest glaubhaft gemacht wird, dass der Schreibtisch weit überwiegend zu beruflichen Zwecken benutzt wird und nicht Repräsentationszwecken dient.

Schreibtischlampe: wie Schreibtisch

Software: siehe Computer

Sportkleidung und -ausstattung: beim Sportlehrer mit Nachweis der zeitnahen Nutzung im Sportunterricht abzugsfähig

FG Saarland, Urteil v. 9.7.2008, 2 K 2326/05

Tages- oder Wochenzeitung: kein Arbeitsmittel, das gilt auch für einen Redakteur, der diese Publikationen teilweise auszuwerten hat.

FG Münster, Urteil v. 30.9.2010, 5 K 3976/08 E

Teppich: auch im Arbeitszimmer kein Arbeitsmittel. Vertiefend siehe → Arbeitszimmer.

Werkzeug: typische Arbeitsmittel bei beruflicher Verwendung.

Zeitschriften: siehe Bücher

Arbeitszimmer

Aufwendungen für ein häusliches Arbeitszimmer können grundsätzlich nicht als Werbungskosten oder Betriebsausgaben abgezogen werden. Eine Ausnahme besteht, wenn das ausschließlich beruflich genutzte Zimmer den Mittelpunkt der gesamten beruflichen Betätigung bildet oder wenn für die im Arbeitszimmer ausgeübte berufliche Tätigkeit kein anderer Arbeitsplatz zur Verfügung steht.

§ 4 Abs. 5 Nr. 6 b i. V. m. § 9 Abs. 5 EStG

1 Begriff

Der Begriff des **häuslichen Arbeitszimmers** ist im Gesetz nicht näher bestimmt. Er wird von der Rechtsprechung als ein nach Funktion und Ausstattung beruflich genutzter Arbeitsraum definiert, der seiner Lage nach in **die häusliche Sphäre** des Steuerpflichtigen **eingebunden** ist. Der Raum wird vorwiegend zur Erledigung büromäßiger Arbeiten wie z. B. gedankliche, schriftliche, verwaltungstechnische, verwaltungsorganisatorische Arbeiten oder künstlerisch genutzt und ist nicht für Publikumsverkehr vorgesehen.

ACHTUNG

Kein häusliches Arbeitszimmer

Befindet sich das ausschließlich beruflich genutzte Zimmer **nicht** im häuslichen Bereich, oder handelt es sich um **nicht** um ein Arbeitszimmer, sondern um einem Betriebs-, Lager- oder Ausstellungsraum (z. B. Arztpraxis, Werkstatt, Warenlager), sind die auf das Zimmer entfallenden Kosten in voller Höhe steuerlich abzugsfähig.

2 Häusliche Sphäre

Ein Arbeitszimmer gehört dann zur häuslichen Sphäre wenn eine unmittelbare Nähe und eine innere häusliche Verbindung zu den privaten Wohnräumen besteht, d. h. wenn zwischen Arbeitszimmer und den übrigen Wohnräumen keine der Allgemeinheit zugängliche oder von fremden Dritten benutzte Verkehrsfläche betreten werden muss. Dies ist regelmäßig bci einem Raum in einem selbstbewohnten Ein- oder Zweifamilienhaus der Fall, egal ob sich der Raum innerhalb der Wohnung oder im Speicher, Keller oder der Mansarde befindet. Auch ein in einem Mehrfamilienhaus zur beruflichen Nutzung angemietetes Zimmer, das unmittelbar an die Privatwohnung angrenzt (dieselbe Etage, Anbau), gilt als häusliches Arbeitszimmer, das unter die Abzugsbeschränkung fällt. Dagegen handelt es sich um ein „außerhäusliches" Arbeitszimmer, wenn in einem **Mehrfamilienhaus** in einer anderen Etage als die Privatwohnung ein beruflich genutzter Raum zusätzlich angemietet wird.

3 Beschränkung des Werbungskostenabzugs

Die Aufwendungen für ein häusliches Arbeitszimmer sind als Werbungskosten nur in bestimmten Fällen und in bestimmtem Umfang abziehbar.

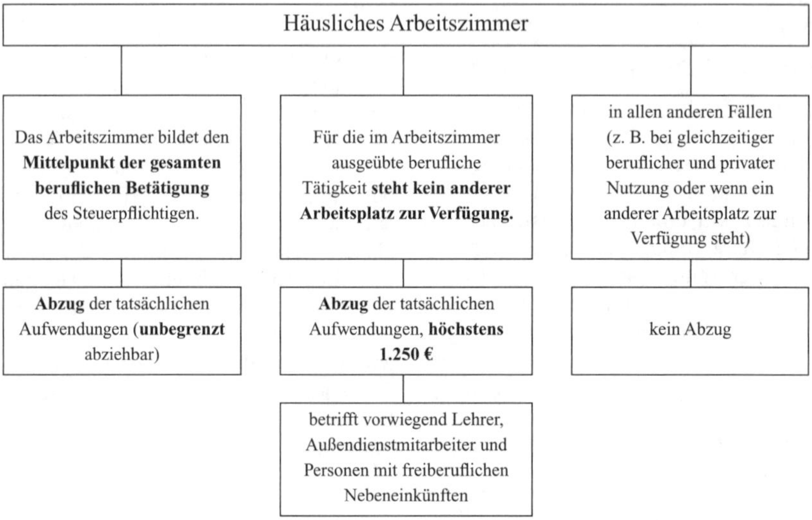

4 Mittelpunkt der gesamten betrieblichen und beruflichen Tätigkeit

Der Mittelpunkt der Tätigkeit bestimmt sich nach dem inhaltlichen (qualitativen) Schwerpunkt **aller** betrieblichen und beruflichen Betätigungen des Steuerpflichtigen. Das häusliche Arbeitszimmer eines Steuerpflichtigen, der lediglich eine einzige berufliche Tätigkeit (teilweise zu Hause und teilweise auswärts) ausübt, ist Mittelpunkt seiner gesamten Betätigung, wenn er dort diejenigen Handlungen vornimmt und Leistungen erbringt, die für den konkret ausgeübten Beruf wesentlich und prägend sind. Im Rahmen dieser Wertung ist nach der Rechtsprechung der zeitliche (quantitative) Umfang der Nutzung des häuslichen Arbeitszimmers lediglich ein Indiz. Deswegen schließt das zeitliche Überwiegen der außerhäuslichen Tätigkeit einen unbeschränkten Abzug der Aufwendungen nicht von vornherein aus. Nur wenn innerhalb und außerhalb des Zimmers qualitativ gleichwertige und für den Beruf gleich bedeutsame Arbeiten erledigt werden, kommt der zeitlichen Nutzung eine entscheidende Bedeutung zu.

Ein unbegrenzter Abzug kommt bei Arbeitnehmern in Betracht, denen im Betrieb des Arbeitgebers kein Arbeitsplatz zur Verfügung gestellt wird (z.B. Heimarbeiter oder Telearbeitsplätze) und die auch nicht an einem anderen Ort außerhalb der häuslichen Sphäre z.B. als Außendienstmitarbeiter tätig werden. Infrage kommen z.B. Heimarbeiter oder Arbeitnehmer mit einem häuslichen Telearbeitsplatz.

Übt ein Steuerpflichtiger **mehrere betriebliche und berufliche Erwerbstätigkeiten** nebeneinander aus, muss das häusliche Arbeitszimmer den Betätigungsmittelpunkt aller Erwerbstätigkeiten (Gesamtheit) bilden. Es ist nicht auf eine Einzelbetrachtung der jeweiligen Tätigkeit abzustellen.

5 Kein anderer Arbeitsplatz

Ein begrenzter Kostenabzug bis 1250 €/Jahr setzt voraus, dass das Zimmer zwar nicht der qualitative Mittelpunkt der Tätigkeit ist, es aber für bestimmte berufliche Arbeiten benötigt wird, weil der Arbeitgeber für diesen Aufgabenbereich keinen Arbeitsplatz zur Verfügung stellt. Dies trifft z.B. für Lehrer zu, die in der Schule regelmäßig keine Möglichkeit zur Unterrichtsvor- und Nachbereitung haben. Dasselbe gilt für Arbeitnehmer, die eine (z.B. freiberufliche) Nebentätigkeit ausüben und dafür ein Arbeitszimmer benötigen.

Nutzung des Arbeitszimmers durch mehrere Personen

Wird das Arbeitszimmer durch mehrere Personen genutzt, sind die Abzugsvoraussetzungen (unbegrenzter Kostenabzug, begrenzter Abzug, kein Abzug) bei jeder Person gesondert zu prüfen. Jeder darf ggf. die von ihm getragenen Aufwendungen abziehen. Steht allen Nutzenden nur ein Abzug in beschränkter Höhe zu, wie es zum Beispiel bei einem Lehrerehepaar mit gemeinsamem Arbeitszimmer der Fall ist, ist der Höchstbetrag anteilig aufzuteilen.

6 Ausschließliche berufliche Nutzung

Der Kostenabzug setzt einen von vier Wänden umgebenen, abgeschlossen, von den Privaträumen getrennten Raum voraus, der so gut wie ausschließlich (mehr als 90 %) für berufliche Zwecke genutzt wird. Diese Voraussetzung muss anhand von äußeren Umständen (z.B. Wohnungsgröße und Anzahl der Bewohner, Lage und Einrichtung des Zimmers) geprüft werden. Je Bewohner muss im Regelfall neben dem Arbeitszimmer ein privat genutztes Zimmer zur Verfügung stehen. Wird der Raum nicht in nur untergeordnetem Umfang privat mitbenutzt, sind die gesamten Aufwendungen nicht abzugsfähig.

ACHTUNG

Unter dem Aktenzeichen X R 32/11 ist beim BFH ein Verfahren anhängig, beim dem es um die Frage geht, ob die Aufwendungen für einen Raum in der Wohnung, der **gleichzeitig oder zu gleichen Teilen** für berufliche Arbeiten (z.B. Arbeitsecke) und als Wohnraum genutzt wird, aufzuteilen sind und der **beruflich veranlasste Teil der Kosten als Werbungskosten oder Betriebsausgaben** unter Beachtung der o.a. Abzugsbeschränkungen abgezogen werden kann.

Trifft das bei Ihnen ebenfalls zu, dann beantragen Sie den teilweisen Abzug der Aufwendungen. Bei Ablehnung durch das Finanzamt erheben Sie gegen den Steuerbescheid **Einspruch** und beantragen das Ruhen des Verfahrens bis zur Gerichtsentscheidung.

7 Einschaltung des Arbeitgebers

Vermietet ein Arbeitnehmer das häusliche Arbeitszimmer an seinen Arbeitgeber, der seinerseits das Arbeitszimmer wiederum dem Arbeitnehmer überlässt, liegt kein häusliches Arbeitszimmer vor, mit der Folge; dass die Abzugsbeschränkung nicht greifen. Die Miete des Arbeitgebers gehört dann zu den Mieteinkünften, gleichzeitig sind die Ausgaben in voller Höhe Werbungskosten bei dieser Einkunftsart.

BFH, Urteil v. 15.9.2004, VI R 25/02

Diese Konstruktion wird aber nur anerkannt, wenn der zwischen Arbeitnehmer und Arbeitgeber abgeschlossene Mietvertrag im vorrangigen Interesse des Betriebs steht. Das wird unterstellt, wenn der Arbeitgeber zum einen damit einen Arbeitsplatz im Betreib einspart und das Unternehmen auch für andere Mitarbeiter Räume anmietet.

Ansonsten handelt es sich bei der gezahlten Miete um Arbeitslohn und es gelten die üblichen Regelungen für häusliche Arbeitszimmer.

8 Nutzung zu Ausbildungszwecken bzw. bei Arbeitslosigkeit und Erziehungsurlaub

Die Abzugsmöglichkeiten für ein häusliches Arbeitszimmer gelten entsprechend, wenn das Arbeitszimmer für die Berufsausbildung oder für Fortbildungen und Umschulungen genutzt wird. Wird ein Arbeitszimmer während der Arbeitslosigkeit oder eines Erziehungsurlaubs tatsächlich z. B. zur Weiterbildung genutzt, richtet sich der Kostenabzug danach, welche Tätigkeit zuvor ausgeübt wurde. Vertiefend siehe → Fortbildung/Fachtagungen und → Sonderausgaben.

9 Abziehbare Aufwendungen

Anteilige abziehbare Aufwendungen

Die auf das Arbeitszimmer entfallenden Kosten können nach dem Verhältnis der Fläche des Arbeitszimmers zur gesamten Wohnfläche (einschließlich Arbeitszimmer) ermittelt werden. Dabei sind folgende Kosten einzubeziehen:

Gebäudeabschreibungen oder Miete, Schuldzinsen, Reparaturaufwendungen, Energiekosten (Strom, Wasser, Abwasser, Heizung), Beiträge zu Hausversicherungen (insbesondere Gebäudebrand-, Haftpflicht, Wasserschaden-, Glasbruch- und Hausratversicherungen), Müllabfuhr, Schornsteinfegergebühren und Grundsteuern.

Soweit einzelne Kosten ausschließlich auf das häusliche Arbeitszimmer entfallen (z. B. Renovierung des Raumes), sind sie diesem in vollem Umfang zuzurechnen. Aufwendungen für die Ausstattung des Zimmers (Tapeten, Gardinen und Deckenlampen gehören ebenfalls zu den Kosten des Arbeitszimmers.

Gegenstände zur Ausschmückung (Kunstgegenstände, Bilder) sind nicht abziehbar.

Miteigentum von Ehegatten

Steht das Gebäude im Miteigentum von Ehegatten und nutzt einer der Ehegatten das Arbeitszimmer alleine, sind die anteilig auf das Arbeitszimmer entfallenden Schuldzinsen und andere laufenden Aufwendungen in vollem Umfang dem nutzenden Ehegatten zuzurechnen. Gleiches gilt für die auf das Arbeitszimmer entfallende anteilige Gebäudeabschreibung.

Steht ein Gebäude **ausschließlich** im Eigentum des **nicht** berufstätigen Ehegatten, kann der Arbeitnehmer-Ehegatte die AfA nur geltend machen, soweit er sich an den Anschaffungs- oder Herstellungskosten finanziell beteiligt hat.

Für jeden Ehegatten ist gesondert zu prüfen, ob die Abzugsbeschränkung zu beachten ist.

Arbeitsmittel (Einrichtungsgegenstände)

Aufwendungen für Einrichtungsgegenstände, die ausschließlich beruflich genutzt werden (z. B. Schreibtisch, Bürostuhl, Schreibtischlampe, Papierkorb, Regal, Bücherschrank, Computeranlage) sind Arbeitsmittel und deshalb als Werbungskosten auch dann **abziehbar,** wenn die Kosten für das Zimmer nicht abzugsfähig sind. Vertiefend siehe → Arbeitsmittel.

Außergewöhnliche Belastung

Aufwendungen wegen außergewöhnlicher Belastung allgemeiner Art sind vom Gesamtbetrag der Einkünfte abziehbar, wenn sie dem Steuerpflichtigen zwangsläufig entstehen und die zumutbare Eigenbelastung übersteigen. Hiervon zu unterscheiden sind Aufwendungen wegen außergewöhnlicher Belastung in besonderen Fällen, für die der Gesetzgeber Höchst-, Pausch- oder Freibeträge ohne Anrechnung einer zumutbaren Belastung vorgesehen hat.

§§ 33, 33a und 33b EStG

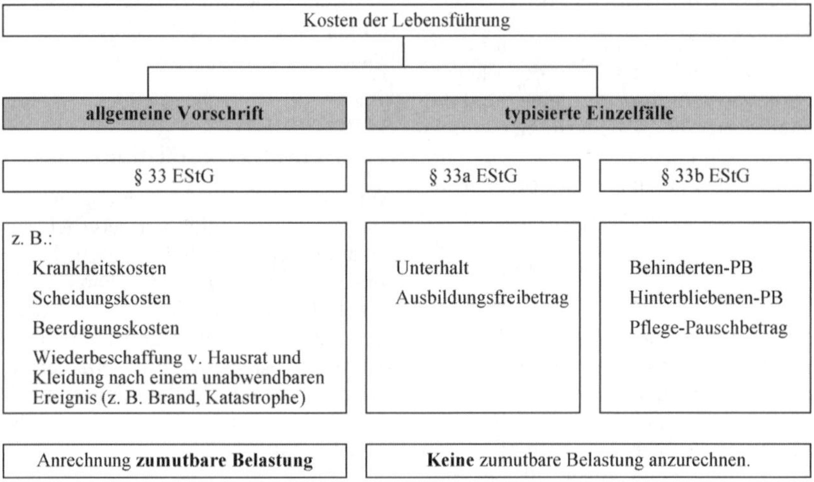

1 Allgemeines

Bei den Aufwendungen darf es sich nicht um Betriebsausgaben, Werbungskosten oder Sonderausgaben handeln.

2 Allgemeine außergewöhnliche Belastungen

Haben Sie **zwangsläufig** größere Aufwendungen als die überwiegende Mehrzahl der Personen gleicher Einkommensverhältnisse, gleicher Vermögensverhältnisse und gleichen Familienstands (= **außergewöhnlich**), liegen außergewöhnliche Belastungen nach § 33 EStG vor. Auf Antrag wird vom Gesamtbetrag der Einkünfte der Teil der tatsächlichen Aufwendungen abgezogen, der die **zumutbare Belastung übersteigt**. Die Aufwendungen sind abziehbar, soweit sie notwendig und der Höhe nach angemessen sind.

Abgrenzung gegenüber außergewöhnlichen Belastungen in besonderen Fällen

Nicht zu den allgemeinen außergewöhnlichen Belastungen gehören nach § 33a Abs. 1 EStG Aufwendungen für den **Unterhalt** und eine etwaige Berufsausbildung einer Ihnen oder Ihrem Ehegatten gegenüber gesetzlich unterhaltsberechtigten Person, für die niemand einen Anspruch auf Kindergeld oder Kinderfreibetrag hat. Diese Aufwendungen sind in nachgewiesener Höhe, jedoch begrenzt auf einen Höchstbetrag, als außergewöhnliche Belastung abziehbar. Bei Unterhaltsaufwendungen wird eine zumutbare Belastung **nicht** angerechnet, wohl aber eigene Einkünfte und Bezüge des Empfängers.

Vertiefend siehe → Unterhaltszahlungen.

Aufwendungen für die Berufsausbildung eines auswärtig untergebrachten volljährigen Kindes, für das Sie einen Kinderfreibetrag oder Kindergeld erhalten, werden nach § 33a Abs. 2 EStG durch einen Freibetrag und ohne Anrechnung einer zumutbaren Belastung steuerlich gefördert. Vertiefend siehe → Kinder.

Von den Aufwendungen wegen allgemeiner außergewöhnlicher Belastung sind auch die **Pauschbeträge für behinderte Menschen und Hinterbliebene**, § 33b Abs. 1 bis 5 EStG, und der **Pflege-Pauschbetrag**, § 33b Abs. 6 EStG, für die häusliche Pflege einer pflegebedürftigen Person zu unterscheiden. Vertiefend siehe → Behinderte Menschen.

Ehegatten

Außergewöhnliche Belastungen von Ehegatten sind bei Zusammenveranlagung stets einheitlich zu behandeln. Die Aufwendungen eines Ehegatten sind auch solche des anderen Ehegatten. Es kommt nicht darauf an, welcher Ehegatte gezahlt hat.

Abzugszeitpunkt

Sie können Ihre Aufwendungen in dem Kalenderjahr abziehen, in dem sie tatsächlich geleistet werden (Abflussprinzip). Nicht maßgebend ist der Zeitpunkt, zu dem das Ereignis, das zu den Aufwendungen führte, eingetreten ist. Haben Sie Aufwendungen aus Darlehen bestritten, tritt die Belastung bereits zum Zeitpunkt der Verausgabung und nicht erst bei Tilgung ein. Erhalten Sie Ersatzleistungen von dritter Seite, müssen Sie diese direkt von den Gesamtaufwendungen abziehen. Dies gilt auch, wenn Sie den Kostenersatz erst in einem späteren Kalenderjahr ausgezahlt bekommen, Sie aber mit der Erstattung bereits im Jahr der Zahlung rechnen konnten. Werden mögliche Ersatzansprüche gegen Dritte nicht geltend gemacht (z. B. Kostenbelege werden bei der Versicherung nicht eingereicht, um eine Beitragsrückerstattung zu erhalten oder höhere Beiträge zu vermeiden), liegen keine außergewöhnliche Belastungen vor.

Belastung

Eine Belastung liegt vor, wenn ein Ereignis in der persönlichen Lebenssphäre Sie zu Ausgaben zwingt, die Sie selbst endgültig zu tragen haben. Es kommt nicht darauf an, ob die Mittel aus eigenem Einkommen oder Vermögen stammen, oder die Ausgaben mit Kredit finanziert wurden.

Ein Abzug ist jedoch grundsätzlich nicht möglich, soweit Sie durch die Zahlung einen **Gegenwert** erhalten, denn insoweit sind Sie nicht belastet. Gegenwert bedeutet, dass der betreffende Gegenstand auch für einen Dritten von länger anhaltendem Wert und Nutzen ist und eine gewisse Marktfähigkeit besitzt.

Die Gegenwerttheorie wird **nicht** angewendet bei Aufwendungen infolge höherer Gewalt (z. B. Brand, Katastrophen). Die Beschaffung existenziell notwendiger Gegenstände (Wohnung,

Hausrat, Kleidung) ist in diesen Fällen abziehbar. Auch bei Aufwendungen für den z. B. behindertengerechten oder krankheitsbedingten Umbau des eigenen Hauses ist der erhaltene Gegenwert ohne Bedeutung, wenn der Umbau aus der Situation heraus notwendig ist bzw. solche Umbaumaßnahmen durchgeführt wurden, für die ein Dritter keinen höheren Kaufpreis zahlen würde.

Zwangsläufigkeit

Zwangsläufig entstehen Aufwendungen, wenn Sie sich ihnen aus **rechtlichen, tatsächlichen oder sittlichen Gründen** nicht entziehen können. Eine Zwangsläufigkeit aus sittlichen Gründen liegt nicht schon vor, wenn Sie sich subjektiv zu den Aufwendungen verpflichtet fühlen. Eine sittliche Verpflichtung besteht unter nicht unterhaltsberechtigten Verwandten (z. B. Geschwister) nur in einer Notlage. Die allgemeine sittliche Pflicht, in Not geratenen Menschen zu helfen, ist nicht zwangsläufig in diesem Sinne.

Zumutbare Belastung

Die Aufwendungen wirken sich steuerlich nur aus, soweit sie die Grenze der zumutbaren Belastung übersteigen. Die Höhe der zumutbaren Belastung errechnet sich nach einem bestimmten Prozentsatz des Gesamtbetrags der Einkünfte.

Die zumutbare Belastung beträgt bei einem Gesamtbetrag der Einkünfte	Steuerbürger ohne Kinder		Steuerbürger mit Kindern	
	unverheiratet	verheiratet	1 oder 2 Kinder	3 oder mehr Kinder
bis 15.340 €	5 %	4 %	2 %	1 %
über 15.340 € bis 51.130 €	6 %	5 %	3 %	1 %
über 51.130 €	7 %	6 %	4 %	2 %
	des Gesamtbetrags der Einkünfte			

Als Kinder zählen berücksichtigungsfähige Kinder, also solche, für die Sie Freibeträge oder Kindergeld erhalten. Vertiefend siehe → Kinder. Zur Frage der Verfassungsmäßigkeit der zumutbaren Eigenbelastung bei Krankheitskosten siehe → Krankheitskosten.

3 ABC der außergewöhnlichen Belastungen

Adoption: Keine zwangsläufigen außergewöhnlichen Belastungen.

Allergie: → Krankheitskosten

Bestattungskosten/Grabbesuch/Grabinstandhaltung: Beerdigungskosten für Angehörige sind abziehbar, soweit die Aufwendungen für die Beerdigung nicht aus dem Nachlass gedeckt werden können. Anzurechnen sind Versicherungsleistungen (Sterbegeld, Lebensversicherung).

Abziehbar sind die Kosten für die Grabstätte, für den Sarg, für Blumen und Kränze, Trauerkarten, Todesanzeigen, Überführung und Aufbahrung. Dagegen sind die Aufwendungen für die Bewirtung von Trauergästen, die Fahrtkosten zur Beerdigung eines nahen Angehörigen sowie die Aufwendungen für Trauerkleidung keine außergewöhnlichen Belastungen.

Aufwendungen für den Besuch von Gräbern sowie Kosten für Grabinstandhaltung und Grabpflege sind keine außergewöhnlichen Belastungen.

Diätverpflegung: Mehraufwendungen für eine Diätverpflegung sind nicht als außergewöhnliche Belastung abziehbar und zwar auch dann nicht, wenn die Diät an die Stelle medikamentöser Behandlung tritt.

Elektrosmog: Aufwendungen für Schutzmaßnahmen gegen z. B. Mobilfunkwellen sind nur abziehbar, wenn die von den Gegenständen ausgehende konkrete Gesundheitsgefährdung durch ein technisches Gutachten nachgewiesen wird.

Eltern-Kind-Verhältnis: Aufwendungen des nicht sorgeberechtigten Elternteils zur Kontaktpflege sind nicht außergewöhnlich.

Fahrtkosten behinderter Menschen: Geh- und stehbehinderte Menschen können Fahrtkosten in bestimmtem Umfang als außergewöhnliche Belastung geltend machen.

Vertiefend siehe → Behinderte Menschen.

Flutschaden/Hochwasser/Katastrophenschäden: Aufwendungen z. B. die Reparatur eines selbst genutzten Hauses oder die Ersatzbeschaffung von Hausrat anlässlich von unabwendbaren Ereignissen (Erdbeben, Überschwemmungen, Sturm, Brand, Hagel) sind berücksichtigungsfähig. Soweit durch die Erneuerung eine Wertsteigerung des Gebäudes eingetreten ist, werden die abzugsfähigen Kosten entsprechend gemindert.

Siehe unten → Wiederbeschaffung von Hausrat und Kleidung.

Hausumbau/Sanierung: Die Sanierungskosten des selbst bewohnten Hauses sind abzugsfähig, wenn vom Gebäude ein akute Gesundheitsgefährdung (d. h. gesetzliche Schadstoffgrenzwerte sind überschritten) ausgeht (z. B. Gefahr durch Holzschutzmittel, Formaldehyd, Dioxin, Asbest, Elektrosmog, Mobilfunkwellen) oder wenn die Sanierung durch ein unausweichliches Ereignis (z. B. bei einem Flutschaden etc.) oder wegen konkreter Einsturzgefahr durch Hausschwamm notwendig geworden ist. Eine rein vorsorgliche Sanierung ist nicht begünstigt. Voraussetzung für eine Kostenberücksichtigung ist, dass der Grund für die Sanierung beim Kauf des Hauses noch nicht erkennbar war, es sich nicht um übliche, alterstypische Reparaturen handelt, den Steuerpflichtigen kein eigenes Verschulden trifft (z. B. Schimmelbildung wegen unsachgemäßem Lüften), und Schadensersatzansprüche gegenüber Dritten nicht durchsetzbar sind. Erfährt das Haus durch die Maßnahmen eine Wertsteigerung, weil Bausubstanz erneuert wurde, ist die Wertsteigerung bei der Berechnung der abzugsfähigen Kosten zu kürzen. In diesem Bereich hat der BFH in den letzten Jahren eine Vielzahl von Entscheidungen gefällt.

BFH, Urteil v. 29.3.2012, VI R 21/11; BFH, Urteil v. 29.3.2012,VI R 47/10; BFH, Urteil v. 29.3.2012, VI R 70/10

Zu behinderungsbedingten Umbaukosten siehe vertiefend → Behinderte Menschen.

Heimunterbringung: Aufwendungen einer nicht pflegebedürftigen Person, die mit dem pflegebedürftigen Ehegatten in ein Wohnstift übersiedelt, sind nicht zwangsläufig entstanden.

Aufwendungen für die krankheitsbedingte Unterbringung in einem Pflegeheim sind abziehbar. Vertiefend siehe → Krankheitskosten.

Künstliche Befruchtung: → Krankheitskosten

Kurkosten: → Krankheitskosten

Pflegeaufwendungen: → Pflegekosten/Betreuungskosten/Heimunterbringung

Prozesskosten: In Zusammenhang mit Zivil- und Strafprozessen sind Prozesskosten aufgrund gesetzlicher Neuregelung ab 2013 im Regelfall nicht als außergewöhnliche Belastungen abzugsfähig. Eine Ausnahme gilt, wenn der Steuerpflichtige ohne den Rechtsstreit Gefahr liefe, seine Existenzgrundlage zu verlieren und seine lebensnotwendigen Bedürfnisse in dem üblichen Rahmen nicht mehr befriedigen zu können. Dies ist (bisher) (nur) in den folgenden Fällen anerkannt:

- Scheidung (s. u.),
- Streit über das Umgangsrecht der Eltern mit ihren Kindern,
- Vaterschaftsprozesse, wenn ernstliche Zweifel an der Vaterschaft bestehen.

HINWEIS

Durch die gesetzliche Neuregelung wurde die anderslautende Rechtsprechung des BFH, Urteil v. 12.5.2011, VI R 42/10, sowie die zwischenzeitliche daran orientierte Rechtsprechung der Finanzgerichte faktisch korrigiert und der „alte" Rechtszustand wieder hergestellt. Deshalb konnte die Regelung nach Ansicht des Gesetzgebers auch rückwirkend zum 1.1.2013 erfolgen. Ob die Rechtsprechung der Gesetzesänderung folgt und die rückwirkende Neuregelung akzeptiert, bleibt abzuwarten.

Kosten für ein Strafverfahren sind nicht abziehbar, wenn das Verfahren mit einer Verurteilung endet.

Scheidungskosten: Aufwendungen für die Ehescheidung und die Folgekosten einer Ehescheidung sind abziehbar. Das gilt auch, wenn die Ehe aus Verschulden des Steuerpflichtigen geschieden wurde. Ehescheidungskosten (Rechtsanwalts- und Gerichtskosten für Unterhalts- und Sorgerechtsregelung sowie Versorgungsausgleich) sind aus rechtlichen Gründen zwangsläufig, weil eine Ehe zu Lebzeiten nur durch eine gerichtliche Entscheidung gelöst werden kann. Aufwendungen für die gemeinsame Vermögensauseinandersetzung, Notariats- und Grundbuchkosten durch die Umschreibung von Grundstückseigentum sowie spätere Unterhaltszahlungen können nicht berücksichtigt werden.

Strafverteidigungskosten für ein erwachsenes Kind: Eltern können die Kosten für die Strafverteidigung ihres volljährigen Kindes regelmäßig nur dann aus sittlichen Gründen als außergewöhnliche Belastung steuermindernd abziehen, wenn es sich um ein innerlich noch nicht gefestigtes, erst heranwachsendes Kind handelt, dessen Verfehlung strafrechtlich noch nach dem Jugendstrafrecht geahndet werden kann.

Trinkgeld: Trinkgelder, die im Zusammenhang mit der ärztlich angeordneten Behandlung einer Krankheit hingegeben werden, sind nicht als außergewöhnliche Belastung zu berücksichtigen.

Vaterschaftsfeststellung: Die Kosten eines Vaterschaftsfeststellungsprozesses können nach Verurteilung als außergewöhnliche Belastung abziehbar sein, wenn ernsthafte Zweifel an der Vaterschaft dargelegt wurden und Erfolg versprechend waren.

Vermögensverluste: Wertverluste, die infolge von Diebstahl, Brand oder Zerstörung an Gegenständen des privaten Vermögens eingetreten sind, können nicht als außergewöhnliche Belastungen abgezogen werden. Aufwendungen für deren Wiederbeschaffung sind in der Regel wegen des vorhandenen Gegenwerts auch nicht abziehbar. Ausnahme:

Wiederbeschaffung von Hausrat und Kleidung: Derartige Aufwendungen sind eine außergewöhnliche Belastung, wenn Hausrat oder Kleidung durch ein unabwendbares Ereignis wie Brand, Hochwasser, Unwetter, Kriegseinwirkung, Vertreibung oder politische Verfolgung verloren ging und wiederbeschafft werden muss. Die Aufwendungen sind nur in Höhe der notwendigen und angemessenen Kosten abzugsfähig und werden nur berücksichtigt, soweit sie den (Rest-)Wert des Gegenstandes vor dem Schadenseintritt nicht übersteigen.

Weitere Voraussetzung für den Kostenabzug ist, dass der Geschädigte eine allgemein übliche und zumutbare Versicherung (z. B. Hausratversicherung, Elementarversicherung für ein Gebäude) abgeschlossen hat.

TIPP

Aus Billigkeit lässt, wenn durch ein Naturereignis (z. B. Überflutung, Unwetter) viele Menschen betroffen sind, die Finanzverwaltung den Abzug aber auch zu, wenn keine Versicherung abgeschlossen wurde.

Zu Sanierungskosten infolge von unabwendbaren Ereignissen bei Gebäuden s. o. **Hausumbau/Sanierung**.

Aufwendungen für die Wiederbeschaffung von Kleidung, die auf einer Urlaubsreise entwendet wurde, sind nicht abziehbar.

Behinderte Menschen

Behinderte Menschen können typische Mehraufwendungen, die ihnen laufend durch ihre Behinderung entstehen, steuerlich geltend machen. Es kommt der Abzug eines Pauschbetrags für behinderte Menschen oder der Abzug der tatsächlichen Aufwendungen nach Berücksichtigung der zumutbaren Belastung in Betracht. Einzelaufwendungen, z.B. für den behindertengerechten Umbau Ihrer Wohnung oder Kfz-Kosten, können Sie zusätzlich zum Pauschbetrag geltend machen. Für diejenigen, die selbst die Pflege behinderter Menschen übernehmen, gibt es einen Pflege-Pauschbetrag oder den Abzug der entstandenen Aufwendungen.

§ 33b EStG

1 Pauschbetrag für behinderte Menschen

Allgemeiner Pauschbetrag

Behinderte Menschen können für die Hilfe bei den regelmäßig wiederkehrenden Verrichtungen des täglichen Lebens, für die Pflege sowie für einen erhöhten Wäschebedarf einen Pauschbetrag im Rahmen der außergewöhnlichen Belastungen beantragen.

Die Pauschbeträge richten sich nach dem amtlich festgestellten Grad der Behinderung. Zu unterscheiden ist, ob der Grad der Behinderung mit

- 50 % oder
- weniger als 50 %, aber mind. auf 25 %

festgestellt worden ist.

Bei einem Grad der Behinderung von mind. 50 % ist ein Pauschbetrag immer abziehbar.

Beträgt der Grad der Behinderung zwischen 25 % und 50 %, wird der Pauschbetrag nur gewährt, wenn

- dem behinderten Menschen wegen der Behinderung nach gesetzlichen Vorschriften Renten oder andere laufende Bezüge zustehen,
- die Behinderung zu einer dauernden Einbuße der körperlichen Beweglichkeit geführt hat oder
- die Behinderung auf einer typischen Berufskrankheit beruht.

Als Pauschbeträge werden gewährt bei einem Grad der Behinderung:

von 25 und 30 %	**310 €**
von 35 und 40 %	**430 €**
von 45 und 50 %	**570 €**
von 55 und 60 %	**720 €**
von 65 und 70 %	**890 €**
von 75 und 80 %	**1.060 €**
von 85 und 90 %	**1.230 €**
von 95 und 100 %	**1.420 €**

Für behinderte Menschen, die **hilflos** sind und für **Blinde** erhöht sich der Pauschbetrag auf **3.700 €**.

WICHTIG

Wenn Sie den Pauschbetrag für behinderte Menschen in Anspruch nehmen, können Sie keine Pflegekosten oder Heimunterbringungskosten mehr geltend machen. Prüfen Sie gut, ob der Abzug der tatsächlichen Aufwendungen (s. u.) nicht günstiger ist.

Nachweis der Behinderung

Den Nachweis der Behinderung müssen Sie ab einem Grad der Behinderung von 50 % durch Vorlage des Schwerbehindertenausweises führen. Im Ausweis stehen ggf. auch die Merkmale „blind (Bl)“ oder „hilflos (H)“. Dem Merkzeichen „H“ steht die Einstufung in die Pflegestufe III durch den Medizinischen Dienst der Pflegeversicherung gleich. Eine Gehbehinderung wird durch die Merkmale „G“ oder „aG“ nachgewiesen.

Beträgt der Grad der Behinderung zwischen 25 % und weniger als 50 %, legen Sie dem Finanzamt eine Bescheinigung des Versorgungsamtes bzw. bei Rentenzahlung aufgrund der Behinderung den Rentenbescheid als Nachweis vor.

Tatsächliche Aufwendungen (Wahlrecht)

Statt des Pauschbetrags können die tatsächlichen **laufenden** und **typischen pflege- oder behindertenbedingten Aufwendungen** nach § 33 EStG als außergewöhnliche Belastungen berücksichtigt werden. Dazu gehören erhöhte Kosten für Wäsche und Hygieneartikel, Hilfe bei den gewöhnlichen und regelmäßig wiederkehrenden Arbeiten des täglichen Lebens, Diätkosten und Stärkungsmittel, Blindenhund, ambulante Pflege (angestellt oder Pflegedienst), Kurzzeit-, Tages- oder Nachtpflege, Pflege und Unterbringung im Heim. Allerdings wird der Gesamtaufwand um die zumutbare Eigenbelastung gekürzt.

Vertiefend siehe → Pflegekosten/Betreuungskosten/Heimunterbringung und → Außergewöhnliche Belastung.

Zusätzliche Berücksichtigung außergewöhnlicher behindertenbedingter Aufwendungen

Krankheit, Kur

Einmalige Kosten für Heilbehandlungen (Operationen, Heilbehandlungen, Kuren, Arzneimittel, Arztbesuche), auch soweit diese durch die Behinderung bedingt sind, sowie die Kosten einer Heilkur können neben dem Pauschbetrag nach Anrechnung der zumutbaren Eigenbelastung nach § 33 EStG berücksichtigt werden. Sind Sie wegen Ihrer Behinderung auf ständige Begleitung angewiesen, können Sie Mehraufwendungen, die Ihnen auf einer Urlaubsreise durch für Fahrtenkosten, Unterbringung und Verpflegung der Begleitperson entstehen, in angemessenem Umfang ebenfalls zusätzlich abziehen. Dasselbe gilt für die Anschaffungskosten eines Blindencomputers.

Vertiefend siehe → Krankheitskosten.

Behinderungsgerechter Umbau

Werden spezielle, auf die Behinderung abgestellte, Vorrichtungen eingebaut (z. B. Treppenschräglift, Badewannenlift, Haltegriffe, Sitzerhöhung, Spezialrauchmelder für gehörlose Menschen, Hausnotruf), handelt es sich um **medizinisch notwendige Hilfsmittel**, die als Krankheitskosten abzugsfähig sind.

Umbaumaßnahmen, die das Gebäude selbst betreffen wie z. B. elektrisches Garagentor, Rollstuhlrampe, Aufzug, Türverbreiterung, behindertengerechtes Bad (bodengleiche Dusche, Sitzwanne) und die auch für nichtbehinderte Personen angenehm sind, können dagegen nur berücksichtigt werden, soweit ein Käufer dafür keinen höheren Kaufpreis zahlen würde, denn nur insoweit liegt ein durch die Behinderung verursachter (verlorener) Aufwand vor. Für den Kostenabzug ist es unerheblich, ob die behinderungsbedingten Mehrkosten im Rahmen eines Neubaus oder einer Modernisierung bzw. eines Umbaus angefallen sind. Ebenso ist es ohne Bedeutung, ob die Aufwendungen situationsbedingt zwangsläufig waren (Umbau nach unvorhersehbarer Krankheit – z. B. Schlaganfall) oder infolge schleichender Erkrankung.

BFH, Urteil v. 24.2.2011, VI R 16/10

Die Zwangsläufigkeit der Aufwendungen kann z. B. durch Bescheid eines gesetzlichen Trägers der Sozialversicherung über die Bewilligung eines Zuschusses oder ein Gutachten des medizinischen Dienstes der Krankenversicherung (MDK), des Sozialmedizinischen Dienstes (SMD) oder der Medicproof Gesellschaft für Medizinische Gutachten mbH nachgewiesen werden.

Kfz-Kosten

Kosten für den Führerschein eines Kindes mit schwerer Geh- und Stehbehinderung sowie der behindertengerechte Umbau eines Kfz sind neben dem Pauschbetrag abzugsfähig. Vertiefend siehe Punkt 3 Fahrtkosten.

2 Behinderte Kinder

Wenn Kinder wegen körperlicher, geistiger oder seelischer Behinderung **außerstande sind, sich selbst zu unterhalten,** können sie, unabhängig vom Alter, bei den Eltern steuerlich berücksichtigt werden, vorausgesetzt, die Behinderung ist vor Vollendung des 25. Lebensjahres eingetreten. Dann stehen den Eltern alle Kind abhängigen Steuervergünstigen (z. B. Kindergeld, Freibeträge, Betreuungskosten etc.) zu. Vertiefend siehe → Kinder.

Außerdem kann der einem berücksichtigungsfähigen Kind zustehende Behinderten-Pauschbetrag auf die Eltern übertragen werden, wenn ihn das Kind nicht in Anspruch nimmt, weil es keine oder nur geringe eigene Einkünfte hat. Der Pauschbetrag ist auf die Elternteile beliebig verteilbar. Neben dem Pauschbetrag sind bei den Eltern auch die nicht laufenden behindertenbedingten Aufwendungen (z. B. Fahrtkosten, Arzt- oder Krankenhauskosten) im Rahmen des § 33 EStG abziehbar.

Auch ohne Übertragung des Pauschbetrags können die Eltern ihre eigenen zwangsläufigen Aufwendungen für das Kind (z. B. tatsächliche Pflegekosten) nach § 33 EStG abziehen, denn durch den Pauschbetrag werden nur die Aufwendungen des behinderten Kindes abgegolten.

3 Fahrtkosten

Berufliche Fahrten

Behinderte Menschen können für Fahrten mit dem eigenen Kraftfahrzeug zwischen Wohnung und Arbeitsstätte oder Betrieb – statt der Entfernungspauschale von 0,30 € je Entfernungskilometer – die **tatsächlichen Kosten** als Werbungskosten bzw. Betriebsausgaben abziehen, wenn ein Grad der Behinderung von

- mind. 70 % oder
- mind. 50 % und zusätzlich eine erhebliche Gehbehinderung (Merkzeichen „G“ oder „aG“ im Ausweis)

vorliegt.

Ohne Einzelnachweis sind bei Benutzung eines Pkw pauschal 0,30 € je **gefahrenem** Kilometer (0,60 € je Entfernungskilometer) als Werbungskosten abzugsfähig. Es kann allerdings nur einheitlich mit der Entfernungspauschale oder den tatsächlichen Kosten abgerechnet werden. Eine Kombination ist nicht möglich.

BFH, Urteil v. 5.52009, VI R 77/06

Auch Familienheimfahrten bei doppelter Haushaltsführung sind entsprechend zu behandeln.

TIPP

Wird der behinderte Arbeitnehmer von seinem Ehegatten zur Arbeitsstätte gebracht und abgeholt, können pro Tag zwei Hin- und Rückfahrten abgerechnet werden, wenn der behinderte Mensch keinen Führerschein hat oder aus Gründen der Behinderung von der Fahrerlaubnis keinen Gebrauch macht.

Andere beruflich veranlasste Fahrten (z. B. infolge einer Auswärtstätigkeit) können wie bei Nichtbehinderten auch in tatsächlicher Höhe angezogen werden. Vertiefend siehe → Reisekosten.

Privatfahrten behinderter Menschen

Personen mit einem Grad der Behinderung von

- mind. 80 % oder
- mind. 70 % und Merkzeichen „G“,

können angemessene Kraftfahrzeugkosten neben dem Pauschbetrag für behinderte Menschen **unter Berücksichtigung einer zumutbaren Belastung** als außergewöhnliche Belastung abziehen. Dies gilt jedoch nur für die durch die Behinderung veranlassten unvermeidbaren privaten Fahrten (z. B. Fahrten zu Behörden).

Angemessen ist ein nachgewiesener oder glaubhaft gemachter Aufwand für bis zu 3.000 km jährlich mit einem pauschalen Betrag von 0,30 € je gefahrenen Kilometer. Ein höherer Aufwand als 0,30 €/km ist unangemessen.

Bei

- außergewöhnlich gehbehinderten Menschen (**Merkzeichen „aG“**)
- **blinden** oder
- **hilflosen** Menschen

werden grundsätzlich alle privaten Fahrten, also auch Erholungs-, Freizeit- und Besuchsfahrten, im angemessenen Umfang (bis zu 15.000 km jährlich) als außergewöhnliche Belastungen berücksichtigt. Die Aufwendungen können nur (pauschal) mit max. 0,30 € je Kilometer angesetzt werden.

TIPP

Neben diesen pauschalen Fahrtkosten sind noch die Kosten für **Fahrtkosten zum Arzt**, die als Krankheitskosten anzusehen sind, im Jahr der Zahlung unter Beachtung der zumutbaren Belastung abziehbar.

BFH, Urteil v. 16.6.2010, VI B 11/10

4 Heimunterbringung/ Haushaltshilfe

Leben Sie in einem eigenen Haushalt, können Sie für hauswirtschaftliche Beschäftigungsverhältnisse (Haushaltshilfe) und Dienstleistungen (z. B. Fensterputzer) eine Steuerermäßigung in Anspruch nehmen.

Vertiefend siehe → Pflegekosten/Betreuungskosten/Heimunterbringung.

Sind Sie oder Ihr Ehegatte/Lebenspartner krankheits-, pflege- oder behinderungsbedingt in einem Heim untergebracht, können Sie statt eines Pauschbetrags die tatsächlichen Aufwendungen (ohne Kosten des typischen Unterhalts) als Krankheitskosten berücksichtigen.

Vertiefend siehe → Krankheitskosten und → Pflegekosten/Betreuungskosten/Heimunterbringung.

5 Pflege-Pauschbetrag

§ 33b Abs. 6 EStG

Pflegen Sie **persönlich** einen nicht nur vorübergehend **hilflosen** Menschen in Ihrer Wohnung oder in der Wohnung des zu Pflegenden, erhalten Sie einen Pflege-Pauschbetrag von **924 €** im Jahr.

Den Pauschbetrag können Sie **mehrfach** in Anspruch nehmen, wenn Sie mehrere Personen persönlich pflegen.

Pflegen **mehrere Personen gemeinsam** eine pflegebedürftige Person, wird der Pflege-Pauschbetrag von 924 € gleichmäßig auf alle Pflegepersonen aufgeteilt.

Wird die Pflegeperson für die Pflege bezahlt, kann sie keinen Pauschbetrag erhalten. Auch ein weitergegebenes Pflegegeld aus der Pflegeversicherung wäre schädlich.

Nur bei **Eltern** eines behinderten Kindes zählt das für dieses Kind erhaltene Pflegegeld, unabhängig von der Verwendung, nicht als (schädliche) Einnahme.

Dienstwagen/Firmenwagen

Ein Fahrzeug, das einem Arbeitnehmer vom Arbeitgeber auch für Privatfahrten oder Fahrten zwischen Wohnung und Arbeitsstätte zur Verfügung gestellt wird, führt zu lohnsteuerpflichtigen Arbeitslohn. Gleichzeitig ist für Fahrten zur Arbeitsstätte regelmäßig der Werbungskostenabzug in Höhe der Entfernungspauschale möglich.

§ 8 EStG, R 8.1 Abs. 9 LStR 2011

1 Zusätzlicher Arbeitslohn

Wird dem Arbeitnehmer ein Firmen-Pkw (bzw. ein vom Arbeitgeber geleastes Fahrzeug) oder ein Dienstfahrrad für Privatfahrten und/oder für die Fahrten zur Arbeitsstätte überlassen, ist der entsprechende Nutzungswert (Sachbezug) als zusätzlicher Arbeitslohn zu versteuern.

Darf der Arbeitnehmer einen Pkw für Privatfahrten nutzen, spricht der Anscheinsbeweis dafür, dass das Kfz auch tatsächlich privat genutzt wird. Soweit es ausdrücklich **nur** für berufliche Fahrten genutzt werden darf (privates Nutzungsverbot) und auch tatsächlich nur so genutzt wird (notwendig ist die Kontrolle durch den Arbeitgeber), ist keine Privatnutzung zu versteuern. Die Privatnutzung des Firmenfahrzeugs muss aber absolut auszuschließen sein.

BFH, Urteil v. 7.11.2006, VI R 19/05

Nutzt der Arbeitnehmer ein Fahrzeug privat ohne Erlaubnis, liegt kein Arbeitslohn vor. Das ändert sich aber, wenn der Arbeitgeber auf einen Schadensersatz verzichtet.

BFH, Urteil v. 21.4.2010, VI R 46/08

Überlässt der Arbeitgeber seinen Monteuren Werkstattwagen für Fahrten zwischen Wohnung und Baustelle, liegt darin i.d.R. kein geldwerter Vorteil, wenn dadurch der Monteur zeitlich länger auf der Baustelle tätig ist.

FG Berlin-Brandenburg, Urteil v. 12.9.2007, 12 K 7078/05

2 Berechnungsmethoden

Der Arbeitslohn (Sachbezug) aus der unentgeltlichen oder verbilligten Überlassung eines Firmenwagens ist nach § 8 EStG entweder pauschal nach der sog. 1 %-Methode oder individuell nach der Fahrtenbuchmethode zu ermitteln. Die gewählte Berechnungsmethode gilt einheitlich sowohl für private Fahrten als auch solche zur Arbeitsstätte.

Pauschalansatz (1 %- bzw. 0,03 %-Regelung)

Ohne Beachtung der Kfz-Kosten und der tatsächlich privat gefahrenen Kilometer wird die private Nutzung für jeden Monat, in dem das Fahrzeug zur Verfügung steht mit 1 % des **Listenpreises** als Arbeitslohn angesetzt. Die 1 %-Regelung ist verfassungsgemäß.

BFH, Urteil v. 13.12.2012, VI R 51/11

Wird ein **Elektrofahrzeug** überlassen, ist der Listenpreis um die Kosten des enthaltenen Batteriesystems zu mindern. Die Minderung beträgt für bis Ende 2013 angeschaffte Fahrzeuge 500/kWh (höchstens 10.000 €) und verringert sich für in den Folgejahren ab 2014 angeschaffte Fahrzeuge um jährlich 50 €/kWh. Der Höchstbetrag vermindert sich entsprechend um jährlich 500 €.

Für Fahrten zwischen Wohnung und Arbeitsstätte wird pauschal ein Betrag von 0,03 % des Listenpreises pro Entfernungskilometer und Monat als Arbeitslohn angesetzt, egal wie oft arbeitstäglich zur Arbeitsstätte gefahren wurde (Monatspauschale). Stattdessen kann auch eine Einzelbewertung für die tatsächlich durchgeführten Fahrten zur Arbeitsstätte vorgenommen werden. Dann ist jede Fahrt mit 0,002 % des Listenpreises je Entfernungskilometer, jahresbezogen begrenzt auf maximal 180 Tage anzusetzen. Die einzelnen Tage muss der Arbeitnehmer seinem Arbeitgeber schriftlich und konkret mit Datum mitteilen.

Bei doppelter Haushaltsführung kommen noch einmal 0,002 % pro Heimfahrt und Entfernungskilometer hinzu, sofern die Kosten nicht als Werbungskosten abzugsfähig sind. Vertiefend siehe → Doppelte Haushaltsführung.

Wird vom Arbeitgeber ein (Elektro-)Fahrrad überlassen, gilt für Wege zur Arbeitsstätte ebenfalls die 1 %-Regelung. Auf die Versteuerung der Wege zwischen Wohnung und Arbeitsstätte wir dagegen verzichtet. Ist das Elektrofahrrad jedoch als Kraftfahrzeug einzuordnen (Elektromotor unterstützt auch bei Geschwindigkeiten über 25 km/h) gelten auch hier die Regelungen wie für Kfz.

Gleichlautende Ländererlasse v. 23.11.2012, BStBl. I, 2012, S. 122

Pkw-Nutzung nur für Teilstrecken

Wird das Fahrzeug für die Fahrt zur Arbeitsstätte nur für eine Teilstrecke (z. B. bis zum Bahnhof) benutzt, ist für Berechnung des Sachbezugs nur von den tatsächlich zurückgelegten Entfernungskilometern auszugehen, vorausgesetzt der Arbeitgeber hat das Kfz nur für diese Teilstrecke zur Verfügung gestellt und überwacht die Einhaltung der Regelung. Zusätzlich muss der Arbeitnehmer für die restliche Teilstrecke die Benutzung eines anderen Verkehrsmittels nachweisen (z. B. Jahres-Bahnfahrkarte).

BMF-Schreiben v. 1.4.2011, IV C 5 – S 2334/08/10010

Pkw-Nutzung nur für Fahrten zwischen Wohnung und Arbeitsstätte

Steht fest, dass der Arbeitnehmer den Pkw nur für Fahrten zwischen Wohnung und Arbeitsstätte nutzen darf (und auch nur hierfür nutzt), kommt die 1 %-Regelung nicht zum Tragen. Zu versteuern ist jedoch der Nutzungsvorteil aufgrund der Fahrten zwischen Wohnung und Arbeitsstätte mit 0,03 % des Bruttolistenpreises je Entfernungskilometer und Monat bzw. der Wert nach der Einzelbewertung mit 0,002 %.

Listenpreis

Unter „Listenpreis“ versteht man den inländischen **Bruttolistenpreis zum Zeitpunkt der Erstzulassung** zzgl.

Aufwendungen für Sonderausstattungen, einschließlich Navigationsanlagen.

BFH, Urteil v. 16.2.2005, VI R 37/04

Nicht zur Bemessungsgrundlage gehören die Kosten für ein Autotelefon sowie Freisprecheinrichtung, zusätzliche Winterreifen (inkl. Felgen) und eine nachträglich eingebaute Flüssiggasanlage. Mit dem Autotelefon geführte Privatgespräche bleiben nach § 3 Nr. 45 EStG steuerfrei.

Obergrenze

Die pauschale Berechnung ist der Höhe nach auf die Gesamtkosten, die für das genutzte Fahrzeug angefallen sind, begrenzt. Damit werden dem Arbeitnehmer allerdings auch alle betrieblichen Fahrten zugerechnet. In diesem Fall bietet sich dringend die Berechnung mittels Fahrtenbuchs an.

Fahrtenbuch

Statt der pauschalen Berechnung kann der Wert der Privatnutzung auch durch Nachweis der tatsächlichen Kfz-Aufwendungen (durch den Arbeitgeber) und dem Führen eines ordnungsgemäßen Fahrtenbuchs ermittelt werden.

Grundsätzliches

Nach den Vorgaben des BFH muss ein Fahrtenbuch zu den beruflichen Reisen mindestens folgende lesbare Angaben ausweisen:

- das Datum,
- das Reiseziel (genaue Adresse mit Hausnummer) bzw. die Reiseroute,
- den/die aufgesuchten Kunden oder Geschäftspartner bzw. die dienstliche Tätigkeit und
- den Gesamtkilometerstand am Ende der Fahrt.

Mehrere Teilabschnitte einer einheitlichen Reise können miteinander zu einer Eintragung verbunden werden, wenn die einzelnen aufgesuchten Kunden oder Geschäftspartner im Fahrtenbuch in der zeitlichen Reihenfolge aufgeführt werden.

Bei Beginn und am Ende einer **privaten Nutzung** ist der Gesamtkilometerstand anzugeben. Weitere Informationen sind nicht notwendig.

Die erforderlichen Angaben müssen sich dem Fahrtenbuch selbst entnehmen lassen. Ein Verweis auf ergänzende Unterlagen ist nur zulässig, wenn der geschlossene Charakter der Fahrtenbuchaufzeichnungen dadurch nicht beeinträchtigt wird.

Diese Vorgaben treffen auch auf Personen zu, die einer beruflichen Schweigepflicht unterliegen (Ärzte, Steuerberater etc.).

Ein ordnungsgemäßes Fahrtenbuch muss zeitnah und in geschlossener Form („Buch") geführt werden, und die zu erfassenden Fahrten einschließlich des an ihrem Ende erreichten Gesamtkilometerstands sind vollständig und in ihrem fortlaufenden Zusammenhang wiederzugeben.

Die wesentlichen Informationen müssen in dem Fahrtenbuch enthalten sein. Der Rückgriff auf weitere Aufzeichnungen reicht nicht aus.

BFH, Urteil v. 01.03.2012, VI R 33/10

Ein elektronisches Fahrtenbuch ist nur anzuerkennen, wenn sich daraus dieselben Erkenntnisse gewinnen lassen wie aus einem manuell geführten. Nachträgliche Veränderungen müssen dabei technisch ausgeschlossen sein.

TIPP

Die Anforderungen an das Fahrtenbuch sind sehr streng. Machen Sie Ihre Eintragungen deshalb stets direkt in Ihr Fahrtenbuch und verzichten Sie auf Notizzettel.

Werden z. B. gelegentlich Fahrten zur Werkstatt oder zur Tankstelle nicht eingetragen, ist die Ordnungsmäßigkeit nicht mehr gegeben.

FG Düsseldorf, Urteil v. 11.2.2003, 8 K 7307/01 H

HINWEIS

Der BFH hat seine ursprünglich strikten Regelungen etwas eingeschränkt: Kleinere Mängel müssen nicht zur Verwerfung des Fahrtenbuchs führen, wenn die Angaben insgesamt plausibel sind.

BFH, Urteil v. 10.4.2008, VI R 38/06

Berechnung

Zur Berechnung des steuerpflichtigen Nutzungsanteils sind zunächst die Gesamtkosten (Abschreibung, Versicherung, Steuer, Benzin etc., ggf. Zinsen zur Finanzierung des Kaufs) des gesamten Jahres zu ermitteln, die auf das Fahrzeug entfallen.

TIPP

Die Abschreibung muss nicht unbedingt mit den AfA-Sätzen angesetzt werden, die bei der Gewinnermittlung Gültigkeit haben (6 Jahre Nutzungsdauer). Vielmehr ist im Regelfall von einer AfA für Pkw von 12,5 % (acht Jahre Nutzungsdauer) auszugehen.

BFH, Urteil v. 29.3.2005, IX B 174/03

Der private Anteil ist durch die Formel

$$\frac{\text{Gesamtkosten}}{\text{Gesamtfahrleistung}} \times \text{private Fahrleistung}$$

zu berechnen. Die private Fahrleistung umfasst neben den rein privaten Fahrten auch die Fahrten zwischen Wohnung und Arbeitsstätte sowie die Fahrstrecke, die im Rahmen einer doppelten Haushaltsführung zurückgelegt wird, sofern die Kosten nicht als Werbungskosten abzugsfähig sind (mehr als eine wöchentliche Heimfahrt). Vertiefend siehe → Doppelte Haushaltsführung.

BEISPIEL

Der Arbeitnehmer A nutzt einen Firmenwagen (Listenpreis 35.000 €), den der Arbeitgeber für 25.000 € erworben hat. Die Gesamtkosten (inkl. AfA) für das Kfz betrugen 15.000 € bei einer Fahrleistung von 50.000 km. Neben der privaten Nutzung (8.000 km) hat A während einer steuerlich anzuerkennenden doppelten Haushaltsführung wöchentlich zwei Familienheimfahrten (40 Fahrten, Entfernung 220 km) durchgeführt. An 230 Tagen fuhr er jeweils 10 km zu seiner Arbeitsstätte.

Vergleich: 1 %-Regelung – tatsächliche Kosten	1 %-Regelung/ €	Fahrtenbuch €
Bemessungsgrundlage	35.000	15.000
Kosten pro km		0,30
Private Nutzung		
12 × 1 %	4.200	
8.000 km × Kosten/km		2.400
Fahrten zur Arbeitsstätte		
12 × 0,03 % × 10 km	1.260	
230 T. × 20 km × Kosten/km		1.380
Doppelte Haushaltsführung		
– 1. wöchentliche Heimfahrt	0	0
– 2. wöchentliche Heimfahrt:		
20 × 0,002 % × 220 km	3.080	
20 T. × 440 km × Kosten/km		2.640
Zu versteuernder Nutzungswert gesamt	8.540	6.420

! WICHTIG

Ein Problem könnte bei einem Unternehmen mit einer Vielzahl an Kfz der Kostennachweis für das einzelne Fahrzeug sein. Die Firma sollte daher für die einzelnen Kfz die Kosten getrennt verbuchen.

Zuzahlungen

Zuzahlungen zu den Anschaffungskosten bzw. zu den laufenden Kosten

Unabhängig von der Wahl der Bewertungsmethode wird eine Zuzahlung zu den Anschaffungskosten zuerst im Zahlungsjahr auf den geldwerten Vorteil (bis zu 0 €) angerechnet. Ist dadurch noch nicht die gesamte Zuzahlung aufgebraucht, wird der geldwerte Vorteil im Folgejahr bzw. in den Folgejahren gemindert. Alternativ kann bei der Fahrtenbuchmethode die Zuzahlung auch bei den Anschaffungskosten des Kfz abgezogen werden. Er mindert damit die AfA-Bemessungsgrundlage und führt über die niedrigere AfA zu niedrigeren laufenden Kosten.

BMF, Schreiben v. 6.2.2009, IV C 5 – S 2334/08/10003

Laufende z. B. monatliche Zuzahlungen (egal ob pauschal oder nutzungsabhängig je km) des Arbeitnehmers werden im Zahlungsjahr ebenfalls vom ermittelten Sachbezugswert abgezogen.

Übernahme von einzelnen laufenden Kosten

Einzelne, vom Arbeitnehmer selbst getragene Kraftfahrzeugkosten (z. B. einzelne Treibstoffkosten, Garagenmiete) können weder als Werbungskosten berücksichtigt werden, noch mindern sie den geldwerten Vorteil. Dies gilt nicht nur bei Anwendung der 1 %-Regelung sondern nach Auffassung der Verwaltung auch bei der Fahrtenbuchmethode (entgegen der Rechtsprechung des BFH).

BFH, Urteil v. 18.10.2007, VI R 57/06

TIPP

Im Regelfall wird Ihr Arbeitgeber Ihnen die Kosten ersetzen, wenn Sie ihm die Quittungen vorlegen.

Lohnsteuerabzug – Einkommensteuerveranlagung

Der Arbeitgeber muss in Abstimmung mit dem Arbeitnehmer für den (monatlichen) Lohnsteuerabzug das anzuwendende Verfahren festlegen (Fahrtenbuch oder pauschale Regelung). Es darf bei demselben Kfz während des Kalenderjahres nicht gewechselt werden. In seiner Einkommensteuererklärung ist der Arbeitnehmer aber nicht an das für die Erhebung der Lohnsteuer gewählte Verfahren gebunden.

TIPP

Wenn beim Lohnsteuerabzug die Pauschal-Regelung angewandt wurde und Sie ein Fahrtenbuch geführt haben, können Sie in der ESt-Erklärung – soweit günstiger – die Anwendung der Fahrtenbuchregelung beantragen und entsprechend den Bruttoarbeitslohn korrigieren!

Rechnen Sie wie folgt:

Bruttoarbeitslohn lt. Bescheinigung bisher
./. darin enthaltener pauschaler Nutzungswert
+ Nutzungswert gemäß Fahrtenbuchmethode
= korrigierter Bruttoarbeitslohn

Werbungskostenabzug

Wenn Sie den überlassenen Pkw für Fahrten zwischen Wohnung und Arbeitsstätte einsetzen (und hierfür ein geldwerter Vorteil angesetzt wird), können Sie die → Entfernungspauschale als Werbungskosten absetzen. Haben Sie sich bei der Versteuerung der Fahrten statt für die 0,03 %-Regelung für die Einzelbewertung (0,002 %) entschieden, können Sie auch nur diese Fahrten (max. 180) bei den Werbungskosten geltend machen.

Hat der Arbeitgeber den geldwerten Vorteil bezüglich dieser Fahrten pauschal der Lohnsteuer unterworfen (ersichtlich aus einen entsprechenden Eintrag auf der Lohnbescheinigung), ist insoweit kein Werbungskostenabzug möglich.

3 Unfall mit dem Dienstwagen

WICHTIG

Unfallkosten anlässlich einer Privatfahrt gehören nicht zu den Gesamtkosten eines dem Arbeitnehmer überlassenen Firmenwagens. Vom Arbeitgeber getragene Unfallkosten sind folglich grundsätzlich als zusätzlicher geldwerter Vorteil zu beurteilen.

Als Vereinfachungsregelung können bei Unfallkosten, die im einzelnen Schadensfall nach Abzug von Erstattungen den Betrag von 1.000 € zzgl. Umsatzsteuer nicht übersteigen, die Reparaturkosten in die Gesamtkosten einbezogen werden.

R 8.1 Abs. 9 Nr. 2 S. 9-16 LStR 2011

4 Vermietung des privaten Pkw an den Arbeitgeber

BEISPIEL

X kauft einen privaten Pkw für 30.000 € zzgl. 5.700 € USt. Er vermietet diesen Pkw an seinen Arbeitgeber für jährlich 3.000 € zzgl. Umsatzsteuer.

X wird durch die Vermietung zum Unternehmer. Er kann sich die beim Kauf gezahlte Umsatzsteuer (Kauf 5.700 €, ebenso z.B. für Treibstoffkosten) vom Finanzamt erstatten lassen, muss jedoch auf die Miete, die er von seinem Arbeitgeber erhält, Umsatzsteuer (570 €) berechnen und an das Finanzamt zahlen.

BFH, Urteil v. 11.10.2007, V R 77/05

TIPP

Wenn Sie diese interessante Gestaltung wählen wollen, sollten Sie mit dem Arbeitgeber mindestens eine kostendeckende Miete (zzgl. eines kleinen Gewinnaufschlags) vereinbaren, damit Sie keine Schwierigkeiten mit dem Finanzamt bekommen.

Direktversicherung

Die Direktversicherung ist eine Lebensversicherung, die der Arbeitgeber auf das Leben des Arbeitnehmers abschließt und aus der der Arbeitnehmer oder seine Hinterbliebenen hinsichtlich der Versorgungsleistungen des Versicherers ganz oder zum Teil bezugsberechtigt sind. Als Versorgungsleistungen kommen Leistungen der Alters-, Invaliditäts- oder Hinterbliebenenversorgung in Betracht.

§ 3 Nr. 63 und § 40b EStG

Vertiefend siehe → Altersvorsorgeaufwendungen und Wohnriester, → Renten und → Versicherungen.

1 Art der Versicherung

Der Arbeitgeber ist Versicherungsnehmer. Der Arbeitnehmer ist Bezugsberechtigter und hat einen unmittelbaren Rechtsanspruch auf die Versicherungsleistungen. Unter die Direktversicherung fallen u.a. Kapitallebensversicherungen einschließlich Risikolebensversicherungen, Rentenversicherungen oder fondsgebundene Lebensversicherungen. Sie sind immer kapitalgedeckt. Reine Unfall- oder Berufsunfähigkeitsversicherungen gehören nicht dazu. Beiträge des Arbeitgebers stellen steuerfreien oder steuerpflichtigen Arbeitslohn dar.

2 Lohnsteuer

Altverträge

Bei vor dem 1.1.2005 abgeschlossenen Verträgen (Laufzeit mindestens zwölf Jahre und Auszahlung nicht vor dem 60. Lebensjahr) aus einem ersten Dienstverhältnis ist zu beachten, dass bis zum Jahr 2004 die Arbeitgeberbeiträge grundsätzlich steuerpflichtig waren, aber bis zu 1.752 € pauschal mit 20 % Lohnsteuer nach § 40b EStG besteuert werden konnten. Soweit die Beiträge die Pauschalierungsgrenze von 1.752 € im Kalenderjahr überstiegen, war die Lohnsteuer nach den Merkmalen der Lohnsteuerkarte zu erheben.

Ab dem 1.1.2005 wurde die Steuerbefreiung nach § 3 Nr. 63 EStG auf diese Beiträge ausgedehnt. Soweit die Auszahlung einer Rente oder ein Auszahlungsplan (Ratenzahlungen mit sogenannter Restverrentung) vorgesehen ist, bleiben die Beiträge des Arbeitgebers danach grundsätzlich i. H. v. bis zu 4 % der Beitragsbemessungsgrenze (West: im Jahr 2013: 4 % aus 67.200 € = 2.688 €) steuer- und sozialabgabenfrei. Der Arbeitnehmer darf sein Wahlrecht zur Riester-Förderung nicht ausüben. Die Steuerbefreiung der Beiträge führt zur nachgelagerten Besteuerung in der Leistungsphase. Vertiefend siehe → Altersvorsorgeaufwendungen und Wohnriester und → Renten.

Eine Pauschalierung nach § 40b EStG ist für Altverträge ab 2005 nur noch möglich, wenn

- die Voraussetzungen des § 3 Nr. 63 EStG nicht vorliegen (z. B. reine Kapitalversicherungen) oder
- der Arbeitnehmer die weitere Anwendung der Pauschalierung nach § 40b EStG bis zum 30.6.2005 beantragt hat.

Vorteil der Pauschalierung ist, dass die spätere Kapitalauszahlung steuerfrei bleibt bzw. eine Rente nur mit dem Ertragsanteil zu versteuern ist.

Neuverträge

Die ab 1.1.2005 abgeschlossenen Verträge sind lohnsteuerlich nur noch begünstigt, wenn

- die späteren Versorgungsleistungen in Form einer lebenslangen Rente gezahlt werden und
- im Rahmen des ersten Dienstverhältnisses durch den Arbeitgeber für eine kapitalgedeckte Versicherung geleistet werden.

Die Beiträge des Arbeitgebers können nicht mehr pauschal besteuert werden. Stattdessen sind sie nach § 3 Nr. 63 EStG i. H. v. bis zu 4 % der Beitragsbemessungsgrenze (West: im Jahr 2012 4 % aus 69.600 € = 2.784 €) steuer- und sozialabgabenfrei.

Zum Ausgleich des Wegfalls der Pauschalbesteuerung für die gezahlten Beiträge wird der o. a. Höchstbetrag um 1.800 € erhöht, sodass bis zu 4.584 € steuerfrei bleiben. Der Erhöhungsbetrag gilt nicht für die Sozialversicherungsfreiheit. Höchstbetrag und Erhöhungsbetrag sind Jahresbeträge, die nicht zeitanteilig berücksichtigt werden.

Werden die Beiträge in Teilbeträgen (z. B. monatlich) geleistet, sind diese so lange steuerfrei, bis der für den

Arbeitnehmer maßgebende Höchstbetrag ausgeschöpft ist.

Aus Anlass der Beendigung des Dienstverhältnisses geleistete Beiträge sind steuerfrei, soweit sie 1.800 €, vervielfältigt mit der Zahl der Kalenderjahre, in denen das Dienstverhältnis des Arbeitnehmers mit dem Arbeitgeber bestanden hat, nicht übersteigen. Der vervielfältigte Betrag vermindert sich um die steuerfreien Beträge, die der Arbeitgeber in dem Kalenderjahr, in dem das Dienstverhältnis beendet wird, und in den sechs vorangegangenen Kalenderjahren erbracht hat. Kalenderjahre vor 2005 werden dabei sowohl bei der Ermittlung der zu vervielfältigenden als auch der zu kürzenden Jahre nicht berücksichtigt.

BEISPIEL

Ein Arbeitgeber leistet in den Jahren 2006 bis 2013 Beiträge für eine Direktversicherung zum Aufbau einer kapitalgedeckten betrieblichen Altersversorgung i. H. v. 6.400 € zugunsten eines Arbeitnehmers, der im Jahr 2013 nach zehnjähriger Betriebszugehörigkeit aus dem Dienstverhältnis ausscheidet. Anlässlich des Ausscheidens wird die betriebliche Altersversorgung aufgestockt. Der Arbeitgeber entrichtet zusätzliche Beiträge i. H. v. 9.000 €.

Die aus Anlass der Beendigung des Dienstverhältnisses geleisteten Beiträge sind i. H. v. 1.800 € × 8 = 14.400 € ./. 6.400 € = 8.000 € steuerfrei.

3 Gehaltsumwandlung

ACHTUNG

Der pflichtversicherte Arbeitnehmer kann von seinem Arbeitgeber verlangen, dass von seinen künftigen Entgeltansprüchen bis zu 4 % der Beitragsbemessungsgrenze in der gesetzlichen Rentenversicherung durch **Entgeltumwandlung** für seine Altersversorgung eingesetzt werden. Unabhängig davon können Teile der Bezüge freiwillig in Beiträge zu einer Direktversicherung umgewandelt werden.

Der Arbeitgeber zahlt dafür die Beiträge und die Lohnsteuer. Die Beiträge werden nicht zusätzlich zum Arbeitslohn geleistet. Sie werden aufgrund von Vereinbarungen mit dem Arbeitnehmer anstelle des geschuldeten Arbeitslohns erbracht. Nur der gekürzte Barlohn unterliegt dem Lohnsteuerabzug.

TIPP

Die Gehaltsumwandlung empfiehlt sich immer dann, wenn der Arbeitnehmer wegen der Sonderausgaben-Höchstbeträge seine Versicherungsbeiträge nicht mehr als Sonderausgaben abziehen kann.

4 Portabilität

Nach Beendigung des Arbeitsverhältnisses kann der Arbeitnehmer vom ehemaligen Arbeitgeber verlangen, dass eine unverfallbare Anwartschaft aus einem Pensionsfonds, einer Pensionskasse oder einer Direktversicherung auf den neuen Arbeitgeber übertragen wird, wenn dieser eine wertgleiche Zusage erteilt. Die Übertragung ist steuerfrei.

§ 3 Nr. 55 EStG

Doppelte Haushaltsführung

Wenn Sie aus beruflichen Gründen am Arbeitsort eine zweite Wohnung unterhalten, sind die Aufwendungen in Zusammenhang damit als Werbungskosten abzugsfähig.

§ 9 Abs. 1 Nr. 3 EStG, R 9.11 Abs. 5–11 LStR 2011

1 Arbeitnehmer mit eigenem Hausstand

Allgemeine Abzugsvoraussetzungen

- Sie haben einen eigenen Hausstand.
- Sie haben am Beschäftigungsort (bzw. in dessen Nähe) eine Zweitwohnung.
- Die doppelte Haushaltsführung ist beruflich veranlasst.

Eine doppelte Haushaltsführung liegt nicht vor, wenn die berufliche Beschäftigung als Auswärtstätigkeit anzusehen ist. Vertiefend siehe → Reisekosten.

BEISPIEL

Sie wohnen mit Ihrer Familie in Stuttgart. Anlässlich des Besuchs eines siebenmonatigen Lehrgangs in Köln nehmen Sie sich dort ein Zimmer und fahren am Wochenende nach Hause.

Während der gesamten Lehrgangsdauer liegt eine Auswärtstätigkeit vor, die zu einem höheren Werbungskostenabzug als Reisekosten führt.

Was versteht man unter einem „eigenen Hausstand"?

Ein eigener Hausstand setzt voraus:

- eine den Lebensbedürfnissen des Arbeitnehmers entsprechend eingerichtete Wohnung,
- ein Nutzungsrecht an der Wohnung als Eigentümer, Mieter, Untermieter, (auch bei Anmietung durch Ehegatten oder Lebensgefährten), wobei eine unentgeltliche Wohnungsüberlassung möglich ist,
- dass der Arbeitnehmer in dieser Wohnung tatsächlich einen eigenständigen Haushalt führt,
- dass die Wohnung den Lebensmittelpunkt des Arbeitnehmers darstellt.

Eigenständiger Haushalt

Entscheidend ist, dass der Arbeitnehmer in der Wohnung einen selbstständigen unabhängigen eigenen Haushalt führt, also durch seine persönliche und finanzielle Beteiligung die Haushaltsführung (Essen, Trinken, laufende Kosten) zumindest wesentlich beeinflusst. Keinen eigenen Hausstand hat jemand, der in einen fremden Haushalt eingegliedert ist. Für die Prüfung ist ohne Bedeutung, ob sich eine Person an den Kosten der Wohnung selbst (Miete, Nebenkosten) beteiligt. Einen eigenen Hausstand kann sogar unterhalten, wer die Mittel zur Haushaltsführung von einem Dritten erhält.

BFH, Urteil v. 28.3.2012, VI R 87/10

Zur Beurteilung sind stets die Gesamtumstände zu prüfen. Ein junger Mensch z. B., der nach seinem Schulabschluss eine Ausbildung begonnen hat, wird in der Regel noch in den Haushalt seiner Eltern eingegliedert sein, selbst wenn ihm im elterlichen Haus eigene Räume zur Verfügung stehen. Andererseits wird jemand, der zuvor in einer Beziehung, Ehe oder außerhalb des elterlichen Hauses gelebt hat, eher einen eigenen Hausstand führen, auch wenn er diesen in das Haus seiner Eltern (zurück)verlegt. Ein eigener Hausstand wird (von einem Kind) auch unterhalten, wenn die Wohnung im Rahmen eines Mehrgenerationenhaushalts (z. B. Eltern und erwachsene Kinder gemeinsam) geführt wird.

BFH, Urteil v. 26.7.2012, VI R 10/12

Es kann in solchen Fällen sogar passieren, dass die Eltern z. B. wegen Alter, Krankheit oder Pflegebedürftigkeit in den Haushalt des Kindes aufgenommen sind.

Diese Grundsätze gelten auch bei einer nicht ehelichen Lebensgemeinschaft.

FG Münster, Urteil v. 20.12.2011, 1 K 4150/08 E

Kein eigener Hausstand wird geführt, wenn eine Wohnung nur gelegentlich zu Besuchszwecken oder für Urlaubsaufenthalte bereitgehalten wird.

Bei einer Wohnung im Ausland ist es zusätzlich erforderlich, dass in der Wohnung während der Abwesenheit des Arbeitnehmers hauswirtschaftliches Leben herrscht, die Wohnung also (z. B. durch Angehörige) bewohnt ist.

R 9.11 Abs. 3 S. 3 u. 5 LStR 2011

TIPP

Sie sollten dem Finanzamt das Bestehen des eigenen Hausstands durch geeignete Beweismittel nachweisen können, z. B. durch einen Mietvertrag, eine länger zurückliegende Ummeldung bei der Stadtverwaltung, Nachweis über Möbelkäufe, Kostentragung etc. Wohnen Sie mit Ihrer Freundin bzw. Ihrem Freund im Haus der „Schwiegereltern“, muss eine eigene Wohnung vorhanden sein, in der ein Haushalt geführt werden kann.

Lebensmittelpunkt

Verheiratete haben ihren Lebensmittelpunkt regelmäßig am Wohnort der Familie. Dies wird ohne weitere Prüfung angenommen, wenn der Arbeitnehmer die Familienwohnung mindestens sechsmal pro Jahr aufsucht. Bei anderen Arbeitnehmern (z. B. Alleinstehenden) befindet sich der Lebensmittelpunkt an dem Wohnort, zu dem die engeren persönlichen Beziehungen bestehen. Solange die Wohnung durchschnittlich mindestens zweimal pro Monat aufgesucht wird, unterstellt die Finanzverwaltung, dass sich dort auch der Lebensmittelpunkt befindet.

Wohnt der Arbeitnehmer am Beschäftigungsort mit seiner Lebensgefährtin und einem gemeinsamen Kind, spricht dies dafür, dass sich in dieser Wohnung der Lebensmittelpunkt befindet.

Bei einer alleinstehenden Person, die ihre sozialen Kontakte im Wesentlichen auf ihre Familie beschränkt, kann sich auch nach Jahren der auswärtigen Aufenthalte der Lebensmittelpunkt nach wie vor am Wohnort der Familie befinden.

FG Saarland, Urteil v. 20.10.2009, 2 K 1128/07

Der Lebensmittelpunkt verlagert sich an den Beschäftigungsort, wenn der Arbeitnehmer dort mit seinem (Ehe-)Partner in eine familiengerechte Wohnung einzieht, auch wenn die frühere Familienwohnung beibehalten und zeitweise noch genutzt wird.

Bei einer Wohnung im Ausland muss der Arbeitnehmer mindestens eine Heimfahrt pro Jahr glaubhaft machen. Bei Wohnungen in weit entfernt liegenden Ländern, wie z. B. Australien oder Südostasien, reicht eine Heimfahrt innerhalb von zwei Jahren, wenn in der Zwischenzeit Kontakt gehalten (Telefonate, E-Mail, Briefe) und der Haushalt finanziell unterstützt wird.

Auswärtige Zweitwohnung

Bei der auswärtigen Zweitwohnung am Beschäftigungsort kann es sich um eine entgeltlich oder unentgeltlich überlassene Unterkunft (z. B. Wohnung, Hotelzimmer, Kaserne bei Soldaten, Gemeinschaftsunterkunft, Gleisbauzug, in dem Arbeitnehmer übernachten, Unterkunft an Bord bei Seeleuten und Binnenschiffern) handeln. Denkbar ist auch, dass sich die Unterkunft im Eigentum des Arbeitnehmers befindet. Wie oft er dort übernachtet, ist unerheblich.

TIPP

Auch die Anmietung einer Wohnung vom Ehegatten im Rahmen einer doppelten Haushaltsführung wird steuerlich anerkannt, wenn das Mietverhältnis tatsächlich wie vereinbart durchgeführt wird.

BFH, Urteil v. 11.3.2003, IX R 55/01

Hier ergibt sich ein doppelter steuerlicher Vorteil: Der eine Ehegatte kann die Kosten der Wohnung als Werbungskosten zu den Lohneinkünften geltend machen, der andere Ehegatte erreicht über den Kostenabzug, z. B. durch eine verbilligte Überlassung, einen steuerlichen Verlust aus Vermietung und Verpachtung. Vertiefend siehe → Vermietung/Immobilien.

Es ist entgegen dem Gesetzeswortlaut nicht notwendig, dass sich die Zweitunterkunft am Beschäftigungsort befindet. Vielmehr ist ausreichend, dass der Arbeitnehmer von der Zweitwohnung aus, ungeachtet von Gemeinde- oder Landesgrenzen seine Arbeitsstätte täglich aufsuchen kann. Sowohl eine Entfernung von 100 km oder eine einfache Fahrzeit von über einer Stunde zur Arbeitsstätte wird anerkannt.

BFH, Urteil v. 19.4.2012, VI R 59/11

Berufliche Veranlassung

Das Beziehen einer Zweitwohnung in der Nähe des auswärtigen Beschäftigungsorts ist z. B. in folgenden Fällen beruflich veranlasst:

- Versetzung an einen neuen Beschäftigungsort,
- Wechsel zu einem neuen Arbeitgeber,
- erstmalige Aufnahme einer Beschäftigung, z. B. nach einem Studium oder einer Umschulung außerhalb des Wohnorts,
- Wiederaufnahme einer Berufstätigkeit nach längerer Unterbrechung.

FG Köln, Urteil v. 11.12.2008, 15 K 3336/08

Ohne Bedeutung ist, ob die Zweitwohnung sofort (z. B. zum Zeitpunkt der Versetzung) oder nachträglich (z. B. ein Jahr nach der Versetzung) bezogen wird.

Wenn die auswärtige Zweitwohnung zu einem späteren Zeitpunkt nicht mehr aus beruflichen, sondern aus privaten Gründen beibehalten wird, ist dies unschädlich.

Auch wenn ein Steuerpflichtiger seinen Haupthausstand aus privaten Gründen vom Beschäftigungsort wegverlegt und er dabei in einer Wohnung am Beschäftigungsort einen Zweithaushalt begründet, um von dort seiner bisherigen Beschäftigung weiter nachgehen zu können, liegt eine doppelte Haushaltsführung vor (Wegzugsfälle). Dies gilt auch, wenn er die bisherige Wohnung am Arbeitsort beibehält.

BMF, Schreiben v. 10.12.2009, IV C 5, S 2352/0;

BFH, Urteil v. 5.3.2009, VI R 23/07 und BFH, Urteil v. 5.3.2009, VI R 58/06

Der Abzug ist dagegen nicht möglich, wenn bereits zum Zeitpunkt der Wegverlegung des Hausstands (z. B. in eine Ferienwohnung über die Sommerzeit) ein Rückumzug an den Beschäftigungsort geplant ist oder feststeht.

BEISPIEL

Die Ehegatten A und E haben ihren Hauptwohnsitz in S-Stadt, wo A auch berufstätig ist. Nach der Geburt des Kindes verlegen sie den Familienwohnsitz aus privaten Gründen nach P-Dorf. A arbeitet weiterhin in S-Stadt und

a) bezieht dort eine kleinere Wohnung,

b) behält die bisherige Familienwohnung als Zweitwohnung bei.

Obwohl der Wegzug vom Arbeitsort aus privaten Gründen erfolgte, erkennt der BFH in beiden Fällen an, dass die Wohnung in S-Stadt wegen der Berufstätigkeit und damit beruflich bedingt unterhalten wird.

Heirat

Auch wenn die doppelte Haushaltsführung in Zusammenhang mit einer Heirat erfolgt, ist eine berufliche Veranlassung möglich.

BEISPIEL

A und B waren vor der Heirat an verschiedenen Orten tätig (A in X-Stadt, B in Y-Dorf) und haben dort gewohnt. Nach der Hochzeit

a) machen die Eheleute die Wohnung in X-Stadt zur Familienwohnung und B behält die Wohnung in Y-Dorf bei,

b) behalten beide ihre Wohnungen am jeweiligen Arbeitsort und gründen in Z-Stadt einen neuen gemeinsamen Hausstand.

In Fall a) hat B eine beruflich veranlasste doppelte Haushaltsführung. Dasselbe gilt auch, wenn einer der beiden Ehegatten nicht berufstätig wäre, solange nicht der eigene Hausstand, sondern die Zweitwohnung sich am Ort der Tätigkeit befindet.

In Fall b) haben beide Ehegatten eine eigene Zweitwohnung am jeweiligen Beschäftigungsort und können jeweils getrennt die Kosten einer beruflich veranlassten doppelten Haushaltsführung geltend machen.

Trennung vom Ehegatten

Wenn nach einer Trennung die bisherige Zweitwohnung die einzige Wohnung des Arbeitnehmers darstellt, endet die doppelte Haushaltsführung.

Bezieht der Arbeitnehmer im Rahmen der Trennung eine in der Nähe des Beschäftigungsorts befindliche Wohnung, liegt von Anfang an keine doppelte Haushaltsführung vor. Mit der Trennung wird der bisherige Familienhaushalt in zwei Einzelhaushalte aufgesplittet.

Zieht der Beschäftigte allerdings aus der ehelichen Wohnung aus, um im selben Wohnort eine andere Wohnung zu beziehen, z. B. bei einer neuen Lebensgefährtin, hat eine vorhandene doppelte Haushaltsführung weiterhin Bestand. Es kommt nach Ansicht des BFH nicht darauf an, ob (auch) persönliche Gründe vorliegen, von einer vollständigen Übersiedlung an den Beschäftigungsort abzusehen.

BFH, Urteil v. 4.4.2006,VI R 11/02

2 Abzugsfähige Kosten

Die nachfolgend aufgeführten Kosten können steuerlich abgesetzt werden:

- Fahrtkosten für wöchentliche Heimfahrten,
- Verpflegungspauschale (maximal für drei Monate),
- Kosten der auswärtigen Unterkunft/ Kfz-Stellplatz,
- Kosten der notwendigen und angemessenen Einrichtung der auswärtigen Unterkunft,
- Umzugskosten.

Die Kosten (insbesondere Pauschalen für Verpflegung) sind auch dann abzugsfähig, wenn dem Steuerpflichtigen nur ein geringer Betrag für die eigene Lebenshaltung verbleibt.

BFH, Urteil v. 4.4.2006, VI R 44/03

Fahrtkosten/Telefonkosten

Für die erste Fahrt zu Beginn der doppelten Haushaltsführung und die letzte

Fahrt bei Beendigung der doppelten Haushaltsführung sind die tatsächlichen Kosten (bei Kfz-Nutzung ohne Nachweis 0,30 € je gefahrenen km) abzugsfähig. Für **eine** tatsächlich durchgeführte Fahrt wöchentlich zwischen dem eigenen Hausstand und der auswärtigen Unterkunft kann je Entfernungskilometer die Entfernungspauschale von 0,30 €/Entfernungskilometer abgesetzt werden.

- Konnten Sie aus beruflichen Gründen keine Heimfahrt unternehmen und hat Sie stattdessen Ihr Ehepartner besucht, sind dessen Fahrtkosten als Werbungskosten abzugsfähig. Das gilt jedoch nicht, wenn Sie die Heimfahrt aus privaten Gründen unterlassen (BFH, Urteil v. 2.2.2011, VI R 15/10).
- Ereignet sich auf der wöchentlichen Heimfahrt ein Unfall, sind die entstandenen Aufwendungen (zusätzlich) abzugsfähig. Dasselbe gilt, wenn Sie Ihr Ehepartner mit dem Pkw zum Bahnhof gebracht hat und auf der Heimfahrt ein Unfall passiert.

Kein Abzug von Fahrtkosten ist möglich, wenn die Familienheimfahrten mit einem vom Arbeitgeber unentgeltlich überlassenen Fahrzeug gemacht werden. Vertiefend siehe → Dienstwagen/ Firmenwagen.

Telefonkosten

Haben Sie keine Familienheimfahrt durchgeführt, können Sie stattdessen die Kosten für tatsächlich geführte Telefonate (Gebühren für insgesamt bis zu 15 Minuten wöchentlich) geltend machen.

Verpflegungspauschale

Für die ersten drei Monate ab Beginn der doppelten Haushaltsführung (Bezug der Zweitwohnung) können Sie für jeden Tag an dem sie vom eigenen Hausstand abwesend sind, je nach (täglicher) Abwesenheitsdauer, geltend machen:

Abwesenheitsdauer von der (Erst-)Wohnung	Pauschbetrag
weniger als 8 Stunden	0 €
mindestens 8 Stunden	6 €
mindestens 14 Stunden	12 €
mindestens 24 Stunden	24 €

BEISPIEL

Sie haben am 1.11.2012 auswärts eine Arbeitsstelle angetreten und in diesem Zusammenhang eine doppelte Haushaltsführung begründet. Im Januar 2013 sind Sie vier Wochen an der auswärtigen Arbeitsstätte beschäftigt und verlassen die Familienwohnung jeweils montags um 6 Uhr und kehren freitags um 18 Uhr zurück.

Der Dreimonatszeitraum endet am 31.1.2013, sodass die Verpflegungspauschale nur noch für den Januar möglich ist. Für die Montage und Freitage beträgt sie jeweils 12 € (Abwesenheit 18 Stunden) und für Dienstag bis Donnerstag jeweils 24 € (Abwesenheit je 24 Stunden), sodass insgesamt 384 € (4 × 2 Tage × 12 € + 4 × 3 Tage × 24 €) abziehbar sind.

Urlaub und Krankheit führen zu keiner Verlängerung der Dreimonatsfrist. Nach Ablauf der Dreimonatsfrist ist kein Abzug von Verpflegungsmehraufwendungen mehr möglich.

In den Wegzugsfällen (Verlegung des Familienhausstands weg vom Arbeitsort) können keine Verpflegungsmehraufwendungen geltend gemacht werden, wenn die Familie zuvor länger als drei Monate am Arbeitsort gewohnt hat.

Bei Arbeitnehmern, die in regelmäßigen Abständen immer wieder dieselbe Tätigkeitsstätte aufsuchen (z. B. Kundendiensttechniker, Saisonarbeitskräfte), beginnt jeweils wieder eine neue Dreimonatsfrist.

BFH, Urteil v. 8.7.2010, VI R 10/08 und BFH, Urteil v. 8.7.2010 VI. R 11/08

Beendet der Arbeitnehmer die doppelte Haushaltsführung z. B. durch Beendigung eines Arbeitsverhältnisses und nimmt er diese später an gleicher Stelle (z. B. neues Arbeitsverhältnis) wieder auf, beginnt ein neuer Dreimonatszeitraum. Das gilt auch, wenn die Wohnung in der Zwischenzeit beibehalten, aber nicht genutzt hat.

BFH, Urteil v. 8.7.2010, VI R 15/09

Kosten der Zweitwohnung/des Kfz-Stellplatzes

Abzugsfähig sind nur die tatsächlich angefallenen und nachgewiesenen Aufwendungen für die auswärtige Unterkunft, beschränkt auf die notwendigen, nicht überhöhten Kosten. Dies sind die ortsüblichen Ausgaben (Warmmiete einschl. Nebenkosten) für eine nach Lage und Ausstattung durchschnittliche 60 m^2 große Wohnung.

BFH, Urteil v. 9.8.2007, VI R 23/05

Diese Flächenbegrenzung kann weder mit der Begründung überschritten werden, dass ein Mangel an kleineren Wohnungen herrsche, noch dass die Wohnungswahl eilbedürftig war.

Befindet sich in der Wohnung ein häusliches Arbeitszimmer, ist der Kostenabzug für das Zimmer gesondert von dem privaten Wohnraum nach den allgemeinen Regelungen für Arbeitszimmer zu prüfen. Vertiefend siehe → Arbeitszimmer.

BFH, Urteil v. 9.8.2007, VI R 10/06

Gehört Ihnen die am Beschäftigungsort unterhaltene Wohnung, können Sie die gesamten Kosten (Gebäudeabschreibung, Schuldzinsen, Grundsteuer, Gebäudeversicherungen, Hausverwaltung, Reparaturen, Strom, Gas, Wasser, Müllabfuhr, Zweitwohnungsteuer und sonstige Hausunkosten) abziehen, allerdings nur bis zur Höhe der Ausgaben für eine 60 m^2 große Mietwohnung.

Zusätzlich abzugsfähig sind die Kosten für einen **Kfz-Stellplatz** oder eine Garage, wenn die Anmietung notwendig (z. B. knapper Parkraum, große Diebstahlgefahr) ist.

BFH, Urteil v. 13.11.2012, VI R 50/11

Kosten der Einrichtung

Aufwendungen für die notwendigen Einrichtungsgegenstände der auswärtigen Wohnung sind Werbungskosten, soweit sie angemessen sind. Dazu gehört z. B. eine Küche mit Kochausstattung und Geschirr, Essplatz (Tisch, Stühle), Schlafzimmereinrichtung (Bett, Kleiderschrank), Lampen, Sitzmöbel, Teppiche, Badezimmereinrichtung.

Aufwendungen für exklusive Einrichtungsgegenstände (z. B. Orientteppich, Designermöbel, wertvolle Bilder, hochwertige HiFi-Anlagen und Großfernseher) sind nicht abzugsfähig.

Soweit die Einrichtungsgegenstände einschließlich USt 487,90 € überschreiten, ist ein Abzug nur über die Abschreibung (AfA) möglich. Bei Ende der doppelten Haushaltsführung noch nicht abgesetzte AfA für Möbel ist nicht mehr abzugsfähig. Vertiefend siehe → Abschreibungen/Arbeitsmittel.

Umzugskosten

Zu den notwendigen abzugsfähigen Kosten gehören die durch das Beziehen oder die Aufgabe der Zweitwohnung verursachten Umzugskosten. Dazu zählen auch die Kosten für die Renovierung der Zweitwohnung. Bei Umzugskosten in Zusammenhang mit einer doppelten Haushaltsführung ist stets der Nachweis der Kosten notwendig, weil anders als bei „normalen" beruflich veranlassten Umzugskosten Pauschalen, z. B. für die sonstigen Umzugskosten, (Umzugskostenpauschale) hier nicht zulässig sind. Abzugsfähig sind neben den Kosten des Umzugs auch die Kosten in Zusammenhang mit der Wohnungssuche (Abzug wie Reisekosten) sowie die Kosten der Renovierung der Zweitwohnung. Wird die Zweitwohnung mit Beendigung der doppelten Haushaltsführung aufgelöst, zählen die anfallenden Aufwendungen für den Rückumzug einschließlich Renovierung der Zweitwohnung ebenfalls zu den Werbungskosten. Vertiefend siehe → Umzugskosten.

In den Wegzugsfällen (Verlegung des Familienhausstands bzw. Lebensmittelpunkts weg vom Arbeitsort) können keine Umzugskosten geltend gemacht werden, weil der Umzug hier privat veranlasst ist.

Wahlrecht

Wenn Sie häufiger als einmal wöchentlich zum eigenen Hausstand fahren, haben Sie ein Wahlrecht:

Möglichkeit 1

- Abzug einer wöchentlichen Heimfahrt/Telefonkosten,
- Abzug der Verpflegungspauschale,
- Abzug der Unterkunftskosten/Stellplatz,
- Abzug der Kosten der Einrichtung,
- Abzug der Umzugskosten.

Möglichkeit 2

- Abzug **aller** tatsächlich durchgeführten Familienheimfahrten mit der Entfernungspauschale vergleichbar den Fahrten zwischen Wohnung und Arbeitsstätte. Dann können aber keine weiteren Aufwendungen (Kosten der Unterkunft etc.) abgezogen werden.

Die Fahrten von der auswärtigen Unterkunft zur Arbeitsstätte sind in beiden Fällen zusätzlich abzugsfähig. Vertiefend siehe → Entfernungspauschale.

3 Arbeitnehmer ohne eigenen Hausstand

Eine doppelte Haushaltsführung liegt nur vor, wenn zwei Haushalte unterhalten werden. Deshalb können Arbeitnehmer ohne eigenen Hausstand keine Aufwendungen für eine doppelte Haushaltsführung geltend machen.

TIPP

Alle Heimfahrten zum bisherigen Wohnort können jedoch als Fahrten zwischen Wohnung und Arbeitsstätte mit 0,30 €/Entfernungskilometer (Entfernungspauschale) steuerlich geltend gemacht werden, wenn sich am bisherigen Wohnort weiterhin der Lebensmittelpunkt befindet.

4 Neuregelung ab 2014

Als Konsequenz aus der geänderten Rechtsprechung des BFH wurde die gesetzliche Vorschrift zur doppelten Haushaltsführung ab 2014 neu geregelt (§ 9 (1) S. 3 Nr. 5 EStG 2014).

Der **eigene Hausstand** ist jetzt direkt im Gesetz als „das Innehaben einer Wohnung sowie eine finanzielle Beteiligung an den Kosten der Lebensführung" definiert. Damit wird die derzeitige Rechtslage ins Gesetz übernommen.

Der Abzug von **Unterkunftskosten** ist unabhängig von der Größe der Wohnung und der ortsüblichen Miete mit den tatsächlichen Kosten möglich, aber auf höchstens 1.000 € monatlich begrenzt. Damit sind alle Aufwendungen für die Unterkunft (Miete, Nebenkosten, Kfz-Stellplatz) abgegolten. Der Abzug der anderen Kosten bleibt im bisherigen Umfang bestehen.

Von einer Zweitunterkunft am Ort der ersten Tätigkeitsstätte (bisher regelmäßige Arbeitsstätte) kann noch ausgegangen werden, wenn der Weg von der Zweitunterkunft zur Tätigkeitsstätte weniger als die Hälfte der Wegstrecke zum eigenen Hausstand beträgt.

Ehrenamt

Viele Steuerpflichtige sind ehrenamtlich z.B. als Übungsleiter, Vereinsvorstand oder im Stadtrat tätig und erhalten hierfür eine kleine Vergütung. Wir zeigen Ihnen, wie Sie steuerlich am Günstigsten fahren.

§§ 4, 9, 19, 15, 18 EStG

TIPP

Die Freibeträge wurden ab 2013 erhöht! Die Freibeträge nach § 3 Nr. 26 EStG und § 3 Nr. 26b EStG betragen nunmehr 2.400 € (bisher 2.100 €), nach § 3 Nr. 26a EStG wurde von 500 € auf 720 € erhöht.

Es gibt Stimmen, die der Auffassung sind, dass u. U. auch schon eine Anwendung vor 2013 in Betracht käme. Wenn Ihre Einkommensteuerbescheide für 2012 oder früher noch nicht endgültig ergangen sind, könnten Sie sich auf die allgemeinen Anwendungsvorschriften des § 52 Abs. 1 EStG berufen. Ob ein solcher Antrag Aussicht auf Erfolg hat, bleibt abzuwarten.

1 Steuerbefreiung für Übungsleiter, Ausbilder, Erzieher

Nebenberufliche Tätigkeiten bleiben bis zu 2.400 € pro Jahr steuerfrei, § 3 Nr. 26 EStG, wenn folgende Voraussetzungen erfüllt sind:

- Art der (nebenberuflichen) Tätigkeit

  Insbesondere Übungsleiter, Ausbilder, Erzieher, oder künstlerische Tätigkeit.

HINWEIS

Für Betreuer oder Pfleger gilt ab 2011 die Befreiung nach § 3 Nr. 26b EStG. Vertiefend siehe Punkt 3.

- Für wen erfolgt die Tätigkeit?

  Die Tätigkeit erfolgt im Dienst bzw. Auftrag einer inländischen juristischen Person des öffentlichen Rechts oder einer gemeinnützigen, mildtätigen oder kirchlichen Zwecken dienenden Einrichtung. Es handelt sich somit insbesondere um Tätigkeiten für die Kammern (z. B. IHK, Steuerberaterkammer, Sparkassenverbände, Kirchen, Universitäten, Volkshochschulen, gemeinnützige Vereine, Wohlfahrtsverbände).

TIPP

Sind Sie für eine vergleichbare Organisation im Ausland tätig, steht Ihnen der Steuerfreibetrag auch zu.

BFH, Urteil v. 22.7.2008, VIII R 101/02

Nachfolgend haben wir einige Beispiele aus der Praxis aufgelistet:

Ärzte im Behinderten- und Koronar-Sport, Ausbilder

Chorleiter

Dirigent

Erste-Hilfe-Ausbilder

Fahrer und Beifahrer im Behindertenfahrdienst (OFD Koblenz, 8.5.2008, S 2121 A – St 32 2)

Feuerwehrangehörige, die ausbildend tätig werden

Fortbildungstätigkeit für die Anwalts- oder Ärztekammer

Jugendwart

Kinderbetreuer, Kirchenmusiker

Lehrtätigkeit

Mannschaftsbetreuer

Prüfungsausschussmitglieder

Sanitäts- und Rettungsdienst, Schwimmlehrer, Sportwart

Stadtführer

Telefonseelsorger

Trainer (allerdings nicht Tiertrainer)

Unterrichtstätigkeit (z. B. IHK)

Vortragstätigkeit z. B. an Volkshochschulen

Weitere Beispiele und Hinweise siehe z. B. Bayerisches Landesamt für Steuern, Urteil v. 8.9.2011, S. 2121.1.1-1/33 St32

Nicht begünstigt ist z. B. die Tätigkeit als Büttenredner, Hausmeister, Hallen-, Geräte- und Platzwart, Putzfrau, Vorstandsmitglied, Mahlzeitendienst von karitativen Verbänden, Verbandsfunktionär, Helfer bei Wohlfahrtsorganisationen, Tätigkeiten für Gewerkschaften, Arbeitgeberverbänden und Parteien.

TIPP

Eine **nebenberufliche Tätigkeit** liegt vor, wenn diese nicht mehr als 1/3 der Arbeitszeit eines vergleichbaren Vollzeiterwerbs in Anspruch nimmt. Auf die Höhe der Vergütung kommt es hierbei nicht an. Es ist nicht erforderlich, dass Sie noch eine andere (Haupt-)Tätigkeit ausüben, sodass z. B. auch Rentner, Studenten, Hausfrauen, Arbeitslose oder Vermieter eine nebenberufliche Tätigkeit ausüben können.

TIPP

Erhalten Sie den Freibetrag nach § 3 Nr. 26 EStG nicht, sollten Sie prüfen, ob Sie die Voraussetzung für den Freibetrag nach § 3 Nr. 26a EStG erfüllen.

WICHTIG

Die nach § 3 Nr. 26 EStG steuerfreien Einnahmen sind auch sozialversicherungsfrei, § 14 SGB IV.

TIPP

Noch günstiger ist es, wenn Sie die Tätigkeit als Arbeitnehmer auf Lohnsteuerkarte ausüben. Dann bleiben weitere 1.000 € (Arbeitnehmerfreibetrag) steuerfrei.

Wenn Sie mehrere begünstigte Nebentätigkeiten ausüben, erhalten Sie den Freibetrag nur einmal pro Jahr.

BEISPIEL

Sie trainieren die A-Jugend des örtlichen Fußballvereins und erhalten dafür im Jahr pauschal 2.800 €.

Von den 2.800 € bleiben 2.400 € steuerfrei. Die übersteigenden 400 € müssen versteuert werden. Ein Abzug von Aufwendungen ist nicht möglich, da diese mit dem Abzug des steuerfreien Betrags abgegolten sind. Wenn Ihre Aufwendungen mehr als 2.400 € betragen, können Sie diese anstelle des Freibetrags abziehen.

TIPP

Nach bisheriger Auffassung der FinV war ein Abzug von tatsächlich angefallenen Kosten nur möglich, wenn Einnahmen und Kosten 2.400 € übersteigen. Dem hat das FG Rheinland-Pfalz widersprochen. Verluste, die bei Ausübung einer sog. Übungsleitertätigkeit entstehen, sind auch dann steuerlich abzugsfähig, wenn die Einnahmen den steuerfreien Betrag nicht übersteigen.

FG Rheinland-Pfalz v. 25.5.2011, 2 K 1996/10

Je nach Höhe der anfallenden Aufwendungen können sich z. B. folgende Fallkonstellationen ergeben:

Einnahmen €	Ausgaben €	Steuerlich werden erfasst €
1.250	0	0
	1.500	./. 250
	2.000	./. 750
2.500	0	100
	1.000	100
	3.000	./. 500
3.000	0	600
	1.000	600
	2.500	100
	3.500	./. 500

Das gilt auch für Tätigkeiten, für die andere Freibeträge (z. B. Freibetrag für Einnahmen aus sonstigen nebenberuflichen Tätigkeiten oder für ehrenamtliche Vormünder, Pfleger oder Betreuer) gewährt werden.

Tätigkeit für denselben Arbeitgeber

Eine weitere Beschäftigung für denselben Arbeitgeber ist nur dann als Nebentätigkeit anzusehen, wenn zwischen beiden Tätigkeiten kein unmittelbarer Zusammenhang besteht. Ein (schädlicher) Zusammenhang kann angenommen werden, wenn beide Tätigkeiten gleichartig sind, der Steuerpflichtige mit der Nebentätigkeit eine ihm aus seinem Dienstverhältnis – faktisch oder rechtlich – obliegende Nebenpflicht erfüllt oder auch in der zusätzlichen Tätigkeit der Weisung und Kontrolle des Dienstherrn unterliegt.

FG Düsseldorf, Urteil v. 29.2.2012, 7 K 4364/10 L

2 Freibetrag für Einnahmen aus nebenberuflichen Tätigkeiten

Der Freibetrag des § 3 Nr. 26a EStG begünstigt Einnahmen aus nebenberuflichen Tätigkeiten im gemeinnützigen, mildtätigen oder kirchlichen Bereich von bis zu 720 € im Jahr.

TIPP

Die „Ehrenamtspauschale“ können z. B. geltend machen:

- Vorstandsmitglieder,
- Eltern, die Fahrdienste im Sportverein verrichten,
- Reinigungspersonal oder Platzwart und
- ehrenamtliche Schiedsrichter im Amateursport.

Zahlungen an Mitglieder dürfen nicht unangemessen hoch sein, das heißt höchstens den Zahlungen an Nichtmitglieder entsprechen. Dem Vorstand dürfen Vergütungen nur gezahlt werden, wenn die Satzung eine Bezahlung zulässt.

Sollen höhere tatsächliche Betriebsausgaben oder Werbungskosten geltend gemacht werden, müssen diese nachgewiesen werden.

Die Inanspruchnahme der Aufwandspauschale schließt die Aufwandsentschädigung aus öffentlichen Kassen und auch den Übungsleiterfreibetrag aus.

TIPP

Allerdings können Sie sowohl den Freibetrag für nebenberufliche Tätigkeiten im gemeinnützigen, mildtätigen oder kirchlichen Bereich und den Übungsleiterfreibetrag für zwei verschiedene Tätigkeiten erhalten.

BEISPIEL

A ist als Jugendtrainer für den örtlichen Sportverein tätig. Hierfür erhält er 2.000 € jährlich. Für seine Tätigkeit als Buchhalter der Kirchengemeinde erhält er 400 € Aufwandsentschädigung jährlich.

Für die Jugendtrainertätigkeit kann A die Regelung des § 3 Nr. 26 EStG (Übungsleiterfreibetrag) in Anspruch nehmen. Die andere Tätigkeit ist nach § 3 Nr. 26a EStG begünstigt.

3 Freibetrag ehrenamtlicher Vormünder, Pfleger oder Betreuer

TIPP

Für Personen, die ehrenamtlich als Vormund, Pfleger oder Betreuer tätig sind und eine Aufwandsentschädigungen nach § 1835a BGB erhalten, gibt es einen Freibetrag von bis zu 2.400 €, § 3 Nr. 26b EStG.

Auf diesen Freibetrag sind allerdings daneben erzielte Einnahmen i. S. d. § 3 Nr. 26 EStG aus ehrenamtlicher Tätigkeit als Übungsleiter, Ausbilder, Erzieher oder einer vergleichbaren nebenberuflichen Tätigkeiten bzw. als Künstler oder Pflegekraft anzurechnen. Das bedeutet, dass für alle in § 3 Nr. 26 und Nr. 26b genannten Tätigkeiten insgesamt nur ein Freibetrag von 2.400 € gilt.

Kann der Steuerfreibetrag nicht in Anspruch genommen werden, können Betriebsausgaben von 25 % der Einnahmen pauschal von den Einnahmen abgezogen werden, soweit keine höheren Ausgaben nachgewiesen werden können.

FinMin Niedersachsen, Schreiben v. 10.12.2010, S 2121/43/3341

4 Ratsmitglieder und andere ehrenamtliche Tätigkeiten

Unter engen Voraussetzungen sind Aufwandsentschädigungen nach § 3 Nr. 12 EStG steuerfrei:

- wenn es sich um aus einer Bundes- oder Landeskasse gezahlte Bezüge handelt, die gesetzlich als Aufwandsentschädigung gezahlt und im Haushaltsplan ausgewiesen werden, § 3 Nr. 12 S. 1 EStG;
- wenn es sich um andere Bezüge handelt, die als Aufwandsentschädigung aus öffentlichen Kassen an öffentliche Dienste leistende Personen gezahlt werden, soweit nicht festgestellt wird, dass sie für Verdienstausfall oder Zeitverlust gewährt werden oder den Aufwand, der dem Empfänger erwächst, offenbar übersteigen, § 3 Nr. 12 S. 2 EStG.

TIPP

Damit der steuerfreie Betrag für Aufwandsentschädigungen aus öffentlichen Kassen wieder dem Betrag der Übungsleiterpauschale in § 3 Nr. 26 EStG entspricht, ist dieser in R 3.12 Abs. 3 genannte Betrag ab 2013 von 175 € auf 200 € erhöht worden.

Die meisten Bundesländer wenden untereinander abgestimmte Regelungen an, die pauschale Entschädigungen und Sitzungsgelder für ehrenamtliche Mitglieder eines Gemeinderates (Ratsmitglieder) bis zur folgenden Höhe steuerfrei belassen:

In einer Gemeinde oder Stadt mit bis zu	monatlich	jährlich
20.000 Einwohnern	104 €	1.248 €
50.000 Einwohnern	166 €	1.992 €
150.000 Einwohnern	204 €	2.448 €
bis 450.000 Einwohnern	256 €	3.072 €
mehr als 450.000 Einwohnern	306 €	3.672 €

mind. i.H.d. in R 3.12 Abs. 3 der LStR 2011 genannten Betrages von 200 € (bis 2012: 175 €) monatlich.

Für ehrenamtliche Mitglieder eines Kreistages gelten folgende Freibeträge:

In einem Landkreis mit	monatlich	jährlich
höchstens 250.000 Einwohnern	204 €	2.448 €
mehr als 250.000 Einwohnern	256 €	3.072 €

Liegen keine besonderen länderspezifische Regelungen vor, gelten die R 3.12 Abs. 3 bis 5 LStR:

- Ist die Aufwandsentschädigung durch Gesetz oder Rechtsverordnung geregelt, sind bei ehrenamtlich tätigen Personen 1/3 der gewährten Aufwandsentschädigung, monatlich aber mind. 200 € (bis 2012: 175 €) steuerfrei.
- Beruht die Zahlung nicht auf Gesetz oder Rechtsverordnung, kann in der Regel ohne weiteren Nachweis ein steuerlich anzuerkennender Aufwand von 200 € (bis 2012: 175 €) monatlich angenommen werden, höchstens aber der tatsächlich geleistete Betrag.

Bei einer gelegentlichen ehrenamtlichen Tätigkeit sind die steuerfreien monatlichen Mindest- und Höchstbeträge für einen Monat zu gewähren.

Soweit der steuerfreie Monatsbetrag von 200 € (bis 2012: 175 €) nicht ausgeschöpft wird, ist eine Übertragung in andere Monate desselben Kalenderjahres für diese Tätigkeit möglich.

Hat der Stpfl. höhere Betriebsausgaben bzw. Werbungskosten, muss er diese nachweisen. Der die Aufwandsentschädigung übersteigende Betrag ist dann als Werbungskosten oder Betriebsausgaben abziehbar.

Die Beträge, die nicht steuerfrei sind, müssen als Einkünfte aus „sonstiger selbstständiger Arbeit", § 18 Abs. 1 Nr. 3 EStG, versteuert werden.

Nur gelegentliche Tätigkeiten (z. B. im Rahmen der Zensusbefragung) fallen unter die sonstigen Einkünfte i. S. d. § 22 Nr. 3 EStG. Hierbei ist zu beachten, dass Einkünfte (d. h. die um Kosten geminderten Einnahmen) nach § 22 Nr. 3 EStG nicht einkommensteuerpflichtig sind, wenn sie weniger als 256 € im Kalenderjahr betragen haben.

5 Umsatzsteuer

Die ehrenamtliche Tätigkeit ist bei der Umsatzsteuer steuerfrei, wenn

1. sie für juristische Personen des öffentlichen Rechts ausgeübt wird oder
2. das Entgelt für diese Tätigkeit nur in Auslagenersatz und einer angemessenen Entschädigung für Zeitversäumnis besteht.

Begünstigt sind nur Tätigkeiten, die in einem anderen Gesetz als dem UStG ausdrücklich als ehrenamtlich bezeichnet werden, die man im allgemeinen Sprachgebrauch herkömmlicher Weise als ehrenamtlich bezeichnet oder die vom materiellen Begriff der Ehrenamtlichkeit umfasst werden. Das setzt voraus, dass die Tätigkeit für eine fremdnützig bestimmte Einrichtung ausgeübt wird und weder dem eigenen Erwerb dient noch hauptberuflich erfolgt.

BMF, Urteil v. 27.3.2013,IV D 3 – S 7185/09/10001-04

Damit sind z. B. Tätigkeiten in Gremien der Sparkassen oder sparkassennahen Einrichtungen nicht umsatzsteuerbefreit, da das Sparkassengesetz die Ehrenamtlichkeit nicht ausdrücklich regelt.

BayLfSt, Urteil v. 17.1.2013 – S 7185.1.1-2/4 St33

Angemessenheit

Abschnitt 4.26.1 Abs. 4 des Umsatzsteuer-Anwendungserlasses regelt, dass eine Entschädigung in Höhe von bis zu 50 € je Tätigkeitsstunde regelmäßig als angemessen anzusehen ist, sofern die Vergütung für die gesamten ehrenamtlichen Tätigkeiten den Betrag von 17.500 € im Jahr nicht übersteigt. In diese Beträge ist ein Auslagenersatz, der für tatsächlich entstandene und nachgewiesene Aufwendungen erfolgt, nicht einzubeziehen.

Ansonsten ist die Angemessenheit nach den Verhältnissen des Einzelfalls zu beurteilen.

Zeitaufwand

Der tatsächliche Zeitaufwand ist nachvollziehbar zu dokumentieren. Eine vom tatsächlichen Zeitaufwand unabhängige z.B. laufend gezahlte pauschale bzw. monatliche oder jährlich laufend gezahlte pauschale Vergütung führt zur Nichtanwendbarkeit der Befreiungsvorschrift mit der Folge, dass sämtliche für diese Tätigkeit gezahlten Vergütungen – auch soweit sie daneben in Auslagenersatz oder einer Entschädigung für Zeitaufwand bestehen – der Umsatzsteuer unterliegen.

Diese Regelung ist für denjenigen von besonderem Interesse, der ohnehin als Unternehmer anzusehen ist.

TIPP

Die Steuerpflicht kann vermieden werden, wenn z.B. die Satzung oder der Vorstandsbeschluss zwar eine Pauschale vorsieht, aber zugleich vereinbart ist, dass durchschnittlich eine bestimmte Anzahl an Stunden geleistet werden muss und die Betragsgrenzen nicht überschritten werden. Der tatsächliche Zeitaufwand muss dann glaubhaft gemacht werden.

Ohne weitere Prüfung kann die Steuerbefreiung gewährt werden, wenn der Jahresgesamtbetrag der Entschädigungen den Freibetrag nach § 3 Nr. 26 EStG (2.400 €) nicht übersteigt.

BEISPIEL

U ist selbstständiger Rechtsanwalt und Mitglied des Stadtrates.

Beide Tätigkeiten gehören zum Umfang seines Unternehmens. Wenn keine Steuerbefreiung vorliegt, sind auch die Einnahmen aus der Stadtratstätigkeit der Umsatzsteuer zu unterwerfen.

Einnahme-Überschuss-Rechnung

Die Einnahme-Überschuss-Rechnung ist eine vereinfachte und damit kostengünstige Art der Gewinnermittlung. Sie kann von Freiberuflern und Inhabern kleiner Gewerbebetriebe angewendet werden.

Vertiefend siehe → Zusatzeinkünfte.

§ 4 Abs. 3 EStG, R 4.5, 4.6 EStR

1 Grundsätzlich

Grundsätzlich muss eine Gewinnermittlung durch Bilanzierung (§ 4 Abs. 1 EStG) erfolgen.

Steuerpflichtige können den Gewinn unter bestimmten Voraussetzungen auch durch eine Einnahme-Überschuss-Rechnung ermitteln. Beide Gewinnermittlungsmethoden sind grundsätzlich gleichwertig.

An die Dokumentation der Wahl zugunsten der Einnahme-Überschuss-Rechnung sind keine hohen Anforderungen zu stellen. Schon das Erstellen und Sammeln der Einnahmen- und Ausgabenbelege reicht aus.

BFH v. 19.3.2009, IV R 57/07

TIPP

Eine ausführliche Darstellung der verschiedenen Gewinnermittlungsarten, der umsatzsteuerlichen Vorschriften sowie Tipps zur Verwendung des amtlichen Vordrucks erhalten Sie in unserem Band „Steuer 2014 für Unternehmer, Selbstständige und Existenzgründer".

2 Voraussetzungen

Freiberufler

Freiberuflich Tätige (z.B. Ärzte, Rechtsanwälte) können ihren Gewinn immer durch eine Einnahme-Überschuss-Rechnung ermitteln. Dies gilt unabhängig von der Höhe des Gewinns und des Umsatzes.

Gewerbliche Unternehmer müssen grundsätzlich Bücher führen und eine Bilanz erstellen, können aber auch die Einnahmeüberschussrechnung als Gewinnermittlungsart wählen. Erst wenn ihr Gewinn 50.000 € oder ihr Umsatz 500.000 € übersteigt und sie das Finanzamt zur Buchführung auffordert, müssen diese auf eine Gewinnermittlung durch Bestandsvergleich (Bilanzierung) umstellen.

TIPP

Die Finanzämter reagieren nicht immer sofort auf das Überschreiten der Grenzwerte. Sie können dann weiterhin bei der bisherigen Gewinnermittlung bis zum Ende des Jahres bleiben, in dem Sie eine Aufforderung erhalten.

Alle anderen können ihren Gewinn mittels Einnahme-Überschuss-Rechnung oder freiwillig durch eine Buchführung ermitteln.

3 Betriebseinnahmen

In der Gewinnermittlung sind zunächst die Betriebseinnahmen aufzuführen. Dazu gehören sämtliche im Jahr 2013 gutgeschriebenen bzw. bar vereinnahmten Beträge i. Z. m. betrieblichen Lieferungen/Leistungen sowie aus Hilfs- und Nebengeschäften (Zuflussprinzip).

Verkauf von Anlagegütern

Der vereinnahmte Verkaufserlös (inklusive Umsatzsteuer) gehört zu den Betriebseinnahmen. Der noch nicht im Wege der Abschreibung abgesetzte Teil der Anschaffungs-/Herstellungskosten (Restbuchwert) ist als Betriebsausgaben abzusetzen.

4 Betriebsausgaben

Die mit dem Betrieb zusammenhängenden Aufwendungen stellen Betriebsausgaben dar.

Bei den Betriebsausgaben werden drei Gruppen unterschieden:

Abnutzbare Anlagegüter

Die Anschaffungs- bzw. Herstellungskosten abnutzbarer Wirtschaftsgüter werden über die betriebsgewöhnliche

Nutzungsdauer verteilt. Dieser jährliche Betrag (AfA = Absetzung fürr Abnutzung) stellt eine Betriebsausgabe des Jahres dar. Vertiefend siehe → Zusatzeinkünfte.

BEISPIEL

Beispiele für abnutzbare Anlagegüter:

Gebäude, Pkw, Büro- und Geschäftseinrichtung, Maschinen, Computer.

Nicht abnutzbare Wirtschaftsgüter

Die Anschaffungs-/Herstellungskosten nicht abnutzbarer Anlagegüter sind erst im Jahr der Veräußerung bzw. der Entnahme Betriebsausgaben.

BEISPIEL

Beispiele für nicht abnutzbare Anlagegüter:

Grund und Boden, Wertpapiere, Aktien, Geschäftsanteile.

Das gilt auch für bestimmte Wirtschaftsgüter des Umlaufvermögens:

- Anteile an Kapitalgesellschaften,
- Wertpapiere,
- Grund und Boden,
- Gebäude.

Sofort abzugsfähige Betriebsausgaben

Sämtliche sonstigen betrieblichen Aufwendungen sind bei der Einnahme-Überschuss-Rechnung des Jahres 2013 dann absetzbar, wenn sie in diesem Jahr auch bezahlt worden sind.

BEISPIEL

Beispiele für sofort abzugsfähige Betriebsausgaben:

Wareneinkäufe (Ausnahmen siehe unter „Nicht abnutzbare Wirtschaftsgüter“), Löhne, Sozialabgaben, Miete für Geschäftsräume, Büromaterial, Werbung, Telefon, Reparaturen, Reisekosten.

Allerdings gibt es für bestimmte Ausgaben (Geschenke, Bewirtungskosten, Arbeitszimmer etc.) Beschränkungen in der Höhe.

Pauschaler Betriebsausgabenabzug

Bestimmte Berufsgruppen können anstelle der tatsächlichen Aufwendungen pauschal Betriebsausgaben geltend machen. Ein weiterer Abzug von Kosten ist jedoch ausgeschlossen, sodass sich die Inanspruchnahme der Pauschale nur dann lohnt, wenn die tatsächlichen Aufwendungen geringer sind.

Höhe des pauschalen Betriebsausgabenabzugs

- **Hauptberufliche** selbständige schriftstellerische oder journalistische Tätigkeit
  - 30 % der Einnahmen, höchstens 2.455 €.
- Wissenschaftliche, künstlerische oder schriftstellerische **Neben**tätigkeit

- 25 % der Einnahmen, höchstens 614 €, soweit es sich nicht um eine Tätigkeit im Sinne des § 3 Nr. 26 EStG handelt.

- **Neben**berufliche Ausübung einer erzieherischen, einer Vortrags-, Lehr- oder Prüfungstätigkeit, Erteilung von Nachhilfeunterricht
  - 25 % der Einnahmen, höchstens 614 €.
- Tätigkeit als selbstständige Hebamme
  - 25 % der Einnahmen, höchstens 1.533 €.
- Entschädigungen für nebenberufliche Kirchenmusiker können bis zur Höhe von 2.400 € nach § 3 Nr. 26 EStG steuerfrei bleiben. Vertiefend siehe → Ehrenamt.
- Kindertagespflege: Siehe unter dem Stichwort → Zusatzeinkünfte

Umsatzsteuer

Die Umsatzsteuerzahlungen können sich wie folgt auswirken:

- Ausgangsrechnungen

Wird die in Rechnung gestellte Umsatzsteuer vereinnahmt, liegt eine Betriebseinnahme vor.

- Eingangsrechnungen
  - Bei Vorsteuerabzugsberechtigung: Zum Zeitpunkt der Zahlung liegen immer Betriebsausgaben vor.
  - Ohne Vorsteuerabzugsberechtigung (z. B. Ärzte): Die gezahlte Umsatzsteuer ist Betriebsausgabe bzw. zählt zu den Anschaffungs-/Herstellungskosten (bei abnutzbaren und nicht abnutzbaren Anlagegütern).

- Umsatzsteuerzahlungen Finanzamt

Zahlungen an das Finanzamt sind Betriebsausgaben; Erstattungen des Finanzamts sind Betriebseinnahmen.

5 Aufzeichnungspflichten

Gewinnermittlung

Legen Sie einen Ordner mit Trennblättern an. Darin bewahren Sie jährlich die Belege nach Sachgruppen geordnet auf (z. B. Warenerlöse, Honorare, Kfz-Kosten, Löhne, Mieten etc.). Am Jahresende addieren Sie die Kosten der Sachgruppen und übertragen die Summe in die Einnahme-Überschuss-Rechnung.

! WICHTIG

Die Bewirtungskosten, Aufwendungen für Geschenke und das häusliche müssen zeitnah und gesondert aufgezeichnet werden (§ 4 Abs. 7 EStG), ansonsten ist ein Abzug aus formalen Gründen nicht zulässig. Vertiefend siehe → Arbeitszimmer .

Es ist weder eine Inventuraufnahme noch die Führung eines Kassenbuchs erforderlich. Sie müssen den Bankbestand nicht abstimmen. Allerdings müssen Einnahmen einzeln aufgezeichnet werden.

TIPP

Bei nicht ordnungsmäßiger Kassenführung kann das Finanzamt die Einnahmen schätzen. Vermeiden Sie dieses durch folgende alternative Maßnahmen:

- Einzelaufzeichnungen jeder Einnahme oder
- Aufzeichnungen von Tagessummen, dazu müssen zusätzlich z. B. Kassenstreifen aufbewahrt werden. Außerdem muss der Kassenbestand lt. Aufzeichnung mit dem tatsächlichem Bestand abgeglichen werden oder
- Fertigung täglicher Kassenberichte, bei denen die Bareinnahmen mit dem Anfangs- und Endbestand der Kasse abgestimmt werden und der Bargeld-Endbestand ausgezählt wird

Die bloße handschriftliche Liste der täglichen Umsätze ohne Aufbewahrung weiterer Belege reicht nicht.

FG Niedersachsen v. 8.12.2011 12 K 389/09

Abnutzbare und nicht abnutzbare Anlagegüter sind in einem Verzeichnis zu führen.

Aufbewahrungspflichten

Obwohl die Vorschriften zur Aufbewahrung nicht ausdrücklich für die Einnahme-Überschuss-Rechnung gelten, geht man generell davon aus, dass die Unterlagen zur Gewinnermittlung 10 Jahre aufzubewahren sind.

6 Vordruck zur Gewinnermittlung

Die Gewinnermittlung muss mit dem amtlich vorgeschriebenen Vordruck Anlage EÜR „Einnahme-Überschuss-Rechnung (Gewinnermittlung nach § 4 Abs. 3 EStG)“ übermittelt werden. Liegen die Betriebseinnahmen für den Betrieb jedoch unter 17.500 €, wird es nicht beanstandet, wenn der Steuererklärung anstelle dieses Vordrucks eine formlose Gewinnermittlung beigefügt wird.

Entfernungspauschale

Fahrten zwischen Wohnung und regelmäßiger Arbeitsstätte können über eine Entfernungspauschale als Werbungskosten geltend gemacht werden.

§ 9 Abs. 1 Nr. 4 EStG, R 9.10 LStR 2011

1 Allgemeines

Höhe der Entfernungspauschale

Die Entfernungspauschale beträgt 0,30 € für **jeden** vollen Entfernungskilometer (= einfache Strecke zwischen zwei Punkten z. B. zwischen Wohnung und Arbeitsstätte). Bei einer Entfernung von 33,9 km können somit lediglich 33 km zugrunde gelegt werden.

Dabei ist es egal, ob die Fahrten mit privaten (Pkw, Fahrrad, Motorrad o. Ä.) oder mit öffentlichen Verkehrsmitteln (Bus, Bahn) durchgeführt werden, ob die Strecke zu Fuß zurückgelegt wird oder als Beifahrer in einer Fahrgemeinschaft. Lediglich für

- Flugstrecken,
- Strecken mit steuerfreier Sammelbeförderung (Beförderung durch den Arbeitgeber) und
- mit einer Fähre zurückgelegte Strecken

kann keine Entfernungspauschale geltend gemacht werden. Hier sind stattdessen (nur) die tatsächlich angefallenen Kosten abzugsfähig.

TIPP

Auch die Kosten für gelegentliche Hotelübernachtungen am Ort der regelmäßigen Arbeitsstätte sind Werbungskosten, wenn sie beruflich veranlasst sind.

BFH, Urteil v. 5.8.2004, VI R 40/03

Was ist eine „regelmäßige" Arbeitsstätte?

Eine regelmäßige Arbeitsstätte ist eine ortsfeste betriebliche Einrichtung des Arbeitgebers, der der Arbeitnehmer zugeordnet ist und wo er zumindest einen zeitlich gewichtigen Teil seiner geforderten Arbeitsleistung erbringt. Vertiefend siehe → Reisekosten.

WICHTIG

Hat ein Arbeitnehmer keine regelmäßige Arbeitsstätte und arbeitet er auch nicht zu Hause, liegen Auswärtstätigkeiten vor (z. B. Außendienst, Dienstreise, Fahrtätigkeit, Tätigkeit an wechselnden Einsatzstellen). Hier gilt der höhere Reisekostenabzug.

Ausgangspunkt Wohnung

Als Ausgangspunkt für die Wege kommt jede Wohnung in Betracht, die regelmäßig zur Übernachtung benutzt und von der aus die Arbeitsstätte aufgesucht wird.

Wenn Sie mehrere Wohnungen haben, ist grundsätzlich nur die Entfernung zur der Arbeitsstätte nächstgelegen Wohnung maßgebend. Fahrten von der weiter entfernt liegenden Wohnung können jedoch berücksichtigt werden, wenn sich dort der **Lebensmittelpunkt** des Arbeitnehmers befindet und er diese Wohnung nicht nur gelegentlich aufsucht.

Bei Verheirateten befindet sich der Lebensmittelpunkt – ohne weitere Prüfung der Finanzverwaltung – am Ort des Familienwohnsitzes, wenn sich der Arbeitnehmer mindestens sechsmal pro Jahr dort aufhält.

TIPP

Der BFH lässt die Fahrtkosten aber auch bereits bei einer geringeren Anzahl von Fahrten zum Abzug zu. Maßgebliche Kriterien für die steuerliche Berücksichtigung bei einer geringeren Anzahl von Besuchen sind:

- bei Familienwohnsitz im Ausland: große Entfernung und damit verbundene lange Reisezeiten zwischen ausländischer Wohnung und inländischer Arbeitsstätte,
- Höhe der Fahrtkosten,
- andere Formen, den Kontakt zur Familie zu halten,
- berufliche Erfordernisse.

BFH v. 26.11.2003, VI R 152/99

BEISPIEL

Ein Arbeitnehmer, dessen Familie in der Türkei lebt, fliegt zweimal jährlich zu seiner Familie, um diese zu besuchen.

Die Besuche können als Werbungskosten im vollen Umfang geltend gemacht werden. Findet nur ein Besuch jährlich statt, ist ein Abzug ausgeschlossen.

Eventuell ist aber ein Abzug im Rahmen einer doppelten Haushaltsführung möglich. Vertiefend siehe → Doppelte Haushaltsführung.

Bei nicht verheirateten Arbeitnehmern befindet sich der Lebensmittelpunkt an dem Ort, zu dem die engeren persönlichen Beziehungen (Eltern, Verlobte, Freundes-, Bekanntenkreis, Vereinsaktivitäten) bestehen. Wird diese Wohnung durchschnittlich mindestens zweimal pro Monat aufgesucht, wird unterstellt, dass sich dort der Lebensmittelpunkt befindet.

Vertiefend siehe → Doppelte Haushaltsführung.

Maßgebende Entfernungskilometer

Unabhängig vom Verkehrsmittel ist für die Bestimmung der Entfernung grundsätzlich die kürzeste **Straßenverbindung** zwischen Wohnung und Arbeitsstätte maßgebend. Dabei kann auch eine Fährverbindung einzubeziehen sein, unabhängig davon, dass für die mit der Fähre zurückgelegten Kilometer keine Entfernungspauschale, sondern nur die tatsächlichen Kosten abzugsfähig sind.

TIPP

Wird eine kilometermäßig längere Strecke **regelmäßig** benutzt, kann die Entfernungspauschale nach dieser berechnet werden, wenn eine Zeitersparnis von 10 % der Gesamtzeit oder 20 Minuten vorliegt, oder sich die Strecke wegen der Streckenführung, Ampelschaltung, Verkehrsfluss, Wartezeiten bei einer Fährverbindung usw. als verkehrsgünstiger erweist.

BFH, Urteil v. 16.11.2011, VI R 19/11 und BFH, Urteil v. 19.4.2012, VI R 53/11

Anzahl der Fahrten

Pro Arbeitstag kann nur **eine** Fahrt abgerechnet werden. Bei einer Fünftagewoche können Sie damit pauschal 230 Fahrten, bei einer Sechstagewoche bis zu 280 Fahrten pro Jahr ansetzen. Wer mehr Fahrten geltend machen will, muss diese nachweisen (z. B. durch Aufzeichnungen der im Kalenderjahr durchgeführten Fahrten). Es gibt zwar keine gesetzliche Aufzeichnungspflicht, das bedeutet aber nicht, dass das Finanzamt die erklärten Fahrten ungeprüft übernehmen muss. Fehlen bei einer großen Gesamtkilometerzahl derartige Aufzeichnungen, kann das Finanzamt schätzen.

FG Saarland, Urteil v. 17.2.2011, 1 K 1468/08

BEISPIEL

Sie fahren täglich mit öffentlichen Verkehrsmitteln zur 38 km entfernt liegenden Arbeitsstätte.

Der Werbungskostenabzug beträgt pro Tag 11,40 € (38 × 0,30 €). Bei einer Fünftagewoche sind somit für das gesamte Jahr insgesamt 2.622 € (230 Tage × 11,40 €) zu berücksichtigen.

Obergrenze 4.500 €

Die **Jahresentfernungspauschale** ist maximal bis zu einer Obergrenze von maximal 4.500 € abzugsfähig (Deckelung). Diese Begrenzung gilt jedoch nicht, wenn der eigene oder ein zur Nutzung überlassener Kraftwagen benutzt wird. Das Finanzamt wird hier u. U. den Nachweis der tatsächlich gefahrenen km verlangen.

Abzug tatsächlicher Kosten

Wurden öffentliche Verkehrsmittel benutzt, können statt der Entfernungspauschale auch die tatsächlichen Kosten geltend gemacht werden, wenn diese höher sind. Der Abzug der tatsächlichen Kosten ist auch möglich, soweit diese 4.500 € übersteigen, denn die Deckelung betrifft nur die Entfernungspauschale. Die Vergleichsberechnung zwischen Entfernungspauschale und tatsächlichen Kosten erfolgt immer jahresbezogen, also gesamte Jahresentfernungspauschale im Vergleich zu den insgesamt im Jahr gezahlten Aufwendungen für öffentliche Verkehrsmittel.

BEISPIEL

Ein Arbeitnehmer (230 Arbeitstage) fährt mit Bus und Bahn insgesamt 45 km zu seiner 35 Straßenkilometer entfernten Arbeitsstätte. Er bezahlt für eine Jahresfahrkarte:

- 2.000 €
- 2.500 €

Die Jahresentfernungspauschale beträgt: 230 × 35 km (Straßenverbindung) × 0,30 € = 2.415 €. Damit kommen in Variante a) die Entfernungspauschale zum Ansatz und in Variante b) die höheren tatsächlichen Kosten.

TIPP

Die Kosten für eine **Bahncard** gehören zu den tatsächlichen Aufwendungen, wenn die verbilligten Fahrkarten und die Kosten der Bahncard zusammen niedriger sind als der reguläre Fahrpreis.

Verschiedene Verkehrsmittel

Benutzen Sie für eine Teilstrecke den eigenen Pkw und für den Rest öffentliche Verkehrsmittel oder werden für einen Teil des Jahres der eigene Pkw und für den anderen Teil öffentliche Verkehrsmittel benutzt, können für das ganze Jahr nur entweder die Entfernungspauschale oder die tatsächlichen Kosten geltend gemacht werden. Soweit die Entfernungspauschale auf öffentliche Verkehrsmittel entfällt, ist sie auf 4.500 € zu begrenzen.

BEISPIEL

A fährt an 220 Arbeitstagen im Jahr mit dem eigenen Pkw 22 km zur nächsten Bahnstation und von dort 40 km mit der Bahn zur Arbeitsstätte. Die maßgebende Straßenentfernung beträgt 60 km. Die Bahntickets kosten 3.500 € im Jahr.

Vergleichsberechnung	Zu berücksichtigen
Entweder 220 Arbeitstage × 60 (Straßen-)km × 0,30 €	3.960 €
oder Ticketkosten	3.500 €
Werbungskosten	3.960 €

Hätte A für die Bahntickets 4.600 € bezahlen müssen, wären diese höher als die Jahresentfernungspauschale und damit zu berücksichtigen. Die Begrenzung auf 4.500 € gilt nicht für die tatsächlichen Kosten.

Arbeitgeberzuschüsse

Die Entfernungspauschale steht Ihnen unabhängig von der Höhe Ihrer Aufwendungen zu. Die folgenden steuerfreien bzw. pauschal versteuerten Arbeitgeberleistungen sind jedoch auf die anzusetzende und ggf. auf 4.500 € begrenzte Entfernungspauschale anzurechnen:

- nach § 8 Abs. 3 EStG steuerfreie Sachbezüge für Fahrten zwischen Wohnung und regelmäßiger Arbeitsstätte bis höchstens 1.080 € (Rabattfreibetrag),
- der nach § 40 Abs. 2 S. 2 EStG pauschal versteuerte Arbeitgeberersatz bis zur Höhe der abzugsfähigen Entfernungspauschale,
- nach § 8 Abs. 2 S. 9 EStG (44 €-Grenze) steuerfreie Sachbezüge für die Wege zwischen Wohnung und regelmäßiger Arbeitsstätte.

Versteuert der Arbeitgeber einen Fahrtkostenzuschuss oder eine Sachzuwendung (z. B. Job-Ticket) pauschal, entfällt für den Arbeitnehmer die Möglichkeit, eine Entfernungspauschale für Wege zwischen Wohnung und Arbeitsstätte geltend zu machen.

Nur wenn der vom Arbeitgeber gezahlte Zuschuss die Fahrtkosten des Arbeitnehmers nicht voll abdeckt, kann der Arbeitnehmer die Differenz noch als Werbungskosten abziehen.

TIPP

Jahres-Jobtickets sind durch die geringe Freigrenze regelmäßig steuerpflichtig, da die Freigrenze nur in dem Monat geprüft wird, in dem das Ticket ausgehändigt wird. Lassen Sie sich jedoch von Ihrem Arbeitgeber monatlich z. B. eine Gültigkeitsmarke aushändigen, gilt die Freigrenze in jedem Monat.

Anders bei Freifahrten uniformierter Polizei- oder BGS-Beamter: Hierbei wird kein geldwerter Vorteil angerechnet, somit kann die ungekürzte Entfernungspauschale angesetzt werden.

Auch Minijobber können von ihrem Arbeitgeber die steuerfreien Sachbezüge im Rahmen der Freigrenze von 44 € erhalten, ohne dass die 450 €-Grenze gefährdet ist!

Was ist mit den sonstigen Kosten?

Mit dem Ansatz der Entfernungspauschale sind sämtliche Kosten (z. B. Parkgebühren, Straßenbenutzungsgebühren), Austauschmotor wegen Motorschaden, Verschleißreparaturen, Finanzierungskosten, Leasinggebühren, Diebstahl) abgegolten. Lediglich Kosten, die durch einen auf einer Fahrt zwischen Wohnung und Arbeitsstätte passierten **Unfall** entstanden sind, können zusätzlich berücksichtigt werden. Dasselbe gilt für Fährkosten oder Flugkosten.

2 Sonderfälle

Fahrgemeinschaften

Wenn Sie mit einem Kollegen oder Ihrem Ehegatten gemeinsam zur Arbeit fahren, kann jeder den vollen Werbungskostenabzug (volle Entfernungspauschale) geltend machen.

BEISPIEL

A fährt gemeinsam mit seinem Arbeitskollegen B zur 35 km entfernten Arbeitsstätte. Die Arbeitskollegen wechseln sich beim Fahren ab.

Sowohl A als auch B können jeweils 1.035 € (230 Tage × 35 km × 0,30 €) als Werbungskosten absetzen.

WICHTIG

Die durch die Fahrgemeinschaft verursachten Umwegstrecken sind nicht absetzbar.

Für die Beifahrer muss die Begrenzung auf 4.500 € beachtet werden.

BEISPIEL

Vier Arbeitnehmer fahren an 240 Tagen gemeinsam zur 100 km entfernten Arbeitsstätte. Die Arbeitskollegen wechseln sich beim Fahren ab.

Die Entfernungspauschale beträgt für die Zeit als Mitfahrer 5.400 € (180 Tage × 100 km × 0,30 €). Da nicht der eigene Pkw genutzt wird, ist die Entfernungspauschale auf 4.500 € zu kappen. Für die Zeit, in der der Arbeitnehmer selbst gefahren ist, können die Kosten noch zusätzlich geltend gemacht werden (60 Tage × 100 km × 0,30 € = 1.800 €). Somit kann jeder der vier Arbeitnehmer 6.300 € geltend machen.

Mehrere Dienstverhältnisse

Stehen Sie in mehreren Dienstverhältnissen, ist die Entfernungspauschale für jeden Weg zur jeweiligen regelmäßigen Arbeitsstätte anzusetzen, wenn Sie am Tag zwischenzeitlich in die Wohnung zurückkehren. Die Einschränkung, dass täglich nur eine Fahrt anzuerkennen ist, gilt dabei nicht. Werden täglich mehrere Arbeitsstätten ohne Rückkehr zur Wohnung nacheinander angefahren, so ist für die Entfernungsermittlung der Weg zur ersten regelmäßigen Arbeitsstätte als Umwegstrecke zur nächsten regelmäßigen Arbeitsstätte zu berücksichtigen. Die für die Ermittlung der Entfernungspauschale anzusetzende Entfernung darf höchstens die Hälfte der Gesamtstrecke betragen.

BEISPIEL

Z fährt vormittags von seiner Wohnung in A zur regelmäßigen Arbeitsstätte in B, nachmittags weiter zur regelmäßigen Arbeitsstätte in C und abends zur Wohnung in A zurück. Die Entfernungen betragen zwischen A und B 30 km, zwischen B und C 40 km und zwischen C und A 50 km.

Die Gesamtentfernung beträgt 30 + 40 + 50 km = 120 km, die Entfernung zwischen der Wohnung und den beiden regelmäßigen Arbeitsstätten 30 + 50 km = 80 km. Da dies mehr als die Hälfte der Gesamtentfernung ist, sind (120 km/2 =) 60 km für die Ermittlung der Entfernungspauschale anzusetzen.

Behinderte Arbeitnehmer

Behinderte Arbeitnehmer können ab einem bestimmten Grad der Behinderung statt der Entfernungspauschale die tatsächlichen Kosten geltend machen. Vertiefend siehe → Behinderte Menschen.

Weitergehende Informationen

Zu weiteren Einzelfragen und Sonderfällen hat die Verwaltung in einem BMF-Schreiben Stellung genommen.

BMF, Schreiben v. 31.8.2009, IV C 5, S 2351/09/10002

Fahrtkosten

Fahrtkosten können Sie in vielen Bereichen steuerlich geltend machen. Sowohl bei den Werbungskosten, Betriebsausgaben als auch bei den Sonderausgaben oder den außergewöhnlichen Belastungen kommt eine steuerliche Berücksichtigung infrage.

R 9.4 bis 9.8 LStR

1 Wo und in welcher Höhe sind Fahrtkosten berücksichtigungsfähig?

Die Fahrtkosten des Arbeitnehmers

Fahrten zur Arbeitsstätte

Für die Fahrten zwischen Wohnung und Arbeitsstätte erhalten Sie einen Werbungskostenabzug in Form einer Entfernungspauschale. Die tatsächlichen Kosten sind nur bei Nutzung öffentlicher Verkehrsmittel oder für behinderte Menschen abzugsfähig. Vertiefend siehe → Entfernungspauschale.

Sonstige berufliche Fahrten

Diese sind regelmäßig mit den tatsächlichen Kosten abzugsfähig. Vertiefend siehe → Reisekosten, → Umzugskosten und → Doppelte Haushaltsführung.

Folgen eines Unfalls

Wenn sich auf einer beruflichen Fahrt ein Unfall ereignet hat, sind die dadurch angefallenen Kosten abzugsfähig.

Fahrten mit dem Firmenwagen

Vertiefend siehe → Dienstwagen/Firmenwagen.

Fahrten in Zusammenhang mit Vermietungseinkünften

Sind Sie Eigentümer eines Hauses oder einer Eigentumswohnung und vermieten Sie es, können Sie in einer Vielzahl von Fällen Fahrten mit den tatsächlichen Kosten absetzen. Vertiefend siehe → Vermietung/Immobilien und → Finanzierungskosten.

Sonderausgaben und außergewöhnliche Belastungen

Fahrtkosten in Zusammenhang mit einer Berufsausbildung können Werbungskosten sein, z.B. wenn die Ausbildung als Arbeitnehmer in einem Dienstverhältnis erfolgt (s.o. Fahrtkosten als Arbeitnehmer) oder es liegen (bei einer Erstausbildung) **Sonderausgaben** vor. Bei den Sonderausgaben sind die Fahrtkosten in tatsächlicher Höhe abzugsfähig. Vertiefend siehe → Sonderausgaben.

Bei den außergewöhnlichen Belastungen kommt ein Abzug von tatsächlichen Fahrkosten z.B. in Zusammenhang mit Krankheitskosten, Scheidungskosten oder Heilkuren in Betracht. Vertiefend siehe → Krankheitskosten und → Außergewöhnliche Belastung.

Fahrtkosten behinderter Menschen

Behinderte Menschen können neben beruflich veranlassten auch behinderungsbedingte und in bestimmten Umfang auch private Fahrten geltend machen. Vertiefend siehe → Behinderte Menschen.

2 Wie ermittle ich die tatsächlichen km-Kosten bei meinem Verkehrsmittel?

Immer dann, wenn Sie (auch) die tatsächlichen Kosten steuerlich geltend machen können, haben Sie die Möglichkeit, diese pauschal mit 0,30 € je gefahrenen Kilometer (Kfz-Nutzung) anzusetzen oder einen Kilometersatz anhand der tatsächlichen (Kfz-)Kosten und der gefahrenen Kilometer im gesamten Jahr selbst zu ermitteln. Die von Verbraucherverbänden oder dem ADAC veröffentlichten Kosten je Fahrzeug erkennt die Verwaltung nicht an.

TIPP

Die Ermittlung der tatsächlichen Kosten je Kilometer ist insbesondere dann sinnvoll, wenn Sie ein junges Auto fahren (wegen der jährlichen Abschreibung) und beruflich viel unterwegs sind.

Zur Ermittlung des tatsächlichen Kilometersatzes gehen Sie wie folgt vor:

Nachweis der tatsächlichen km-Kosten

- Ermitteln Sie (Belege aufbewahren!) über einen Zeitraum von mindestens zwölf Monaten alle Kfz-Kosten (Reparaturkosten, Treibstoffe, Pflege, Kosten für die Garage, Kfz-Steuer, Haftpflicht-/Kaskoversicherung, Zinsen für Anschaffungsdarlehen etc.). Unberücksichtigt bleiben lediglich Parkgebühren, Unfallkosten, Aufwendungen für Strafzettel sowie die Beiträge für eine Insassen- und Unfallversicherung.
- Zu den Kosten gehört auch die Abschreibung (AfA) für den Pkw (Kaufpreis verteilt auf sechs Jahre). Bei gebraucht erworbenen Pkws kann entsprechend dem Alter des Fahrzeugs eine kürzere Nutzungsdauer zu berücksichtigen sein. Wenn Sie das Fahrzeug geleast haben, sind anstelle der Abschreibung die Leasingsonderzahlung und die Leasingraten zu berücksichtigen.

Ermittlung der insgesamt gefahren Kilometer im Jahr

Halten Sie den Kilometerstand zu Beginn und am Ende des Jahres in einem Fahrtenbuch fest. Tragen Sie alle Fahrten, die steuerlich abzugsfähig sind, mit Datum und gefahrenen Kilometern ein. Die privaten Fahrten brauchen Sie nicht einzutragen. Ein ordnungsgemäßes Fahrtenbuch ist für die Ermittlung des tatsächlichen Kilometersatzes nicht notwendig.

Berechnungsschema:

1.	**Berechnung der Abschreibung:**	**€**
	Anschaffungskosten	
	+ Nebenkosten	
	Summe	=
	Dividiert durch Nutzungsdauer (regelmäßig 6 Jahre) = Abschreibung	/6 =
2.	**Laufende Kosten**	
	Treibstoff, Reparatur, Versicherung, Steuern etc.	
3.	**Summe aus 1. und 2.**	
4.	**km-Leistung des Jahres**	
	km-Stand 31.12.	
	km-Stand 1.1.	-

	km-Leistung	=
5.	**Ermittlung des km-Satzes**	
	Summe der Kosten (3.)	
	km-Leistung (4.)	/
	km-Satz	=

Der so ermittelte Kilometersatz kann auch für die Folgejahre angesetzt werden. Eine Neuberechnung ist erst wieder notwendig, wenn sich die Verhältnisse wesentlich ändern (z.B. Neuanschaffung eines Pkws, Abschreibungszeitraum ist abgelaufen, deutlich höhere bzw. niedrigere Jahresfahrleistung).

Finanzierungskosten

Finanzierungskosten (z.B. Zinsen, Geldbeschaffungskosten, Damnum/ Disagio) sind steuerlich abzugsfähig, wenn sie mit einer Einkunftsart zusammenhängen. Insbesondere im Immobilienbereich kann man durch eine überlegte Gestaltung Steuern sparen.

§ 9 Abs. 1 Nr. 1 EStG

1 Finanzierungskosten für Mietwohngrundstücke

Sie vermieten ein Haus/ eine Eigentumswohnung

Finanzierungskosten (insbesondere Darlehenszinsen) für eine private, vermietete Immobilie (z.B. Darlehen zum Hausbau bzw. -kauf, zur Finanzierung von Reparaturmaßnahmen) stellen Werbungskosten bei den Einkünften aus Vermietung und Verpachtung dar.

Damnum, Disagio, Bearbeitungs- und Auszahlungsgebühren

Bei diesen Gebühren sind drei Gruppen zu unterscheiden:

- Das Darlehen, für das die Gebühren gezahlt werden, hat eine Laufzeit von maximal fünf Jahren.
- Die Laufzeit des Darlehens beträgt mehr als fünf Jahre und die Gebühren sind marktüblich.
- Die Laufzeit des Darlehens beträgt mehr als fünf Jahre und die Gebühren sind nicht marktüblich.

In den ersten beiden Fällen sind die Aufwendungen im Jahr der Zahlung als Werbungskosten abziehbar. Von der Marktüblichkeit kann ausgegangen werden, wenn für ein Darlehen mit einem Zinsfestschreibungszeitraum von mindestens fünf Jahren ein Damnum in Höhe von bis zu 5 % vereinbart worden ist.

Wird ein nicht marktübliches Disagio vereinbart, ist die Regelung des § 11 Abs. 2 S. 3 EStG anzuwenden, d.h. die Aufwendungen sind gleichmäßig auf die Laufzeit des Darlehens zu verteilen.

Abzug von Schuldzinsen für ein gescheitertes Bauvorhaben

Hat ein Steuerpflichtiger zur Finanzierung eines Mietobjekts ein Darlehen aufgenommen und kündigt er den Vertrag mit dem Bauträger wegen drohenden Konkurses, so sind die Finanzierungskosten als vergebliche Werbungskosten abzugsfähig.

FG Nürnberg v. 10.4.2001, I R 178/98

Kauf eines unbebauten Grundstücks

Wenn Sie den Kauf eines unbebauten Grundstücks durch ein Darlehen finanzieren, sind die anfallenden Aufwendungen nur dann abzugsfähig, wenn Sie eine konkrete Bauabsicht haben und ein Mietwohngrundstück errichten möchten. Auch wenn Sie Bauerwartungsland erwerben und mit einer Baugenehmigung in absehbarer Zeit rechnen können, ist ein Abzug möglich.

Vorzeitige Ablösung einer Schuld

Das Objekt wird weiter vermietet

Verlangt die Bank eine Vorfälligkeitsentschädigung, weil ein Darlehen vorzeitig gekündigt wurde (z. B. wegen Umfinanzierung), ist diese als Werbungskosten abzugsfähig, wenn das Darlehen mit einem Mietwohngrundstück zusammenhängt.

Grundstücksveräußerung ohne Neubau/-erwerb

Wird die Darlehensschuld vorzeitig abgelöst, um ein bisher vermietetes Objekt lastenfrei verkaufen zu können, so kann eine Vorfälligkeitsentschädigung nicht als Werbungskosten abgezogen werden.

BFH v. 23.9.2003, IX R 20/02, BStBl II 2004, 57

Grundstücksveräußerung und Neubau/-erwerb

Eine im Zusammenhang mit einer Grundstücksveräußerung gezahlte Vorfälligkeitsentschädigung gehört (mit dem entsprechenden Anteil) zu den Finanzierungskosten eines neuen Mietobjekts, wenn und soweit der nach der Darlehenstilgung verbleibende Restkaufpreis zur Finanzierung dieses Objekts tatsächlich verwendet worden ist.

BFH v. 14.1.2004, IX R 34/01

Sie verkaufen Ihr Grundstück

Fallen nach der Veräußerung eines vermieteten Gebäudes weiterhin Finanzierungskosten (Schuldzinsen oder Vorfälligkeitsentschädigung) für ein Darlehen an, welches anlässlich des Erwerbs bzw. der Herstellung des Objekts aufgenommen worden ist, sind diese nicht mehr abzugsfähig.

TIPP

Unterliegt der Gewinn aus der Veräußerung der Immobilie jedoch gemäß § 23 Abs. 1 Satz 1 Nr. 1 EStG der Besteuerung, sind die später noch anfallenden Zinsen als (nachträgliche) Werbungskosten abzugsfähig, wenn und soweit die Verbindlichkeiten durch den Veräußerungserlös nicht getilgt werden können.

BFH v. 20.06.2012 – IX R 67 / 10

Voraussetzung für den Werbungskostenabzug bei den Einkünften aus Vermietung und Verpachtung ist, dass die nach § 23 Abs. 1 Satz 1 Nummer 1 EStG steuerbare Immobilienveräußerung innerhalb der zehnjährigen Veräußerungsfrist erfolgt ist, der Veräußerungserlös nicht ausreicht, um die Darlehensverbindlichkeit zu tilgen, und die Absicht, (weitere) Einkünfte aus Vermietung und Verpachtung zu erzielen, nicht bereits vor der Veräußerung des Immobilienobjekts aus anderen Gründen weggefallen ist.

BMF v. 28.03.2013 – IV C 1 – S 2211/11/10001:001

Erfolgt der Verkauf nach Ablauf der zehnjährigen Spekulationsfrist ist ein Abzug z.B. einer Vorfälligkeitsentschädigung jedenfalls nicht mehr möglich (FG Düsseldorf, Urteil v. 16.1.2013 – 7 K 3506/12 F).

Wurde das Mietverhältnis aufgelöst, um das Haus besser verkaufen zu können, sind die Finanzierungskosten ab Auszug des Mieters nicht mehr absetzbar.

Wurde jedoch eine während der Vermietung durchgeführte Reparatur durch ein Darlehen finanziert, sind die hierfür nach der Veräußerung ggf. noch anfallenden Schuldzinsen als nachträgliche Werbungskosten bei den Einkünften aus Vermietung und Verpachtung abzugsfähig.

BFH v. 16.9.1999, IX R 42/97

Wird ein bisher fremdfinanziertes Gebäude verkauft und der Verkaufserlös nur teilweise für den Erwerb eines anderen Gebäudes unter Verwendung der bisherigen Finanzierung benötigt, können die Schuldzinsen für dieses Darlehen in vollem Umfang als Werbungskosten geltend gemacht werden.

BMF v. 3.5.2006, IV C3, S 2211, 11/06

Finanzierungskosten im Zusammenhang mit der eigengenutzten Wohnung

Stehen die Finanzierungskosten im Zusammenhang mit der eigengenutzten Privatwohnung, ist ein steuerlicher Abzug nicht möglich.

Finanzierungskosten im Zusammenhang mit „gemischt genutzten Grundstücken“

Betrifft ein Darlehen ein Gebäude, das unterschiedlich genutzt wird (z.B. für eigene Wohnzwecke und Vermietung), sind die Finanzierungskosten normalerweise im Verhältnis der Nutzflächen den jeweiligen Gebäudeteilen zuzuordnen.

Können die Herstellungskosten (soweit möglich) den einzelnen Gebäudeteilen zugeordnet werden, kann man nach der BFH-Rechtsprechung erreichen, dass ein Großteil der Zinsaufwendungen steuerlich abzugsfähig ist.

BFH v. 27.10.1998, DB 1999, S. 411 und 413

- Lassen Sie sich getrennte Handwerkerrechnungen für die konkret zuordenbaren Herstellungskosten pro Wohnung sowie die allgemeinen Herstellungskosten geben.
- Richten Sie zur Abwicklung der Baukosten für die einzelnen Gebäudeteile getrennte Baukonten ein.

- Schließen Sie getrennte Darlehensverträge ab und legen Sie darin fest, für welchen Bauteil der Vertrag gedacht ist.

TIPP

Lassen Sie die Beträge aus den verschiedenen Darlehen keinesfalls auf das gleiche Konto auszahlen, sonst funktioniert das ganze System nicht mehr und alle Finanzierungskosten werden zwingend nach dem Verhältnis der Wohnflächen aufgeteilt!

BFH v. 1.4.2009, IX R 35/08

- Vermeiden Sie auf jeden Fall das Zusammenführen von Eigen- und Fremdmitteln auf einem Konto.

Auch in **Erwerbsfällen** sind die vorstehenden Grundsätze anzuwenden; am besten durch eine angemessene vertraglich vereinbarte Aufteilung des Kaufpreises. Anderenfalls ist das Verhältnis der Nutz-/Wohnflächen der beiden Teile maßgebend. Für die zu vermietende Einheit sollte ein Darlehen aufgenommen und damit nur die darauf entfallenden Anschaffungskosten bezahlt werden; die Anschaffungskosten für den eigengenutzten Teil sollten getrennt davon bezahlt werden.

Auch eine Abwicklung über ein Notaranderkonto ist möglich.

Einfacher wird es, wenn Sie Wohnungs-/Teileigentum erwerben bzw. erstellen.

Wenn Sie ein Gebäude als Bauherr erstellen, sollten Sie vor Baubeginn beim Grundbuchamt eine Teilungserklärung einreichen.

Mitfinanzierung durch Ehegatten

BEISPIEL

Der Ehefrau gehört ein geerbtes Mietshaus. Für eine umfangreiche Renovierung nimmt der Ehemann ein Darlehen auf.

Die Zinsen für das Darlehen sind nicht als Werbungskosten abziehbar, da der Ehemann nicht (Mit-)Eigentümer ist und die Eigentümerin nicht (Mit-)Schuldnerin.

BFH v. 26.6.2008, X R 36/05

Hat der Ehegatte dagegen eine gesamtschuldnerische Mithaftung für das Darlehen übernommen, sind die Zinsen abzugsfähig.

BFH, Urteil v. 20.6.2012 – IX R 29/11

TIPP

Ist ein Ehegatte Alleineigentümer, sollte dieser als Darlehensschuldner auftreten oder die Ehegatten nehmen ein gesamtschuldnerisches Darlehen auf. Dann steht einem Werbungskostenabzug garantiert nichts im Wege.

2 Finanzierungskosten für Wertpapiere

Vertiefend siehe → Kapitaleinkünfte und → Abgeltungsteuer.

3 Darlehen bei Verwandten

In diesem Zusammenhang hat der BFH festgestellt, dass es auch Angehörigen freisteht, ihre Rechtsverhältnisse untereinander steuerlich möglichst günstig zu gestalten. Steuerlich unbeachtlich ist es allerdings, wenn die Beteiligten durch zivilrechtlich mögliche Gestaltungen zwar wechselseitige Zahlungsverpflichtungen begründen, damit aber ihre jeweilige Position weder tatsächlich noch wirtschaftlich verändern.

TIPP

Wenn Sie eine andere Person (z.B. den Ehepartner einer beteiligten Person) einschalten, ist die Gestaltung anzuerkennen.

BFH v. 29.8.2007, IX R 17/07

Das müssen Sie beachten

- Schließen Sie einen schriftlichen Darlehensvertrag ab.
- Regeln Sie im Vertrag die Laufzeit des Darlehens, die Tilgungsmodalitäten und die Höhe der Verzinsung.
- Halten Sie die Vereinbarungen ein (pünktliche Zins- und Tilgungszahlungen).
- Bei einer Laufzeit von mehr als sechs Monaten und einem Darlehensbetrag von mindestens 25.000 € ist es i.d.R. erforderlich, dass der Darlehensnehmer Sicherheiten stellt (z.B. Eintragung einer Grundschuld, Sicherungsübereignung, Bürgschaft).
- Es sollte sich eindeutig nachvollziehen lassen, dass der Darlehensbetrag aus dem Vermögen des Darlehensgebers stammt.

Darlehen mit Kindern

Obwohl der BFH entschieden hat, dass ein Vertrag nicht nur wegen einer zivilrechtlichen Unwirksamkeit (z.B. zunächst fehlender Genehmigung des Ergänzungspflegers) steuerlich unwirksam ist, geht das BMF von strengeren Kriterien aus. Die Vertragspartner müssen nachweisen, dass sie zeitnah nach dem Auftauchen von Zweifeln alle erforderlichen Maßnahmen ergriffen haben, um die zivilrechtliche Wirksamkeit des Vertrages herbeizuführen, und dass ihnen die Unwirksamkeit nicht anzulasten ist.

BMF v. 23.12.2010, IV C 6, S 2144/07/10004

TIPP

Zinszahlungen der Eltern an minderjährige Kinder sollten bis zur Volljährigkeit des Kindes fest auf dessen Namen angelegt werden. Wenn Sie die Zinserträge für den eigenen Lebensunterhalt bzw. für den des Kindes ausgeben, könnte das Finanzamt sonst zum Ergebnis kommen, dass das Darlehensverhältnis steuerlich nicht anzuerkennen ist.

Erst schenken und dann leihen

Wenn Sie Ihrem Kind Geld schenken und anschließend über dieses Geld ein Darlehen vereinbaren, werden weder die Schenkung noch das Darlehensverhältnis steuerlich anerkannt.

ACHTUNG

Schädlich ist

- die Vereinbarung von Schenkung und Darlehen in einem Vertrag,
- die Vereinbarung in mehreren Verträgen innerhalb kurzer Zeit,
- die Schenkung unter der Auflage, das Geld als Darlehen zur Verfügung zu stellen,
- das Schenkungsversprechen unter der aufschiebenden Bedingung der Rückgabe als Darlehen.

4 Was gehört alles zu den Finanzierungskosten?

Neben den Zinsaufwendungen und dem Damnum, Disagio (= Unterschiedsbetrag zwischen der Darlehenssumme und dem verminderten Auszahlungsbetrag) gehören z. B. folgende Aufwendungen zu den Finanzierungskosten:

Bankspesen, Fahrtkosten im Zusammenhang mit der Erledigung von Finanzierungsangelegenheiten (bei Pkw 0,30 € bzw. die tatsächlichen Kosten), Kreditvermittlungsgebühren, Aufwendungen für Porto, Telefon, Schätzgutachten (falls dieses für Kreditgewährung verlangt wird), Notar- und Grundbuchkosten für die Eintragung von Grundschulden und Hypotheken, Kosten im Zusammenhang mit Bürgschaften.

Fortbildung/Fachtagungen

Kosten für die Fort- und Weiterbildung gehören zu den Werbungskosten. Sie sind grundsätzlich im Zahlungsjahr in tatsächlicher Höhe abzugsfähig.

§§ 9 Abs. 1 und 6, 12 Nr. 5 EStG; R 9.2 LStR 2011

1 Begriff der Fortbildung

Steuerlich fallen unter Fortbildung:

- die Weiterbildung im ausgeübten Beruf (Seminare, Fachtagungen, Fachkurse etc.)
- Umschulung
- zweite oder weitere Ausbildung nach abgeschlossener erster Berufsausbildung,
- Erststudium nach abgeschlossener erster Berufsausbildung
- Zweit- oder weiteres Studium

Bei einer zweiten Ausbildung ist weitere Voraussetzung für den Werbungskostenabzug, dass eine spätere Berufsausübung im erlernten Beruf konkret geplant ist.

ACHTUNG

Kosten einer **ersten Berufsausbildung** gehören nur dann zu den Werbungskosten, wenn die Ausbildung im Rahmen eines Arbeitsverhältnisses (z. B. betriebliche Ausbildung) stattfindet. Andernfalls liegen Sonderausgaben vor. Dies ist jedoch nicht unstrittig. Die steuerliche Behandlung der Kosten einer ersten Berufsausbildung außerhalb eines Arbeitsverhältnisses, z. B. ein Erststudium direkt nach dem Abitur, ist Gegenstand anhängiger Gerichtsverfahren beim BFH. Sind Sie davon betroffen, sollten Sie sich informieren. Vertiefend siehe → Sonderausgaben.

Abgrenzung zu den Kosten der Lebensführung

Fort- und Weiterbildungskosten sind als Werbungskosten bei den Einkünften aus nicht selbstständiger Arbeit abziehbar, wenn sie durch den Beruf veranlasst sind, d. h. in einem objektiven Zusammenhang zum Beruf stehen und zu dessen Förderung dienen. Solche Kosten entstehen im Regelfall, um den jeweiligen Anforderungen im Berufsleben gerecht zu werden oder um aufzusteigen und Karriere zu machen. Die berufliche Veranlassung muss bei Weitem überwiegen und eine Mitveranlassung durch die private Lebensführung von ganz untergeordneter Bedeutung sein, wenn die Kosten in voller Höhe steuerlich berücksichtigt werden sollen. Ist ein konkreter beruflicher Bezug nicht erkennbar, gehören die Aufwendungen insgesamt zu den nicht abzugsfähigen Kosten der Lebensführung. Sind sowohl berufliche als auch private Motive für die Fortbildungsmaßnahme erkennbar, können die Kosten, soweit dem beruflichen Bereich konkret zuordenbar, in voller Höhe abgezogen werden, ansonsten kann eine Aufteilung der Kosten in einen beruflich und einen privaten Teil in Betracht kommen. Vertiefend siehe **„Private Mitveranlassung“** in diesem Beitrag.

Einzelfälle

Seminar zur Persönlichkeitsentfaltung/Rhetorikkurs

Derartige Kurse sind nur dann beruflich veranlasst, wenn sie primär auf die spezifischen Bedürfnisse des vom Steuerpflichtigen ausgeübten Berufs ausgerichtet sind. Indizien für die berufliche Veranlassung sind insbesondere die Lehrinhalte und ihre konkrete Anwendung in der beruflichen Tätigkeit, der Ablauf des Lehrgangs sowie die teilnehmenden Personen. Ein Lehrgang, der sowohl Grundlagen- als auch Spezialwissen vermittelt, kann beruflich veranlasst sein, wenn der Erwerb des Grundlagenwissens die Vorstufe zum Erwerb von Spezialwissen bildet.

BFH, Urteil v. 28.8.2008, VI R 35/05

Seminare, die keinen direkten beruflichen Bezug erkennen lassen, wie z. B. Selbsterfahrungskurse oder Kurse zur allgemeinen Persönlichkeitsbildung, werden regelmäßig sowohl im beruflichen als auch im privaten Leben Impulse geben. Da hier der berufliche Anteil nicht abgrenzbar ist, wird das Finanzamt den Kostenabzug komplett ablehnen.

Niedersachsen FG, Urteil v. 4.6.1998, XIV 587/95

Etwas anderes dürfte gelten, wenn der Arbeitgeber zumindest einen Teil der Kosten übernimmt oder sogar z. B. die Teilnahme an einem Seminar pro Jahr verbindlich vorschreibt.

Ein Pfarrer z. B., der eine Pilgerwallfahrt begleitet, kann die Kosten als Werbungskosten abziehen, wenn er zur Teilnahme dienstlich verpflichtet ist.

BFH, Urteil v. 9.12.2010, VI R 42/09

Sprachkurs

Die Kursgebühren und notwendigen Kursunterlagen für einen Sprachkurs können abgezogen werden, wenn der Kurs auf die speziellen beruflichen Bedürfnisse zugeschnitten ist, also berufsspezifisches Vokabular und Fachsprache vermittelt wird. Ein Grundkurs in einer Fremdsprache ist abzugsfähig, wenn nachgewiesen wird, dass die Fremdsprache beruflich benötigt wird und Grundkenntnisse der Fremdsprache im Rahmen der beruflichen Tätigkeit ausreichen.

Findet der Sprachkurs in der Nähe des Wohnorts statt, können bei beruflicher Veranlassung auch die mit der Kursteilnahme zusammenhängenden Reisekosten abgezogen werden. Bei Sprachkursen im Ausland ist dagegen immer von einer privaten Mitveranlassung auszugehen, weil allein aufgrund der fremden Umgebung ein allgemeines touristisches Interesse befriedigt wird. Daher sind die Reisekosten hier nicht in vollem Umfang zu berücksichtigen, auch wenn der Sprachkurs beruflich veranlasst ist. Da bei Sprachreisen die berufliche und private Veranlassung zeitlich gleichzeitig vorliegen, bestimmt sich die Aufteilung nicht nach dem zeitlichen Umfang (Seminarzeit/Freizeit). Wenn kein anderer Aufteilungsmaßstab erkennbar ist, können die hälftigen Kosten abgezogen werden. Einzelheiten zur Aufteilung siehe **„Private Mitveranlassung“** in diesem Beitrag.

BFH, Urteil v. 24.02.2011, VI R 12/10

Fachtagung

Kosten für Tagungen und Kongresse sind steuerlich abziehbar, wenn der Steuerpflichtige ausschließlich oder weitaus überwiegend im beruflichen Interesse daran teilgenommen hat. Dabei gelten an den Nachweis der beruflichen Veranlassung strenge Anforderungen. Die Reise muss im Rahmen einer lehrgangsmäßigen Organisation durchgeführt werden. Sollen die Kosten im vollen Umfang abzugsfähig sein, muss die Verfolgung privater Interessen, wie z. B. Erholung, Bildung und Erweiterung des Horizonts, nach dem Anlass der Reise, dem vorgesehenen Programm und der tatsächlichen Durchführung nahezu ausgeschlossen sein.

Sind für den Besuch einer Fachtagung auch private Gründe ausschlaggebend, kann es zu Problemen mit dem Finanzamt kommen. Insbesondere bei Fachtagungen an touristisch reizvollen Orten, vorzugsweise im Ausland, stellt sich stets die Frage der privaten Mitveranlassung. Bei einer einwöchigen Fachtagung z. B. in St. Moritz in der Skisaison ist die Vermutung einer privaten Mitveranlassung auch nicht ganz abwegig. Problematisch ist insbesondere, wenn das Tagungsprogramm touristische und gesellige Programmteile oder auch umfangreiche Freizeit enthält. Das Finanzamt wird eine möglich private Mitveranlassung anhand folgender Punkte prüfen:

- Liegt der Veranstaltungsort in einem touristisch interessanten Gebiet?
- Wird der Kongress während der Hauptsaison durchgeführt?
- Ist nachgewiesen, dass die im Veranstaltungsprogramm genannten Vorträge auch wirklich besucht worden sind?
- Beginnt der Kongress am Tag vor einem (veranstaltungsfreien) Wochenende/einem Feiertag und/oder wird er erst nach einem (veranstaltungsfreien) Wochenende beendet?
- Behandelt die Fortbildungsveranstaltung spezifische Fachthemen, für die sich nur eine bestimmte homogene Berufszielgruppe interessiert?
- Wird der Arbeitnehmer von Angehörigen (Ehegatten, Kinder) begleitet?

TIPP

Es ist von entscheidender Bedeutung, dass Sie glaubhaft machen können, dass Sie tatsächlich an den Seminaren teilgenommen haben. Bewahren Sie deshalb unbedingt Ihre Aufzeichnungen auf, die Sie während der Vorträge gemacht haben. Bietet der Veranstalter keine Anwesenheitsnachweise an, sollten Sie ihn um eine schriftliche Bestätigung über die von Ihnen besuchten Veranstaltungen bitten.

Wenn die Fachvorträge über den ganzen Tag in straffer Form (z.B. von 8 bis 12 Uhr und 13 bis 17 Uhr) stattfinden und Sie einen Nachweis über die Teilnahme an den einzelnen Seminaren erbringen können, steht einem Abzug nichts im Wege.

TIPP

Ein Anwesenheitstestat ist nicht in jedem Fall erforderlich, wenn die Teilnahme durch anderweitige Beweise glaubhaft gemacht werden kann. Selbst die Nichtteilnahme an einzelnen Vorträgen kann im Hinblick auf die begrenzte Aufnahmefähigkeit unschädlich sein.

BFH, Urteil v. 11.1.2007, VI R 8/05

Finden die Fachvorträge in den frühen Morgen- und späten Abendstunden statt (z.B. von 8 bis 10 Uhr, 19 bis 22 Uhr), ist ein Abzug (mit Ausnahme der Seminargebühren) nicht möglich, da der Tagesablauf so gestaltet ist, dass in nicht unerheblichem Maße private Unternehmungen durchgeführt werden können.

Private Mitveranlassung

Ist eine Reise anlässlich einer Fortbildung auch privat mitverlasst (gemischte Aufwendungen), kann oft zumindest ein Teil der Ausgaben steuerlich berücksichtigt werden. Es gelten folgende Grundsätze:

Besteht eine Reise aus zwei Teilen (z.B. eine Woche Seminar und eine Woche Erholungsurlaub), sind bei einem straff organisierten beruflichen Programm und dem Nachweis der Teilnahme die Kosten für die Seminarwoche abzugsfähig (Übernachtungskosten, Verpflegungspauschalen, Seminargebühren, Reisenebenkosten). Die Kosten für die Hin- und Rückreise sind (nach Zeitanteilen) anteilig abzugsfähig. Vertiefend siehe → Reisekosten.

BFH, Beschluss v. 21. 9. 2009, GrS 1/06

Ist die Fortbildungsreise insgesamt sowohl beruflich als auch privat veranlasst, z. B. bei einer Studienreise oder Sprachreise, sind ausschließlich dem Beruf zuordenbare Entgelte (z. B. Seminargebühr) abzugsfähig. Für die Reisekosten kommt eine Aufteilung in Betracht, wenn die eindeutig beruflich veranlassten Zeitanteile feststellbar sind.

BFH, Urteile v. 21.4.2010, VI R 5/07 und VI R 66/04

Allerdings hat der BFH auch klargestellt, dass bei Auslandsgruppenreisen weiterhin eine berufliche Veranlassung nur vorliegt, wenn das Programm auf die besonderen beruflichen Bedürfnisse der Teilnehmer zugeschnitten ist, der Teilnehmerkreis im Wesentlichen homogen ist und der Arbeitnehmer mit der Teilnahme an der Gruppenreise einer konkreten Dienstpflicht nachkommt.

BFH Urteil v. 19.01.2012, VI R 3/11

Für ein Prüfschema zur Abgrenzung siehe → Werbungskosten, -pauschbeträge und -pauschalen.

2 Abzugsfähige Kosten

Abzugsfähig sind stets die Seminargebühren bzw. Studiengebühren sowie die notwendige Literatur und die Arbeitsmaterialien. Ebenso können die durch die Fachtagung verursachten Reisekosten (Fahrtkosten, Übernachtungskosten, Verpflegungsmehraufwendungen, Reisenebenkosten) (ggf. anteilig) abgezogen werden. Vertiefend siehe → Reisekosten.

Haushaltsnahe Tätigkeiten/ Dienstleistungen

Werden Haushaltshilfen oder vergleichbare Dienstleister, ambulante Pflegedienste und Handwerker legal beschäftigt oder erfolgt eine Unterbringung im Heim, kann für Lohnkosten eine Steuerermäßigung, d. h. ein direkter Abzug von der Steuer in Anspruch genommen werden.

§ 35a EStG

1 Allgemeines

Keine Betriebsausgaben, Werbungskosten, Sonderausgaben oder außergewöhnlichen Belastungen

Soweit Aufwendungen für die Beschäftigung einer Person im Haushalt als **Betriebsausgaben, Werbungskosten** oder **Sonderausgaben** geltend gemacht werden (z.B. Reinigungsarbeiten in beruflich genutzten Räumen), ist der Abzug einer Steuerermäßigung ausgeschlossen.

Werden Aufwendungen als **außergewöhnliche Belastungen** abgezogen, kann

- der Teil der Aufwendungen, der durch den Ansatz einer **zumutbaren Belastung** nicht als außergewöhnliche Belastung berücksichtigt wird sowie
- der den Höchstbetrag nach § 33a EStG **übersteigende Teil der Aufwendungen**
- für die Steuerermäßigung berücksichtigt werden.

Kinderbetreuungskosten sind im Rahmen des § 10 Abs. 1 Nr. 5 EStG nur teilweise als Sonderausgaben abziehbar. Gleichwohl ist eine Steuerermäßigung auch für den Teil der Kinderbetreuungskosten ausgeschlossen, der wegen der Drittelregelung oder wegen Übersteigen des Höchstbetrags nicht abziehbar ist. Vertiefend siehe → Kinderbetreuungskosten.

Berechtigter Personenkreis

Arbeitgeber eines haushaltsnahen Beschäftigungsverhältnisses oder Auftraggeber einer haushaltsnahen Dienstleistung, einer Pflege- oder Betreuungsleistung oder eines Handwerkers, können eine **Steuerermäßigung** (direkter Abzug von der tariflichen Einkommensteuer) in Anspruch nehmen.

TIPP

Sie erhalten die Steuerermäßigung auch als **Mieter**, wenn Sie z.B. Ihre Wohnung durch einen Malerbetrieb renovieren lassen oder für entsprechende Aufwendungen, die Ihnen vom Vermieter in Rechnung gestellt werden.

Ort der Tätigkeit

Die Tätigkeit muss in einem in der EU oder dem Europäischen Wirtschaftsraum (EWR = EU, Island, Norwegen und Liechtenstein) liegenden **eigengenutzten Haushalt** ausgeübt werden.

Pflege- und Betreuungsdienstleistungen können auch in der **Wohnung der zu pflegenden Person** durchgeführt werden. Bei einer Heimunterbringung ist Voraussetzung, dass das Heim oder der Ort der dauernden Pflege in der EU oder dem EWR liegt.

Aufwendungen in **Zweit-, Wochenend- und Ferienwohnungen im Inland oder EU-/EWR-Ausland** sind ebenfalls zu berücksichtigen, wenn diese Wohnungen tatsächlich eigengenutzt werden. Die Steuerermäßigung kann aber für alle Wohnungen **insgesamt nur einmal** bis zum jeweiligen Höchstbetrag abgezogen werden.

Eine Tätigkeit „im Haushalt" liegt auch vor Einzug bzw. nach Auszug vor, wenn ein enger zeitlicher Zusammenhang zu diesem besteht. Bei einem Umzug betrifft es die verlassene und die neu bezogene Wohnung.

Nachweis

Voraussetzung für den Abzug dieser Steuerermäßigung ist, dass der Steuerpflichtige eine **Rechnung** erhalten hat und die **Zahlung auf das Konto des Leistenden** (unbar, d.h. durch Überweisung, Verrechnungsscheck, Dauerauftrag, Einzugsermächtigung oder Online-Banking) erfolgt ist.

TIPP

Sie müssen Rechnung und Kontoauszug nicht Ihrer Steuererklärung beifügen. Dies erleichtert die elektronische Abgabe der Steuererklärung (ELSTER). Auf Anforderung müssen Sie diese dem Finanzamt jedoch vorlegen.

Zeitpunkt des Abzugs

Für die Inanspruchnahme der Steuerermäßigungen ist auf das **Jahr der Zahlung** abzustellen.

Bei geringfügigen Beschäftigungen (Minijob mit Haushaltsscheckverfahren) gehören die pauschalen Abgaben, die bis zum 15. Januar des Folgejahres bezahlt werden, noch zu den Aufwendungen des Vorjahres.

Nicht begünstigte Aufwendungen

Nicht begünstigt sind:

- Aufwendungen für die Erteilung von **Unterricht** (z.B. Nachhilfeunterricht), die **Vermittlung besonderer Fähigkeiten**, sportliche und andere **Freizeitbetätigungen**,
- **personenbezogene Dienstleistungen** (z.B. Friseur- und Kosmetikleistungen), wenn diese nicht zu den Pflege- und Betreuungsleistungen gehören,
- die Beschäftigung von **im Haushalt** lebenden Ehegatten, Lebensgefährten oder Kindern.

TIPP

Betreuung durch Oma oder Opa

Wenn Sie z.B. Ihre Eltern zur Kinderbetreuung in der Weise einsetzen, dass diese den Fahrdienst für die Kinder, die das 14. Lebensjahr bereits vollendet haben, übernehmen und Ihre Eltern erhalten zwar keinen Lohn, aber Sie erstatten ihnen die Fahrtkosten, können Sie diese als begünstigte Sachleistungen der Betreuungsperson steuerlich geltend machen. Voraussetzung ist allerdings eine vertragliche Vereinbarung, eine Rechnung und die unbare Zahlung.

2 Steuerermäßigung für haushaltsnahe Beschäftigungsverhältnisse in Form von Minijobs

Begünstigte Aufwendungen

Begünstigt sind Aufwendungen für haushaltsnahe geringfügige Beschäftigungsverhältnisse (Minijobs), die in einem inländischen Haushalt ausgeübt werden. Vertiefend siehe → Minijobs.

Begünstigt sind die Aufwendungen für typische Tätigkeiten im Haushalt. Dazu gehören z.B. die Reinigung der Wohnung, die Zubereitung von Mahlzeiten, die Gartenpflege und die Versorgung und Betreuung von Kindern, sofern nicht Kinderbetreuungskosten geltend gemacht werden dürfen.

Umfang der Förderung

Für die Aufwendungen im Rahmen eines **geringfügigen Beschäftigungsverhältnisses** i.S.d. § 8a SGB IV gibt es eine **Steuerermäßigung** (direkter Abzug von der Steuer). Diese beträgt 20 % der tatsächlichen Aufwendungen, höchstens 510 €. Vertiefend siehe → Minijobs.

3 Steuerermäßigung für andere Beschäftigungsverhältnisse, Dienstleistungen und Pflegeleistungen

Begünstigte Aufwendungen sind solche in Zusammenhang mit

- einem **sozialversicherungspflichtigen Beschäftigungsverhältnis,**
- der Inanspruchnahme von **haushaltsnahen Dienstleistungen**,
- der Inanspruchnahme von **Pflege- und Betreuungsleistungen** und
- der **Unterbringung in einem Heim oder zur dauernden Pflege,** soweit dadurch Aufwendungen für Dienstleistungen anfallen, **die mit denen einer Hilfe im Haushalt vergleichbar sind.**

Für alle diese Aufwendungen kann **insgesamt** eine Steuerermäßigung in Anspruch genommen werden. Diese beträgt 20 % der gesamten Aufwendungen, höchstens 4.000 €.

Sozialversicherungspflichtige Beschäftigungsverhältnisse

Bei den sozialversicherungspflichtigen Beschäftigungsverhältnissen gehören neben dem Arbeitslohn die Sozialversicherungsbeiträge, die Lohn- und Kirchensteuer, der Solidaritätszuschlag, die Umlagen zur Lohnfortzahlungsversicherung sowie die Unfallversicherungsbeiträge, soweit sie der Arbeitgeber getragen hat, zu den Aufwendungen.

Haushaltsnahe Dienstleistungen

Zu den haushaltsnahen Dienstleistungen gehören nur Tätigkeiten, die nicht zu den handwerklichen Leistungen gehören, die gewöhnlich durch Haushaltsmitglieder erledigt werden können und für die ein externer selbstständiger Dienstleister in Anspruch genommen wird. Begünstigt sind danach z.B. Gebäudereiniger, Fensterputzer, Schneeräumdienste, Hausmeisterservice oder Gartenpflegearbeiten. Von Umzugsspeditionen durchgeführte, privat veranlasste Umzüge sind ebenfalls begünstigt.

Nur Dienstleistungen auf dem Privatgelände sind begünstigt. Es gilt das **Gartentorprinzip**, d.h., Aufwendungen zur Reinigung und Schneeräumung auf öffentlichen Gehwegen oder eine Grabpflege sind nach bisheriger Auffassung der Finanzverwaltung nicht begünstigt. Das FG Berlin-Brandenburg hat aber entschieden, dass die Anerkennung haushaltsnaher Dienstleistungen nicht an der Grundstücksgrenze enden dürfe, wenn die Arbeiten außerhalb des Grundstücks aufgrund öffentlich-rechtlicher Verpflichtung erbracht werden. Das Verfahren ist zwischenzeitlich beim BFH unter dem Aktenzeichen VI R 55/12 anhängig.

WICHTIG

Nicht begünstigte Aufwendungen

Berücksichtigt werden nur Aufwendungen für Dienstleistungen in Form von Arbeitslohn, Fahrt- und Maschinenkosten. **Material- oder Warenkosten** sind nicht begünstigt.

Keine Steuerermäßigung gibt es für TÜV-Gebühren für die Überwachung des Aufzugs, Kosten für eine Schadensfeststellung (z.B. Rohrbruch) oder Kosten für die Anlieferung von „Essen auf Rädern“, soweit darin personal- oder Fahrtkosten enthalten sind.

Leistungen, bei denen die Entsorgung im Vordergrund steht, sind nicht begünstigt (z.B. Müllgebühren). Ist die Entsorgung Nebenleistung (z.B. Grünschnittabfuhr bei Gartenpflege), kann der Aufwand angesetzt werden.

Aufwendungen für Verbrauchsmittel (z.B. Reinigungsmittel und Streugut) sind begünstigt.

BEISPIEL

Aufteilung des Gesamtbetrages

Sie haben einen Catering-Service mit der Durchführung Ihrer Gartenparty beauftragt. Speisen und Getränke werden angeliefert, Geschirr und Besteck werden zur Verfügung gestellt und Personal, das die Speisenausgabe übernimmt, ist für drei Stunden vor Ort.

Nur die Personalgestellung vor Ort ist als haushaltsnahe Dienstleistung anzusehen. Die Steuerermäßigung errechnet sich aus dem Arbeitskostenanteil.

Es reicht aus, wenn der Rechnungsaussteller den Arbeitslohnanteil in der Rechnung nur prozentual ausweist.

Pflege- und Betreuungsleistungen

Die Feststellung oder der Nachweis einer Pflegebedürftigkeit ist nicht erforderlich. Begünstigt sind Dienstleistungen zur Grundpflege, d.h. zur unmittelbaren Pflege am Menschen (Körperpflege, Ernährung und Mobilität) oder zur Betreuung.

Pflege durch Angehörige

Die Steuerermäßigung können auch **Angehörige** erhalten, wenn sie für

Pflege- bzw. Betreuungsleistungen im eigenen Haushalt oder im Haushalt der zu pflegenden Person aufkommen. Die Leistungen der Pflegeversicherung sind mit Ausnahme des Pflegegeldes anzurechnen. Nimmt der Angehörige den Pflege-Pauschbetrag oder den Behinderten-Pauschbetrag in Anspruch, schließt dies eine Steuerermäßigung aus. Auch der von einem Kind auf Sie übertragene Behinderten-Pauschbetrag führt zum Ausschluss. Vertiefend siehe → Behinderte Menschen und → Pflegekosten/Betreuungskosten/Heimunterbringung.

Die Steuerermäßigung ist haushaltsbezogen und wird nur einmal gewährt, wenn zwei pflegebedürftige Personen in einem Haushalt gepflegt werden.

4 Handwerkerleistungen

Eine Steuerermäßigung gibt es auch für handwerkliche Tätigkeiten im Zusammenhang mit Renovierungs-, Erhaltungs- und Modernisierungsmaßnahmen.

Umfang der Steuerermäßigung

Die Steuerermäßigung beträgt 20 % der Aufwendungen, höchstens 1.200 € jährlich.

Begünstigte Aufwendungen

Zu den **begünstigten Aufwendungen** gehören nur Aufwendungen für Renovierungs-, Erhaltungs- und Modernisierungsmaßnahmen. Dazu zählen insbesondere die Arbeiten am Dach, an der Fassade, an Garagen, Reparatur oder Austausch von Fenstern oder Türen und Bodenbelägen. Maler- und Tapezierarbeiten, Wartung oder Austausch von Heizungsanlagen sowie die Modernisierung des Badezimmers sind auch begünstigt. Austausch der Einbauküche und Reparatur von Haushaltsgeräten (z. B. Waschmaschine, Herd, Fernseher, PC) sind weitere begünstigte Arbeiten.

Schornsteinfegergebühren für Kaminreinigung und Emissionsmessung oder Aufwendungen für die Installation von Fernseh- oder Interneteinrichtungen sind ebenso wie die Aufwendungen für den Wach- und Schließdienst (z. B. Objektkontrolle, Betreuung von Alarmeinrichtungen) begünstigte Kosten.

ACHTUNG

Neubaumaßnahme oder begünstigter Aufwand

Nicht begünstigt sind die Aufwendungen im Rahmen einer **Neubaumaßnahme**.

Die Finanzverwaltung hat bisher die Auffassung vertreten, dass eine Neubaumaßnahme vorliegt, wenn bisher nicht vorhandene Wohn- oder Nutzfläche geschaffen wird (z. B. Ausbau des Dachgeschosses oder Einbau einer Dachgaube, Bau eines Wintergartens, Erstellung eines Carports oder einer Garage).

In einem Urteil v. 13.7.2011, VI R 61/10, hat der BFH aber ausgeführt, dass es sich bei Erd- und Pflanzarbeiten im Garten eines selbstbewohnten Hauses um begünstigte Handwerkerleistungen handelt. Dabei sei es unerheblich, ob ein Garten neu angelegt oder ein naturbelassener

Garten umgestaltet wird. Der BFH nahm in diesem Urteil auch zur Abgrenzung von Neubaumaßnahmen Stellung. Ob es sich bei den Aufwendungen für eine einzelne Maßnahme ertragsteuerrechtlich um Erhaltungs- oder Herstellungsaufwand handele, sei nicht ausschlaggebend. Vielmehr seien Aufwendungen für eine Maßnahme dann begünstigt, wenn sie im räumlichen Bereich eines **vorhandenen** Haushalts erbracht werden und nicht der Errichtung des Haushalts (Neubau) bis zu dessen Fertigstellung dienen. Dies würde bedeuten, dass auch nachträgliche Herstellungskosten in Zusammenhang mit neuer Wohn- oder Nutzflächenschaffung in einem vorhandenen Haushalt begünstigt sind.

Nicht begünstigt sind die gesamten Aufwendungen für Architektenleistung, da es sich nicht um eine handwerkliche Leistung handelt. Von der Steuerermäßigung ausgeschlossen sind auch Aufwendungen für **öffentlich geförderte Maßnahmen**, für die zinsverbilligte Darlehen oder steuerfreie Zuschüsse in Anspruch genommen werden.

Aufwendungen für Dichtheitsprüfungen an Abwasserleitungen sind nicht begünstigt, da es sich nicht um Reparaturmaßnahmen, sondern um eine Gutachtertätigkeit handelt.

Begünstigt sind auch bei Handwerkerleistungen nur die **Arbeitskosten, Fahrtkosten, Maschinenkosten** und die Kosten für **Verbrauchsmittel** (z.B. Befestigungsmaterial in geringem Umfang oder Streugut).

BEISPIEL

Haushaltsnahe Arbeiten

In der Wohnung des Steuerpflichtigen wird eine neue Einbauküche eingebaut. Die Einzelteile wurden vom Schreiner individuell angefertigt, geliefert und montiert.

Die Kosten für Material und der Arbeitslohn, der auf die Fertigung in der Werkstatt entfällt, sind nicht in die Steuerermäßigung einzubeziehen.

Bei Umzug in eine andere Wohnung kann sowohl für die Renovierung im bisherigen als auch im neuen Haushalt eine Steuerermäßigung in Anspruch genommen werden. Der Höchstbetrag verdoppelt sich aber nicht.

Die Steuerermäßigung kann im **Jahr der Zahlung** in Anspruch genommen werden.

TIPP

Abschlagszahlungen

Vereinbaren Sie mit Ihrem Handwerker Teil- oder Abschlagszahlungen in verschiedenen Jahren, dann können Sie die Steuerermäßigung für die jeweilige Zahlung in verschiedenen Jahren in Anspruch nehmen. Voraussetzung ist aber jeweils eine Rechnung für die betreffende Teil- oder Abschlagszahlung.

5 Unterbringung im Heim oder zur dauernden Pflege

Begünstigt ist eine Heimunterbringung wegen Alters oder zur dauernden Pflege (z.B. Altenheim, Pflegeheim, Wohnstift).

Ein eigenständiger und abgeschlossener Haushalt (Bad, Küche, Wohn- und Schlafbereich) ist nach bundeseinheitlich abgestimmter Auffassung nicht erforderlich, soweit Aufwendungen für die Reinigung des Zimmers und der Gemeinschaftsflächen, die Zubereitung (einschl. Servieren) der Mahlzeiten, das Waschen der Wäsche und Pflegeleistungen für die Grundpflege (Körperpflege, Einnahme der Mahlzeit und Mobilität, Betreuung) im Heim erbracht werden.

Die allgemeinen Unterkunftskosten, Aufwendungen für Handwerkerleistungen, Aufwendungen für Hausmeisterarbeiten und die Gartenpflege sind nur begünstigt, wenn ein eigenständiger und abgeschlossener Haushalt des Steuerpflichtigen im Heim vorhanden ist. Handwerkerleistungen, die ausschließlich auf Gemeinschaftsflächen entfallen, sind nicht begünstigt. Aufwendungen für die Möglichkeit, bei Bedarf bestehende Pflege- und Betreuungsleistungen in Anspruch zu nehmen, sind nur begünstigt, wenn die Dienstleistung tatsächlich in Anspruch genommen wurde.

6 Wohnungseigentümergemeinschaft

Liegt eine Beteiligung an einem Grundstück in Form von Wohnungseigentum oder Teileigentum vor, kann die Steuerermäßigung für haushaltsnahe Beschäftigungsverhältnisse oder vergleichbare Dienstleistungen (z.B. Hausmeister) und Handwerkerleistungen an diesem Grundstück in Anspruch genommen werden.

Geringfügige Beschäftigungsverhältnisse, die eine Wohnungseigentümergemeinschaft abschließt, sind als solche nicht begünstigt, da eine Teilnahme am Haushaltsscheckverfahren nicht möglich ist. Die Aufwendungen sind aber im Rahmen der haushaltsnahen Dienstleistungen abziehbar.

Erforderlich ist die Vorlage einer Jahresabrechnung der Wohnungseigentümergemeinschaft. In der Abrechnung müssen die verschiedenartigen Begünstigungen aufgelistet und der auf den Steuerpflichtigen entfallende Kostenanteil ausgewiesen sein.

Die Kosten für die Hausverwaltung durch einen externen Hausverwalter sind keine haushaltsnahen Dienstleistungen, da sie nicht auf dem Grundstück ausgeübt werden.

Abzugszeitpunkt

Einmalige Aufwendungen (z.B. Handwerkerrechnungen) werden erst im Jahr der Genehmigung der Jahresabrechnung berücksichtigt.

Bei **Vorauszahlungen** für regelmäßig wiederkehrende Dienstleistungen gilt grundsätzlich das Zahlungsprinzip, sie können aber auch im Jahr der Genehmigung geltend gemacht werden.

7 Mehrfache Förderung

Sie können die verschiedenen Steuerermäßigungen **nebeneinander** in Anspruch nehmen, der Höchstbetrag pro Förderart wird allerdings nur einmal gewährt.

BEISPIEL

Variante 1

Sie beschäftigen eine Hilfe im Haushalt, für die Sie Sozialversicherungspflichtbeiträge bezahlt haben. Die Gesamtkosten betragen 12.000 € im Jahr. Außerdem haben Sie einen Malermeister mit der Renovierung der Hausfassade beauftragt und 4.000 € Lohnkosten bezahlt. Die Wartung der Heizungsanlage kostet Sie 150 € Arbeitslohn.

Sie erhalten für die Haushaltshilfe eine Steuerermäßigung von 2.400 €. Für die Handwerkerleistungen wird insgesamt ein Betrag von 830 € abgezogen.

Variante 2

Sie beauftragen einen Landschaftsgärtner mit Arbeiten in Ihrem Garten. Die Arbeiten umfassen Schnittarbeiten an Hecken und Sträuchern, den Austausch von Büschen und anderen Pflanzen sowie das Fällen eines größeren Baumes. In der Rechnung in Höhe von 7.000 € sind 4.700 € Lohnaufwand, 2.000 € Materialkosten (Pflanzen und Erde) sowie 300 € Transportkosten enthalten.

Die Materialkosten sind nicht begünstigt. Die Lohnkosten können in haushaltsnahe Dienstleistungen (Gartenpflegearbeiten) – 20 %, höchstens 4.000 € – und Handwerkerleistungen (Fällen größerer Bäume, Rodungen, Um-/Neugestaltung des Gartens) – 20 %, höchstens 1.200 € – aufgeteilt werden. Die Entgelte müssen in der Rechnung gesondert ausgewiesen sein.

Leben **zwei Alleinstehende in einem Haushalt** zusammen, können sie die Höchstbeträge insgesamt nur einmal in Anspruch nehmen.

8 Haushaltsbezogene Höchstbeträge

Die Höchstbeträge sind haushaltsbezogen. Ehegatten oder Partner einer eingetragenen Lebensgemeinschaft, die einzeln veranlagt werden, können deshalb die Steuerermäßigung aus ihren jeweiligen Aufwendungen bis zum hälftigen Höchstbetrag in Anspruch nehmen. Sie können gemeinsam auch eine andere Aufteilung des Höchstbetrags beantragen. Dasselbe gilt für zwei Alleinstehende, die zusammen in einem Haushalt leben.

9 Zusammenfassung

Art der begünstigten Tätigkeit	Abzugsbetrag
geringfügig beschäftigte Haushaltshilfe (Minijob)	20 % der Aufwendungen, höchstens 510 €
sozialversicherungspflichtige Haushaltshilfe	20 % der gesamten begünstigten Aufwendungen, höchstens 4.000 €
haushaltsnahe Dienstleistungen	
haushaltsnahe Pflege- und Betreuungsleistungen	
Unterbringung im Heim oder zur dauernden Pflege bzgl. Aufwendungen, die denen einer Hilfe im Haushalt vergleichbar sind	
Handwerkerleistungen	20 % der Kosten (ohne Material), höchstens 1.200 €

Kapitaleinkünfte

Für Zins- und Dividendeneinkünfte im Privatvermögen hat sich die Besteuerung seit 2009 mit Einführung der Abgeltungsteuer komplett verändert. Aber auch im betrieblichen Bereich gilt es einiges zu beachten.

§§ 20, 9, 3c, 24c, 32d EStG, R 20.1 – 20.3 EStR

1 Wie findet die Besteuerung statt?

Einnahmen im Privatvermögen

Seit 2009 unterliegen u.a. Kapitalerträge von Privatpersonen regelmäßig nicht mehr dem normalen (progressiven) Einkommensteuertarif. Stattdessen muss z.B. die auszahlende Bank eine 25%ige Abgeltungsteuer einbehalten. Mit dieser ist die Steuerschuld des Anlegers regelmäßig abgegolten. Die Anrechnung der einbehaltenen Steuerbeträge im Rahmen der Veranlagung entfällt. Vertiefend siehe → Abgeltungsteuer.

Einnahmen im Betriebsvermögen

Hier verbleibt es grundsätzlich bei der bisherigen Handhabung, d.h. die Erträge werden im Rahmen der Gewinnermittlung erfasst und unterliegen somit der normalen Versteuerung (Einkommen- bzw. Körperschaftsteuer). Nach dem sog. „Teileinkünfteverfahren“ sind Dividenden und ähnliche Erträge zu 60 % steuerpflichtig. Ausgenommen sind weiterhin Dividenden, die Kapitalgesellschaften zufließen. Diese bleiben nach § 8b Abs. 1 KStG voll steuerfrei.

Bei betrieblichen Einnahmen erfolgt auch weiterhin eine Anrechnung der einbehaltenen Steuerbeträge. Außerdem sind Betriebsausgaben, die mit den Einnahmen in Zusammenhang stehen, als Betriebsausgaben abzugsfähig, und zwar in dem Verhältnis, in dem sie steuerpflichtig sind.

! WICHTIG

Anleger aufgepasst! Die Finanzverwaltung hat das Recht auf eine Konten- und Depotabfrage, und nach der Zinsinformationsverordnung müssen auch die Banken aus den meisten EU-Mitgliedstaaten und der Schweiz Meldungen über Zinserträge an eine Behörde im eigenen Land erstatten, die diese an die zuständige Behörde des Wohnsitzstaates weitergibt.

2 Sparerpauschbetrag

Der Sparerpauschbetrag beträgt

- 801 € für Alleinstehende bzw.
- 1.602 € für zusammen veranlagte Ehegatten.

Mit dem Sparerpauschbetrag sind sämtliche Werbungskosten abgegolten. Ein darüber hinausgehender Abzug kommt nur in Ausnahmefällen in Betracht.

3 Wie werden die Einkünfte versteuert?

Erfassung durch die Abgeltungsteuer

Zu den Einnahmen, die bei Privatpersonen der Abschlagsteuer unterliegen, gehören:

Zinsen und Dividenden

Welche Zins- und Dividendeneinnahmen und Einnahmen aus Investmentfonds unter die Abgeltungsteuer fallen, lesen Sie dort. Vertiefend siehe → Abgeltungsteuer.

Veräußerungsgewinne

Unter die Einnahmen aus Kapitalvermögen und damit auch die Abgeltungsteuer fallen seit 2009 auch Vorgänge, die bisher als „Spekulationsgewinne" bezeichnet wurden und regelmäßig nur bei Verkäufen innerhalb einer Frist von einem Jahr steuerpflichtig wurden.

Es handelt sich um folgende Vorgänge:	Gilt für
Veräußerung von Anteile an Körperschaften (z. B. Aktien)	Anteile, die nach dem 31.12.2008 erworben wurden
Veräußerung von Dividenden- und Zinsscheinen ohne Stammrecht	Veräußerungen nach dem 31.12.2008
Gewinne aus Termingeschäften	Rechte, die nach dem 31.12.2008 erworben wurden

Es handelt sich um folgende Vorgänge:	Gilt für
Veräußerung eines Anteils an einer stillen Gesellschaft bzw. eines partiarischen Darlehens	entsprechende Wirtschaftsgüter, Rechte oder Rechtspositionen, deren Anschaffung oder Erstellung nach dem 31.12.2008 erfolgte
Rechtsübertragung bei Hypotheken, Grundschulden, Renten	
Veräußerung einer Rechtsposition i. S. d. § 20 Abs. 1 Nr. 9 EStG (z. B. Anspruch aus Gewinnausschüttung)	
Veräußerung einer Kapitallebensversicherung	Abschluss des Versicherungsvertrags nach dem 31.12.2004; Veräußerung nach dem 31.12.2008
Veräußerung von sonstigen Kapitalforderungen	Zufluss nach dem 31.12.2008; Ausnahmen

Für die anderen Vorgänge gelten die Altregelungen. Vertiefend siehe → Spekulationsgeschäfte.

BEISPIEL

- Aktien am 5.1.2008 erworben, am 15.10.2013 veräußert – Altregelung, nicht steuerpflichtig.
- Grundstücksveräußerung – keine Aufzählung im § 20 EStG – Altregelung.

Berechnung der Veräußerungsgewinne

Die Berechnung der Gewinne erfolgt nach folgender Methode:

Veräußerungspreis
./. Anschaffungskosten
./. Veräußerungskosten
= Veräußerungsgewinn/Veräußerungsverlust

Veräußerungskosten dürfen entgegen dem Werbungskostenabzugsverbot abgezogen werden. Auch bei der Gewinnermittlung für Termingeschäfte sind die Aufwendungen im Zusammenhang mit diesen abziehbar.

Bei der Veräußerung von Wertpapieren wird unterstellt, dass die zuerst angeschafften Wertpapiere auch zuerst veräußert wurden.

Fremdwährungsgeschäfte

Bei Fremdwährungsgeschäften sind die Einnahmen im Zeitpunkt der Veräußerung und die Anschaffungskosten im Zeitpunkt der Anschaffung in Euro umzurechnen. Das bedeutet, dass zukünftig alle Fremdwährungsgewinne der Abgeltungsteuer unterliegen.

BEISPIEL

L kauft am 5.1.2013 100 Stück Aktien für 130 US$. Der Kurs beträgt 1,20 €. L zahlt somit 15.600 €. Er verkauft am 20.10.2013 für 120 US$, Kurs 1,40 € und erhält 16.800 €. Obwohl K auf Dollar-Basis einen Verlust erzielt hat, muss er 1.200 € versteuern.

Unentgeltlicher Erwerb

Bei unentgeltlichem Erwerb (z. B. Erbschaft, Schenkung) sind die Anschaffungswerte des Rechtsvorgängers maßgebend.

Verluste

Verluste aus den Einkünften, die der Abgeltungsteuer unterliegen, können nicht mit anderen positiven Einkünften verrechnet werden. Diese werden jedoch auf zukünftige Erträge vorgetragen.

Eine weitere Einschränkung gilt für Aktienveräußerungen:

Aktienveräußerungsverluste dürfen nur mit Aktienveräußerungsgewinnen ausgeglichen bzw. verrechnet werden, § 20 Abs. 6 S. 5 EStG.

BEISPIEL

A hat Zinserträge i. H. v. 2.000 € bezogen. Daneben hat er aus der Veräußerung von Aktien Gewinne i. H. v. 500 € und Verluste von 1.200 € erzielt.

Die Zinserträge unterliegen in vollem Umfang der Abgeltungsteuer. Die Aktienveräußerungsgewinne werden mit den -verlusten verrechnet. Der Restbetrag von 700 € wird vorgetragen auf das nächste Jahr.

TIPP

Nach dem Gesetzeswortlaut gilt die eingeschränkte Verlustverrechnung nur für Aktienveräußerungsverluste, nicht z. B. für Aktienfonds.

Wären die Verluste in obigem Beispiel durch die Veräußerung von Aktienfonds angefallen, hätte eine Verrechnung auch mit den Zinseinkünften stattfinden können, sodass insgesamt nur 1.300 € (2.000 + 500 ./. 1.200 €) der Abgeltungsteuer unterliegen würden.

Verluste und Gewinne bei verschiedenen Banken

In diesem Fall muss der Anleger bis zum 15.12. des entsprechenden Jahres bei seiner Bank eine Bescheinigung über die angefallenen Verluste anfordern.

Der Verlusttopf wird daraufhin bei dieser Bank geleert und die Verluste im Rahmen der Einkommensteuerveranlagung angerechnet.

Verluste im Ausland

Verluste, die bei ausländischen Banken entstanden sind, müssen ebenfalls bei der Veranlagung geltend gemacht werden.

Verlustvortrag aus Altjahren

Veräußerungsverluste, die in den Jahren bis 2009 nach der Altregelung entstanden sind und vorgetragen wurden, dürfen mit Veräußerungsgewinnen, nicht jedoch mit laufenden Kapitaleinnahmen verrechnet werden. Dabei ist ohne Belang, ob der Verlust aus Wertpapier- oder Immobilienveräußerungen entstanden ist. Die Verrechnung der Altverluste kann nicht beim Steuerabzug, sondern erst bei der Veranlagung erfolgen.

Diese Regelung kann letztmalig bei der Einkommensteuerveranlagung 2013 in Anspruch genommen werden.

Ab 2014 dürfen auch Altverluste lediglich mit Gewinnen aus § 23 EStG (Spekulationsgewinne) verrechnet werden.

Vertiefend siehe → Abgeltungsteuer und → Spekulationsgeschäfte.

Erfassung im Rahmen der Einkommensteuerveranlagung

Folgende Einnahmen sind im Rahmen der Einkommensteuerveranlagung zu erfassen.

Einnahmen, die nicht unter die Abgeltungsteuer fallen, und Einnahmen auf Antrag

Für inländische Einnahmen, die nicht unter die Abgeltungsteuer fallen, haben wir Ihnen unter „Die wichtigsten Ausnahmen", dargestellt. Vertiefend siehe → Abgeltungsteuer.

Auch wenn von der Veranlagungsoption Gebrauch gemacht wird, müssen die Einnahmen in der Steuererklärung angegeben werden. Vertiefend siehe → Abgeltungsteuer.

TIPP

In Fällen, in denen Sie die Kapitalertragsteuer erstattet haben wollen, weil der Sparerpauschbetrag nicht ausgenutzt wurde, müssen Sie unbedingt die Günstigerprüfung durch ein Kreuz in der Anlage KAP beantragen. Nur dann führt das Finanzamt die Prüfung durch!

Außerdem sollten Sie Ihren Steuerbescheid daraufhin kontrollieren!

Dasselbe gilt für den Antrag, den Anteilseigner von Kapitalgesellschaften stellen können. Vertiefend siehe → Abgeltungsteuer.

Hier gilt für Dividenden das Teileinkünfteverfahren.

Außerdem sind im Veranlagungsverfahren alle ausländischen Einnahmen zu erklären.

Steuererstattungszinsen

Durch das JStG 2010 wurden Zinsen auf Steuererstattungen, auch rückwirkend, zu steuerpflichtigen Einnahmen erklärt. Hierzu sind Verfahren anhängig, BFH VIII R 1/11 und BFH VIII R 36/10.

TIPP

Legen Sie gegen Bescheide, in denen Steuererstattungszinsen als Kapitalerträge versteuert werden, Einspruch ein und beantragen Sie das Ruhen.

Kapitallebensversicherungen

Einnahmen aus Kapitallebens- und Rentenversicherungen unterliegen der „normalen" Versteuerung. Dabei gilt:

Die Ertragsanteile aus Verträgen, die bis 2004 geschlossen wurden, sind steuerfrei, wenn die Mindestlaufzeit von zwölf Jahren erfüllt ist.

Erträge aus Kapitallebensversicherungen, die nach dem 31.12.2004 abgeschlossen werden, müssen versteuert werden. Steuerpflichtig ist die Differenz zwischen Ablaufleistung und den gezahlten Beiträgen. Erfolgt die Auszahlung nach Vollendung des 60. Lebensjahres und nach Ablauf von zwölf Jahren seit dem Vertragsabschluss, sind die Erträge nur zur Hälfte steuerpflichtig.

Diese Regelung gilt entsprechend für Erträge aus fondsgebundenen Lebensversicherungen, für Erträge im Erlebensfall bei Rentenversicherungen ohne Kapitalwahlrecht, soweit keine lebenslange Rentenzahlung vereinbart und erbracht wird, und für Erträge bei Rückkauf des Vertrags bei Rentenversicherungen ohne Kapitalwahlrecht.

Wird eine Kapitallebensversicherung mit Rentenwahlrecht abgeschlossen, erfolgt auch bei Ausübung der Rentenoption eine Besteuerung der Erträge aus der Anspar- bzw. Aufschubphase.

Ausgenommen von diesen Regelungen sind sog. vermögensverwaltende Versicherungsverträge. Diese liegen vor, wenn in einem Versicherungsvertrag eine gesonderte Verwaltung von speziell für diesen Vertrag zusammengestellten Kapitalanlagen vereinbart ist.

Rentenversicherungen

Bei einer Rentenversicherung mit Kapitalwahlrecht, bei der der Versicherungsnehmer die Rentenzahlung wählt, bleiben die Zinserträge bis zum Auszahlungsbeginn unversteuert. Zu versteuern sind allerdings die Zinsen, die durch die gestreckte Auszahlung entstehen.

Nimmt der Versicherungsnehmer jedoch die Kapitalauszahlung in Anspruch, muss der Zinsanteil versteuert werden.

WICHTIG

Voraussetzungen für das Vorliegen einer Rentenzahlung sind:

- gleichbleibender oder steigender wiederkehrender Bezug,
- zeitlich unbeschränkte Gültigkeit für die Lebenszeit der versicherten Person (lebenslange Leibrente).

In vollem Umfang zu versteuern sind Renten, wenn eine Höchstlaufzeit (abgekürzte Leibrente) oder eine festgelegte Dauer (Zeitrente) vereinbart wird. Bei einer Mindestlaufzeit (verlängerte Leibrente) erfolgt eine volle Versteuerung nur dann, wenn die Rentengarantiezeit über die mittlere Lebenserwartung des Versicherten bei Rentenbeginn hinausgeht. In den anderen Fällen gilt die Ertragsanteilsbesteuerung auch für den Erben.

TIPP

Die Auszahlung in Form einer lebenslangen Rente ist steuerfrei, soweit die darin enthaltenen Zinsen die Ansparzeit (Vertragsschluss bis Rentenbeginn) betrifft. Nicht begünstigt ist die Auszahlung durch Einmalbetrag oder mehrere Teilbeträge.

Steuerpflichtig sind aber die Zinsen aus der Zeit vom Rentenbeginn bis zur tatsächlichen Auszahlung (Ertragsanteil).

BEISPIEL

A hat eine Rentenversicherung mit Kapitalwahlrecht abgeschlossen. Mit Vollendung des 64. Lebensjahres kann er wählen, ob er eine Einmalzahlung erhält oder lebenslang einen gleichbleibenden Betrag.

Wählt A die Auszahlung als **Rente**, bleiben die Beträge steuerfrei, nur der Zinsanteil, der auf die Zeit vom Beginn der Rentenzahlung an bis zur Auszahlung eines jeden einzelnen Rentenbetrags anfällt, ist steuerpflichtig. Wählt er dagegen eine Kapitalauszahlung, muss er alle Erträge versteuern.

ACHTUNG

Wählt A zunächst die Rentenzahlung und lässt sich später den Restbetrag als Einmalbetrag auszahlen, ist dieser Betrag noch steuerpflichtig.

Hat A vereinbart, dass die Auszahlung in Form einer konstanten Anzahl von Investmentfondsanteilen erfolgen soll, ist der Grundsatz, dass es sich um eine gleichbleibende Rente handeln muss, nicht gewahrt, da die Fondsanteile Wertschwankungen oder einem totalen Wertverlust unterliegen können und es dadurch zu einem zumindest zeitweise sinkenden Bezug kommen kann.

BEISPIEL

B hat eine Rentenversicherung abgeschlossen, die ihm ab Vollendung des 64. Lebensjahres bis zum Tod, längstens aber 20 Jahre, eine Rente zahlt.

Begrifflich handelt es sich um eine **abgekürzte Leibrente**. Die Auszahlung ist in vollem Umfang steuerpflichtig.

BEISPIEL

C hat ebenfalls eine Rentenversicherung abgeschlossen, die ihm ab Vollendung des 64. Lebensjahres für 20 Jahre eine Rente zahlt.

Die Auszahlung der **Zeitrente** ist auch in vollem Umfang steuerpflichtig.

BEISPIEL

E hat ebenfalls eine Rentenversicherung abgeschlossen, die ihm ab Vollendung des 64. Lebensjahres bis zum Tod, mindestens aber zwölf Jahre, eine Rente zahlt. Sollte er vorher versterben, erhalten seine Erben die Rente bis zum Ablauf der Laufzeit.

Es handelt sich um eine **verlängerte Leibrente**, die steuerfrei bleibt.

Wäre jedoch die Mindestlaufzeit mit 20 Jahren vereinbart worden, müsste E (und bei Versterben vor Ablauf dieses Zeitraums auch seine Erben) die Rentenzahlungen im vollen Umfang versteuern. In diesem Fall wäre nämlich die Mindestlaufzeit länger als die Lebenserwartung des E.

Verzugszinsen

Zivilrechtliche Verzugs- oder Prozesszinsen unterliegen nicht der Besteuerung.

BFH, Urteil v. 24.5.2011, VIII R 3/09

4 Werbungskosten

Mit dem Sparerpauschbetrag sind regelmäßig sämtliche Werbungskosten (z. B. Depotgebühren, Fremdfinanzierungszinsen etc.) abgegolten.

Etwas anderes gilt nur, wenn die Einnahmen dem Betriebsvermögen zufließen. Näheres unter Punkt 2 „Einnahmen im Betriebsvermögen". Oder wenn Anteilseigner von Kapitalgesellschaften einen Antrag auf Einbeziehung der Einkünfte in die Regelbesteuerung stellen. Vertiefend siehe dazu „Erfassung im Rahmen der Einkommensteuerveranlagung" im vorliegenden Lexikonstichwort.

TIPP

Sofern für Ihre Kapitaleinkünfte hohe Kosten anfallen, z. B. Zinsen für fremdfinanzierte Wertpapiere, können Sie diese in anderen Fällen nur dann geltend machen, wenn Sie die Wertpapiere in den betrieblichen Bereich einlegen.

Sofern Sie keinen Betrieb haben, kommt u. U. die Gründung einer gewerblich geprägten Personengesellschaft in Betracht.

TIPP

Das FG Baden-Württemberg hat entschieden, dass der Abzug von Werbungskosten in tatsächlicher Höhe jedenfalls in den Fällen auf Antrag möglich ist, in denen der tarifliche Einkommensteuersatz bereits unter Berücksichtigung des Sparer-Pauschbetrags unter dem Abgeltungsteuersatz von 25 % liegt.

FG Baden-Württemberg, Urteil v. 17.12.2012, 9 K 1637/10, Revision beim BFH Az. VIII R 13/13

Ausdrücklich nicht entschieden ist die Frage, ob ein Werbungskostenabzug auch erfolgen muss, wenn der persönliche Steuersatz des Steuerzahlers höher ist als der 25%ige Abgeltungsteuersatz.

Aufwendungen im Zusammenhang mit Kapitalerträgen, die dem Steuerpflichtigen vor dem 1.1.2009 zugeflossen sind, können auf jeden Fall unbeschränkt als (nachträgliche) Werbungskosten abgezogen werden.

FG Düsseldorf, Urteil v. 14.11.2012, 2 K 3893/11 E, Revision beim BFH Az VIII R 53/12

FG Köln, Urteil v. 17.4.2013, 7 K 244/12 (Revision wurde zugelassen)

Die Verfassungsmäßigkeit des Abzugsverbots von Werbungskosten beschäftigt das FG Münster (Az. 3 K 1277/11).

Wegen der unklaren Rechtslage sollten Sie immer dann Einspruch einlegen und das Ruhen des Verfahrens beantragen, wenn bei Ihnen Kosten angefallen sind, die den Sparerpauschbetrag übersteigen.

5 Nutzen Sie den Freistellungsauftrag

TIPP

Prüfen Sie Ihre Freistellungsaufträge!

Nutzen Sie den Höchstbetrag nicht in voller Höhe aus, obwohl Ihre Einkünfte, die der Abgeltungsteuer unterliegen, höher sind, müssen Sie besonders aufpassen, damit Sie kein Geld verlieren! Vertiefend siehe → Abgeltungsteuer.

6 Lohnt es sich, Zinseinkünfte auf Kinder zu verlagern?

Durch die Abgeltungsteuer wird die Vermögensübertragung auf Kinder aus steuerlichen Gründen unattraktiver. Der Abgeltungsteuersatz ist für alle gleich, unabhängig von der Höhe der Einkünfte. Zwar könnte für die Kinder noch eine Berücksichtigung im Rahmen der Veranlagung beantragt werden, aber dann wird sich das Finanzamt sicher intensiv damit beschäftigen, ob eine anzuerkennende Übertragung vorliegt. Vertiefend siehe → Abgeltungsteuer.

Wollen Sie trotzdem Vermögen übertragen, müssen Sie folgende Grundsätze beachten:

- Nach der Vermögensübertragung müssen die Kapitalanlagen auf den Namen des Kindes lauten.
- Außerdem muss der endgültige Übergang feststehen. Der Wille der Eltern sollte für die Bank eindeutig erkennbar sein (z. B. durch ausdrückliche Regelungen zur Begünstigung und Gläubigerstellung des Kindes).
- Für die steuerrechtliche Zurechnung der Kapitalerträge ist es erforderlich, dass die Eltern das Geldvermögen der Kinder wie fremdes Vermögen behandeln.
- Auslegungsschwierigkeiten können vermieden werden, wenn bei Errichten des Sparkontos klargestellt ist, dass eine Verfügungsbefugnis der Eltern nur auf dem elterlichen Sorgerecht entsprechend den §§ 1626 ff. BGB beruht und tatsächlich entsprechend verfahren wird.
- Die Zinseinkünfte sollten bei minderjährigen Kindern vorsorglich bis zur Volljährigkeit stehen gelassen werden. Schädlich ist es, wenn die Erträge für den Unterhalt des Kindes oder für Belange der Eltern verwendet werden. Bei volljährigen Kindern können die Eltern verlangen, dass das Kind die Erträge und das Vermögen zur Bestreitung seines Unterhalts einsetzt.

WICHTIG

Die Gefahr, den Anspruch auf Kindergeld durch zu hohe eigene Einkünfte und Bezüge des Kindes zu verlieren, ist seit 2012 beseitigt. Einkünfte und Bezüge des Kindes spielen bei der Kindergeldfestsetzung keine Rolle mehr.

7 Veräußerung von Anteilen an Kapitalgesellschaften

Ein Gewinn aus der Veräußerung von Anteilen an einer Kapitalgesellschaft (z.B. GmbH) gehört nach § 17 EStG zu den Einkünften aus Gewerbebetrieb wenn der Veräußerer irgendwann innerhalb der letzten fünf Jahre am Kapital der Gesellschaft unmittelbar oder mittelbar zu mindestens 1 % beteiligt war. § 17 EStG greift also auch dann, wenn der Beteiligungsumfang zum Zeitpunkt der Veräußerung nicht mehr als 1 % beträgt, aber im Fünf-Jahreszeitraum eine Beteiligung von mind. 1 % vorgelegen hat. Steuerpflichtig ist auch der Verkauf eines Anteils von weniger als 1 %.

Der Veräußerungsgewinn unterliegt dem Teileinkünfteverfahren, § 3 Nr. 40 S. 1 EStG, und wird dem Einkommen nur mit 60 % zugerechnet.

Für den steuerpflichtigen Teil des Veräußerungsgewinns sieht § 17 Abs. 3 EStG einen Veräußerungsfreibetrag vor. Dieser beträgt 9.060 € bei einer 100%igen Beteiligung. Bei einem geringeren Anteil wird der Freibetrag nur anteilig gewährt (z.B. bei einer 30%igen Beteiligung 2.718 €). Beträgt der Veräußerungsgewinn mehr als 36.100 €, wird der Freibetrag um den übersteigenden Betrag gekürzt.

Auch Verluste sind zu 60 % steuerwirksam.

Kinder

Wenn im Rahmen Ihrer Einkommensteuererklärung Kinder berücksichtigt werden sollen, müssen Sie für jedes Kind eine eigene Anlage Kind ausfüllen. Dort können Sie auch die Angaben zum Kindergeld machen und den Abzug von Kinderfreibetrag, Freibetrag für Betreuungs-, Erziehungs- und Ausbildungsbedarf, Schulgeld, Kinderbetreuungskosten, Krankenversicherungsbeiträgen für Kinder oder einen Freibetrag für volljährige Kinder in Ausbildung beantragen.

§§ 32, 33a Abs. 2, 10 Abs. 1 Nr. 5 und Nr. 9 EStG

1 Voraussetzungen für die Kinderberücksichtigung

Für alle kindabhängigen Steuervergünstigungen ist Grundvoraussetzung, dass das Kind steuerlich berücksichtigt wird. Die Berücksichtigung hängt vom Kindschaftsverhältnis und dem Alter des Kindes ab.

Kindschaftsverhältnis

Ein Kindschaftsverhältnis besteht bei leiblichen Kindern (= eheliche, uneheliche, für ehelich erklärte Kinder), Adoptivkindern und Pflegekindern.

Adoptivkinder können im Regelfall nur bei den Adoptiveltern, Pflegekinder nur bei den Pflegeeltern berücksichtigt werden.

Alter des Kindes

Kinder unter 18 Jahren

Kinde werden ab dem Geburtsmonat bis zum Monat der Vollendung des 18. Lebensjahrs immer berücksichtigt. Dabei ist es egal, ob sie verheiratet sind oder einer Vollerwerbstätigkeit nachgehen.

BEISPIEL

Ein Ehepaar hat zwei Kinder. Sohn Tom ist am 15.3.1995, Tochter Lena am 8.6.2013 geboren.

Tom wird im März 2013 18 Jahre alt. Bis einschließlich März wird er auf jeden Fall berücksichtigt. Danach kommt es darauf an, ob er die Voraussetzungen, die für volljährige Kinder gelten, erfüllt. Tochter Lena ist sieben Monate lang (Juni bis Dezember 2013) zu berücksichtigen.

Kinder von 18 bis 25 Jahren

Bei volljährigen Kindern hängt die Berücksichtigung davon ab, ob sie bestimmte **zusätzliche** Voraussetzungen erfüllen, z. B. in Berufsausbildung sind.

Eine **Übersicht** zu den altersmäßigen Bedingungen finden Sie **am Ende des Stichworts**.

Im Folgenden einige Erläuterungen zu den einzelnen Bedingungen:

Arbeitslosigkeit

Eine Berücksichtigung des Kindes (bis **21** Jahre) ist möglich, wenn das Kind nicht in einem Beschäftigungsverhältnis steht (Minijob mit max. 450 € mtl. ist unschädlich) und bei der Bundesagentur für Arbeit, oder einem anderen für Arbeitslosengeld II zuständigen Leistungsträger (z. B. ARGE), **als Arbeit suchend gemeldet** ist. Die Meldung ist zwingende Voraussetzung und muss alle drei Monate erneuert werden.

Berufsausbildung

Zur Berufsausbildung zählen die Ausbildung für einen künftigen Beruf, z. B. betriebliche Lehre, die allgemeine Schulbildung (Grund-, Haupt-, Real-, Haushalts-, Berufsfachschule, Gymnasium) sowie ein Studium (Fachhochschule, Universität, Berufsakademie). Darüber hinaus gehören dazu sämtliche Maßnahmen, bei denen Kenntnisse und Fähigkeiten vermittelt werden, die als Grundlage für die Ausübung des angestrebten Berufs geeignet sind, wie z. B. Volontariat, Praktika von Studenten, Vorbereitung auf das Doktorexamen (Promotion), ein zeitlich begrenzter Besuch von Allgemeinwissen vermittelnden Schulen im Ausland oder Sprachaufenthalte im Ausland, z. B. als Au-pair (wenn wöchentlich mindestens zehn Unterrichtsstunden theoretisch-systematischer Sprachunterricht stattfinden).

Übergangszeiten

Eine Berücksichtigung in einer Übergangszeit zwischen Ausbildung (Schule) und Beginn des freiwilligen Wehrdienstes, Bundesfreiwilligendienstes, eines freiwilligen Jahrs bzw. zwischen Ende dieser freiwilligen Dienste und einer weiteren Ausbildung (z. B. Studium) ist möglich, wenn die Übergangszeit nicht länger als **vier volle** Monate dauert.

BEISPIEL

Ein Kind beendet am 30.6. seinen Freiwilligendienst und beginnt am 15.11. eine Ausbildung.

Es kann auch für Juli bis Oktober (Übergangszeit) und ab November (Berufsausbildung) berücksichtigt werden. Angefangene Monate (hier November) zählen **nicht** zu den vier Übergangsmonaten. Etwas anderes gilt nur, wenn das Kind eine abgeschlossene Berufsausbildung hat und in der Übergangszeit vollerwerbstätig ist (s. u.).

Beträgt die Übergangszeit dagegen mindestens fünf volle Monate, kann das Kind während der **gesamten** Übergangszeit, also auch für die ersten vier Monate, nicht berücksichtigt werden, es sei denn, ein anderer Berücksichtigungstatbestand (z. B. kein Ausbildungsplatz, s. u.) ist erfüllt.

Die Viermonatsfrist gilt auch für den Zeitraum zwischen zwei Ausbildungsabschnitten, einer abgebrochenen Ausbildung bzw. dem Verlust eines Ausbildungsplatzes und dem Beginn einer neuen bzw. Fortsetzung der Ausbildung. Ebenso ist der Zeitraum zwischen einer abgeschlossenen ersten Berufsausbildung und einer neuen (zweiten) Ausbildung begünstigt, allerdings nur, wenn das (volljährige) Kind in dieser Zeit nicht voll erwerbstätig ist (s. u.).

Kein Ausbildungsplatz

Kann ein Kind seine Ausbildung wegen eines fehlenden Ausbildungsplatzes nicht beginnen oder fortsetzen, ist eine Berücksichtigung möglich, wenn das ernsthafte Bemühen des Kindes nachgewiesen wird (z. B. Bescheinigung von der Bundesagentur für Arbeit, Bewerbung um Studienplatz etc.). Auch ein bereits fest zugesagter Ausbildungsplatz (für das Folgejahr) ist ausreichend, wenn ein früherer Ausbildungsbeginn nicht möglich ist.

Freiwilligendienste

Eine Kinderberücksichtigung ist auch möglich, wenn das Kind

- ein freiwilliges soziales oder ökologisches Jahr,
- einen europäischen Freiwilligendienst,
- einen Dienst im Ausland nach § 14b des Zivildienstgesetzes oder einen entwicklungspolitischen Freiwilligendienst,
- einen Freiwilligendienst aller Generationen,
- einen internationalen oder Bundesfreiwilligendienst

ableistet.

Wehrdienst

Leistet ein Kind den **freiwilligen** Wehrdienst ab, kann es während dieser Zeit steuerlich nicht berücksichtigt werden.

Die Ableistung des früheren **gesetzlichen** Grundwehr- oder Zivildienstes kann jedoch dazu führen, dass das Kind über die Altersgrenze hinaus berücksichtigt wird (vgl. Übersicht am Ende des Stichworts).

Erwerbstätigkeit des Kindes

Minderjährige Kinder können immer berücksichtigt werden, egal ob sie in Ausbildung oder vollerwerbstätig sind. Bei volljährigen Kindern spielt es bis zum Abschluss der ersten Ausbildung (erster Berufsabschluss, Erststudium mit Bachelorabschluss) ebenfalls keine Rolle, ob das Kind, das die Voraussetzungen für eine Berücksichtigung dem Grunde nach erfüllt, vollerwerbstätig ist oder nicht.

BEISPIEL

Ein Kind hat nach dem Abitur im Juni vier Monate lang 40 Stunden wöchentlich gearbeitet und monatlich 2.500 € Bruttolohn erhalten. Danach studiert es.

Das Kind kann das ganze Jahr berücksichtigt werden, weil es entweder in Ausbildung ist (Schule, Studium) oder sich in einer viermonatigen Übergangszeit zwischen zwei Ausbildungsabschnitten befindet. Die Erwerbstätigkeit des Kindes und die Höhe der dabei erzielten Einkünfte spielen keine Rolle.

Nach Abschluss der erstmaligen Ausbildung bzw. des Erststudiums kann ein Kind, das danach eine (weitere) Ausbildung macht, sich in einer Übergangszeit befindet oder Ausbildungsplatz suchend ist, nur berücksichtigt werden, wenn es in der Woche regelmäßig insgesamt nicht mehr als 20 Stunden arbeitet oder nur geringfügig (Arbeitslohn aus einem Minijob mit mtl. max. 450 €) beschäftigt ist.

BEISPIEL

Ein 20 Jahre altes Kind hat seine Lehre im September mit der Gesellenprüfung abgeschlossen. Es bewirbt sich im September um einen Studienplatz und erhält im Oktober die Zusage, dass es zum Sommersemester des nächsten Jahres mit dem Studium beginnen kann.

Das Kind ist ab September bis zum Studienbeginn

1. vollerwerbstätig (> 20 Std./Woche),
2. geringfügig beschäftigt (450 €/Minijob),
3. nicht erwerbstätig.

Das Kind erfüllt dem Grunde nach auch ab Oktober die Voraussetzungen für eine Berücksichtigung (Ausbildungsplatz suchend).

Im Fall a) kann es jedoch wegen der Erwerbstätigkeit ab Oktober bis zum Studienbeginn nicht mehr berücksichtigt werden.

In den Fällen b) und c) ist die Berücksichtigung dagegen weiterhin möglich. Eine geringfügige Beschäftigung ist unschädlich.

Eine Erwerbstätigkeit nach erstmaligem Berufsabschluss ist auch dann unschädlich, wenn sie im Rahmen eines Ausbildungsdienstverhältnisses ausgeübt wird.

BEISPIEL

Ein volljähriges Kind hat seine Lehre mit der Gesellenprüfung im Juli abgeschlossen. Ab September beginnt es eine zweite betriebliche Ausbildung. Im Rahmen der Ausbildung hat das Kind eine Arbeitszeit von 40 Std./ Woche und erhält eine Ausbildungsvergütung von monatlich 1.000 €.

Das Kind kann das ganze Jahr berücksichtigt werden. Da die Erwerbstätigkeit im Rahmen eines Ausbildungsdienstverhältnisses erfolgt, ist sie ohne Bedeutung.

Wird die Erwerbstätigkeit nur vorübergehend (höchstens 2 Monate) über 20 Stunden wöchentlich hinaus ausgeweitet, ist dies unbeachtlich, wenn während des gesamten Berücksichtigungszeitraums im Jahr die durchschnittliche Arbeitszeit nicht mehr als 20 Stunden beträgt.

BEISPIEL

Nach abgeschlossener Lehre studiert das Kind seit Herbst 2012. Ab dem 1.3.2013 ist das Kind neben dem Studium wöchentlich 19 Stunden erwerbstätig. In den Semesterferien arbeitet es im August und September in Vollzeit 40 Stunden wöchentlich. Ab dem 1.11.2013 beträgt die wöchentliche Arbeitszeit in dem anderen Beschäftigungsverhältnis nur noch 15 Stunden.

Da das Kind das ganze Jahr 2013 in Ausbildung ist, kann es dem Grunde nach das ganze Jahr berücksichtigt werden. Zu prüfen ist jedoch, nachdem das Kind bereits eine abgeschlossene Berufsausbildung hat, ob die ausgeübte Erwerbstätigkeit schädlich ist. Da die Ausweitung der Arbeitszeit nicht länger als zwei Monate und damit vorübergehend ist, ergibt sich folgende Berechnung:

1.3.–31.7. (21 Wochen): 19 Std./Woche

1.8.–30.9 (8 Wochen): 40 Std./Woche

01.11–31.12. (8 Wochen): 15 Std./ Woche

Die wöchentliche Arbeitszeit beträgt durchschnittlich 16 Stunden [(21 Wochen × 19 Std. + 8 Wochen × 40 Std. + 8 Wochen × 15 Std.): 52 Wochen (Jahr)] und liegt damit im Jahr 2013 unter 20 Stunden. Das Kind kann das ganze Jahr 2013 berücksichtigt werden.

BEISPIEL

Wie oben, aber die durchschnittliche Arbeitszeit während der Ausbildungszeit 2013 liegt über 20 Std./Woche.

Das Kind kann damit in der Zeit der Ausweitung der Erwerbstätigkeit über 20 Stunden, also im August und September nicht berücksichtigt werden.

BEISPIEL

Wie oben, aber das Kind arbeitet in drei Monaten (Juli–September) in Vollzeit.

Unabhängig davon, ob die durchschnittliche wöchentlich Arbeitszeit im Jahr 20 Stunden überschreitet oder nicht, kann das Kind für die drei Monate der Vollerwerbstätigkeit nicht berücksichtigt werden, da die Erwerbstätigkeit nicht nur vorübergehend ausgeweitet wurde. In den anderen neun Monaten wird es steuerlich berücksichtigt.

Verheiratete Kinder

Ab dem Monat nach der Eheschließung kann ein **volljähriges** Kind nicht mehr berücksichtigt werden, es sei denn, der Ehegatte kann mangels eigener Einkünfte keinen (ausreichenden) Unterhalt aufbringen (z. B. Studentenehe). Dasselbe gilt für Kinder in einer eingetragenen gleichgeschlechtlichen Lebenspartnerschaft.

Behinderte Kinder

Behinderte Kinder können **ohne Altersbegrenzung** berücksichtigt werden, wenn die Behinderung vor Vollendung des 25. Lebensjahrs eingetreten ist und sich das Kind behinderungsbedingt nicht selbst unterhalten kann, d. h. nicht über ausreichende Mittel (Einkünfte, Bezüge) verfügt, um seinen notwendigen Lebensbedarf (allgemeiner Lebensbedarf i. H. v. 8.130 €/Jahr und individueller behinderungsbedingter Mehrbedarf mindestens in Höhe des Behindertenpauschbetrags) zu decken.

Als Behinderung zählen neben körperlichen, seelischen und geistigen Behinderungen auch Suchtkrankheiten (z. B. Drogenmissbrauch und Alkoholismus). In der Regel ist ein Grad der Erwerbsminderung von mindestens 50 % notwendig.

TIPP

Das Vermögen des Kindes ist ohne Bedeutung.

Zur Berechnung der verfügbaren Einkünfte bei behinderten Kindern, die auf Kosten von Sozialleistungsträgern in Heimen vollstationär untergebracht sind.

BFH, Urteil v. 24.5.2000, VI R 89/99 und BFH, Urteil v. 15.10.1999, VI R 40/98

BStBl I 2002, 397 und 2007, S. 487

TIPP

Soweit ein vollstationär untergebrachtes Kind, außer über die Eingliederungshilfe einschließlich Taschengeld, über keine weiteren Einkünfte oder Bezüge verfügt, kann aus Vereinfachungsgründen davon ausgegangen werden, dass die eigenen Mittel des Kindes nicht ausreichen, um sich selbst zu unterhalten.

2 Kindergeld und Freibeträge für Kinder

Das Entweder-oder-Prinzip

Wenn ein Kind steuerlich berücksichtigt werden kann, erhält man für **jeden Berücksichtigungsmonat** grundsätzlich Kindergeld oder die steuerlichen Freibeträge.

Während des Jahrs wird für das Kind (monatlich) nur Kindergeld ausgezahlt. Erst im Rahmen der Jahresveranlagung überprüft das Finanzamt automatisch, ob sich beim Ansatz von **Kinderfreibetrag** und **Freibetrag für Betreuungs- und Erziehungs- oder Ausbildungsbedarf** betragsmäßig ein höherer Steuervorteil ergibt als durch das Kindergeld, und berücksichtigt dies entsprechend.

ACHTUNG

Die Vergleichsberechnung erfolgt immer, wenn ein Kindergeld**anspruch** besteht, und zwar unabhängig davon, ob das Kindergeld beantragt bzw. tatsächlich ausgezahlt wurde.

BEISPIEL

Für den volljährigen Sohn Hans (Schulausbildung) wurde bisher kein Kindergeld beantragt. Bei der Einkommensteuerveranlagung wird trotzdem verglichen, ob der Kindergeld**anspruch** oder der Abzug der Freibeträge zu einem steuerlich günstigeren Ergebnis führen würde. Wäre das Kindergeld günstiger, dann erfolgt kein Ansatz der Freibeträge, und zwar auch dann nicht, wenn bisher tatsächlich kein Kindergeld ausgezahlt wurde. Damit haben die Eltern bisher **keine** Vergünstigung erhalten.

TIPP

Wenn ein Kind, für das Sie bisher kein Kindergeld erhalten haben, vom Finanzamt bei der Jahressteuerveranlagung berücksichtigt wird, dann können Sie das Ihnen zustehende Kindergeld noch nachträglich bei der Familienkasse beantragen.

Stellt sich bei der Steuerveranlagung heraus, dass Sie für ein Kind zu Unrecht Kindergeld erhalten haben, wird das Kindergeld zurückgefordert.

Kindergeld

Wer erhält Kindergeld?

Kindergeld können in der Bundesrepublik Deutschland Wohnende (nicht geduldete, zur vorübergehenden Dienstleistung in die Bundesrepublik Deutschland entsandte Ausländer, Saisonarbeiter oder im Rahmen von Werkverträgen Tätige) und unbeschränkt einkommensteuerpflichtige Eltern bekommen. Im Ausland wohnende, nicht unbeschränkt einkommensteuerpflichtige Eltern können deutsches Kindergeld für ihre Kinder nur in wenigen Ausnahmefällen erhalten. Informationen darüber erteilt die zuständige Familienkasse.

Für welche Kinder?

Sie bekommen Kindergeld für

- Kinder, die im ersten Grad mit Ihnen verwandt sind (leibliche Kinder, Adoptivkinder),
- Pflegekinder,
- in Ihren Haushalt aufgenommene Kinder des Ehegatten (Stiefkinder).

Großeltern können für in ihren Haushalt aufgenommene Enkelkinder Kindergeld beziehen, wenn die leiblichen Eltern verzichten. Vollwaisen und Kinder, die den Aufenthaltsort der Eltern nicht kennen, können ggf. für sich selbst Kindergeld erhalten.

Das Kind muss außerdem in der Bundesrepublik Deutschland, einem EU-Staat oder EWR-Staat (Island, Liechtenstein, Norwegen) seinen Wohnsitz haben.

Besteht für die Kinder im Heimatland ein Anspruch auf eine dem Kindergeld vergleichbare Leistung, wird, wenn diese Leistung niedriger ist, ein Unterschiedsbetrag bis zur Höhe des inländischen Kindergeldes gezahlt.

Ein Kindergeldanspruch für **Auslandskinder** in Nicht-EU/EWR-Staaten kann sich in niedrigerer Höhe aus über- und zwischenstaatlichen Abkommen ergeben (z.B. Türkei, einige Länder des ehemaligen Jugoslawien, Marokko, Tunesien). Auskünfte darüber erteilt die Familienkasse.

Kindergeldhöhe

Das Kindergeld beträgt monatlich

- für das erste und zweite Kind jeweils 184 €,
- für das dritte Kind 190 €,
- für das vierte und jedes weitere Kind jeweils 215 €.

Kinderzuschlag

Geringverdienende, die zwar über ausreichend Einkommen verfügen, um ihren eigenen Lebensunterhalt zu decken, aber nicht den ihrer Kinder, können einen Kinderzuschlag, der zusammen mit dem Kindergeld ausgezahlt wird, erhalten. Informationen darüber bekommen Sie von der Familienkasse.

Wie erhalte ich das Geld?

Stellen Sie einen Kindergeldantrag bei der örtlich für Sie zuständigen Familienkasse der Bundesagentur für Arbeit bzw., wenn Sie Beamter oder Beamtin sind, bei Ihrer Besoldungsstelle.

Nur einer erhält das Kindergeld

Kindergeld für ein bestimmtes Kind wird immer nur **einer** Person ausbezahlt. Bei mehreren Berechtigten (z.B. getrennt lebende Ehegatten oder nicht verheiratete Eltern) erhält derjenige das Kindergeld, der das Kind in seinen Haushalt aufgenommen hat. Bei gemeinsamem Haushalt der Berechtigten bestimmen diese selbst den Kindergeldempfänger. Lebt das Kind nicht im Haushalt der anspruchsberechtigten Person(en), erhält derjenige das Kindergeld, der die höheren Unterhaltskosten trägt.

Rechtlich steht das Kindergeld immer beiden Elternteilen zu. Das führt z.B. dazu, dass das Kindergeld zwar an die Mutter in voller Höhe ausbezahlt wird, der von ihr getrennt lebende Vater aber bei der Berechnung des Unterhalts für das Kind die Hälfte des Kindergeldes (= der **zivilrechtliche Ausgleichsanspruch**) als geleistete Zahlung angerechnet bekommt und dies auch auf der Anlage Kind angeben muss.

Steuerliche Freibeträge

Anstelle des Kindergeldes werden bei der Günstigerprüfung der Kinderfreibetrag (für den Grundbedarf des Kindes) und der Freibetrag für den Erziehungs-, Betreuungs- und Ausbildungsbedarf berücksichtigt. Zusätzlich kann eventuell ein „Ausbildungsfreibetrag“ beantragt werden.

Kinderfreibetrag

Jedem Elternteil steht für jedes bei ihm **zu berücksichtigende Kind** ein Kinderfreibetrag i. H. v. jährlich **2.184 €** (= 182 €/Monat) zu. Werden die Eltern gemeinsam veranlagt, verdoppelt sich der Freibetrag für ein Kind auf **4.368 €** (= mtl. 364 €).

Ein einzelner Elternteil kann den verdoppelten Kinderfreibetrag von 4.368 € auch erhalten, wenn

- der andere Elternteil verstorben oder nicht unbeschränkt steuerpflichtig ist (Wohnsitz im Ausland),
- der Vater des Kindes amtlich nicht feststellbar ist (weil z. B. die Mutter den Behörden den Namen verschweigt), der Wohnsitz des anderen Elternteils nicht bekannt ist, oder
- das Kind von dieser Person allein adoptiert wurde oder nur zu ihr in einem Pflegekindschaftsverhältnis steht.

Übertragung des Freibetrags

Lebt das Kind nur bei einem Elternteil **und kommt der andere Elternteil seiner Unterhaltsverpflichtung dem Kind gegenüber nicht zu mindestens 75 % nach,** kann auf Antrag (vgl. S. 2 der Anlage Kind) der verdoppelte Kinderfreibetrag bei dem Elternteil, bei dem das Kind lebt, berücksichtigt werden. Die Übertragung ist für Zeiträume, in denen Unterhaltsleistungen nach dem Unterhaltsvorschussgesetz gezahlt wurden, nicht möglich.

Wird der Freibetrag übertragen, erfolgt bei der Vergleichsberechnung auch die Anrechnung des vollen Kindergeldes.

Der Kinderfreibetrag kann mit Zustimmung eines Elternteils auch auf einen Stiefelternteil oder auf die Großeltern (für Enkelkinder) übertragen werden (vgl. S. 2 Anlage Kind), wenn die Kinder in deren Haushalt leben (notwendig: **Anlage K**).

Freibetrag für den Erziehungs-, Betreuungs- und Ausbildungsbedarf

Der Freibetrag beträgt jährlich **1.320 €** (110 €/Monat) je Elternteil und verdoppelt sich auf **2.640 €** (220 € mtl.) in den gleichen Fällen, in denen auch der verdoppelte Kinderfreibetrag angesetzt wird (s. o.). Wie beim Kinderfreibetrag gilt auch hier das Monatsprinzip.

Übertragung des Freibetrags

Eine Übertragung des Freibetrags ist nur bei **minderjährigen Kindern** mit getrennt lebenden Eltern möglich, wenn das Kind nur in der Wohnung eines Elternteils **gemeldet** ist. Dieser Elternteil erhält auf Antrag den verdoppelten Freibetrag (vgl. S. 2 der Anlage Kind). Der andere Elternteil kann der Übertragung widersprechen, wenn er Kinderbetreuungskosten getragen hat oder das Kind regelmäßig in nicht unwesentlichem Umfang betreut.

Der Freibetrag kann unter den beim Kinderfreibetrag genannten Voraussetzungen auch auf die Großeltern übertragen werden.

TIPP

Wird lediglich der Betreuungsfreibetrag, aber nicht der Kinderfreibetrag übertragen, ist nur das halbe Kindergeld anzurechnen.

Auslandskinder

Bei im Ausland lebenden Kindern, die im Inland keinen Wohnsitz haben, können der Kinderfreibetrag und der Freibetrag für Erziehung länderabhängig eventuell nur in niedrigerer Höhe (1/4, 2/4, 3/4 des inländischen Freibetrags) berücksichtigt werden. Zur Ländergruppeneinteilung vgl. BStBl I 2004, 637.

TIPP

Prüfen Sie, ob Sie neben dem Kindergeld bzw. den Freibeträgen zusätzlich für Kinder unter 14 Jahren geltend machen oder als Alleinerziehende einen **Entlastungsbetrag** erhalten können. Vertiefend siehe → Kinderbetreuungskosten und → Alleinerziehende (Entlastungsbetrag).

„Ausbildungsfreibetrag“

Aufwendungen der Eltern für die Berufsausbildung eines Kindes (z.B. Schulgeld, Lernmaterial, Fahrtkosten, Unterkunftskosten) können auf Antrag (vgl. Seite 2 der Anlage Kind) durch einen “Ausbildungsfreibetrag“ (**Sonderbedarf eines sich in Berufsausbildung befindlichen, auswärts untergebrachten volljährigen Kindes**) steuermindernd berücksichtigt werden. Die Höhe der Kosten muss dabei nicht nachgewiesen werden.

Der Freibetrag wird nicht in die Vergleichsberechnung mit dem Kindergeld einbezogen, kann also zusätzlich berücksichtigt werden.

Abzugsvoraussetzungen

Der Freibetrag steht Ihnen für jedes Kind zu,

- für das Sie **Kindergeld oder einen Kinderfreibetrag bzw. Freibetrag für Erziehung, Betreuung** bekommen,
- welches das **18. Lebensjahr vollendet** hat und
- das zur **Berufsausbildung auswärts untergebracht** ist.

Auswärtige Unterbringung

Das Kind muss für eine gewisse Dauer (z.B. einen Ausbildungsabschnitt) räumlich und hauswirtschaftlich getrennt vom Haushalt der Eltern untergebracht und verpflegt werden (z.B. Studium). Ob das Kind auch im elterlichen Haushalt noch ein Zimmer hat, ist ohne Bedeutung.

Höhe des Freibetrags

Der Ausbildungsfreibetrag beträgt 924 € im Jahr. War das Kind nur zeitweise in Ausbildung oder auswärts untergebracht, wird er für alle Monate, in denen das Kind mindestens einen Tag die Voraussetzungen erfüllt, zeitanteilig angesetzt.

Einbezogen werden auch Übergangszeiten von nicht mehr als vier Monaten zwischen zwei Ausbildungsabschnitten sowie zwischen Wehrdienst und (weiterer) Ausbildung bzw. Ausbildungsabschnitt und Wehrdienst.

BEISPIEL

Ein im Internat untergebrachtes Kind wird im Mai 18 und macht im Juni Abitur. Danach ist es zwei Monate zu Hause, wohnt ab September in einer gemieteten Wohnung am künftigen Studienort und beginnt im Oktober das Studium.

Für Januar bis April ist kein Ausbildungsfreibetrag möglich (unter 18). Für Mai und Juni beträgt der Ausbildungsfreibetrag **154 €** (2/12 v. 924 €). Für Juli und August ist kein Ausbildungsfreibetrag möglich (keine auswärtige Unterbringung). Ab September erhalten die Eltern wieder einen Ausbildungsfreibetrag von **308 €** (4/12 v. 924 €). Der September zählt mit, weil die Unterbrechung zwischen den Ausbildungsabschnitten Abitur und Studium weniger als vier Monate beträgt.

Besonderheiten

Aufteilung beim Elternpaar

Eltern, die nicht zusammen veranlagt werden (getrennt lebende, geschiedene, nicht verheiratete Eltern), erhalten den Freibetrag grundsätzlich hälftig, eine andere beliebige Aufteilung ist auf gemeinsamen Antrag hin möglich.

Kinder im Ausland

Für Kinder, die im Ausland leben, wird der Ausbildungsfreibetrag entsprechend der Ländergruppeneinteilung ggf. auf 1/4, 1/2 oder 3/4 des Betrags von 924 € gekürzt.

Voraussetzungen für die steuerliche Berücksichtigung von Kindern

Es besteht ein Kindschaftsverhältnis.

Kind hat das 18. Lebensjahr vollendet.

Kind hat das 18. Lebensjahr noch nicht vollendet.

Kinder von 18–21 Jahren

- Das Kind steht nicht in einem Beschäftigungsverhältnis und ist bei einer Agentur für Arbeit im Inland als Arbeitssuchender gemeldet.

Kinder von 18–25 Jahren

- Das Kind
  - befindet sich in Berufsausbildung oder in einer Übergangszeit zwischen zwei Ausbildungen bzw. zwei Ausbildungsabschnitten oder zwischen Ausbildung(sabschnitt) und Wehrdienst bzw. Freiwilligendienst von höchstens vier Monaten **oder**
  - kann eine Berufsausbildung mangels Ausbildungsplatzes nicht beginnen oder fortsetzen **oder**

  leistet ein soziales, ökologisches oder europäisches Freiwilligenjahr, den Bundesfreiwilligendienst oder entsprechende Dienste.

Kinder von 18 bis unbegrenzt

- Das Kind ist körperlich, geistig oder seelisch behindert (50% Grad der Erwerbsminderung) und nicht fähig, sich allein zu unterhalten. Die Behinderung ist vor dem 25. Lebensjahr eingetreten.

Kinderbetreuungskosten

Seit 2012 können Aufwendungen für Kinderbetreuung nur noch als Sonderausgaben abgezogen oder im Rahmen einer Steuerermäßigung für haushaltsnahe Tätigkeiten oder Dienstleistungen berücksichtigt werden. Ein Abzug als Betriebsausgaben oder Werbungskosten, wie in den Vorjahren, ist nicht mehr möglich.

§§ 10 Nr. 5, 35a EStG.

1 Sonderausgaben

Allgemeines

Der steuerliche Abzug von Kinderbetreuungskosten wurde ab dem Jahr 2012 sehr vereinfacht. Sie müssen nicht mehr zwischen erwerbsbedingten und nicht erwerbsbedingten Aufwendungen unterscheiden und auch die Altersgrenzen beim Kind sind einfacher geworden.

Ab 2012 werden Kinderbetreuungskosten als Sonderausgaben abgezogen.

Voraussetzungen

- Betreuungskosten
- Kind im Sinne des § 32 EStG
  - Kinder, die das 14. Lebensjahr noch nicht vollendet haben oder
  - behinderte Kinder, die wegen einer vor Vollendung des 25. Lebensjahres eingetretenen körperlichen, geistigen oder seelischen Behinderung außerstande sind, sich selbst zu unterhalten
- Haushaltszugehörigkeit
- Rechnung liegt vor
- unbare Zahlung

Betreuungskosten

Begünstigt sind nur tatsächlich angefallene Kosten für Dienstleistungen zur Kinderbetreuung. Ein Abzug ist nur bei demjenigen möglich, **der tatsächlich gezahlt** hat.

Zu den Aufwendungen gehören die Kosten für die Unterbringung des Kindes in Kindergärten, Kinderkrippen und Kindertagesstätten, im Internat, die Betreuung durch Tagesmütter, Babysitter (Achtung: nicht bei Barzahlung; s. u.) und die Hausaufgabenbetreuung sowie Sachleistungen (z. B. Fahrtkostenersatz, Unterbringung und Verpflegung in Ihrem Haushalt, Eintrittsgelder) für die betreuende Person.

Kosten für Unterricht zur Vermittlung besonderer Fähigkeiten oder Fertigkeiten (z. B. Musikschule, Computerkurs, Nachhilfe, Schulgeld) sowie solche für sportliche und andere Freizeitbetätigungen können **nicht** abgezogen werden.

Sachleistungen für das Kind (z. B. Fahrtkosten, Verpflegung und Unterbringung – auch im Internat –, Eintrittsgeld in den Zoo), stellen keine Betreuungskosten dar und sind nicht abziehbar.

TIPP

Gemischte Aufwendungen

- Werden für eine **Kernzeit- oder Nachmittagsbetreuung in der Schule** Elternbeiträge erhoben und umfassen diese nicht nur eine Hausaufgaben- oder allgemeine Betreuung, sind Entgeltanteile, die z. B. auf Nachhilfe oder bestimmte Kurse (z. B. Computerkurs) oder auf eine Verpflegung entfallen, nicht zu berücksichtigen. Lassen Sie den Rechnungsbetrag durch die Schule schriftlich aufschlüsseln.
- Beschäftigen Sie eine Person im Rahmen eines **Au-pair-**Verhältnisses in Ihrem Haushalt, kann aus Vereinfachungsgründen davon ausgegangen werden, dass die Aufwendungen je zur Hälfte auf Hausarbeiten und die Betreuung der Kinder anfallen.

Kind im Sinne § 32 EStG

Berücksichtigungsfähig sind Kinder ab der Geburt bis zur Vollendung des 14. Lebensjahres. Bei behinderten Kindern, die außerstande sind, sich selbst zu unterhalten, muss die Behinderung vor Vollendung des 25. Lebensjahres eingetreten sein. Kinder, deren Behinderung vor dem 1.1.2007 nach Vollendung des 25. Lebensjahres und vor Vollendung des 27. Lebensjahres eingetreten ist, werden entsprechend berücksichtigt.

Haushaltszugehörigkeit

Das Kind lebt in der Wohnung des Steuerpflichtigen oder hält sich mit seiner Einwilligung vorübergehend auswärts (z. B. im Internat) auf.

Bei nicht zusammenlebenden Elternteilen ist grundsätzlich (= widerlegbare Vermutung) die Meldung des Kindes maßgebend, d. h. ein sogenannter „Zahlvater" kann i. d. R. keine Kinderbetreuungskosten absetzen.

Ein Kind kann ausnahmsweise zum Haushalt des Elternteils gehören, bei dem es nicht gemeldet ist, wenn der Elternteil dies nachweist oder glaubhaft macht.

In Ausnahmefällen kann ein Kind auch zu den Haushalten beider getrennt lebender Elternteile gehören.

Abzugshöhe

Als Sonderausgaben können **zwei Drittel** der Aufwendungen, **max. 4.000 € je Kind** abgezogen werden. Der Höchstbetrag von 4.000 € ist ein Jahresbetrag, der nicht zeitanteilig ermäßigt wird, auch wenn die Voraussetzungen nur während eines Teils des Jahres vorgelegen haben.

Leben die Eltern zusammen mit dem Kind, werden aber nicht zusammen zur Einkommensteuer veranlagt, kann jeder Elternteil seine Aufwendungen bis zum hälftigen Höchstbetrag abziehen. Eine andere Aufteilung des Höchstbetrags ist nur auf gemeinsamen Antrag der Eltern möglich.

Bei **nicht zusammenlebenden Eltern** erfolgt der Abzug bei dem Elternteil, bei dem das Kind lebt, wenn dieser Elternteil zahlt. Lebt das Kind bei beiden Elternteilen, erfolgt die Aufteilung des Höchstbetrags wie bei zusammenlebenden, nicht zusammen veranlagten Eltern.

Für Kinder, die im Haushalt des Steuerpflichtigen im **Ausland** leben, ist der Höchstbetrag nach der Ländergruppeneinteilung evtl. nur anteilig mit 1/4, 2/4 oder 3/4 anzusetzen. Vertiefend siehe → Unterhaltszahlungen.

Nachweise und Pflichten

WICHTIG

Voraussetzung ist, dass für die Aufwendungen eine **Rechnung** (Arbeitsvertrag, Gebührenbescheid Kindergarten oder Fahrkarte) vorliegt und die Zahlungen **unbar** (Überweisung, Verrechnungsscheck oder Lastschrifteinzugsverfahren) geleistet wurden. Nur auf Verlangen des Finanzamts müssen Sie die Belege vorlegen. Dies erleichtert z. B. die Abgabe einer ELSTER-Erklärung.

TIPP

Wenn Sie **Angehörige** zur Kinderbetreuung anstellen, schließen Sie am besten einen schriftlichen Vertrag, in dem Sie sämtliche Punkte (Betreuungszeit und Ort, Umfang der Leistung, Lohnhöhe) wie unter Fremden vereinbaren. Erfolgt die Betreuung im Rahmen eines Dienstverhältnisses (Minijob oder reguläres sozialversicherungspflichtiges Beschäftigungsverhältnis), müssen Sie die Pflichten als Arbeitgeber erfüllen.

Wird im Zusammenhang mit einer ansonsten unentgeltlichen Betreuung, z.B. durch Angehörige (Großeltern) ein Fahrtkostenersatz gewährt, so ist dieser zu berücksichtigen, wenn hierüber eine Rechnung erstellt wird.

2 Steuerermäßigung

Ist ein Sonderausgabenabzug für die Kinderbetreuung nicht möglich, können Sie eine Steuerermäßigung erhalten, wenn die Betreuung des Kindes in Ihrem Haushalt erfolgte. Vertiefend siehe → Haushaltsnahe Tätigkeiten/Dienstleistungen.

Ein Drittel der Kinderbetreuungskosten ist generell nicht abziehbar, weil bei allen Kinderbetreuungskosten eine private Mitveranlassung gegeben ist. Für dieses privat veranlasste Drittel und auch für Kinderbetreuungskosten, die den Höchstbetrag übersteigen, kann eine Steuerermäßigung für haushaltsnahe Dienstleistungen nach § 35a EStG **nicht** in Anspruch genommen werden.

3 Beispiele

BEISPIEL

Eine alleinerziehende, berufstätige Mutter eines 10-jährigen Kindes beschäftigt eine Haushaltshilfe. Der monatliche Arbeitslohn beträgt 400 €. Die Tätigkeit der Haushaltshilfe besteht zu 70 % aus Hausarbeit und zu 30 % aus der Beaufsichtigung des Kindes während der Abwesenheit der Mutter. Als Sonderausgabe sind nur die Aufwendungen für die Beaufsichtigung des Kindes abziehbar:

12 Monate à 400 € = 4.800 €, davon 30 % = 1.440 €, davon 2/3 = 960 €.

BEISPIEL

Die nicht verheirateten, berufstätigen Eltern leben zusammen mit ihrem gemeinsamen Sohn in einer Wohnung. Die Betreuungskosten für das Kind in Höhe von monatlich 500 € werden in Höhe von 400 € vom Vater und in Höhe von 100 € von der Mutter bezahlt. Ein Antrag auf anderweitige Verteilung der Kinderbetreuungskosten wurde nicht gestellt.

Vater:		
Betreuungskosten 12 × 400 € =	4.800 €	
davon 2/3 =	3.200 €	
Höchstbetrag	2.000 €	
abziehbare Sonderausgaben		**2.000 €**

Mutter:		
Betreuungskosten 12 × 100 € =	1.200 e	
davon 2/3 =	800 €	
Höchstbetrag	2.000 €	
abziehbare Sonderausgaben		**800 €**

Krankheitskosten

Krankheitskosten gehören zu den außergewöhnlichen Belastungen allgemeiner Art. Sie führen nur soweit sie eine zumutbare Eigenbelastung übersteigen, zu einer Minderung der Steuer.

§ 33 EStG

Vertiefend siehe → Außergewöhnliche Belastung, → Behinderte Menschen und → Pflegekosten/Betreuungskosten/Heimunterbringung.

1 Aufwendungen zur Heilung von Krankheiten

Der steuerliche Abzug ist immer zulässig, wenn die Aufwendungen infolge einer tatsächlichen Erkrankung angefallen sind und nicht lediglich gesundheitsfördernde Vorbeuge oder Folgekosten darstellen. Da diese Abgrenzung schwierig sein kann, muss die Notwendigkeit der Kosten nachgewiesen werden.

Nachweise

Nach § 64 EStDV ist grundsätzlich ein **einfacher** Nachweis in Form einer Verordnung durch einen Arzt oder einen Heilpraktiker erforderlich. Nur wenn es gesetzlich vorgeschrieben ist, benötigen Sie einen **qualifizierten** Nachweis in Form eines amtsärztlichen Gutachtens oder einer ärztlichen Bescheinigung des medizinischen Dienstes vor Beginn der Behandlungsmaßnahme.

Der qualifizierte Nachweis ist notwendig bei:

- Bade- und Heilkuren,
- Psychotherapeutischer Erst- oder Fortsetzungsbehandlung,
- einer medizinisch erforderlichen auswärtigen Unterbringung eines an Legasthenie oder einer anderen Behinderung leidenden Kindes (dasselbe gilt für den auswärtigen Schulbesuch eines hochbegabten Kindes oder Aufwendungen zur Behandlung von Lese- und Rechtschreibschwäche oder logopädischen Therapien),
- Notwendigkeit der Betreuung einer volljährigen Person durch eine Begleitperson z. B. im Urlaub oder während einer Kur, sofern nicht bereits das Merkzeichen „H“ (hilflos) im

Behindertenausweis eingetragen ist (bei Begleitung minderjähriger Kinder genügt der einfache Nachweis),

- medizinische Hilfsmittel, die als allgemeine Gebrauchsgegenstände des täglich Lebens angesehen werden (z. B. Garagenrolltor, Fahrstuhl, Auffahrrampe, Bewegungsbad),
- wissenschaftlich nicht anerkannte Behandlungsmethoden wie z. B. Frisch- und Trockenzellenbehandlung, Sauerstoff-, Chelat- und Eigenbluttherapie, immunbiologische Krebsabwehrtherapie, Kosten eines Wasserionisierers oder eine Delfin- oder Reittherapie.

In allen anderen Fällen reicht der einfache Nachweis, also z. B. bei medizinischen Hilfsmitteln (Brille, Hörgerät, Zahnersatz, Treppenschräglift, Sitzerhöhung, Badewannenlift, Haltegriffe, Hausnotruf bei behinderten Menschen, Spezialrauchmelder bei Gehörlosen), Austausch von Möbeln wegen Gesundheitsgefährdung (z. B. bei Hausstauballergie oder Formaldehydbelastung, Allergikerbettwäsche), Aufwendungen für eine künstliche Befruchtung, Kosten einer Augen-Laser-Operation, Zahnbehandlung, Notwendigkeit von Besuchsfahrten zum Ehegatten oder Kindern im Krankenhaus zur Heilung bzw. Linderung einer Krankheit. Weitere Einzelfälle s. u.

Bei einer andauernden Erkrankung mit anhaltendem Verbrauch bestimmter Medikamente oder Hilfsmittel reicht die einmalige Vorlage der (ärztlichen) Verordnung.

TIPP

Handelt es sich um eine typische Berufskrankheit (Staublunge eines Bäckers oder Bergmanns) oder besteht ein eindeutiger Zusammenhang mit dem Beruf (z. B. Strahlenschäden bei einem medizinisch technischen Assistenten) oder wurde die Krankheit durch den Beruf verursacht (z. B. AIDS-Infektion während der Berufsausübung) sind die Krankheitskosten Werbungskosten oder Betriebsausgaben.

Einzelfälle

Absetzbar sind die unmittelbar angefallenen Krankheitskosten, insbesondere:

- Kosten für **ärztliche stationäre oder ambulante Behandlung** – auch ein teurer Spezialarzt – einschließlich Praxisgebühr oder einen **Heilpraktiker**.
- **Arznei-, Heil- und medizinische Hilfsmittel** (einschließlich Rezeptgebühr) **nach Verordnung durch Arzt oder Heilpraktiker.** Nicht rezeptpflichtige Medikamente sind ebenfalls nur nach entsprechender Verordnung abziehbar. Bei länger andauernden Erkrankungen reicht die einmalige Vorlage einer Verordnung. Aufwendungen für medizinische Fachliteratur sind nicht abziehbar, selbst wenn sie dazu dient, die Entscheidung für eine bestimmte Therapie oder die Auswahl eines bestimmten Facharztes zu treffen.
- **Krankenhauskosten** (auch Ein- oder Zweibettzimmer, Chefarztbehand-

lung, nicht jedoch die Kosten für Telefon oder Fernseher). Es erfolgt keine Kürzung der Krankenhauskosten um eine Haushaltsersparnis.

- Aufwendungen für die **krankheitsbedingte Unterbringung** Ihrer Person. Sämtliche Kosten (einschließlich Unterbringung und Verpflegung) sind als Krankheitskosten zu behandeln. Eine Haushaltsersparnis ist nicht zu berücksichtigen. Abzugsfähig sind auch die gesamten Kosten aufgrund der **krankheitsbedingten Unterbringung eines nahen Angehörigen** im Pflegeheim.
- Erfolgt die Unterbringung (nur) altersbedingt, sind die Kosten für die eigene Person nicht abzugsfähig, die Kosten für die Unterbringung von Angehörigen stellen Unterhaltsleistungen dar. Vertiefend siehe → Unterhaltszahlungen.

Weitere Einzelfälle:

- **Aids:** Aufwendungen zur Linderung von Aids sind abziehbar.
- Aufwendungen für den **behindertengerechten Umbau** einer Wohnung oder eines Gebäudes. Vertiefend siehe → Behinderte Menschen.
- Aufwendungen für den **krankheitsbedingten Umbau** einer Wohnung oder eines Gebäudes z. B. wegen Schadstoffbelastung. Vertiefend siehe → Außergewöhnliche Belastung.
- **Birkenallergie:** Aufwendungen für das Fällen der das Wohnhaus umgebenden Birken können als außergewöhnliche Belastung abgezogen werden, wenn sie wegen der Birkenpollenallergie des minderjährigen Kindes notwendig sind. Die medizinische Notwendigkeit ist, da das Fällen von Bäumen auch anderen Zwecken dienen kann, nachzuweisen.
- **Diätverpflegung:** Mehraufwendungen für eine Diätverpflegung sind nach dem Gesetz nicht als außergewöhnliche Belastung abziehbar und zwar auch dann nicht, wenn die Diät an die Stelle medikamentöser Behandlung tritt.
- **Gesundheitssport**: Die Aufwendungen sind – ohne ärztliche Verordnung – auch dann nicht abziehbar, wenn sie wegen einer Erkrankung besonders notwendig oder ratsam sind (z. B. „Rückenschule“ oder „Aktivwoche 55+“).
- **Fahrtkosten**: Kosten, die anfallen, um einen kranken Angehörigen, der in seinem eigenen Haushalt lebt, zu betreuen und zu versorgen, können unter besonderen Umständen abziehbar sein. Auch behinderte Menschen können Fahrtkosten geltend machen. Vertiefend siehe → Behinderte Menschen.
- **Haartransplantation:** Sind nicht abzugsfähig.
- **Nicht anerkannte Heilmethoden** (z. B. immunbiologische Krebsabwehrtherapie). Aufwendungen sind bei einem Erkrankten mit nur noch begrenzter Lebenserwartung auch dann zwangsläufig, wenn die Methoden aus schulmedizinischer oder naturheilkundlicher Sicht nicht anerkannt sind.
- Aufwendungen für eine **künstliche Befruchtung** sind als Krankheitskos-

ten abziehbar, unabhängig davon, ob es sich um verheiratete oder unverheiratete Frauen handelt. Es kommt nicht darauf an, ob es sich um eine homologe (Spermien vom Ehemann) oder eine heterologe (anonymer Spender) künstliche Befruchtung handelt. Ein Abzug ist nicht möglich, wenn eine freiwillige Sterilisation vorangegangen ist. Auch die Kosten für eine Leihmutter sind keine außergewöhnlichen Belastungen.

- **Kur:** Die Aufwendungen für die Kur sind nur dann abziehbar, wenn die Kur zur Heilung oder Linderung einer festgestellten Krankheit notwendig ist und eine andere Behandlungsweise nicht oder kaum Erfolg versprechend erscheint.

Höhe der Kuraufwendungen:

- **Arzt- und Kurmittelkosten** (Bäder, Packungen, Massagen etc.). Diese werden auch anerkannt, wenn die Kurnotwendigkeit nicht nachgewiesen wurde, die Heilmittel aber ärztlich verordnet waren.
- **Unterbringungskosten** in tatsächlicher und angemessener Höhe.
- **Verpflegungsmehraufwendungen** sind um die Haushaltsersparnis von 20 % der Aufwendungen zu kürzen.
- Kosten für **öffentliche Verkehrsmittel**; nur ausnahmsweise (entsprechend Behinderung) sind eigene Kfz-Kosten abziehbar.
- Bei **Auslandskuren** werden nur die Kosten einer vergleichbaren Inlandskur anerkannt.
- Bei **behinderten Menschen** können Aufwendungen für eine Heilkur auch dann abgezogen werden, wenn der Behinderten-Pauschbetrag abgezogen wird.
- Bei **Heilkur eines Kindes** muss das Kind während der Kur in einem Kinderheim untergebracht sein. Findet die Unterbringung nicht in einem Heim statt und wird das Kind von einem Elternteil begleitet, muss die vor Kurantritt ausgestellte amtsärztliche Bescheinigung beinhalten, dass und warum der Kurerfolg auch bei einer Unterbringung außerhalb des Kinderheimes gewährleistet ist.
- **Legasthenie:** Die Aufwendungen zur Behandlung einer Lese- und Rechtschreibschwäche sind abziehbar, wenn diese krankheitsbedingt ist.
- **Naturheilkundliche Behandlung:** Für Angehörige besteht weder eine rechtliche noch eine sittliche Verpflichtung, eine von der Krankenkasse nicht bezahlte, naturheilkundliche Krebsnachbehandlung in Höhe eines größeren Betrags für einen krankenversicherten Elternteil zu tragen.
- **Operation** (nicht: kosmetische/ästhetische Operationen) gehören zu den abzugsfähigen Krankheitskosten.
- **Pflegepersonal:** Pflegen Sie Angehörige selbst, erhalten Sie u. U. den Pflege-Pauschbetrag. Aufwendungen für eine ambulante Pflegekraft sind zusätzlich als Krankheitskosten abziehbar.
- **Privatschulbesuch:** Wenn der Schulbesuch mit individueller Förderung wegen der Behinderung eines Kindes begründet wird, weil eine geeignete öffentliche oder private

Schule nicht zur Verfügung steht oder nicht in zumutbarer Weise erreicht werden kann.

- **Trinkgeld:** Trinkgelder an Ärzte, Praxisteam und Krankenhauspersonal sind nicht abzugsfähig.

2 Ersatz von dritter Seite

Von den Krankheitskosten sind Ersatzleistungen (Zahlungen der Krankenkasse, Beihilfen, Unterstützungen, Schadensersatz Dritter) abzuziehen, wenn mit der Erstattung (z. B. aufgrund der abgeschlossenen Krankenversicherung) gerechnet werden konnte. Dies gilt auch, wenn die Erstattung erst nach Ablauf des Jahres erfolgte.

Leistungen aus der **Krankenhaustagegeldversicherung** sind bis zur Höhe der Krankenhauskosten zu berücksichtigen.

Krankentagegelder werden als Ersatz für Arbeitsunfähigkeit gezahlt und mindern die Krankheitskosten nicht.

Werden Krankheitskosten bei der Krankenversicherung nicht eingereicht, um von dieser eine Beitragsrückerstattung zu erhalten, können die Kosten auch nicht als außergewöhnliche Belastungen abgezogen werden.

3 Abzug der zumutbaren Belastung

Die Krankheitskosten können nur abgezogen werden, soweit sie, zusammen mit anderen außergewöhnlichen Belastungen i. S. d. § 33 EStG, die **zumutbare Belastung** übersteigen. Diese richtet sich nach der Höhe der Einkünfte, der Zahl der Kinder und ggf. dem Steuertarif.

Vertiefend siehe → Außergewöhnliche Belastung.

WICHTIG

Ob eine zumutbare Belastung auch bei Krankheitskosten anzurechnen ist, wird derzeit vom BFH in verschiedenen Verfahren geprüft. Beantragen Sie in Ihrer Steuererklärung den Abzug der Krankheitskosten und legen Sie nach Ablehnung des Kostenabzugs gegen Ihren Einkommensteuerbescheid vorsorglich Einspruch ein. Beantragen Sie gleichzeitig das Ruhen des Verfahrens bis zur höchstrichterlichen Entscheidung.

Lohnsteuer-Ermäßigungsantrag 2014/ ELStAM

Ihr Arbeitgeber errechnet die monatliche Lohnsteuer ausgehend von Bruttolohn und der individuellen Steuerklasse anhand von Steuertabellen. In diesen Steuertabellen sind steuermindernd nur bestimmte Freibeträge (z. B. Arbeitnehmerpauschbetrag oder pauschale Sonderausgaben) berücksichtigt. Liegen die tatsächlichen Ausgaben über diesen Pauschalen, wird zu viel Lohnsteuer einbehalten. Sie können sich die zu viel einbehaltene Steuer im Rahmen einer Einkommensteuerveranlagung nach Ablauf des Jahres erstatten oder sich bereits im laufenden Jahr einen Freibetrag durch das Finanzamt speichern lassen. Ihr Arbeitgeber ermittelt die Lohnsteuer dann aus dem Arbeitslohn, vermindert um den Freibetrag.

§ 39a EStG

1 ELStAM

Ihrem Arbeitgeber werden die Daten, die er für den Lohnsteuerabzug benötigt, als **elektronische Steuerabzugsmerkmale – ELStAM** – über eine zentrale Datenbank durch die Finanzverwaltung zur Verfügung gestellt.

Falls die in der ELStAM-Datenbank für Sie gespeicherten Daten unrichtig sind, müssen Sie eine Änderung der Daten beim Finanzamt beantragen.

Bei erstmaliger Aufnahme oder bei Wechsel eines Arbeitsverhältnisses müssen Sie dem Arbeitgeber Ihre steuerliche Identifikationsnummer, den Tag der Geburt und die Religionszugehörigkeit benennen, und mitteilen, ob es sich um eine Haupt- oder Nebentätigkeit handelt. Ihr Arbeitgeber kann dann die Daten auf elektronischem Wege direkt aus der ELStAM-Datenbank abrufen. Ändern sich die Daten, wird Ihr Arbeitgeber automatisch über die Änderung informiert. Sie können, z. B. bei mehreren Arbeitgebern, den Zugriff auf Ihre ELStAM-Daten auch begrenzen.

2 Eintragungsfähige Merkmale, Aufwendungen und Zuständigkeit

- Die Datenbank wird künftig durch die Gemeinden und die Finanzämter gefüttert. Welche Behörde für welche Daten zuständig ist und an wen Sie sich entsprechend wenden müssen, wenn Daten geändert werden müssen, können Sie der folgenden Tabelle entnehmen.

Datensatz	Finanzamt ist zuständig für	Gemeinde ist zuständig für
• Anschriftenänderung		X
• Kirchenein- oder -austritt		X
• Geburt/Adoption eines Kindes		X
• Tod		X
• Heirat		X
• Berichtigung unrichtiger Abzugsmerkmale	X	
• Eintragung von Kinderfreibeträgen bei Kindern	X	
über 18 Jahre	X	
• Zuordnung eines Kinderfreibetrags	X	
• Steuerklassenänderung nach Heirat, Trennung		
• Steuerklasse II bei Alleinstehenden	X	
• Steuerklassenwechsel bei Ehegatten	X	
III/V oder IV/IV		
• erstmaliger Pauschbetrag für behinderte	X	
Menschen		
	X	

3 Freibetrag

Außerdem wird in die ELStAM-Datenbank ggf. ein **Freibetrag** durch das Finanzamt eingetragen. Der Freibetrag kommt in Betracht für:

- erhöhte Werbungskosten bei Lohneinkünften
- erhöhte Sonderausgaben
- außergewöhnliche Belastungen
- Pauschbetrag für behinderte Menschen
- (bestimmte) Verluste aus Gewinneinkünften (gewerbliche, freiberufliche Tätigkeiten) oder aus Grundstücksvermietung
- Freibetrag wegen Aufwendungen für hauswirtschaftliche Beschäftigungen oder Dienst- und Handwerksleistungen

Anmerkungen:

Informationen zu den einzelnen Positionen finden Sie unter dem jeweiligen Stichwort im Lexikonteil oder in den Erläuterungen zur Einkommensteuererklärung. Vertiefend siehe Teil I des vorliegenden Buches.

Die Eintragung von Kindern bzw. Kinderfreibeträgen wirkt sich nicht auf den Lohnsteuerabzug, sondern nur auf die Höhe des monatlichen Abzugs von Kirchensteuer und Solidaritätszuschlag aus.

Der Freibetrag wird als ELStAM gespeichert und dem Arbeitgeber zum elektronischen Abruf bereitgestellt. Sie erhalten keinen Papierausdruck der geänderten ELStAM. Die Bekanntgabe erfolgt über die Lohnabrechnung Ihres Arbeitgebers.

4 Antragsgrenze

Eine Eintragung von

- Werbungskosten aus nicht selbstständiger Arbeit (soweit sie bei aktiv Tätigen 1.000 € bzw. bei Pensionären und Betriebsrentnern 102 € übersteigen),

- Sonderausgaben (ohne Versicherungen) und
- außergewöhnlichen Belastungen (ohne Pauschbetrag für behinderte Menschen)

ist nur zulässig, wenn die **Summe** dieser Aufwendungen **600 € übersteigt**.

Die Grenze wird bei Ehegatten nicht verdoppelt.

Alle anderen Aufwendungen können ohne Beachtung eines Mindestbetrags eingetragen werden.

5 Höhe des Freibetrags

Bei der Berechnung der Höhe des Freibetrags werden Werbungskosten aus nicht selbstständiger Arbeit nur berücksichtigt, soweit sie die oben genannten Pauschbeträge (1.000 €/102 €) übersteigen. Sonderausgaben werden um den in den Steuertabellen bereits berücksichtigten Sonderausgabenpauschbetrag (36 € bzw. 72 € bei Zusammenveranlagung) und allgemeine außergewöhnliche Belastungen um die (geschätzte) zumutbare Eigenbelastung gekürzt. Eine zumutbare Belastung wird bei Unterhaltszahlungen, beim Ausbildungsfreibetrag und beim Pauschbetrag für behinderte Menschen nicht abgezogen.

6 Zeitpunkt der Antragstellung

Ein Freibetrag wird erst mit Wirkung des Monats berücksichtigt, der dem Monat der Antragstellung folgt. Wenn Sie den Antrag z.B. im März stellen, wird der Freibetrag mit Wirkung ab April in ELStAM eingetragen. Eine Ausnahme gilt, wenn Sie den Antrag noch bis Ende Januar stellen. Dann wird der Freibetrag bereits ab Januar berücksichtigt.

Letztmals können Sie einen Ermäßigungsantrag für das laufende Jahr im November stellen.

Ergeben sich im Laufe des Jahres zusätzliche Veränderungen zu Ihren Gunsten, können Sie jederzeit einen weiteren Antrag stellen. Bei Änderungen zu Ihren Ungunsten müssen Sie die Angaben nicht berichtigen. In diesem Fall (zu hoher Freibetrag) wird sich jedoch bei der Durchführung Ihrer Pflicht-Jahresveranlagung ein Nachzahlungsbetrag ergeben.

Alle Eintragungen auf der Lohnsteuerkarte stehen unter dem Vorbehalt der Nachprüfung und können deshalb jederzeit berichtigt werden.

7 Eintragung des Freibetrags

Notwendige Unterlagen

Nachweise über die Höhe der voraussichtlichen Ausgaben sind dann erforderlich, wenn die Aufwendungen nicht aus den Vorjahren bekannt sind.

Der Hauptvordruck

Wenn Sie zum ersten Mal einen Freibetrag eintragen lassen oder wenn Sie speziellere Aufwendungen als Freibetrag eintragen lassen, benötigen Sie in jedem Fall den **Hauptvordruck**.

In **Abschnitt A des Formulars** machen Sie die verlangten Angaben zu Ihrer Person. Sind Sie verheiratet, müssen Sie auch die Angaben zum Ehegatten ausfüllen, selbst wenn dieser keinen Arbeitslohn hat. Der Antrag ist eigenhändig zu unterschreiben.

Im **Abschnitt B** sind die erforderlichen **Angaben zu Ihren Kindern** einzutragen. Dabei müssen Sie alle Kinder angeben, also auch die, die bereits in der ELStAM berücksichtigt sind. Kinder über 18 Jahren sind ebenfalls eintragungsfähig, solange sie steuerlich berücksichtigt werden können. Die Speicherung ist auch mit Wirkung für mehrere Jahre möglich. Geben Sie dazu den voraussichtlichen Berücksichtigungszeitraum an. Vertiefend siehe → Kinder.

Sind Sie **alleinerziehend** und steht Ihnen ein **Entlastungsbetrag für Alleinerziehende** steuerlich zu, können Sie Ihre Steuerklasse von bisher I in Steuerklasse II umschreiben lassen, damit wird der Entlastungsbetrag für Alleinerziehende bereits beim Lohnsteuerabzug berücksichtigt. Die Änderung hat auch für die Folgejahre Gültigkeit, solange das Kind berücksichtigt werden kann.

Abschnitt C des Vordrucks dient zur Berechnung des eintragungsfähigen Freibetrags. Die hier aufgeführten Tatbestände können immer berücksichtigt werden. Weisen Sie den Grad Ihrer Behinderung, durch die Ihnen der Pauschbetrag für behinderte Menschen zusteht, durch Behindertenausweis, durch eine Bescheinigung des Versorgungsamtes oder einen entsprechenden Rentenbescheid nach.

Wenn Sie Verluste **aus anderen Einkunftsarten** (z. B. aus Vermietung oder gewerblichen Einkünften) eintragen lassen wollen, geben Sie den entsprechenden Betrag ebenfalls in Abschnitt C an. Die Berechnung des von Ihnen ermittelten Verlusts fügen Sie bitte als Anlage dem Antrag bei. Beachten Sie, dass Verluste aus Vermietung und Verpachtung im Jahr 2014 nur für Häuser bzw. Wohnungen eingetragen werden können, die spätestens im Vorjahr (2013) fertig gestellt oder von Ihnen angeschafft worden sind.

Für die **Beschäftigung einer Person in Ihrem Haushalt** kann eine Steuerermäßigung erfasst werden. Haben Sie ein **Dienstleistungsunternehmen** damit beauftragt, in Ihrem Haushalt oder Garten Arbeiten auszuführen oder eine Person in Ihrem Haushalt zu betreuen oder zu pflegen, steht Ihnen ebenfalls eine Steuerermäßigung zu. Dasselbe gilt für **Handwerksleistungen** in Ihrem eigengenutzten Heim. Sie geben die Höhe der Aufwendungen an. Das Finanzamt ermittelt die Höhe der möglichen Steuerermäßigung und trägt das Vierfache als Freibetrag ein. Vertiefend siehe → Haushaltsnahe Tätigkeiten/Dienstleistungen.

Abschnitt D des Vordrucks:

Die hier aufgeführten Ermäßigungstatbestände können beim Lohnsteuerabzug nur berücksichtigt werden, wenn sie in der Summe 600 € höher sind als die Pauschbeträge. Die **Werbungskosten** aus nicht selbstständiger Arbeit müssen für jeden Ehegatten getrennt angegeben werden (Abschnitt D I und II).

Die eintragungsfähigen **Sonderausgaben** sind im Vordruck (Abschnitt D III) abschließend aufgeführt.

Vorsorgeaufwendungen (Versicherungsbeiträge) können nicht eingetragen werden. Sie gelten über die in den Lohnsteuertabellen eingearbeiteten Vorsorgepauschalen als berücksichtigt. Vertiefend siehe → Sonderausgaben.

Die **außergewöhnlichen Belastungen** werden in Abschnitt D IV eingetragen.

Vertiefend siehe → Außergewöhnliche Belastung.

WICHTIG

Pflichtveranlagung

Wenn Sie sich einen Freibetrag auf der Lohnsteuerkarte eintragen lassen, sind Sie gesetzlich verpflichtet, nach Jahresende eine Steuererklärung abzugeben, damit überprüft werden kann, ob Ihre Angaben auch zutreffend waren. War der eingetragene steuerfreie Betrag zu hoch, müssen Sie mit einer Steuernachforderung rechnen.

8 Verteilung der Freibeträge

Wenn beide Ehegatten Arbeitslohn beziehen, kann der Freibetrag, soweit er auf Werbungskosten aus nicht selbstständiger Arbeit entfällt, nur bei dem Ehegatten eingetragen werden, den er betrifft. Der verbleibende Teil des Freibetrags (Sonderausgaben, außergewöhnlichen Belastungen etc.) kann beliebig auf die Eheleute verteilt werden. Wenn Sie in Ihrem Antrag keinen Aufteilungswunsch angeben, verteilt das Finanzamt den Freibetrag insoweit hälftig auf beide Ehegatten.

Verteilung des Grundfreibetrags auf mehrere Lohnsteuerkarten

Haben Sie mehrere Beschäftigungsverhältnisse **nebeneinander**, benötigen Sie für jedes dieser Dienstverhältnisse – sofern es sich nicht um einen Minijob handelt – eine Lohnsteuerklasse. Für das erste Dienstverhältnis wird Ihnen eine Steuerklasse I–V bescheinigt, für alle weiteren Dienstverhältnisse die Steuerklasse VI. **Bei den Lohnsteuerklassen I–V bleibt ein bestimmter Teil des Arbeitslohns steuerfrei (Grundfreibetrag)**, d. h. es gibt einen maßgebenden Eingangsbetrag der Jahreslohnsteuertabelle, ab dem der Arbeitgeber erst Lohnsteuer abführen muss. Schöpfen Sie mit Ihrem Arbeitslohn aus dem ersten Arbeitsverhältnis diesen steuerfreien Betrag nicht aus, können Sie sich den verbleibenden steuerfreien Teil als Freibetrag für das zweite Dienstverhältnis mit Steuerklasse VI eintragen lassen. In diesem Fall wird jedoch beim ersten Dienstverhältnis mit Steuerklasse I ein **Hinzurechnungsbetrag** in gleicher Höhe eingetragen.

9 Der vereinfachte Lohnsteuerermäßigungsantrag

Den vereinfachten Antrag können Sie verwenden, wenn Sie sich im Vorjahr bereits einen Freibetrag haben eintragen lassen und der Freibetrag für 2014 nicht höher ist oder wenn Sie nur Kinder nachtragen lassen bzw. wenn Sie als Alleinerziehender Ihre Steuerklasse von Steuerklasse I in II umschreiben lassen wollen.

10 Lohnsteuerklassenwahl

Ledige oder Verheiratete, bei denen eine Ehegattenveranlagung nicht möglich ist, haben die Lohnsteuerklasse I. Vertiefend siehe → Veranlagung von Ehegatten und Partnern einer eingetragenen Lebenspartnerschaft.

Steht diesen Personen ein Entlastungsbetrag für Alleinerziehende zu, erhalten Sie die Lohnsteuerklasse II. Vertiefend siehe → Alleinerziehende (Entlastungsbetrag).

Für Ehegatten, die die Zusammenveranlagung wählen können, kommen die Steuerklassen III, IV oder V in Betracht. Ist nur ein Ehegatte Arbeitnehmer, wird dieser in Steuerklasse III eingereiht. Haben **beide Ehegatten Arbeitslohn**, können sie wählen, ob beide jeweils Steuerklasse IV haben wollen (ist vom Gesetz grundsätzlich so vorgesehen) oder ob einer der Ehegatten sich Steuerklasse III (führt zu einem niedrigeren Steuerabzug) und der andere Steuerklasse V (höherer Steuerabzug) eintragen lässt.

TIPP

Die Kombination IV/IV ist dann zu empfehlen, wenn der Arbeitslohn beider Ehegatten annähernd gleich hoch ist. In diesem Fall sind Sie nach dem Gesetz nicht verpflichtet, eine Jahressteuererklärung abzugeben, weil der monatliche Lohnsteuerabzug auf jeden Fall so hoch ist, dass es (soweit keine anderen Einkünfte vorhanden sind) in keinem Fall zu einer Nachzahlung, sondern im Regelfall zu einer Erstattung kommt.

Ist Ihr Arbeitslohn und der Ihres Ehegatten jedoch sehr unterschiedlich (Faustregel mindestens 60:40), ist es besser, die Steuerklassenkombination III/V zu wählen. Dabei erhält der besserverdienende Ehegatte Steuerklasse III. Die Kombination führt allerdings in manchen Fällen dazu, dass über das Jahr insgesamt zu wenig Lohnsteuer einbehalten wird. Deshalb sind Sie bei dieser Steuerklassenkombination gesetzlich verpflichtet, eine Jahressteuererklärung abzugeben.

Verwitwete erhalten für das **Jahr nach dem Tod** des Ehegatten noch Steuerklasse III, weil zur Steuerberechnung in diesem einen Jahr noch der Splittingtarif (wie bei Zusammenveranlagung) angewendet wird.

Wenn Sie neben Ihrem ersten Arbeitsverhältnis ein zweites Dienstverhältnis (kein 450 €-Minijob; auch bei Betriebsrente des Verstorbenen) eingehen, benötigen Sie eine zweite Lohnsteuerklasse. Für das zweite und ggf. jedes weitere Dienstverhältnis wird die Steuerklasse VI bescheinigt. In diesem Fall sind Sie gesetzlich verpflichtet, nach Ablauf des Jahres eine Einkommensteuererklärung abzugeben.

11 Faktorverfahren für Ehegatten

§ 39f EStG

Ehegatten können auf der Lohnsteuerkarte anstelle der Steuerklassen IV/IV oder III/V auch **jeweils** die **Lohnsteuerklasse IV mit Faktor** (kleiner 1 und größer 0, auf drei Nachkommastellen berechnet) eintragen lassen. Durch Anwendung des Faktors wird beim Lohnsteuerabzug durch den Arbeitgeber erreicht, dass für jeden Ehegatten die nach Steuerklasse IV ermittelte Lohnsteuer entsprechend der **Wirkung des Splittingverfahrens** gemindert wird und es somit **nicht zu einer Überzahlung an Lohnsteuer** im Laufe des Jahres kommt. Die nach Steuerklasse IV mit Faktor berechnete gemeinsame Lohnsteuer entspricht der sich aufgrund der späteren Veranlagung ergebenden Einkommensteuer, wenn nur Einkünfte aus nicht selbstständiger Arbeit vorliegen.

Die Berechnung des Faktors übernimmt das Finanzamt. Es genügt ein formloser Antrag beim Finanzamt mit Angabe der voraussichtlichen Bruttoarbeitslöhne beider Ehegatten. Beiträge zur Kranken- und Pflegeversicherung können zusätzlich erklärt werden. Diese fließen in die Berechnung der Vorsorgepauschale mit ein. Werden die tatsächlichen voraussichtlichen Kranken- und Pflegeversicherungsbeiträge nicht mitgeteilt, werden sie pauschal aus dem Bruttolohn berechnet.

Der Faktor berechnet sich aus der **Formel Y:X**. Dabei ist Y die voraussichtliche Einkommensteuer nach Veranlagung, unter Berücksichtigung des Splittingtarifs. X ist die Summe der Lohnsteuerabzüge beider Ehegatten, berechnet nach Steuerklasse IV. Das Faktorverfahren kann auch zusammen mit einem Lohnsteuerermäßigungsantrag beantragt werden. Sie teilen dem Finanzamt dazu im Lohnsteuerermäßigungsantrag die voraussichtlichen Arbeitslöhne beider Ehegatten für 2014 im Abschnitt A mit. Die zusätzlichen Ermäßigungsgründe werden in den Abschnitten C und D angegeben. In Abschnitt F wird der Antrag zum Faktorverfahren gestellt und es sind noch Angaben zur Kranken- und Pflegeversicherung zu machen. Die Eintragung eines Faktors bei Steuerklasse IV führt zu einer Pflichtveranlagung nach Ablauf des Jahres.

Minijobs

Die Verdienstgrenze für Minijobber wurde zum 1.1.2013 erhöht. Eine geringfügig entlohnte Beschäftigung (Minijob) liegt demnach vor, wenn das Arbeitsentgelt regelmäßig 450 € im Monat nicht übersteigt. Die wöchentliche Arbeitszeit und die Anzahl der monatlichen Arbeitseinsätze spielen weiterhin keine Rolle. Wichtig sind auch die Änderungen, die sich für die Rentenversicherungspflicht ergeben.

§§ 8, 8a SGB IV, § 168 SGB VI, §§ 40a, 35a EStG

Vertiefend siehe → Haushaltsnahe Tätigkeiten/Dienstleistungen und → Pflegekosten/Betreuungskosten/Heimunterbringung.

1 Behandlung bei der Sozialversicherung

Das Sozialversicherungsrecht unterscheidet zwischen

- geringfügig entlohnten und
- kurzfristigen Beschäftigungen.

Geringfügig entlohnte Beschäftigung

Die Bedeutung der Entgeltgrenze

Bei der geringfügig entlohnten Beschäftigung darf der durchschnittliche Verdienst seit dem 1.1.2013 450 € (bisher 400 €) je Monat nicht überschreiten. Neben dem Arbeitsentgelt zu zahlende zusätzliche Beträge (z. B Urlaubs- und Weihnachtsgeld) sind bei der Durchschnittsberechnung mit einzubeziehen, wenn die Zahlung mit hinreichender Sicherheit (Tarifvertrag, betriebliche Übung) erfolgen wird.

BEISPIEL

A erhält ein monatliches Entgelt von 440 € sowie ein tarifliches Weihnachtsgeld von 300 €.

Das Gesamtentgelt beträgt 5.580 €, durchschnittlich also 465 € je Monat. Da die Arbeitsentgeltgrenze von 450 € überschritten wird, ist der Arbeitnehmer von Beginn an sozialversicherungspflichtig.

Bei schwankendem Arbeitslohn ist die Prognose des Arbeitslohns maßgeblich. Ist danach von einer Beschäftigung unter 450 € auszugehen und tritt aufgrund nicht vorhersehbarer Umstände eine Änderung ein, bleibt es bei der Versicherungsfreiheit.

TIPP

Die nach § 3 Nr. 26 und Nr. 26a EStG steuerfreien Einnahmen von max. 2.400 € (Übungsleiterpauschale) und 720 € (Ehrenamtsfreibetrag) bleiben auch bei der sozialversicherungsrechtlichen Beurteilung außer Betracht. Auch diese Beträge wurden ab 2013 angehoben! Vertiefend siehe → Zusatzeinkünfte.

Mehrere Minijobs

Übt der Arbeitnehmer mehrere Minijobs nebeneinander aus, ist durch Zusammenrechnung des Arbeitslohns aller geringfügigen Beschäftigungsverhältnisse zu prüfen, ob die 450 €-Grenze überschritten wird.

BEISPIEL

C verdient bei X monatlich 300 €. Ab September arbeitet er zusätzlich bei W für 180 € monatlich.

Ab September besteht Versicherungspflicht für **beide** Arbeitsverhältnisse, da die Grenze überschritten ist.

Minijobs neben einer Haupttätigkeit

Übt ein Arbeitnehmer neben einer versicherungspflichtigen Haupttätigkeit noch Minijobs aus, bleibt der zuerst aufgenommene Minijob versicherungsfrei.

Alle weiteren Minijobs werden für die Renten-, Kranken- und Pflegeversicherung, nicht jedoch für die Arbeitslosenversicherung zusammengerechnet.

Beamte und Minijobs

Das Beamtenverhältnis wird aufgrund der Versicherungsfreiheit nicht mit Minijobs zusammengerechnet. Für die Renten- und Arbeitslosenversicherung werden die Minijobs so behandelt, als ob es keine Hauptbeschäftigung gäbe. Bei der Kranken- und Pflegeversicherung herrscht jedoch absolute Versicherungsfreiheit.

BEISPIEL

Der Beamte D geht neben seiner Haupttätigkeit (monatlich 1.800 €) noch zwei Minijobs mit 200 € bzw. 280 € nach.

Beide Minijobs bleiben grundsätzlich kranken- und pflegeversicherungsfrei. Da das Entgelt der Minijobs 450 € übersteigt, fallen aber Pflichtbeiträge zur Renten- und Arbeitslosenversicherung an.

Nachträgliche Erhöhung des Arbeitsentgelts

Erhöht sich das Arbeitsentgelt nachträglich, z. B. durch eine rückwirkende Tariferhöhung, und wird dadurch die 450 €-Grenze überschritten, hat dies Auswirkungen nur für die Zukunft.

Rentenversicherungspflicht

Minijobs waren bis 2012 grundsätzlich sozialversicherungsfrei. Für bestehende Arbeitsverhältnisse gilt dieses auch weiter, so lange der Arbeitslohn die bisherige Grenze von 400 € nicht übersteigt.

TIPP

Erhöht sich allerdings das regelmäßige monatliche Arbeitsentgelt auf einen Betrag zwischen 400 € bis 450 €, gilt für die alte Beschäftigung das neue Recht. Dann tritt bei dem bisher versicherungsfreien Minijob Versicherungspflicht in der Rentenversicherung ein. Der Minijobber kann sich jedoch von der Versicherungspflicht in der Rentenversicherung befreien lassen (schriftlicher Antrag an den Arbeitgeber).

Wurden hingegen in der Beschäftigung bereits vor dem 1. Januar 2013 Rentenversicherungsbeiträge aufgestockt, bleibt der Minijobber weiterhin versicherungspflichtig. In diesem Fall ist die Befreiung von der Rentenversicherungspflicht nicht möglich.

WICHTIG

Minijobs, die ab dem 1. Januar 2013 aufgenommen werden, sind versicherungspflichtig in der gesetzlichen Rentenversicherung. Dieser Personenkreis kann sich aber von der Versicherungspflicht in der Rentenversicherung befreien lassen.

Hierfür muss der Beschäftigte dem Arbeitgeber schriftlich mitteilen, dass er die Befreiung wünscht. Dann zahlt der Arbeitgeber weiterhin den Pauschalbeitrag zur Rentenversicherung, der Minijobber zahlt keinen eigenen Beitrag. Den Antrag des Arbeitnehmers muss der Arbeitgeber zu den Entgeltunterlagen nehmen aber nicht an die Minijobzentrale senden. Ein Musterantrag zur Befreiung von der Rentenversicherungspflicht ist auf der Internetseite der Minijobzentrale zu finden.

Die Befreiung wirkt ab dem Kalendermonat des Eingangs beim Arbeitgeber, frühestens ab dem Beschäftigungsbeginn. Voraussetzung ist, dass der Arbeitgeber der Minijobzentrale die Befreiung innerhalb von sechs Wochen nach Eingang des Befreiungsantrages meldet.

Beiträge

Liegt eine geringfügig entlohnte Tätigkeit vor, muss der Arbeitgeber Beiträge zur Renten- und i.d.R. auch zur Krankenversicherung zahlen. Dabei ist zwischen

- Arbeitnehmern, die ausschließlich im Privathaushalt beschäftigt sind, und
- sonstigen Arbeitnehmern im gewerblichen Bereich

zu unterscheiden.

Pauschalbeiträge zur Renten- und Krankenversicherung

Kommt der pauschale Beitragssatz zur Rentenversicherung (RV) zur Anwendung, beträgt dieser für Arbeitnehmer im Privathaushalt 5 %, bei sonstigen Arbeitnehmern (im gewerblichen Bereich) 15 % des Arbeitslohns. Andernfalls beträgt der Beitragssatz 18,9 %.

Beitragspflichtig sind auch Personen, die in ihrer Haupttätigkeit beitragsbefreit sind (z.B. Beamte) oder die nur eine geringfügige Beschäftigung ausüben (z.B. Rentner).

Der Beitragssatz zur Krankenversicherung (KV) beträgt für Arbeitnehmer im Privathaushalt 5 %, bei sonstigen Arbeitnehmern 13 % des Arbeitslohns.

Zusätzlich muss der Arbeitgeber folgende Umlagen an die Minijobzentrale abführen:

Umlage U1	Lohnfortzahlung bei Krankheit	0,70 %
Umlage U2	wegen Schwangerschaft/ Mutterschaft	0,14 %
INSO	Insolvenzumlage	0,15 %

(Alle Beitragssätze nach dem Stand von 2013; die Sätze für 2014 lagen bei Redaktionsschluss noch nicht vor!)

Bei rentenversicherungspflichtigen Minijobs mit geringen Verdiensten ist der zu zahlende monatliche Rentenversicherungsbeitrag von mind. 175 € zu berechnen. Das gilt auch für Beschäftigungen, die bereits vor dem 1. Januar 2013 begonnen haben.

TIPP

Auch bei der Frage, ob die Mindestbemessungsgrundlage zu beachten ist, sind mehrere Minijobs zusammen zu zählen. Lassen Sie sich daher als Arbeitgeber von Ihrem Arbeitnehmer bestätigen, dass der Gesamtverdienst aus allen Minijobs mehr als 175 € beträgt. Dann sind Sie auf der sicheren Seite.

Ist der Arbeitgeber ein Privathaushalt, wird ein Beitrag zur Unfallversicherung i.H.v. 1,6 % einbehalten. In anderen Fällen besteht neben der Meldepflicht bei der Minijobzentrale auch eine Melde- und Beitragspflicht zur gesetzlichen Unfallversicherung. Die gesetzliche Unfallversicherung kommt für die Folgen von Arbeitsunfällen oder Berufskrankheiten auf und wird hierbei nicht automatisch über die Minijobzentrale abgedeckt. Eine private Unfallversicherung ersetzt nicht die gesetzliche Unfallversicherung.

Zusammentreffen mit einer anderen Erwerbstätigkeit bei Überschreiten der Jahresarbeitsentgeltgrenze

BEISPIEL

G überschreitet mit seiner Haupttätigkeit die Beitragsbemessungsgrenze und ist freiwillig bei einer **gesetzlichen Krankenkasse** versichert. Daneben übt er eine geringfügige Beschäftigung aus.

Sowohl die Pauschalbeiträge zur RV als auch zur KV sind zu zahlen.

BEISPIEL

Alternative: G ist Mitglied einer **privaten Krankenversicherung**.

In der Krankenversicherung fallen keine Pauschalbeiträge an. Zur RV sind Pauschalbeiträge abzuführen.

Haushaltsscheck

Liegt eine **ausschließliche Beschäftigung im privaten Haushalt** vor und handelt es sich um Tätigkeiten, die sonst durch Haushaltsmitglieder erledigt werden (z.B. Reinigungs- oder Gartenarbeiten, Pflegetätigkeiten – auch Tagesmütter), gelten die Besonderheiten des **Haushaltsscheckverfahrens**.

Der Haushaltsscheck dient der Anmeldung von Sozialabgaben und der Pauschsteuer bei der Deutschen Rentenversicherung Knappschaft-Bahn-See (Minijobzentrale).

Den Haushaltsscheck muss der Arbeitgeber zu Beginn sowie zum Ende jeder Beschäftigung eines Arbeitnehmers abgeben, und sobald sich dessen Entgelt ändert. Ist ein fester Lohn vereinbart, gilt die Beginnmeldung als Dauerbeleg.

Auf der Basis dieser Angaben errechnet die Einzugsstelle den Beitrag und zieht diesen am 15. Juli bzw. 15. Januar für die jeweils vorhergehenden sechs Monate im Lastschriftverfahren ein.

Verzichtet der Arbeitnehmer auf die Rentenversicherungsfreiheit, muss er die Differenz zum Regelbeitrag (Aufstockungsbetrag) in Höhe von 3,9 % (gewerblicher Minijob) bzw. 13,9 % (Minijob im Haushalt) selbst tragen. Diese wird beim Arbeitgeber zusammen mit den Pauschalsätzen eingezogen. Auch hier ist die Mindestbemessungsgrundlage zu beachten.

BEISPIEL

Die Haushaltshilfe H verdient im Monat 100 €. Sie ist rentenversicherungspflichtig. Der Arbeitgeber (Privathaushalt) muss folgende Abgaben leisten:

Krankenversicherung (5 %)	5,00 €
Rentenversicherung AG-Anteil 5 % von 100 €	5,00 €
Rentenversicherung AN-Anteil 18,9 % von 175 € abzgl. AG-Anteil	28,08 €
U1	0,70 €
U2	0,14 €
Unfallversicherung	1,60 €
Steuer	2,00 €

Der Arbeitnehmer bekommt noch (100 € ./. 28,08 € =) 71,92 € ausbezahlt. Der Arbeitgeber zahlt den Arbeitnehmeranteil von 28,08 € und den eigenen Anteil von 14,44 € an die Minijobzentrale.

Ist der Arbeitnehmer von der Rentenversicherungspflicht befreit, bekommt er 100 € ausbezahlt und der Arbeitgeber zahlt nur 14,44 € an die Minijobzentrale.

Vordrucke

Vordrucke erhalten Sie bei der DR Knappschaft-Bahn-See, Minijobzentrale, 45115 Essen, und im Internet.

Gleitzone

Voraussetzungen

Auch die Beträge zur Anwendung der Gleitzone wurden ab 2013 angepasst. Die Gleitzonen-Regelung kommt jetzt zur Anwendung, wenn der Arbeitslohn im Monat zwischen 450,01 € und 850 € liegt. Während Arbeitnehmer mit einem Arbeitslohn bis 450 € je Monat versicherungsfrei bleiben, sind Beschäftigte mit einem Lohn von mehr als 450 € (ggf. Summe aus mehreren Dienstverhältnissen) versicherungspflichtig. Der Arbeitgeber hat in der Gleitzone den vollen Beitragssatz zu leisten, der Beitragssatz des Arbeitnehmers steigt mit der Höhe des Entgelts an.

BEISPIEL

I wird voraussichtlich von Januar bis Juni 550 € und von Juni bis Dezember 390 € verdienen. Außerdem stehen ihm 120 € Weihnachtsgeld zu.

Der Jahresarbeitslohn beträgt 5.760 € (6 × 550, 6 × 390, 120), daraus ergibt sich der maßgebliche Lohn von 480 € (1/12 von 5.760 €). Damit ist die 450 €-Grenze überschritten und die Gleitzonenregelung anzuwenden.

Es gibt einen Gleitzonenrechner. Suchen Sie nach „Gleitzone" auf der Internetseite www.deutsche-rentenversicherung-bund.de oder www.minijobzentrale.de.

Anpassung der Gleitzone

Für Arbeitsverhältnisse, die bereits am 31.12.2012 bestanden, gibt es eine Übergangsregelung:

- Für Arbeitnehmer, die ab 2013 erstmals einen Verdienst zwischen 450,01 € und 850 € erzielen, ist die Neuregelung mit der neuen Gleitzonenformel anzuwenden.
- Liegt der Verdienst zwischen 400,01 € und 450 €, ist der Lohn bis zum 31.12.2014 weiterhin kranken-, pflege-, renten- und arbeitslosenversicherungspflichtig. Es gilt die bisherige Gleitzonenformel.

TIPP

Liegt Ihr Verdienst zwischen 400,01 € und 450 €, können Sie gegenüber dem Arbeitgeber schriftlich erklären, dass Sie sich von der Versicherungspflicht in der Kranken-, Pflege- und Arbeitslosenversicherung befreien lassen wollen. Das gilt allerdings nicht für die Rentenversicherung. Es gelten dann die Regelungen für Minijobs.

- Für Arbeitnehmer mit einem Verdienst von mehr als 800 € galt die Gleitzonenregelung bis zum 31.12.2012 nicht. Bei dieser Regelung bleibt es auch ab dem 1.1.2013 bis zur Beendigung des Beschäftigungsverhältnisses, wenn ein monatliches Entgelt zwischen 800,01 € und 850 € erzielt wird. Die Beiträge werden wie bisher nach dem tatsächlichen Arbeitsentgelt ermittelt. Der Arbeitnehmer hat allerdings die Möglichkeit, die Anwendung der neuen Gleitzonenformel 2013 schriftlich bei seinem Arbeitgeber zu beantragen.

TIPP

Liegt Ihr Verdienst zwischen 800,01 € und 850 €, sollten Sie die Anwendung der Gleitzonenregelung beantragen, da dieses für Sie erheblich günstiger ist. Beachten Sie, dass die Antragstellung nur bis zum 31.12.2014 möglich ist und nicht rückwirkend gilt.

Kurzfristige Beschäftigung

Steht schon von Beginn an fest, dass die Beschäftigung bezogen auf ein Jahr **längstens zwei Monate** (z. B Student mit Semesterferienjob) oder **höchstens 50 Arbeitstage** andauert, besteht keine Sozialversicherungspflicht, unabhängig von der Höhe des Entgelts.

Dabei gilt die Zwei-Monats-Frist, wenn die Beschäftigung an mind. fünf Tagen wöchentlich ausgeübt wird, und die 50-Tage-Frist bei geringerer wöchentlicher Beschäftigung.

Die Beschäftigung muss vertraglich oder nach der Art des Beschäftigungsverhältnisses begrenzt angelegt sein (z. B. Saisontätigkeit).

Das gilt nicht, sofern es sich um eine berufsmäßige Beschäftigung handelt **und** das Arbeitsentgelt 450 € überschreitet.

Beschäftigungen bei verschiedenen Arbeitgebern sind zusammenzurechnen.

2 Steuerliche Behandlung der geringfügig entlohnten Beschäftigungsverhältnisse

Die Besteuerung erfolgt durch

- eine **Pauschsteuer nach** § 40a Abs. 2 EStG. Die **2%ige Pauschsteuer** gilt für Fälle, in denen der Arbeitgeber **pauschale** Beiträge zur **Rentenversicherung** zu entrichten hat. Die Pauschsteuer gilt die Lohnsteuer, die Kirchensteuer und den Solidaritätszuschlag insgesamt ab. Die Anmeldung und Erhebung erfolgt durch die DR Knappschaft-Bahn-See (Minijobzentrale),
- die **Pauschalierung der Lohnsteuer nach** § 40a Abs. 2a EStG. Kommt die Pauschsteuer nicht in Betracht, weil keine Pauschalbeiträge zur Rentenversicherung zu entrichten sind, kann der Arbeitgeber die Steuer für ein Dienstverhältnis mit Arbeitslohn von nicht mehr als 450 € mit **20 %** pauschal besteuern. Solidaritätszuschlag und Kirchensteuer kommen hinzu. Die Anmeldung erfolgt beim Betriebsstättenfinanzamt des Arbeitgebers,
- **individuelle Besteuerung nach den Merkmalen der Lohnsteuerkarte.**

WICHTIG

Eine **kurzfristige Beschäftigung** kann weder mit der Pauschsteuer von 2 % noch mit der 20%igen pauschalen Lohnsteuer nach § 40a Abs. 2a EStG belegt werden.

Einzelnes Arbeitsverhältnis

BEISPIEL

M ist seit dem 1. Juni als Schreibkraft für 450 € monatlich beschäftigt. Sie ist über ihren Ehemann in der gesetzlichen Krankenversicherung familienversichert.

Der Arbeitgeber hat 13 % Krankenversicherungsbeitrag, 15 % Rentenversicherungsbeitrag und **2 % Pauschsteuer** an die DR Knappschaft-Bahn-See abzuführen.

BEISPIEL

N hilft regelmäßig bei S im Haushalt und erhält monatlich 300 €.

S hat 12 % (je 5 % Kranken- und Rentenversicherungsbeitrag und **2 % Pauschsteuer**) an die Minijobzentrale abzuführen.

Wären M oder N privat krankenversichert, entfiele jeweils der Krankenversicherungsbeitrag.

TIPP

Die Pauschbesteuerung wird durch eine Aufstockung des Beitrags zur Rentenversicherung durch den Arbeitnehmer nicht beeinträchtigt.

Mehrere Arbeitsverhältnisse

Übersteigen die Verdienste aus mehreren Arbeitsverhältnissen in der Summe die 450 €-Grenze **nicht**, bleibt es bei der 2%igen Pauschsteuer.

Bestehen neben einer Haupttätigkeit mehrere geringfügige Beschäftigungsverhältnisse, kann die Lohnsteuer für den ersten Minijob pauschal mit 2 % versteuert werden.

BEISPIEL

Eine junge Frau arbeitet als Kassiererin für 550 € monatlich, als Aushilfe im Fitnessclub für 200 € und putzt ab 1.10. eine Arztpraxis für 150 €.

Die Tätigkeit als Kassiererin ist versicherungs- und lohnsteuerpflichtig (Haupttätigkeit). Die erste geringfügige Beschäftigung unterliegt nicht der Zusammenrechnung, sodass für die Aushilfstätigkeit im Fitnessclub pauschale Beiträge (RV 15 %, KV 13 %, **Pauschsteuer 2 %**) abzuführen sind. Die zweite Aushilfstätigkeit kann entweder mit **20 % pauschal** versteuert oder über **Lohnsteuerklasse VI** abgerechnet werden. Für die Sozialversicherung ist die Gleitzonenregelung anzuwenden, da im Rahmen der Zusammenrechnung die erste geringfügige Beschäftigung außer Ansatz bleibt.

3 Steuerliche Behandlung der kurzfristigen Beschäftigungsverhältnisse

Eine Versteuerung des Arbeitslohns nach § 40a Abs. 1 EStG mit **25 % pauschaler Lohnsteuer** sowie Solidaritätszuschlag und Kirchensteuer kommt unter folgenden Voraussetzungen in Betracht:

- Es erfolgt eine nur gelegentliche Beschäftigung des Arbeitnehmers, die Beschäftigung darf nicht mehr als 18 zusammenhängende Arbeitstage (inkl. Feiertage, Krankheits- und Urlaubstage) andauern und der Durchschnittslohn darf 62 € pro Arbeitstag nicht übersteigen,

oder

- die Beschäftigung wird zu einem unvorhersehbaren Zeitpunkt sofort erforderlich.

In beiden Fällen darf der Arbeitslohn 12 € je Arbeitsstunde nicht übersteigen.

4 Steuerermäßigung bei haushaltsnahen Beschäftigungen/Dienstleistungen

Zur Steuerermäßigung bei einer geringfügigen oder sozialversicherungspflichtigen Beschäftigung im Haushalt (Minijob) bzw. zur Beschäftigung durch eine Wohnungseigentümergemeinschaft. Vertiefend siehe → Haushaltsnahe Tätigkeiten/Dienstleistungen.

Pensionen/Betriebsrenten

Werden Beamtenpensionen oder sonstige Betriebsrenten durch den früheren Arbeitgeber aufgrund des früheren Dienstverhältnisses gezahlt, gehören diese als Versorgungsbezüge zu den Einkünften aus nicht selbstständiger Arbeit. Sie werden dem Arbeitslohn gleichgestellt, aber durch Abzug des Versorgungsfreibetrags und eines Zuschlags begünstigt besteuert. Hiervon zu unterscheiden sind Sozialversicherungs- und andere Renten, die zu den sonstigen Einkünften gehören.

§ 19 Abs. 2 EStG

Vertiefend siehe → Renten.

1 Beamtenpensionen

§ 19 Abs. 2 Nr. 1 EStG

Beamtenpensionen sind Bezüge des öffentlichen Dienstes aus einem früheren Dienstverhältnis und stets **Versorgungsbezüge**. Hierunter fallen Zahlungen, die als Ruhegehalt, Witwen- oder Waisengeld, Unterhaltsbeiträge oder als gleichartige Bezüge aufgrund beamtenrechtlicher oder entsprechender gesetzlicher Vorschriften oder nach beamtenrechtlichen Grundsätzen von Körperschaften, Anstalten oder Stiftungen des öffentlichen Rechts oder öffentlich-rechtlichen Verbänden von Körperschaften geleistet werden.

Sterbegelder und Bezüge der Beamten im einstweiligen Ruhestand gehören auch dazu.

Bezüge, die für den Sterbemonat bezahlt werden, sind keine steuerbegünstigten Versorgungsbezüge.

2 Betriebsrenten/ Werkspensionen

§ 19 Abs. 2 Nr. 2 EStG

Betriebsrenten/Werkspensionen sind Bezüge aus dem privaten Dienst. Hierunter fallen Bezüge und Vorteile aus früheren Dienstleistungen, die wegen Erreichens einer Altersgrenze, Berufsunfähigkeit, Erwerbsunfähigkeit oder als Hinterbliebenenbezüge gewährt werden. Diese Bezüge sind grundsätzlich auch **Versorgungsbezüge**. Wenn sie aber wegen Erreichens einer Altersgrenze gezahlt werden, gelten sie erst dann als Versorgungsbezüge, wenn der Steuerzahler das 63. Lebensjahr oder als schwer behinderter Mensch (Grad der Behinderung > 50 %) das 60. Lebensjahr vollendet hat.

Zu den Werkspensionen gehören auch Leistungen aus einer betrieblichen Unterstützungskasse des ehemaligen Arbeitgebers.

Vorruhestandsleistungen sind Versorgungsbezüge, wenn die altersmäßigen Voraussetzungen erfüllt sind.

3 Versorgungsfreibetrag und Zuschlag

Von den Versorgungsbezügen bleiben ein Versorgungsfreibetrag und ein Zuschlag zum Freibetrag steuerfrei.

Die Höhe des Versorgungsfreibetrags und des Zuschlags zum Versorgungsfreibetrag richtet sich nach dem Jahr des Versorgungsbeginns.

Haben Sie 2005 oder früher erstmals Versorgungsbezüge bezogen, beträgt der Versorgungsfreibetrag 40 % der Versorgungsbezüge, höchstens 3.000 € jährlich und der Zuschlag 900 €.

Freibetrag und Zuschlag werden für jeden ab 2006 in den Ruhestand tretenden Jahrgang abgeschmolzen.

Versorgungsbeginn	Freibetrag		Zuschlag
	in % der Versorgungsbezüge	Höchstbetrag €	
bis 2005	40,0	3.000	900
...	...	...	...
2011	30,4	2.280	684
2012	28,8	2.160	648
2013	27,2	2.040	612
...	...	...	...
2040	0,0	0	0

Bemessungsgrundlage für den Freibetrag ist das Zwölffache des Versorgungsbezugs für den **ersten vollen Monat** des Versorgungsbezugs (frühestens Januar 2005).

WICHTIG

Der so ermittelte Versorgungsfreibetrag in Prozent und der Zuschlag zum Versorgungsfreibetrag gelten grundsätzlich **für die gesamte Laufzeit des Versorgungsbezugs**.

Werden Versorgungsbezüge nur für einen Teil des Kalenderjahres gezahlt, werden der Versorgungsfreibetrag und der Zuschlag zum Versorgungsfreibetrag zunächst mit einem Jahresbetrag berechnet und dann zeitanteilig berücksichtigt.

BEISPIEL

Ein verheirateter Steuerpflichtiger ist seit 2011 (erster Versorgungsbezug Juni 2011, 730 €) im Ruhestand. Er hat 2013 folgende Einnahmen:

Der frühere Arbeitgeber zahlt eine jährliche Werkspension i. H. v. 9.000 €. Zusätzlich wird seit 2011 eine Altersrente aus der gesetzlichen Rentenversicherung i. H. v. 12.000 € gezahlt.

Die Altersrente aus der gesetzlichen Rentenversicherung stellt keinen Ausfluss aus dem früheren Dienstverhältnis und somit auch keinen Arbeitslohn dar. Es liegen sonstige Einkünfte i. S. d. § 22 EStG vor, die mit einem Besteuerungsanteil berücksichtigt werden. Vertiefend siehe → Renten.

Die Werkspension ist Arbeitslohn aus einem früheren Dienstverhältnis und gehört zu den Versorgungsbezügen.

Der Versorgungsfreibetrag beträgt 30,4 % (Versorgungsbeginn 2011) von

8.760 € (12 × 730 €) = 2.663 €, höchstens 2.280 €. Zusätzlich ist ein Zuschlag zum Versorgungsfreibetrag i. H. v. 684 € abzuziehen. Damit sind von den Versorgungsbezügen nur 6.036 € (9.000 € ./. 2.280 € ./. 684 €) als steuerpflichtige Einnahme zu erfassen.

4 Werbungskosten

Bezieher von Versorgungsbezügen erhalten einen **Werbungskosten-Pauschbetrag** von 102 €.

Bezieht ein Steuerpflichtiger weiterhin neben den Versorgungsbezügen Einnahmen aus einem aktiven Dienstverhältnis, können der Arbeitnehmer-Pauschbetrag von 1.000 € und der Werbungskosten-Pauschbetrag von 102 € **nebeneinander** abgezogen werden, wenn jeweils keine tatsächlich höheren Aufwendungen vorliegen.

Beziehen **beide Ehegatten** Versorgungsbezüge, stehen ihnen der Versorgungsfreibetrag und der Arbeitnehmer- bzw. Werbungskostenpauschbetrag jeweils gesondert zu. Sie können jedoch nur bis zur Höhe des jeweiligen Arbeitslohns bzw. der jeweiligen Versorgungsbezüge des einzelnen Ehegatten abgezogen werden, d. h. die Freibeträge sind nicht auf den anderen Ehegatten übertragbar und führen nicht zu negativen Einkünften.

Pflegekosten/Betreuungskosten/ Heimunterbringung

Haben Sie Aufwendungen für die Betreuung oder Pflege von Ihnen selbst, Ihrem Ehepartner oder einem nahen Angehörigen (unterhaltsberechtigte Person) getragen, können Sie die Aufwendungen – soweit diese nicht durch eine private oder gesetzliche Versicherung ersetzt werden – nach folgenden Grundsätzen steuerlich berücksichtigen.

1 Allgemeines

Mögliche Fälle

Im Zusammenhang mit der Pflege sind je nach Fallgestaltung unterschiedliche Aufwendungen in unterschiedlicher Höhe steuerlich abziehbar.

In den nachfolgenden Tabellen werden folgende Grundfälle unterschieden:

- Aufwendungen für einen **Angehörigen** (→ siehe Punkt 2)
  - Pflege in Ihrem Haushalt,
  - Pflege im Haushalt des Angehörigen,
  - altersbedingter Heimaufenthalt,
  - pflegebedingter, behinderungsbedingter oder krankheitsbedingter Heimaufenthalt;
- Aufwendungen für **Ihre Person** oder für Ihren **Ehegatten** (→ siehe Punkt 3)

- Pflege in Ihrem Haushalt,
- altersbedingter Heimaufenthalt,
- pflegebedingter, behinderungsbedingter oder krankheitsbedingter Heimaufenthalt.

Abzugsfähige Kostenarten

Folgende Kosten sind ggf. abziehbar:

- **Unterhaltsaufwendungen gegenüber anderen Personen**

  Abziehbar sind Aufwendungen für Unterbringung, Nahrung, Kleidung und Dinge des täglichen Bedarfs. Einkünfte und Bezüge der unterstützten Person werden angerechnet.

- **Pauschbetrag für behinderte Menschen**

  Ein Pauschbetrag ist nur für Sie, Ihren Ehegatten und evtl. für Ihr Kind abziehbar.

- **Pflegepauschbetrag**

  Der Pauschbetrag kann nur abgezogen werden, wenn Sie die Pflege in Ihrer Wohnung oder in der Wohnung des zu Pflegenden **persönlich** durchführen.

- **Behinderten- oder pflegebedingte Krankheitskosten**

  Die Aufwendungen für Sie, Ihren Ehegatten oder eine andere Person können unter Berücksichtigung einer zumutbaren Belastung als außergewöhnliche Belastung abgezogen werden.

- **Aufwendungen für haushaltsnahe Dienstleistungen**

  Diese sind abziehbar, soweit sie in Ihrem Haushalt entstehen und bei Unterbringung in einem Heim, wenn dort ein eigenständiger und abgeschlossener Haushalt geführt wird (nicht notwendig für den Abzug von Kosten für die Zubereitung von Mahlzeiten).

Die Tabellen verweisen auf die **weiterführenden Stichworte** in diesem Band.

A = → Krankheitskosten, § 33 EStG

B = → Unterhaltszahlungen, § 33a Abs. 1 EStG

C = → Behinderte Menschen, § 33b Abs. 1–5 EStG

D = → Haushaltsnahe Tätigkeiten/Dienstleistungen, § 35a EStG

2 Aufwendungen für einen Angehörigen (unterhaltsberechtigte Person)

Ausgaben bei Pflege/Betreuung eines Angehörigen im Haushalt

	in Ihrem eigenen Haushalt abziehbar	Anmerkungen	Stichwort	**im Haushalt des Angehörigen** abziehbar	Anmerkungen	**Stichwort**
Unterhaltsleistungen	ja		**B**	ja		**B**
Krankheitskosten, allgemeine	ja	1	**A**	ja	1	**A**
persönliche Pflege durch Sie	ja	2	**C**	ja	2	**C**
gesondert in Rechnung gestellte Pflegesätze für anerkannten Pflegedienst, § 89 SGB XI;	ja	3	**A**	ja	3	**A**
Behinderten-Pauschbetrag	ja/nein	4	**C**			**C**
Pflege-Pauschbetrag	ja/nein	5	**C**	ja/nein	5	**C**
Ausgaben für eine **Haushaltshilfe (ohne Pflege)**	ja	6	**D**	nein	6 7	**D**
Aufwendungen für **Dienstleistungen** (haushaltsnahe Tätigkeiten)	ja	6	**D**	nein	6 7	**D**
Aufwendungen für **Dienstleistungen** (Pflege und Betreuung)	ja	6	**D**	ja		**D**
Aufwendungen für **Handwerkerleistungen**	ja	6	**D**	nein	6 7	**D**

Anmerkungen:

1 = wenn Zwangsläufigkeit vorliegt; einschl. Kurzzeitpflege während Urlaub

2 = wenn **Pflegestufen I–III vorliegen;** „**H**", „**Blind**" oder **Pflegestufe 0** (erhebliche Einschränkung der Alltagskompetenz, § 45a SGB XI)

3 = auch ohne Pflegestufe; immer Abzug als Krankheitskosten nach § 33 EStG

4 = nur Kinder; beachte: Der Pauschbetrag schließt den Abzug tatsächlicher Aufwendungen aus.

5 = nur Merkzeichen „**H**" oder „**Blind**" oder **Pflegestufe III**;
beachte: Der Pflege-Pauschbetrag schließt den Abzug tatsächlicher Aufwendungen aus.

6 = nicht, wenn Pauschbetrag für behinderte Menschen beantragt wird

7 = nicht **Ihr** eigener Haushalt

Ausgaben bei Heimunterbringung eines Angehörigen

	alters-bedingte Heimunter-bringung abziehbar	Anmerkungen	Stichwort	**krankheits- (pflege-) bedingte** Heimunterbringung abziehbar	Anmerkungen	Stichwort
Unterhaltsleistungen	ja		**B**	ja		**A B**
Krankheitskosten	ja, soweit…	1	**A**	ja		**A**
Heimkosten allgemein	nein	2		ja	3,4	**A**
gesondert in Rechnung gestellte Pflegesätze für anerkannten Pflegedienst, § 89 SGB XI	ja	5	**A**	ja	5	**A**
Umlagepauschale für die Grundpflege mit allgemeiner ärztlicher Überwachung und keinen gesonderten Kosten im Krankheitsfall	nein			ja	3,4	**A**
Ausgaben für eine **Haushaltshilfe (ohne Pflege)**	nein	6	**D**	ja	3,4 7	**A D**
Aufwendungen für **Dienstleistungen** (haushaltsnahe Tätigkeiten)	nein	6	**D**	ja	3,4 7	**A D**
Aufwendungen für **Dienstleistungen** (Pflege und Betreuung)	ja	9	**D**	ja	3,4 7,8	**A D**
Aufwendungen für **Handwerkerleistungen**	nein	6	**D**	nein	6	**D**

Anmerkungen:

1 = Kosten einer Krankheit, die nicht zur Heimunterbringung führt, Abzug nach § 33 EStG

2 = übliche Kosten der Lebensführung; Abzug als typische Unterhaltsleistungen

3 = nur, wenn **Pflegestufen I–III vorliegen**; die Unterbringung **behinderungsbedingt** (Merkzeichen „**H**“, „**Bl**ind“ oder **Pflegestufe 0** erhebliche Einschränkung der Alltagskompetenz nach § 45a SGB XI oder fachärztliches Gutachten BFH, Urteil v. 9.12.2010, VI R 14/09 oder **krankheitsbedingt** erfolgt BFH, Urteil v. 13.10.2010, VI R 38/09 und BFH, Urteil v. 8.11.2012, VI B 82/12 wobei hier eine fachärztliche Bescheinigung ausreicht. Eine bloße ärztliche **Empfehlung** für eine Heimunterbringung bei fehlender Pflegebedürftigkeit reicht der Verwaltung entgegen der BFH-Rspr. nicht aus. BFH, Urteil v. 13.10.2010, VI R 38/09

4 = Abzug als Krankheitskosten, § 33 EStG

5 = auch ohne Pflegestufe; immer als Krankheitskosten nach § 33 EStG

6 = nicht **Ihr** eigener Haushalt

7 = wenn vom Heim in Rechnung gestellt

8 = Abzug wie Krankheitskosten, § 33 EStG; in Höhe der zumutbaren Belastung: Abzug nach § 35a EStG

9 = wenn abgeschlossener Haushalt mit Küche, Bad, Wohn- und Schlafbereich (nicht notwendig für den Abzug der Kosten für die Zubereitung von Mahlzeiten)

3 Aufwendungen für die eigene Person oder den Ehegatten

Pflege/Betreuung im eigenen Haushalt:	**im eigenen Haushalt**		**Stichwort**
Unterhaltskosten	nein (Grundfreibetrag)		**B**
Krankheitskosten	ja	siehe Punkt 2 „im eigenen Haushalt“	**A**
persönliche Pflege des Ehegatten	ja		**C**
gesondert in Rechnung gestellte Pflegesätze für anerkannten Pflegedienst, § 89 SGB XI	ja		**D**
Aufwendungen für **Haushaltshilfe, Dienstleistungen** (haushaltsnahe Tätigkeiten)	ja		**D**
Aufwendungen für Pflege und Betreuung	ja		**D**
Aufwendungen für **Handwerkerleistungen**	ja		**D**
Pauschbetrag für behinderte Menschen	ja/nein		**C**
Pflege-Pauschbetrag	ja/nein		**C**

Heimunterbringung Ihrer Person oder Ihres Ehegatten

	alters-bedingte Heimunter-bringung abziehbar	Anmerkungen	Stichwort	**krankheits- (pflege-) bedingte** Heimunter-bringung abziehbar	Anmerkungen	Stichwort
Unterhaltskosten	nein	1	**B**	ja	1	**A B**
Krankheitskosten	ja	2	**A**	ja		**A**
Heimkosten allgemein	nein	1		ja	3,4	**A**
gesondert in Rechnung gestellte Pflegesätze für anerkannten Pflegedienst, § 89 SGB XI	ja	5	**A**	ja	5	**A**
Umlagepauschale für die Grundpflege mit allgemeiner ärztlicher Überwachung und keine gesonderten Kosten im Krankheitsfall	nein			ja	3,4	**A**
Behinderten-Pauschbetrag	ja		**C**	ja/nein	6	**C**
Ausgaben für eine **Haushaltshilfe (ohne Pflege)**	ja, wenn ...	7	**D**	ja	8	**A D**
Aufwendungen für **haushaltsnahe Dienstleistungen** (Reinigung)	ja, wenn ...	7	**D**	ja	8	**A D**
Aufwendungen für **Dienstleistungen** (Pflege und Betreuung)	ja, wenn ...	7	**D**	ja	8	**A D**
Aufwendungen für **Handwerkerleistungen**	ja, wenn ...	7	**D**	ja, wenn ...	7	**D**

Anmerkungen:

1 = typische (übliche) Kosten der Lebensführung, abgegolten durch Grundfreibetrag

2 = Kosten einer Krankheit, die nicht zur Heimunterbringung führt; Abzug nach § 33 EStG

3 = nur, wenn **Pflegestufen I–III vorliegen**; die Unterbringung **behinderungsbedingt** (Merkzeichen „**H**", „**Blind**" oder **Pflegestufe 0** erhebliche Einschränkung der Alltagskompetenz nach § 45a SGB XI oder fachärztliches Gutachten BFH, Urteil v. 9.12.2010, VI R 14/09 oder **krankheitsbedingt** erfolgt, wobei hier eine fachärztliche Bescheinigung ausreicht. BFH, Urteil v. 13.10.2010, VI R 38/09 und BFH, Urteil v. 8.11.2012, VI B 82/12 Eine bloße ärztliche Empfehlung für eine Heimunterbringung trotz fehlender Pflegebedürftigkeit reicht der Verwaltung entgegen der BFH-Rspr. nicht aus. BFH, Urteil v. 13.10.2010, VI R 38/09

4 = Abzug als Krankheitskosten, § 33 EStG

5 = Abzug als Krankheitskosten, § 33 EStG

6 = nicht, wenn ein behinderter Mensch die gesamten Kosten nach § 33 EStG geltend macht

7 = wenn abgeschlossener Haushalt mit Küche, Bad, Wohn- und Schlafbereich (nicht notwendig für den Abzug von Kosten für die Zubereitung von Mahlzeiten)

8 = Abzug wie Heimkosten allgemein, § 33 EStG; in Höhe der zumutbaren Belastung: Abzug nach § 35a EStG

4 Aufwendungen von Eltern bei Heimunterbringung von Kindern

Wird ein Pauschbetrag für behinderte Kinder **nicht** von den Eltern in Anspruch genommen, können neben den Krankheits- und Pflegekosten (siehe Punkt 2) geltend gemacht werden:

- Fahrten zur Betreuungseinrichtung in Höhe der Kosten öffentlicher Verkehrsmittel, um das Kind zu betreuen bzw. zu pflegen,
- Unterbringungskosten der Eltern am Ort der Betreuungseinrichtung,
- therapeutisch notwendige Aufwendungen für einen gemeinsamen Urlaub in angemessener Höhe,
- Aufwendungen für Pflegevorrichtungen (z.B. Hebelift, Spezialbett),
- Aufwendungen für Pflegedienste, um Besuche des Kindes in der Wohnung der Eltern zu erleichtern, wenn der behandelnde Arzt die Notwendigkeit zur Linderung oder Heilung attestiert.
- Tatsächliche Kosten, die durch die persönliche Pflege und Betreuung des Kindes in der Wohnung entstehen

5 Steuerfreie Pflegegelder

Leistungen an Sie aus der gesetzlichen oder privaten Pflegeversicherung sind nach § 3 Nr. 1 Buchst. a EStG steuerfrei. Auch die Weiterleitung des Pflegegeldes an einen Angehörigen, der die Pflege übernimmt, bleibt bei diesem nach § 3 Nr. 36 EStG steuerfrei. Pflegesachleistungen oder ein Kostenersatz durch die Pflegepflichtversicherung mindern jedoch die abziehbaren Beträge nach § 33 EStG oder § 35a EStG. Das Pflegegeld (§ 37 SGB XI) für die selbst übernommene oder selbst organisierte Pflege ist nicht anzurechnen.

Reisekosten

In- und ausländische Dienst- und Geschäftsreisen, Einsatzwechseltätigkeiten, Fahrtätigkeiten und Regelungen für Berufskraftfahrer werden steuerlich alle als Auswärtstätigkeiten bezeichnet, bei denen ein einheitlicher Abzug von Reisekosten möglich ist. Für die Frage, ob eine Auswärtstätigkeit vorliegt sind die Neuregelungen zur regelmäßigen Arbeitsstätte zu beachten.

§ 9 EStG, R 9.4 LStR

1 Überblick

Reisekosten sind alle Aufwendungen, die durch eine so gut wie ausschließlich beruflich veranlasste vorübergehende **Auswärtstätigkeit**, also eine Tätigkeit außerhalb der Wohnung und der regelmäßigen Arbeitsstätte des Arbeitnehmers bzw. des Unternehmers, entstehen.

Ort der Tätigkeit	Auswirkung
in einer regelmäßigen Arbeitsstätte/ im Betrieb	keine Reisekosten
zu Hause	keine Reisekosten
vorübergehend außerhalb der Wohnung oder einer regelmäßigen Arbeitsstätte	Reisekosten
ständig wechselnde Einsatzstellen	Reisekosten
auf einem Fahrzeug	Reisekosten

Berufliche Veranlassung

Eine berufliche Veranlassung ist i. d. R. gegeben, wenn ein Arbeitnehmer auf Weisung seines Arbeitgebers oder der Unternehmer selbst auswärtig (außerhalb seiner Wohnung und der regelmäßigen Arbeitsstätte) tätig wird (z. B. Lieferantenbesuche, Fachmesse, Berufsschule). Aber auch auf eigene Initiative durchgeführte Tätigkeiten können Auswärtstätigkeiten sein (z. B. Fortbildungslehrgang, Studien- und Sprachreisen, Vorstellungsgespräche). Gleiches gilt für die Teilnahme von Unternehmern an offiziellen Delegationsreisen.

BFH, Urteil v. 9.3.2010, VIII R 32/07

Private (Mit-)Veranlassung

Ein steuerliches Risiko besteht immer dann, wenn sich Beruf- und Privatsphäre nicht eindeutig trennen lassen.

Auch bei einer privaten Mitveranlassung kommt ein (Teil-)Abzug der Kosten in Betracht. Soweit die Kosten einer gemischt veranlassten Reise nicht eindeutig dem betrieblichen bzw. privaten Bereich zuzuordnen sind, können sie im Wege sachgerechter Schätzung anhand der Zeitanteile aufgeteilt werden. Der Steuerpflichtige trägt jedoch die Beweislast und muss die notwendigen Aufzeichnungen über den Reiseverlauf führen.

BFH, Urteil v. 18.8.2005, VI R 32/03 und BFH, Urteil v. 1.6.2010, VIII R 80/05

Auch bei einem weiteren Verfahren hat der BFH seine Auffassung geändert und die Kosten für die Hin- und Rückreise bei einer gemischt beruflich (betrieblich) und privat veranlassten Reise anteilig zum Abzug zugelassen. Voraussetzung ist, dass die beruflich veranlassten Zeitanteile feststehen und nicht von untergeordneter Bedeutung sind. Sind die verschiedenen Anlässe aber verschieden zu gewichten, kann es im Einzelfall erforderlich sein, einen anderen Aufteilungsmaßstab heranzuziehen.

BFH, Urteil v. 21.9.2009, GrS 1/06

Vertiefend siehe → Fortbildung/Fachtagung.

Ob eine Aufteilung in Betracht kommt, lässt sich nach einem bestimmten Schema ermitteln.

2 Regelmäßige Arbeitsstätte

Für Fahrten zu einer regelmäßigen Arbeitsstätte bzw. zum Betrieb gilt nur ein eingeschränkter Werbungskostenabzug. Abzugsfähig sind nur die Fahrtkosten in Form einer Entfernungspauschale. Vertiefend siehe → Fahrtkosten.

Grundsätze

- Der Mitarbeiter kann nur **eine** regelmäßige Arbeitsstätte haben.
- Die regelmäßige Arbeitsstätte wird in einer ortsfesten betrieblichen Einrichtung des Arbeitgebers begründet, wenn der Arbeitnehmer dort den Mittelpunkt der dauerhaft angelegten beruflichen Tätigkeit hat bzw. dort seine geschuldete Arbeitsleistung schwerpunktmäßig erbringt.
- Der regelmäßigen Arbeitsstätte kommt eine zentrale Bedeutung gegenüber anderen Tätigkeitsstätten des Arbeitnehmers zu. Entscheidend ist, welche Arbeiten der Arbeitnehmer wo ausführt und welches Gewicht diesen zukommt.
- Keine regelmäßige Arbeitsstätte wird durch kurzfristiges Aufsuchen der Arbeitgebereinrichtung (z. B. zu Kontrollzwecken) begründet.
- Ein häusliches Arbeitszimmer oder Home-Office ist keine Betriebsstätte des Arbeitgebers und damit auch keine regelmäßige Arbeitsstätte, auch wenn der Arbeitgeber diese Räume dem Arbeitnehmer überlässt und der Arbeitnehmer diese beruflich nutzt.

BEISPIEL

- A ist in einem Lebensmittelgeschäft in Köln tätig. Ab September ist A jeden Montag in der Filiale in Leverkusen tätig.

Die regelmäßige Arbeitsstätte hat A nur in Köln, da dort der Schwerpunkt seiner Tätigkeit liegt.

- Der Ingenieur I fährt gelegentlich auf Baustellen zu Kontrollzwecken, im Übrigen ist er im Büro des Arbeitgebers tätig.

Die regelmäßige Arbeitsstätte ist am Firmensitz, da dort der zeitliche und qualitative Mittelpunkt der beruflichen Tätigkeit liegt.

- Arbeitnehmer B ist im Außendienst tätig und fährt nur einmal im Monat zu Besprechungen in den Betrieb des Arbeitgebers.

Der Mittelpunkt der Tätigkeit Bs liegt im Außendienst. Er hat damit keine regelmäßige Arbeitsstätte.

Vereinfachungsregelungen

Arbeitsrechtliche Zuordnung

Aus Vereinfachungsgründen ist von einer regelmäßigen Arbeitsstätte auszugehen, wenn der Arbeitnehmer aufgrund der dienstrechtlichen bzw. arbeitsvertraglichen Festlegung einer betrieblichen Einrichtung des Arbeitgebers dauerhaft zugeordnet ist und dort auch (teilweise) tätig wird.

BEISPIEL

- B ist Beschäftigter im öffentlichen Dienst und arbeitet als Heimarbeiter an vier Tagen zu Hause und an einem Tag im Verwaltungssitz. Es werden täglich die gleichen Arbeiten ausgeführt. B ist, da aus reisekostenrechtlicher Sicht eine Zuordnung erforderlich ist, nur dem Verwaltungssitz zugeordnet.

B hat am Verwaltungssitz eine regelmäßige Arbeitsstätte, da er dieser Arbeitgeber-Einrichtung dauerhaft zugeordnet ist und dort dauerhaft auch tätig wird.

- C ist arbeitsvertraglich (aus außersteuerlichen Gründen) dem Hauptsitz des Arbeitgebers in Hamburg zugeordnet. Als Leiter der Niederlassung in Bonn wird er aber ausschließlich in Bonn tätig.

C hat seine regelmäßige Arbeitsstätte in Bonn, wo er ausschließlich und dauerhaft tätig wird. Die arbeitsvertragliche Zuordnung allein führt nur dann zu einer regelmäßigen Arbeitsstätte, wenn sie auch den tatsächlichen Verhältnissen entspricht.

Prognoseentscheidung

Darüber hinaus kann von einer regelmäßigen Arbeitsstätte ausgegangen werden, wenn der Arbeitnehmer im Betrieb

- je Arbeitswoche einen vollen Arbeitstag oder
- mindestens 20 % seiner vereinbarten regelmäßigen Arbeitszeit

tätig werden **soll**.

BEISPIEL

- Der Linienbusfahrer übernimmt den Bus täglich im Busdepot des Arbeitgebers.

Der Arbeitnehmer hat keine regelmäßige Arbeitsstätte im Busdepot, da er dort nicht tätig wird.

- Der Kundendienstmonteur fährt morgens zum Betrieb, um seinen PKW abzustellen, Aufträge entgegen zu nehmen und Material einzuladen. Im Anschluss daran fährt er mit dem Werkstattwagen zu den Kunden. Nachmittags stellt er das Fahrzeug beim Arbeitgeber ab, um mit seinem privaten PKW nach Hause zu fahren.

Der Arbeitnehmer unterhält keine regelmäßige Arbeitsstätte im Betrieb, da er dort nicht tätig wird.

- Die Arbeitszeit von A beträgt montags bis donnerstags jeweils 8 und freitags 6 Stunden (Wochenarbeitszeit 38 Stunden). Reparaturarbeiten für Kunden führt er grundsätzlich vor Ort beim Kunden durch. Reparaturen, die nur im Betrieb des Arbeitgebers ausgeführt werden können, erledigt er jede zweite Woche jeweils am Donnerstag und Freitag am Betriebssitz des Arbeitgebers.

A hat im Betrieb des Arbeitgebers eine regelmäßige Arbeitsstätte. Zwar wird er dort weniger als 20 % der vertraglichen Arbeitszeit, aber durchschnittlich an einem Arbeitstag je Arbeitswoche tätig.

„Escape-Klausel"

Abweichend von diesen Regelungen können Arbeitgeber oder Arbeitnehmer nachweisen oder glaubhaft machen, dass eine andere betriebliche Einrichtung des Arbeitgebers die regelmäßige Arbeitsstätte ist oder keine regelmäßige Arbeitsstätte vorliegt. Hierfür ist entscheidend, wo der Arbeitnehmer die für seine

Tätigkeit **wesentlichen** Handlungen vornimmt. Dann ist der zeitliche Umfang nach der Prognose nicht mehr maßgebend.

BEISPIEL

Ein angestellter Handelsvertreter erledigt (unwesentliche) Vor- und Nachbereitungsarbeiten jeweils freitags in den Büroräumen des Arbeitgebers.
Da der qualitative Mittelpunkt der Tätigkeit im Außendienst liegt, wird der Verwaltungssitz – trotz des zeitlichen Aufenthalts dort – nicht zu einer regelmäßigen Arbeitsstätte.

Das trifft auch zu, wenn qualitativ bedeutende Teile der Tätigkeit sowohl im Büro als auch im Außendienst erbracht werden oder der Arbeitnehmer mehrere Einrichtungen des Arbeitgebers gleichmäßig aufsucht und dort jeweils qualitativ gleichwertige Arbeiten ausführt.

BEISPIEL

Zum Aufgabenbereich des Filialleiters A gehört die Betreuung der Filialen in Köln und Düsseldorf. Montags und mittwochs sucht er die Filiale Köln auf, dienstags und donnerstags die Filiale Düsseldorf. Freitags erledigt er Büroarbeiten in seinem im Wohnhaus befindlichen Arbeitszimmer.
A hat keine regelmäßige Arbeitsstätte.

Wird der Arbeitnehmer jedoch in einer Einrichtung des Arbeitgebers (zeitlich) **überwiegend** tätig, wird diese zur regelmäßigen Arbeitsstätte.

BEISPIEL

Zum Aufgabenbereich des Filialleiters A gehört die Betreuung der Filialen in Köln und Düsseldorf. Montags bis mittwochs sucht er die Filiale Köln auf, donnerstags und freitags die Filiale Düsseldorf.

A hat in der Filiale Köln eine regelmäßige Arbeitsstätte, da er dort zeitlich überwiegend tätig wird.

Vorübergehende Tätigkeit in einer anderen betrieblichen Einrichtung des Arbeitgebers

Bei einer vorübergehenden Tätigkeit in einer anderen Einrichtung des Arbeitgebers oder eines verbundenen Unternehmens (z. B. befristete Abordnung), wird die betriebliche Einrichtung des Arbeitgebers, die nur vorübergehend aufgesucht wird, nicht zur regelmäßigen Arbeitsstätte.

BEISPIEL

Arbeitnehmer A, mit regelmäßiger Arbeitsstätte in Köln, wird für vier Jahre nach München abgeordnet. Danach kommt er wieder nach Köln zurück.

A hat in München keine regelmäßige Arbeitsstätte.

Wird eine Abordnung verlängert, muss geklärt werden, ob von Beginn an eine unbefristete und damit dauerhafte Tätigkeit (Versetzung) beabsichtigt war. In diesem Fall entsteht dort die regelmäßige Arbeitsstätte.

Regelmäßige Arbeitsstätte bei einem Dritten

Tätigkeitstätten außerhalb des Betriebs des eigenen Arbeitgebers, z. B. in betrieblichen Einrichtungen von Kunden des Arbeitgebers, sind keine regelmäßigen Arbeitsstätten des Arbeitnehmers. Dies gilt unabhängig von der Dauer der dortigen Tätigkeit, mit der Folge, dass grundsätzlich Auswärtstätigkeiten vorliegen. Auch wenn ein Zeitarbeiter bei der jeweiligen Entleihfirma tätig wird, hat er regelmäßig eine Auswärtstätigkeit, denn er muss aufgrund seines Arbeitsvertrags jederzeit damit rechnen, bei einer anderen Firma eingesetzt zu werden. Dies gilt auch dann, wenn der Arbeitnehmer bei einem Kunden des Arbeitgebers längerfristig eingesetzt wird

BEISPIEL

Ein Arbeitnehmer wird von einer Zeitarbeitsfirma einem Kunden als kaufmännischer Mitarbeiter überlassen. Der Überlassungsvertrag enthält keine zeitliche Befristung („bis auf Weiteres").

In diesem Fall liegt beim Kunden keine regelmäßige Arbeitsstätte in der außerbetrieblichen Einrichtung vor.

Etwas anderes gilt nach Auffassung der Finanzverwaltung, wenn ein Arbeitnehmer von seiner Zeitarbeitsfirma nur für eine bestimmte Dauer eingestellt wird mit der Maßgabe, dass er für die gesamte Dauer seines Arbeitsverhältnisses einem bestimmten Entleiher (zur Tätigkeit in dessen betrieblicher Einrichtung) überlassen wird und das Arbeitsverhältnis mit Ende des Einsatzes beendet wird. Eine richterliche Entscheidung in dieser Frage steht aber noch aus!

BEISPIEL

Ein technischer Zeichner ist von der Zeitarbeitsfirma ausschließlich für die Überlassung an die Baufirma eingestellt worden. Das Arbeitsverhältnis endet vertragsgemäß nach Abschluss des Bauvorhabens.

In diesem Fall liegt ab dem ersten Tag der Tätigkeit bei der Baufirma eine regelmäßige Arbeitsstätte in einer außerbetrieblichen Einrichtung vor, denn die Tätigkeit dort ist nicht vorübergehend, sondern für die gesamte Dauer des Arbeitsvertrags angelegt.

Ausgenommen hiervon sind Fälle, in denen der technische Zeichner eine Auswärtstätigkeit ausübt, also wenn der überlassene Arbeitnehmer bei der Entleihfirma „auswärtig" eingesetzt wird.

BEISPIEL

Der Arbeitnehmer ist Bauarbeiter und wird vom Entleiher nur auf einer Baustelle eingesetzt. Nach Abschluss des Bauvorhabens endet das Arbeitsverhältnis.

Der Arbeitnehmer übt – ebenso wie die von der Baufirma fest angestellten Bauarbeiter – eine Auswärtstätigkeit ohne regelmäßige Arbeitsstätte aus. Für die Berücksichtigung von Verpflegungsmehraufwendungen ist in diesem Fall die Abwesenheit vom Betrieb des Entleihers (nicht von der Zeitarbeitsfirma) und der Wohnung maßgebend.

Eine dauerhafte Tätigkeit, die zu einer regelmäßigen Arbeitsstätte in einer Einrichtung eines Dritten führt, liegt auch vor, wenn ein Zeitarbeiter mit dem Ziel der späteren Festanstellung beim Entleiher (Kunden) eingestellt wird.

Eine regelmäßige Arbeitsstätte in einer außerbetrieblichen Einrichtung ist ebenfalls anzunehmen, wenn zwar das Dienstverhältnis an einen anderen Arbeitgeber ausgelagert wird, der Arbeitnehmer aber weiterhin an seiner bisherigen regelmäßigen Arbeitsstätte tätig ist (Outsourcing).

BMF, Schreiben v. 21.12.2009, IV C 5 – S 2353/08/10010

Aus-/Fortbildung des Arbeitnehmers

Sucht der Arbeitnehmer im Rahmen seines Arbeitsverhältnisses zu Aus- oder Fortbildungszwecken vorübergehend eine Ausbildungs- oder Fortbildungsstätte außerhalb seiner regelmäßigen Arbeitsstätte im Betrieb des Arbeitgebers auf, wird die Bildungseinrichtung nicht zu einer regelmäßigen Arbeitsstätte.

Das gilt auch, wenn ein Arbeitnehmer eine längerfristige, jedoch vorübergehende berufliche Fortbildungsmaßnahme durchführt und die Bildungseinrichtung in Vollzeit und längerfristig über vier Jahre aufsucht, selbst wenn das Dienstverhältnis im Zeitraum der Fortbildung ruht oder zuvor aufgelöst wurde (z. B. Besuch der Meisterschule, Studium).

Vorübergehende Auswärtstätigkeit

Bei einer vorübergehenden Auswärtstätigkeit (z. B. befristete Abordnung) an einer anderen betrieblichen Einrichtung des Arbeitgebers, wird diese nicht zur regelmäßigen Arbeitsstätte.

BEISPIEL

S ist Auszubildende in der Nürnberger Niederlassung des M-Konzerns. Gelegentlich wird sie zu Ausbildungszwecken an die Münchener Hauptverwaltung abgeordnet.

Die befristete Abordnung löst keine regelmäßige Arbeitsstätte aus, sodass Reisekosten vorliegen.

Wie lange eine Auswärtstätigkeit an derselben Tätigkeitsstätte noch vorübergehend sein kann, ist noch nicht abschließend geklärt. Eine Dauer von bis zu drei Jahren dürfte aber noch als vorübergehend zu akzeptieren sein. Ab 2014 wird die Höchstdauer gesetzlich auf 24 Monate begrenzt (s. u.).

TIPP

Sowohl Arbeitgeber als auch Arbeitnehmer sollten darauf achten, dass sie eine vorübergehende Tätigkeit dokumentieren. Absprachen und Anordnungen sollten schriftlich fixiert und aufbewahrt werden.

WICHTIG

Allein durch Zeitablauf wird eine vorübergehende Arbeitsstätte nicht automatisch zur regelmäßigen Arbeitsstätte.

Checkliste	
Suchen Sie zeitlich unbefristet eine Einrichtung eines Kunden auf?	keine regelmäßige Arbeitsstätte
Sind Sie zeitlich befristet abgeordnet?	keine regelmäßige Arbeitsstätte
Sind Sie arbeitstäglich im Betrieb?	regelmäßige Arbeitsstätte
Suchen Sie eine Arbeitsstätte nur gelegentlich auf?	keine regelmäßige Arbeitsstätte

3 Kostenabzug

Jede Auswärtstätigkeit (Tätigkeit außerhalb der Wohnung und der regelmäßigen Arbeitsstätte/Betriebs) führt zum Abzug von Reisekosten. Grundsätzlich sind abzugsfähig:

- Fahrtkosten
- Verpflegungsmehraufwendungen
- Unterkunftskosten
- Reisenebenkosten

Fahrtkosten

Berücksichtigungsfähig sind alle Fahrten in Zusammenhang mit der Auswärtstätigkeit (z.B. Fahrten von zu Hause oder vom Betrieb aus zur auswärtigen Tätigkeitsstätte, oder zu einer auswärtigen Unterkunft oder zwischen auswärtiger Unterkunft und auswärtiger Tätigkeitstätte). Unabhängig vom benutzten Verkehrsmittel, sind die tatsächlichen Kosten auf Nachweis (z.B. Fahrkarte, Taxiquittung etc.) für alle Fahrten (auch mehrmals täglich) abzugsfähig. Bei Kfz-Nutzung können die Kosten pauschal oder ein nachgewiesen höherer Kilometersatz als Betriebsausgabe oder Werbungskosten geltend gemacht werden.

Pauschale Ermittlung

Wird der Privat-Pkw für eine Geschäftsreise genutzt, können pauschal 0,30 €/km abgesetzt werden. Nehmen Sie Kollegen oder Mitarbeiter mit, erhöht sich die Pkw-Pauschale für jede Person um 0,02 €/km.

Einzelkosten-Ermittlung

Sind Ihre tatsächlichen Kfz-Kosten für den gefahrenen Kilometer höher als 0,30 €, können Sie sie auf Nachweis ansetzen. Zur Ermittlung der Einzelkosten je Kilometer müssen Sie die im Jahr tatsächlich angefallen Kosten und die jährlichen Gesamtkilometer festhalten und daraus die Kosten je Kilometer ermitteln. Vertiefend siehe → Fahrtkosten.

Egal welchen Kilometersatz Sie ansetzen: Ereignet sich bei der Fahrt ein Unfall, rechnen die Unfallkosten **zusätzlich** zu den Betriebsausgaben bzw. Werbungskosten. Park- und Straßenbenutzungsgebühren sind ebenfalls zusätzlich als Reisenebenkosten abzugsfähig.

Die Kosten für den Geschäfts-Pkw eines Unternehmers sind bereits unter „Kfz-Kosten" bei den Betriebsausgaben erfasst. Ein zusätzlicher (doppelter) Abzug ist nicht möglich. Gleiches gilt, wenn dem Arbeitnehmer für seine betrieblichen Fahrten ein Firmenfahrzeug zur Verfügung gestellt wird.

Verpflegungspauschale

Dreimonatsfrist

Verpflegungsmehraufwendungen während einer Auswärtstätigkeit sind nicht in tatsächlicher Höhe, sondern nur über Verpflegungspauschalen zu berücksichtigen. Für den Abzug ist es nicht erforderlich, dass tatsächlich Kosten angefallen sind. Die Verpflegungspauschalen können jeweils nur für die ersten drei Monate derselben Auswärtstätigkeit steuerlich geltend gemacht werden.

BEISPIEL

C besucht einen viermonatigen Lehrgang.

Nach Ablauf von drei Monaten an derselben auswärtigen Tätigkeitsstätte können die Verpflegungsmehraufwendungen nicht mehr abgezogen werden.

WICHTIG

Unterbrechungen durch Krankheit oder Urlaub führen weder zu einer Verlängerung noch zu einem Neubeginn des Dreimonatszeitraums.

Eine anderweitige Unterbrechung von mindestens vier Wochen führt dagegen zu einem Neubeginn der Dreimonatsfrist auch an derselben auswärtigen Tätigkeitsstätte.

An jeder neuen auswärtigen Einsatzstelle (z. B. neue Baustelle bei Bauarbeitern) beginnt eine neue Dreimonatsfrist.

Dieselbe Auswärtstätigkeit liegt nicht vor, wenn die auswärtige Tätigkeitsstätte an nicht mehr als (ein bis) zwei Tagen wöchentlich aufgesucht wird.

BEISPIEL

Die Auszubildenden besuchen an zwei Tagen in der Woche die Berufsschule.

Für die Auszubildenden beginnt wöchentlich eine neue Auswärtstätigkeit. Die Dreimonatsfrist kommt nicht zur Anwendung.

BEISPIEL

Auch für **Fahrtätigkeiten**, also bei Arbeitnehmern, die Ihren Arbeitsplatz auf einem Fahrzeug haben (z. B. Lkw-Fernfahrer, Taxifahrer, Busfahrer, Lokführer, Schaffner) gilt die Begrenzung auf drei Monate nicht, weil jede neue Fahrt eine neue Auswärtstätigkeit darstellt. Dies gilt auch, wenn regelmäßig dieselbe Strecke gefahren wird.

BFH, Urteil v. 24.2.2011, VI R 66/10

Keine Fahrtätigkeit sondern eine Einsatzwechseltätigkeit üben Fahrer von Baufahrzeugen (z. B. Baggerfahrer, Kranführer) aus. Hier kommt die Dreimonatsfrist zur Anwendung.

Inlandsreisen

Bei einer inländischen Auswärtstätigkeit können folgende Pauschalen beansprucht werden:

Abwesenheitsdauer von der Wohnung und vom Betrieb	Pauschbetrag
weniger als 8 Stunden	0 €
mind. 8 Stunden	6 €
mind. 14 Stunden	12 €
24 Stunden	24 €

Wird eine Auswärtstätigkeit direkt von der Wohnung aus angetreten, beginnt die Abwesenheitsdauer mit dem Verlassen der Wohnung. Fahren Sie zunächst zum Betrieb und von dort z. B. zu einem Kunden, beginnt die Abwesenheitsdauer mit Verlassen des Betriebs, wenn sich dort Ihre regelmäßige Arbeitsstätte befindet. Entsprechendes gilt für die Beendigung der Auswärtstätigkeit.

Werden an **einem Tag mehrere Reisen** unternommen, sind die Abwesenheitszeiten zusammenzurechnen.

BEISPIEL

Sie fahren um 7.00 Uhr direkt von der Wohnung zu einem Lieferanten. Um 12.00 Uhr treffen Sie in Ihrem Büro ein. Nachmittags besuchen Sie noch einen Kunden (Abfahrt Büro 14.00 Uhr) und fahren anschließend von dort direkt nach Hause (Ankunft 19.00 Uhr).

Die beiden Auswärtstätigkeiten haben jeweils eine Dauer von fünf Stunden. Durch die Zusammenrechnung ergibt sich eine Gesamtdauer von zehn Stunden (= Pauschbetrag 6 €).

Mehrtägige Reisen

BEISPIEL

Eine mehrtägige Reise beginnt am 2.3. um 19.00 Uhr und wird am 5.3. um 7.00 Uhr beendet.

Die Verpflegungspauschalen betragen insgesamt 48 € (Abwesenheitsdauer 2.3. – 5 Stunden = Pauschbetrag 0 €, 3.3. und 4.3. je 24 Stunden = 2 × 24 €, 5.3. – 7 Stunden = 0 €). Eine Zusammenrechnung der Abwesenheitszeiten des ersten und letzten Tages ist nicht möglich.

Unentgeltliche Verpflegung

Die Pauschbeträge sind auch dann anzuwenden, wenn der Arbeitnehmer Mahlzeiten vom Arbeitgeber oder auf dessen Veranlassung von einem Dritten unentgeltlich oder teilentgeltlich erhalten hat. Sie sind jedoch um Beträge zu kürzen, die den amtlichen Sachbezugswerten entsprechen:

- Mittag- oder Abendessen 2,87 €
- Frühstück 1,57 €

BEISPIEL

Arbeitnehmer A wird von seinem Arbeitgeber zu einer dreitägigen Montage geschickt. Er verlässt sein Haus am Montag um 8.00 Uhr und erhält Mittag- und Abendessen. Am Dienstag bekommt er Vollverpflegung und am Mittwoch Frühstück und Mittagessen. Gegen 17.00 Uhr ist er wieder zu Hause. Verpflegungsmehraufwand erstattet der Arbeitgeber nicht.

A kann folgende Beträge steuerlich geltend machen:

	Verpflegungspauschale €	Kürzung €	Abzug (Rest) €
Montag	12,00 (über 12 Stunden)	./. 5,74	6,26
Dienstag	24,00 (24 Stunden)	./. 7,31	16,69
Mittwoch	12,00 (über 12 Stunden)	./. 4,44	7,56

Behält der Arbeitgeber in diesen Fällen für die Mahlzeiten Beträge ein, die über den amtlichen Sachbezugswerten liegen, ist der Differenzbetrag nicht als Werbungskosten abziehbar.

Auslandsreisen

Für Auswärtstätigkeiten im Ausland können meist höhere Pauschalen zum Abzug gebracht werden.

Deren Höhe ist vom besuchten Land und von der Dauer der Reise abhängig. Eine Tabelle dazu finden Sie hier (s. u.). Pauschalen für die übrigen Länder können Sie im Internet recherchieren.

Die tatsächlich angefallenen Aufwendungen können nicht berücksichtigt werden.

Land	mind. 24 Stunden €		weniger als 24, aber mind. 14 Stunden €	weniger als 14, aber mind. 8 Stunden €
* = Für Großstädte gelten abweichende Sätze, die hier nicht berücksichtigt wurden! Änderungen gegenüber dem Vorjahr in Fettdruck!				
Belgien		42	28	14
China VR	*	33	22	11

Land	mind. 24 Stunden €		weniger als 24, aber mind. 14 Stunden €	weniger als 14, aber mind. 8 Stunden €
Dänemark	*	60	40	20
Frankreich (o. Paris, Straßb.)	*	39	26	13
Irland		42	28	14
Italien	*	36	24	12
Kanada	*	36	24	12
Kuwait		42	28	14
Luxemburg		39	26	13
Niederlande		**60**	**40**	**20**
Norwegen		72	48	24
Österreich	*	36	24	12
Polen	*	24	16	8
Portugal	*	33	22	11
Russische Föderation	*	36	24	12
Schweden		**72**	**48**	**24**
Schweiz	*	42	28	14
Spanien	*	36	24	12
Südafrika	*	30	20	10
Tschechische Republik		24	16	8
Türkei	*	42	28	14
Vereinigte Arabische Emirate		42	28	14
Vereinigte Staaten	*	36	24	12
Vereinigtes Königreich und Nordirland	*	42	28	14

Die Verpflegungspauschalen sind nach der Dauer der Abwesenheit (von der Wohnung bzw. von Ihrem Betrieb) gestaffelt. Die Ortszeit des besuchten Landes ist ohne Bedeutung.

Eintägige Auslandsreisen

Wird eine Reise am selben Tag begonnen und beendet, sind die Pauschalen des letzten Tätigkeitsortes im Ausland maßgebend.

BEISPIEL

Sie verlassen um 7.00 Uhr Ihre Wohnung und besuchen zunächst einen Kunden in Frankreich. Anschließend fahren Sie weiter zu einem Lieferanten nach Luxemburg. Gegen 23.00 Uhr treffen Sie wieder zu Hause ein.

Maßgebend ist die für Luxemburg geltende Pauschale.

Mehrtägige Auslandsreisen

Die Höhe der Verpflegungspauschale richtet sich nach dem Land, das der Reisende vor Mitternacht (Ortszeit) zuletzt erreicht hat. Für den Tag der Rückreise ist der letzte Tätigkeitsort im Ausland maßgebend.

BEISPIEL

Sie verlassen am 6.4. um 7.00 Uhr Ihre Wohnung und fahren zu einem in der Schweiz ansässigen Kunden. Anschließend fahren Sie weiter nach Italien und treffen dort gegen 22.00 Uhr ein. Nach einer Übernachtung besuchen Sie dort am 7.4. und 8.4. verschiedene andere Kunden. Am 9.4. fahren Sie über die Schweiz zurück nach Deutschland und treffen um 15.00 Uhr zu Hause ein.

Für den 6.4. sind die für Italien geltenden Verpflegungspauschalen maßgebend (Ankunft in Italien vor 24.00 Uhr). Der 7.4. und 8.4. rechnen jeweils als voller Abwesenheitstag (= Pauschale für 24 Stunden). Für den 9.4. richtet sich die Pauschale für diesen Tag nach den für Italien geltenden Regelungen, da Sie in der Schweiz nicht „tätig geworden“ sind.

Flugreisen

Auch bei Flugreisen kommt es darauf an, welches Land Sie vor 24.00 Uhr Ortszeit zuletzt erreichen (Abflug Bundesrepublik Deutschland 6.4. um 10.00 Uhr, Ankunft USA 6.4. um 18.00 Uhr – Ortszeit 12.00 Uhr – maßgebend sind die für die USA geltenden Pauschalen). Zwischenlandungen bleiben unberücksichtigt.

Für den Rückreisetag ist der letzte Tätigkeitsort im Ausland maßgebend. Zwischenlandungen bleiben unberücksichtigt.

Gleichzeitige doppelte Haushaltsführung

Wird eine Auswärtstätigkeit bei gleichzeitiger doppelter Haushaltsführung ausgeübt, ist der jeweils höhere Pauschbetrag als Mehraufwand anzusetzen. Vertiefend siehe → Doppelte Haushaltsführung.

Übernachtungskosten

Abzugsfähig sind – auch für Auslandsreisen – nur die tatsächlich angefallenen Aufwendungen (Belege aufbewahren!).

TIPP

Arbeitnehmer dürfen die entstandenen Übernachtungskosten sachgerecht schätzen, wenn feststeht, dass Kosten angefallen sind und ein Einzelnachweis nicht möglich ist. Der BFH hat für jede Übernachtung eines Lkw-Fahrers in seiner Schlafkabine einen Betrag von 5 € anerkannt, womit Kosten für z. B. Dusche, Toilette und Reinigung des Schlafplatzes abgegolten sind.

BFH, Urteil v. 28.3.2012, VI R 48/11

Der Arbeitgeber kann Übernachtungskosten bei Auslandsreisen pauschal erstatten und die Beträge steuerfrei belassen. Ist diese Pauschale aber höher als die tatsächlichen Kosten, scheidet ein Werbungskostenabzug aus.

BFH, Urteil v. 08.07.2010, VI R 24 /09

TIPP

Auch die Kosten für gelegentliche Hotelübernachtungen am Ort der regelmäßigen Arbeitsstätte sind Werbungskosten, wenn sie beruflich veranlasst sind.

BFH, Urteil v. 5.8.2004, VI R 40/03

Durch die Neuregelung des Umsatzsteuersatzes für Übernachtungen in Hotels und Pensionen ergeben sich auch Änderungen bei der Rechnungsstellung. Aus Vereinfachungsgründen kann der Hotelier Leistungen, die nicht dem ermäßigten Steuersatz unterliegen (z. B. Frühstück, Telefon- und Internetkosten, Parkplatz) in einem Sammelposten zusammenfassen.

In diesem Fall können die anteiligen Verpflegungskosten hieraus mit

- 20 % der Verpflegungspauschale für das Frühstück und
- jeweils 40 % der Verpflegungspauschale für Mittag- oder Abendessen herausgerechnet werden.

Maßgebend ist der für den Unterkunftsort gültige Pauschbetrag für Verpflegungsmehraufwendungen bei einer Auswärtstätigkeit mit einer Abwesenheitsdauer von mindestens 24 Stunden.

BEISPIEL

D reist geschäftlich nach Frankfurt. Die Hotelrechnung über 100 € gliedert sich in Übernachtungskosten (80 €) und eine Servicepauschale (20 €).

Zur Ermittlung der abzugsfähigen Übernachtungskosten ist die Hotelrechnung um 4,80 € (20 % von 24 €) zu kürzen. Hätte die Übernachtung z. B. in Mailand stattgefunden wären 7,20 € (20 % von 36 €) zu kürzen.

TIPP

Hat der Arbeitgeber die Übernachtung mit Frühstück bzw. Mahlzeit veranlasst, wird die Rechnung nur in Höhe der amtlichen Sachbezugswerte (Frühstück 1,57 €, Mittag- oder Abendessen 2,87 €) gekürzt. Von einer Veranlassung durch den Arbeitgeber kann ausgegangen werden, wenn er die Aufwendungen trägt und die Rechnung auf seinen Namen lautet.

R 8.1 Abs. 8 Nr. 2 LStR 2011

BEISPIEL

E reist geschäftlich zur Messe nach Düsseldorf. Die Hotelbuchung wird auf Veranlassung der Geschäftsleitung durch die Sekretärin vorgenommen. Die Hotelrechnung über 100 € ist nur um 1,57 € zu kürzen.

4 Reisenebenkosten

Zu den in tatsächlicher Höhe abzugsfähigen Reisenebenkosten gehören z. B. Kosten für die Beförderung und Aufbewahrung des Gepäcks, berufliche bzw. geschäftliche Telefonate, Wertverluste bei einem Diebstahl des für die Reise notwendigen persönlichen Gepäcks (außer Geld und Schmuck), Versicherungen (z. B. Unfallversicherung, Reisegepäckversicherung), soweit berufliche Reisen abgedeckt sind. Auch Trinkgelder (z. B. für das Hotelpersonal) gehören zu den Betriebsausgaben bzw. Werbungskosten. Sie sollten hierfür Eigenbelege fertigen. Trinkgelder, die anlässlich von Restaurantbesuchen anfallen, sind nur abzugsfähig, wenn es sich um eine Bewirtung handelt. Bei einer umfangreicheren Reisetätigkeit dürfte das Finanzamt auch eine pauschale Berücksichtigung akzeptieren, wenn ein Betrag von 50 bis 100 € jährlich nicht überschritten wird. Nicht abzugsfähig sind die Anschaffung von Koffern und anderer Reiseausrüstung (z. B. Reisefön, Schirm, Stadtführer, Kleidung).

5 Auszubildende/Schüler

(Berufs-)Schulbesuch

Fahrtkosten

Fahrtkosten zur Schule bzw. Ausbildungsstätte können stets in tatsächlicher Höhe als Reisekosten geltend gemacht werden.

Verpflegungsmehraufwand

Bei wöchentlich durchgeführten Berufsschulbesuchen (mit max. 2 Schultagen/Woche) ist die Dreimonatsfrist für den Ansatz der Verpflegungspauschalen nicht zu beachten.

Bei **Blockunterricht** kann nur für die ersten drei Monate Verpflegungsmehraufwand abgerechnet werden. Bei einer mind. vierwöchigen Unterbrechung (z. B. Schul- oder Semesterferien) beginnt eine neue Dreimonatsfrist. Dasselbe gilt für den Besuch überbetrieblicher Ausbildungsstätten.

Lerngemeinschaften

Wenn Sie an einer Arbeits-/Lerngemeinschaft teilnehmen, können Sie dafür, falls sich der Treffpunkt außerhalb Ihrer Wohnung befunden hat, Reisekosten (Fahrtkosten, Verpflegungsmehraufwand) abrechnen.

Der Werbungskostenabzug setzt voraus, dass die Zusammenkünfte rein beruflich bedingt sind (Prüfungsvorbereitung, Wiederholung einzelner Stoffgebiete etc.).

TIPP

Legen Sie dem Finanzamt eine von allen Teilnehmern unterschriebene Erklärung vor, dass die Treffen ausschließlich zur gemeinsamen Prüfungsvorbereitung erfolgt sind.

Klassenausflug

Handelt es sich bei einem Klassenausflug um eine verbindliche Schulveranstaltung, an der Sie teilnehmen mussten, liegen Reisekosten vor.

BFH, Urteil v. 7.2.1992, VI R 93/90

6 Kostenübernahme durch den Arbeitgeber

Steuerfreie Erstattung möglich

Der Arbeitgeber darf für den Kostenersatz alle Kostenarten zusammenfassen. Er kann Reisekosten bis zur Höhe der insgesamt steuerlich abzugsfähigen Beträge steuerfrei erstatten. Dazu gehören auch die Kosten einer Bahncard, deren Erwerb in Zusammenhang mit Auswärtstätigkeiten steht.

Unabhängig davon, dass für Übernachtungskosten der Werbungskostenabzug nur auf Kostennachweis möglich ist, können Übernachtungskosten bei Inlandsreisen bis zur Höhe von 20 € pro Übernachtung, bei Auslandsreisen mit Pauschalen, die vom Bundesministerium der Finanzen jährlich neu bekannt gemacht werden, steuerfrei erstattet werden. Dies gilt jedoch nicht, wenn die Unterkunft unentgeltlich oder teilweise unentgeltlich zur Verfügung gestellt wurde oder wenn in einem Fahrzeug übernachtet wurde.

Soweit ein steuerfreier Ersatz erfolgt ist, kann der Arbeitnehmer in seiner Steuererklärung selbst keine Kosten mehr geltend machen. Erstattet der Arbeitgeber Reisekosten nur in **geringerem** Umfang als der Werbungskostenabzug möglich ist, ist beim Arbeitnehmer noch der Unterschiedsbetrag abziehbar.

Wird ein **höherer** Betrag erstattet, handelt es sich bei dem den Werbungskostenabzug übersteigenden Betrag um steuerpflichtigen Arbeitslohn.

BEISPIEL

Für eine Auswärtstätigkeit, bei der Sie zwölf Stunden unterwegs waren und 100 km mit dem privaten Pkw gefahren sind, erstattet Ihnen Ihr Arbeitgeber 15 € Verpflegungsmehraufwand und 100 km × 0,20 €, ergeben zusammen 35 €.

Steuerlich hätten 36 € (Verpflegungsmehraufwand 6 € und 30 € (100 km × 0,30 €) Fahrtkosten) steuerfrei erstattet werden dürfen. Dieser Betrag ist größer als die Erstattung. Diese ist somit in vollem Umfang steuerfrei. Der Arbeitnehmer kann darüber hinaus 1 € bei den Werbungskosten absetzen.

Werden mehrere Reisen zusammen abgerechnet, kommt es darauf an, dass die Erstattung **insgesamt** unter den steuerlich zulässigen Beträgen liegt.

Begleitung von Incentive-Reisen

Veranstaltet Ihr Arbeitgeber für seine Kunden Incentive-Reisen und betreuen Sie die Reisegruppe, kann Ihnen der Wert der Reise als steuerpflichtiger Arbeitslohn zugerechnet werden, wenn Sie durch die Reise einen Vorteil zugewendet bekommen.

Für den Vorteilscharakter sprechen z. B. die Begleitung durch Ihren (Ehe-) Partner oder Ihre Teilnahme an den touristischen Elementen der Reise, dagegen sprechen ein ganz überwiegendes eigenbetriebliches Interesse des Arbeitgebers an der Teilnahme des Arbeitnehmers, substantiierte Feststellungen zu den während der Reise vom Arbeitnehmer verrichteten dienstlichen Tätigkeiten und der zeitliche Umfang dieser Tätigkeiten sowie die Kriterien für die Auswahl der mitreisenden Arbeitnehmer.

7 Neuregelung ab 2014

In § 9 EStG 2014 wurde der Bereich der Reisekosten erstmals gesetzlich geregelt. Gegenüber den bisherigen durch die Verwaltung bzw. die Rechtsprechung festgelegten Regelungen gelten ab 2014 folgende wesentliche Änderungen:

Reisekosten kann künftig nur geltend machen, wer außerhalb seiner Wohnung und der ersten Tätigkeitsstätte beruflich tätig ist.

§ 9 Abs. 4a EStG 2014

Regelmäßige Arbeitsstätte = erste Tätigkeitsstätte

Der Begriff der regelmäßigen Arbeitsstätte wird durch den Begriff erste Tätigkeitsstätte ersetzt. Diese wird als ortsfeste betriebliche Einrichtung des Arbeitgebers, eines verbundenen Unternehmens (z. B. Tochterfirma) oder eines vom Arbeitgeber bestimmten Dritten (z. B. bei Zeitarbeit), der der Arbeitnehmer dauerhaft (d. h. unbefristet, länger als 48 Monate oder für die gesamte Dauer des Dienstverhältnisses) zugeordnet ist, definiert. Die Zuordnung erfolgt durch rechtliche Festlegung sowie diese ausfüllende Absprachen und Weisungen. Fehlt es an einer derartigen Zuordnung, ist erste Tätigkeitsstätte die betriebliche Einrichtung, an der der Arbeitnehmer arbeitstäglich oder je Arbeitswoche zwei volle Arbeitstage oder mindestens ein Drittel seiner vereinbarten regelmäßigen Arbeitszeit tätig werden soll (Prognoseentscheidung). Trifft dies auf mehrere Einrichtungen zu, bestimmt der Arbeitgeber die erste Tätigkeitsstätte, tut er das nicht, gilt die von der Wohnung aus am nächsten gelegene Betriebsstätte als erste Tätigkeitsstätte. Auch eine Bildungseinrichtung, die außerhalb eines Dienstverhältnisses in Vollzeit besucht wird, gilt als erste Tätigkeitsstätte.

§ 9 Abs. 4 EStG 2014

Da bei einer Tätigkeit an der ersten Tätigkeitsstätte kein Reisekostenabzug möglich ist, hat dies in vielen Fällen (z. B. Besuch der Meisterschule in Vollzeitunterricht, Outsourcing, Zeitarbeiter mit langfristigen Einsätzen) eine deutliche Verschlechterung zur Folge. Piloten, Zugführer, Busfahrer, Fernfahrern, die einer bestimmten Arbeitgebereinrichtung (z. B. Flughafen) fest zugeordnet sind, bzw. immer von derselben Arbeitgebereinrichtung (z. B. Busdepot, Bahnhof) aus starten, haben dort ihre erste Tätigkeitsstätte, mit der Folge, dass die Fahrten dorthin nicht als Reisekosten, sondern nur mit der Entfernungspauschale abzugsfähig sind.

Kostenabzug

Die Höhe des Kostenabzugs wurde ebenfalls gesetzlich festgelegt (§ 9 Abs. 4a EStG 2014). Die Regelungen gelten auch für den betrieblichen Bereich.

§ 4 Abs. 5 Nr. 5 EStG 2014

Soweit nach der Neuregelung eine auswärtige Tätigkeit vorliegt, können Fahrtkosten im Wesentlichen im bisherigen Umfang abgezogen werden.

Bei den **Verpflegungsmehraufwendungen** wurden die Pauschalen neu gestaffelt. Bei einer Abwesenheit von 24 Stunden gilt ein Pauschbetrag von 24 € (wie bisher), für An- und Abreisetag künftig unabhängig von der Abwesenheitsdauer eine Pauschale von jeweils 12 € (neu), wenn auswärts übernachtet wird und bei einer Abwesenheit von mehr als 8 Stunden ohne Übernachtung eine Pauschale von ebenfalls 12 €. Die Dreimonatsfrist ist weiterhin (im Wesentlichen inhaltlich unverändert) zu beachten. Auch bei den Auslandspauschalen gibt es nur noch die zweifache Staffelung (24 Stunden Abwesenheit oder weniger als 24 und mehr als 8 Stunden).

Übernachtungskosten sind wie bisher in voller Höhe abzugsfähig, allerdings nur für 48 Monate an derselben auswärtigen Tätigkeitsstätte. Danach ist der Abzug der tatsächlichen Kosten wie bei doppelter Haushaltsführung ab 2014 auch, auf maximal 1.000 € im Monat begrenzt (§ 9 Abs. 1 Nr. 5a EStG 2014).

Renten

Renten, die nicht vom früheren Arbeitgeber gezahlt werden, fallen unter die Einkunftsart „Sonstige Einkünfte“. Die Höhe der Besteuerung hängt davon ab, wie die Beiträge ursprünglich in der Ansparphase steuerlich behandelt wurden.

§ 22 EStG.

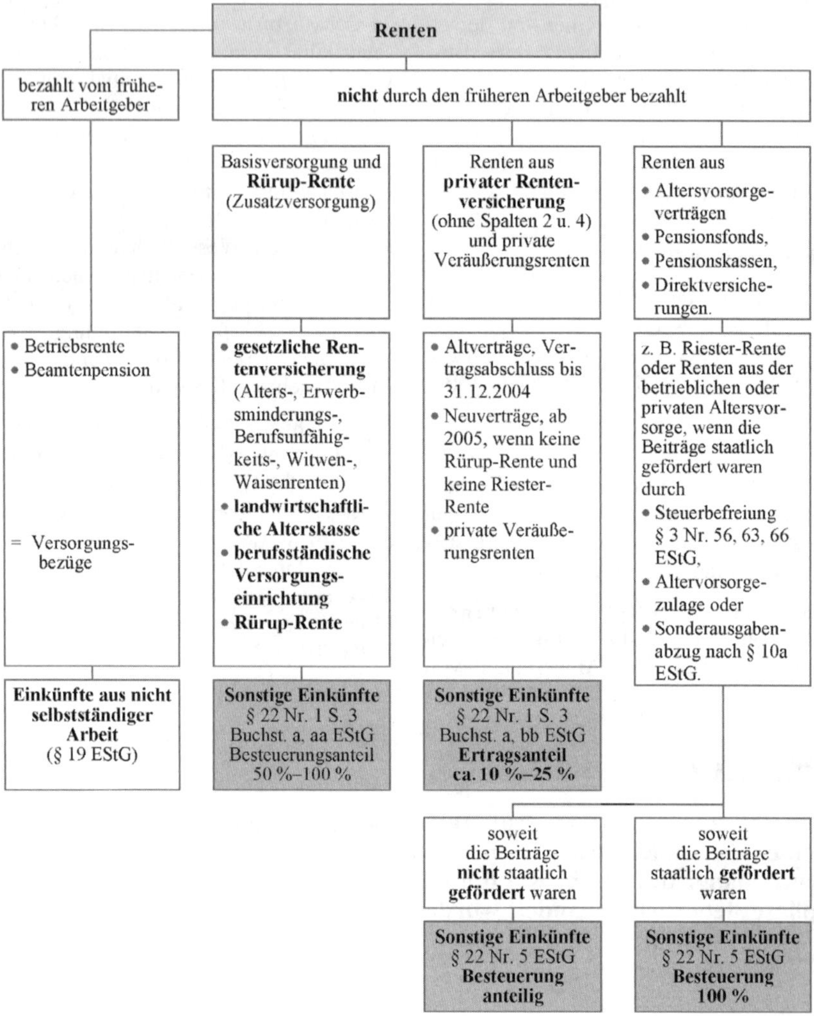
Renten
bezahlt vom früheren Arbeitgeber
nicht durch den früheren Arbeitgeber bezahlt
Basisversorgung und Rürup-Rente (Zusatzversorgung)
Renten aus privater Rentenversicherung (ohne Spalten 2 u. 4) und private Veräußerungsrenten
Renten aus
• Altersvorsorgeverträgen
• Pensionsfonds,
• Pensionskassen,
• Direktversicherungen.
• Betriebsrente
• Beamtenpension
= Versorgungsbezüge
• gesetzliche Rentenversicherung (Alters-, Erwerbsminderungs-, Berufsunfähigkeits-, Witwen-, Waisenrenten)
• landwirtschaftliche Alterskasse
• berufsständische Versorgungseinrichtung
• Rürup-Rente
• Altverträge, Vertragsabschluss bis 31.12.2004
• Neuverträge, ab 2005, wenn keine Rürup-Rente und keine Riester-Rente
• private Veräußerungsrenten
z. B. Riester-Rente oder Renten aus der betrieblichen oder privaten Altersvorsorge, wenn die Beiträge staatlich gefördert waren durch
• Steuerbefreiung § 3 Nr. 56, 63, 66 EStG,
• Altervorsorgezulage oder
• Sonderausgabenabzug nach § 10a EStG.
Einkünfte aus nicht selbstständiger Arbeit (§ 19 EStG)
Sonstige Einkünfte § 22 Nr. 1 S. 3 Buchst. a, aa EStG Besteuerungsanteil 50 %–100 %
Sonstige Einkünfte § 22 Nr. 1 S. 3 Buchst. a, bb EStG Ertragsanteil ca. 10 %–25 %
soweit die Beiträge nicht staatlich gefördert waren
soweit die Beiträge staatlich gefördert waren
Sonstige Einkünfte § 22 Nr. 5 EStG Besteuerung anteilig
Sonstige Einkünfte § 22 Nr. 5 EStG Besteuerung 100 %

1 Versorgungsbezüge

Renten und andere Vorteile, die Ihnen aus einem früheren Dienstverhältnis zufließen, stellen Versorgungsbezüge dar und werden im Rahmen der Einkünfte aus nicht selbstständiger Arbeit § 19 EStG besteuert. Dazu gehören insbesondere die **Betriebsrente**, die Ihr früherer Arbeitgeber an Sie bezahlt, oder die **Beamtenpension**. Vertiefend siehe → Pensionen/Betriebsrenten.

2 Steuerfreie Renten

Nicht alle Renten unterliegen der Besteuerung. So sind z. B. Renten aus der gesetzlichen Unfallversicherung (Berufsgenossenschaft), der Abfindungsbetrag einer Witwen- oder Witwerrente wegen Wiederheirat des Berechtigten, Renten, die wegen der Anrechnung von Kindererziehungszeiten an Mütter der Geburtsjahrgänge vor 1921 gezahlt werden, Renten, die an Wehrdienstbeschädigte oder Zivildienstbeschädigte oder deren Hinterbliebene gezahlt werden, oder Renten, die aufgrund der gesetzlichen Vorschrift zur Wiedergutmachung nationalsozialistischen Unrechts ausbezahlt werden, steuerfrei.

3 Sonstige Einkünfte

Renten, die nicht der frühere Arbeitgeber zahlt, werden als sonstige Einkünfte nach § 22 EStG besteuert. Es handelt sich dabei um Leibrenten, d. h. Renten, die auf Lebenszeit gezahlt werden, und um abgekürzte Leibrenten mit einer Höchstlaufzeit. Reine Zeitrenten werden nicht als sonstige Einkünfte besteuert.

Die Besteuerung der Renten ist nicht einheitlich, weil auch die Beiträge in der Ansparphase steuerrechtlich unterschiedlich behandelt wurden.

4 Gesetzliche Renten und Rürup-Renten

Die Renten aus der **gesetzlichen Rentenversicherung** (Alters-, Erwerbsminderungs-, Berufsunfähigkeits-, Witwen- oder Witwerrenten, Waisenrenten), aus der **landwirtschaftlichen Alterskasse**, aus **berufsständischen Versorgungseinrichtungen** (z. B. Versorgungswerk der Ärzte, Architekten, Rechtsanwälte usw.) und die **Rürup-Rente** werden nach § 22 Nr. 1 S. 3 Buchst. a, Doppelbuchst. aa EStG mit dem Besteuerungsanteil besteuert.

Besteuerungsanteil

Die Renten werden mit einem **Besteuerungsanteil** erfasst. Die Besteuerung erfolgt nach dem sog. Kohorten-Prinzip, d. h. die Höhe des Besteuerungsanteils richtet sich nach dem Jahr des Rentenbeginns. Unter **Beginn der Rente** ist der Zeitpunkt zu verstehen, ab dem die Rente (ggf. nach rückwirkender Zubilligung) tatsächlich bewilligt wird. Für alle Neurentner eines Jahres gilt derselbe Prozentsatz. Der Besteuerungsanteil beträgt für Renten, die spätestens im Jahr 2005 erstmals gezahlt wurden, 50 %. Für jeden neu hinzukommenden Rentenjahrgang (Kohorte) erhöht sich der Prozentsatz ab 2006 um jährlich 2 % und ab 2021 um jährlich 1 %. Renten, die erstmals im Jahr 2040 gezahlt werden, erreichen dann einen Besteuerungsanteil von

100 %. Damit wird die Rentenbesteuerung in die **nachgelagerte Besteuerung** überführt.

Der Besteuerungsanteil für Rentner, die erstmals **2013** eine gesetzliche Rente erhalten, beträgt **66 %**.

Bemessungsgrundlage

Bemessungsgrundlage für die Berechnung des Besteuerungsanteils ist der Jahresbetrag der Rente, d.h. die **Bruttor**ente und nicht die ausgezahlte Rente. Die einbehaltenen und abgeführten Beiträge zur Kranken- und Pflegeversicherung gehören auch zur Bemessungsgrundlage.

Die Zuschüsse, die die Rentenversicherung zur Krankenversicherung bezahlt, sind steuerfrei.

BEISPIEL

Ein verheirateter Rentner bezieht seit Februar 2013 eine monatliche Rente von 2.050 €. Andere Einkünfte liegen nicht vor.

In diesem Fall beträgt der Besteuerungsanteil 66 % aus 24.600 € = 16.236 €. Dieser Betrag liegt unter dem Grundfreibetrag, sodass die Rente nicht besteuert wird, wenn keine anderen Einkünfte vorliegen.

Steuerfreier Teil der Rente

Bei Renten, die vor 2005 erstmals gezahlt wurden, beträgt der steuerfreie Teil 50 % der im Jahr 2005 gezahlten Rente. In allen anderen Fällen wird der steuerfreie Teil der Rente in dem Jahr, das dem Jahr des Rentenbeginns folgt (zweites Jahr des Rentenbezugs), ermittelt. Der steuerfreie Teil ergibt sich aus dem Unterschiedsbetrag zwischen dem Jahresbetrag der Rente und dem Besteuerungsanteil in diesem Jahr.

Der steuerfreie Teil der Rente wird **betragsmäßig** für den einzelnen Rentner **festgeschrieben** und ist **für die gesamte Laufzeit** der Rente grundsätzlich unverändert zu beachten.

WICHTIG

Regelmäßige Anpassungen der Rente, z.B. wegen allgemeiner Steigerung der Nettolöhne, führen nicht zu einer Neuberechnung des Freibetrags. Im Ergebnis wird somit jede **Rentenerhöhung zu 100 % besteuert**.

BEISPIEL

Anna Bauer erhält ab August 2006 eine Altersrente aus der gesetzlichen Rentenversicherung in Höhe von mtl. 1.000 €. Ab 1.7.2007 beträgt die Rente 1.020 €. Durch weitere Anpassungen des Rentenniveaus an die gestiegenen Nettolöhne erhöht sich die Rente in den Jahren 2008 bis 2012 zusätzlich. Ab Juli 2012 wird eine monatliche Rente in Höhe von 1.065 € gezahlt. Ab 1. 7.2013 beträgt die Rente 1.070 € je Monat. Im Jahr 2013 werden insgesamt 730 € Krankenversicherungs- und 210 € Pflegeversicherungsbeitrag von der Rente abgezogen.

2006

Zugeflossene Rente (5 × 1.000 =)	5.000 €
Besteuerungsanteil 52 % von 5.000 € =	2.600 €
abzgl. Werbungskosten-Pauschbetrag (s. u.)	./. 102 €
Sonstige Einkünfte § 22 EStG	2.498 €

2007

Zugeflossene Rente (6 × 1.000 und 6 × 1.020 =)	12.120 €
Besteuerungsanteil	
52 % von 12.200 € =	6.302 €
abzgl. Werbungskosten-Pauschbetrag (s. u.)	./. 102 €
Sonstige Einkünfte § 22 EStG	6.200 €
steuerfreier Teil (2. Jahr) (12.120 ./. 6.302 =)	**5.818 €**

2013

Zugeflossene Rente (6 × 1.065 und 6 × 1.070 =)	12.810 €
abzgl. steuerfreier Teil (aus dem 2. Jahr)	5.818 €
= Besteuerungsanteil	6.992 €
abzgl. Werbungskosten-Pauschbetrag	./. 102 €
Sonstige Einkünfte § 22 EStG	6.890 €

Die Rentenerhöhungen werden somit ab 2008 in voller Höhe besteuert.

Der steuerfreie Teil beträgt für Anna Bauer auch in den folgenden Jahren 5.818 €.

Der **steuerfreie Teil** der Rente ist nur dann **neu zu berechnen**, wenn sich der Rentenbetrag grundsätzlich verändert. Dies ist zum Beispiel der Fall, wenn eine Rente wegen Anrechnung anderer Einkünfte ermäßigt oder eine Rente wegen Tod des Berechtigten nur noch für einen Teil des Jahres gezahlt wird. Hier wird der steuerfreie Teil der Rente entsprechend anteilig gekürzt.

Folgerenten

Folgerenten(Renten nach einer vorhergehenden Rente) aus derselben Versicherung liegen z. B. vor, wenn

- eine Rente wegen voller Erwerbsminderung in eine Rente wegen teilweiser Erwerbsminderung umgewandelt wird (oder umgekehrt),
- eine Erwerbsminderungsrente in eine Altersrente umgewandelt wird,
- eine kleine Witwenrente in eine große Witwenrente (oder umgekehrt) umgewandelt wird,
- eine Altersrente bei Tod in eine nachfolgende Witwen- oder Witwerrente übergeht.

Diese Folgerenten sind zwar versicherungsrechtlich eigenständige Renten, aber bei der Ermittlung des Besteuerungsanteils wird nicht ihr tatsächlicher Rentenbeginn für die Ermittlung des Prozentsatzes herangezogen. Für diese Folgerente wird ein **fiktives** (gedachtes) **Jahr des Rentenbeginns** ermittelt. Der tatsächliche Beginn der Folgerente wird dabei um die Laufzeit der Vorgängerrente in die Vergangenheit verschoben. Dadurch mindert sich der prozentuale Besteuerungsanteil. Dieser darf aber 50 % nicht unterschreiten.

BEISPIEL

Willi Weber bezieht von 1. Oktober 2006 bis 31. März 2009 eine Erwerbsminderungsrente aus der gesetzlichen Rentenversicherung in Höhe von mtl. 1.000 €. Anschließend ist er wieder erwerbstätig. Ab 1. November 2013 erhält er eine Altersrente in Höhe von 1.800 €.

2006

Besteuerungsanteil 52 % von 3.000 € =	1.560 €

2007

Besteuerungsanteil 52 % von 12.000 € =	6.240 €
Der steuerfreie Teil dieser Rente beträgt	5.760 €

2013

Die Altersrente ist eine **Folgerente**.

Tatsächlicher Rentenbeginn	1.11.2013

Der Rentenbeginn der Altersrente wird um die Laufzeit der Vorgängerrente in die Vergangenheit verschoben:

– Laufzeit Vorgängerrente 1.10.2006–31.3.2009	./. 30 Monate
= fiktiver Rentenbeginn der Altersrente	1.5.2010
Daraus ergibt sich ein Besteuerungsanteil für die Altersrente i. H. v. 60 % von 3.600 € =	2.160 €
abzgl. Werbungskosten-Pauschbetrag (s. u.)	./. 102 €
Sonstige Einkünfte § 22 EStG	2.058 €

Endet die Vorgängerrente vor 2005, wird diese für die Berechnung eines fiktiven Rentenbeginns bei einer Folgerente nicht mehr berücksichtigt.

Rentennachzahlungen

Werden Renten **für mehrere Jahre** in einem Jahr ausbezahlt, z. B. wegen verspäteter Antragstellung, sind diese insgesamt im Zuflussjahr zu erfassen. Das Finanzamt wird prüfen, ob für diese Nachzahlungen eine **Tarifvergünstigung** nach der sog. Fünftel-Regelung in Betracht kommt.

Öffnungsklausel

ACHTUNG

Auf Antrag des Steuerpflichtigen werden **Teile** der Leibrenten, die eigentlich der nachgelagerten Besteuerung mit dem Besteuerungsanteil unterliegen würden, mit einem niedrigeren Ertragsanteil besteuert (vertiefend siehe → Punkt 5). Die Anwendung der Öffnungsklausel setzt voraus, dass bis zum 31.12.2004 in **mindestens zehn Jahren** Beiträge gezahlt wurden, die oberhalb des **Höchstbetrags zur gesetzlichen Rentenversicherung** lagen. Die Jahre müssen nicht unmittelbar aufeinanderfolgen. Der Antrag ist beim zuständigen Finanzamt zu stellen (Anlage R).

TIPP

Lassen Sie sich von Ihrem Versicherungsträger den prozentualen Anteil der Rente, der mit dem Ertragsanteil besteuert werden kann, mitteilen.

Rürup-Rente

Vertiefend siehe → Altersvorsorgeaufwendungen und Wohnriester und → Versicherungen.

5 Renten aus der privaten Rentenversicherung

Bestimmte Renten aus der privaten Rentenversicherung werden mit einem geringeren **Ertragsanteil** besteuert, weil die entsprechenden Rentenbeiträge aus versteuertem Einkommen gezahlt wurden. Für diese Beiträge gab es keinen oder nur einen geringen Sonderausgabenabzug.

Hierunter fallen insbesondere:

- Renten aus vor dem 1.1.2005 abgeschlossenen privaten Rentenversicherungsverträgen,
- Renten aus ab 2005 abgeschlossenen Lebensversicherungen, die nicht die Voraussetzungen der Rürup-Rente erfüllen,
- Veräußerungsleibrenten.

Ertragsanteil

Der Ertragsanteil bestimmt sich nach dem bei Beginn der Rente vollendeten Lebensjahr des Rentenberechtigten.

Auszug:

Bei Beginn der Rente vollendetes Lebensjahr des Rentenberechtigten	Ertragsanteil in %
30	44
40	38
50	30
60	22
63	20
64	19
65	18
70	15
80	8

6 Rentenbezugsmitteilungen

Die Besteuerung der Leibrenten wird durch jährliche elektronische Rentenbezugsmitteilungen der Rentenversicherungsträger und der Lebensversicherungsunternehmen an die Zulagenstelle für Altersvermögen (ZfA) bei der Deutschen Rentenversicherung Bund gesichert. Von hier werden die Daten elektronisch an die Landesfinanzbehörden weitergeleitet und im Rahmen der Veranlagung zur Einkommensteuer ausgewertet. Die Rentendaten sind an die steuerliche **Identifikationsnummer** gekoppelt und können so problemlos der jeweiligen Steuerveranlagung zugeordnet werden. Auch der Rentner erhält einen Ausdruck der Rentenbezugsmitteilung in Papierform von seinem Rentenversicherungsträger zugesandt.

7 Renten aus Altersvorsorgeverträgen und aus der betrieblichen Altersversorgung

Betroffen sind Renten aus

- Altersvorsorgeverträgen (Riester-Rente),
- Pensionsfonds,
- Pensionskassen,
- Direktversicherungen und
- umlagefinanzierten Versorgungseinrichtungen (z. B. VBL-Versorgungsanstalt des Bundes und der Länder).

Voraussetzung

Während der Ansparphase wurde eine **Altersvorsorgezulage** in Anspruch genommen oder die Beiträge waren steuerlich besonders begünstigt, weil sie nach § 3 Nr. 56, 63, 66 EStG steuerfrei waren oder nach § 10a EStG ein besonderer Sonderausgabenabzug in Betracht kam.

Vertiefend siehe → Altersvorsorgeaufwendungen und Wohnriester und → Versicherungen.

Besteuerung

Die Renten werden grundsätzlich **in voller Höhe besteuert** (nachgelagerte Besteuerung).

Wurden die Beiträge in der Ansparphase nur teilweise steuerlich gefördert, d.h. es wurden auch nicht geförderte Beiträge gezahlt, muss die Rente für die Besteuerung aufgeteilt werden.

Der Rentenanteil, der auf steuerlich nicht geförderten Beiträgen beruht, wird nur anteilig mit dem **Ertragsanteil** besteuert.

TIPP

Leistungsmitteilung

Von Ihrem Versicherungsunternehmen erhalten Sie eine **Leistungsmitteilung** (Bescheinigung), aus der hervorgeht, welcher Teil der Rente voll zu versteuern ist und welcher Teil nur anteilig besteuert wird. Die Besteuerungsvorschrift ist ebenfalls angegeben. Übernehmen Sie bitte die Angaben aus der Bescheinigung in Ihre Anlage R, S. 2.

Riester-Rente

Leistungen (Rentenzahlungen) aus Altersvorsorgeverträgen unterliegen der nachgelagerten Besteuerung **in voller Höhe**. Dies gilt auch für den Teil der Leistungen, der aus Altersvorsorgezulagen stammt.

Der Teil der Rente, der aus eigenen Beitragszahlungen stammt, wird damit sogar zweimal besteuert, da die Beiträge i. d. R. aus versteuerten Einnahmen bezahlt wurden.

Im Fall einer schädlichen Verwendung erfolgt keine Besteuerung bzgl. der zurückzufordernden Altersvorsorgezulagen.

Vertiefend siehe → Altersvorsorgeaufwendungen und Wohnriester.

8 Zusammenfassende Übersicht über die Rentenbesteuerung

Rentenart	Fundstelle	Besteuerung
Rentenzahlung vom Arbeitgeber aufgrund einer Pensionszusage (**Direktzusage**) oder aus Unterstützungskassen (**Betriebsrente**)	§ 19 Abs. 2 EStG	**Arbeitslohn** nach § 19 EStG; i. d. R. Versorgungsbezüge (Versorgungsfreibetrag und Zuschlag zum Versorgungsfreibetrag)
Alle Renten aus der **gesetzlichen** Rentenversicherung, den landwirtschaftlichen Alterskassen, von berufsständischen Versorgungseinrichtungen, **Rürup-Renten**	§ 22 Nr. 1 S. 3 Buchst. a) Doppelbuchst. aa) EStG	**Besteuerungsanteil** (nach dem Jahr des Rentenbeginns; bei Rentenbeginn 2013: 66 %)
Renten aus **privaten** Rentenversicherungen (ohne Riester- und ohne Rürup-Renten)	§ 22 Nr. 1 S. 3 Buchst. a) Doppelbuchst. bb) EStG	**Ertragsanteil** (nach dem Alter bei Rentenbeginn) z. B. bei Rentenbeginn 65 Jahre: 18 %
Rentenzahlung aus einer **Pensionskasse**, einem **Pensionsfonds** oder aus einer **Direktversicherung**	nach § 22 Nr. 1 S: 3 Buchst. a) Doppelbuchst. bb) EStG § 22 Nr. 5 EStG (Bescheinigung nach § 22 Nr. 5 S. 5 EStG)	Soweit Beiträge des Arbeitgebers in der Ansparphase steuerpflichtiger Arbeitslohn: **Ertragsanteil** oder soweit Beiträge des Arbeitsgebers in der Ansparphase nach § 3 Nr. 63 EStG steuerfrei: **volle Besteuerung**
Renten aus Zusatzversorgungseinrichtungen oder der Versorgungsanstalt des Bundes und der Länder (VBL) bzw. Renten aus Zusatzversorgungskassen der Kommunen (ZVK) bei Angestellten im öffentlichen Dienst	§ 22 Nr. 5 S. 1 EStG oder § 22 Nr. 5 S. 3 EStG i. V. m. § 22 Nr. 1 S. 3 Buchst. a) Doppelbuchstabe bb) EStG	• soweit Beiträge des Arbeitgebers in der Ansparphase steuerfrei, volle Besteuerung. • soweit Beiträge des Arbeitgebers in der Ansparphase steuerpflichtiger Arbeitslohn, Besteuerung mit dem Ertragsanteil
Kapitalauszahlung aus einer Lebensversicherung, die **vor dem 1.1.2005** abgeschlossen wurde (Altvertrag)		In der Regel **steuerfrei**; in Einzelfällen Besteuerung nach § 20 Abs. 1 Nr. 6 EStG a. F.
Kapitalauszahlung aus einer Lebensversicherung, im Erlebensfall aus einem Neuvertrag (Vertragsabschluss **nach dem 31.12.2004**)	§ 20 Abs. 1 Nr. 6 EStG	**Einnahmen aus Kapitalvermögen** in Höhe des Unterschiedsbetrags zwischen Auszahlung und Beiträgen; bei Mindestlaufzeit von 12 Jahren und 60. Lebensjahr vollendet, nur halber Unterschiedsbetrag

Rentenart	Fundstelle	Besteuerung
Riester-Rente	§ 22 Nr. 5 EStG (Bescheinigung nach § 22 Nr. 5 S. 5 EStG) § 22 Nr. 1 S. 3 Buchst a) Doppelbuchst bb) EStG	• soweit Beiträge staatlich gefördert (Zulage und/oder Sonderausgabenabzug), **volle Besteuerung** • soweit keine Förderung (Beiträge aus versteuertem Einkommen), Besteuerung mit dem Ertragsanteil
Private Veräußerungsrenten	§ 22 Nr. 1 S. 3 Buchst. a) Doppelbuchst. bb) EStG	Besteuerung mit dem Ertragsanteil

9 Werbungskosten

Werbungskosten in tatsächlicher Höhe

Zu den als Werbungskosten im Zusammenhang mit Renteneinkünften abzugsfähigen Kosten gehören z.B. Rechtsberatungskosten, Prozesskosten im Zusammenhang mit Ansprüchen aus der Rentenversicherung, Aufwendungen für (Steuer-)Literatur (z.B. Rentenratgeber oder „Steuer 2013“), Fahrtkosten zur Rentenberatung und Schuldzinsen für einen Kredit zur Nachentrichtung freiwilliger Beiträge zur gesetzlichen Rentenversicherung.

Finanzierungskosten, die durch den Abschluss eines Vertrags über eine sofort beginnende Leibrentenversicherungsleistung gegen Zahlung eines Einmalbetrags veranlasst sind, können als Werbungskosten abziehbar sein, wenn damit zu rechnen ist, dass die Summe der Besteuerungsanteile den Finanzierungsaufwand übersteigt.

TIPP

Vorweggenommene Werbungskosten

Aufwendungen im Zusammenhang mit einer Rente, die Sie im Jahr 2013 bezahlt haben, sind auch dann schon abziehbar, wenn mit der Rentenzahlung erst 2014 zu rechnen ist. Die vorweggenommenen Werbungskosten führen zu negativen sonstigen Einkünften und können mit positiven Einkünften aus anderen Einkunftsarten verrechnet werden.

ACHTUNG

Beiträge eines Arbeitnehmers zur gesetzlichen Rentenversicherung sind **nicht** als vorab entstandene Werbungskosten, sondern nur als Sonderausgaben, abziehbar.

Pauschbetrag für Werbungskosten

Bei Renten wird mindestens ein Werbungskosten-Pauschbetrag von 102 € berücksichtigt, wenn keine höheren tatsächlichen Werbungskosten geltend gemacht werden. Beim Erhalt mehrerer Renten kann der Pauschbetrag insgesamt nur einmal berücksichtigt werden.

Werden Ehegatten zusammen zur Einkommensteuer veranlagt, erhält jeder Ehegatte mit Renteneinkünften den Pauschbetrag.

10 Sie zahlen eine Rente

Rentenzahlungen können entweder gar nicht, als Werbungskosten bzw. Betriebsausgaben oder als Sonderausgaben abgezogen werden.

Betriebsausgaben oder Werbungskosten

Haben Sie Vermögensgegenstände, die bei Ihnen der Erzielung von Einkünften dienen (z. B. ein vermietetes Grundstück) gegen Rentenzahlungen erworben, ist zu prüfen, ob es sich um eine entgeltliche Übertragung handelt. Diese liegt vor, wenn Leistung und Gegenleistung gleichwertig sind. In diesen Fällen haben Sie als Erwerber des Vermögens Anschaffungskosten, die sich aus den Rentenleistungen durch Kapitalisierung berechnen lassen.

Der in den jeweiligen Rentenzahlungen enthaltene Zinsanteil (Ertragsanteil) kann als Betriebsausgabe oder Werbungskosten abgezogen werden.

Der Veräußerer versteuert den Ertragsanteil als sonstige Einkünfte.

Sonderausgaben

Vermögensübertragung gegen Versorgungsleistungen

§ 10 Abs. 1 Nr. 1a EStG

Versorgungsleistungen sind ganz oder teilweise existenzsichernde Zahlungen im Zusammenhang mit unentgeltlichen Vermögensübertragungen.

Bei Vermögensübergaben gegen Versorgungsleistungen ab dem 1.1.2008 liegt ein Sonderausgabenabzug nur vor, wenn

- eine unentgeltliche Zuwendung (Leistungen und Gegenleistungen sind nicht gegeneinander abgewogen) vorliegt. Die Höhe der Rente hängt vom Versorgungsbedürfnis des Berechtigten und der wirtschaftlichen Leistungsfähigkeit des Verpflichteten ab,
- lebenslange, wiederkehrende Versorgungsleistungen, abhängig von der Lebenszeit des Empfängers, gezahlt werden,
- das übertragene Vermögen dem Übernehmer steuerlich zugerechnet wird (es besteht ein sachlicher Zusammenhang zwischen den Rentenzahlungen und dem übertragenen Vermögen),
- der begünstigte Empfänger der Übergeber des Vermögens ist, dessen Ehegatte, der eingetragene Lebenspartner oder erb- und pflichtteilsberechtigte Abkömmlinge und
- die Versorgungsleistungen mit der Übertragung eines Mitunternehmeranteils, eines Betriebs oder Teilbetriebs, einer Beteiligung an einer

GmbH in bestimmten Fällen in Zusammenhang stehen.

Der Übernehmer hat den vollen **Sonderausgabenabzug**, der Übergeber versteuert in voller Höhe **sonstige Einkünfte nach** § 22 Nr. 1b EStG.

Ist das begünstigt erworbene Vermögen dem Übernehmer steuerlich nicht mehr zuzurechnen (z. B. Betriebsaufgabe oder Veräußerung), endet auch der sachliche Zusammenhang der wiederkehrenden Leistungen mit der Vermögensübertragung. Ab diesem Zeitpunkt liegen steuerlich nicht begünstigte Unterhaltszahlungen nach § 12 Nr. 2 EStG vor. Der Übernehmer hat keine Sonderausgaben, der Empfänger keine zu versteuernden Renten mehr.

Für Altverträge, abgeschlossen bis zum 31.12.2007, ist eine **große Vertrauensschutzregelung** vorgesehen.

Danach können bisher begünstigte Vermögensübergaben gegen Versorgungsleistungen bis ultimo (i. d. R. bis zum Tod des Versorgungsberechtigten) weiter als Sonderausgabe berücksichtigt werden.

Unter die Vertrauensschutzregelung für Altfälle fallen auch Grundstücksübertragungen, bei denen der Übernehmer das übertragene Grundstück z. B. zu eigenen Wohnzwecken oder zu betrieblichen Zwecken nutzt.

Versorgungsausgleich nach Scheidung

§ 10 Abs. 1 Nr. 1b EStG.

Vertiefend siehe → Altersvorsorgeaufwendungen und Wohnriester.

Reparaturen

Reparaturen im Zusammenhang mit einem vermieteten Haus bzw. einer Wohnung sind steuerlich abzugsfähig. Betrifft der Aufwand die eigengenutzte Wohnung, lesen Sie bitte unter → Haushaltsnahe Tätigkeiten/Dienstleistungen weiter.

§§ 7, 9, 21 EStG, § 82 b EStDV, R 21.1 EStR, H 21.1 EStR

1 Abgrenzung von Reparaturen und nachträglichen Herstellungskosten

Der Abgrenzung von Reparaturkosten (Erhaltungsaufwendungen) und nachträglichen HK kommt wegen der sehr unterschiedlichen steuerlichen Auswirkung große Bedeutung zu. Während Erhaltungsaufwendungen sofort in voller Höhe im Jahr der Zahlung als Betriebsausgaben oder WK abgezogen werden können, werden nachträgliche

Gebäudeherstellungskosten nur im Wege der Abschreibungen über viele Jahre verteilt steuerlich berücksichtigt. Vertiefend siehe → Abschreibungen/ Gebäude.

Erhaltungsaufwendungen (Reparaturen)

Aufwendungen für die Erneuerung von bereits vorhandenen Teilen, Einrichtungen oder Anlagen, die dazu dienen, ein Gebäude in einem ordnungsgemäßen Zustand zu erhalten, werden als Erhaltungsaufwendungen bezeichnet und sind im Jahr der Zahlung in voller Höhe als WK abzugsfähig. Dabei kommt es darauf an, dass die erneuerten Teile die Funktion des bisherigen Teils übernehmen. Ob dabei andere Materialien oder eine technisch andere Wirkungsweise zum Einsatz kommen, ist ohne Bedeutung.

Beispiele:

- Dacherneuerung,
- nachträgliche Wärmeschutzmaßnahmen,
- Anbringen einer Außenverkleidung/ Fassade,
- Austausch von Fenstern und Türen,
- Erneuerung eines Bades,
- Heizungserneuerung (auch Umstellung des Heizsystems),
- Einbau einer Solaranlage zur Brauchwassererwärmung.

Erhaltungsaufwendungen liegen auch vor, wenn eine werterhöhende Modernisierung dem Gebäude einen zeitgemäßen Standard zurückgibt, den es ursprünglich besessen hat, der aber durch technischen Fortschritt oder Änderung der Lebensgewohnheiten verloren gegangen ist.

TIPP

Vereinfachungsregelung

Betragen die Aufwendungen für eine einzelne Baumaßnahme in einem Gebäude nicht mehr als 4.000 € netto (mit Umsatzsteuer = 4.760 €), können diese aus Vereinfachungsgründen auf Antrag als Erhaltungsaufwendungen behandelt und sofort in voller Höhe (brutto) abgezogen werden. Eine Abgrenzung zwischen Erhaltungsaufwendungen und nachträglichen Herstellungskosten ist nicht erforderlich.

Herstellungskosten, nachträgliche Herstellungskosten, Herstellungsaufwand

Aufwendungen bis zur endgültigen Fertigstellung eines Gebäudes stellen (erstmalige) HK dar. Auch Aufwendungen für Baumaßnahmen, die an einem bereits bestehenden Gebäude durchgeführt werden, können zu den (nachträglichen) Gebäudeherstellungskosten gehören. Dabei sind folgende Fälle zu unterscheiden:

Vollverschleiß

Ist das Gebäude so sehr abgenutzt, dass es praktisch nicht mehr nutzbar ist (Bauruine), entsteht durch die Renovierung/ Modernisierung ein neues Gebäude.

Erweiterungen

Eine Erweiterung liegt in folgenden Fällen vor:

- Aufstockung eines Gebäudes,
- Erstellung eines Anbaus,
- Substanzvermehrung,
- Vergrößerung der nutzbaren Fläche,
- Einbau bisher nicht vorhandener Bestandteile.

Verbesserungen

Aufwendungen, die dazu führen, dass das Gebäude eine **über den ursprünglichen Zustand hinausgehende wesentliche Verbesserung** erfährt, sind Gebäudeherstellungskosten.

Anzeichen hierfür können sein:

- Es tritt eine erhebliche Erhöhung des Gebrauchswerts der Wohnung ein.
- Die Nutzungsdauer wird erheblich verlängert.

In welchen Fällen liegt eine „Erweiterung" vor?

Sämtliche Baumaßnahmen, die eine Vergrößerung der Nutz- oder Wohnfläche zur Folge haben, führen zu nachträglichen HK. Dies gilt selbst dann, wenn der Flächenzuwachs geringfügig ist (Einbau einer Dachgaube, Anbau einer Terrasse, Ausbau des Dachbodens).

HK liegen auch dann vor, wenn bisher nicht Vorhandenes eingebaut wird (z. B. Einbau einer zusätzlichen Treppe oder von Trennwänden, erstmaliger Einbau einer Alarmanlage).

Keine HK liegen vor, wenn der neue Gebäudebestandteil die **Funktion** des alten in vergleichbarer Weise erfüllt (z. B. Versetzen von Wänden, Vergrößern von Fenstern).

Werden durch Baumaßnahmen bereits eingetretene Schäden beseitigt bzw. drohende Schäden vermieden (z. B. Errichtung einer Betonvorsatzschale zur Trockenlegung der durchfeuchteten Fundamente, Anbringung einer Überdachung an den Wohnungszugängen oder einer Dachterrasse zum Schutz weiterer Wasserschäden), liegen Erhaltungsaufwendungen vor.

Die „wesentliche Verbesserung"

Eine wesentliche Verbesserung über den ursprünglichen Zustand (im Zeitpunkt der Anschaffung oder Herstellung) hinaus liegt vor, wenn die Baumaßnahmen zur Renovierung eines Gebäudes in ihrer Gesamtheit über eine zeitgemäße Erneuerung hinausgehen, den Gebrauchswert des Gebäudes deutlich erhöhen und für die Zukunft eine erweiterte Nutzungsmöglichkeit geschaffen wird. Die ist insbesondere in folgenden Fällen gegeben:

- Durch eine Baumaßnahme wird der Wohnstandard des Gebäudes erheblich gesteigert. Dabei wird zwischen sehr einfachem Standard, mittlerem Standard (der selbst höheren Ansprüchen genügt) und sehr anspruchsvollem Standard (Luxussanierung unter Verwendung außergewöhnlich hochwertiger Materialien und dem technisch Machbaren) unterschieden. Untersucht werden dabei die vier zentralen Ausstattungsmerkmale des

Gebäudes (Heizung, Fenster, Elektro- und Sanitärinstallation). Liegt eine Hebung des Standards in mindestens drei der vier zentralen Ausstattungsmerkmale vor oder gibt es in zwei Bereichen eine Standardhebung und in einem dritten Bereich nachträgliche HK, sind die gesamten Aufwendungen als nachträgliche HK zu behandeln.

- Durch eine Baumaßnahme ergibt sich ein deutlicher Anstieg der erzielbaren Miete (im Vergleich zu der realisierbaren Miete bei einer Neuvermietung unmittelbar vor den Baumaßnahmen). Mietsteigerungen, die lediglich auf zeitgemäßen, bestanderhaltenden Erneuerungen beruhen, sind nicht in die Beurteilung einzubeziehen.
- Die Gesamtnutzungsdauer wird deutlich verlängert (Ausnahmefälle).

Vertiefend siehe BMF, Schreiben v. 18.7.2003, IV C 3 – S 2211 – 94/03, BStBl I 2003, S. 386.

Allein aus der Höhe der Instandsetzungsaufwendungen im Verhältnis zum Kaufpreis kann aber nicht ohne nähere Prüfung auf das Vorliegen von HK geschlossen werden.

BFH Urteil v. 22.9.2009 – IX R 21/08

Mehrere Baumaßnahmen

Jede Baumaßnahme ist für sich daraufhin zu untersuchen, ob Erhaltungsaufwendungen oder HK vorliegen.

BEISPIEL

Sie bauen im Dachgeschoss erstmals ein Bad ein. In diesem Zusammenhang werden die Wände neu gestrichen.

Der erstmalige Einbau eines Bades führt zu HK. Für sich gesehen wäre das Streichen der Wände eine Reparatur. Da es sich jedoch um eine einheitliche Baumaßnahme handelt, liegen insgesamt HK vor.

Hängen mehrere Baumaßnahmen bautechnisch zusammen, ist insgesamt zu entscheiden, ob Erhaltungsaufwendungen oder HK vorliegen.

BEISPIEL

- Um eine Überbauung zwischen zwei vorhandenen Gebäuden vornehmen zu können, müssen zunächst Ausbesserungsarbeiten an den Fundamenten eines der Gebäude durchgeführt werden.

Da die Ausbesserungsarbeiten an den Fundamenten erforderlich sind, um den Erweiterungsbau erstellen zu können, liegt eine Gesamtbaumaßnahme vor. Die Aufwendungen sind insgesamt als HK zu qualifizieren.

- Ein schadhaftes Flachdach wird durch ein Satteldach ersetzt. Durch das neue Satteldach entsteht Bühnenraum.

Da die Erstellung eines Satteldachs Voraussetzung für den Dachgeschossausbau ist, liegt eine einheitliche Gesamtbaumaßnahme vor (= HK).

2 Zeitnahe Modernisierungsmaßnahmen nach dem Kauf

Anschaffungsnahe Herstellungskosten

Nicht zu den Erhaltungsaufwendungen sondern zu den anschaffungsnahen HK eines Gebäudes gehören Aufwendungen für Instandsetzungs- und Modernisierungsmaßnahmen,

- die innerhalb von drei Jahren nach Anschaffung des Gebäudes durchgeführt werden,
- wenn die Summe der Aufwendungen netto (ohne die Umsatzsteuer) in den ersten drei Jahren 15 % der Anschaffungskosten des Gebäudes übersteigt.

Die Aufwendungen werden zur BMG der Gebäudeabschreibung hinzugerechnet.

Nicht in die Prüfung der 15 %-Grenze einbezogen werden:

- Aufwendungen für Erweiterungen. Diese sind immer HK und damit nicht in die Prüfung der 15 % einzubeziehen, und
- Aufwendungen für Erhaltungsarbeiten, die jährlich üblicherweise anfallen (z. B. Heizungswartung).

Zu den aktivierungspflichtigen nachträglichen HK gehören auch Schönheitsreparaturen (Maler- und Tapezierarbeiten), wenn sie im Rahmen einer umfassenden Instandsetzung und Modernisierung ausgeführt werden. Es handelt sich dann um eine einheitliche Baumaßnahme, aus der die Schönheitsreparaturen nicht herausgerechnet werden dürfen.

BFH v. 25.08.2009 – IX R 20/08

Herstellung der Betriebsbereitschaft des Gebäudes

Ist ein Gebäude im Zeitpunkt der Anschaffung betriebsbereit, können Erhaltungsaufwendungen in der Regel sofort als WK abgezogen werden. Ist das Gebäude nicht betriebsbereit, gehören die Aufwendungen, die erforderlich sind, um es in einen betriebsbereiten Zustand zu versetzen, zu den **Anschaffungskosten**.

Die folgende Tabelle soll Ihnen helfen, die Sicht der Finanzverwaltung einzuschätzen:

Betriebsbereitschaft besteht:	
Nutzung gemäß Zweckbestimmung ist möglich.	ja
Der Erwerber nutzt das Gebäude ab dem Zeitpunkt der Anschaffung durch Vermietung oder Eigennutzung.	ja
Das Gebäude ist vermietet, die Mietverträge werden sofort gekündigt, weil der Vermieter eine anderweitige Nutzung plant.	nein
Zunächst keine Nutzung nach der Anschaffung	offen
Zunächst keine Nutzung nach der Anschaffung, Baumaßnahmen für Nutzung gemäß Zweckbestimmung	nein

Funktionstüchtigkeit

Die Betriebsbereitschaft setzt die Funktionstüchtigkeit voraus.

Objektiv ist ein Gebäude funktions**un**tüchtig, wenn wesentliche Teile nicht nutzbar sind, unabhängig von einer tatsächlichen Nutzung.

BEISPIEL

Objektive Funktionsuntüchtigkeit

Beim Kauf eines Hauses ist bekannt, dass die eingebaute Heizung nicht voll funktionsfähig ist und außerdem die gesetzlich geforderten Emissionsgrenzen überschreitet. Sofort nach dem Erwerb wird eine Heizungsanlage eingebaut, die auf dem technisch neuesten Stand ist.

Das Haus ist objektiv nicht funktionstüchtig, die Kosten für den Austausch der Heizungsanlage gehören zu den **AK**.

Subjektiv ist ein Gebäude funktions**un**tüchtig, wenn es für die konkrete Zweckbestimmung des Erwerbers nicht nutzbar ist.

BEISPIEL

Subjektive Funktionsuntüchtigkeit

Der Unternehmer A erwirbt ein vermietetes Wohngebäude, weil er es als Bürogebäude nutzen will. Nach sechs Monaten kündigt er den Mietern und beginnt mit Umbaumaßnahmen, damit die Büronutzung ermöglicht wird.

Das Objekt ist subjektiv nicht funktionstüchtig, weil die geplante Nutzung nicht möglich ist. Die Aufwendungen zur Umgestaltung der Räume führen zu **AK**.

3 Reparaturen in der eigenen Privatwohnung

Im Normalfall sind Reparaturkosten, die die eigene Wohnung betreffen, bei der Ermittlung des z. v. E. nicht abzugsfähig. Sie gehören zu den Kosten der privaten Lebensführung.

In besonderen Fällen können die Aufwendungen aber geltend gemacht werden. So können z. B. Aufwendungen für Baumaßnahmen durch die konkrete Gesundheitsgefährdungen beseitigt (z. B.: Sanierung bei Hausschwamm, Asbestsanierung des Daches) oder vom Gebäude ausgehende unzumutbare Beeinträchtigungen (Gebäudesanierung bei Geruchsbelästigung) behoben werden, steuerlich als → **außergewöhnliche Belastungen** geltend gemacht werden. Auch die behindertengerechte Umgestaltung von Teilen der eigenen Wohnung führt zu außergewöhnlichen Belastungen. Vertiefend siehe → Außergewöhnliche Belastung und → Behinderte Menschen.

Für Handwerkerleistungen im Zusammenhang mit der eigen genutzten Wohnung kann aber evtl. eine **Steuerermäßigung** in Anspruch genommen werden. Vertiefend siehe → Haushaltsnahe Tätigkeiten/Dienstleistungen.

Eigennutzung nach Auszug des Mieters

Wenn Sie Ihrem Mieter kündigen, um selbst in die Wohnung einzuziehen, können die anfallenden Kosten der Renovierung nicht abgezogen werden, wenn sie die bei einem Wohnungswechsel typischen Arbeiten wie Schönheitsreparaturen (Tapezieren, Malerarbeiten) und sonstige kleinere Reparaturen betreffen.

Aufwendungen zur Beseitigung eines Schadens, der die mit dem gewöhnlichen Gebrauch der Mietsache verbundene Abnutzung deutlich übersteigt (z. B. mutwillig verursachter Schaden), können WK sein.

BFH v. 11.7.2000, IX R 48/96, BFH/NV 2000, 1547

Wird ein Teil der Mietkaution einbehalten, handelt es sich um zusätzliche Mieteinnahmen.

TIPP

Gehen Sie auf Nummer sicher und lassen Sie die Reparaturen ausführen, solange die Wohnung noch vermietet ist. Unproblematisch ist in diesem Fall der Abzug von Reparaturaufwendungen, die der ordnungsgemäßen Erhaltung der Mietsache dienen.

Vermietung nach Eigennutzung

Wer Aufwendungen für seine zunächst selbst bewohnte, anschließend leer stehende und noch nicht vermietete Wohnung als vorab entstandene WK geltend macht, muss seinen Entschluss, die Wohnung zu vermieten, durch ernsthafte und nachhaltige Vermietungsbemühungen belegen.

BFH Urteil v. 28.10.2008 – IX R 1/07

Keinesfalls sollte sich eine Renovierung länger als nötig hinziehen. Nach Ansicht des BFH deutet eine lange Renovierungszeit darauf hin, dass keine Vermietungsabsicht besteht. Die Kosten sind in diesen Fällen nicht abzugsfähig.

BFH-Urteil v. 11.8.2010, IX R 3/10

Im Zweifel sollten geplante Reparaturarbeiten erst nach Mietbeginn oder nach Abschluss des Mietvertrages durchgeführt werden. Ansonsten besteht die Gefahr, dass die gesamten Aufwendungen steuerlich nicht abzugsfähig sind.

Hat sich der Erwerber eines Gebäudes zunächst entschlossen, das leerstehende Objekt zu vermieten und deshalb renoviert, ist aber anschließend doch selbst eingezogen, kann er die Renovierungskosten steuerlich geltend machen.

FG Hamburg v. 15.6.2011 – 1 K 14/10

4 Reparaturen an vermieteten und eigengenutzten Objekten

Betreffen die Reparaturaufwendungen ein gemischt genutztes Gebäude (z. B.: bei einem Zweifamilienhaus wird die Wohnung im Erdgeschoss durch den Eigentümer selbst bewohnt, die andere Wohnung ist vermietet), ist wie folgt vorzugehen:

- **direkte Zuordnung der Kosten**

  Soweit eine Reparatur einen konkreten Gebäudeteil betrifft (z. B. Erneuerung des Bades in der vermieteten OG-Wohnung), ist der Aufwand diesem Gebäudeteil zuzurechnen. Soweit es sich um einen vermieteten Gebäudeteil handelt, sind die Aufwendungen als WK abzugsfähig.

- **flächenmäßige Zuordnung der Kosten**

  Betrifft eine Reparatur das Gebäude als Ganzes (z. B. Dach wird neu gedeckt, Außenfassade wird erneuert), sind die Gesamtaufwendungen im

Verhältnis der Nutzflächen zu verteilen. Der auf den vermieteten Teil des Gebäudes entfallende Teil der Kosten ist steuerlich abzugsfähig.

5 Verteilung größeren Erhaltungsaufwands bei Wohngebäuden

Nach § 82b EStDV können größere Erhaltungsaufwendungen auf zwei bis fünf Jahre **gleichmäßig** verteilt werden. Die Gebäude dürfen nicht zu einem Betriebsvermögen gehören und müssen überwiegend Wohnzwecken dienen.

BEISPIEL

F hat 2013 für 20.000 € umfangreiche Reparaturen an seinem vermieteten Haus durchgeführt.

F kann diese Kosten entweder 2013 in vollem Umfang als WK geltend machen oder z. B. auf die Jahre 2013 bis 2017 gleichmäßig verteilen, d. h. jährlich 4.000 € als Erhaltungsaufwand geltend machen.

6 Zahlung durch Dritte

Grundsätzlich kann nur derjenige, der entsprechende Aufwendungen gezahlt hat, einen Abzug von Betriebsausgaben oder WK geltend machen. Erhaltungsaufwendungen sind aber auch dann WK des Steuerpflichtigen bei den Einkünften aus V+V, wenn sie auf einem von einem Dritten im eigenen Namen, aber im Interesse des Steuerpflichtigen abgeschlossenen Werkvertrag beruhen und der Dritte dem Steuerpflichtigen den Betrag zuwendet.

BEISPIEL

Der Steuerpflichtige hat eine Eigentumswohnung erworben, die er vermietet. Die Wohnung musste vor ihrer erneuten Vermietung renoviert werden. Zu diesem Zweck beauftragte der Vater des Klägers nach Rücksprache mit ihm Handwerker und bezahlte nach Durchführung der Erhaltungsarbeiten auch die nicht an den Kläger gerichteten Rechnungen.

Insoweit liegt eine Zuwendung an den Steuerpflichtigen vor. Die entstandenen Kosten sind über den abgekürzten Zahlungsweg beim Steuerpflichtigen als WK aus V+V abzugsfähig.

BFH-Urteil v. 15.1.2008, IX R 45/07

Bei Kreditverbindlichkeiten und anderen Dauerschuldverhältnissen (z. B. Miet- und Pachtverträge) kommt eine Berücksichtigung der Zahlung unter dem Gesichtspunkt der Abkürzung des Vertragswegs allerdings nicht in Betracht.

BMF v. 7.7.2008, IV C 1 – S 2211/07/10007

Unabhängig von der Frage, ob ein abgekürzter Zahlungs-/Vertragsweg vorliegt, ist es für den Werbungskostenabzug unerheblich, woher die Mittel stammen.

7 Instandhaltungsrücklagen bei Eigentumswohnungen

Wenn Ihnen eine Eigentumswohnung gehört, müssen Sie an den Hausverwalter Zahlungen in eine Instandhaltungsrücklage tätigen.

Zeitpunkt des Werbungskostenabzugs bei vermieteten Eigentumswohnungen

Nicht die jährlichen Einzahlungen in die Instandhaltungsrücklage, sondern der auf den Steuerpflichtigen entfallende „Verbrauch der Instandhaltungsrücklage“ (Entnahme zur Bezahlung von Reparaturrechnungen durch den Hausverwalter nach Beschluss der Wohnungseigentümerversammlung) ist als WK abzugsfähig. Der entsprechende Betrag ist aus der Jahresabrechnung des Hausverwalters ersichtlich.

Veräußerung der Eigentumswohnung

Wird eine Eigentumswohnung veräußert, übernimmt der Erwerber den auf die Wohnung entfallenden Anteil der Instandhaltungsrücklage (Übertragung von Kapital). Insoweit liegen beim Erwerber keine AK vor.

BEISPIEL

A erwirbt von B eine Eigentumswohnung zum Kaufpreis von 200.000 €. Zum Zeitpunkt des Verkaufs beträgt die auf die Wohnung entfallende Instandhaltungsrücklage 5.000 €.

Achten Sie darauf, dass bei der Festsetzung der Grunderwerbsteuer nur 195.000 € und nicht 200.000 € als Kaufpreis anzusetzen sind! Dies gilt auch für die Berechnung eines Spekulationsgewinns.

Solar-/Fotovoltaikanlagen

Der Betreiber einer Strom gewinnenden Anlage (Solarenergie, Wasserkraft, Biomasse und Windenergie) hat nach dem Erneuerbare-Energien-Gesetz (EEG) Anspruch auf eine gesetzlich für mehrere Jahre festgelegte Vergütung für die Einspeisung des selbst erzeugten Stroms. Der Verkauf von Strom ist in der Regel ein Gewerbebetrieb.

§ 15 EStG, §§ 1, 2, 15 UStG.

1 Einkunftsart und Gewinnerzielung

Haben Sie sich eine Fotovoltaikanlage auf dem Dach Ihres Gebäudes installieren lassen und speisen Sie den Strom in das Netz Ihres örtlichen Stromlieferanten ein, erzielen Sie Einkünfte aus einem eigenständigen **Gewerbebetrieb**, wenn eine **Gewinnerzielungsabsicht** vorliegt.

Um diese zu prüfen, ist eine Totalüberschussprognose für die Dauer des Betriebs der Anlage durchzuführen. Dazu müssen für einen Zeitraum von 20 Jahren (Nutzungsdauer der Anlage und garantierte Abnahmeverpflichtung) die voraussichtlichen Einnahmen und Aufwendungen einander gegenübergestellt werden. Ergibt sich für den Gesamtzeitraum ein **Totalgewinn**, ist die Gewinnerzielungsabsicht gegeben.

Bei Anlagen, die vor dem 1.7.2010 errichtet wurden, ist die garantierte Einspeisevergütung so hoch, dass in allen Fällen von einem Gesamtgewinn ausgegangen werden kann.

Durch die deutliche Absenkung der Abnahmevergütungen muss bei später errichteten Anlagen (ab 1.7.2010) im Einzelfall der voraussichtliche Gewinn berechnet werden. Bei gleichzeitig steigendem Zinsniveau kann es hier zu Dauerverlusten kommen. Diese sind einkommensteuerrechtlich nicht zu berücksichtigen.

TIPP

Die Fotovoltaikanlage auf dem Betriebsgelände eines Unternehmens stellt einen eigenständigen Gewerbebetrieb dar. Damit erhält der Unternehmer den GewSt-Freibetrag doppelt. Nachteil: erzielt er in einem Betrieb einen Verlust, werden die Gewinne für die Gewerbesteuer nicht mit den Verlusten verrechnet.

BFH Urteil v. 24.10.2012 – X R 36/10

Anders ist der Fall u. U. zu beurteilen, wenn der Betrieb den Strom teilweise oder ausschließlich zum eigenen Bedarf benutzt. Ein einheitlicher Gewerbebetrieb ist immer anzunehmen, wenn sich beide Betätigungen ergänzen. Das ist jedenfalls dann der Fall, wenn der Strom ausschließlich selbst genutzt wird.

Diese Folgerung lässt sich jedenfalls dann verhindern, wenn an der Fotovoltaikanlage eine andere Person (z.B. Ehegatte oder Kind) beteiligt ist, die an dem anderen Unternehmen keine Beteiligung hält.

Betreiben mehrere Personen eine Anlage zur Stromerzeugung gemeinschaftlich, ist der Gewinn durch eine **gesonderte und einheitliche Gewinnfeststellung** zu ermitteln. In diesem Fall versteuert der einzelne Beteiligte seinen Anteil am Gesamtgewinn im Rahmen seiner persönlichen Einkommensteuerpflicht. Eine gesonderte und einheitliche Gewinnfeststellung ist nicht erforderlich, wenn die Anlage ausschließlich Ehegatten gehört, die zusammen zur Einkommensteuer veranlagt werden.

Die Aufnahme der gewerblichen Tätigkeit ist dem Finanzamt anzuzeigen.

2 Gewinnermittlung

Übersteigt der Umsatz nicht 500.000 € und ist der Gewinn eines Jahres nicht höher als 50.000 €, kann der Gewinn durch **einfache Einnahme-Überschuss-Rechnung** (Einnahmen abzgl. Aufwendungen) ermittelt werden.

Betriebseinnahmen

Sie können den selbst produzierten Strom verkaufen oder selbst verbrauchen. Die Stromerzeugung ist insgesamt betrieblich veranlasst. Zu den Betriebseinnahmen gehört deshalb sowohl die Vergütung für den eingespeisten Strom als auch die geringere **Selbstverbrauchsvergütung**, die für den privat verbrauchten Strom gezahlt wird. Zusätzlich ist der privat verbrauchte Strom als Sachentnahme bei den Betriebseinnahmen zu erfassen. Grundsätzlich ist der für private Zwecke verbrauchte Strom nach § 6 Abs. 1 Nr. 4 EStG mit dem Teilwert zu bewerten. Dieser bestimmt sich grundsätzlich nach den anteiligen HK des selbst verbrauchten Stroms, zu denen auch die ertragsteuerlichen Abschreibungen und Finanzierungskosten gehören. Aus Vereinfachungsgründen kann der Entnahmewert für den Strom in Anlehnung an den Strompreis für aus dem Netz des Energieversorgers bezogenen Strom geschätzt werden.

OFD Rheinland v. 10.7.2012 – S 2130 – 2011/0003 – St 142

Anschaffungs- bzw. Herstellungskosten und Abschreibung

Die auf dem Dach errichtete Fotovoltaikanlage ist eine Betriebsvorrichtung. Die Aufwendungen für die Anlage selbst, die Träger, mit denen die Anlage auf dem Dach befestigt wird, und die elektrotechnischen Vorrichtungen zum Anschluss der Anlage an das öffentliche Stromnetz gehören zu den AK und HK der Anlage.

Bei einer auf dem Dach installierten Fotovoltaikanlage gehört die Dachkonstruktion grundsätzlich nicht zur Fotovoltaikanlage sondern zum Gebäude. Die Kosten sind somit den Gebäudeherstellungskosten zuzurechnen.

Wird eine Fotovoltaikanlage technisch in das Dach integriert, z. B. sog. Solardachsteine oder Indachmodule, werden die gegenüber einem normalen Dach entstandenen **Mehrkosten** (ggf. Schätzung) nicht dem Gebäude zugerechnet, sondern werden wie Betriebsvorrichtungen behandelt und zusammen mit der auf das Dach montierten Anlage abgeschrieben. Auch die Kosten für eine statische **Verstärkung der Dachkonstruktion** wegen des Gewichts der Fotovoltaikanlage sind den HK der Anlage zuzurechnen.

Bei bereits fertiggestellten Häusern ist zu beachten, dass eine nachträgliche Verstärkung der Dachkonstruktion, die durch die Installation der Anlage notwendig wird, sofort als Betriebsausgabe im Zusammenhang mit der Fotovoltaikanlage abzugsfähig ist. Auch Kosten einer Dachsanierung sind keine nachträglichen HK des Gebäudes, sondern teilweise betrieblich veranlasster Erhaltungsaufwand. Die Aufteilung richtet sich nach der Verwendung des gesamten Gebäudes. Als Aufteilungsmaßstab kommt das Verhältnis der fiktiv erzielbaren Mieten für das Gebäude einerseits und die Fotovoltaikanlage andererseits in Betracht.

FG München Urteil vom 2.8.2012 – 15 K 770/12 Revision BFH Az X R 32/12

Der übrige Teil der Kosten ist bei einem vermieteten Haus als WK aus V+V abzugsfähig. Wird das Gebäude zu eigenen Wohnzwecken genutzt, sind die übrigen Kosten der Dachsanierung nicht abziehbar. Vertiefend siehe → Vermietung/Immobilien.

Wird eine Fotovoltaikanlage technisch in das Dach integriert, z. B. sog. Solardachsteine oder Indachmodule, werden die gegenüber einem normalen Dach entstandenen Mehrkosten (ggf. Schätzung) nicht dem Gebäude zugerechnet, sondern werden wie Betriebsvorrichtungen behandelt und zusammen mit der auf das Dach montierten Anlage abgeschrieben. Auch die Kosten für eine statische Verstärkung der Dachkonstruktion wegen des Gewichts der Fotovoltaikanlage sind den HK der Anlage zuzurechnen.

Zuschüsse

Zuschüsse aus öffentlichen Energieförderprogrammen (z. B. Restschuldbefreiung nach dem „100.000-Dächer-Solarstrom-Programm" der KfW) oder vom Energieversorger zum Bau der Anlage können im Jahr der Zahlung als Betriebseinnahmen angesetzt oder als Minderung der AK und HK der Fotovoltaikanlage behandelt werden. Dadurch verringert sich die jährliche Abschreibung.

Abschreibung

Die Fotovoltaikanlage wird auf die Nutzungsdauer von 20 Jahren abgeschrieben.

Damit ergibt sich eine gleichmäßige AfA von 5 % über den gesamten Zeitraum. Für Anlagen, die bis 2010 errichtet wurden, kann eine ursprünglich gewählte degressive AfA beibehalten werden. Im ersten Jahr ist die AfA nach Monaten aufzuteilen.

Investitionsabzugsbetrag

Schon vor Fertigstellung der Anlage kann ein Investitionsabzugsbetrag in Höhe von 40 % der voraussichtlichen Kosten steuermindernd geltend gemacht werden.

Hierfür ist eine verbindliche Bestellung noch im Jahr der Geltendmachung des Investitionsabzugsbetrags nicht zwingend notwendig. Allerdings ist bei noch in Gründung befindlichen Betrieben eine strenge Prüfung der Investitionsabsicht erforderlich. Diese kann z. B. durch den Nachweis konkreter Verhandlungen über den Erwerb der Anlage geführt werden.

BFH, Urteil v. 26.7.2012 – III R 37/11

Den Investitionsabzugsbetrag müssen Sie im Jahr der Fertigstellung der Anlage zwar gewinnerhöhend auflösen, aber noch im selben Jahr können Sie die HK einmalig bis zu 40 % als Betriebsausgabe abziehen.

Hierdurch verringert sich aber auch die BMG für die Abschreibung.

Neben der AfA können Sie innerhalb der ersten fünf Jahre zusätzlich eine **Sonderabschreibung** in Höhe von insgesamt 20 % der HK (bzw. der geminderten HK von 60 %) als Betriebsausgabe ansetzen.

BEISPIEL

Sie haben im Jahr 2012 eine Fotovoltaikanlage bestellt, die im Januar 2013 errichtet wurde. HK 30.000 €.

Jahr 2012: Bildung IAB 40 % =	./.12.000 €
Jahr 2013: Auflösung IAB Minderung HK	+12.000 € ./.12.000 €
AfA linear: 5 % von 18.000 € = 900 € (30.000 € – 12.000 €) zeitanteilig 8 Monate	./.600 €
Sonderabschreibung: 20 % von 18.000 € = nicht zeitanteilig	./.3.600 €
Jahr 2014: AfA linear 5 %	./.900 €

Bei Inanspruchnahme der Sonderabschreibung muss die lineare AfA im 6. Jahr neu berechnet werden: HK, abzgl. Minderung HK, abzgl. sämtlicher in Anspruch genommener AfA-Beträge = Restwert. Dieser Restwert wird auf die Restnutzungsdauer von 15 Jahren verteilt.

3 Umsatzsteuer

Allgemeines und Stromverkauf

Mit dem regelmäßigen Verkauf des selbst erzeugten Stroms werden Sie zum umsatzsteuerlichen Unternehmer, wenn Sie nicht bereits zuvor eine umsatzsteuerlich bedeutende Tätigkeit ausgeübt haben. Dabei spielt es keine Rolle, ob Sie einkommensteuerrechtlich Gewinnerzielungsabsicht haben oder nicht.

Bei einem Gesamtumsatz von nicht mehr als 17.500 € sind Sie grundsätzlich Kleinunternehmer i. S. d. UStG. Das bedeutet, dass die Erlöse aus dem Verkauf Ihres erzeugten Stroms und die Vergütung für den selbst verbrauchten Strom nicht der Umsatzsteuer unterliegen. Sie können dann aber auch die Ihnen in Rechnung gestellte Umsatzsteuer (z. B. aus der Anschaffung der Anlage) nicht als Vorsteuer vom Finanzamt erstattet bekommen.

Um die von Ihnen gezahlte Umsatzsteuer als Vorsteuer abziehen zu können, besteht die Möglichkeit, dass Sie von sich aus gegenüber dem Finanzamt auf die Anwendung der Kleinunternehmerregelung verzichten und die Besteuerung der Erlöse erklären („**Option**“ **zur Regelbesteuerung**). An diese Besteuerungsform sind Sie dann aber für mindestens fünf Jahre gebunden. In diesem Zusammenhang stellen Sie auch einen Antrag auf **Besteuerung nach vereinnahmten Entgelten**, damit Sie die Umsatzsteuer nicht abführen müssen, bevor Ihnen die Stromvergütung ausgezahlt wird.

Sie müssen allerdings mindestens in den ersten beiden Jahren Umsatzsteuervoranmeldungen monatlich auf elektronischem Wege an das Finanzamt abgeben. Ab dem dritten Jahr ist nur noch eine Jahresumsatzsteuererklärung abzugeben, wenn der Gesamtbetrag der Umsatzsteuer aus dem Vorjahr unter 1.000 € liegt.

Verkaufen Sie den gesamten erzeugten Strom an das Elektrizitätswerk, ist die Einspeisevergütung als Nettowert anzusehen. Der Umsatzsteuersatz beträgt 19 %.

Direktverbrauch

Mit Selbstverbrauchsvergütung für Anlagen, die vor dem 1.4.2012 in Betrieb genommen wurden

Verbrauchen Sie Teile des erzeugten Stroms selbst (Direktverbrauch) zu privaten Zwecken oder im Rahmen Ihres umsatzsteuerrechtlichen Unternehmens, gilt es zu beachten, dass auch dieser selbst verbrauchte Strom umsatzsteuerrechtlich grundsätzlich als an den Netzbetreiber geliefert angesehen wird, wenn hierfür eine verringerte Einspeisevergütung (Selbstverbrauchsvergütung) gezahlt wird. Das umsatzsteuerrechtliche Entgelt entspricht jedoch dem für den endgültig verkauften Strom und setzt sich aus der geringeren Selbstverbrauchsvergütung und dem Wert des zurück gelieferten Stroms zusammen.

ACHTUNG

Das umsatzsteuerliche Entgelt weicht damit bei Direktverbrauch von Strom immer von den einkommensteuerrechtlichen Betriebseinnahmen ab.

Verbrauchen Sie den rückgelieferten Strom im Rahmen Ihres umsatzsteuerlichen Unternehmens (z. B. Vermietung eines Hauses), hängt der Vorsteuerabzug davon ab, ob Sie steuerpflichtige oder steuerfreie Ausgangsumsätze haben.

BEISPIEL

Manfred Müller hat im Jahr 2009 eine Fotovoltaikanlage auf sein EFH bauen lassen. Im Jahr 2013 produziert er mit dieser Anlage 3.500 kWh Solarstrom. Davon nutzt er 800 kWh selbst und speist die restlichen 2.700 kWh ins Netz seines Stromanbieters ein. Die Einspeisevergütung beträgt 0,43 € netto je kWh, die Selbstverbrauchsvergütung 0,25 € netto je kWh. Der Normaltarif des Stromanbieters liegt bei 0,20 € netto je kWh.

Bei der **Gewinnermittlung** muss M. M. folgende Betriebseinnahmen ansetzen:

2.700 kWh × 0,43 = 800 kWh × 0,25 =	1.161 € 200 €
Erhaltene USt.: 3.500 kWh × 0,43 **= 1.505 €** (ust-liches Entgelt) davon 19 % USt. =	286 €
Entnahme des selbst verbrauchten Stroms: 800 kWh × 0,20 =	160 €
BE insgesamt	**1.647 €**

Die für den selbst verbrauchten Strom (Rücklieferung) durch den Stromanbieter vergütete Umsatzsteuer (800 kWh × 0,18 € = 144 € × 19 % = 27 €) kann M. M. nicht als Vorsteuer abziehen, da er den Strom für private Zwecke genutzt hat.

ACHTUNG

Für Anlagen, die vor 2009 in Betrieb genommen wurden, gilt für selbstverbrauchten Strom die Altregelung. Danach wurde der im eigenen Haus verbrauchte Strom nicht in das öffentliche Netz eingespeist. Steuerlich hat das zur Folge, dass für die Umsatzsteuer eine unentgeltliche

Wertabgabe vorliegt, die mit den Selbstkosten zu bewerten ist. Dies sind die laufenden Produktionskosten einschließlich Abschreibung.

Ohne Selbstverbrauchsvergütung

Wird der selbst erzeugte Strom nach dem Vertrag mit dem Energieversorgungsunternehmen nicht an dieses geliefert, wird auch keine Selbstverbrauchsvergütung gezahlt. Es liegt umsatzsteuerrechtlich insoweit keine Lieferung an das Energieversorgungsunternehmen vor. In diesen Fällen ist bzgl. des privat verbrauchten selbst erzeugten Stroms aus umsatzsteuerrechtlicher Sicht eine unentgeltliche Wertabgabe (vereinfacht: Entnahme aus dem Unternehmen) anzunehmen, die auch Umsatzsteuer auslöst. BMG sind die Selbstkosten (z. B. AfA, Finanzierungskosten u. a.), soweit diese anteilig auf diesen Teil des produzierten Stroms entfallen.

Diese unentgeltliche Wertabgabe wird mit 19 % versteuert.

Neuanlagen nach dem 1.4.2012

Der Direktverbrauch bei Anlagen, die nach dem 1.4.2012 in Betrieb genommen wurden, wird nicht mehr vergütet. Damit liegt in diesen Fällen keine unternehmerische Nutzung der Anlage in vollem Umfang mehr vor. Allerdings kann der Unternehmer umsatzsteuerlich wählen, ob er die Fotovoltaikanlage dem Unternehmen in vollem Umfang oder nur anteilig zuordnen möchte, nämlich soweit Strom in das öffentliche Netz eingespeist wird (Abschn. 15.2 Abs. 21 UStAE).

Als Folge dieser Zuordnung kann die Umsatzsteuer auf die Anschaffungskosten in vollem Umfang oder aber nur anteilig als Vorsteuer geltend gemacht werden.

Die Zuordnungsentscheidung ist zeitnah vorzunehmen und zu dokumentieren.

BFH, Urteil v. 7.7.2011, V R 42/09, HI 2754173, BFH/NV 2011, S. 1980

Keine Zuordnung zum Unternehmen ist möglich, wenn beabsichtigt ist, weniger als 10 % des produzierten Stroms an das Stromunternehmen zu liefern (Abschn. 15.2 Abs. 21 Nr. 2 UStAE).

Wird die Anlage dem Unternehmensvermögen nur teilweise zugeordnet, können darüber hinaus auch in Zukunft Vorsteuerbeträge nur anteilig in Anspruch genommen werden. Andererseits braucht der Unternehmer den selbst genutzten Strom auch nicht zu versteuern.

Wird die Anlage dem Unternehmensvermögen in vollem Umfang zugeordnet, muss der Strom, der selbst verbraucht und somit nicht in das Netz eingespeist wird, als unentgeltliche Wertabgabe umsatzsteuerlich erfasst werden. Als Bemessungsgrundlage sind dabei grundsätzlich die Selbstkosten im Zeitpunkt des Umsatzes anzusetzen. Diese entsprechen den laufenden Produktionskosten (insbesondere Abschreibung, Zinsen, sonstige laufende Kosten). Zur Berechnung der Abschreibung sind die Anschaffungskosten der Anlage auf die betriebsgewöhnliche Nutzungsdauer zu verteilen (vgl. Abschn. 2.5 Abs. 9 S. 3 u. 4 UStAE).

Für die ertragsteuerliche Behandlung ist eine Aufteilung nicht zulässig. Die Anlage kann folglich nur in vollem Umfang oder gar nicht Betriebsvermögen sein.

BEISPIEL

Umsatzsteuerberechnung und Gewinnermittlung bei Neuanlagen

Norbert Neuer hat seine Fotovoltaikanlage im Januar 2013 in Betrieb genommen. Die Anschaffungskosten der Anlage haben 25.000 € zzgl. 4.750 € Umsatzsteuer betragen. Zinsen i.H.v. 500 € hat NN im Jahr 2013 gezahlt.

Im Jahr 2013 produziert er mit dieser Anlage 9.000 kWh Solarstrom. Davon nutzt er 3.000 kWh selbst und speist die restlichen 6.000 kWh ins Netz seines Stromanbieters ein. Die Einspeisevergütung beträgt 0,25 € netto je kWh.

Umsatzsteuererklärung

NN erhält für den gelieferten Strom 6.000 kWh × 0,25 = 1.500,00 € netto. Diese sind in der USt-Erklärung anzusetzen.

Ordnet er die Anlage in vollem Umfang dem Unternehmensvermögen zu, ist der selbst verbrauchte Strom mit 0,195 € zu versteuern (Zinsen 500 + Abschreibung 1.250 € dividiert durch erzeugte Strommenge 9.000 kWh). Außerdem kann er die Vorsteuer von 4.750 € in vollem Umfang abziehen.

Bei einer Teilzuordnung kann nur der anteilige Vorsteuerbetrag 3.167 € (2/3 von 4.750 €) als Vorsteuer abgezogen werden. Dagegen entfällt eine Versteuerung des selbst verbrauchten Stroms.

Umsatzsteuererklärung	100 % Zuordnung	Anteilige Zuordnung
Umsatzsteuer auf gelieferten Strom (Bemessungsgrundlage 1.500 € × 19 %)	285,00 €	285,00 €
Umsatzsteuer auf unentgeltliche Wertabgabe 3.000 kWh × 19,5 Cent = 585 € × 19 %	111,15 €	0,00 €
Vorsteuer aus Anschaffung	–4.750,00 €	–3.167,00 €
Umsatzsteuererstattung	–4.353,85 €	–2.882,00 €

Gewinnermittlung	100 % Zuordnung	Anteilige Zuordnung
Einnahmen aus Stromlieferungen netto	1.500,00 €	1.500,00 €
Entnahme des selbst verbrauchten Stroms: 3.000 kWh × 0,20 €	600,00 €	600,00 €
Vereinnahmte Umsatzsteuer	285,00 €	285,00 €
Umsatzsteuer auf unentgeltliche Wertabgabe	111,15 €	0,00 €

Gewinnermittlung	100 % Zuordnung	Anteilige Zuordnung
Umsatzsteuererstattungen	–4.353,85 €	–2.882,00 €
Summe der Einnahmen	6.850,00 €	5.267,00 €
Abschreibung	1.250,00 €	1.250,00 €
Zinsen	500,00 €	500,00 €
Gezahlte Vorsteuer	4.750,00 €	4.750,00 €
Summe der Betriebsausgaben	6.500,00 €	6.500,00 €
Gewinn/ Verlust	350,00 €	–1.233,00 €

HINWEIS

Änderung der Nutzungsverhältnisse bei Teilzuordnung

Wird die Anlage nur teilweise dem Unternehmensvermögen zugeordnet und ändern sich die Nutzungsverhältnisse, muss eine Änderung der Vorsteuer auf die Anschaffungskosten erfolgen

§ 15a UStG; § 44 UStDV.

Vorsteuer

Die Umsatzsteuer, die im Zusammenhang mit der Anschaffung an den Lieferanten bzw. an den Handwerker gezahlt wurde, kann als Vorsteuer abgezogen werden, wenn Eigentümer der Fotovoltaikanlage und Vertragspartner des Energieversorgungsunternehmens dieselbe(n) Person(en) ist/sind.

BEISPIEL

Den Vertrag zum Kauf der Anlage hat nur ein Ehegatte unterschrieben. Den Vertrag mit dem Energieversorgungsunternehmen haben beide Ehegatten unterschrieben, weil sie auch gemeinsam Eigentümer des betreffenden Grundstücks sind.

Die Eheleute gelten gemeinsam als umsatzsteuerlicher Unternehmer in Form einer Gesellschaft bürgerlichen Rechts. Ein Vorsteuerabzug aus der Rechnung ist **nicht** möglich, weil die Gesellschaft nicht Leistungsempfänger war.

Führen Sie eine Dachsanierung am Gebäude vor Aufbau einer Fotovoltaikanlage durch, kann die in Rechnung gestellte Umsatzsteuer i.d.R. nicht als Vorsteuer abgezogen werden, weil das Gebäude selbst nicht Teil des umsatzsteuerlichen Unternehmens ist.

Soweit Baumaßnahmen der Verstärkung des Daches dienen, um die zusätzliche Last abzufangen, kommt ein Vorsteuerabzug insoweit in Betracht.

Errichten Sie eine Fotovoltaikanlage auf dem Dach des Carports Ihres Wohngrundstücks, ist bei Baumaßnahmen ein Vorsteuerabzug nur insoweit anteilig möglich, wie dieser Carport unternehmerisch verwendet wird. Den unternehmerischen Nutzungsanteil hat der Unternehmer zu schätzen (z.B. durch Einbeziehung eines fiktiven Vermietungsumsatzes für die unternehmerische bzw. private Nutzung des Carports.

4 Veräußerung der Fotovoltaikanlage

Einkommensteuerrechtlich

Unabhängig davon, ob die Fotovoltaikanlage auf dem Dach aufgesetzt oder in das Dach integriert ist, muss die Veräußerung des Grundstücks und die Veräußerung der Fotovoltaikanlage getrennt beurteilt werden. Während die Veräußerung des Grundstücks im Allgemeinen steuerfrei ist, liegt bei der Veräußerung der Fotovoltaikanlage einkommensteuerrechtlich eine **Betriebsveräußerung** vor, deren Gewinn in bestimmten Fällen ganz oder teilweise steuerfrei sein kann.

Umsatzsteuerrechtlich

Ist die Fotovoltaikanlage **auf dem Dach aufgesetzt**, liegt umsatzsteuerrechtlich eine nicht steuerbare Unternehmensveräußerung im Ganzen vor, wenn Ihr umsatzsteuerrechtliches Unternehmen nur aus der Fotovoltaikanlage bestand und der Erwerber das Unternehmen fortführt. Es entsteht keine USt.

ACHTUNG

Weisen Sie beim Verkauf in der Rechnung keine Umsatzsteuer aus, sonst schulden Sie diese an das Finanzamt, obwohl sie nicht entstanden ist.

Bestand Ihr umsatzsteuerrechtliches Unternehmen nicht nur aus der Fotovoltaikanlage, ist der Verkauf der Anlage mit 19 % umsatzsteuerpflichtig.

Ist die Fotovoltaikanlage **in das Dach integriert**, fällt die Veräußerung der Fotovoltaikanlage bei gleichzeitigem Verkauf des Grundstücks unter das Grunderwerbsteuergesetz und die Veräußerung von Grundstück mit Fotovoltaikanlage ist grundsätzlich umsatzsteuerbefreit.

Bei Verkauf innerhalb von zehn Jahren wird das Finanzamt prüfen, ob der ursprüngliche Vorsteuerabzug anteilig berichtigt werden muss.

TIPP

Überschüsse aus dem Betrieb einer Fotovoltaikanlage können zur Kürzung von Renten oder anderen Sozialleistungen führen. Sollten Sie mit dem Gedanken spielen, Ihre Fotovoltaikanlage entgeltlich oder unentgeltlich auf den Ehegatten oder andere Familienmitglieder zu übertragen, um die Kürzungen zu vermeiden, ist diese Übertragung nicht rückwirkend, sondern nur für die Zukunft mit den vorgenannten steuerlichen Folgen möglich.

5 Blockheizkraftwerk mit Erzeugung von Wärme und Strom

Blockheizkraftwerke sind selbstständige, vom Gebäude losgelöste bewegliche Wirtschaftsgüter. Bei sog. Kraft-Wärmekoppelungsanlagen wird die anfallende Abwärme im Haus für Zwecke der Heizungs- und Brauchwassererwärmung genutzt. Der zusätzlich über einen Generator erzeugte Strom wird in das öffentliche Stromnetz eingespeist.

Einkommensteuer

Es liegt ein Gewerbebetrieb vor. Die Abschreibungstabelle sieht eine Nutzungsdauer von 10 Jahren vor.

Wird Strom und ggf. Wärme an Mieter im Haus abgegeben, liegen bezüglich deren Zahlungen keine Einnahmen aus V+V, sondern Betriebseinnahmen vor. Entgelte für eingespeisten und nicht eingespeisten Strom sind neben einer Mineralölerstattung und der Vorsteuererstattung zusätzliche Betriebseinnahmen. Für Strom und Wärme, die Sie in der eigenen Wohnung verbrauchen, ist eine Entnahme anzusetzen.

Umsatzsteuer

Die umsatzsteuerrechtliche Beurteilung von geliefertem und rückgeliefertem Strom entspricht im Wesentlichen der von Fotovoltaikanlagen.

Die Erzeugung von Strom wird i.d.R. mehr als 10 % der Nutzung ausmachen. Sie haben dann die Möglichkeit, die bei Anschaffung der Anlage gezahlte Umsatzsteuer in vollem Umfang als Vorsteuer abzuziehen.

Der eigengenutzte Anteil von Strom und Wärme ist als unentgeltliche Wertabgabe (Entnahme) zu behandeln.

Als BMG ist für den eigenen Stromverbrauch der Preis anzusetzen, der dafür an den Energieversorger zu zahlen wäre. Problematisch könnte der Fall werden, wenn vor Ort kein Fernwärmenetz vorhanden ist. In diesem Fall fehlt es an einem fiktiv feststellbaren Einkaufspreis der Leistung. Als BMG der Entnahme müssen dann die (i.d.R. erheblich höheren) angefallenen Selbstkosten angesetzt werden.

BFH, Urteil v. 12.12.2012 – XI R 3/10

Wird die erzeugte Wärme an einen Dritten geliefert, ist auch dies ein steuerpflichtiger Umsatz.

Sonderausgaben

Bei Sonderausgaben handelt es sich um Kosten der privaten Lebensführung, die steuerlich abziehbar sind. Alle Sonderausgaben sind im Gesetz abschließend genannt. Es wird unterschieden zwischen Vorsorgeaufwendungen (Versicherungsbeiträge) und anderen Sonderausgaben.

1 Allgemeines zum Sonderausgabenabzug

Sonderausgaben

Vorsorgeaufwendungen (Versicherungsbeiträge)	**andere Sonderausgaben**
1. Altersvorsorgeaufwendungen • **Basisversorgung** Beiträge zu - gesetzlicher Rentenversicherung (einschl. Arbeitgeber-Anteil) - landwirtschaftlicher Alterskasse - berufsständischer Versorgungseinrichtung • **Zusatzversorgung** - Beitrag zu einer kapitalgedeckten privaten Altersversorgung (Rürup-Rentenversicherung) **2. Sonstige Vorsorgeaufwendungen** • **Basiskranken- und Pflegepflichtversicherung** Beiträge zu - gesetzlicher Krankenversicherung - privater Krankenversicherung (nur Basisversicherung) • **andere sonstige Vorsorgeaufwendungen** Beiträge zu - gesetzlicher und privater Krankenversicherung, soweit sie über die Basisversorgung hinausgehen - Arbeitslosenversicherung - Erwerbs- und Berufsunfähigkeitsversicherung - Unfallversicherung - Haftpflichtversicherung - bestimmten Lebensversicherungen	• Unterhaltsleistungen an den geschiedenen oder dauernd getrennt lebenden Ehegatten/Lebenspartner • Kirchensteuer • Kinderbetreuungskosten • Kosten für die eigene Berufsausbildung oder die des Ehegatten • Schulgeld • Spenden
Abzug im Rahmen einer **Höchstbetragsberechnung**	Abzug der **tatsächlichen Aufwendungen** (teilweise begrenzt) mindestens in Höhe des **Sonderausgaben-Pauschbetrags**

Zunächst ist zu prüfen, ob die Ausgaben zu den Betriebsausgaben bzw. WK gehören. Wenn ja, sind sie bei den entsprechenden Einkünften der Höhe nach unbegrenzt als solche abziehbar.

BEISPIEL

Abgrenzung zum Betriebsausgaben- oder Werbungskostenabzug

Die Haftpflichtversicherungsbeiträge für Ihr **vermietetes** Mehrfamilienhaus sind WK bei den Einkünften aus V+V und keine Sonderausgaben.

Dagegen können Sie Beiträge zu Ihrer privaten Familienhaftpflichtversicherung oder zur Grundstückshaftpflichtversicherung für das **selbst genutzte** Einfamilienhaus bei den Sonderausgaben abziehen.

Sonderausgaben kann nur derjenige geltend machen, der sie selbst schuldet und selbst geleistet hat. Bei zusammen veranlagten Ehegatten/Lebenspartnern kommt es für den Abzug von Sonderausgaben nicht darauf an, ob sie der Ehemann oder die Ehefrau geleistet hat.

Bei einer Einzelveranlagung von Ehegatten/Lebenspartner nach § 26a EStG kann grundsätzlich nur derjenige Sonderausgaben abziehen, der die Aufwendungen getragen hat. Auf übereinstimmenden Antrag ist ein hälftiger Abzug möglich.

Sonderausgaben können nur im Jahr der Zahlung (Abfluss) berücksichtigt werden.

2 Vorsorgeaufwendungen (Versicherungen)

Vertiefend siehe → Versicherungen und → Altersvorsorgeaufwendungen und Wohnriester.

3 Andere Sonderausgaben

Sonderausgaben-Pauschbetrag

Für Sonderausgaben, die nicht zu den Vorsorgeaufwendungen gehören, wird ein Sonderausgaben-Pauschbetrag von 36 € abgezogen, wenn nicht höhere tatsächliche Sonderausgaben geltend gemacht werden.

Werden Ehegatten zusammen zur Einkommensteuer veranlagt, verdoppelt sich der Betrag auf 72 €.

§ 10c EStG

Unterhaltsleistungen an den geschiedenen oder dauernd getrennt lebenden Ehegatten

Vertiefend siehe → Unterhaltszahlungen.

Renten und dauernde Lasten

Vertiefend siehe → Renten.

Gezahlte Kirchensteuer

Als Sonderausgabe abziehbar ist die gesetzlich geschuldete und gezahlte Kirchensteuer im Inland oder EU/EWR-Ausland. Dazu gehören auch die vom Arbeitgeber abgeführte Kirchenlohnsteuer, die vierteljährlich vorausgezahlte oder für Vorjahre nachgezahlte Kirchensteuer und das besondere Kirchgeld.

HINWEIS

Nicht als Abgeltungsteuer erhobene Kirchensteuer

Die als Zuschlag zur Kapitalertragsteuer (Abgeltungsteuer) oder als Zuschlag auf die nach dem gesonderten Tarif des § 32d Abs. 1 EStG ermittelte Einkommensteuer erhobene Kirchensteuer ist nicht als Sonderausgabe abziehbar.

Kirchgeld

Das **allgemeine Kirchgeld** ist die Steuer der örtlichen Kirchengemeinde, die i. d. R. durch persönliches Anschreiben von Personen erhoben wird, die keine gesetzliche Kirchensteuer entrichten.

Das **besondere Kirchgeld** wird erhoben, wenn ein Ehegatte/Lebenspartner mit höheren Einkünften konfessionslos ist und der andere Ehegatte/Lebenspartner, der keine oder nur geringe Einkünfte hat, – sowie ggf. die Kinder – einer Kirche angehört. Das Kirchgeld beträgt etwa ein Drittel der gesetzlichen Kirchensteuer. Bis zu einem gemeinsamen z. v. E. von ca. 30.000 € oder 60.000 € bei Zusammenveranlagung wird kein Kirchgeld erhoben. Auch erheben nicht alle Landeskirchen das Kirchgeld.

BEISPIEL

Max Maier ist Alleinverdiener und gehört keiner Kirche an. Die Ehefrau ist, wie ihre beiden Kinder, Mitglied der evangelischen Kirche. Frau Maier hat keine Einkünfte. Das gemeinsame z. v. E. beträgt 120.000 €.

z. v. E.	120.000 €
abzgl. Kinderfreibeträge	14.016 €
BMG	105.984 €
besonderes Kirchgeld	840 €

Die gesetzliche Kirchensteuer würde bei einem Steuersatz von 8 % 2.250 € betragen.

Erstattungsüberhang

Wird gezahlte Kirchensteuer in einem späteren Jahr **erstattet**, mindern sich zunächst die Kirchensteuerzahlungen im Erstattungsjahr. Ein danach evtl. verbleibender **Erstattungsüberhang** ist ab dem Jahr 2012 dem Gesamtbetrag der Einkünfte des Erstattungsjahres hinzuzurechnen.

BEISPIEL

Im Dezember 2012 wird Ihnen der Einkommensteuerbescheid für 2011 zugestellt. Daraus ergibt sich eine Erstattung von 870 €, die im Januar 2013 auf Ihrem Konto gutgeschrieben wird. Für das Jahr 2013 haben Sie 830 € Kirchensteuer in Form von Vorauszahlungen geleistet.

Der Erstattungsbetrag ist 2013 zugeflossen und mindert die Zahlung und damit den Sonderausgabenabzug des Jahres 2013 auf 0 €. Der zusätzliche Erstattungsüberhang von 40 € wird dem Gesamtbetrag der Einkünfte des Jahres 2013 hinzugerechnet.

Die bis zum Jahr 2011 geltende Regelung, wonach ein Erstattungsüberhang zur Änderung der Steuerbescheide von Vorjahren geführt hat, kommt nicht mehr zur Anwendung.

Freiwillige Zuwendungen und Zuwendungen an Religionsgemeinschaften ohne gesetzliche Kirchensteuer

Keine Kirchensteuern sind freiwillige Beiträge an Kirchen oder andere religiöse Gemeinschaften. Diese sind ggf. als Spenden abziehbar.

Beiträge der Mitglieder an Religionsgemeinschaften (Kirchenbeiträge), die in mindestens einem Bundesland als Kirche (Körperschaft des öffentlichen Rechts) anerkannt sind, aber während des ganzen Jahres keine Kirchensteuer erheben, sind aus Billigkeitsgründen wie Kirchensteuer als Sonderausgabe abziehbar.

Solche Religionsgemeinschaften sind z.B. Heilsarmee, Neuapostolische Kirche, Gemeinschaft der Siebenten-Tags-Adventisten, Zeugen Jehovas Deutschland.

Der Abzug wie Kirchensteuer ist bis zur Höhe der Kirchensteuer zulässig, die zu zahlen wäre, wenn der Steuerpflichtige einer Kirchensteuer erhebenden Religionsgemeinschaft angehören würde.

Darüber hinausgehende **freiwillige Zuwendungen** an diese Religionsgemeinschaft sind im Rahmen des Spendenabzugs als Sonderausgabe abziehbar.

Vertiefend siehe → Spenden.

TIPP

Gut verdienende Steuerpflichtige können außerhalb der Steuerveranlagung Kirchensteuer sparen, indem sie bei ihrer Kirche einen Antrag auf **Kappung der Kirchensteuer** stellen. Diese kommt in Betracht, wenn die Kirchensteuer, je nach Bundesland, mehr als 3 % bis 4 % des z.v.E. beträgt.

Kinderbetreuungskosten

Vertiefend siehe → Kinderbetreuungskosten.

Berufsausbildung

Aufwendungen im Rahmen eines Dienstverhältnisses

Solche Ausgaben sind immer und in voller Höhe als WK abziehbar.

Erstmalige Berufsausbildung (ohne Dienstverhältnis)

Aufwendungen für die eigene erstmalige Berufsausbildung und ein Erststudium können grundsätzlich nur als Sonderausgaben bis zu 6.000 € jährlich abgezogen werden.

Bei zusammen veranlagten Ehegatten/Lebenspartnern kann jeder Ehegatte/Lebenspartner in Berufsausbildung seine Aufwendungen bis zu 6.000 € abziehen.

Unter die Beschränkung des Sonderausgabenabzugs fallen insbesondere:

- erste Ausbildung ohne Dienstverhältnis (kein Studium) nach der allgemeinen Schulausbildung,
- Erststudium (Universität, Fachhochschule u.a.) nach dem Abitur oder nach abgebrochener Ausbildung,

- Besuch allgemeinbildender Schulen (Abendrealschule, Abendgymnasium) nach einer abgeschlossenen erstmaligen Berufsausbildung.

WICHTIG

Der BFH hat in zwei Grundsatzurteilen, VI R 38/10 und VI R 7/10, im Jahr 2011 entschieden, dass Kosten für **eine erstmalige Ausbildung** oder ein **Erststudium unbeschränkt** als **vorweggenommene WK oder Betriebsausgaben** zu berücksichtigen sind, wenn sie hinreichend konkret durch die spätere Berufstätigkeit veranlasst sind.

Der Gesetzgeber hat aber sofort durch eine Neuregelung in § 4 Abs. 9 und § 9 Abs. 6 EStG klargestellt, dass Aufwendungen für eine erstmalige Berufsausbildung oder für ein Erststudium, das zugleich eine Erstausbildung vermittelt, keine Betriebsausgaben oder WK sind. Diese Grundsätze sind in allen nicht bestandskräftigen Fällen ab 2004 anzuwenden.

Eine **Berufsausbildung** liegt vor, wenn die steuerpflichtige Person durch eine berufliche Ausbildungsmaßnahme die notwendigen fachlichen Fertigkeiten und Kenntnisse erwirbt, die sie zur Aufnahme eines Berufs befähigen. Der Berufsausbildung muss ein öffentlich-rechtlich geordneter Ausbildungsgang zugrunde liegen und sie muss durch eine Prüfung abgeschlossen werden. Eine solche Ausbildungsordnung liegt beispielsweise durch das Berufsbildungsgesetz oder im Rahmen eines öffentlich-rechtlichen Dienstverhältnisses oder bei Regelungen der zuständigen Stellen für besondere Ausbildungsberufe behinderter Menschen vor.

Der Begriff der Berufsausbildung ist nicht inhaltsgleich mit dem Begriff Berufsausbildung im Rahmen der Kinderberücksichtigung nach § 32 Abs. 4 Nr. 2, Buchst. a EStG.

Ein **Studium** liegt dann vor, wenn es an einer Universität, einer Pädagogischen Hochschule, einer Kunsthochschule, Fachhochschule oder einer anderen Bildungseinrichtung, die nach Landesrecht eine staatliche Hochschule darstellt, aufgenommen wird.

Auch kirchliche und private Bildungseinrichtungen, die nach Landesrecht als Hochschule anerkannt sind, gehören dazu. So können auch Bildungseinrichtungen, die über Fernstudien entsprechende Abschlüsse anbieten, bei staatlicher Anerkennung als Hochschule gelten.

Berufsakademien sind grundsätzlich keine Hochschulen, werden aber in einzelnen Bundesländern den Fachhochschulen gleichgestellt. Erfolgt die Berufsausbildung an einer Berufsakademie im Rahmen des **dualen Systems** (Wechsel zwischen Theoriephasen an der Akademie und berufspraktischen Phasen in einem Unternehmen oder einer sozialen Einrichtung bei Bezug von Gehalt), ist eine Ausbildung im Rahmen eines Ausbildungsdienstverhältnisses gegeben. Die Aufwendungen stellen insgesamt WK aus nichtselbstständiger Arbeit dar. Vertiefend siehe → Fahrtkosten und → Arbeitszimmer.

Zweite Berufsausbildung

Nicht als Sonderausgaben, sondern unbegrenzt als **Betriebsausgaben oder WK** abziehbar sind die Aufwendungen für

- eine zweite Berufsausbildung, z.B. im Rahmen einer Umschulung oder eines Zweitstudiums und
- Aufwendungen für ein Erststudium nach einer abgeschlossenen Berufsausbildung,

wenn die Aufwendungen mit der künftigen Erzielung steuerpflichtiger Einnahmen im Zusammenhang stehen.

Ergänzungs- und Aufbaustudien stellen ein zweites oder weiteres Studium dar, wenn das vorhergehende Studium zu einem berufsqualifizierenden Abschluss geführt hat.

Wird von einer Hochschule neben dem Bachelor-Studiengang zusätzlich ein darauf aufbauender Master-Studiengang angeboten, stellt dieser ein weiteres Studium dar. Die Aufwendungen im Zusammenhang mit diesem zweiten Studium sind ab der Beendigung des Erststudiums als Betriebsausgaben oder WK abziehbar.

Abziehbare Aufwendungen

Ein **Erststudium** liegt dann vor, wenn ihm kein anderes durch einen berufsqualifizierenden Abschluss beendetes Studium und keine andere abgeschlossene nichtakademische Berufsausbildung vorangegangen ist.

Abziehbare Aufwendungen sind Schul-, Kurs- und Studiengebühren, Fachliteratur, Lernmaterial, Abschreibungen für Arbeitsmittel (z.B. Laptop), Druck- und Kopierkosten, Zulassungs- und Prüfungsgebühren, ggf. Kosten der auswärtigen Unterbringung und Verpflegung.

Auch die Fahrtkosten zur Ausbildungsstätte sind Sonderausgaben. Diese hat die Finanzverwaltung dabei bisher bei Vorliegen einer regelmäßigen Ausbildungsstätte mit der Entfernungspauschale nach § 9 Abs. 1 Nr. 4 EStG (0,30 € je Ekm; eine Fahrt je Tag) wie bei Wegen zwischen Wohnung und regelmäßiger Arbeitsstätte angesetzt. Durch Urteil vom 9.2.2012, VI R 42/11 hat der BFH seine Rspr. geändert und lässt Fahrten zwischen Wohnung und einer Bildungseinrichtung, auch wenn diese häufig über einen längeren Zeitraum hinweg zum Zwecke des Vollzeitunterrichts aufgesucht wird, in Höhe der tatsächlich entstandenen Kosten (hilfsweise pauschale Kilometersätze nach dem Dienstreisekostenrecht) als Sonderausgaben. Die Finanzverwaltung hat sich bis zum Redaktionsschluss zur Anerkennung des Urteils noch nicht geäußert.

Prüfschema

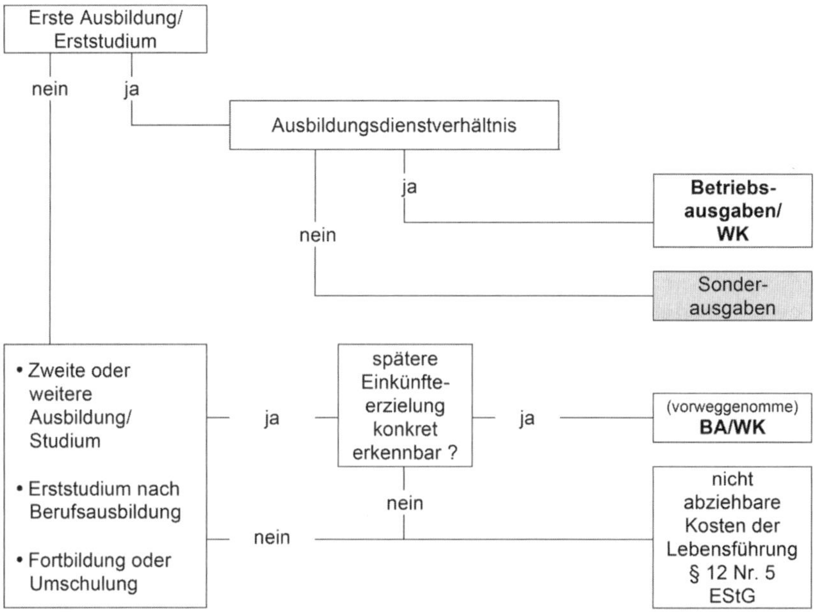

Schulgeld

Besucht ein bei Ihnen steuerlich zu berücksichtigendes Kind eine **überwiegend privat finanzierte Schule** im Inland oder in einem EU- oder EWR-Staat und führt die Schule zu einem Abschluss, der mit einem inländisch anerkannten allgemeinbildenden oder berufsbildenden Schul- oder Berufsabschluss vergleichbar ist, können **30 % der Aufwendungen, höchstens 5.000 €**, als Sonderausgabe abgezogen werden. Bei Eltern, die nicht zusammen zur Einkommensteuer veranlagt werden, beträgt der Höchstbetrag auch insgesamt 5.000 € je Kind. Die Schulgeldzahlungen sind dabei grundsätzlich bei dem Elternteil zu berücksichtigen, der sie getragen hat. Haben beide Elternteile entsprechende Aufwendungen getragen, sind sie bei jedem Elternteil nur bis zu einem Höchstbetrag von 2.500 € zu berücksichtigen, es sei denn, die Eltern beantragen einvernehmlich eine andere Aufteilung. **Nicht begünstigt** sind die Aufwendungen für Beherbergung, Betreuung und Verpflegung des Kindes.

Bei Auslandsschulbesuch kann die Anerkennung des Schulabschlusses ggf. durch eine Bescheinigung des zuständigen inländischen Ministeriums eines Bundeslandes, durch Bestätigung der Kultusministerkonferenz der Länder oder durch eine inländische Zeugnisanerkennungsstelle erfolgen.

Der Besuch einer „Deutschen Schule" im Ausland, unabhängig davon, in welchem Land sie liegt, steht dem Besuch einer inländischen Schule gleich.

Spenden

Vertiefend siehe → Spenden.

Spekulationsgeschäfte

Seit 2009 hat sich vieles geändert. Vieles, was bisher nicht steuerpflichtig war, muss heute als Kapitaleinkünfte versteuert werden. Lesen Sie daher auch auf jeden Fall die Stichworte → Abgeltungsteuer und → Kapitaleinkünfte, damit Sie nicht in eine Steuerfalle geraten.

§§ 20, 23 EStG

1 Kauf und Verkauf von Grundstücken

Veräußern Sie ein privates Grundstück innerhalb von zehn Jahren nach dessen Erwerb, liegt ein Spekulationsgeschäft vor, das der Besteuerung unterliegt. Ohne Belang sind die Gründe für den Verkauf, sodass eine Steuerpflicht auch z. B. dann eintritt, wenn die Versteigerung droht.

BFH, Urteil v. 27.9.2012 – III R 19/11

Zehnjahresfrist

Für die Fristenrechnung kommt es darauf an, wann der Kaufvertrag und der Verkaufsvertrag abgeschlossen wurden. Die Nutzung einer Rückerwerbsoption setzt eine neue Spekulationsfrist in Gang. Sie wird nicht als Rückabwicklung gewertet.

FG Münster, Urteil v. 30.10.2012 – 1 K 2240/09 E

Beispielfälle

Sie haben ein Grundstück bebaut

BEISPIEL

Sie haben am 15.2.2005 ein unbebautes Grundstück erworben. Im März 2009 haben Sie ein Haus darauf erstellt und dieses anschließend vermietet.

Wenn Sie das bebaute Grundstück vor dem 16.2.2015 veräußern, unterliegt der Veräußerungsgewinn der Besteuerung. Dabei kommt es auf den Zeitpunkt des Erwerbs an. Die Fertigstellung des Gebäudes ist unmaßgeblich.

Gebäude und Außenanlagen sind in die Besteuerung des Veräußerungsgewinns auch dann einzubeziehen, wenn sie in einem teilfertigen Zustand verkauft werden.

Geschenkte und geerbte Grundstücke

Bei einem geschenkten oder geerbten Grundstück kommt es für die Frist auf den Zeitpunkt des Erwerbs durch den Vorbesitzer an.

Erwirbt ein Miterbe entgeltlich den Erbteil eines anderen Miterben, so entstehen ihm insoweit AK.

Bei einem Verkauf innerhalb der Spekulationsfrist führt dies dazu, dass der Gewinn aus der Veräußerung dieses Grundstücks versteuert werden muss.

Ein Verkauf kann in solchen Fällen zur teuren Steuerfalle werden. Ein Beratungshonorar vor einem Verkauf kann gut angelegt sein und viel Geld sparen!

Entnahme

Die Entnahme eines betrieblichen Grundstücks (auch im Rahmen einer Betriebsaufgabe) wird als Erwerb angesehen. Zu diesem Zeitpunkt beginnt die Zehnjahresfrist (z.B. Entnahme des Grundstücks, anschließend Verkauf innerhalb der Zehnjahresfrist, Folge: Besteuerung). Der Entnahmewert gilt als Anschaffungswert.

Einlagen

Wenn Sie ein privat erworbenes Grundstück während der Spekulationsfrist in ein Betriebsvermögen einlegen, liegt zunächst keine Veräußerung vor. Ein Veräußerungsvorgang aus dem Betriebsvermögen wird aber auch auf der privaten Ebene steuerpflichtig, wenn das Grundstück während der Spekulationsfrist veräußert wird.

BEISPIEL

- A erwirbt am 5.1.2008 ein Grundstück für 100.000 €. In 2010 legt er dieses in das Betriebsvermögen seines Einzelunternehmens ein. Der Einlagewert beträgt 150.000 €.

  Wird das Grundstück für 230.000 € in 2013 verkauft, liegt ein Spekulationsgewinn von 130.000 € vor. Dieser muss i.H.v. 80.000 € als Gewinn aus Gewerbebetrieb und i. H. v. 50.000 € als Spekulationsgewinn versteuert werden.
- A erwirbt am 5.1.2008 ein Grundstück für 100.000 €. Am 1.3.2010 legt er dieses in das Betriebsvermögen seines Einzelunternehmens ein. Der Einlagewert beträgt 150.000 €. In 2013 wird das Grundstück wieder entnommen, Der Entnahmewert beträgt 200.000 €.

  In diesem Zeitpunkt ist ein betrieblicher Gewinn von 50.000 € zu versteuern. Wird das Grundstück vor dem 6.1.2018 für 230.000 € verkauft, liegt ein Spekulationsgewinn von 130.000 € vor. Dieser mindert sich um den bereits erfassten Gewinn von 50.000 €, sodass noch 80.000 € als Spekulationsgewinn versteuert werden. Wird das Grundstück nach dem 5.1.2008, aber vor dem 2.1.2020, für 230.000 € verkauft, sind noch 30.000 € zu versteuern.

BMF, 5.10.2000, IV C 3 – S 2256 – 263/00

Immer als Veräußerung gilt eine verdeckte Einlage in eine Kapitalgesellschaft (A verkauft ein Grundstück im

Wert von 200.000 € für 80.000 € an die ihm gehörende A-GmbH, Folge: verdeckte Einlage 120.000 €, die zu versteuern ist.).

Der Verkauf der eigengenutzten Wohnung ist steuerfrei

Wenn Sie das bebaute Grundstück zwischen der Anschaffung (bzw. Fertigstellung) und der Veräußerung für sich als Privatwohnung genutzt haben, bleibt der Verkaufserlös steuerfrei. Gleiches gilt, wenn im Jahr der Veräußerung und in den vorangegangenen zwei Jahren eine entsprechende Eigennutzung vorlag (ein Leerstand zwischen Beendigung der Selbstnutzung und Veräußerung ist unschädlich, wenn die Wohnung im Jahr der Beendigung der Eigennutzung und in den beiden vorangegangenen Jahren zu eigenen Wohnzwecken genutzt wurde).

Wurde Ihnen die Wohnung geschenkt, wird die Zeit, in der der frühere Eigentümer die Wohnung selbst bewohnt hat, Ihnen zugerechnet. Entsprechendes gilt für den Fall der Erbschaft.

Die Steuerfreiheit gilt allerdings nicht für Ferienwohnungen sowie für den Teil des Veräußerungserlöses, der auf das häusliche entfällt (selbst wenn der Abzug der Aufwendungen ausgeschlossen oder eingeschränkt ist). Vertiefend siehe → Arbeitszimmer.

Wie wird der Veräußerungsgewinn berechnet?

Benutzen Sie das folgende Schema, auf diese Weise rechnet das Finanzamt:

Berechnung des Veräußerungsgewinns bei Immobilien	
Veräußerungserlös	
abzgl. Veräußerungskosten	
• Verkaufsinserate	... €
• Maklerkosten	... €
• Telefonkosten	... €
• Fahrtkosten	... €
• Abfindungszahlungen an Mieter	... €
• Vorfälligkeitsentschädigung für Ablösung der Finanzierung	... €
• Schuldzinsen für Zeit des Leerstehens ohne Vermietungsabsicht	... €
• Renovierungskosten	... €
• sonstige Kosten	... €
abzgl. AK bzw. HK	
• Kaufpreis	... €
• Nebenkosten	... €
• Grunderwerbsteuer	... €
• Notarkosten	... €
• Gebühr für Grundbucheintragung	... €
• Maklerkosten	... €
• sonstige AK	... €
• HK des Gebäudes, siehe → Abschreibungen/Gebäude	... €
Gewinn aus der Veräußerung	= ... €
Anteil, der auf die eigene Wohnung entfällt	... €
zzgl. in Anspruch genommene Abschreibung (nur für vermieteten Teil)	... €
steuerlicher Veräußerungsgewinn	= ... €

Als **Veräußerungskosten** kommen beispielsweise Aufwendungen für einen Makler, für Annoncen sowie sonstige Kosten (Kopien von Plänen, Fahrtkosten zu Besichtigungsfahrten etc.) in Betracht.

Wenn Sie ein Grundstück zu einem unter den AK/HK liegenden Wert veräußern, sieht es nach einem Verlustgeschäft aus. Letztendlich kann es dennoch zu einer Besteuerung kommen. Der Veräußerungsgewinn erhöht sich um alle in der Vergangenheit in Anspruch genommenen Abschreibungsbeträge. Die Eigenheimzulage für die Zeit der Eigennutzung ist nicht zuzurechnen, da es sich hierbei um keine Abschreibungen handelt.

BEISPIEL

A hat 2009 ein Grundstück für 100.000 € gekauft und ein Gebäude für 500.000 € erstellt. Im Jahr 2013 veräußert A das Anwesen für 570.000 €. Bis zur Veräußerung hat er für das Gebäude 40.000 € Abschreibungen geltend gemacht.

Was zunächst nach einem Veräußerungsverlust (570.000 €./.600.000 € = –30.000 €) aussieht, wird nach der Hinzurechnung der Abschreibungsbeträge (40.000 €) zu einem Veräußerungsgewinn (10.000 €).

TIPP

Müssen Sie auf Verlangen des Käufers noch Arbeiten am Grundstück vornehmen (z.B. Ausbau eines Erdtanks), dann können diese Kosten nachträgliche Veräußerungskosten darstellen.

BFH v. 24.1.2012, IX R 16/11

Aufwendungen (z.B. Notar- und Gerichtskosten), die für einen geplanten, aber letztlich gescheiterten Grundstücksverkauf anfallen, sind nicht als WK bei den Einkünften aus V+V abziehbar und können auch nicht bei den privaten Veräußerungsgeschäften berücksichtigt werden.

BFH Urteil vom 1.8.2012 – IX R 8/12

2 Aktien & Co.

HINWEIS

Haben Sie Wertpapiere verkauft, die Sie nach dem 31.12.2008 erworben haben, lesen Sie bitte unter → Kapitaleinkünfte weiter.

Die vor diesem Stichtag erworbenen Wertpapiere können Sie steuerfrei veräußern, es sei denn, Sie halten mindestens 1 % aller Anteile einer Kapitalgesellschaft.

In diesem Fall sieht das EStG die Beteiligung als „wesentlich“ an. Der Veräußerungsgewinn ist dann steuerpflichtig (§ 17 EStG).

3 Andere Wirtschaftsgüter

Veräußerungsgewinne oder -verluste aus dem Verkauf anderer Wirtschaftsgüter sind innerhalb eines Jahres steuerpflichtig. Für Gegenstände, die als Einkunftsquelle genutzt werden und aus denen mindestens in einem Kalenderjahr Einkünfte erzielt wurden, erhöht sich der Spekulationszeitraum auf zehn Jahre.

Die Veräußerungsgewinne (und -verluste) aus dem Verkauf von Wirtschaftsgütern des alltäglichen Gebrauchs, die nach dem 13.12.2010 erworben wurden, sind nicht mehr steuerpflichtig. Hierzu zählen insbesondere Pkw, Fernseher u. a. Gebrauchsgüter.

4 Was Sie sonst noch wissen sollten

Freigrenze 600 €

Die Gewinne (= Gesamtgewinn aller im Jahr 2013 getätigten relevanten Veräußerungen) bleiben steuerfrei, wenn sie im Jahr 2013 weniger als 600 € betragen haben. Ein Gewinn von 600 € und mehr wird voll versteuert.

Ehegatten erhalten den Freibetrag doppelt, wenn jeder Veräußerungsgewinne erzielt hat.

Wie wirken sich Veräußerungsverluste aus?

Vertiefend siehe → Abgeltungsteuer und → Kapitaleinkünfte.

Zunächst einmal ist zu untersuchen, ob sämtliche relevanten Veräußerungen einen Gesamtgewinn ergeben haben. Dabei mindern Verluste eines Geschäfts Gewinne anderer Veräußerungen.

Ergibt sich für das Jahr 2013 ein Gesamtverlust (Gesamtbetrag aller Gewinne abzgl. Verluste aus privaten Veräußerungsgeschäften des Jahres 2013), darf dieser nicht mit anderen im Jahr 2013 erzielten Einkünften verrechnet werden. Der Verlust mindert aber ggf. im Jahr 2012 erzielte Veräußerungsgewinne (= einjähriger Verlustrücktrag). Verbleibende Verluste sind in den Folgejahren mit erzielten Veräußerungsgewinnen gegenzurechnen (= unbegrenzter Verlustvortrag). Dazu ist der Verlust besonders festzustellen. Diese Feststellung gilt als Grundlagenbescheid und damit nach Bestandskraft bindend. Sofern die Verluste fehlerhaft festgestellt wurden, kann nur dieser Bescheid im Wege des Einspruchs angegriffen werden.

WICHTIG

Versäumen Sie nicht, Verluste aus privaten Veräußerungsgeschäften in der Steuererklärung geltend zu machen.

HINWEIS

Veräußerungsverluste, die in den Jahren bis 2009 nach der Altregelung entstanden sind, können auch mit Gewinnen aus späteren Jahren verrechnet werden. Vertiefend siehe → Kapitaleinkünfte.

Spenden

Spenden sind freiwillige und unentgeltliche Aufwendungen, die weder Betriebsausgaben noch WK sind. Sie fallen neben Mitgliedsbeiträgen unter den Sammelbegriff „Zuwendungen" und sind unter bestimmten Voraussetzungen steuerlich abziehbar.

§§ 10b, 34 g EStG; § 50 EStDV

Zu unterscheiden sind:

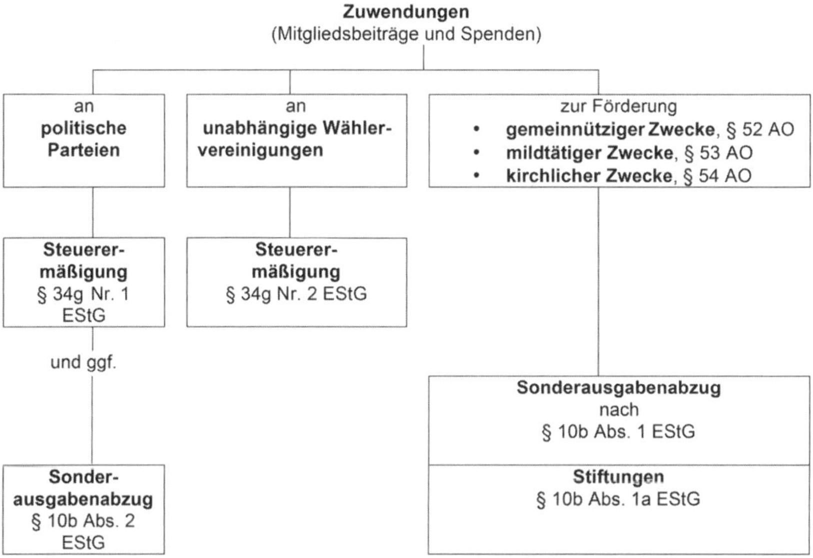

1 Politische Parteien und unabhängige Wählervereinigungen

Steuerermäßigungen

Die tarifliche Einkommensteuer ermäßigt sich (**direkter Steuerabzug**) jeweils um 50 % der Zuwendungen (Mitgliedsbeiträge und Spenden) an **politische Parteien** und an **unabhängige Wählervereinigungen**, höchstens um jeweils 825 €. Die Steuerermäßigungen für Parteien und Wählervereinigungen können nebeneinander geltend gemacht werden.

Für zusammen veranlagte Ehegatten verdoppeln sich die Höchstbeträge auf jeweils 1.650 €.

Sonderausgaben

Nur bei Zuwendungen an **politische Parteien** kann zusätzlich der Betrag, der über 1.650 € (bzw. bei Zusammenveranlagung über 3.300 €) hinausgeht, als Sonderausgabe abgezogen werden, und zwar bis zur Höhe von insgesamt 1.650 € bei Einzelveranlagung oder bis zur Höhe von insgesamt 3.300 € bei zusammen veranlagten Ehegatten.

BEISPIEL

Ein unverheirateter Steuerzahler entrichtet im Jahr 2013 Beiträge und Spenden an eine politische Partei in Höhe von 4.000 € sowie eine Spende von 2.000 € an eine unabhängige Wählervereinigung.

Die Steuer ermäßigt sich bzgl. der Parteizuwendungen um 50 % aus 4.000 € = 2.000 €, höchstens um **825** € (Steuerabzug). Soweit die Zuwendungen die Grenze von 1.650 € übersteigen (2.350 €), sind diese bis zu einem Höchstbetrag von **1.650** € als Sonderausgaben abziehbar.

Die Zuwendung an die Wählervereinigung führt zu einer weiteren Steuerermäßigung von 50 % aus 2.000 € = 1.000 €, höchstens **825** €. Ein zusätzlicher Sonderausgabenabzug ist insoweit nicht möglich.

2 Sonstige Zuwendungen für gemeinnützige, mildtätige und kirchliche Zwecke

Werden Zuwendungen an einen begünstigten Zuwendungsempfänger für steuerbegünstigte Zwecke geleistet und liegt ein Zuwendungsnachweis vor, kann hierfür ein Sonderausgabenabzug in Anspruch genommen werden.

Aufwendungen

Nur Leistungen **ohne Gegenleistung** (Spenden und evtl. Mitgliedsbeiträge) sind zu berücksichtigen.

Die Zuwendungen können in **Geld** oder Sachleistungen bestehen. **Sachzuwendungen** (z. B. für eine Tombola des Vereins) sind mit dem gemeinen Wert (Verkehrswert einschl. USt) zu bewerten. Bei Gegenständen, die aus einem Betrieb entnommenen wurden, ist der Entnahmewert anzusetzen.

Der Wert ist ggf. ausgehend vom Anschaffungspreis, der Qualität, dem Alter und dem Erhaltungszustand zu schätzen.

Keine begünstigten Aufwendungen sind unentgeltliche Nutzungen (z. B. Verzicht des Gebäudeeigentümers auf Miete) und unentgeltlichen Leistungen (ehrenamtliche Tätigkeit).

Anders zu beurteilen ist es, wenn der Steuerpflichtige gegenüber der steuerbegünstigten Einrichtung nach Vertrag oder Satzung einen Anspruch auf Zahlung einer Vergütung hat und auf die Auszahlung verzichtet (**Aufwandsspende**). Der Anspruch darf nicht unter der Bedingung des Verzichts eingeräumt worden sein.

BEISPIEL

Verzicht auf Forderungen

- Sie haben langjährig an den Gesangverein Proberäume vermietet.

Die Miete ist monatlich zu zahlen. Sie schreiben den Verein an und verzichten auf die Miete für Juli.

- Sie haben beim jährlichen Sommerfest mitgeholfen. Nach der Satzung erhalten Helfer eine Aufwandspauschale. Auf diesen Anspruch verzichten Sie nachträglich.

Begünstigter Zuwendungsempfänger

Begünstigt sind Zahlungen an

- Gebietskörperschaften (Bund, Länder, Landkreise, Gemeinden) oder deren Dienststellen (z. B. Schulen) oder eine andere juristische Personen des öffentlichen Rechts (z. B. Universität, Kirchen) und
- steuerbegünstigte Organisationen (häufig: gemeinnützige oder mildtätige Vereine)

im Inland oder EU-/EWR-Ausland.

Zuwendungsnachweis

Voraussetzung für den Spendenabzug ist die **Zuwendungsbestätigung** nach amtlichem Muster.

Können die Zuwendungen nicht durch einen Zuwendungsnachweis belegt werden – wie z. B. bei Aufwendungen anlässlich von Haus- und Straßensammlungen –, sind sie nicht abziehbar.

Bei **Zuwendungen von höchstens 200 €** genügt als **vereinfachter Nachweis** der Bareinzahlungsbeleg oder eine Buchungsbestätigung (Kontoauszug), wenn die Zahlung an eine juristische Person des öffentlichen Rechts oder deren Dienststelle geleistet wird. Gleiches gilt, wenn der Empfänger der Zuwendungen eine Organisation ist, die als steuerbegünstigten Zwecken dienend anerkannt ist. Hier muss aber ein vom Zuwendungsempfänger hergestellter Überweisungsbeleg verwendet werden, der mit einem Hinweis auf die Steuerbegünstigung versehen ist.

In **Katastrophenfällen** (z. B. Hochwasser in 2013) genügt, unabhängig von der Höhe der Zuwendungen, der Bareinzahlungsbeleg oder der Kontoauszug, wenn die Zahlungen innerhalb eines von den Länderfinanzbehörden bestimmten Zeitraums auf ein speziell eingerichtetes **Sonderkonto** oder vor dessen Einrichtung auf ein sonstiges Konto einer inländischen juristischen Person des öffentlichen Rechts oder eines anerkannten Verbandes der freien Wohlfahrtspflege erfolgen. Auch Zahlungen über ein als Treuhandkonto geführtes Konto eines Dritten mit späterer Übertragung auf das Sonderkonto sind begünstigt.

ACHTUNG

Arbeitslohnspenden

Haben Sie in Zusammenhang mit den Hochwasserschäden im Mai/Juni 2013 als Arbeitnehmer auf die Auszahlung von Teilen des Arbeitslohns zugunsten der Hochwasseropfer verzichtet, sind diese Lohnteile kein steuerpflichtiger Arbeitslohn. Die steuerfrei belassenen Lohnteile dürfen im Rahmen der Einkommensteuerveranlagung aber auch nicht als Spenden abgezogen werden.

TIPP

Kleinspenden

Haben Sie Zuwendungen i. H. v. **insgesamt** nicht mehr als 100 €, genügt es im Allgemeinen, wenn Sie Ihrer Steuererklärung eine Liste beifügen, aus der sich die Empfänger und die Höhe der Einzelzuwendungen ergeben.

Bei Zuwendungen an **politische Parteien** muss der Zuwendungsnachweis aber immer beigefügt sein.

Steuerbegünstigte Zwecke

Begünstigt sind Ausgaben zur Förderung

- **gemeinnütziger** (z. B. Förderung der Wissenschaft, des Sports, der Kultur, der Bildung, der Jugend- und Altenhilfe, des Tierschutzes, des Naturschutzes)
- **mildtätiger** oder
- **kirchlicher**

Zwecke.

§§ 51–54 AO.

Begünstigt sind **Spenden** und meistens auch **Mitgliedsbeiträge**.

WICHTIG

Abziehbarkeit von Mitgliedsbeiträgen

Mitgliedsbeiträge sind **nicht** abzugsfähig bei Förderung des Sports und bei kulturellen Betätigungen, **die in erster Linie der Freizeitgestaltung dienen**. Auch nicht abziehbar sind die Beiträge an Vereine, die die Förderung der Heimatpflege und Heimatkunde, der Tierzucht, der Pflanzenzucht, der Kleingärtnerei, des Brauchtums, des Karnevals, des Amateurfunkens, des Modellflugs und des Hundesports als Satzungszweck haben. Dies gilt auch für entsprechende Fördervereine.

Dagegen sind Mitgliedsbeiträge an Kulturvereine ohne Freizeitcharakter und deren Fördervereine (z. B. Museen oder Theater) auch dann **abziehbar**, wenn diese Einrichtungen ihren Mitgliedern Vergünstigungen, z. B. in Form verbilligter Eintrittskarten, gewähren.

Zuwendungen für **kirchliche Zwecke** können ganz oder teilweise als Kirchensteuer nach § 10 Abs. 1 Nr. 4 EStG abziehbar sein. Erhebt eine als Kirche anerkannte Religionsgemeinschaft keine gesetzliche Kirchensteuer (z. B. Neuapostolische Kirche, Heilsarmee, Zeugen Jehovas), können Zuwendungen an diese Kirche bis zur Höhe einer vergleichbaren gesetzlichen Kirchensteuer als Sonderausgabe nach § 10 Abs. 1 Nr. 4 EStG abgezogen werden. Übersteigende Zuwendungen stellen Spenden i. S. d. § 10b Abs. 1 EStG dar.

Vertiefend siehe → Sonderausgaben.

TIPP

Unterstützung einer Organisation im Ausland

Haben Sie an mildtätige oder gemeinnützige Einrichtungen bzw. für kirchliche, religiöse oder wissenschaftliche Zwecke im EU-/EWR-Ausland gespendet, beantragen Sie den Spendenabzug.

Es müssen aber durch die Unterstützung einer Organisation im Ausland natürliche Personen im Inland oder das Ansehen der Bundesrepublik im Ausland gefördert werden.

Sonderausgabenabzug für steuerbegünstigte Zwecke

Die steuerbegünstigten Zwecke sind in tatsächlicher Höhe bis zu bestimmten **Höchstbeträgen** als Sonderausgabe abziehbar.

Möglichkeit 1

Zuwendungen zur Förderung mildtätiger, kirchlicher oder gemeinnütziger Zwecke können i. H. v. insgesamt **bis zu 20 % des Gesamtbetrags der Einkünfte** als Sonderausgaben abgezogen werden.

Dabei sind Kapitalerträge, die durch Kapitalertragsteuerabzug mit 25 % (Abgeltungsteuer) besteuert werden, nicht einzubeziehen. Etwas anderes gilt, wenn Kapitalerträge mit dem persönlichen Steuersatz (z. B. bei Günstigerprüfung nach § 32 Abs. 6 EStG – Steuersatz unter 25 %) besteuert werden.

Möglichkeit 2

Wenn Sie **Gewinneinkünfte** haben, können alle Zuwendungen, insgesamt bis zu einer Grenze von 4 Promille aus der Summe von Umsatz, Löhnen und Gehältern, als Sonderausgabe abgezogen werden.

BEISPIEL

Ein lediger Steuerbürger spendet im Jahr 2013 2.000 € an eine Universität, 1.000 € an den örtlichen Musikverein (kultureller Zweck), an den er auch 50 € Mitgliedsbeitrag entrichtet hat, und 1.400 € an die Lebensrettungsgesellschaft (gemeinnützig). Sein Gesamtbetrag der Einkünfte beträgt 45.000 €.

Der Mitgliedsbeitrag an den Musikverein ist nicht abziehbar, da der Verein in erster Linie der Freizeitgestaltung dient.

Der Höchstbetrag von 20 % aus 45.000 € wird nicht erreicht. Damit sind die restlichen **4.400 €** als Sonderausgaben abziehbar.

Größere Spenden

Zuwendungen, die wegen Überschreitens der Höchstbeträge im Jahr der Zahlung nicht abgezogen werden können, werden im Rahmen des Einkommensteuerbescheids gesondert festgestellt und in die folgenden Jahre (zeitlich unbefristet) vorgetragen und dort im Rahmen der Höchstbeträge als Sonderausgaben abgezogen.

3 Spenden an Stiftungen

Spenden in den Vermögensstock einer Stiftung des öffentlichen oder privaten Rechts zur Förderung steuerbegünstigter Zwecke können **zusätzlich** zu den o. g. Höchstbeträgen im **Jahr der Zahlung und in den neun folgenden Jahren** in Höhe von bis zu insgesamt **1.000.000 €** als Sonderausgabe abgezogen werden.

Der Abzugsbetrag kann nur einmal innerhalb des Zehnjahreszeitraums in Anspruch genommen werden. Der Höchstbetrag steht bei zusammen veranlagten Ehegatten jedem Ehegatten einzeln zu, wenn formal beide spenden.

4 Nebenberufliche Tätigkeiten für gemeinnützige, mildtätige und kirchliche Zwecke

Wenn Sie

- im Dienst oder Auftrag einer inländischen juristischen Person des öffentlichen oder privaten Rechts,
- nebenberuflich (max. 1/3 einer vergleichbaren Vollzeitarbeitskraft),
- zur Förderung gemeinnütziger, mildtätiger oder kirchlicher Zwecke

tätig sind, können Sie einen **Steuerfreibetrag für Einnahmen** i. H. v. bis zu 2.400 € bzw. 720 € in Anspruch nehmen. Vertiefend siehe → Zusatzeinkünfte.

§ 3 Nr. 26 und Nr. 26 a EStG

Steuerberatungskosten

Steuerberatungskosten können mit einzelnen Einkunftsarten in Zusammenhang stehen und als Betriebsausgaben oder als WK abziehbar sein. Steuerberatungskosten, die weder Betriebsausgaben noch WK sind, also zum Bereich der privaten Lebensführung gehören, sind nicht abziehbar.

§ 4 Abs. 4, § 9 Abs. 1 Satz 1 EStG

1 Steuerberatungskosten

Betriebsausgaben und Werbungskosten

Steuerberatungskosten sind Aufwendungen, die im sachlichen Zusammenhang mit einem Besteuerungsverfahren stehen.

Stehen Steuerberatungskosten mit den Gewinneinkünften, mit Betriebssteuern (USt, GewSt) oder Investitionszulagen in Zusammenhang, sind die Aufwendungen als **Betriebsausgaben** abziehbar.

Sie können als **WK** abgezogen werden, soweit sie zur Erwerbung, Sicherung und Erhaltung der Einnahmen aus nichtselbstständiger Arbeit, V+V oder aus sonstigen Einkünften dienen.

Kosten der Lebensführung

Andere Aufwendungen (z.B. bzgl. Hauptvordruck zur ESt-Erklärung, Anlagen Kind, U, Unterhalt, Vorsorgeaufwand) stellen nicht abziehbare Kosten der privaten Lebensführung dar und sind steuerlich nicht abziehbar.

Der Bundesfinanzhof hat diese gesetzliche Regelung bestätigt und nicht als verfassungswidrig eingestuft.

BFH, Urteil v. 4.2.2010, X R 10/08, HI2316917

Gemischte Aufwendungen

Sind die Aufwendungen sowohl durch die Einkünfte (Anlagen G, S, N, R, SO, V) als auch privat veranlasst (**gemischte Aufwendungen**), ist im Rahmen einer sachgerechten Schätzung eine Zuordnung zu den Betriebsausgaben, WK oder Kosten der Lebensführung vorzunehmen.

TIPP

Es wird nicht beanstandet, wenn die Aufwendungen in Höhe von 50 % den Betriebsausgaben oder WK zugeordnet werden. Aus Vereinfachungsgründen wird i.d.R. bei gemischten Steuerberatungskosten bis 100 € der Zuordnung durch den Steuerbürger gefolgt.

Art der weiteren begünstigten Aufwendungen

Zu den Steuerberatungskosten gehören

- Aufwendungen für die mündliche oder schriftliche Beratung durch einen Steuerberater in Steuerangelegenheiten,
- Aufwendungen für steuerliche Gutachten, für die Hilfeleistung bei der Buchführung und bei der Aufstellung von Bilanzen und Einnahme-Überschuss-Rechnungen sowie die Beantwortung der sich dabei ergebenden Rechtsfragen, die Mitarbeit bei durchgeführten Betriebs- und Außenprüfungen durch das Finanzamt,
- Beiträge an Lohnsteuerhilfevereine.

Nebenkosten

Zu den Steuerberatungskosten zählen auch

- Kosten für steuerliche Fachliteratur (z.B. „Steuer 2014“, das hier vorliegende Handbuch), für Steuertabellen und für Software (CD-ROM) zur Erstellung von Steuererklärungen (z.B. Steuererklärungsprogramm, Haufe-Lexware),
- Kosten für eine Steuer-Rechtsschutzversicherung, soweit sie von den Kosten einer üblichen Rechtsschutzversicherung abgegrenzt werden können.
- Fahrtkosten einschließlich etwaiger Unfallkosten auf der Fahrt zum oder vom Steuerberater sowie Kosten für Fahrten zum Finanzamt.

2 Sonstige Beratungskosten

Privat veranlasste sonstige Beratungskosten (z.B. in Finanzierungsangelegenheiten) sind keine Sonderausgaben, auch wenn diese durch den Steuerberater in Rechnung gestellt werden. Soweit diese betrieblich oder beruflich veranlasst sind, können sie aber als Betriebsausgaben oder WK abgezogen werden.

3 Prozesskosten

Prozesskosten (z.B. in einem Steuerstrafverfahren) sind als WK oder Betriebsausgaben abziehbar, soweit der Rechtsstreit durch Vorgänge veranlasst ist, die mit der Erzielung und Erhaltung von Einnahmen zusammenhängen.

Umzugskosten

Umzugskosten können steuerlich berücksichtigt werden. In Frage kommt der Abzug als Werbungskosten, Betriebsausgaben, Sonderausgaben oder außergewöhnliche Belastung. Andernfalls ist eine Steuerermäßigung für haushaltsnahe Dienstleistungen möglich. Lesen Sie hier nach, unter welchen Voraussetzungen der Abzug wo möglich ist und welche Kosten Sie geltend machen können.

§§ 9, 33, 35a EStG, R 3.13 LStR 2011, R 9.9 LStR 2011

1 Werbungskosten

Berufliche Veranlassung

Sofern der Umzug beruflich bedingt ist, können Arbeitnehmer die Aufwendungen als Werbungskosten absetzen.

BEISPIEL

- Umzug wegen erstmaligen Antritts einer neuen Arbeitsstelle, wegen eines Arbeitsplatzwechsels oder einer Versetzung.
- Umzug in Zusammenhang mit einer beruflich veranlassten doppelten Haushaltsführung.
- Durch den Umzug verringert sich die tägliche Fahrzeit (Hin- und Rückfahrt) um mindestens eine Stunde, wobei eine tägliche Wegzeit verbleibt, wie sie im Berufsverkehr als normal angesehen wird. Bei Ehegatten dürfen die eingesparten Zeiten nicht zusammengerechnet werden.
- Der Umzug erfolgt aus ganz überwiegendem Interesse des Arbeitgebers (z.B. Bezug einer Dienstwohnung durch einen Hausmeister).
- Ein Arbeitnehmer muss nach Eintritt in den Ruhestand aus einer Dienstwohnung ausziehen.

Aber auch wenn private Gründe (z.B. Heirat oder Trennung) mitspielen, können die Aufwendungen Werbungskosten sein. Denn steht die berufliche Veranlassung eines Umzugs aufgrund einer mindestens einstündigen Fahrzeitverkürzung fest, so treten private Begleitumstände – wie Heirat und erhöhter Wohnbedarf wegen der Geburt eines Kindes – in den Hintergrund.

BFH, Urteil v. 23.3.2001, VI R 189/97

Der Umzug der Ehefrau aus der Türkei zum in der Bundesrepublik Deutschland lebenden Ehemann zwecks (noch nicht konkretisierter) Arbeitsaufnahme ist aber nicht beruflich bedingt.

BFH, Urteil v. 7.1.2004, V R 6/03

TIPP

Die von einem Ehegatten als Umzugskosten geltend gemachten Mietzahlungen für eine gemeinsam angemietete Ehewohnung können auch dann als Werbungskosten bei seinen Einkünften aus nicht selbstständiger Arbeit zu berücksichtigen sein, wenn sie vom Konto des anderen Ehegatten geleistet worden sind.

BFH, Urteil v. 23.5.2006, VI R 56/02

TIPP

Hat der Arbeitgeber eine Versetzung angekündigt, diese aber wieder rückgängig gemacht, sind ggf. beim Arbeitnehmer im Hinblick auf die angekündigte Versetzung angefallene Kosten abzugsfähig.

BFH, Urteil v. 24.5.2000, VI R 17/96

2 Höhe des Kostenabzugs

Abzugsfähig sind die tatsächlichen Umzugskosten bis zu Höhe der Beträge, die nach dem Bundesumzugskostengesetz (BUKG) und der Auslandsumzugskostenverordnung (AUV) bei einem Beamten als Umzugskostenvergütung höchstens ersetzt werden. Werden höhere Kosten als im BUKG festgelegt nachgewiesen und geltend gemacht, ist zu prüfen, ob und inwieweit nicht abzugsfähige Kosten der Lebensführung vorliegen (z. B. Aufwendungen für die Neuanschaffung von Einrichtungsgegenständen).

Zu den abzugsfähigen Kosten gehören insbesondere die Auslagen zur Beförderung des Umzugsguts mit Einpacken und Auspacken, Reisekosten für eine Reise zur Umzugsvorbereitung und die Umzugsreise selbst, Mietentschädigung für max. 6 Monate, wenn für die bisherige und die neue Wohnung gleichzeitig Miete gezahlt werden musste, Auslagen zur Erlangung einer Mietwohnung (Maklerkosten, Besichtigungskosten), Auslagen für umzugsbedingten zusätzlichen Unterricht für die Kinder und sonstige Umzugsauslagen (z. B. Ummeldungsgebühren, Telefonanschlusskosten, Installation von Küchengeräten und Lampen etc.).

Pauschbetrag für sonstige Umzugsauslagen

Für sonstige Umzugskostenauslagen ist ohne Kostennachweis ein Pauschbetrag abzugsfähig. Dieser beträgt …

Umzugsende	nach dem 1.1.2013	nach dem 1.8.2013
für **Ledige**	687 €	695 €
für **Verheiratete**	1.374 €	1.390 €

Die Beträge erhöhen sich für jede weitere Person im Haushalt (mit Ausnahme des Ehegatten) um 303 € bzw. nach 1.8.2013 um 306 €.

Die Pauschbeträge erhöhen sich um 50 %, sofern innerhalb der letzten fünf Jahre ein weiterer beruflich veranlasster Umzug vorausgegangen ist.

! WICHTIG

Der Pauschbetrag kann nicht berücksichtigt werden, wenn eine Zweitwohnung im Rahmen einer doppelten Haushaltsführung bezogen oder verlassen wird.

Umzugsbedingte Unterrichtskosten (Höchstbetrag)

Mussten Ihre Kinder umzugsbedingt Nachhilfe nehmen, kann dies auf Nachweis ebenfalls bis zu einem Höchstbetrag berücksichtigt werden. Die Obergrenze beträgt bei Beendigung des Umzugs:

nach dem 1.1.2013	nach dem 1.8.2013
1.732 €	1.752 €

Nicht abzugsfähige Aufwendungen

Folgende Aufwendungen können auch bei einer beruflichen Veranlassung des Umzugs nicht abgezogen werden:

- Verluste und Aufwendungen bei der Veräußerung des bisherigen Eigenheims, bzw. Hauses, in dem sich die bisherige Wohnung befand (z.B. Maklerkosten, Vorfälligkeitsentschädigung)

  BFH, Urteil v. 24.5.2000, VI R 28/97 und BFH, Urteil v. VI R 147/99

- Maklergebühren für den Erwerb eines Einfamilienhauses am neuen Arbeitsort.

  BFH, Urteil v. 24.5.2000, VI R 188/97

- Möbeleinlagerungskosten bis zur Fertigstellung eines Wohnhauses in der Nähe des neuen Arbeitsorts.

  BFH, Urteil v. 21.9.2000, IV R 78/99

- Aufwendungen für die Renovierung und Ausstattung der neuen Wohnung.

  BFH, Urteil v. 17.12.2002, VI R 188/98

Arbeitgeberersatz

Der Arbeitgeber kann die Umzugskosten infolge eines beruflich veranlassten Umzugs bis zur Höhe des Werbungskostenabzugs steuerfrei ersetzen. Soweit ein steuerfreier Ersatz erfolgt ist, kann kein Werbungsabzug zusätzlich erfolgen.

3 Sonstige steuerliche Berücksichtigungsmöglichkeiten

Abzug als Sonderausgaben/außergewöhnliche Belastungen

Sind Sie in Zusammenhang mit einer ersten Berufsausbildung umgezogen, gehören die Umzugskosten zu den Sonderausgaben (Kosten der eigenen Berufsausbildung).

Waren Sie aus gesundheitlichen Gründen (Nachweis durch ärztliche Bescheinigung) bzw. wegen Hochwasser oder anderer Naturkatastrophen (Brand etc.) zu einem Umzug gezwungen, können die Umzugskosten als außergewöhnliche Belastungen abgezogen werden, soweit sie die zumutbare Belastung übersteigen. Bei einer Wohnungskündigung, unabhängig ob durch den Mieter oder Vermieter, sind die Kosten grundsätzlich nicht außergewöhnlich. Vertiefend siehe → Außergewöhnliche Belastung.

Haushaltsnahe Dienstleistungen

Soweit kein Abzug als Werbungskosten oder bei den außergewöhnlichen Belastungen möglich ist, gehören Umzugsdienstleistungen für Privatpersonen – abzüglich Erstattungen Dritter – zu den haushaltsnahen Dienstleistungen. Für derartige Kosten erhält man eine Steuerermäßigung. Vertiefend siehe → Haushaltsnahe Tätigkeiten/Dienstleistungen.

Unterhaltszahlungen

Unterhaltsleistungen sind, je nachdem an wen sie geleistet werden, steuerlich unterschiedlich zu behandeln. Die Aufwendungen für Ihren eigenen Lebensunterhalt und den Ihrer Familie (Ehepartner und berücksichtigungsfähige Kinder) sind durch den Splittingtarif oder den Ansatz des Grundfreibetrags bzw. des Kindergeldes abgegolten. Geht die Leistung an den geschiedenen oder dauernd getrennt lebenden Ehegatten, ist entweder der Sonderausgabenabzug oder die Berücksichtigung bei den außergewöhnlichen Belastungen möglich. Unterhaltsleistungen an (andere) gesetzlich unterhaltsberechtigte Personen sind nur als außergewöhnliche Belastung abziehbar.

§ 10 Abs. 1 Nr. 1 EStG und § 33a Abs. 1 EStG

1 Unterhaltszahlungen an den geschiedenen oder dauernd getrennt lebenden Ehegatten

Unterhaltsleistungen an den geschiedenen oder dauernd getrennt lebenden Ehegatten sind entweder

- Sonderausgaben oder
- als außergewöhnliche Belastungen

abziehbar.

! WICHTIG

Unterhaltsleistungen an den Ex-Partner einer eingetragenen Lebenspartnerschaft sind, nachdem das Bundesverfassungsgericht Partnern in intakter Lebensgemeinschaft genau wie Ehegatten den Splittingtarif zubilligt, aufgrund gesetzlicher Neuregelung (§ 2 Abs. 8 EStG) ebenfalls als Sonderausgabe abzugsfähig.

Sonderausgabenabzug (Realsplitting)

Der Unterhaltsleistende kann die Zahlungen (freiwillige oder aufgrund gesetzlicher Unterhaltspflicht) als Sonderausgaben bis zum **Höchstbetrag von 13.805 €** (nicht zeitanteilig) pro Jahr absetzen, wenn er dies beantragt. Der Höchstbetrag erhöht sich um die für den geschiedenen oder dauernd getrennt lebenden Ehegatten bzw. Ex-Partner einer eingetragenen Lebenspartnerschaft übernommenen Beiträge zur Krankenbasis- und Pflegepflichtversicherung (Basisversicherungsbeiträge). Der Sonderausgabenabzug funktioniert aber nur, wenn der Empfänger dem zustimmt, denn er muss den Unterhalt in Höhe des Sonderausgabenabzugs als sonstige Einkünfte versteuern.

WICHTIG

Der Antrag auf Sonderausgabenabzug kann im Mantelbogen oder auf amtlichem Vordruck (Anlage U) gestellt werden, die Zustimmung **muss** zwingend schriftlich auf der **Anlage U** erteilt werden.

Der **Antrag** gilt für ein Jahr und kann nicht zurückgenommen werden. Er kann auch auf einen unter dem Höchstbetrag liegenden Betrag beschränkt werden. Dann muss der Empfänger entsprechend weniger versteuern.

Die **Zustimmung** des Empfängers gilt für mehrere Jahre und kann nur **vor** Beginn eines Kalenderjahres durch Erklärung gegenüber dem Finanzamt widerrufen werden. Die Zustimmung kann dem Grunde nach (d.h. bis zum Höchstbetrag + Basisversicherungsbeiträge) erteilt oder die Höhe auf einen bestimmten niedrigeren Betrag begrenzt werden. Soweit die Zustimmung begrenzt wird, ist nur maximal dieser Betrag als Sonderausgabe abzugsfähig bzw. zu versteuern.

TIPP

Da derjenige, der zum Unterhalt verpflichtet ist im Regelfall die höheren Einkünfte hat, ist bei ihm die Steuerentlastung durch den Sonderausgabenabzug, insbesondere wenn die Unterhaltszahlungen höher als 8.004 € sind, höher als die Steuernachzahlung beim Empfänger. Versuchen Sie deshalb die Zustimmung Ihres Ex-Ehegatten zu bekommen, indem Sie sich bereit erklären, die bei ihm durch die Versteuerung anfallende Einkommensteuer zu übernehmen.

Auch für das Jahr der Trennung ist trotz der noch zulässigen Zusammenveranlagung der Sonderausgabenabzug möglich.

Neben Geldleistungen sind auch Sachleistungen als Unterhalt zu berücksichtigen. Bei unentgeltlicher Überlassung einer Wohnung gehören der ortsübliche

Mietwert und die ggf. zusätzlich getragenen Nebenkosten zu den begünstigten Aufwendungen.

Ist der Empfänger nicht unbeschränkt steuerpflichtig, kann ein Abzug grundsätzlich nur erfolgen, wenn der Empfänger (anhand seines ausländischen Steuerbescheids) nachweist, dass er die Leistungen versteuert hat. Je nach Land sind u. U. noch weitere Abzugsvoraussetzungen notwendig (§ 1a Nr. 1 EStG oder Doppelbesteuerungsabkommen).

Abzug als außergewöhnliche Belastung

Ist der Sonderausgabenabzug durch den Höchstbetrag oder durch die Zustimmung der Höhe nach begrenzt, kommt für den übersteigenden Teil der Zahlungen kein Abzug von außergewöhnlichen Belastungen in Betracht.

Wird der Sonderausgabenabzug nicht beantragt oder fehlt die Zustimmung des Empfängers, können die Unterhaltsaufwendungen als → außergewöhnliche Belastung geltend gemacht werden (siehe Punkt 2). Für das Jahr der Trennung stellen Unterhaltsaufwendungen an den dauernd getrennt lebenden Ehegatten bzw. Ex-Partner einer eingetragenen Lebenspartnerschaft bei fehlender Zustimmung zum Sonderausgabenabzug keine außergewöhnlichen Belastungen dar, weil die Eheleute die Möglichkeit haben, die Zusammenveranlagung zu wählen. Mit Ansatz des damit verbundenen Splittingtarifs sind die Aufwendungen an den anderen Ehegatten steuerlich berücksichtigt.

2 Unterstützung anderer Personen

Unterhaltsleistungen für andere Personen sind bis zu einem bestimmten Höchstbetrag ohne Berücksichtigung einer zumutbaren Belastung nach § 33a Abs. 1 EStG bei den außergewöhnlichen Belastungen abzugsfähig.

Unterstützte Personen

Begünstigt sind Unterhaltsaufwendungen für

- eine Ihnen oder Ihrem Ehegatten gegenüber **gesetzlich unterhaltsberechtigte Person**. Bei im Inland lebenden Personen, die unterstützt werden, reicht es aus, dass die Unterhaltsverpflichtung dem Grunde nach besteht. Eine konkrete Unterhaltspflicht (z. B. keine etwaige vorrangige Unterhaltsverpflichtung anderer Personen) ist nicht zu prüfen.

  Gesetzlich unterhaltsberechtigt sind vor allem Kinder, die steuerlich nicht mehr berücksichtigt werden können (z. B. über 25 Jahre alt), der getrennt lebende oder geschiedene Ehegatte bzw. Ex-Partner einer eingetragenen Partnerschaft (soweit kein Sonderausgabenabzug s. o. möglich ist und Verwandte in gerader Linie (Eltern, Großeltern) oder der andere Elternteil eines nichtehelichen Kindes bis zu drei Jahren, bzw. eines älteren Kindes, soweit wegen der Kinderbetreuung eine Erwerbstätigkeit nicht zumutbar ist. Bitte beachten Sie, dass Verwandte in der Seitenlinie (z. B. Geschwister und Verschwägerte) grundsätzlich **nicht** zum gegenseitigen Unterhalt verpflichtet oder berechtigt sind.

- Den unterhaltsberechtigten Personen **gleichgestellt** werden:
  - ein Partner, in einer eheähnlichen Gemeinschaft
  - Verwandte und Verschwägerte, z. B. Geschwister.

  Voraussetzung ist, dass diese Personen bei Ihnen **im Haushalt** leben und den Personen zum Unterhalt bestimmte Zahlungen aus öffentlichen Mitteln wegen Ihrer Unterhaltsleistungen gekürzt, oder nicht gewährt wurden (z. B. wurde die Arbeitslosen- oder Sozialhilfe (Hartz IV) gekürzt, abgelehnt oder nicht beantragt). In diesen Fällen ist eine Opfergrenze (s. u.) nicht zu beachten.

Kein Anspruch auf Kindergeld oder Kinderfreibetrag

Voraussetzung für den Abzug von Unterhaltsaufwendungen ist, dass weder Sie noch eine andere Person für die unterstützte Person Anspruch auf Kindergeld oder einen Kinderfreibetrag haben. Deshalb sind z. B. Zahlungen an die Enkelkinder nicht abzugsfähig, solange diese bei den Eltern berücksichtigt werden.

Arbeitskraft und geringes Vermögen

Bei Angehörigen **im Inland** wird die Bedürftigkeit grundsätzlich unterstellt und es muss nicht geprüft werden, ob sie in der Lage sind, eine Erwerbstätigkeit aufzunehmen.

Die unterhaltene Person muss aber zunächst ihr eigenes Vermögen, wenn es nicht geringfügig ist, einsetzen und verwerten.

Als geringfügig gilt ein Vermögen nur bis zu 15.500 €. Dabei bleiben Gegenstände mit Erinnerungswert, Hausrat und ein angemessenes Hausgrundstück, das selbst bewohnt wird, außer Ansatz.

Haben Sie das gesamte Vermögen der unterstützten Person zu einem Zeitpunkt übernommen, als diese sich schon im Rentenalter befand, ist ein Abzug von Unterhaltsaufwendungen steuerlich nicht möglich.

BFH, Urteil v. 12.11.1996, III R 38/95

Aufwendungen

Begünstigt sind nur typische Unterhaltsaufwendungen wie Wohnung, Ernährung, Kleidung, Genussmittel und Versicherungsbeiträge sowie Kosten der Berufsausbildung.

TIPP

Lebt die unterhaltene Person in Ihrem Haushalt, brauchen Sie keine Kosten nachzuweisen. Das Finanzamt geht von Aufwendungen in Höhe des maßgeblichen Höchstbetrags von 8.004 € aus.

Für andere Aufwendungen können Sie zusätzlich eine Steuerermäßigung wegen allgemeiner außergewöhnlicher Belastung (z. B. bei Krankheit, Unfall, Unterbringung im Pflegeheim) oder Behinderung beantragen. Hierbei ist jede Art von Aufwendungen für sich zu beurteilen.

Vertiefend siehe → Behinderte Menschen, → Krankheitskosten und → Pflegekosten/Betreuungskosten/ Heimunterbringung.

Höchstbetrag und eigene Einkünfte und Bezüge

Der Höchstbetrag für Unterhaltsaufwendungen beträgt für jede unterhaltene Person **8.004 € im Jahr**. Der Höchstbetrag **erhöht** sich um den Betrag, der für die Absicherung der unterhaltsberechtigten Person als **Beiträge zur Basisversorgung bei der Kranken- und Pflegepflichtversicherung** (Basisversicherungsbeiträge) gezahlt wird, wenn die unterstützte Person Versicherungsnehmer ist. Dabei ist ohne Bedeutung, wer die Versicherungen bezahlt hat.

TIPP

Haben Sie als Versicherungsnehmer Versicherungsbeiträge für die unterstützte Person gezahlt, können Sie diese als eigene Sonderausgaben geltend machen (siehe Anlage Vorsorgeaufwand Zeilen 40 ff).

Hat die unterhaltene Person eigene Einkünfte und Bezüge, die zur Bestreitung des Lebensunterhalts bestimmt und geeignet sind, so werden diese auf den Höchstbetrag angerechnet, soweit sie 624 € (anrechnungsfreier Betrag) im Kalenderjahr übersteigen.

Zusätzlich vermindert sich der Höchstbetrag um die von der unterhaltenen Person als Ausbildungshilfe aus öffentlichen Mitteln bezogenen Zuschüsse. Hierunter fallen z. B. BAföG-Zuschüsse, nicht aber BAföG-Darlehen.

ACHTUNG

Kapitalerträge, die der Abgeltungsteuer unterliegen, werden nicht als Einkünfte, aber ohne Abzug des Sparerpauschbetrags als Bezüge der unterstützten Person angerechnet.

Ist die unterhaltene Person verheiratet, wird ihr die Hälfte des verfügbaren Einkommens des Ehegatten als eigene Bezüge zugerechnet.

Zeitanteilige Berechnung

Unterhaltszahlungen dürfen grundsätzlich nicht auf Monate vor ihrer Zahlung zurückbezogen werden. Soweit Zahlungen auch für das folgende Jahr bestimmt sind, können sie nur im Jahr der Zahlung berücksichtigt werden.

Für jeden vollen Monat, in dem die Voraussetzungen nicht vorgelegen haben, ermäßigen sich der Höchstbetrag (8.004 €) und der anrechnungsfreie Betrag (624 €) um jeweils 1/12 (sog. Zwölftelung). Der (zeitanteilige) Höchstbetrag gilt also ab dem Monat der ersten Zahlung im Jahr.

Die eigenen Einkünfte und Bezüge der unterhaltenen Person werden nur angerechnet, soweit sie auf die Unterstützungsmonate entfallen.

BEISPIEL

Sie unterstützen Ihren Vater ab April monatlich mit 750 €. Der Vater erhält ganzjährig eine monatliche Rente aus der gesetzlichen Rentenversicherung in Höhe von 650 €. Er zahlt als Versicherungsnehmer ab April 2.200 € Beiträge zur Basis-Kranken- und Pflegepflichtversicherung (Basisversorgung).

Unterhalt 9 × 750 € =		6.750 €
Höchstbetrag davon 9/12 = + Erhöhungsbetrag für Kranken- und Pflege-Versicherung		8.004 € 6.003 € 2.200 € 8.203 €
Rente des Vaters 9 × 650 € =	5.850 €	
WK-Pb und Kostenpauschale für neun Monate (102 € + 180 €) × 9/12 =	./.212 €	
Einkünfte und Bezüge	5.638 €	
Anrechnungsfrei 624 € × 9/12 =	./.468 € 5.170 €	./. 5.170 €
gekürzter Höchstbetrag		./. 3.033 €

Von den tatsächlichen Aufwendungen (6.750 €) können höchstens 3.033 € als außergewöhnliche Belastung abgezogen werden.

Unterstützung mehrerer Personen

Unterstützen Sie mehrere Personen, die einen gemeinsamen Haushalt führen, ist der aufgewendete Betrag nach Köpfen aufzuteilen (**Pro-Kopf-Aufteilung**). Für jede unterhaltene Person ist getrennt zu ermitteln, ob die Voraussetzungen für den Kostenabzug vorliegen, und wie hoch die abziehbaren Unterhaltsleistungen sind.

Das gilt nicht bei der Zahlung an zusammenlebende Ehegatten (z.B. Eltern). Hier wird der Höchstbetrag verdoppelt und um die Summe der Einkünfte und Bezüge beider Ehegatten, soweit diese jeweils 624 € übersteigen, gekürzt.

Unterstützung durch mehrere Personen

Werden Unterhaltsaufwendungen für eine Person von mehreren in Deutschland lebenden Personen getragen, wird der insgesamt abziehbare Betrag für die unterstützte Person unter Einbeziehung aller Unterhaltsleistungen berechnet und anschließend auf die Unterstützer, bei denen der Abzug als außergewöhnliche Belastungen möglich ist, nach dem Verhältnis ihrer Leistungen aufgeteilt.

Opfergrenze

ACHTUNG

Die Aufwendungen sind nur abziehbar, wenn für Sie und Ihre Familie nach Abzug der Unterhaltsleistungen noch genug zum Lebensunterhalt verbleibt. Ansonsten werden die Unterhaltsaufwendungen an andere Personen nur bis zur sog. **Opfergrenze** zum Abzug zugelassen.

Die Opfergrenze wird mit einem zu bestimmenden Prozentsatz (abhängig von der Familiengröße) aus Ihrem verfügbaren Nettoeinkommen ermittelt. Dabei werden steuerpflichtige und steuerfreie Einnahmen (z. B. auch Kindergeld) angesetzt und Steuern sowie unvermeidbare Versicherungsbeiträge abgezogen. Die Opfergrenze ist nicht anzuwenden bei Aufwendungen an den (auch: geschiedenen) Ehegatten bzw. bei einer bestehenden Haushaltsgemeinschaft mit der unterhaltenen Person.

Wegen der genauen Berechnung der Opfergrenze wird auf das BMF-Schreiben v. 7.6.2010 (www.bundesfinanzministerium.de) verwiesen.

3 Unterhaltsleistungen an Personen im Ausland

Die gesetzliche Unterhaltspflicht richtet sich nach den inländischen Vorschriften des BGB. Bei im Ausland lebenden Personen ist die konkrete Unterhaltspflicht erforderlich, d. h., dass z. B. vorrangige Unterhaltsverpflichtungen anderer Personen zu prüfen sind.

Bei Zahlungen an Ihren **nicht dauernd getrennt lebenden Ehegatten** im Ausland wird die Bedürftigkeit unterstellt und die Erwerbsobliegenheit nicht geprüft. Für **andere Angehörige** (auch volljährige Kinder), die im Ausland einschließlich der EU-/EWR-Staaten leben, gilt die sogenannte **Erwerbsobliegenheit**. Dies bedeutet, man geht davon aus, dass Personen im erwerbsfähigen Alter ihren Lebensunterhalt durch eigene Erwerbstätigkeit sichern können. Für solche Personen werden grundsätzlich Unterhaltsaufwendungen wegen fehlender Zwangsläufigkeit nicht als außergewöhnliche Belastungen anerkannt. Ausnahmen wegen Alter, Behinderung, Krankheit oder der Erziehung von Kindern unter sechs Jahren, nicht aber wegen Arbeitslosigkeit, sind möglich. Betreibt die unterstützte Person eine eigene Landwirtschaft wird unterstellt, dass die erwirtschafteten Erträge zum Leben ausreichen.

Für unterstützte Personen im Ausland sind Leistungen nur insoweit abziehbar, als sie nach den dortigen Verhältnissen notwendig und angemessen sind. Das bedeutet, dass der Höchstbetrag von 8.004 € und der anrechnungsfreie Betrag von 624 € ggf. mit einem ermäßigten Wert anzusetzen sind.

Den unterschiedlichen Verhältnissen in den verschiedenen Staaten wird durch die sog. **Ländergruppeneinteilung** Rechnung getragen.

Auszug:

Ländergruppe 1	**Ansatz 1/1**
alle EU-Länder, soweit nicht einzeln genannt USA	Höchstbetrag 8.004 € anrechnungsfrei 624 €
Ländergruppe 2	**Ansatz 3/4**
Estland, Malta, Kroatien, Portugal, Slowenien Saudi-Arabien, Slowakei Tschechische Republik	Höchstbetrag 6.003 € anrechnungsfrei 468 €
Ländergruppe 3	**Ansatz 1/2**
Bosnien u. Herzegowina, Bulgarien, Lettland, Litauen, Mazedonien, Montenegro, Polen, Rumänien, Russland, Serbien, Türkei, Ungarn	Höchstbetrag 4.002 € anrechnungsfrei 312 €

Ländergruppe 4	Ansatz 1/4
Kosovo, Afrika (fast alle Länder) Asien (große Teile)	Höchstbetrag 2.001 € anrechnungsfrei 156 €

An den **Nachweis** der Bedürftigkeit und der tatsächlich geleisteten Unterhaltszahlungen werden bei Auslandsunterhalt strenge Anforderungen gestellt:

Die Unterhaltsbedürftigkeit der unterstützten Person ist durch eine Unterhaltserklärung nachzuweisen. Zweisprachige **Unterhaltserklärungen** finden sich auf den Internetseiten des Bundesfinanzministeriums (www.formulare-bfinv.de).

Für jede unterhaltene Person müssen Sie eine eigene Unterhaltserklärung vorlegen.

Die Angaben zur unterhaltenen Person sind durch die **zuständige Heimatbehörde** zu bestätigen. Weigert sich die Heimatbehörde, die Angaben zur unterhaltenen Person zu bestätigen, kann der Nachweis ggf. durch andere behördliche Dokumente erbracht werden.

Der Nachweis der **Unterhaltszahlungen** ist grundsätzlich durch Post- oder Bankbelege zu führen, wenn das Geld überwiesen wurde. Die Belege müssen die unterhaltene Person (bzw. eine Person aus dem unterstützten Haushalt) als Empfänger ausweisen.

Haben Sie das Geld persönlich übergeben, benötigen Sie Nachweise über die Geldabhebung und eine unterschriebene detaillierte (wann, wo, wie viel, von wem, an wen?) Empfängerbestätigung getrennt für jeden übergebenen Betrag. Zwischen Abhebung und Geldübergabe dürfen maximal 14 Tage liegen. Außerdem muss die Reise anhand geeigneter Unterlagen (z.B. Grenzübertrittsvermerk im Pass, Tankbeleg, Flugschein, Fahrkarte) nachgewiesen werden.

Bargeldmitnahmen durch eine Mittelsperson werden grundsätzlich nicht anerkannt, außer wenn wegen der besonderen Situation im Heimatland (Krisengebiet) ein anderer Zahlungsweg nicht möglich ist. Dann gelten die o.a. Nachweise entsprechend. Zusätzlich ist eine detaillierte Bestätigung über die Geldübergabe an den Mittelsmann erforderlich und die zeitnahe Übergabe an die unterstützte Person.

Haben Sie selbst Familienheimfahrten (Fahrten zum im Heimathaushalt lebenden Ehegatten) durchgeführt, gelten Nachweiserleichterungen. Für bis zu vier tatsächlich durchgeführte Familienheimfahrten zum Ehegatten und ggf. den Kindern kann davon ausgegangen werden, dass Sie jeweils einen Nettomonatslohn mitgenommen haben. Zahlungen, die bereits durch Post oder Bank erfolgten, sind auf das Vierfache des Nettolohns anzurechnen. Ein höherer Betrag wird nur anerkannt, wenn alle Zahlungen insgesamt nachgewiesen sind.

Veranlagung von Ehegatten und Partnern einer eingetragenen Lebenspartnerschaft

Durch das Steuervereinfachungsgesetz 2011 wurden Änderungen bei der Veranlagung von Ehegatten eingeführt, die ab dem Veranlagungszeitraum 2013 zu berücksichtigen sind. Die getrennte Veranlagung, § 26a EStG 2012, ist durch eine Einzelveranlagung von Ehegatten, § 26a EStG 2013, ersetzt worden und die besondere Veranlagung, § 26c EStG 2012, wurde ersatzlos gestrichen. Diese Änderungen vereinfachen das Veranlagungsverfahren für die Finanzverwaltung. Außerdem sind nach einem Beschluss des Bundesverfassungsgerichts die Vorschriften des Einkommensteuerrechts zu Ehegatten und Ehen auch auf Lebenspartner und Lebenspartnerschaften, ggf. rückwirkend bis zum Jahr 2001, anzuwenden.

1 Veranlagungsarten allgemein

Ab dem **Jahr 2013** sind nur noch vier unterschiedliche Veranlagungsmöglichkeiten geblieben:

- Einzelveranlagung (für Alleinstehende oder Ehegatten bzw. Lebenspartner, die die Voraussetzungen für die Ehegattenveranlagung nicht erfüllen) mit Grundtarif, §§ 25, 32a Abs. 1 EStG
- Zusammenveranlagung von Ehegatten oder Lebenspartnern mit Splittingtarif, §§ 26, 26b, 32a Abs. 5 EStG
- Einzelveranlagung auf Antrag von Ehegatten oder Lebenspartnern mit Grundtarif, §§ 26, 26a, 32a Abs. 1 EStG
- Einzelveranlagung (für ehemalige Ehegatten oder Lebenspartner) für das Jahr der Auflösung der Ehe oder Lebenspartnerschaft durch Tod oder Scheidung mit Splittingtarif, §§ 25, 32a Abs. 6 Nr. 1 oder Nr. 2 EStG.

2 Veranlagung von Ehegatten und Lebenspartnern

Nach § 25 EStG ist grundsätzlich jeder Steuerpflichtige durch eine **Einzelveranlagung** zur Einkommensteuer zu veranlagen. Für die Berechnung der tariflichen Einkommensteuer ist der **Grundtarif** nach § 32a Abs. 1 EStG anzuwenden.

Eine Ausnahme von der Einzelveranlagung sieht § 26 Abs. 1 S. 1 EStG mit der sog. **Ehegattenveranlagung** vor. Diese liegt vor, wenn beide Ehegatten unbeschränkt einkommensteuerpflichtig sind, nicht dauernd getrennt leben und diese Voraussetzungen an mindestens einem Tag im Jahr vorliegen.

Die Ehegattenveranlagung unterscheidet zwischen der

- **Zusammenveranlagung** von Ehegatten/Lebenspartnern einer eingetragenen Lebenspartnerschaft § 26b EStG, und
- der **Einzelveranlagung von Ehegatten/Lebenspartnern** § 26a EStG.

Nicht immer erfüllen Ehegatten/Lebenspartner die Voraussetzungen für die Ehegattenveranlagung. Deshalb kann auch die (normale) Einzelveranlagung, § 25 EStG, in Betracht kommen.

Die Möglichkeiten der Veranlagung von Ehegatten können Sie aus den nachfolgenden Übersichten ersehen.

ACHTUNG

Anwendung des Ehegattenwahlrechts auf Partner einer eingetragenen Lebenspartnerschaft

Das Bundesverfassungsgericht hat durch Beschluss vom 7. Mai 2013, 2 BvR 909/06, entschieden, dass die Ungleichbehandlung von Verheirateten und Lebenspartnern im Einkommensteuergesetz mit dem Gleichheitssatz des Art. 3 Abs. 1 GG nicht vereinbar ist. Daraufhin wurde das EStG dahingehend geändert, dass in § 2 Abs. 8 EStG folgender Satz eingefügt wird. „Die Regelungen dieses Gesetzes zu Ehegatten und Ehen sind auch auf Lebenspartner und Lebenspartnerschaften anzuwenden.“ Partner einer eingetragenen Lebenspartnerschaft i. S. d. Lebenspartnerschaftsgesetzes können damit die Vorschriften über die Ehegattenveranlagung und alle anderen einkommensteuerrechtlichen Vorschriften über Ehegatten für sich in Anspruch nehmen. Auch die Wahl der Steuerklasse können sie gemeinsam treffen. Vertiefend siehe → Unterhaltszahlungen und → Lohnsteuerermäßigungsantrag.

Übersicht über die Veranlagung von Ehegatten/Partnern einer eingetragenen Lebenspartnerschaft

Bild 1:

1. **Ehegatten** oder **Lebenspartner einer eingetragenen Lebenspartnerschaft**

prüfen:
Voraussetzungen für die **Veranlagung von Ehegatten oder Lebenspartnern,**
§ 26 Abs. 1 Satz 1 EStG:
- beide unbeschränkt einkommensteuerpflichtig
- nicht dauern getrennt lebend
- alle Voraussetzungen liegen zu Beginn des Jahres vor oder sind im Laufe des Jahres eingetreten (liegen an mindestens einem Tag im Jahr vor)

Voraussetzungen bei **einer** Ehe/Partnerschaft im Kalenderjahr **erfüllt**
→ weiter **Bild 2**

Voraussetzungen **nicht** erfüllt
→ weiter **Bild 3**

Voraussetzungen bei **zwei** Ehen/Partnerschaften im Kalenderjahr erfüllt (selten),
§ 26 Abs. 1 S. 2 EStG

wiederverheirateter Ehegatte:
Wahlrecht gilt nur für die neue Ehe,
→ weiter **Bild 2**

nicht wiederverheirateter Ehegatte:
- verstorben
- geschieden und Trennung und Scheidung im gleichen Jahr (sehr selten)

→ weiter **Bild 3**

2. **andere Steuerpflichtige**

- nicht verheiratete Personen
- dauernd getrennt lebende Ehegatten (während des ganzen Jahres)
- geschiedene Personen
- verwitwete Personen

→ weiter **Bild 3**

Bild 2:

Ehegatten/Lebenspartner **erfüllen** im Veranlagungszeitraum die Voraussetzungen nach § 26 Abs. 1 S. 1 EStG

Wahlrecht

Wahlrecht in der Steuererklärung **ausgeübt**

Wahlrecht **nicht ausgeübt**

Gesetz unterstellt nach § 26 Abs. 3 EStG

Einzelveranlagung von Ehegatten/Lebenspartner auf Antrag
§ 26a EStG

- jeder Ehegatte/Lebenspartner gibt eine eigene Steuererklärung ab
- Antrag auf Einzelveranlagung durch mindestens einen Ehegatten/Lebenspartner, (§ 26 Abs. 2 S. 1 EStG)
- eigenhändig unterschriebene Steuererklärung (nicht bei authentifizierter ELSTER-Erklärung)
- individuelle Ermittlung der Einkünfte für jeden Ehegatten/Lebenspartner
- Summe der Einkünfte wird für jede Person getrennt ermittelt (horizontaler und vertikaler Verlustausgleich nur innerhalb der Einkünfte der jeweiligen Person)
- Sonderausgaben und außergewöhnliche Belastungen (individuelle Berechnung der zumutbaren Belastung für die einzelne Person) werden grundsätzlich bei der Person abgezogen, die sie wirtschaftlich getragen hat,
Ausnahme: hälftiger Abzug nach übereinstimmendem Antrag beider Ehegatten/Lebenspartner
- individuelles zu versteuerndes Einkommen für jeden Ehegatten/Lebenspartner

immer **Grundtarif**
§ 32a Abs. 1 EStG

- getrennte tarifliche und festzusetzende Einkommensteuer
- individuelle Anrechnung von Steuerermäßigungen,
Ausnahme:
Steuerermäßigung nach § 35a EStG
(Hälftiger Abzug bei übereinstimmendem Antrag).

Zusammenveranlagung
§ 26b EStG

- gemeinsame Steuererklärung für die Ehegatten
- beide Ehegatten/Lebenspartner wählen die Zusammenveranlagung, (§ 26 Abs. 2 S. 2 EStG)
- von beiden eigenhändig unterschriebene Steuererklärung (nicht bei authentifizierter ELSTER-Erklärung)
- getrennte Ermittlung und Zurechnung der Einkünfte für jeden Ehegatten/Partner
- gemeinsame Summe der Einkünfte für die Ehegatten/Lebenspartner (horizontaler und vertikaler Verlustausgleich innerhalb der Einkünfte der Ehegatten)
- Ehegatten/Lebenspartner werden ab der Summe der Einkünfte gemeinsam als Steuerpflichtiger behandelt (nur ein Gesamtbetrag der Einkünfte, gemeinsamer Abzug der Sonderausgaben und außergewöhnlichen Belastungen, unabhängig davon, wer sie bezahlt hat)
- gemeinsames Einkommen und zu versteuerndes Einkommen

Splittingtarif
§ 32a Abs. 5 EStG

- gemeinsame tarifliche und festzusetzende Einkommensteuer
- Gesamtschuldner
- gemeinsame Anrechnung von Steuerermäßigungen

Bild 3:

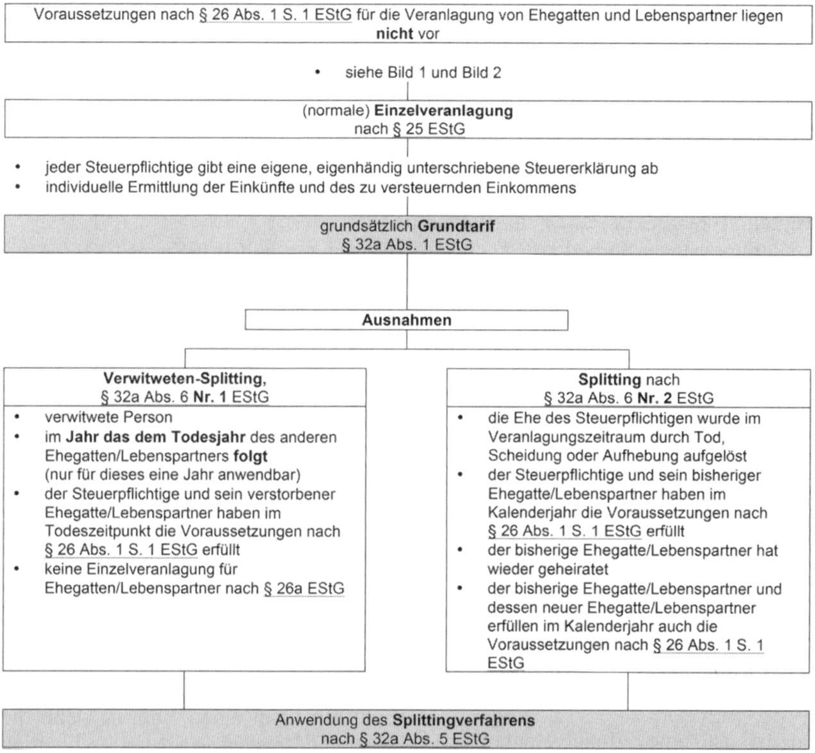

Erläuterungen zur Veranlagung von Ehegatten und eingetragenen Lebenspartnern

Ehegatten/Lebenspartner haben ein Wahlrecht, wenn Sie die Voraussetzungen zumindest an einem Tag im Jahr 2013 erfüllt haben. Es reicht also aus, wenn die Ehe/Lebenspartnerschaft spätestens am 31.Dezember geschlossen wurde. Ist ein Ehegatte/Lebenspartner im Laufe des Jahres 2013 gestorben, kann das Wahlrecht durch den überlebenden Ehegatten/Lebenspartner und die Erben ebenfalls noch ausgeübt werden.

Zusammenveranlagung

Die Zusammenveranlagung ist auch dann möglich, wenn nur eine Person Einkünfte bezogen hat. Das Finanzamt berechnet ein gemeinsames zu versteuerndes Einkommen. Die Steuer wird nach dem **Splittingverfahren**, § 32a Abs. 5 EStG, berechnet. Dabei wird unterstellt, dass beide gleich hohe Einkünfte erzielt haben. Deshalb wird das gemeinsame zu versteuernde Einkommen je zur Hälfte auf die Ehegatten/Lebenspartner verteilt. Die Steuer wird für jede Hälfte des zu versteuernden Einkommens nach dem Grundtarif ermittelt und die beiden Steuerbeträge werden zur gemeinsamen tariflichen Einkommensteuer aufaddiert.

Bei unterschiedlich hohen Einkünften der Personen wird somit durch das Splittingverfahren sichergestellt, dass jeder Ehegatte/Lebenspartner seinen Grundfreibetrag (8.130 €) und die niedrigen Steuersätze voll ausnutzen kann.

BEISPIEL

Grundfall: Nicht verheiratetes Paar

A, Freiberufler, zu versteuerndes Einkommen 50.000 €, und B, Studentin, keine Einkünfte, leben 2013 als nicht verheiratetes Paar zusammen.

Für A ist eine Einzelveranlagung, § 25 EStG, durchzuführen. Die Steuer beträgt nach dem Grundtarif 12.823 €. B wird nicht zur Einkommensteuer veranlagt.

Abwandlung 1, A und B heiraten im Jahr 2013

Heiraten A und B im Jahr 2013, können sie im Wege der Ehegattenveranlagung nach § 26 Abs. 1 EStG die Zusammenveranlagung wählen. Unterstellt, das gemeinsame zu versteuernde Einkommen beträgt ebenfalls 50.000 €, wird die Steuer für jede Person aus dem hälftigen Anteil des zu versteuernden Einkommens (25.000 €) über den Grundtarif mit 4.083 € ermittelt. Die gemeinsame tarifliche Einkommensteuer beträgt deshalb in der Summe 8.166 €. Dies hat eine Ersparnis von 4.657 € zur Folge.

Abwandlung 2, A und B haben gleich hohe Einkünfte.

Heiraten A und B nicht und hat jeder ein zu versteuerndes Einkommen in Höhe von 25.000 €, wird für jeden eine Einzelveranlagung mit Grundtarif durchgeführt. Die tarifliche Steuer der jeweiligen Person beträgt 4.083 €. Durch eine Heirat würden A und B zwar zusammen zur Einkommensteuer veranlagt. Ein Steuervorteil ergibt sich hier aber nicht, weil die gemeinsame Steuer nach dem Splittingverfahren in der Summe ebenfalls 8.166 € betragen würde.

Das bei der Zusammenveranlagung anzuwendende Splittingverfahren bringt also nur dann einen Vorteil, wenn die Eheleute/Lebenspartner unterschiedlich hohe Einkünfte haben und der zu versteuernde Anteil mindestens einer Person unter dem Spitzensteuersatz versteuert wird.

Einzelveranlagung auf Antrag von Ehegatten/Lebenspartnern

Eine Einzelveranlagung auf Antrag kommt in Betracht, wenn:

- Mindestens ein Ehegatte/Lebenspartner den Antrag auf Einzelveranlagung stellt und
- jeder eine Steuererklärung mit seinen Einkünften abgibt.

Jeder erhält einen Steuerbescheid. Die Steuer wird nach der Grundtabelle festgesetzt.

Abweichend von der bis 2012 geltenden Rechtslage werden bei der Einzelveranlagung von Ehegatten/Lebenspartnern auf Antrag, § 26a EStG,

- Sonderausgaben,
- außergewöhnliche Belastungen und
- die Steuerermäßigung nach § 35a EStG

grundsätzlich auch demjenigen zugerechnet, der die Aufwendungen wirtschaftlich getragen hat. Insoweit unterscheidet sich die Einzelveranlagung von Ehegatten/Lebenspartnern auf Antrag, § 26a EStG, nicht von der Einzelveranlagung unverheirateter Personen, § 25 EStG. Vertiefend siehe → Sonderausgaben.
Vertiefend siehe → Außergewöhnliche Belastung und → Haushaltsnahe Tätigkeiten/Dienstleistungen.

Aber auf **übereinstimmendem Antrag** der Ehegatten/Lebenspartner werden die vorgenannten Aufwendungen und die Steuermäßigung nach § 35a EStG **jeweils zur Hälfte** bei den Ehegatten/Lebenspartnern abgezogen. Eine davon abweichende Verteilung der Aufwendungen ist ab 2013 allerdings nicht mehr möglich.

Hat nur ein Ehegatte die Aufwendungen wirtschaftlich getragen, reicht sein Antrag in begründeten Einzelfällen allein aus. Ein solcher begründeter Einzelfall ist anzunehmen, wenn der andere Ehegatte z. B. krank oder verstorben ist oder der andere Ehegatten sich, wegen Meinungsverschiedenheiten, nicht zu einer gemeinsamen Erklärung durchringen kann. Liegen außergewöhnliche Belastungen i. S. d. § 33 EStG vor, wird die zumutbare Belastung nach dem Gesamtbetrag der Einkünfte des jeweiligen Ehegatten (und nicht wie bis Veranlagungszeitraum 2012 nach dem gemeinsamen Gesamtbetrag der Einkünfte beider Ehegatten) bestimmt.

In welchen Fällen bietet die Einzelveranlagung auf Antrag nach § 26a EStG Vorteile?

Sie bietet Vorteile, wenn ein Ehegatte/Lebenspartner z. B.

- steuerfreie Lohnersatzleistungen (z. B. Arbeitslosengeld) oder andere steuerfreie Einkünfte bezieht, die sich durch den Progressionsvorbehalt auf den Steuersatz auswirken,
- die Fünftelregelung nach § 34 EStG oder den ermäßigten Steuersatz anwenden kann,
- Verluste erzielt hat und durch den Verlustausgleich Freibeträge des Anderen wegfallen würden,
- einen höheren Sonderausgabenabzug erhalten würde.

Die Einzelveranlagung von Ehegatten kann in den aufgeführten Fällen einen Vorteil bieten. In den meisten Fällen wird eine Zusammenveranlagung mit dem Splittingtarif aber günstiger sein.

Wie wird das Ehegattenwahlrecht ausgeübt?

Die Wahl der Veranlagungsart erfolgt auf Seite 1 des Hauptvordrucks (Zeile 26) durch Ankreuzen. Fehlt Ihr

Kreuz, unterstellt das Finanzamt, dass Sie eine Zusammenveranlagung wünschen.

Die zur Ausübung des Wahlrechts erforderliche Erklärung kann grundsätzlich noch bis zur Unanfechtbarkeit des Steuerbescheids, d.h. auch noch im Rechtsbehelfs- und Klageverfahren, nicht aber im Revisionsverfahren, abgegeben werden. Nach Eintritt der Unanfechtbarkeit des Steuerbescheids kann die ursprünglich getroffene Wahl zur Ehegattenveranlagung nur noch eingeschränkt geändert werden.

Sonderfall: Einzelveranlagung mit Splittingtarif

Eine Einzelveranlagung nach §§ 25, 26a EStG bedeutet normalerweise immer Besteuerung nach dem Grundtarif. Nur in zwei Ausnahmefällen wird die Einzelveranlagung mit dem Splittingtarif nach § 32a Abs. 6 EStG durchgeführt:

Tod eines Ehegatten/Lebenspartners

Eine Ehegattenveranlagung wird noch für das Jahr, in dem der Ehegatte/Lebenspartner verstorben ist, durchgeführt.

Im Folgejahr (Kalenderjahr **nach** dem Tod) wird das Einkommen des Überlebenden im Rahmen einer Einzelveranlagung nach § 25 EStG noch ein weiteres Mal nach dem **Splittingtarif** versteuert, wenn der Steuerpflichtige und sein verstorbener Ehegatte im Zeitpunkt seines Todes die Voraussetzungen für die Ehegattenveranlagung nach § 26 Abs. 1 EStG erfüllt haben. Sämtliche Freibeträge, z.B. der Sparerfreibetrag, und die abzugsfähigen Sonderausgaben werden jedoch einfach in Abzug gebracht. In den Folgejahren wird der Grundtarif angewendet.

Trennung/Scheidung

Wenn sich Ehegatten/Lebenspartner im Laufe des Jahres auf Dauer trennen, ist eine Ehegattenveranlagung für das Jahr der Trennung noch möglich, weil zu Beginn des Jahres die Voraussetzungen nach§ 26 Abs. 1 EStG noch vorlagen.

Ab dem folgenden Jahr ist keine Ehegattenveranlagung mehr möglich, da sie das gesamte Jahr dauernd getrennt gelebt haben. Es ist für das Folgejahr eine Einzelveranlagung nach § 25 EStG mit Anwendung der **Grundtabelle** durchzuführen.

Eine nur **vorübergehende** räumliche **Trennung** (z.B. ein Ehegatte/Lebenspartner ist vorübergehend im Ausland beschäftigt, längere Zeit im Krankenhaus oder verbüßt eine mehrjährige Haftstrafe) ist kein dauerndes Getrenntleben, wenn zumindest eine Wirtschaftsgemeinschaft (wirtschaftliche Fragen werden gemeinsam erledigt, über die Verwendung des Familieneinkommens wird gemeinsam entschieden) bestehen bleibt und die Wiederherstellung der häuslichen Lebensgemeinschaft angestrebt wird. Hier liegen die Voraussetzungen für eine Ehegattenveranlagung noch vor.

Etwas anderes gilt, wenn eine Ehe/Lebenspartnerschaft im laufenden Jahr geschieden wurde, aber das Paar zu Beginn des Jahres noch die Voraussetzungen für die Ehegattenveranlagung erfüllt hat. Insbesondere muss ein „nicht dauerndes Getrenntleben“ an mind. einem Tag vorgelegen haben.

Dies ist, wegen des im Scheidungsrecht geltenden Zerrüttungsprinzips, eher selten. Hat ein Ehegatte/Lebenspartner im gleichen Jahr wieder geheiratet und erfüllt mit dem neuen Partner die Voraussetzungen für die Ehegattenveranlagung, kann das Wahlrecht zwischen Zusammenveranlagung nach § 26b EStG und Einzelveranlagung auf Antrag nach § 26a EStG nur für die neue Ehe ausgeübt werden, § 26 Abs. 1 S. 2 EStG. Der andere nicht wieder verheiratete Ehegatte/Lebenspartner aus der alten Ehe wird einzelveranlagt mit **Splittingtarif** nach § 32a Abs. 6 Nr. 2 EStG.

Steuerklassenwahl

Ehegatten/Lebenspartner, die beide Einkünfte beziehen, können wählen, ob beide nach Steuerklasse IV oder der Besserverdienende nach Steuerklasse III und der andere nach Steuerklasse V besteuert werden wollen. Die Steuerklassenkombination III/V bietet sich an, wenn der besserverdienende Ehegatte/Lebenspartner (Stkl. III) ca. 60 %, der andere (Stkl. V) ca. 40 % der Gesamteinkünfte erzielt. In diesem Fall besteht aber die Verpflichtung nach Ablauf des Jahres eine Einkommensteuererklärung abzugeben.

Für Doppelverdiener-Paare gibt es auch die Möglichkeit ein sog. „optionales Faktorverfahren“ in Anspruch zu nehmen. Ehepaare/Lebenspartner können dabei nicht nur die Kombination der Steuerklassen III und V wählen, sondern können gemeinsam nach Steuerklasse IV, unter Berücksichtigung eines Faktors, den das Finanzamt berechnet und der Unterschiede in den Einkünfte ausgleichen soll, besteuert werden. Vertiefend siehe → Lohnsteuer-Ermäßigungsantrag 2013.

Vermietung/Immobilien

Einkünfte aus V+V liegen vor, wenn zum Privatvermögen gehörende unbebaute oder bebaute Grundstücke (Wohn- oder Geschäftsgebäude, Gebäudeteile, Eigentumswohnungen) gegen Entgelt zur Nutzung an andere Personen überlassen werden. Die Eigennutzung solcher Objekte führt nicht zu Einkünften aus V+V.

§ 21 Abs. 1 EStG.

1 Allgemeines

Gehört ein Grundstück zum **Betriebsvermögen** im Rahmen einer Gewinneinkunftsart, ist eine erhaltene Miete als Betriebseinnahme diesen Gewinneinkünften zuzurechnen.

Man muss nicht Eigentümer eines Grundstücks sein, um Einkünfte aus V+V zu erzielen. Auch als Mieter erzielen Sie bei **Untervermietung** entsprechende Einkünfte.

Vermieten Sie Teile Ihrer im Übrigen selbst genutzten Wohnung **vorüber-**

gehend (z.B. kurze Zeit an eine Studentin) und übersteigen die Einnahmen **520 € im Kalenderjahr** nicht, kann im Einverständnis mit Ihnen aus Vereinfachungsgründen eine Besteuerung unterbleiben.

2 Einkünfteerzielung

Die Einkünfte ermitteln sich als Überschuss der Einnahmen über die WK. Übersteigen die WK die Mieteinnahmen, entsteht ein Verlust. Dieser Verlust kann nur dann berücksichtigt und mit anderen Einkünften verrechnet werden, wenn eine **Einkünfteerzielungsabsicht** angenommen werden kann. Bei unbefristeter Vermietung zu marktüblichen Bedingungen wird dies unterstellt. Liegt nur eine befristete Überlassung vor, muss geprüft werden, ob es möglich ist in der vereinbarten Vermietungszeit, einen Totalüberschuss der Einnahmen über die WK zu erzielen.

3 Mieteinnahmen

Hierzu gehören alle Einnahmen, die aus der Nutzungsüberlassung des Grundstücks zufließen. Neben der eigentlichen Miete oder Pacht sind dies Entgelte für Nebenräume (Keller, Garagen), Umlagen (z.B. Energiekosten, Müllabfuhr) oder Entgelte für Grund und Boden oder für Werbeflächen auf dem Grundstück.

Keine Einnahmen sind **Kautionen**, die der Mieter vorauszuzahlen hat.

HINWEIS

Zinseinnahmen aus der Anlage der Kaution sind Kapitaleinnahmen des Mieters. Sie stellen keine Einnahmen aus V+V beim Vermieter dar.

Einnahmen sind in dem Jahr anzusetzen, in dem sie dem Vermieter zugeflossen sind (**Zuflussprinzip**). Deshalb werden auch nachgezahlte Mieten für frühere Jahre im Jahr der Zahlung erfasst. Auch Einnahmen für an Angehörige vermietete Grundstück(steil)e sind zu berücksichtigen. Allerdings wird hier ggf. genauer geprüft, ob diese Vermietung wie unter Fremden üblich vereinbart und auch durchgeführt wird.

Wurde zur Zwischenfinanzierung der AK oder HK eines vermieteten Objekts ein Bankdarlehen aufgenommen, das nach Zuteilung eines Bausparvertrags durch das Bausparguthaben und das Bauspardarlehen abgelöst werden soll, sind die Zinsgutschriften für das Bausparguthaben keine Kapitalerträge, sondern solche aus V+V.

4 Werbungskosten

Außer bei AK oder HK, die im Wege der Abschreibung ab dem Jahr der Entstehung zu berücksichtigen sind, erfolgt der Abzug von WK grundsätzlich im **Jahr der Zahlung** (Abflussprinzip).

Als typische WK kommen in Betracht:

- **Abschreibungen auf das Gebäude**

  Die (nachträglichen) AK oder HK eines Gebäudes können nicht im Jahr der Zahlung in voller Höhe, sondern nur im Wege der Abschreibung verteilt auf einen langen Zeitraum als WK abgezogen werden. Vertiefend siehe → Abschreibungen/ Gebäude.

- **Erhaltungsaufwendungen (Reparaturkosten)** sind Aufwendungen für die Erneuerung von bereits vorhandenen Teilen. Sie sind im Jahr der Zahlung sofort in voller Höhe als WK abziehbar. Die Abgrenzung gegenüber nachträglichen AK und HK ist deshalb besonders zu prüfen.

Abweichend vom Abflussprinzip kann **größerer Erhaltungsaufwand** bei Gebäuden, die nicht zu einem Betriebsvermögen gehören und überwiegend Wohnzwecken dienen, auf Antrag, gleichmäßig auf zwei bis fünf Jahre verteilt werden (§ 82b EStDV). Der Antrag kann zu einer insgesamt höheren Steuerentlastung führen.

Wird nach Fertigstellung des Gebäudes eine Baumaßnahme durchgeführt, für die der **Rechnungsbetrag ohne Umsatzsteuer nicht mehr als 4.000 €** beträgt, kann der Bruttobetrag aus Vereinfachungsgründen als Erhaltungsaufwand behandelt und sofort im Jahr der Zahlung als WK abgezogen werden. Eine Abgrenzung zwischen Erhaltungsaufwand und nachträglichen HK ist in diesen Fällen nicht erforderlich.

Werden zeitgleich verschiedene Baumaßnahmen, die nicht miteinander zusammenhängen, im gleichen Haus durchgeführt, kann die Vereinfachungsregelung für jede dieser einzelnen Baumaßnahmen in Anspruch genommen werden. Vertiefend siehe → Reparaturen.

BEISPIEL

Vereinfachungsregelung bei verschiedenen Baumaßnahmen

Im Erdgeschoß des vermieteten Gebäudes wird eine bisher nicht vorhandene Gästetoilette eingebaut, Aufwand 1.500 € netto zzgl. 285 € USt. Derselbe Handwerker baut zeitgleich im Obergeschoß ein neues Bad für 3.950 € zzgl. 750 € USt ein.

Es liegen zwei selbstständige Baumaßnahmen vor, die bautechnisch nicht miteinander verzahnt sind. Die Aufwendungen betragen jeweils nicht mehr als 4.000 € netto. Damit können die Bruttoaufwendungen in Höhe von insgesamt 6.485 € als Erhaltungsaufwendungen im Jahr der Zahlung abgezogen werden.

ACHTUNG

Hohe Aufwendungen in zeitnahem Zusammenhang mit der Anschaffung

Wurde ein Gebäude erworben, das zukünftig vermietet wird, und fallen in den ersten drei Jahren nach Anschaffung größere Erhaltungsaufwendungen an, die in der Summe (netto) 15 % der AK des Gebäudes übersteigen, sind diese Erhaltungsaufwendungen nicht sofort abziehbar, sondern erhöhen als **anschaffungsnahe HK** die BMG der Gebäude-AfA.

- **AK für ein anderes mit vermietetes Wirtschaftsgut** als das Gebäude sind im Wege der linearen Abschreibung nach § 7 Abs. 1 EStG gleichmäßig auf die individuelle Nutzungsdauer zu verteilen.

BEISPIEL

In eine Mietwohnung wird eine Küche eingebaut. Die AK der Küche sind gesondert auf die Nutzungsdauer (im Allgemeinen 10 Jahre) abzuschreiben.

- Betragen die AK für ein einzelnes mit vermietetes Wirtschaftsgut (z. B. Waschmaschine oder Rasenmäher) aber **höchstens 410 €** (Rechnungsbetrag ohne Umsatzsteuer), können diese sofort in voller Höhe mit dem Bruttobetrag als WK abgezogen werden. Vertiefend siehe → Reparaturen.
- **Schuldzinsen und andere Finanzierungskosten** (Darlehensabgeld, Grundbuch- und Notariatsgebühren, Fahrtkosten zur Bank, Vermittlungsgebühren), soweit sie mit der Vermietung in wirtschaftlichem Zusammenhang stehen.

Bei einem Darlehensabgeld (Disagio, Damnum) geht die Finanzverwaltung bei höchstens 5 % und einer Laufzeit von fünf Jahren von der Marktüblichkeit aus.

Wird ein vermietetes Haus mit Verlust verkauft, können die noch zu zahlenden Schuldzinsen für ein Darlehen, das aus dem Veräußerungserlös nicht vollständig abgelöst werden konnte, als nachträgliche WK aus V+V abgezogen werden.

BFH, Urteil v. 20.6.2012 IX R 67/10.

- **Sonstige WK**, z. B. Grundsteuer, Müllgebühren, Energiekosten, Schornsteinfegergebühren, Hausversicherungsbeiträge, Verwaltungskosten, Ausgaben für Hausbesitzerverein und Hausmeisterservice, Inseratkosten bei Mietersuche. Fahrtkosten (Pkw 0,30 € je gefahrener Kilometer) und Verpflegungspauschalen im Zusammenhang mit der Verwaltung des Grundstücks.

Nicht zu den WK gehört der Wert der eigenen Arbeitsleistung (ersparte Aufwendungen).

5 Unentgeltliche Überlassung

Bei unentgeltlicher Überlassung einer Wohnung können die auf diese Wohnung entfallenden Aufwendungen nicht als WK abgezogen werden.

6 Verbilligte oder teilentgeltliche Überlassung

Entspricht die tatsächliche Miete nicht der ortsüblichen Marktmiete, muss ggf. geprüft werden, ob eine verbilligte Überlassung vorliegt. Dabei wird die tatsächliche Miete zzgl. Nebenkosten mit der ortsüblichen Miete zzgl. Nebenkosten verglichen.

Eine **verbilligte oder teilentgeltliche Überlassung** liegt vor, wenn die tatsächliche Miete auf Dauer **weniger als 66 %** der ortsüblichen Miete beträgt.

In diesen Fällen sind die Aufwendungen nur eingeschränkt als WK abziehbar. Der Anteil der abziehbaren Aufwendungen ergibt sich aus dem

Verhältnis der tatsächlichen Miete zur ortsüblichen Miete.

Beträgt die tatsächlich vereinnahmte Miete weniger als 10 % der ortsüblichen Miete, liegt eine unentgeltliche Überlassung ohne Werbungskostenabzug vor.

7 Gemischt genutztes Grundstück

Wird ein Gebäude unterschiedlich genutzt (z. B. teilweise vermietet und teilweise eigengenutzt), ist jede Nutzung für sich zu beurteilen. Soweit eine Vermietung erfolgt, liegen Einkünfte aus V+V vor.

Bei der Aufteilung der Aufwendungen sind folgende Grundsätze zu beachten:

- Aufwendungen, die ausschließlich auf eine Nutzung entfallen, sind nur dieser Nutzung **direkt** (alleine) **zuzuordnen** (z. B. Reparatur in der vermieteten Wohnung).
- Aufwendungen, die das Gesamtgebäude betreffen (z. B. Schuldzinsen, Grundsteuer, Dach- oder Fassadenreparatur), sind **im Verhältnis der Nutzflächen aufzuteilen**.
- Kosten, die auf den zu eigenen Wohnzwecken genutzten bzw. auf einen unentgeltlich überlassenen Teil des Gebäudes entfallen, sind nicht als WK abziehbar.

BEISPIEL

Ein Zweifamilienhaus wird erstellt oder gekauft. Eine Wohnung wird vermietet und eine Wohnung zu eigenen Wohnzwecken genutzt. Beide Wohnungen haben die gleiche Nutzfläche.

Die vermietete Wohnung rechnet zur Einkunftsart V+V. Von den Einnahmen sind 50 % der Aufwendungen des Gesamtgebäudes als WK abzuziehen. Darüber hinaus sind die Kosten abziehbar, die ausschließlich die vermietete Wohnung betreffen. Die Abschreibungen werden von dem auf die vermietete Wohnung entfallenden Teil der AK oder HK berechnet.

8 Schuldzinsen

Schuldzinsen für ein Darlehen zur Herstellung oder Anschaffung eines teilweise eigenen Wohnzwecken dienenden und teilweise vermieteten Gebäudes sind auch nur bzgl. des vermieteten Teils als WK abziehbar.

Im Allgemeinen liegt eine **Gesamtfinanzierung** mit Eigen- und Fremdmitteln bzgl. des gesamten Objekts vor, sodass die Schuldzinsen nur anteilig (aufgeteilt nach der Nutzfläche) abgezogen werden können.

Eine **direkte Zuordnung** der Finanzierungskosten kann jedoch vorgenommen werden, wenn

- die AK und HK aufteilbar sind. So können beispielsweise die Rohbaukosten im Verhältnis der Nutzflächen, die Innenausbaukosten aber durch direkte Zuordnung auf die unterschiedlichen Nutzungen aufgeteilt werden. Auch der Kaufpreis eines gemischt genutzten Grundstücks ist aufteilbar.

- unterschiedliche Geldquellen (Eigenkapital und ggf. verschiedene Darlehen) vorliegen.
- ein wirtschaftlicher Zusammenhang zwischen den Schuldzinsen und den zugeordneten AK und HK vorhanden ist. Dazu müssen die unterschiedlich zugeordneten Aufwendungen jeweils mit den dafür vorgesehenen Mitteln bezahlt werden. Das bedeutet, dass Sie aus unterschiedlichen Geldquellen jeweils **getrennte Zahlungen** an den Bauunternehmer, die Handwerker oder den Verkäufer des Grundstücks (mit entsprechendem Verwendungszweck bzgl. vermieteter oder selbst genutzter Wohnung) leisten müssen. Die getrennte Zahlung muss ggf. durch Unterlagen (Kontoauszug) nachgewiesen werden.

9 Solar-/Fotovoltaikanlage

Vertiefend siehe → Solar-/Fotovoltaikanlage.

10 Gartenanlage

Aufwendungen für das Anpflanzen von Hecken an den Grundstücksgrenzen sowie das Anlegen des Zugangswegs und der Garagenzufahrt gehören bei einem Wohngebäude zu den HK des Gebäudes. Kosten für eine Neuanlage des Gartens stellen bei einem Wohngrundstück ein eigenes Wirtschaftsgut dar und sind auf zehn Jahre abzuschreiben. Die Abschreibung kann, soweit das Grundstück vermietet ist und der Mieter die Gartenanlage mitbenutzen darf, als WK abgezogen werden. Aufwendungen für die Instandhaltung (Ersatzpflanzung, Gärtner, Dünger) sind, soweit sie die Vermietung betreffen, sofort abziehbare WK. Für den Arbeitslohnanteil des Gärtners kann bzgl. der zu eigenen Wohnzwecken genutzten Wohnung eine Steuerermäßigung beantragt werden. Vertiefend siehe → Haushaltsnahe Tätigkeiten/Dienstleistungen.

11 Umsatzsteueroption, Vorsteuerabzug

Wird bei einer Vermietung an einen anderen umsatzsteuerlichen Unternehmer auf die grundsätzlich bestehende Umsatzsteuerbefreiung verzichtet (Option § 9 UStG), also umsatzsteuerpflichtig vermietet, gehört die vom Mieter bezahlte Umsatzsteuer und die durch das Finanzamt erstattete Vorsteuer zu den Mieteinnahmen. Die an das Finanzamt abgeführte und die an die Handwerker bezahlte Umsatzsteuer (insoweit liegen keine HK vor!) ist als WK abziehbar.

Entfallen die Voraussetzungen für die Umsatzsteueroption innerhalb von zehn Jahren, ist ein in Anspruch genommener Vorsteuerabzug teilweise rückgängig zu machen.

12 Leer stehende Wohnung oder Gebäude

Steht ein Gebäude (z. B. wegen Mieterwechsel) vorübergehend leer und soll es erneut vermietet werden, können die Aufwendungen, die auf die Zeit des Leerstands entfallen, als WK abgezogen werden. Liegt ein längerer Zeitraum der Nichtvermietung vor, sollten dem Finanzamt Gründe (z. B. aufwendige Mietersuche, Renovierung in Eigenarbeit) benannt werden, damit von einem weiteren Vorliegen einer Einkünfteerzielungsabsicht ausgegangen werden kann, ansonsten entfällt der Werbungskostenabzug für diese Zeit.

TIPP

Haben Sie im Laufe des Jahres tatsächlich weniger als 50 % der ortsüblich erzielbaren Miete erzielt, können Sie bis 31.3. des Folgejahres einen Antrag an die Gemeinde (bei Stadtstaaten: an das Finanzamt) wegen teilweiser Rückerstattung der Grundsteuer stellen (§ 33 Abs. 1 GStG). Möglich ist dies nur, wenn Sie den Einnahmeausfall nicht selbst verschuldet haben, d. h. wenn der Mieter trotz Mahnung nicht zahlt oder wenn Sie sich bei Leerstand intensiv um eine Anschlussvermietung bemüht haben.

13 Veräußerung von Grundstücken

Wegen möglicher steuerlicher Auswirkungen bei der Veräußerung von zum Privatvermögen gehörendem Grundbesitz siehe → Spekulationsgeschäfte.

Vermögenswirksame Leistungen

Vermögenswirksame Leistungen sind Geldleistungen, die der Arbeitgeber für den Arbeitnehmer in gesetzlich bestimmten Anlageformen anlegt.

Fünftes Vermögensbildungsgesetz

1 Vermögenswirksame Leistungen (VWL)

Die VWL ist eine **tarifvertraglich** oder per Arbeitsvertrag vereinbarte Geldleistung durch den Arbeitgeber. Sie wird direkt vom Arbeitgeber auf das vom Arbeitnehmer benannte **Anlagekonto** überwiesen. Je nach Vertrag muss bzw. kann der Arbeitnehmer selbst etwas hinzuzahlen.

Vermögenswirksame Leistungen sind Bestandteil des Lohns oder Gehalts. Sie gehören zu den steuerpflichtigen Einnahmen aus nichtselbstständiger Arbeit.

Begünstigte Anlageformen sind insbesondere die Anschaffung von Wertpapieren, Beteiligungen oder Genussrechten an Wertpapieren. VWL können auf einem Bausparvertrag angelegt oder zur Darlehenstilgung bei einer selbst genutzten Immobilie verwendet werden. Auch die Einzahlung in eine Lebensversicherung oder einen Banksparplan ist möglich; diese beiden Anlagen werden aber nicht durch die Arbeitnehmer-Sparzulage gefördert.

2 Arbeitnehmer-Sparzulage

Höhe

Für bestimmte Vermögensanlagen zahlt der Staat eine Arbeitnehmer-Sparzulage. Ihre Höhe hängt von der Anlageform ab.

Vermögenswirksame Leistungen zum **Wohnungsbau** (z. B. Bausparvertrag, Erwerb von Anteilen an einer Bau- oder Wohnungsbaugenossenschaft) sind bis zu einem Höchstbetrag von 470 € und einem Zulagensatz von 9 % = max. 42,30 € begünstigt.

Die Anlage von VWL in **Vermögensbeteiligungen** (insbesondere Erwerb von Wertpapieren und Beteiligungen oder Sparverträge über Wertpapiere) ist bis zu einem Höchstbetrag von 400 € und einem Zulagesatz von 20 % = max. 80 € begünstigt.

Beide Förderungen können **nebeneinander** in Anspruch genommen werden, sodass vermögenswirksame Leistungen bis zu 870 € jährlich mit einer Arbeitnehmer-Sparzulage von insgesamt 122,30 € begünstigt sind.

Für Lebensversicherungsbeiträge gibt es keine Sparzulage.

Ehepaare

Für jeden Ehegatten kann eine Arbeitnehmer-Sparzulage gewährt werden, wenn jeder Arbeitslohn bezogen hat und Teile davon als vermögenswirksame Leistungen angelegt sind.

Höhe des Einkommens

Für die Arbeitnehmer-Sparzulage gelten folgende Einkommensgrenzen:

- 17.900 € für Alleinstehende bzw. 35.800 € bei der Zusammenveranlagung von Ehegatten bei Anlage von vermögenswirksamen Leistungen zum **Wohnungsbau** (z. B. Bausparvertrag, Darlehenstilgung oder Erwerb von Anteilen an einer Wohnungsbaugenossenschaft).
- 20.000 € für Alleinstehende bzw. 40.000 € bei der Zusammenveranlagung von Ehegatten bei Anlage von vermögenswirksamen Leistungen in **Vermögensbeteiligungen** (Wertpapiere, Beteiligungen oder Sparverträge über Wertpapiere).

Maßgebend ist das zu versteuernde Einkommen im Jahr der Sparleistungen. Haben Sie Kinder, können Sie die steuerlich zu berücksichtigenden Freibeträge für Kinder (3.504 € oder 7.008 € je Kind) immer abziehen, auch wenn diese im Steuerbescheid nicht abgezogen wurden, weil das Kindergeld günstiger war.

Zahlung der Arbeitnehmer-Sparzulage

Die vermögenswirksamen Leistungen werden dem Anleger nach dem Jahresende von dem Anlageunternehmen (Bank, Bausparkasse etc.) auf amtlichem Vordruck (Anlage VL) bescheinigt. Diese Bescheinigung ist der Einkommensteuererklärung beizufügen.

Die Arbeitnehmer-Sparzulage wird vom Finanzamt zusammen mit der ESt im Steuerbescheid festgesetzt. Ausgezahlt wird sie aber erst nach Ablauf der Sperrfrist (sechs bis sieben Jahre, je nach Anlageform) über das Anlageinstitut oder bei Zuteilung des Bausparvertrags oder bei einer sog. unschädlichen vorzeitigen Verfügung. Die Antragsfrist beträgt vier Jahre.

3 Wohnungsbauprämie

Unabhängig von der Arbeitnehmer-Sparzulage sind Aufwendungen zur Förderung des Wohnungsbaus begünstigt. Dies sind:

- Beiträge an Bausparkassen,
- Erwerb von Anteilen an Bau- und Wohnungsgenossenschaften oder der Erwerb von Rechten zur dauerhaften Selbstnutzung von Wohnraum in einer Alten- oder Behinderteneinrichtung,
- Sparverträge, bei denen die Sparbeiträge zum Bau oder zur Anschaffung eines Eigenheims oder einer Eigentumswohnung verwendet werden und
- bauliche Maßnahmen eines Mieters zur Modernisierung seiner Wohnung.

Die Wohnungsbauprämie (WoP) beträgt 8,8 % der Aufwendungen, maximal 45,06 € bei Ledigen bzw. 90,11 € bei Verheirateten mit Zusammenveranlagung.

Um Anspruch auf die Wohnungsbauprämie zu haben, darf das zu versteuernde Einkommen bei Ledigen 25.600 €, bei Verheirateten mit Zusammenveranlagung 51.200 € nicht übersteigen. Der Bruttolohn kann dennoch deutlich höher sein, insbesondere wenn Kinder zu berücksichtigen sind, denn die Kinderfreibeträge (3.504 € oder 7.008 € je Kind) werden bei der Ermittlung des zu versteuernden Einkommens für Zwecke der WoP immer abgezogen.

Den Antrag auf Wohnungsbauprämie erhält der Arbeitnehmer am Jahresende von seinem Anlageinstitut. Dort muss er den ausgefüllten Antrag auch einreichen.

Für Neuverträge ab dem 1.1.2009 wird die Wohnungsbauprämie nur noch gezahlt, wenn das Geld für wohnwirtschaftliche Maßnahmen verwendet wird. Die Zweckbindungsfrist von sieben Jahren für wohnwirtschaftliche Maßnahmen entfällt. Damit haben alle Verträge mit Vertragsbeginn 2009 und später eine unendliche Bindungsfrist (einmalige Ausnahme: Bausparer war bei Vertragsabschluss noch keine 25 Jahre alt).

Unschädlich ist eine Verfügung ohne Verwendung zum Wohnungsbau nur bei Tod, Erwerbsunfähigkeit oder Arbeitslosigkeit von mehr als einem Jahr.

Versicherungen

Beiträge zu Personenversicherungen, die ohne Bezug zu einer Einkunftsart sind, stellen Vorsorgeaufwendungen dar und sind als Sonderausgaben (Altersvorsorgeaufwendungen oder sonstige Vorsorgeaufwendungen) bis zu unterschiedlichen Höchstbeträgen abziehbar. Seit 2010 sind Kranken- und Pflegeversicherungspflichtbeiträge in voller Höhe abziehbar.

1 Betriebsausgaben oder Werbungskosten

Als Betriebsausgaben oder Werbungskosten abzugsfähig sind Beiträge zur

- Berufshaftpflichtversicherung,
- Haftpflicht- oder Kaskoversicherung für ein betrieblich genutztes Fahrzeug,
- Berufsrechtsschutzversicherung,
- Berufsunfallversicherung,
- Grundstücksversicherung (z. B. Gebäudebrandversicherung), wenn das Grundstück vermietet oder betrieblich genutzt wird.

2 Sonderausgaben (Vorsorgeaufwendungen)

Kommt ein Abzug als Werbungskosten oder Betriebsausgaben nicht in Betracht, liegen bzgl. der Versicherungsbeiträge u. U. Sonderausgaben (Vorsorgeaufwendungen) vor. Abziehbar sind hierbei aber nur Beiträge zu **Personenversicherungen**.

Nicht abziehbar sind Beiträge zu Sachversicherungen, z. B. Kasko-, Hausrat-, Rechtsschutzversicherungen oder die Beiträge zur Gebäudebrandversicherung für das zu eigenen Wohnzwecken genutzte Haus.

Zu den Versicherungsbeiträgen gehören auch die Ausfertigungsgebühr, die Abschlussgebühr und die Versicherungsteuer.

ACHTUNG

Wegen unterschiedlicher steuerlicher Berücksichtigung wird zwischen Altersvorsorgeaufwendungen und sonstigen Vorsorgeaufwendungen unterschieden.

Vorsorgeaufwendungen

Altersvorsorgeaufwendungen

- **Basisversorgung**
  Beiträge zu den
  - gesetzlichen Rentenversicherungen
  - landwirtschaftlichen Alterskassen
  - berufsständische Versorgungseinrichtungen
- **Zusatzversorgung**
  Beiträge zum Aufbau einer eigenen kapitalgedeckten Altersversorgung (Rürup-Rente)
- Der nach § 3 Nr. 62 steuerfreie **Arbeitgeberanteil zur gesetzlichen Rentenversicherung** und ein diesem gleichgestellter steuerfreier Zuschuss

sonstige Vorsorgeaufwendungen

Basiskranken- und Pflegepflichtversicherung

Beiträge zu

- **Basiskrankenversicherung**
  - **gesetzliche Krankenversicherung abzgl. 4 %**, wenn Anspruch **auf Krankengeld** oder vergleichbare Leistungen (nicht bei Rentnern)
  - einschließlich **Zusatzbeitrag**, den die Krankenkasse direkt erhebt (hier **kein** 4 %-Abschlag)
  - **private** Krankenversicherung (nur Basisleistungen), ohne Beitragsanteil für Wahlleistungen
- **Pflegepflichtversicherung**

andere sonstige Vorsorgeaufwendungen

Beiträge zu

- Krankenversicherung, soweit diese über die Basisversicherung hinausgeht
  - **4 %-Anteil der gesetzlichen KV**, der auf den Krankengeldanspruch entfällt
  - Beitragsanteil der privaten KV, der auf **Wahlleistungen** entfällt (z. B. Chefarztbehandlung, Einbettzimmer, Krankentagegeld, Krankenhaustagegeld)
  - Krankenzusatzversicherung,
  - Auslandsreisekrankenversicherung
- **freiwillige** Pflegeversicherung
- Arbeitslosenversicherung
- Erwerbs- und Berufsunfähigkeitsversicherungen, die keine Altersvorsorgeaufwendungen sind
- Unfallversicherungen
- Haftpflichtversicherungen

Beiträge zu bestimmten Lebensversicherungen:

- Risikolebensversicherung, die nur für den Todesfall eine Leistung vorsehen
- Beiträge zu anderen Lebensversicherungen, die vor 2005 abgeschlossen wurden

Begünstigt sind nur Arbeitnehmerbeiträge.

3 Altersvorsorgeaufwendungen

Allgemeines

Zu den begünstigten Altersvorsorgeaufwendungen gehören:

- Arbeitnehmer- und Arbeitgeberbeiträge (bzw. gleichgestellter Zuschuss des Arbeitgebers) zur gesetzlichen Rentenversicherung,
- Beiträge zu den landwirtschaftlichen Alterskassen,
- Beiträge zu einer berufsständischen Versorgungseinrichtung (z.B. für Ärzte oder Architekten) und
- Beiträge zu einer Rürup-Rentenversicherung.

Hier nicht zu berücksichtigen sind die staatlich geförderten Riester-Verträge.

Vertiefend siehe → Altersvorsorgeaufwendungen und Wohnriester.

Höhe des Sonderausgabenabzugs für Altersvorsorgeaufwendungen

Die Altersvorsorgeaufwendungen sind bis zu einem Höchstbetrag abziehbar. Der Abzug der Aufwendungen erfolgt in einer Übergangszeit bis zum Jahr 2025 aber nicht in voller Höhe.

Höchstbetrag

Beiträge für Altersvorsorgeaufwendungen sind bis zu einem Höchstbetrag von 20.000 € als Sonderausgaben abziehbar. Im Fall der Zusammenveranlagung von Ehegatten/Lebenspartnern verdoppelt sich der Höchstbetrag auf 40.000 €, unabhängig davon, welcher der Ehegatten/Lebenspartner die begünstigten Beiträge entrichtet hat.

Kürzung des Höchstbetrags

- Bei **Beamten, Richtern, Berufssoldaten oder Geistlichen**, die einen Anspruch auf Altersversorgung ganz oder teilweise ohne eigene Beitragsleistung haben, wird der Höchstbetrag um den Betrag gekürzt, der dem Gesamtbeitrag (Arbeitgeber- und Arbeitnehmeranteil 2013: 18,9 % des Arbeitslohns, max. 58.800 €) zur allgemeinen Rentenversicherung entspricht. Liegen mehrere Dienstverhältnisse vor, wird die Kürzung nur aus dem Arbeitslohn der oben genannten Tätigkeit berechnet.
- **Beherrschende Gesellschafter-Geschäftsführer einer GmbH** (Beteiligung > 50 %) oder **Vorstandsmitglieder von Aktiengesellschaften** sind von der Kürzung in allen Fällen betroffen, wenn ihnen durch die Gesellschaft eine Altersversorgung zugesagt wurde.
- Bei Abgeordneten, die ganz oder teilweise ohne eigene Beitragsleistung einen Anspruch auf eine Altersversorgung erwerben, ist ebenfalls eine Kürzung des Höchstbetrags vorzunehmen.

Bei Ehegatten/Lebenspartnern ist für jede Person gesondert zu prüfen, ob und ggf. in welcher Höhe der gemeinsame Höchstbetrag von 40.000 € zu kürzen ist.

Staffelung des Abzugs

Bis 2024 werden die zu berücksichtigenden Altersvorsorgeaufwendungen nur anteilig mit folgenden Prozentsätzen angesetzt:

Jahr	
2005	60 %
...	...
2012	74 %
2013	76 %
2014–2023	jährliche Erhöhung 2 %
2024	98 %
ab 2025	100 %

Zusätzliche Kürzung bei sozialversicherungspflichtigen Arbeitnehmern

Bei Arbeitnehmern, die steuerfreie Arbeitgeberleistungen zur Sozialversicherung oder diesen gleichgestellte steuerfreie Zuschüsse des Arbeitgebers erhalten haben, sind die abziehbaren Altersvorsorgeaufwendungen noch um diese Arbeitgeberleistungen zu kürzen. Arbeitgeberbeiträge im Rahmen von Minijobs sind in die Kürzung nur einzubeziehen, wenn der Arbeitnehmer die Hinzurechnung dieser Beträge zu den Vorsorgeaufwendungen beantragt hat.

BEISPIEL

Ein lediger Arbeitnehmer zahlt im Jahr 2013 einen Arbeitnehmeranteil zur Rentenversicherung i. H. v. 4.000 €. Zusätzlich wird ein steuerfreier Arbeitgeberanteil in gleicher Höhe gezahlt.

2013 können folgende Altersvorsorgeaufwendungen als Sonderausgaben abgezogen werden:

	€	€
Arbeitnehmerbeitrag	4.000	
Arbeitgeberbeitrag	4.000	
Insgesamt	8.000	
Höchstbetrag	**20.000**	
abziehbar ist der niedrigere der beiden Beträge		8.000
davon 2013 76 %		6.080
abzüglich steuerfreier Arbeitgeberanteil		4.000
abziehbare Altersvorsorgeaufwendungen		2.080

BEISPIEL

Ein alleinstehender Beamter, Arbeitslohn 50.000 €, hat 2013 Beiträge i. H. v. 3.000 € in eine Rürup-Rentenversicherung eingezahlt.

2013 sind folgende Altersvorsorgeaufwendungen abziehbar:

	€	€
Rürup-Rente	**3.000**	
Höchstbetrag	20.000	
Kürzung Höchstbetrag	./. 9.800	
gekürzter Höchstbetrag	**10.200**	
abziehbar ist der niedrigere der beiden Beträge		3.000
davon 2013 76 %		2.280
abzüglich steuerfreier Arbeitgeberanteil		0
abziehbare Altersvorsorgeaufwendungen		2.280

4 Sonstige Vorsorgeaufwendungen

Die sonstigen Vorsorgeaufwendungen sind nochmals zu unterteilen. Einerseits in die Basis-Kranken- und Pflegepflichtversicherungsbeiträge, andererseits in die anderen sonstigen Vorsorgeaufwendungen. Die Aufteilung ist wegen unterschiedlicher steuerlicher Berücksichtigung erforderlich.

Siehe Schaubild unter → Punkt 2.

Höhe des Sonderausgabenabzugs für sonstige Vorsorgeaufwendungen

Beiträge zu einer Basiskranken- und Pflegepflichtversicherung

Diese werden immer in tatsächlicher Höhe, ohne Berücksichtigung eines Höchstbetrags, als Sonderausgaben abgezogen (Mindestbetrag). Beiträge, die für Folgejahre bezahlt werden, sind im Jahr der Zahlung nur abziehbar, soweit sie das Zweieinhalbfache der auf das laufende Jahr entfallenden Beiträge nicht überschreiten. Siehe auch nachfolgenden Tipp.

Aufwendungen für andere sonstige Vorsorgeaufwendungen

Solche Aufwendungen sind grundsätzlich vom Sonderausgabenabzug ausgenommen. Sie sind nur dann abziehbar, wenn die Beiträge zur Basiskranken- und Pflegepflichtversicherung nicht höher als 1.900 € bzw. 2.800 € sind. In diesem Fall können Beiträge zu anderen sonstigen Vorsorgeaufwendungen bis zum Unterschiedsbetrag zwischen den Beiträgen zur Basiskranken- und Pflegepflichtversicherung und den vorgenannten Höchstbeträgen zusätzlich abgezogen werden.

Höchstbeträge

Für Personen, die steuerfreie Zuschüsse zu ihren Krankenversicherungsbeiträgen erhalten oder denen teilweise Krankheitskosten durch den Arbeitgeber erstattet werden, wie es bei Arbeitnehmern regelmäßig der Fall ist, ist der **Höchstbetrag** auf **1.900 €** beschränkt.

Von der Kürzung betroffen sind:

- sämtliche in der gesetzlichen Krankenversicherung pflichtversicherte Personen,
- freiwillig privat versicherte Arbeitnehmer, die Zuschüsse zur Krankenversicherung erhalten,
- Rentner, die Zuschüsse zur Krankenversicherung erhalten,
- Beamte, Richter, Soldaten und Geistliche,
- im Rahmen der Familienversicherung mitversicherte Ehegatten/Lebenspartner und Kinder,
- Personen, für die die Künstlersozialkasse steuerfreie Beiträge an eine Sozialversicherung oder an den Versicherten bezahlt.

Der **Höchstbetrag** von **2.800 €** gilt für Steuerpflichtige, die ihre Krankenversicherung zu 100 % selbst finanzieren und keine Erstattung von Krankheitskosten ohne eigene Beiträge erhalten. Das sind i. d. R. nur Selbstständige und Gewerbetreibende.

Bei Ehegatten/Lebenspartnern, die zusammen zur Einkommensteuer veranlagt werden, ist für jeden Ehegatten/Lebenspartner der Höchstbetrag gesondert zu bestimmen und dann eine gemeinsame Summe zu bilden.

BEISPIEL

Benjamin Bauer, Angestellter, Ehefrau nicht berufstätig, zwei Kinder, hat im Jahr 2013 Beiträge zur gesetzlichen Krankenversicherung i. H. v. 3.400 € gezahlt. Der Beitrag zu einer privaten Krankenzusatzversicherung für die Unterbringung im Einbettzimmer und Chefarztbehandlung bei Krankenhausaufenthalt beträgt 720 € und wurde durch die Versicherung bescheinigt.

B. B. zahlt 2013 Beiträge zur Pflegepflichtversicherung i. H. v. 610 €. Weitere Aufwendungen im Jahr 2013: Haftpflichtversicherungsbeiträge i. H. v. 590 € und Beiträge zu einer Lebensversicherung, abgeschlossen vor 2005, i. H. v. 2.400 €.

Folgende sonstige Vorsorgeaufwendungen können abgezogen werden:

Vorsorgeaufwendungen	€	€
Basiskranken- und Pflegepflichtversicherung		
Krankenversicherung	3.400	
Komfortleistung Krankenversicherung	0	
Pflegepflichtversicherung	610	
Summe	4.010	
in tatsächlicher Höhe abziehbar		**4.010**

Vorsorgeaufwendungen	€	€
Höchstbetrag		
Ehemann	1.900	
Ehefrau	1.900	
	3.800	

Der gemeinsame Höchstbetrag wird bereits durch die Basiskranken- und Pflegepflichtversicherung erreicht und überschritten. Beiträge in Höhe von 4.010 € sind als Sonderausgaben abziehbar. Ein Abzug der anderen sonstigen Vorsorgeaufwendungen entfällt.

TIPP

Steuervorteil durch Vorauszahlung von Kranken- und Pflegepflichtversicherungsbeiträgen

Versicherungsbeiträge werden in dem Kalenderjahr als Sonderausgaben abgezogen, in dem sie geleistet wurden. Deshalb können Beiträge zur Basiskranken- und Pflegepflichtversicherung, die für künftige Jahre vorausbezahlt werden, bis zum Zweieinhalbfachen der auf den aktuellen Veranlagungszeitraum entfallenden Beiträge im Jahr der Zahlung abgezogen werden. Der Vorteil besteht darin, dass in dem Jahr für das die Beiträge gezahlt werden, der Höchstbetrag für die anderen sonstigen Versicherungsbeiträge genutzt werden kann.

Basiskrankenversicherung und Pflegepflichtversicherung

Seit 2010 werden grundsätzlich die tatsächlichen Beiträge des Steuerpflichtigen **für sich**, seinen **Ehegatten/eingetragenen Lebenspartner** und seine **Kinder** zu einer Basiskranken- und Pflegepflichtversicherung als Sonderausgaben abgezogen. Beiträge für Ehegatten und Lebenspartner werden auf der Anlage Vorsorgeaufwand, die für die steuerlich zu berücksichtigenden Kinder auf der Anlage Kind eingetragen.

Wenn Sie Beiträge für einen geschiedenen oder dauerhaft getrennt lebenden Ehegatten/Lebenspartner bezahlt haben, siehe vertiefend → Unterhaltszahlungen.

Beiträge zur **gesetzlichen Krankenversicherung** sind in tatsächlich gezahlter Höhe abziehbar. Soweit jedoch ein Anspruch auf Krankengeld oder vergleichbare Leistungen besteht, ist der gezahlte Betrag um 4 % zu kürzen. Rentner haben keinen Anspruch auf Krankengeld, deshalb ist bei ihnen keine Kürzung vorzunehmen.

Erhebt die gesetzliche Krankenversicherung einen **Zusatzbeitrag** direkt vom Versicherten, gehört auch dieser zu den begünstigten Aufwendungen. Eine Kürzung um 4 % ist hier nicht vorzunehmen.

Beiträge zu einer **privaten Krankenversicherung** sind nur insoweit unbegrenzt abziehbar, als sie auf Vertragsleistungen entfallen, die in Art, Umfang und Höhe mit den Leistungen aus der gesetzlichen Basiskrankenversicherung vergleichbar sind. Beitragsanteile, die auf Zusatzleistungen (z.B. Chefarztbehandlung, Einbettzimmer im Krankenhaus oder Leistungen durch Heilpraktiker) entfallen, sind nur im Rahmen der nachfolgend dargestellten anderen sonstigen Vorsorgeaufwendungen abziehbar. Diese werden durch die Krankenversicherung berechnet und bescheinigt. Die Versicherung übermittelt die Höhe der begünstigten Beiträge elektronisch an eine zentrale Stelle der Finanzverwaltung.

Beiträge zu einer gesetzlichen oder privaten Pflege**pflicht**versicherung sind immer in tatsächlich gezahlter Höhe abziehbar.

Andere sonstige Vorsorgeaufwendungen

Sonstige Kranken- und Pflegeversicherungsbeiträge

Es handelt sich um Beiträge, soweit sie auf Leistungen außerhalb der Basisversorgung entfallen, z.B. Beiträge zu Wahl-, Komfort- und Zusatztarifen, zu Krankenhaustagegeld-, Krankentagegeld-, die Auslandsreisekrankenversicherungen und die freiwillige Pflegeversicherung.

Lebensversicherungen

- **Abschluss vor dem 1.1.2005**

  Ansparphase: Die Beiträge sind zu 88 % als andere sonstige Vorsorgeaufwendungen zu behandeln.

  Leistungsphase: Bei der Auszahlung der Lebensversicherungssumme sind bei vor dem 1.1.2005 abgeschlossenen Verträgen die Zinsen i.d.R. steuerfrei.

Die Kapitalauszahlung ist ohnehin nicht steuerpflichtig.

- **Abschluss nach dem 31.12.2004**

  Ansparphase: Begünstigt als Sonderausgaben nach § 10 EStG sind nur Beiträge zu Rürup-Versicherungen und nach § 10a EStG nur Beiträge zu Riester-Verträgen. Vertiefend siehe → Altersvorsorgeaufwendungen und Wohn-Riester.

  Leistungsphase: Besteuerung einer Rürup- oder Riester-Rente. Vertiefend siehe → Renten.

WICHTIG

Keine Sonderausgaben sind Beiträge zu nach 2004 abgeschlossenen Lebensversicherungsbeiträgen, die keine Rürup- oder Riester-Rentenverträge sind.

Bei nach 2004 abgeschlossenen Kapitallebensversicherungen und kapitalisierten Rentenversicherungen, die keine Rürup-Rentenverträge sind und bei denen es sich auch nicht um einen Riester-Vertrag handelt, wird der Unterschiedsbetrag zwischen der Versicherungsleistung und den geleisteten Beiträgen als Einnahme aus Kapitalvermögen durch Steuerabzug versteuert. Wird die Versicherungsleistung nach Vollendung des 62. Lebensjahres (bei vor dem 1.1.2012 abgeschlossenen Verträgen ist regelmäßig die Vollendung des 60. Lebensjahres maßgebend) und nach Ablauf von zwölf Jahren seit Vertragsabschluss ausgezahlt, ist nur die Hälfte des Unterschiedsbetrags als Kapitaleinnahme anzusetzen.

Haftpflichtversicherung

Zu den als Sonderausgabe begünstigten Haftpflichtversicherungen gehören u. a. Familienhaftpflicht, Haftpflichtversicherung für das zu eigenen Wohnzwecken genutzte Grundstück, Haftpflicht für das private Fahrzeug oder die Tierhalter-Haftpflicht.

Dient eine Haftpflichtversicherung sowohl beruflichen als auch privaten Zwecken (z. B. wenn ein Kfz beruflich und privat genutzt wird), so können Sie die Beiträge aufteilen. Der berufliche Anteil ist Betriebsausgabe oder gehört zu den Werbungskosten, der private Anteil ist Sonderausgabe.

5 Beitragsrückerstattungen

Beitragsrückerstattungen sind im Jahr der Erstattung von den gezahlten Beiträgen gleichartiger Versicherungen abzuziehen.

Ein sich danach ergebender Erstattungsüberhang ist wie folgt zu verrechnen:

Art der Vorsorgeaufwendungen	Verrechnung	Behandlung des Erstattungsüberhangs
Altersvorsorgeaufwendungen	mit anderen Altersvorsorgeaufwendungen	Minderung der Sonderausgaben **im (früheren) Zahlungsjahr** (evtl. Änderung des Bescheid)
Basiskranken- oder Pflegepflichtversicherung	innerhalb der Basiskranken- und Pflegepflichtversicherung	**Hinzurechnung zum Gesamtbetrag der Einkünfte** des Jahres der Erstattung (wirkt wie negative Sonderausgaben)
andere sonstige Vorsorgeaufwendungen	innerhalb der anderen sonstigen Vorsorgeaufwendungen	Minderung der Sonderausgaben **im (früheren) Zahlungsjahr** (evtl. Änderung des Bescheid)

Waren die Beiträge zur Krankenversicherung wegen Wahl- oder Komfortleistungen nur teilweise abziehbar, sind auch die Erstattungen nur insoweit anzurechnen. Die Erstattungen sind auf der Anlage Vorsorgeaufwand ausdrücklich zu benennen.

6 Vorsorgepauschale

Die Vorsorgepauschale wird nur im Lohnsteuerabzugsverfahren (quasi als vorweggenommener Sonderausgabenabzug) berücksichtigt. Ein Abzug der Vorsorgepauschale entfällt im Rahmen der Veranlagung zur Einkommensteuer.

7 Günstigerprüfung

Die heutigen Regelungen zum Abzug von Vorsorgeaufwendungen sind in bestimmten Fällen ungünstiger als nach der für das Kalenderjahr 2004 geltenden, früheren Gesetzesfassung. Zur Vermeidung einer Schlechterstellung wird in diesen Fällen eine Günstigerprüfung durch das Finanzamt durchgeführt und ggf. der höhere Betrag nach altem Recht berücksichtigt. Dabei werden die Höchstbeträge nach altem Recht seit 2011 abgeschmolzen. Einbezogen in die Überprüfung werden nur Vorsorgeaufwendungen, die nach aktuellem Recht dem Grund nach abziehbar sind. Hierzu gehört aber nicht der steuerfreie Arbeitgeberanteil zur gesetzlichen Rentenversicherung und ein diesem gleichgestellter steuerfreier Zuschuss des Arbeitgebers.

TIPP

Einen **zusätzlichen Erhöhungsbetrag** für Beiträge zu einer Rürup-Versicherung gibt es im Rahmen der Günstigerprüfung. Dieser beträgt für 2013 76 % der Beiträge zu dieser Versicherung. Ein individueller Höchstbetrag ist aber zu beachten. Von diesem Erhöhungsbetrag profitieren in erster Linie Selbstständige, Gewerbetreibende, Beamte und Gesellschafter-Geschäftsführer.

Zum Versorgungsausgleich nach Scheidung siehe → Altersvorsorgeaufwendungen und Wohnriester.

Werbungskosten, -pauschbeträge und -pauschalen

Wenn Sie Aufwendungen im Zusammenhang mit Ihren Einkünften steuerlich absetzen wollen, ist dies nur möglich, wenn es sich dabei um Werbungskosten handelt.

§§ 9, 9a EStG, R 9a EStR

1 Was sind Werbungskosten?

Aufwendungen in Zusammenhang mit Überschusseinkünften werden als Werbungskosten bezeichnet.

Überschusseinkünfte sind:

- Einkünfte aus nicht selbstständiger Arbeit,
- Einkünfte aus Vermietung und Verpachtung,
- Einkünfte aus Kapitalvermögen,
- sonstige Einkünfte (z. B. Altersrente).

Werbungskosten sind im Jahr der Bezahlung (= Abflussprinzip) zu berücksichtigen. Werden Gegenstände mit einer mehrjährigen Nutzung angeschafft (wie Computer, Möbel), kommt es ggf. ausnahmsweise zu einer Verteilung der Aufwendungen auf die Nutzungsdauer des Gegenstands. Vertiefend siehe → Abschreibungen/Arbeitsmittel, → Abschreibunge/Anschaffungs- und Herstellungskosten und → Abschreibungen/Gebäude.

Übersteigen die Werbungskosten die Summe der Einnahmen (z. B. Großreparatur bei einem Mietwohngrundstück), kommt es zu einem Verlust.

TIPP

Auch vorab entstandene Werbungskosten können unter bestimmten Umständen geltend gemacht werden, z. B. Bewerbungskosten.

Nähere Informationen dazu, wann Kosten eines Studiums abzugsfähig sind, finden Sie unter → Fortbildung/Fachtagungen.

WICHTIG

Nach § 147a AO müssen Steuerpflichtige, bei denen die Summe der positiven Einkünfte der Überschusseinkünfte mehr als 500.000 € im Kalenderjahr beträgt, Aufzeichnungen und Unterlagen über die Einnahmen und Werbungskosten sechs Jahre aufbewahren.

2 Grundvoraussetzung für den Abzug

Sehr viele Aufwendungen haben einen Bezug zu einer Einkunftsart und zusätzlich noch einen privaten Anlass. Steuerlich spricht man von einer gemischten Veranlassung. Der BFH ist von seiner engen Auffassung, dass eine Aufteilung von gemischten Aufwendungen nur in Ausnahmefällen möglich ist, abgerückt. So hat er bei einer gemischt veranlassten Reise die Kosten für die Hin- und Rückreise anteilig zum Abzug zugelassen.

BFH, Urteil v. 21.9.2009, GrS 1/06

Die Ausführungen des BFH sind auch auf andere gemischte Aufwendungen anwendbar. Voraussetzung ist, dass die beruflich veranlassten Anteile feststellbar und nicht von untergeordneter Bedeutung sind. Ob eine Aufteilung in Betracht kommt, lässt sich nach folgendem Schema ermitteln:

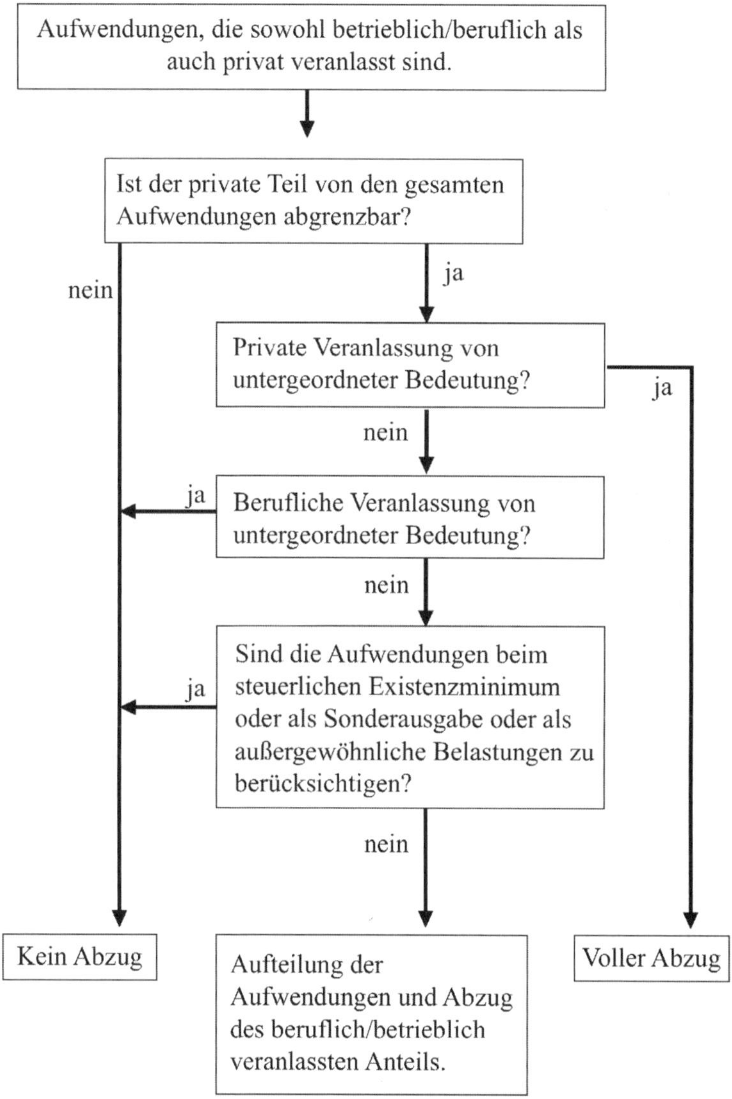
Aufwendungen, die sowohl betrieblich/beruflich als auch privat veranlasst sind.
Ist der private Teil von den gesamten Aufwendungen abgrenzbar?
nein
ja
Private Veranlassung von untergeordneter Bedeutung?
ja
nein
ja
Berufliche Veranlassung von untergeordneter Bedeutung?
nein
ja
Sind die Aufwendungen beim steuerlichen Existenzminimum oder als Sonderausgabe oder als außergewöhnliche Belastungen zu berücksichtigen?
nein
Kein Abzug
Aufteilung der Aufwendungen und Abzug des beruflich/betrieblich veranlassten Anteils.
Voller Abzug

3 Typische Werbungskosten

Nachfolgend sind, getrennt nach den Einkunftsarten, die am häufigsten vorkommenden Arten von Werbungskosten aufgelistet.

Einkünfte aus nichtselbstständiger Arbeit:

→ Arbeits-/Berufskleidung

→ Arbeitsmittel (Aktentasche, Werkzeuge etc.)

→ Arbeitszimmer

Auslandsreisen → Reisekosten

Beiträge zum Berufsverband (z. B. Gewerkschaftsbeiträge)

Bewerbungskosten s. u.

Bewirtungskosten

Computer → Abschreibungen/ Anschaffungs- und Herstellungskosten

Dienstreisen → Reisekosten

→ Doppelte Haushaltsführung

Einsatzwechseltätigkeit
→ Reisekosten,
→ Entfernungspauschale

Fachbücher/Fachzeitschriften

Fachtagungen → Fortbildung/ Fachtagungen, → Fahrtkosten

Kontoführungsgebühr (pauschal 16 €)

Parkgebühren
→ Reisekosten, → Fahrtkosten

Studien- und Sprachreisen

Telefonkosten

→ Umzugskosten

Unfallkosten → Fahrtkosten

Einkünfte aus Kapitalvermögen

ACHTUNG

Mit Einführung der Abgeltungsteuer 2009 sind Werbungskosten für Kapitaleinnahmen nur in wenigen Ausnahmefällen abzugsfähig. Vertiefend siehe → Abgeltungsteuer.

Einkünfte aus Vermietung und Verpachtung → Abschreibungen/Gebäude

Annoncen (im Zusammenhang mit der Mietersuche)

Beiträge zum Hausbesitzerverein

Erbbauzins

Erschließungs-/Anschlusskosten
→ Fahrtkosten, → Finanzierungskosten (Zinsen, Kosten einer Grundschuldbestellung etc.)

Grundsteuer

Heizkosten

Gartenanlagen

Kabelanschluss (Aufwendungen für den Anschluss an das Breitbandkabel sind bei bestehenden Gebäuden als Reparaturen absetzbar)

Kontoführungsgebühr (pauschal 16 € je Objekt)

Mietvertragsformulare

Möbel (bei möblierter Vermietung sind die Anschaffungskosten für die Möbel i.d.R. über 13 Jahre verteilt abzuschreiben; soweit ein Möbelstück nicht mehr als 487,90 € kostet, kann ein Sofortabzug in voller Höhe vorgenommen werden)

Rechtsanwalts- und Prozesskosten im Zusammenhang mit Streitigkeiten mit dem Mieter und Handwerkern, die Reparaturen unsachgemäß durchgeführt haben (Aufwendungen im Zusammenhang mit Baumängeln, die bei der Gebäudeerstellung aufgetreten sind, rechnen zu den Herstellungskosten des Gebäudes)

→ Reparaturen

SAT-Schüssel (Aufwendungen für die Anbringung einer SAT-Anlage sind bei bestehenden Gebäuden als Reparaturen abzugsfähig)

Umsatzsteuer (wird umsatzsteuerpflichtig vermietet, gehört die vereinnahmte Umsatzsteuer zu den Einnahmen, die an das Finanzamt abgeführten Umsatzsteuerbeträge sind Werbungskosten; gleiches gilt für Umsatzsteuerbeträge, die dem Hausbesitzer in Rechnung gestellt werden.

Verwaltungskosten (z.B. Kosten für Schriftverkehr und Telefonate mit dem Mieter)

Wasser (Kosten für Entwässerung)

→ Vermietung/Immobilien

! WICHTIG

Aufwendungen eines im Inland lebenden Ausländers für das Erlernen der deutschen Sprache sind regelmäßig keine Werbungskosten.

BFH, Urteil v. 15.3.2007, VI R 14/04

Bewerbungskosten

Bewerbungskosten sind als Werbungskosten abziehbar (§ 9 EStG). Hiervon sind die Beträge abzuziehen, die ggf. bei einem Vorstellungsgespräch durch den Arbeitgeber oder die Bundesagentur für Arbeit erstattet worden sind.

Für die steuerliche Beurteilung kommt es nicht darauf an, ob die Bewerbung Erfolg hatte. Es kommt nur darauf an, dass durch die Bewerbung Kosten entstanden sind.

Abziehbare Kosten

Abziehbar sind die Kosten für

- Beglaubigungen, Stellenanzeigen, Fotokopien,
- Porto, E-Mail-Kosten und Telefon,
- Vorstellungsreisen,
- Verpflegungsmehraufwand wie bei Dienstreisen → Reisekosten,
- Übernachtungen bei Vorstellungsreisen,
- Übersetzungen, Urkunden,
- Bewerbungsbilder,
- Bewerbungsmappen.

Stehen den Aufwendungen wegen ganzjähriger Arbeitslosigkeit keine Einnahmen gegenüber, so ist der dadurch entstandene Verlust nach § 10d EStG auf das vorangegangene Jahr rücktragsfähig.

! WICHTIG

Das FG Köln ließ die Kostenermittlung bei einem Steuerpflichtigen, der

350 Bewerbungen glaubhaft gemacht hatte, im Schätzungswege zu und setzte die Kosten für jede Bewerbungsmappe mit 8,70 € an.

FG Köln, Urteil v. 7.7.2004, 7 K 932/03

Telefonkosten

Bei privater und beruflicher Verwendung eines Telefons in der Wohnung oder eines eigenen Mobiltelefons, einschließlich des Autotelefons, Internets und sonstiger Onlineverbindungen, sind die Telefongrund- und -gesprächsgebühren in einen privaten und einen beruflichen Anteil aufzuteilen. Die auf den beruflichen Anteil entfallenden Kosten sind als Werbungskosten abziehbar.

Die Aufteilung hat durch Schätzung zu erfolgen, wenn geeignete Unterlagen und Aufzeichnungen fehlen. Aufzeichnungen über einen Zeitraum von drei Monaten werden als ausreichend angesehen

! WICHTIG

Für Arbeitnehmer gilt grundsätzlich „ohne Beleg kein Abzug". Hingegen ist es im Zusammenhang mit Vermietungseinkünften nicht üblich, der Steuererklärung Belege beizulegen (Ausnahme: Reparaturaufwendungen in großem Umfang).

4 Abzugsbeschränkungen

Vertiefend siehe → Arbeitszimmer, → Doppelte Haushaltsführung und → Reisekosten.

Bewirtungskosten im Rahmen von Arbeitsverhältnissen

Bewirtungsaufwendungen können im Einzelfall Werbungskosten sein, im Wesentlichen ist auf den Anlass der Bewirtung abzustellen. Dabei ist anhand der gesamten Umstände des Einzelfalles (u.a. Ort der Veranstaltung, Veranstalter, Teilnehmer, Modalitäten bei der Durchführung) zu ermitteln, ob die Veranstaltung eher einen beruflichen oder privaten Charakter hat.

Für eine berufliche Veranlassung spricht:

- Geschäftsräume als Ort der Bewirtung
- als Gäste sind Geschäftspartner, Kollegen, Mitarbeiter, Angehörige des öffentlichen Lebens, nicht Bekannte und Freunde geladen
- Arbeitgeber als Einladender

Die Art der Bezüge (erfolgsabhängig oder nicht) spielt keine entscheidende Rolle mehr.

Liegt sowohl eine berufliche als auch private Veranlassung vor, ist eine Aufteilung der Kosten vorzunehmen.

Beispielsfälle, bei denen die Kosten zum Abzug zugelassen wurden:

- Abschiedsfeier eines Oberarztes oder eines leitenden Beamten

- Antrittsvorlesung eines Chefarztes an einer Universitätsklinik mit anschließendem Empfang

  BFH, Urteil v. 10.7.2008, VI R 26/07

- Kommandoübergabe mit Verabschiedung aus dem Dienst eines Brigadegenerals

  BFH, Urteil v. 19.6.2008, VI R 48/07

- Feier eines Behördenleiters mit seinen Mitarbeitern anlässlich des Behördenjubiläums

  BFH, Urteil v. 6.3.2008, VI R 68/06

- 25-jähriges Dienstjubiläum eines Geschäftsführers

  BFH, Urteil v. 1.2.2007, VI R 25/03)

Die 30%ige Abzugsbeschränkung gem. § 4 Abs. 5 S. 1 Nr. 2 EStG kommt nicht zum Zuge, wenn nur Mitarbeiter eingeladen werden. Eine derartige Bewirtung ist mit der betrieblich veranlassten Bewirtung von Arbeitnehmern durch einen Unternehmer vergleichbar, für die ebenfalls keine Abzugsbeschränkung gilt.

BFH, Urteil v. 18.9.2007, I R 75/06

Werden allerdings auch andere Personen bewirtet, sind insoweit nur 70 % der gesamten Kosten abzugsfähig.

R 4.10 Abs. 7 EStR

Ebenfalls ohne Abzug abzugsfähig sind Bewirtungskosten, die der Arbeitnehmer übernimmt, obwohl es sich um ein Fest des Arbeitgebers handelt.

Darlehen an Arbeitgeber

Gewährt der Arbeitnehmer dem Arbeitgeber ein Darlehen und wird später auf die Forderung verzichtet, liegen in Höhe des noch werthaltigen Betrags Werbungskosten vor

BFH, Urteil v. 25.11.2010, VI R 34/08

5 Vergebliche Aufwendungen

Aufwendungen, die Werbungskosten darstellen, sich aber nachträglich als vergeblich herausgestellt haben, z. B. für eine Bewerbung, die zu keiner Anstellung geführt hat, sind trotzdem abzugsfähig.

Muss ein Arbeitnehmer wegen vorzeitigen Ausscheidens z. B. nach erfolgter Ausbildung eine Vertragsstrafe zahlen, ist diese als Werbungskosten bzw. Betriebsausgabe abzugsfähig

BFH, Urteil v. 22.6.2006, VI R 5/03

Das kann auch für eine Schadensersatzzahlung gelten, die anlässlich einer Vertragsaufhebung z. B. bei einem Grundstückskaufvertrag geleistet wird

BFH, Urteil v. 7.6.2006, IX R 45/05, BStBl II 2006, 803

6 Werbungskostenpauschbeträge/-pauschalen

Ein pauschaler Abzug lohnt sich immer dann, wenn die Pauschbeträge/Pauschalen höher sind als die tatsächlich angefallenen Aufwendungen.

Werbungskostenpauschbeträge

Soweit nicht höhere Aufwendungen geltend gemacht werden, erhalten Sie automatisch folgende Werbungskostenpauschbeträge:

- wenn Sie eine Rente oder Unterhaltszahlungen erhalten haben, 102 €,
- Arbeitnehmer mit Lohnsteuerkarte unabhängig von der Beschäftigungs-

dauer und der Anzahl der Beschäftigungsverhältnisse 1.000 € (Arbeitnehmer-Pauschbetrag).

WICHTIG

Versorgungsempfänger (Pensionäre) erhalten nur den Werbungskostenpauschbetrag von 102 €.

Pauschbeträge dürfen allerdings nicht zu negativen Einkünften führen.

Pauschalen

Grundsätzlich sind nur tatsächliche Aufwendungen, die nachweisbar bzw. glaubhaft sind, als Werbungskosten abzugsfähig. Im Einzelfall lässt das Finanzamt auch pauschale Abzüge zu, sofern nicht ohnehin die Werbungskostenpauschbeträge zum Abzug kommen oder höhere Kosten nachgewiesen werden.

WICHTIG

Für Kontoführungsgebühren können Sie als Rentner, als Pensionär oder als Vermieter (pro Objekt) jährlich pauschal 16 € als Werbungskosten geltend machen

Pauschale Betriebsausgaben (BA)

Bestimmte Berufsgruppen können einen pauschalen Betriebsausgabenabzug in Anspruch nehmen, wobei der Nachweis höherer BA unbenommen bleibt.

Siehe hierzu die Stichworte → Einnahme-Überschuss-Rechnung und → Ehrenamt.

Einkünfte aus Vermietung und Verpachtung

- Für jedes vermietete Haus (bzw. jede Eigentumswohnung) können Sie pauschal 16 € Bankgebühren absetzen.
- Verwaltungskosten (z. B. für Fahrten zum Mietwohngrundstück im Zusammenhang mit Reparaturen) bleiben i. H. v. pauschal 50 € i. d. R. unbeanstandet.

Arbeitnehmer

Betragen Ihre Werbungskosten mehr als die Arbeitnehmer-Pauschale, akzeptieren die Finanzämter i. d. R. einen pauschalen Abzug für

- Arbeitsmittel i. H. v. 110 € und
- Kontoführungsgebühren i. H. v. 16 €.

Zur Abzugsfähigkeit von Trinkgeldern siehe vertiefend → Reisekosten.

Sparerpauschbetrag

Vertiefend siehe → Abgeltungsteuer und → Kapitaleinkünfte.

7 Einkünfte aus Ehrenämtern

Alles was ehrenamtlich Tätige (z. B. Übungsleiter, Vereinsvorstände, Ratsmitglieder) interessiert, haben wir in dem Stichwort Ehrenamt zusammengestellt. Vertiefend siehe → Ehrenamt.

Zusatzeinkünfte

Das Finanzamt ist an Ihren Zusatzeinkünften interessiert. Ob Steuern davon zu bezahlen sind, hängt von zahlreichen Faktoren ab.

§§ 15, 18, 19 EStG.

1 Lohnt sich Schwarzarbeit?

Eine Vielzahl von Nebentätigkeiten wird „schwarz" vorgenommen. Man sollte sich jedoch von vornherein darüber im Klaren sein, dass Schwarzarbeit erhebliche Risiken mit sich bringt.

Neben der Steuernachzahlung kann es zur Festsetzung einer nicht unerheblichen Geldbuße oder Geldstrafe kommen. Und ein böser Nachbar oder geschiedener Ehegatte war schon häufig Anlass für ein Steuerstrafverfahren.

2 Wie ist meine Nebentätigkeit steuerlich zu behandeln?

Tätigkeit als Arbeitnehmer

- Arbeit mit Lohnsteuerkarte

  Wenn Sie mit Ihrem Arbeitgeber eine lohnsteuerpflichtige Beschäftigung vereinbart haben, ist er verpflichtet, Steuern und Abgaben abzuführen. Die zweite Lohnsteuerkarte (Steuerklasse VI) erhalten Sie von der Gemeinde. Da sämtliche Freibeträge schon bei der ersten Steuerkarte berücksichtigt werden, ist der Abzug sehr hoch. Der Arbeitslohn sowie ggf. anfallende Werbungskosten sind auf der Anlage N aufzuführen. Die Steuerkarte muss zusammen mit der Steuererklärung beim Finanzamt eingereicht werden.

- Behandlung als Aushilfslohn

  In bestimmten Fällen kann eine Aushilfslohnbesteuerung durchgeführt werden. Vertiefend siehe → Minijobs.

Sie sind „selbstständig" tätig. Welche Einkunftsart liegt vor?

Wenn Sie auf „eigene Faust und Rechnung" tätig sind, handelt es sich entweder um

- Einkünfte aus Gewerbebetrieb (z. B. Tätigkeit als Handwerker, Verkauf von Produkten, Vermittlungsgeschäfte) oder um
- Einkünfte aus selbstständiger Tätigkeit (z. B. schriftstellerische, unterrichtende oder wissenschaftliche Tätigkeit).

TIPP

Passen Sie auf, dass Sie mit Ihren Privatverkäufen (z. B. bei einer Internetplattform) nicht zum Unternehmer werden. Denn auch Privatverkäufe können unter Umständen Umsatzsteuer auslösen, wenn eine intensive und auf Langfristigkeit angelegte Verkaufstätigkeit vorliegt. Im entschiedenen Fall wurde in drei Jahren bei mehr als 1.200 Verkäufen ein

Umsatz von 20.000 € bis 30.000 € jährlich erzielt.

BFH, Urteil v. 26.4.2012, V R 2/11

Ähnliche Steuerfallen lauern z.B. auf einen erfolgreichen Pokerspieler, der regelmäßig über Jahre hinweg erfolgreich an namhaften, mit hohen Preisen dotierten Turnieren teilnimmt, Die Gewinne unterliegen nach Ansicht des FG Köln der Einkommensteuer.

FG Köln Urteil v. 31.10.2012 12 K 1136/11

Einnahmen aus Kinderbetreuung

Betreut die Tagespflegeperson ein Kind in dessen Familie, ist sie i.d.R. Arbeitnehmer.

In allen anderen Fällen sind Einnahmen aus der **Kindertagespflege,** unabhängig von der Anzahl der betreuten Kinder und von der Herkunft der vereinnahmten Mittel (z.B. von den Eltern oder vom Jugendamt), steuerpflichtige Einnahmen aus freiberuflicher Tätigkeit.

Soweit Aufwendungen für eine Unfallversicherung oder zur Alterssicherung erstattet werden, gehören diese zu den steuerpflichtigen Einnahmen.

Die Steuerbefreiungsvorschriften des § 3 Nr. 11 und Nr. 26 EStG sind nicht anwendbar.

TIPP

Allerdings sind nach § 3 Nr. 9 EStG Erstattungen nach § 23 Abs. 2 S. 1 Nr. 3 und 4 sowie nach § 39 Abs. 4 S. 2 SGB VIII steuerfrei. Hierbei handelt es sich um die Erstattung nachgewiesener Aufwendungen für Beiträge zu einer Unfallversicherung sowie die hälftige Erstattung nachgewiesener Aufwendungen zu einer angemessenen Alterssicherung der Tagespflegeperson und die hälftige Erstattung nachgewiesener Aufwendungen zu einer angemessenen Krankenversicherung und Pflegeversicherung.

Steuerfrei nach § 3 Nr. 11 EStG sind dagegen

- Pflegegeld und Beihilfe bei einer Vollzeitpflege nach § 33 SGB VIII (Ausnahme: Es werden mehr als sechs Kinder gleichzeitig im Haushalt aufgenommen).
- Geldleistungen der Jugendämter für die spezialisierte Tagespflege nach § 32 SGB VIII.

Ebenfalls bis zur Höhe der Leistungen nach SGB XII steuerfrei ist das Betreuungsentgelt, das an Gastfamilien im Rahmen des betreuten Wohnens behinderter Menschen gezahlt wird (§ 3 Nr. 10 EStG). Dies gilt unabhängig davon, ob die Geldleistungen vom Sozialleistungsträger oder vom behinderten Menschen selbst getragen werden.

Betriebsausgaben

Anstelle der tatsächlichen Betriebsausgaben können bei einer Betreuungszeit von acht Stunden und mehr pro Kind und Tag aus Vereinfachungsgründen 300 € je Kind und Monat pauschal als Betriebsausgaben abgezogen werden. Sie sind bei geringerer Betreuungszeit anteilig zu kürzen. Findet die Betreuung im Haushalt der Sorgeberechtigten oder in unentgeltlich zur Verfügung gestellten Räumlichkeiten als selbstständige Tätigkeit statt, kann die Betriebsausgabenpauschale nicht abgezogen werden. Die Betriebsausgabenpauschale darf nur bis zur Höhe der Betriebseinnahmen abgezogen werden. Soweit tatsächlich höhere Aufwendungen nachgewiesen werden, können diese angesetzt werden.

BMF, Urteil v. 17.12.2007, IV C 3, S 2342/07/0001

Heimerziehung

Ist die Betreuung als Heimerziehung einzustufen, gehören auch Zahlungen für die Bestreitung der Sach- und Unterhaltsaufwendungen des Kindes zu den Betriebseinnahmen.

Aus Vereinfachungsgründen können in diesen Fällen diese Beträge wieder als Betriebsausgaben angesetzt werden. Der Betriebsausgabenabzug für anderweitige, im Zusammenhang mit der Kindesbetreuung entstandene Kosten, die keine Sach-und Unterhaltsaufwendungen für das Kind darstellen, bleibt unberührt.

BMF, Urteil v. 27.11.2012, IV C 3, S 2342/07/0001: 126

Die Gewinnermittlung

In der Gewinnermittlung sind sämtliche im Jahr 2013 vereinnahmten (Barzahlung oder Gutschrift) Erlöse in einem Gesamtbetrag aufzuführen. Wenn Sie Ende 2013 eine Arbeit erledigt, die Einnahmen aber z. B. erst im Februar 2014 bekommen haben, sind die Erlöse erst in der Steuererklärung für das Jahr 2014 aufzuführen.

Bei den Betriebsausgaben funktioniert es genauso. Ausgenommen hiervon sind Anlagegüter. Diese Aufwendungen sind auf die voraussichtliche Nutzungsdauer abzuschreiben.

Überblick Abschreibungen

ACHTUNG

Abhängig von den Anschaffungs- bzw. Herstellungskosten (AK/HK) bestehen seit 2010 zwei Alternativen:

Abschreibung mit Sammelposten

AK/HK	Methode
bis zu 150 €	Sofortabschreibung
mehr als 150 € bis max. 1.000 €	Bildung eines Sammelpostens; Verteilung über fünf Jahre
ab 1.001 €	Lineare Abschreibung nach Nutzungsdauer

Abschreibung ohne Sammelposten

AK/HK	Methode
bis zu 410 €	Sofortabschreibung oder lineare Abschreibung nach Nutzungsdauer
ab 411 €	Lineare Abschreibung nach Nutzungsdauer

Maßgebend sind immer die Nettokosten, d. h. ohne enthaltene Umsatzsteuer.

WICHTIG

Die Wahl zwischen den beiden Methoden kann für ein Jahr nur einheitlich für alle Wirtschaftsgüter bis zu

Anschaffungs- bzw. Herstellungskosten von 1.000 € getroffen werden.

Im nächsten Jahr kann erneut entschieden werden.

Abschreibung mit Sammelposten

Sofortabschreibung für Wirtschaftsgüter mit AK bis 150 €

Haben Sie nicht mehr als 150 € (zzgl. Umsatzsteuer) für die Anschaffung ausgegeben, sind die Kosten Betriebsausgaben im Jahr der Zahlung (kein Wahlrecht!).

Sammelposten

Die Auflösung des Sammelpostens erfolgt im Wirtschaftsjahr der Bildung und den folgenden vier Wirtschaftsjahren mit jeweils 20 %.

BEISPIEL

U hat im Dezember 2013 einen PC für 600 € und einen Schreibtisch für 1.000 € netto erworben. Der Gesamtbetrag von 1.600 € ist in einen Sammelposten aufzunehmen. Die Abschreibung beträgt in 2013 und den folgenden vier Jahren jeweils 320 €.

WICHTIG

Wird z. B. der Schreibtisch nach zwei Jahren verkauft, ist das für den Sammelposten unbeachtlich. Dieser ist wie bisher weiterzuführen. Der Verkaufserlös ist allerdings in dem entsprechenden Jahr zu erfassen.

Abschreibung ohne Sammelposten

Wirtschaftsgüter mit AK/HK bis 410 €

Haben die Anschaffungs-/Herstellungskosten nicht mehr als 410 € (zzgl. Umsatzsteuer) betragen, können die Kosten als Betriebsausgaben im Jahr der Zahlung behandelt werden. Es besteht auch die Möglichkeit der Abschreibung über die Nutzungsdauer (Wahlrecht!).

Höhere AK/HK

Alle anderen Wirtschaftsgüter müssen nach der Nutzungsdauer abgeschrieben werden.

BEISPIEL

U hat im Dezember 2013 ein Netbook für 400 € und einen Schreibtisch für 1.000 € netto erworben. Die AK für das Netbook können als BA behandelt werden. Der Schreibtisch muss über die Nutzungsdauer (13 Jahre) abgeschrieben werden. Die Möglichkeit, einen Sammelposten zu bilden, gibt es nicht.

WICHTIG

Wird der Schreibtisch bei dieser Methode nach zwei Jahren verkauft, mindert der noch nicht abgeschriebene Restwert den Gewinn im Verkaufsjahr.

Regelung für andere Einkunftsarten

Die Möglichkeit, einen Sammelposten zu bilden, gibt es nur bei den Gewinneinkünften, d. h. für Einkünfte aus Land- und Forstwirtschaft, Gewerbebetrieb oder selbstständiger Arbeit – unabhängig davon, ob die Unternehmer bilanzieren oder ihren Gewinn durch Einnahme-Überschuss-Rechnung nach § 4 Abs. 3 EStG ermitteln.

Bei den Überschusseinkünften, d. h. bei den Einkünften aus nicht selbstständiger Arbeit, Vermietung und Verpachtung, Kapitalvermögen oder sonstigen Einkünften, gibt es den Sammelposten nicht. Für Anschaffungskosten bis 410 € netto gilt nur das Wahlrecht, diese sofort abzuschreiben oder die Kosten auf die Nutzungsdauer zu verteilen.

Abschreibung über die Nutzungsdauer

Lineare Abschreibung

Alle Wirtschaftsgüter, deren AK/HK den Betrag von 410 € bzw. 1.000 € übersteigen, sind linear abzuschreiben. Hierbei werden die AK/HK gleichmäßig auf die voraussichtliche Nutzungsdauer verteilt.

Degressive Abschreibung

Die degressive Abschreibung wurde abgeschafft, kann aber für alte Wirtschaftsgüter noch weitergeführt werden.

Verluste

Verluste können nur dann steuermindernd berücksichtigt werden, wenn aus der Nebentätigkeit über die Jahre hinweg insgesamt mit einem Gewinn gerechnet werden kann.

Ist also von vornherein klar, dass Sie immer Verluste erwirtschaften, bleibt die gesamte Nebentätigkeit steuerlich als sog. „Liebhaberei" unberücksichtigt.

TIPP

Wenn Ihnen das Finanzamt einen Verlust nicht anerkennen will, machen Sie deutlich, dass Sie tatsächlich bemüht sind, einen Gewinn zu erzielen. Weisen Sie darauf hin, dass Sie im Moment in der Investitionsphase sind. Auch bei gewinnträchtigen Unternehmen wurden häufig in der Anlaufphase Verluste erzielt.

Muss ich Umsatzsteuer an das Finanzamt bezahlen?

TIPP

Die Nullbesteuerung können Sie anwenden, wenn Ihr Vorjahresumsatz nicht über 17.500 € liegt und der voraussichtliche Umsatz des laufenden Jahres weniger als 50.000 € beträgt.

In diesem Fall müssen Sie keine Umsatzsteuer an das Finanzamt abführen. Sie erhalten aber auch die in Kostenrechnungen enthaltenen Umsatzsteuerbeträge nicht als Vorsteuer vom Finanzamt erstattet.

- Sie dürfen unter keinen Umständen auf Ihren Rechnungen Umsatzsteuer ausweisen (z. B. „1.000 € zzgl. 190 € Umsatzsteuer" oder „im Betrag sind 19 % Umsatzsteuer enthalten“). Sonst schulden Sie die Umsatzsteuerbeträge.

Kommt die Nullbesteuerung nicht in Betracht, muss Umsatzsteuer an das Finanzamt abgeführt werden. Andererseits werden die von anderen Unternehmern in Rechnung gestellten Umsatzsteuerbeträge vom Finanzamt als Vorsteuer erstattet.

Wenn die Regelbesteuerung zum Zuge kommt, müssen Sie eine Umsatzsteuererklärung abgeben.

3 Einnahme-Überschuss-Rechnung

Weitere Informationen finden Sie unter → Einnahme-Überschuss-Rechnung.

TIPP

Eine ausführliche Darstellung der verschiedenen Gewinnermittlungsarten, der umsatzsteuerlichen Vorschriften sowie Tipps zur Verwendung des amtlichen Vordrucks erhalten Sie in unserem Band „Steuer 2014 für Unternehmer, Selbstständige und Existenzgründer“.

4 Einkünfte aus Ehrenämtern

Alles, was ehrenamtlich Tätige interessiert, haben wir in dem Stichwort Ehrenamt zusammengestellt. Vertiefend siehe → Ehrenamt.

Teil III: Ergänzende Hinweise zum Veranlagungsverfahren 2013

1 Steuererklärungsabgabepflicht

Steuererklärungspflicht

Eine Einkommensteuererklärung muss abgeben, wer vom Finanzamt dazu aufgefordert wird. Aber auch ohne Aufforderung sieht das Gesetz vor, dass grundsätzlich jeder Steuerpflichtige nach Ablauf des Kalenderjahres eine eigenhändig unterschriebene Steuererklärung abgeben muss. Wählen Ehegatten die Zusammenveranlagung, müssen sie eine gemeinsame Steuererklärung abgeben, die von beiden eigenhändig zu unterschreiben ist. Bei der Abgabe von ELSTER-Erklärungen (elektronische Einkommensteuererklärung) wird auf eine Unterschrift verzichtet, wenn die Übermittlung der Daten im authentifizierten Verfahren erfolgt.

Bei der Verpflichtung zur Abgabe einer Einkommensteuererklärung wird noch zwischen Personen mit Arbeitslohn und solchen ohne Arbeitslohn unterschieden.

- Steuerpflichtige **ohne** Einkünfte aus **nichtselbstständiger Tätigkeit**.
  Die Erklärungspflicht besteht, wenn der Gesamtbetrag der Einkünfte
  - bei der Zusammenveranlagung von Ehegatten das Zweifache des Grundfreibetrags (2013: 2 × 8.130 € = 16.260 €) oder
  - bei Einzelveranlagung den Grundfreibetrag (2013: 8.130 €)

  überschreitet.

- Steuerpflichtige **mit** Einkünften aus **nichtselbstständiger Tätigkeit**.
  Hier handelt es sich um Arbeitnehmer, Pensionäre oder Betriebsrentner. Durch den Lohnsteuerabzug des Arbeitgebers ist die Einkommensteuer grundsätzlich abgegolten. Eine Veranlagung zur Einkommensteuer ist dem Grunde nach nicht notwendig. Bei bestimmten Fallkonstellationen kann es vorkommen, dass bisher zu wenig Steuer einbehalten wurde. In diesen in § 46 Abs. 2 EStG abschließend aufgeführten Fällen besteht eine Verpflichtung zur Abgabe einer Einkommensteuererklärung.
  Eine **Pflichtveranlagung** ist durchzuführen, wenn
  - die positive Summe der Einkünfte, die nicht dem Steuerabzug vom Arbeitslohn (alle anderen Einkünfte außer Arbeitslohn) zu unterwerfen waren, mehr als 410 € im Jahr beträgt,

- die positive Summe der Einkünfte und Leistungen, die dem Progressionsvorbehalt unterliegen (insbesondere steuerfreie Lohnersatzleistungen, z. B. Arbeitslosengeld, Kurzarbeitergeld, Mutterschaftsgeld oder Elterngeld), mehr als 410 € im Jahr beträgt,
- der Steuerpflichtige **nebeneinander** von mehreren Arbeitgebern normal versteuerten Arbeitslohn (kein pauschal versteuerter Lohn aus einem Minijob oder einer zeitlich begrenzten Tätigkeit) bezogen hat,
- bei einem Steuerpflichtigen die beim Lohnsteuerabzug berücksichtigte Vorsorgepauschale größer ist als die als Sonderausgaben abziehbaren sonstigen Vorsorgeaufwendungen,
- Ehegatten, die zusammen zur Einkommensteuer zu veranlagen sind, beide Arbeitslohn bezogen haben und einer nach der Steuerklasse V oder VI besteuert oder bei Steuerklasse IV der Faktor eingetragen worden ist,
- für einen Steuerpflichtigen ein Freibetrag (ausgenommen Pauschbetrag für behinderte Menschen und Zahl der Kinderfreibeträge) als ELStAM (elektronisches Steuerabzugsmerkmal) für den Lohnsteuerabzug ermittelt worden ist und der im Kalenderjahr insgesamt erzielte Arbeitslohn 10.200 € oder bei Ehegatten, die die Voraussetzungen der Zusammenveranlagung erfüllen, 19.400 € übersteigt,
- bei einem Elternpaar, bei dem die Voraussetzungen für die Ehegattenveranlagung nicht vorliegen, der Freibetrag zur Abgeltung des Sonderbedarfs bei Berufsausbildung eines volljährigen Kindes (Ausbildungsfreibetrag) oder der Pauschbetrag für ein behindertes Kind in einem anderen Verhältnis als je zur Hälfte beantragt wurde,
- bei einem Steuerpflichtigen die Lohnsteuer ermäßigt besteuert wurde (z. B. bei Abfindungen in Zusammenhang mit der Beendigung eines Dienstverhältnisses),
- der Arbeitgeber die Lohnsteuer von einem sonstigen Bezug berechnet hat und dabei der Arbeitslohn aus früheren Dienstverhältnissen des Kalenderjahres außer Betracht geblieben ist (Großbuchstabe S in der Lohnsteuerbescheinigung),
- die Ehe des Arbeitnehmers im Veranlagungszeitraum durch Tod, Scheidung oder Aufhebung aufgelöst worden ist und er oder sein Ehegatte der aufgelösten Ehe im Veranlagungszeitraum wieder geheiratet hat,

Eine Steuererklärungspflicht besteht außerdem, wenn zum Ende des vergangenen Veranlagungszeitraums ein verbleibender Verlustvortrag festgestellt worden ist oder wenn der Steuerpflichtige einer kirchensteuererhebenden Religionsgemeinschaft angehört und ihm bei Auszahlung von Zinsen, Dividenden oder Veräußerungserlösen aus dem Verkauf von Wertpapieren zwar Kapitalertragsteuer und

Solidaritätszuschlag, aber keine Kirchensteuer einbehalten wurde. In diesen Fällen ist nur die Kirchensteuer im Rahmen der Veranlagung nachträglich festzusetzen.

Freiwillige Steuererklärung

Der Steuerpflichtige kann auch freiwillig eine Einkommensteuererklärung beim Finanzamt einreichen und eine Veranlagung beantragen. Grund für eine sog. **Antragsveranlagung** ist das Streben nach einer Einkommensteuererstattung durch Anrechnung von zu hoch einbehaltener Quellensteuer (Lohnsteuer, Kapitalertragsteuer, ausländischer Quellensteuer) auf die Einkommensteuer.

Gründe für eine Antragsveranlagung können z. B. sein:

- Anrechnung von zu hoch einbehaltenen Quellensteuern (Lohnsteuer, Kapitalertragsteuer, ausländische Quellensteuer) auf die Einkommensteuer,
- erhöhte Werbungskosten aus nichtselbstständiger Arbeit (mehr als 1.000 € bei aktiven Arbeitnehmern und mehr als 102 € bei Pensionären und Betriebsrentnern),
- erhöhte Sonderausgaben (wenn die Summe aus Unterhalt an den geschiedenen/dauernd getrennt lebenden Ehegatten, Kirchensteuer, Kinderbetreuungskosten, Berufsausbildungskosten außerhalb eines Dienstverhältnisses, Schulgeld und Spenden mehr als 36 € bzw. 72 € bei zusammenveranlagten Ehegatten beträgt),
- der Abzug von außergewöhnlichen Belastungen (z. B. Unterhaltszahlungen an Eltern oder Kinder, die keine Kinder im Sinne des EStG sind oder nicht eheliche Lebenspartner, Krankheitskosten, Beerdigungskosten, Kosten für Wiederbeschaffung von Hausrat und Kleidung infolge von Naturkatastrophen sowie Scheidungskosten),
- die Berücksichtigung eines nicht ausgenutzten Sparer-Pauschbetrags,
- der Beginn oder das Ende einer beruflichen Tätigkeit im Laufe des Jahres,
- die Heirat,
- die Geburt eines Kindes,
- der Tod des Steuerpflichtigen,
- die Entstehung von Verlusten aus einer Einkunftsart,
- die Geltendmachung eines Verlusts aus einer Einkunftsart und die Verrechnung mit anderen positiven Einkünften,
- die Berücksichtigung von Verlusten, die in vorhergehenden Kalenderjahren nicht ausgeglichen werden konnten,

- die Inanspruchnahme von Steuerermäßigungen (z. B. wegen Beschäftigung einer Haushaltshilfe, für haushaltsnahe Tätigkeiten, für Pflege- und Betreuungskosten einer Person im Haushalt oder für handwerkliche Leistungen) oder
- die Inanspruchnahme von Steuerreduzierungen im Rahmen einer Günstigerprüfung (z. B. wurde bei Kapitalerträgen die Kapitalertragsteuer mit 25 % – Abgeltungsteuer – einbehalten, der persönliche Steuersatz ist aber niedriger).

Form der Steuererklärung

Die Einkommensteuererklärung ist auf **amtlichem Vordruck**, also schriftlich, abzugeben. Der Hauptvordruck (Mantelbogen, ESt 1A) ist immer notwendig, denn aus ihm ergeben sich die persönlichen Angaben. Welche Anlagen dem Hauptvordruck beizufügen sind, bestimmt sich nach den individuellen Verhältnissen des Steuerpflichtigen. Es ist ausreichend, wenn der Steuerpflichtige selbstgezogene Kopien der amtlichen Einkommensteuererklärungsvordrucke einreicht. Auch Ausdrucke der Internetformulare aus dem Formularmanagementsystem des Bundesfinanzministeriums können abgegeben werden.

Nichtamtliche Vordrucke, die z. B. in Zusammenhang mit einem Steuererklärungsprogramm (z. B. Haufe-Verlag) erstellt werden, sind zugelassen, wenn sie im Layout den amtlichen Vordrucken entsprechen.

Die Daten können nach der Steuerdaten-Übermittlungsverordnung auch in **elektronischer Form** bei der Finanzverwaltung eingereicht werden. Die Übermittlung erfolgt über ELSTER (Elektronische Steuererklärung). Für die elektronische Abgabe der Steuererklärung gibt es zwei verschiedene Verfahren.

- In der einfachen Form werden die Daten mithilfe eines Steuererklärungsprogramms am Computer erstellt. Die Daten werden elektronisch gesendet. Anschließend druckt man zu Hause eine **komprimierte Steuererklärung** aus, unterschreibt diese und schickt sie an das zuständige Finanzamt. Dort können die elektronischen Daten anhand der Steuernummer und einer in der komprimierten Steuererklärung enthaltenen Telenummer dem jeweiligen Steuerpflichtigen zugeordnet werden. Die Steuererklärung ist erst abgegeben, wenn die unterschriebene komprimierte Papiererklärung beim Finanzamt ist.
- Auf die unterschriebene komprimierte Steuererklärung kann verzichtet werden, wenn man eine **authentifizierte Steuererklärung** an die Finanzverwaltung übermittelt. Dazu ist es notwendig, dass man sich im ElsterOnline-Portal (www.elsteronline.de) registrieren lässt. Durch die Registrierung erwirbt man ein sog. ELSTER-Zertifikat (elektronischer Schlüsselcode). Wenn Ihre endgültige Authentifizierung erfolgreich war, können Sie sich künftig mit Ihrer PIN anmelden und Ihre Steuererklärungen **papierlos** mit fälschungssicherer digitaler Unterschrift abgeben. Die authentifizierte Steuererklärung ist bereits mit der elektronischen Übermittlung der Daten abgegeben.

Es gibt unterschiedliche Verfahren der Zertifizierung. Ein **einfaches ELSTER-Basis-Zertifikat** kann man sich kostenfrei auf die Festplatte des eigenen (einzelnen) PCs herunterladen. Mit **ELSTER-Spezial** (kostenpflichtig) erhält man das elektronische Zertifikat auf einem speziellen **USB-Sicherheitsstick**. Damit erreicht man höchste Benutzerfreundlichkeit und kann die Steuererklärungen von **verschiedenen PCs** elektronisch versenden. **Mit ELSTER-Plus** (kostenpflichtig) gibt es das persönliche Zertifikat auf einer **Signaturkarte** und erreicht damit höchste Sicherheit. Außerdem hat man die Möglichkeit, den Inhalt des Steuerkontos, z. B. fällige und offene Beträge, geleistete Zahlungen etc., abzufragen.

Durch die elektronische Abgabe von Steuererklärungen haben Sie Vorteile. Die Finanzverwaltung verspricht eine **schnellere Bearbeitung** der Steuererklärung. Es gibt weniger Rückfragen durch das Finanzamt, da die eingegebenen Daten durch die Software bereits auf formale Richtigkeit und Plausibilität geprüft wurden. Es kann keine Datenerfassungsfehler durch das Finanzamt geben. Auf die **Vorlage von Belegen** wird von der Verwaltung **weitestgehend verzichtet**. Nur die gesetzlich vorgeschriebenen Belege (Bescheinigungen über Lohn- oder Einkommensersatzleistungen, Spenden und Steuerbescheinigungen) sind einzureichen. Alle anderen Belege sind nur auf Anforderung durch das Finanzamt vorzulegen. Die Steuer wird bei Erstellung der Steuererklärung sofort berechnet und dem Steuerbürger zur Information angezeigt. In den Folgejahren können die Daten des jeweils vorangegangenen Jahres in die aktuelle Steuererklärung übernommen werden.

Steuerbürger mit Gewinneinkünften

Diese haben die gesetzliche Verpflichtung, elektronische Steuererklärungen (ELSTER) beim Finanzamt einzureichen. Dies betrifft die Einkommen-, Gewerbe- und Umsatzsteuer. Letztere auch dann, wenn nur Einkünfte aus Vermietung vorliegen. Bei Gewinnermittlung durch Überschussrechnung ist auch die Anlage EÜR elektronisch abzugeben. Bilanzierende Steuerpflichtige sind seit 2012 verpflichtet, den Jahresabschluss (Bilanz und Gewinn-und-Verlustrechnung) als **e-Bilanz** elektronisch einzureichen. Lohnsteueranmeldungen und Umsatzsteuervoranmeldungen müssen auch in elektronischer Form abgegeben werden. Arbeitgeber erhalten die Daten für den Lohnsteuerabzug jedes Arbeitnehmers künftig nur noch als elektronische Lohnsteuerabzugsmerkmale (ELStAM) durch die Finanzverwaltung zur Verfügung gestellt. Die von Ihnen ausgestellte Lohnsteuerbescheinigung geht auch auf elektronischem Wege ans Finanzamt.

Unterlagen, Belege, Nachweise

Lohnbescheinigungen brauchen Sie nicht einreichen, weil der Arbeitgeber diese bereits in elektronischer Form an die Finanzverwaltung übermittelt hat. Auch von Renten- oder Pensionszahlungen, Kranken- und Pflegeversicherungsbeiträgen erhält die Finanzverwaltung eine elektronische Information.

Gesetzlich vorgeschriebene Belege z. B. Bescheinigungen über Lohnersatzleistungen, Unterlagen über die Gewinnermittlung, die Steuerbescheinigung über anrechenbare Kapitalertragsteuer (Abgeltungsteuer) und die Bescheinigung über anrechenbare ausländische Steuern, müssen immer zusammen mit der Einkommensteuererklärung eingereicht werden. Auch der Zuwendungsnachweis (Bescheinigung von abziehbaren Spenden und Mitgliedsbeiträgen), ein Nachweis bestimmter außergewöhnlicher Belastungen, z. B. der Nachweis einer Behinderung und ein Nachweis der Unterhaltsbedürftigkeit gehören dazu.

Andere als die zuvor genannten Belege z. B. über Arbeitsmittel oder Nachweise über Beiträge an Berufsverbände sowie Bestätigungen zu Lebens- oder Haftpflichtversicherungen sowie der von Ihrem Arbeitgeber ausgehändigte Ausdruck der elektronischen Lohnsteuerbescheinigung müssen nur auf Anforderung durch das Finanzamt vorgelegt werden. Auch der Nachweis der Aufwendungen für haushaltsnahe Dienstleistungen oder Handwerker bzw. für Kinderbetreuungskosten (Rechnung des Dienstleisters und Beleg des Kreditinstituts – Kontoauszug – über die Zahlung auf das Konto des Erbringers der Dienstleistung) sind nicht automatisch der Steuererklärung beizufügen. Diese Unterlagen müssen allerdings bis zur Bestandskraft des Steuerbescheids aufbewahrt werden.

Wenn außergewöhnliche oder erstmalige Umstände die Höhe der Steuer beeinflussen, wird eine sofortige Belegeinreichung empfohlen. Dies ist beispielsweise bei beruflich bedingten Umzugsaufwendungen, der Begründung einer doppelten Haushaltsführung oder der Einrichtung eines häuslichen Arbeitszimmers bzw. bei Heirat der Fall.

2 Der Steuerbescheid

2.1 Was steht alles in meinem Steuerbescheid?

Der Steuerbescheid, den Sie vom Finanzamt bekommen, sieht in den verschiedenen Bundesländern unterschiedlich aus. Der Grundaufbau aller Einkommensteuerbescheide ist gleich. Folgende Übersicht hilft Ihnen:

Grundaufbau eines Steuerbescheids	
Gliederung	**Was Sie wo finden**
Festsetzung	In diesem Abschnitt erfahren Sie, wie viel Steuer – unterteilt in Einkommensteuer, Kirchensteuer und Solidaritätszuschlag – für das Jahr **festgesetzt** worden ist, für das der Steuerbescheid erteilt wurde.
Abrechnung	Das Finanzamt wird zum einen von der festgesetzten Steuer die vom Arbeitgeber einbehaltene Lohnsteuer, Kirchensteuer und den Solidaritätszuschlag, zum anderen in Einzelfällen eine von der Bank einbehaltene Kapitalertragsteuer abziehen und so die **verbleibenden Steuern** ermitteln. Wenn Sie (vierteljährliche) Steuervorauszahlungen geleistet haben, werden diese auch in diesem Abschnitt angerechnet. Hier erfahren Sie dann, ob und in welcher Höhe sich im Ergebnis eine Erstattung oder eine Nachzahlung für Sie ergibt, ob Ihnen der Erstattungsbetrag ausbezahlt oder auf eine andere Steuerart umgebucht wird, bzw. bei Nachzahlungen, bis wann Sie zahlen müssen.
Vorauszahlungen	Hier wird Ihnen mitgeteilt, ob und in welcher Höhe Vorauszahlungen zur Einkommensteuer und den Zuschlagsteuern für das laufende Kalenderjahr und die folgenden Jahre festgesetzt wurden. In Einzelfällen können auch noch Vorauszahlungen für das zurückliegende Jahr nachträglich angepasst worden sein. Die Vorauszahlungen bemessen sich grundsätzlich nach der Einkommensteuer der letzten Veranlagung. Prüfen Sie, ob die Werte noch mit der aktuellen Einkommenssituation übereinstimmen. Sind Ihre Einkünfte gesunken, können Sie jederzeit einen Antrag auf Anpassung der Vorauszahlungen beim Finanzamt einreichen.
Besteuerungsgrundlagen zur Steuerfestsetzung	In diesem Abschnitt wird das der Steuerfestsetzung zugrunde liegende **zu versteuernde Einkommen** ermittelt. Hier können Sie verfolgen, in welcher Höhe das Finanzamt Einnahmen bei den einzelnen Einkunftsarten angesetzt hat und ob Ihre Betriebsausgaben oder Werbungskosten in dem von Ihnen gewünschten Umfang abgezogen wurden. Auch über die Höhe der abgezogenen Sonderausgaben oder außergewöhnlichen Belastungen wird informiert.

Grundaufbau eines Steuerbescheids	
Berechnung der Steuer	Ausgehend vom zu versteuernden Einkommen wird hier die **Berechnung der Einkommensteuer, Kirchensteuer und des Solidaritätszuschlags** dargestellt. Bei der Berechnung der Steuer werden **Steuerermäßigungen,** z. B. für gewerbliche Einkünfte, Parteispenden und haushaltsnahe Dienstleistungen oder Reparaturen im eigenen Haushalt, direkt von der Einkommensteuer abgezogen. Sind bei Ihnen Kinder steuerlich zu berücksichtigen, sind bei der Berechnung von Kirchensteuer und Solidaritätszuschlag Kinderfreibeträge immer berücksichtigt worden. Bei der Einkommensteuer werden Kinderfreibeträge nur abgezogen, wenn sie steuerlich günstiger als die Kindergeldansprüche sind. In diesen Fällen wird zwar der Kinderfreibetrag bei der Berechnung des zu versteuernden Einkommens abgezogen, das ausbezahlte Kindergeld erhöht aber wiederum die festzusetzende Steuer.
Erläuterungen	Wenn das Finanzamt von den Angaben in der Steuererklärung abweicht, ist es verpflichtet, die Abweichung anzugeben und zu begründen. Außerdem wird hier erläutert, ob und in welchen Punkten der Bescheid vorläufig ist, weil gegen bestimmte steuerliche Bestimmungen Gerichtsverfahren anhängig sind. Bezüglich der vorläufigen Punkte kann der Bescheid, nachdem die Urteile ergangen sind, ggf. geändert werden.
Rechtsbehelfsbelehrung	Hier wird Ihnen mitgeteilt, wie und innerhalb welcher Frist Sie sich gegen den Steuerbescheid wehren können, wenn Sie meinen, dass er nicht richtig ist. Vertiefend siehe unter „Wie kann ich mich gegen unrichtige Bescheide wehren?“.
Hinweise	In diesen Teilen stehen allgemeine rechtliche Informationen über formale steuerliche Vorschriften.
Zahlung und Folgen verspäteter Zahlung	Hier werden Informationen zur Überweisung der fälligen Steuerbeträge und zur wirksamen Zahlung gegeben. Sie werden auch auf die Möglichkeit des Lastschrifteinzugsverfahrens hingewiesen, um künftig eine verspätete Zahlung zu vermeiden. Auf die Möglichkeit der Festsetzung eines Säumniszuschlags und weiterer Vollziehungsgebühren wird hingewiesen.

2.2 Wie überprüfe ich meinen Steuerbescheid?

Haben Sie bisher Ihren Steuerbescheid immer nach dem Motto „wird schon stimmen“ oder „ich kann ja eh nichts machen“ zur Seite gelegt?

Dann sollten Sie Ihre Einstellung dazu ändern, denn es geht schließlich um das Ihnen zustehende Geld. Unabhängige Überprüfungen ergeben jährlich aufs Neue, dass eine Vielzahl von Steuerbescheiden falsch ist und häufig zu wenig Geld erstattet wird. Klar, wo Menschen arbeiten, passieren Fehler. Wenn Sie weiterhin bedenken, wie kompliziert das Steuerrecht ist – dass es immer noch komplizierter wird – und dass die Bearbeiter im Finanzamt in immer kürzerer Zeit immer mehr Steuererklärungen bearbeiten müssen und daher hoffnungslos überlastet sind, kann Sie das nicht überraschen.

TIPP

Sehen Sie Ihren Steuerbescheid immer durch und prüfen Sie die Angaben auf ihre Richtigkeit. Was nützt Ihnen der beste Steuertipp, wenn das Finanzamt Ihre Ausgaben **zu Unrecht** nicht anerkennt und Sie es auf sich beruhen lassen?

Mit der folgenden Checkliste geht die Überprüfung schnell und einfach!

Checkliste

Überprüfung des Steuerbescheids

Welcher Bereich des Steuerbescheids?		Was und wie kann ich prüfen?
Adressat	☐	Sind die Angaben zu Ihrer Person und die Ihres Ehegatten richtig?
Festsetzung Abrechnung	☐	Ist die Kirchenzugehörigkeit richtig? Ist das Datum zu einem evtl. Kirchenaustritt während des Jahres richtig?
	☐	Stimmt die vom Finanzamt angerechnete Lohnsteuer, Kirchensteuer und der Solidaritätszuschlag mit den von mir auf der **Anlage N** eingetragenen Werten überein?
	☐	Stimmen die vom Finanzamt angerechnete Kapitalertragsteuer und der Solidaritätszuschlag mit dem von mir auf der **Anlage KAP** eingetragenen Wert überein? (Bitte nur, wenn Ihre Kapitaleinkünfte im zu versteuernden Einkommen enthalten sind.)
	☐	Stimmen die vom Finanzamt angerechneten Einkommensteuer-, Kirchensteuer- und Solidaritätszuschlags-Vorauszahlungen mit den von mir tatsächlich gezahlten überein?
	☐	Steht im Steuerbescheid die richtige Bankverbindung für die Erstattung. Gegebenenfalls müssen Sie sofort das Finanzamt informieren.

Überprüfung des Steuerbescheids

Besteuerungsgrundlagen Vergleichen Sie die im Steuerbescheid dargestellte Berechnung des zu versteuernden Einkommens mit Ihrer Steuererklärung. Bei jeder Abweichung sehen Sie nach, ob das Finanzamt die Abweichung erläutert und begründet hat. Gehen Sie dabei wie folgt vor:

1. Überprüfung der Einkünfte

- ☐ **Anlage G und Anlage S:** Stimmt der angesetzte Gewinn mit dem erklärten überein?
- ☐ **Anlage N:** Stimmt der Bruttoarbeitslohn? Ist bei Pensionen der Versorgungsfreibetrag und der Zuschlag abgezogen worden? Tauchen die erklärten Werbungskosten im Bescheid auf?
- ☐ **Anlage R:** Ist der Rentenbetrag wie erklärt berücksichtigt? Ist der steuerpflichtige Teil der Rente (Besteuerungsanteil oder Ertragsanteil) richtig berechnet worden?
- ☐ **Anlage V:** Sind die Einkünfte wie erklärt angesetzt worden? Wurden alle Werbungskosten (insbesondere Abschreibungen, Finanzierungskosten und Erhaltungsaufwendungen) berücksichtigt?

2. Überprüfung des Gesamtbetrags der Einkünfte

- ☐ Sofern Sie vor 2012 das 64. Lebensjahr vollendet haben, müsste dort der Altersentlastungsbetrag stehen (aber nur, wenn Sie außer Renten- und Versorgungsbezügen noch andere in der Summe positive Einkünfte hatten).
- ☐ Sofern Sie alleinerziehend sind, ist dort ein Entlastungsbetrag für Alleinerziehende berücksichtigt?

3. Überprüfung der Sonderausgaben

- ☐ Tauchen alle im **Hauptvordruck** auf der Seite 2 eingetragenen Beträge im Steuerbescheid auf? Sind für Vorjahre nachgezahlte oder erstattete Kirchensteuern berücksichtigt worden?

Überprüfung des Steuerbescheids

- ☐ Sind alle Versicherungsbeiträge aus der **Anlage Vorsorgeaufwand** berücksichtigt? Prüfen Sie insbesondere, ob alle Beiträge zur Kranken- und Pflegeversicherung für Sie, Ihren Ehegatten oder die Kinder, soweit sie der Basisabsicherung dienen, abgezogen wurden. Andere Versicherungsbeiträge wirken sich evtl. steuerlich nicht oder nicht in voller Höhe aus, da diese über den möglichen Höchstbeträgen liegen. Die Berechnung der abziehbaren Versicherungsaufwendungen wird im Bescheid nicht ausführlich dargestellt.
- ☐ Wurden in der **Anlage Kind** (Seite 3) beantragte Kinderbetreuungskosten und das Schulgeld als Sonderausgaben berücksichtigt?
- ☐ Haben Sie den Sonderausgabenabzug für die Beiträge zur Riester-Rente beantragt und bekommen?

4. Überprüfung der außergewöhnlichen Belastungen

- ☐ Sind die auf der Seite 3 des **Hauptvordrucks** beantragten Aufwendungen (Pauschbetrag für behinderte Menschen, Pflegepauschbetrag) und die anderen außergewöhnlichen Belastungen allgemeiner Art zutreffend erfasst? Wurde die zumutbare Belastung richtig berechnet?
- ☐ Wurden auf der **Anlage Unterhalt** beantragte Unterhaltszahlungen angesetzt?
- ☐ Wurde der auf Seite 2 der **Anlage Kind** beantragte Freibetrag wegen Berufsausbildung berücksichtigt?

Überprüfung des Steuerbescheids		
Berechnung der Steuer	**5. Steuerermäßigung**	
	☐	Haben Sie eine Steuerermäßigung z. B. für gewerbliche Einkünfte mit Gewerbesteuerpflicht (Anlage G) oder für Parteispenden bzw. Spenden an freie Wählervereinigungen (Hauptvordruck Seite 2) oder i. Z. m. Tätigkeiten rund um Ihren Haushalt wie z. B. Haushaltshilfen, haushaltsnahe Dienstleistungen, Reparaturen im Haushalt oder Pflegeleistungen (Hauptvordruck Seite 3) beantragt?
	☐	Wurde die Steuerermäßigung berechnet und von der tariflichen Einkommensteuer abgezogen?
	6. Kinder	
	☐	Sind neben den Kindern unter 18 Jahren auch solche über 18 Jahre durch Abzug des Kinderfreibetrags oder durch einen Hinweis, dass das Kindergeld günstiger ist, berücksichtigt worden?

Wenn Sie Abweichungen feststellen, nehmen Sie sich nochmals die Zeit, die Eintragungsbemerkungen im Teil I dieses Ratgebers zu den betreffenden Steuererklärungsvordrucken sorgfältig durchzugehen. Vergleichen Sie den aktuellen Steuerbescheid auch mit dem des Vorjahres. Vielleicht haben Sie beim Ausfüllen der Steuererklärung doch etwas übersehen und deshalb nicht geltend gemacht oder eine Eintragung ist in einer unzutreffenden Zeile vorgenommen worden. Jetzt ist auch noch Zeit, Betriebsausgaben, Werbungskosten, Sonderausgaben und außergewöhnliche Belastungen im Einspruchsverfahren nachzumelden.

2.3 Wie kann ich mich gegen unrichtige Bescheide wehren?

2.3.1 Einspruch

Wenn Sie mit dem Steuerbescheid nicht einverstanden sind, können Sie dagegen **Einspruch** erheben. In einem Einspruchsverfahren fallen – auch für den Fall, dass Ihr Einspruch vergeblich war – keine Verfahrenskosten an. Wenn Sie einen zugelassenen Steuerberater mit der Einspruchseinlegung beauftragen, müssen Sie jedoch in aller Regel die anfallenden Gebühren für die Durchführung des Einspruchsverfahrens selbst tragen. Und zwar auch dann, wenn Sie Recht bekommen! Nur in seltenen Fällen der Amtspflichtverletzung haben Sie die Chance, auf dem

Zivilrechtsweg die notwendigen Beratergebühren als Schadensersatz vom Finanzamt zu erhalten. Soweit das Einspruchsverfahren den betrieblichen Bereich oder die Ermittlung anderer Einkünfte betrifft, gehören die im Einspruchsverfahren anfallenden Steuerberatungskosten zu den Betriebsausgaben oder Werbungskosten bei der jeweiligen Einkunftsart. Soweit sie den Hauptvordruck oder andere Anlagen z.B. Kind, Unterhalt oder Vorsorgeaufwand bzw. die Erstellung der Erbschaftsteuererklärung betreffen, sind die Kosten steuerlich nicht abzugsfähig.

Form

Einen Einspruch können Sie nur **schriftlich** beim Finanzamt einlegen. Das kann ein **Schriftstück**, ein Telegramm, ein **Telefax** oder eine **E-Mail** sein. Bei Letzteren ist zu beachten, dass Sie das Risiko tragen, wenn der Einspruch wegen technischer Übertragungsprobleme nicht rechtzeitig beim Finanzamt eingeht. Sie können Ihren Einspruch auch direkt beim Finanzamt zu Protokoll geben. Achten Sie darauf, dass aus dem Einspruchsschreiben Ihr Name, Ihre Anschrift und Ihre Steuernummer erkennbar sind. Außerdem sollten Sie angeben, gegen welchen Steuerbescheid (Steuerart und Jahr) sich der Einspruch richtet.

Eine inhaltliche Begründung für den Einspruch ist zwar gesetzlich nicht zwingend vorgeschrieben, Sie sollten aber in Ihrem Einspruchsschreiben angeben, was im Steuerbescheid Ihrer Meinung nach falsch ist. Für das Einspruchsschreiben müssen Sie eine bestimmte Frist einhalten; die Begründung können Sie später nachreichen.

Mustereinspruchsschreiben

Datum

An das
Finanzamt …

Name, Vorname, Steuernummer
Steuerbescheid für 2013 vom …
über Einkommensteuer, Solidaritätszuschlag und Kirchensteuer

Sehr geehrte Damen und Herren,
gegen den oben angegebenen Steuerbescheid lege ich **Einspruch** ein.
Eine Begründung für den Einspruch folgt innerhalb der nächsten vier Wochen.
Bitte bestätigen Sie mir den Eingang des Einspruchs.

Mit freundlichen Grüßen

(Unterschrift)

Rechtsbehelfsfrist

Der Einspruch muss bis zum Ende der Rechtsbehelfsfrist bei dem Finanzamt, das den Bescheid erlassen hat, eingegangen sein. Die Rechtsbehelfsfrist beträgt einen Monat nach Bekanntgabe des Bescheids. Ein Bescheid gilt mit dem dritten Tag nach Aufgabe des Bescheids zur Post (= Datum des Bescheids = Bekanntgabetag) als bekanntgegeben. Dieser Tag gilt auch dann, wenn Sie den Bescheid tatsächlich früher im Briefkasten hatten. Ist der dritte Tag ein Samstag, Sonntag oder Feiertag, verschiebt sich der Bekanntgabetag auf den nächsten Werktag. Geht Ihnen der Bescheid tatsächlich **später** zu, zählt als Bekanntgabetag der tatsächliche Zugangstag, aber nur, wenn Sie dies nachweisen oder glaubhaft machen können (z.B. Umzug mit Nachsendeauftrag, Poststreik). Wenn Sie (schlüssig) darlegen können, dass Sie **keinen** Bescheid erhalten haben, beginnt auch keine Einspruchsfrist.

Ab dem auf den Bekanntgabetag folgenden Tag berechnet sich die Rechtsbehelfsfrist von einem Monat. Fällt der letzte Tag dieser Frist auch auf einen Samstag, Sonntag oder Feiertag, dann verlängert sich die Frist erneut bis zum Ablauf des darauffolgenden Werktags.

BEISPIEL

Als Bescheiddatum ist im Steuerbescheid Dienstag, der 15.4.2014 abgedruckt.

Als Bekanntgabetag des Bescheids gilt grundsätzlich der 18.4.2014. Da dies jedoch ein Feiertag (Karfreitag) ist, verschiebt sich der Bekanntgabetag hier auf den nächsten Werktag, Dienstag, den 22.4.2014.

Die Rechtsbehelfsfrist endet dann regulär mit Ablauf des 22.5.2014 (Donnerstag, 24 Uhr). Würde das reguläre Ende der Rechtsbehelfsfrist auf einen Samstag, Sonntag oder Feiertag fallen, verlängert sich die Frist nochmals bis zum nachfolgenden Werktag (24 Uhr).

Frist versäumt

Unter Umständen ist der Einspruch auch noch möglich, wenn die Frist bereits abgelaufen ist. Das gilt dann, wenn Sie die Frist ohne eigenes Verschulden versäumt haben. Das ist z.B. der Fall, wenn Sie

- während der gesamten Dauer der Rechtsbehelfsfrist im Urlaub waren und der Urlaub nicht länger als sechs Wochen gedauert hat,
- beim Ablauf der Frist (letzter Tag) durch ein unvorhersehbares und unabwendbares Ereignis (plötzliche schwere Erkrankung, Unfall) verhindert waren,

- eine Rechtsbehelfsbelehrung unterblieben oder unrichtig erteilt wurde (hier verlängert sich die Frist auf ein Jahr),
- Abweichungen von der Steuererklärung vom Finanzamt nicht erläutert bekommen haben und deshalb die Frist abgelaufen ist.

Trifft einer der genannten Punkte bei Ihnen zu, dann legen Sie sofort Einspruch ein und beantragen gleichzeitig „**Wiedereinsetzung in den vorigen Stand** (§ 110 AO)“. Klingt kompliziert, bedeutet aber, dass Sie so behandelt werden, als hätten Sie die Frist nicht versäumt.

TIPP

Prüfen Sie bei versäumter Rechtsbehelfsfrist insbesondere den letzten Punkt sehr sorgfältig. **Fehlende Erläuterungen im Steuerbescheid** bei Abweichungen von der Steuererklärung kommen in der Praxis leider immer wieder vor. Aber hier können Sie dies zu Ihrem Vorteil nutzen, denn wenn Sie jetzt Einspruch einlegen, ist der **gesamte** Fall wieder „offen“. Das heißt, Sie können nicht nur die vom Finanzamt nicht berücksichtigten Kosten beanstanden, sondern auch noch weitere steuermindernde Ausgaben erstmals geltend machen.

HINWEIS

Einspruch durch E-Mail und fehlende Rechtsbehelfsbelehrung

Das Finanzamt muss nach Auffassung des Niedersächsischen Finanzgerichts in der Rechtsbehelfsbelehrung ausdrücklich darauf hinweisen, dass ein Einspruch auch per E-Mail eingelegt werden kann. Versäumt es dies, kann der Einspruch noch innerhalb eines Jahres eingelegt werden. Gegen das Urteil ist eine Revision beim BFH unter dem Aktenzeichen X R 2/12 anhängig.

2.3.2 Einspruch eingelegt – trotzdem zahlen?

Wenn sich aus dem Steuerbescheid eine Nachzahlung ergibt, müssen Sie das Geld grundsätzlich spätestens am Fälligkeitstag (im Bescheid angegeben) bezahlen. Sonst fallen automatisch **Säumniszuschläge** an. Daran ändert auch ein eingelegter Einspruch nichts. Es gibt jedoch die Möglichkeit, unter Umständen die Zahlung in Höhe des strittigen Betrags hinauszuschieben, bis das Finanzamt den Einspruch bearbeitet hat. Dazu müssen Sie in jedem Fall Ihren Einspruch genau begründen und gleichzeitig die sog. **Aussetzung der Vollziehung** (§ 361 AO) beantragen. Diese ist zu gewähren, wenn nach überschlägiger Prüfung des Sachverhalts ernste Zweifel an der Richtigkeit des Bescheids bestehen.

Wurde die Vollziehung ausgesetzt und bleibt Ihr Einspruch erfolglos, müssen Sie allerdings neben der Steuer noch (Aussetzungs-)Zinsen (0,5 % je vollen Monat des Zinslaufs) bezahlen.

2.3.3 Ruhen des Verfahrens

Wenn Sie Einspruch einlegen wollen, weil bei einem obersten Gericht (BVerfG oder BFH) ein Musterverfahren in gleicher Sache anhängig ist, ist es sinnvoll, im Einspruchsschreiben gleichzeitig unter Hinweis auf das laufende Gerichtsverfahren das Ruhen des Verfahrens (§ 363 AO) zu beantragen. Sie können so abwarten und ohne Prozess- und Kostenrisiko von einem für Sie positiven Ausgang profitieren. Vertiefend siehe „Wie verhalte ich mich bei anhängigen Gerichtsverfahren?“.

2.3.4 Wie erfahre ich vom Ergebnis des Rechtsbehelfsverfahrens?

Im Einspruchsverfahren wird der Fall in vollem Umfang durch das Finanzamt erneut geprüft. Durch den Einspruch ist der gesamte Fall wieder offen. Das Finanzamt könnte den Bescheid also sogar zu Ihrem Nachteil ändern (**Verböserung**). Das geht aber nur, wenn Sie vorher mit Angabe von Gründen darüber informiert worden sind. Sie können in diesem Fall den Einspruch zurücknehmen, womit das Einspruchsverfahren ohne Änderung beendet ist.

Allgemein gilt, dass das Rechtsbehelfsverfahren vom Finanzamt praktisch immer förmlich abgeschlossen werden muss. Dabei gibt es verschiedene Möglichkeiten:

- **Ihr Einspruch ist in vollem Umfang oder zumindest teilweise erfolgreich**. In diesem Fall erhalten Sie einen **geänderten Steuerbescheid** (einen sog. Abhilfebescheid). Dort werden Sie im Erläuterungsteil des Bescheids über die vorgenommenen Änderungen informiert und, wenn das Finanzamt alle von Ihnen beanstandeten Punkte geändert hat, auch darüber, dass das Einspruchsverfahren beendet ist (Text sinngemäß: „Ihrem Antrag wurde in vollem Umfang entsprochen. Hierdurch erledigt sich Ihr Rechtsbehelf.“). Dasselbe passiert auch, wenn Sie sich mit dem Finanzamt über alle strittigen Punkte einigen.
- Sind **mehrere Punkte strittig** und das Finanzamt möchte **nur einige davon ändern**, dann erhalten Sie i.d.R. ebenfalls einen geänderten Steuerbescheid, in dem die geänderten Punkte erläutert werden. Außerdem werden Sie darüber informiert, dass das Einspruchsverfahren noch nicht beendet ist (Text sinngemäß: „Dieser Bescheid tritt an die Stelle des angefochtenen Bescheids. Der Einspruch ist hierdurch nicht erledigt; das Verfahren wird fortgesetzt.“).
- Ihr **Einspruch wird vom Finanzamt abgewiesen**. In diesem Fall muss das Finanzamt eine förmliche Einspruchsentscheidung erlassen (Text sinngemäß: „Der Einspruch wird als unzulässig verworfen oder als unbegründet abgewie-

sen."). Darin wird das Finanzamt die gesetzlichen Vorschriften erläutern und genau begründen, warum Ihr Einspruch abgelehnt worden ist.

Sind sie mit der Entscheidung des Finanzamts nicht einverstanden, können Sie gegen die Einspruchsentscheidung beim zuständigen Finanzgericht innerhalb eines Monats Klage erheben. Einzelheiten dazu können Sie der Rechtsbehelfsbelehrung entnehmen, die der Einspruchsentscheidung beigefügt ist. Zur Fristwahrung reicht der rechtzeitige Eingang der Klageschrift. Die Klagebegründung können Sie nachreichen.

HINWEIS

Teileinspruchsentscheidung

Oft wird wegen eines anhängigen Musterverfahrens Einspruch eingelegt. Das hat zur Folgen, dass der Bescheid nicht nur hinsichtlich des Streitpunkts, sondern **insgesamt nicht bestandskräftig** wird. Da sich die Entscheidung über das Musterverfahren hinziehen kann, bleibt die Veranlagung über diese Zeit offen. Ergeben sich zu nicht strittigen Punkten neue Gesichtspunkte, können diese als neue Streitpunkte in das Verfahren eingeführt werden. Häufig geht das Interesse dahin, die Veranlagung möglichst lange offen zu halten, um von neuen – günstigen – Rechtsentwicklungen zu profitieren. Um dem zu begegnen, wurde dem Finanzamt in der Abgabenordnung eine **Teileinspruchsentscheidung** ermöglicht. Diese bewirkt, dass, wenn dagegen keine Klage erhoben wird, der Bescheid im Umfang der Teilentscheidung bestandskräftig wird. In der „End-Einspruchsentscheidung" wird dann nur noch über den noch offenen Teil des Bescheids entschieden.

Allgemeinverfügung

Anhängige Einsprüche, die eine vom Europäischen Gerichtshof, vom Bundesverfassungsgericht oder vom Bundesfinanzhof entschiedene Rechtsfrage betreffen und denen nach dem Ausgang des Verfahrens vor diesen Gerichten nicht abgeholfen werden kann, können durch Allgemeinverfügung zurückgewiesen werden. Dies bedeutet, durch Veröffentlichung der Allgemeinverfügung im Bundessteuerblatt und auf der Internetseite des Bundesfinanzministeriums ist der Einspruch erledigt.

Klageverfahren

Im Finanzgerichtsverfahren wird mit **Eingang der Klage** ein Vorschuss auf die Gerichtskosten fällig. Gerichtsgebühren fallen auch an, wenn die Klage später wegen fehlender Erfolgsaussicht zurückgenommen wird, und zwar selbst dann, wenn sich das Finanzgericht inhaltlich (z.B. wegen fehlender Klagebegründung) mit der Sache noch gar nicht befasst hat. Die Höhe der Kosten hängt davon ab, wie hoch der strittige Steuerbetrag ist. Die kompletten Kosten des Verfahrens werden vom Finanzamt nur dann übernommen, wenn es vollständig unterliegt – Sie also in allen strittigen Punkten Recht bekommen. Bei einer gerichtlichen Einigung muss meist jeder seinen Teil der Kosten selbst tragen.

TIPP

Bereits vor Klageeinlegung (spätestens vor Begründung der Klage) sollten Sie einen Steuerfachmann zurate ziehen, um sich über die Erfolgsaussichten der Klage und das Kostenrisiko zu informieren. Prüfen Sie außerdem, ob Sie eine Rechtsschutzversicherung haben, die die Verfahrenskosten übernimmt.

Wird Ihre Klage vom Finanzgericht zurückgewiesen, haben Sie die Möglichkeit, beim Bundesfinanzhof – evtl. über eine Nichtzulassungsbeschwerde – **Revision** einzulegen. Dabei benötigen Sie aber in jedem Fall einen Juristen, der Sie vertritt.

2.3.5 Zu viel erstattet

Wurde die Einkommensteuer durch einen Fehler des Finanzamts zu niedrig festgesetzt und ggf. zu viel erstattet muss der Steuerpflichtige nicht mit Konsequenzen rechnen, wenn er den Steuerbescheid stillschweigend hinnimmt. Hat das Finanzamt die erforderlichen und richtigen Informationen durch die Steuererklärung erhalten, scheidet die Annahme einer Steuerhinterziehung durch Unterlassen aus, weil der Steuerpflichtige nicht verpflichtet ist, Fehler des Finanzamts richtig zu stellen.

BFH, Urteil v. 4.12.12, VIII R 50/10, HI 3660146

2.4 Wie verhalte ich mich bei anhängigen Gerichtsverfahren?

Kennen Sie das: Sie lesen in der Zeitung, dass der Bundesfinanzhof seine Rechtsprechung zugunsten der Steuerzahler geändert hat oder die Rechtsauffassung der Finanzbehörde nicht teilt oder sogar, dass das Bundesverfassungsgericht einzelne Bestimmungen des Einkommensteuergesetzes für verfassungswidrig erklärt hat. Diese Fälle nahmen in den vergangenen Jahren stetig zu, insbesondere bei Gesetzesänderungen. Doch es nützt Ihnen nichts, weil Ihr Besteuerungsverfahren abgeschlossen, d.h. die Einspruchsfrist bereits längst abgelaufen und damit für Ihren Steuerbescheid „Bestandskraft" eingetreten ist. Zur Sicherheit sollten Sie auch in diesem Fall im Kapitel „Änderung auch ohne Einspruch?" nachlesen, ob es nicht doch noch eine (zugegeben seltene) Möglichkeit gibt, eine Änderung zu erreichen.

Besser als sich über Vergangenes zu ärgern ist es aber, für die Zukunft vorzusorgen. Dazu sollten Sie sich darüber informieren, welche Gerichtsverfahren zurzeit in Steuerangelegenheiten anhängig sind. Vertiefend siehe → Anhängige Verfahren.

Wenn eines dieser Verfahren für Sie von Bedeutung sein könnte, müssen Sie Ihren Steuerfall unbedingt „offen“ halten, denn nur so kann Ihr Steuerbescheid bei positivem Prozessausgang geändert werden. Die Finanzverwaltung ist zwischenzeitlich dazu übergegangen, Steuerbescheide bezüglich einzelner wichtiger Gerichtsverfahren **vorläufig** (§ 165 AO) zu erlassen. Ob dies bei Ihrem Steuerbescheid der Fall ist, können Sie auf der Vorderseite des Steuerbescheids im Teil „**Festsetzung**“ erkennen. Wenn dort die Vorläufigkeit vermerkt ist, lesen Sie in den Erläuterungen zum Bescheid nach, welche Punkte des Steuerbescheids vorläufig sind. Diese Punkte, und nur diese, können im Fall eines positiven Ausgangs des Rechtsstreits noch zu Ihren Gunsten geändert werden. Änderungen in anderen Punkten sind grundsätzlich nur möglich, wenn Sie **Einspruch** einlegen und so den Fall „offen“ halten. Dann müssen Sie jedoch noch erreichen, dass das Finanzamt über Ihren Einspruch nicht nach „bisheriger“ Auffassung ablehnend entscheidet und Ihnen nur eine Klage beim Finanzgericht bleibt. Um eine Einspruchsentscheidung zu verhindern, verweisen Sie gleich im Einspruchsschreiben oder in der nachgereichten Begründung für Ihren Einspruch auf das in gleicher Angelegenheit anhängige Gerichtsverfahren und beantragen Sie das „**Ruhen des Einspruchsverfahrens**“ (§ 363 AO), bis die Streitfrage höchstrichterlich endgültig entschieden ist. Damit bleibt das Besteuerungsverfahren offen. Sie müssen nicht das Kostenrisiko eines Prozesses tragen und profitieren trotzdem bei einem für Sie positiven Ausgang des Rechtsstreits. Und der besondere zusätzliche Clou an der Sache ist, dass Sie bis zum Abschluss des Einspruchsverfahrens noch weitere Änderungsanträge, z.B. aufgrund anderer Urteile, nachreichen können, weil der Einspruch das gesamte Besteuerungsverfahren offen hält.

2.5 Änderung auch ohne Einspruch?

Grundsätzlich gilt: Änderungen ohne Einspruch sind nur möglich, wenn sie gesetzlich ausdrücklich zugelassen sind. Im Gegensatz zum Rechtsbehelfsverfahren, das den gesamten Fall offen hält, gelten Änderungsvorschriften immer nur punktuell.

Haben Sie die Rechtsbehelfsfrist versäumt und auch keinen Grund für eine Wiedereinsetzung, dann sieht es i.d.R. schlecht aus mit Änderungen zu **Ihren** Gunsten. Allerdings sollte man zwei Ausnahmen prüfen:

- **Änderungen wegen offenbarer Unrichtigkeiten:** Wenn dem Finanzamt beim Erstellen des Steuerbescheids ein Rechenfehler, Schreibfehler, Übertragungsfehler, Ablesefehler oder Ähnliches passiert ist, liegt eine sog. offenbare

Unrichtigkeit vor, die auch nach Ablauf der Rechtsbehelfsfrist berichtigt werden kann. (§ 129 AO)

- **Änderung aufgrund neuer Tatsachen:** Eine andere für Sie (auch) günstige Vorschrift ist der § 173 AO. Er erlaubt die Änderung eines Bescheids, wenn dem Finanzamt nach der Bearbeitung des Falls neue Tatsachen (z. B. neue Werbungskosten) bekannt werden, die zu einer Änderung der Steuer führen würden. Diese Vorschrift ist also nicht anwendbar, wenn das Finanzamt in der Steuererklärung aufgeführte Kosten zu Unrecht nicht anerkannt hat, denn diese Kosten waren dem Finanzamt bekannt. Eine neue Tatsache liegt aber vor, wenn Sie den Abzug von bisher in der Steuererklärung nicht aufgeführten Kosten jetzt erstmals beantragen, denn davon wusste das Finanzamt nichts. Einen Haken gibt es aber leider: Eine Änderung zu **Ihren** Gunsten (niedrigere Steuer) funktioniert nur, wenn Sie **kein grobes Verschulden** daran trifft, dass das Finanzamt die Sache erst jetzt erfährt. Grobes Verschulden wird angenommen, wenn Sie keine Steuererklärung abgegeben haben und das Finanzamt schätzen musste oder wenn im Steuerformular auf eine bestimmte Steuervergünstigung hingewiesen wurde (z. B. Behinderung oder Kosten für Wege zwischen Wohnung und Arbeitsstätte). Anders sieht es jedoch aus, wenn die von Ihnen nachträglich aufgeführten Kosten im Vordruck nicht genannt sind. Vor allem im Bereich der Werbungskosten und der außergewöhnlichen Belastungen sind die abzugsfähigen Kosten im Vordruck nicht vollständig aufgeführt. Hier sind die Chancen für eine nachträgliche Berücksichtigung der Kosten gut, denn nach der Rechtsprechung trifft Sie kein grobes Verschulden, wenn Sie die Kosten nur aus steuerlicher Unkenntnis nicht aufgeführt haben.

Gerichtsentscheidungen (geänderte Rechtsauffassungen) an sich sind keine neuen Tatsachen. Eine neue Tatsache liegt jedoch vor, wenn Sie ausgehend von der alten Rechtslage, z. B. den Abzug von Kosten als Werbungskosten, bisher nicht geltend gemacht haben, weil ein Werbungskostenabzug nach bisheriger Rechtsauffassung nicht möglich war. Wenn Sie die Kosten jetzt nachträglich geltend machen, werden die Aufwendungen dem Finanzamt nachträglich bekannt, es liegt eine neue Tatsache vor. Allerdings wäre auch in diesem Fall ein „grobes Verschulden“ (s. o.) zu prüfen.

3 Anhängige Verfahren

Die nachfolgenden Hinweise geben Ihnen einen aktuellen Überblick, zu welchen wichtigen Steuerthemen, die in unserem Steuerratgeber (Lexikonteil) behandelt werden, zurzeit Gerichtsverfahren anhängig sind. Um Ihnen die Orientierung zu erleichtern, haben wir die Verfahren dem jeweiligen Stichwort des Lexikonteils zugeordnet, bei dem sie eine Rolle spielen. Sollte bei Ihnen ein vergleichbarer Sachverhalt vorliegen, legen Sie ggf. gegen Ihre Steuerbescheide Einspruch ein und beantragen Sie das Ruhen des Verfahrens. Bei für Sie positivem Ausgang profitieren Sie von diesen anhängigen Verfahren. Bitte beachten Sie, dass seit Redaktionsschluss evtl. in einzelnen Verfahren ein Urteil ergangen ist. Aktuelle Urteile finden Sie unter: http://www.bundesfinanzhof.de/anhaengige-verfahren/revisionsverfahren.

Arbeitslohn

Steuerpflicht von Zahlungen des Arbeitgebers an die Versorgungsanstalt des Bundes und der Länder (VBL)

§ 19 EStG; § 8 EStG; § 3 Nr. 62 und Nr. 63 EStG; § 11 Abs. 1 EStG; Art. 3 GG

Das BVerfG muss entscheiden, ob steuerpflichtiger Arbeitslohn im Zeitpunkt der Umlagezahlungen des Arbeitgebers an die Versorgungsanstalt des Bundes und der Länder (VBL) vorliegt.

BVerfG, 2 BvR 568/12, Vorinstanz: BFH, Urteil v. 15.9.2011, VI R 36/09

Arbeitslohn bei gegen die Arbeitnehmer verhängten Bußgeldern

§ 19 Abs. 1 S. 1 Nr. 1 EStG; § 40 EStG

Ist die Übernahme der gegen die Arbeitnehmer verhängten Bußgelder wegen Verstoßes gegen die Lenk- und Ruhezeiten durch den Arbeitgeber (Speditionsgewerbe) Arbeitslohn?

BFH, VI R 36/12, Vorinstanz: FG Köln, Urteil v. 22.9.2011, 3 K 955/10

Progressionsvorbehalt wegen Elterngeld

§ 32b EStG

Ist der Arbeitnehmer-Pauschbetrag auch dann von dem Elterngeld abzuziehen, wenn bei der Ermittlung der Einkünfte des Steuerpflichtigen aus nicht selbstständiger Arbeit die tatsächlichen den Arbeitnehmer-Pauschbetrag übersteigenden Werbungskosten angesetzt werden?

BFH, III R 61/12, Vorinstanz: Niedersächsisches FG, Urteil v. 14.2.2012, 12 K 6/11

Arbeitszimmer

Anteilige Aufwendungen für einen als Wohnzimmer/Arbeitszimmer genutzten Raum

§ 4 Abs. 5 S. 1 Nr. 6, Buchst. b EStG; § 6 Abs. 1 Nr. 4 S. 2 EStG; § 12 Nr. 1 S. 2 EStG

Der BFH hat zu beurteilen, ob die Aufwendungen für einen als Wohnzimmer/ Arbeitszimmer (je 50 %) genutzten Raum als Betriebsausgaben abziehbar sind.

Ist nach Aufgabe des Aufteilungsverbots und Abzugsverbots durch den Beschluss des Großen Senats des BFH, GrS 1/06 (zu Reisekosten), auch im „Bereich Arbeitszimmer“ eine Aufteilung in einen betrieblichen und einen privaten Anteil zulässig?

BFH, X R 32/11, Vorinstanz: FG Köln, Urteil v. 19.5.2011, 10 K 4126/09

Versagung wegen möglicher Beschaffung eines anderen Arbeitsplatzes

§ 4 Abs. 5 S. 1 Nr. 6b EStG; § 9 Abs. 5 EStG

Der BFH hat zu prüfen, ob ein „anderer Arbeitsplatz“ auch dann zur Verfügung steht, wenn der Steuerpflichtige zwar tatsächlich keinen anderen Arbeitsplatz hat, sich diesen jedoch aufgrund seiner Position durch entsprechende organisatorische Maßnahmen und Weisungen verschaffen kann.

BFH, VI R 11/12, Vorinstanz: FG München, Urteil v. 24.11.2011, 11 K 1167/11

Unbeschränkter Werbungskostenabzug bei einem zeitlich befristeten Telearbeitsplatz

§ 4 Abs. 5 Nr. 6b EStG; § 9 Abs. 5 EStG

Aufwendungen für einen Raum in der eigenen Wohnung unterliegen nicht dem Abzugsverbot für ein häusliches Arbeitszimmer, wenn der Arbeitgeber den Arbeitnehmer verpflichtet, an mehreren Arbeitstagen je Woche von zu Hause aus zu arbeiten.

BFH, VI R 40/12, Vorinstanz: FG Rheinland-Pfalz v. 19.1.2012, 4 K 1270/09

Beruflicher Nutzungsumfang bei einem häuslichen Arbeitszimmer

§ 4 Abs. 5 S. 1 Nr. 6b EStG; § 9 Abs. 5 S. 1 EStG; § 21 EStG

Setzt ein häusliches Arbeitszimmer eine (nahezu) ausschließliche Nutzung zu beruflichen (betrieblichen) Zwecken voraus?

BFH, IX R 21/13, Vorinstanz: FG Köln, Urteil v. 15.5.2013, 4 K 1384/10
Entsprechend: BFH, IX R 20/13, Vorinstanz: FG Köln, Urteil v. 15.5.2013, 4 K 1242/13

Keine Beschränkung des Werbungskostenabzugs bei Telearbeitsplatz

§ 4 Abs. 5 S. 1 Nr. 6b EStG; § 9 Abs. 5 EStG

Gilt das Abzugsverbot des § 4 Abs. 5 S. 1 Nr. 6b EStG auch für einen in der eigenen Wohnung befindlichen Raum, wenn der Arbeitnehmer sich gegenüber dem Arbeitgeber verpflichtet hat, an mehreren Tagen je Woche von zu Hause aus an seinem Telearbeitsplatz zu arbeiten? Unter welchen Voraussetzungen hat das Eingehen eines Telearbeitsverhältnisses zur Folge, dass kein anderer Arbeitsplatz i.S.d. § 9 Abs. 5 in Verbindung mit § 4 Abs. 5 S. 1 Nr. 6b EStG zur Verfügung steht?

BFH, VI R 40/12, Vorinstanz: FG Rheinland-Pfalz, Urteil v. 19.1.2012, 4 K 1270/09

Außergewöhnliche Belastung

Vertiefend siehe → Unterhaltszahlungen und → Werbungskosten, -pauschbeträge und -pauschalen.

Adoptionskosten als außergewöhnliche Belastung

§ 33 EStG; Art 3 GG

Können Adoptionskosten als außergewöhnliche Belastung berücksichtigt werden? Gleichstellung mit Fällen einer heterologen Insemination?

BFH, VI R 60/11, Vorinstanz: FG Baden-Württemberg, Urteil v. 10.10.2011, 6 K 1880/10

Strafverteidigungskosten als außergewöhnliche Belastung

§ 4 Abs. 4 EStG; § 9 Abs. 1 EStG; § 33 EStG; § 12 Nr. 1 EStG

Der BFH hat zu beurteilen, ob das BFH-Urteil VI R 42/10, (Nichtanwendungserlass des BMF vom 20.12.2011) die steuerliche Berücksichtigung von Strafverteidigungskosten als außergewöhnliche Belastung zulässt, wenn kein hinreichender Zusammenhang zur Einkunftssphäre vorliegt.

BFH, IX R 5/12, Vorinstanz: FG Hamburg, Urteil v. 14.12.2011, 2 K 6/11

Prozesskosten

§ 33 EStG

Ist, unabhängig vom Prozessgegenstand und den Hintergründen des Prozesses, jeder mit ausreichender Erfolgsaussicht geführte Zivilprozess als zwangsläufig i. S. d. § 33 EStG anzusehen?

BFH, VI R 66/12, Vorinstanz: FG München, Urteil v. 5.3.2012, 5 K 182/04 bzw. 5 K 710/12 (neu)

Dienstwagen/Firmenwagen

Vertiefend siehe → Reisekosten.

Haushaltsnahe Dienstleistungen/Handwerkerleistungen

Ausschluss von haushaltsnahen Dienstleistungen durch die Gewährung eines Behinderten-Pauschbetrags

§ 33b EStG; § 35a Abs. 5 S. 1 EStG; § 35a Abs. 2 S. 2 EStG

Der BFH hat zu entscheiden in welchem Umfang die Gewährung eines Behinderten-Pauschbetrags den Ansatz haushaltsnaher Dienstleistungen ausschließt.

BFH, VI R 12/12, Vorinstanz: Niedersächsisches FG, Urteil v. 19.1.2012, 10 K 338/11

Steuerermäßigung auch für Arbeiten außerhalb des Grundstücks

§ 35a EStG

Sind auch die auf das öffentliche Straßenland vor dem Grundstück entfallenden Aufwendungen für den Anschluss eines Grundstücks an zentrale Anlagen der Trinkwasserversorgung und Abwasserentsorgung als Handwerkerleistungen „in einem ... Haushalt" gemäß § 35a EStG zu berücksichtigen?

BFH, VI R 56/12, Vorinstanz: FG Berlin-Brandenburg, Urteil v.15.8.2012, 7 K 7310/10

Kapitaleinkünfte

Erstattungszinsen und Nachzahlungszinsen

§ 20 Abs. 1 Nr. 7 S. 3 EStG; § 12 Nr. 3 EStG; § 233a AO, Art. 3 GG

Verstößt die rückwirkende Besteuerung von Erstattungszinsen in der Fassung des Jahressteuergesetzes 2010 gegen das Rückwirkungsverbot?

Verstößt die Nichtabziehbarkeit von Nachzahlungszinsen als Sonderausgaben gegen den Gleichbehandlungsgrundsatz?

BFH, VIII R 1/11, Vorinstanz: FG Münster, Urteil v. 12.12.2010, 5 K 3626/03 E

Werbungskostenabzug

§ 32d Abs. 6 S. 1 EStG; § 20 Abs. 9 S. 1 EStG; Art. 3 Abs. 1 GG

Ist die Regelung in § 32d Abs. 6 S. 1 EStG verfassungskonform dahingehend auszulegen, dass entgegen § 20 Abs. 9 S. 1 EStG die tatsächlich entstandenen Werbungskosten jedenfalls dann abzugsfähig sind, wenn der individuelle Steuersatz bereits unter Berücksichtigung nur des Sparer-Pauschbetrags unter 25 % liegt?

BFH, VIII R 13/13, Vorinstanz: FG Baden-Württemberg, Urteil v. 17.12.2012, 9 K 1637/10

Kinder

Kindergeldanspruch polnischer Saisonarbeiter bei Gewährung polnischer Familienleistungen

§ 65 EStG; § 62 EStG; § 63 EStG; 1408/71 EWGV

Steht einem in Deutschland als Saisonarbeiter beschäftigten, nicht der deutschen Sozialversicherung unterliegenden, auf seinen Antrag hin gemäß § 1 Abs. 3 EStG als unbeschränkt einkommensteuerpflichtig veranlagten polnischen Staatsangehörigen für sein bei seiner Ehefrau in Polen lebendes Kind, für das die Ehefrau monatliche polnische Familienleistungen erhalten hat, nur das halbe Kindergeld oder Kindergeld in voller gesetzlicher Höhe oder überhaupt kein Kindergeld zu?

BFH, III R 50/11, Vorinstanz: FG Düsseldorf, Urteil v. 13.7.2011, 15 K 1821/08 Kg; ähnlich: BFH, III R 12/11, Vorinstanz: FG Düsseldorf, Urteil v. 1.2.2011, 10 K 2301/08 Kg; ähnlich: BFH, III R 50/12, Vorinstanz: FG Düsseldorf, Urteil v. 25.8.2012, 10 K 2183/11 Kg; für Portugal: BFH, III R 36/12, Vorinstanz: FG Berlin-Brandenburg, Urteil v. 16.5.2012, 12 K 12134/11

Kinderberücksichtigung für ein Kind, das sich in Mutterschutz bzw. Elternzeit befindet

§ 70 Abs. 2 EStG; § 32 Abs. 4 S. 1 Nr. 2 Buchst. c EStG

Inwiefern besteht weiterhin Anspruch auf Kindergeld für ein Kind, welches sich in Mutterschutz bzw. Elternzeit befindet, wenn vor Beginn dieses Zeitraums die Anspruchsvoraussetzungen für das Kindergeld vorgelegen haben?

BFH, III R 58/12, Vorinstanz: Thüringer FG, Urteil v. 22.3.2011, 4 K 814/08

Krankheitskosten

Verfassungsmäßigkeit der zumutbaren Belastung bei Krankheitskosten

§ 33 Abs. 3 EStG

Ist die Anrechnung einer zumutbaren Belastung auf Krankheitskosten, unter Berücksichtigung der Entscheidung des BVerfG zu den Kranken- und Pflegeversicherungsbeiträgen, verfassungsgemäß?

BFH, VI R 32/13, Vorinstanz: FG Rheinland-Pfalz, 4 K 1970/10

Krankheitskosten bei beruflicher Veranlassung

§ 33 EStG; § 9 Abs. 1 S. 1 EStG

Sind Aufwendungen für die Behandlung einer Erkrankung, die Folge der Berufsausübung ist, als außergewöhnliche Belastung oder vorrangig als Werbungskosten zu berücksichtigen?

BFH, VI R 37/12, Vorinstanz: Hessisches FG, Urteil v. 13.12.2011, 12 K 2569/10

Nachweis für die Anerkennung medizinischer Hilfsmittel (hier: Treppenlift)

§ 64 EStDV; § 33 Abs. 1 und Abs. 4 EStG

Ist § 64 Abs. 1 Nr. 2 S. 1 Buchst. e EStDV in der Fassung des StVereinfG 2011 dahingehend auszulegen, dass auch für medizinische Hilfsmittel im weiteren Sinne, die nicht die weitergehenden Anforderungen des § 33 Abs. 1 SGB V erfüllen, der Nachweis der medizinischen Notwendigkeit durch ein/eine vor Einleitung dieser Maßnahme ausgestelltes amtsärztliches Gutachten/ärztliche Bescheinigung eines medizinischen Dienstes erbracht werden muss (hier: Einbau eines Treppenlifts)?

BFH, VI R 61/12, Vorinstanz: FG Münster, Urteil v. 18.9.2012, 11 K 3982/11 E

Pensionen/Betriebsrenten

Freibeträge für Versorgungsbezüge

Art. 3 GG; § 19 Abs. 2 S. 3 EStG; § 22 EStG

Ist die Besteuerung von Pensionen und Renten nach der Neuregelung durch das Alterseinkünftegesetz, konkret die Höhe der bei den Versorgungsbezügen berücksichtigten Freibeträge, verfassungsgemäß?

BFH, VI R 67/12, Vorinstanz: FG Nürnberg, Urteil v. 24.10.2012, 3 K 792/11

Renten

Vertiefend siehe → Versicherungen.

Verfassungsmäßigkeit der Besteuerung der Altersrenten

§ 22 Nr. 1 Buchst. a Doppelbuchst. aa EStG

Das BVerfG hat sich mit der Verfassungsmäßigkeit der Besteuerung der Altersrenten zu befassen.

2 BvR 1066/10, Vorinstanz: BFH, X R 52/08

Sonderausgaben

Erststudium

Vertiefend siehe → Werbungskosten, -pauschbeträge und -pauschalen.

Beiträge zur Arbeitslosenversicherung als Sonderausgaben

§ 10 Abs. 1 Nr. 3a Abs. 4 EStG; Art. 3 GG

Das BVerfG hat im Rahmen einer Verfassungsbeschwerde zu prüfen, ob die Schlechterstellung von gesetzlichen Beiträgen zur Arbeitslosenversicherung gegenüber den Beiträgen zur Krankenversicherung verfassungswidrig ist.

BVerfG, 2 BvR 598/12, Vorinstanz: BFH, Urteil v. 16.11.2011, X R 15/09

Verfassungsmäßigkeit der Beschränkung des Sonderausgabenabzugs von notwendigen sonstigen Vorsorgeaufwendungen nach § 10 Abs. 1 Nr. 3a EStG

§ 10 Abs. 1 Nr. 3a EStG, § 10 Abs. 4 EStG

Vorsorgeaufwendungen i. S. d. § 10 Abs. 1 Nr. 3a EStG

Gebietet das subjektive Nettoprinzip die Berücksichtigung von notwendigen Vorsorgeaufwendungen wie einer Risikolebensversicherung, einer Unfallversicherung und verschiedener Kapitallebensversicherungen, die durch das Übersteigen der Höchstbeträge gemäß § 10 Abs. 4 EStG nicht abziehbar sind?

BFH, X R 5/13, Vorinstanz: FG Baden-Württemberg, Urteil v. 31.1.2013, 9 K 242/12

Umsatzsteuer

Bemessung der unentgeltlichen Wertabgabe einer privat genutzten Wohnung in einem dem Unternehmen zugeordneten Gebäude ab 1.7.2004

Art 20 Abs. 3 GG; § 10 Abs. 4 Nr. 2 UStG

Entspricht die Bemessungsgrundlage nach § 10 Abs. 4 Nr. 2 UStG i. d. F. des EURLUmsG vom 9.12.2004 in Höhe von 10 v. H. der anteiligen vorsteuerbelasteten Herstellungskosten dem Unionsrecht? Verstößt die Neuregelung gegen

Verfassungsrecht? Liegt ein Verstoß gegen das aus dem Rechtsstaatsprinzip des Art. 20 Abs. 3 GG folgende Rückwirkungsverbot vor?

BFH, V R 21/13, Vorinstanz: FG Rheinland-Pfalz , Urteil v. 19.3.2013, 3 K 2285/10.

Vermietung/Immobilien

Nachweis einer Vermietungsabsicht nach Beendigung eines langfristigen Mietverhältnisses – hier durch Annoncen in lokalen Zeitungen?

§ 21 Abs. 1 S. 1 Nr. 1 EStG

Wird eine leer stehende Immobilie, die zuvor auf Dauer vermietet war, in lokalen Anzeigenzeitungen zur Vermietung annonciert, spricht das für die Vermietungsabsicht auch während des Leerstands.

BFH, IX R 38/12, Vorinstanz: Niedersächsisches FG, Urteil v. 23.4.2012, 3 K 445/10

Behandlung des Ersatzes für versteckte Gebäudemängel

§ 6 Abs. 1 Nr 1a EStG; § 9 Abs. 5 S. 2 EStG; § 255 HGB

Ist ein vom Verkäufer erhaltener Geldbetrag für sog. versteckte Gebäudemängel gleich mit den entstandenen Erhaltungsaufwendungen zu verrechnen, mit der Folge, dass die 15 %-Grenze des § 6 Abs. 1 Nr. 1a EStG nicht berührt wird?

BFH, IX R 5/13, Vorinstanz: FG Düsseldorf, Urteil v. 22.11.2012,16 K 3136/12 F

Versicherungen

Begrenzung des Abzugs von Beiträgen zur gesetzlichen Rentenversicherung

§ 10 Abs. 1 Nr. 2 Buchst. a EStG

Das BVerfG hat die Entscheidung des BFH zu überprüfen, wonach im Anwendungsbereich des Alterseinkünftegesetzes seit dem 1.1.2005 geleistete Beiträge zu den gesetzlichen Rentenversicherungen und anderen Altersvorsorgeaufwendungen lediglich in beschränktem Umfang als Sonderausgaben abgezogen werden können.

2 BvR 323/10, Vorinstanz: BFH, Urteil v. 9.12.2009, X R 28/07; 2 BvR 288/10, Vorinstanz: BFH, Urteil v. 18.11.2009, X R 34/07, 2 BvR 289/10, Vorinstanz: BFH, Urteil v. 18.11.2009, X R 6/08; 2 BvR 290/10, Vorinstanz: BFH, Urteil v. 18.11.2009, X R 9/07.

Unzureichende Berücksichtigung von Kranken- und Pflegeversicherungsbeiträgen bis 31.12.2009

§ 9 Abs. 1 S. 1 EStG; § 10 Abs. 1 S. 1 EStG; AltEinkG, Art. 1, 3, 19, 20 GG

Das BVerfG hat zu entscheiden, ob die unzureichende Berücksichtigung von Kranken- und Pflegeversicherungsbeiträgen bis 31.12.2009 verfassungsgemäß ist.

Sind andere Versicherungen nicht zwingend zu berücksichtigen? Welchen Zweck haben das Arbeitslosengeld und das Krankengeld?

2 BvR 289/10, Vorinstanz: BFH, Urteil v. 18.11.2009, X R 6/08

Werbungskosten

Vertiefend siehe → Krankheitskosten.

Aufwendungen für Arbeitsjubiläum als Werbungskosten

§ 9 Abs. 1 S. 1 EStG; § 12 Nr. 1 EStG

Sind Aufwendungen eines verbeamteten Priesters für einen Festgottesdienst und eine anschließende Feier anlässlich seines 25-jährigen Priesterjubiläums als Werbungskosten bei den Einkünften aus nicht selbstständiger Arbeit zu berücksichtigen?

BFH, VI R 35/11, Vorinstanz: FG München, Urteil v. 17.5.2011, 2 K 1361/09

Werbungskosten- oder Betriebsausgabenabzug trotz Erststudium

§ 9 Abs. 6 EStG; § 12 Nr. 5 EStG

Sind Aufwendungen für nicht im Rahmen eines Dienstverhältnisses absolvierte Bachelor- und Masterstudiengänge als vorab entstandene Werbungskosten abziehbar? Sind § 9 Abs. 6, 12 Nr. 5, 52 EStG in der Form des BeitrRLUmsG verfassungswidrig (insbesondere Verstoß gegen das objektive Nettoprinzip, den Gleichheitssatz und das Rückwirkungsverbot)?

BFH, VI R 64/12, Vorinstanz: FG Düsseldorf, Urteil v. 25.11.2011, 1 K 2819/08 F; ähnlich: BFH, VI R 8/12, Vorinstanz: FG Münster, Urteil v. 20.12.2011, 5 K 3975/09 F

Regelmäßige Arbeitsstätte bei dauernder Abordnung

§ 9 Abs. 1 S. 3 Nr. 4 EStG

Handelt es sich bei einer Dienststelle, an die ein Beamter für einen Zeitraum von drei Jahren befristet abgeordnet bzw. versetzt wird, um eine regelmäßige Arbeitsstätte i. S. d. § 9 Abs. 1 S. 3 Nr. 4 EStG?

BFH, VI R 72/12, Vorinstanz: Niedersächsisches FG, Urteil v. 22.8.2012, 3 K 293/11

Einfachfahrt zwischen Wohnung und Arbeitsstätte vor oder nach einer Dienstreise

§ 9 Abs. 1 S. 3 Nr. 4 EStG

Sind Fahrten zwischen Wohnung und Arbeitsstätte, denen am selben Tag eine Dienstreise vor- oder nachgeschaltet wurde (sog. Dreiecksfahrten), mit den tatsächlichen Kosten laut Fahrtenbuch, mit der ganzen Entfernungspauschale oder nur begrenzt mit der hälftigen Entfernungspauschale zu berücksichtigen?

BFH VIII R 12/13, Vorinstanz: FG Münster, Urteil v. 19.12.2012, 11 K 1785/11 F

Mietaufwendungen für eine Wohnung im Ausland aufgrund einer zeitlich befristeten Auswärtstätigkeit

§ 9 EStG

Der BFH hat zu beurteilen, ob Mietaufwendungen für eine Wohnung im Ausland als Werbungskosten abzugsfähig sind, wenn der Steuerpflichtige aufgrund einer zeitlich befristeten Auswärtstätigkeit bei einer ausländischen Tochtergesellschaft des Arbeitgebers zusammen mit seiner Familie im Ausland einen Zweitwohnsitz begründet.

BFH, VI R 11/13, Vorinstanz: FG Düsseldorf, Urteil v. 14.1.2013, 11 K 3180/11 E

Anhang

Kopiervorlagen zur Steuererklärung

.... **2013**

Name Steuernummer

Arbeitszimmer

Allgemeine Angaben

1. Anteil des Arbeitszimmers an der Wohnung (bei eigenen Mehrfamilienhäusern)

eigene Wohnfläche × 100	....	qm
Gesamtwohnfläche	....	qm
= % der Wohnfläche	....	%
Bei Einfamilienhäusern, Eigentums- und Mietwohnungen immer	100%	

2. Anteil des Arbeitszimmers an der eigenen Wohnung

Wohnfläche – Arbeitszimmer × 100	....	qm
Wohnfläche der eigenen Wohnung	....	qm
= % der Wohnfläche	....	%

Abzugsfähige Kosten

3. Laufende Kosten des gesamten Hauses / der Eigentumswohnung / der Mietwohnung

Bei eigenem Haus oder Eigentumswohnung	gesamt €	Arbeitszimmer €
– Schuldzinsen		
– Abschreibung des Gebäudes		
– Grundsteuer/Straßenreinigung/Abwasser		
– Müllabfuhr		
– Schornsteinfeger		
– Wohngebäudeversicherung		
– bei Eigentumswohnungen:		
Umlagen/Wohngeld		
abzgl. Instandhaltungsrücklage		
zzgl. tats. Gebäudereparaturen		
Allgemeine Kosten		
Heizung/Strom/Wasser (soweit nicht auf Wohnungen aufgeteilt)		
Renovierungskosten		
Reinigung (ggf. pauschal)		
Sonstige Nebenkosten		
Gesamt		
davon entfallen auf die eigene Wohnung[1]...... %		
davon entfällt auf das Arbeitszimmer[2] ...... %		

4. Laufende Kosten der eigenen Wohnung

Miete ohne Garage		
Heizung/Strom/Wasser		
Hausratversicherung		
Reinigung (ggf. pauschal)		
Sonstige Nebenkosten		
Renovierungskosten eigene Wohnung		
Gesamt		
davon entfällt auf das Arbeitszimmer ...... %		

5. Direkt zuzuordnende Kosten des Arbeitszimmers

Renovierungskosten Arbeitszimmer

Gardinen, Bodenbeläge

Sonstiges

Gesamt

6. Einrichtungsgegenstände, soweit keine Arbeitsmittel[3]

Anschaffung in 2013

– unter 410 € netto[4]

– über 410 € netto[5]

	Ak/€	ND/Jahre	AfA/€

Anschaffung aus Vorjahren[5] — AfA/€

7. Sonstige Kosten des Arbeitszimmers

lt. Aufstellung

Zwischensumme I

8. Arbeitsmittel[3]

Anschaffung in 2013

– unter 410 € netto[4]

– über 410 € netto[5]

	Ak/€	ND/Jahre	AfA/€

Anschaffung aus Vorjahren[5] — AfA/€

Zwischensumme II

Gesamtbetrag aus Zwischensumme I + II

[1] Zu entnehmen aus Berechnung zu 1. (Allgemeine Angaben – Anteil der eigenen Wohnung)

[2] Zu entnehmen aus Berechnung zu 2. (Allgemeine Angaben – Anteil des Arbeitszimmers)

[3] Zu den Arbeitsmitteln gehören Einrichtungsgegenstände, die ausschließlich oder fast ausschließlich der beruflichen Nutzung dienen. (Schreibtisch, Bürostuhl, PC, Bücherschrank etc.)

[4] Der Betrag von 410 EUR ist bei den Überschussarten als Werbungskosten sofort abzugsfähig. Im betrieblichen Bereich gilt hier alternativ die Grenze von 150 EUR. Siehe hierzu die Stichworte „Abschreibungen/Arbeitsmittel“ und „Zusatzeinkünfte“.

[5] ggf. eine gesonderte Abschreibungsliste nach folgendem Muster anlegen und weiterführen.

Bezeichnung	ND/Jahre	Ak bzw. Restwert Vorjahr	AfA lfd. Jahr	Restwert

Name:.. Steuernummer:..

Kinderbetreuungskosten

Name des Kindes:..

Art der Aufwendung	Zahlungstag	Betrag in €
Beitrag für Kindergarten, Kinderhort, Kindertagesstätte		
Kosten für Tagesmutter, Babysitter, sonstige Betreuung (Lohnaufwand in Geld und Sachleistungen sowie Aufwendungsersatz einschließlich Arbeitgebersozialversicherungsbeiträge)		
	Summe der Zahlungen	

(zu übertragen in Anlage Kind, Zeile 67)

Anmerkungen:
- Notwendige Abzugsvoraussetzungen sind Rechnung (Vertrag) und unbare Zahlung.
- Nicht abzugsfähig sind Kosten für Verpflegung, Unterricht, Nachhilfe, Sportangebote, Freizeitaktivitäten.
- Werden die Eltern des Kindes nicht als Ehegatten zusammenveranlagt, kann jeder Elternteil nur die von ihm getragenen Aufwendungen geltend machen (Anlage Kind, Zeile 69).

Gesamtstichwortverzeichnis